Fallbuch der Klinischen Kinderpsychologie
und -psychotherapie

Fallbuch der Klinischen Kinder- psychologie und -psychotherapie

herausgegeben von
Franz Petermann

2., überarbeitete Auflage

Hogrefe · Verlag für Psychologie
Göttingen · Bern · Toronto · Seattle

Prof. Dr. Franz Petermann, geb. 1953. Studium der Mathematik und Psychologie in Heidelberg, 1975 Diplom. Wissenschaftlicher Assistent an der Universität Heidelberg und Bonn. 1977 Promotion; 1980 Habilitation. 1983-91 Leitung des Psychosozialen Dienstes der Universitäts-Kinderklinik Bonn, gleichzeitig Professor am Psychologischen Institut. Seit 1991 Lehrstuhl für Klinische Psychologie an der Universität Bremen und seit 1996 Direktor des Zentrums für Rehabilitationsforschung. *Arbeitsschwerpunkte:* Psychologie in der Kinderheilkunde, Behandlung von Entwicklungs- und Verhaltensstörungen im Kindes- und Jugendalter.

Die Deutsche Bibliothek - CIP-Einheitsaufnahme

Ein Titeldatensatz für diese Publikation ist bei
Der Deutschen Bibliothek erhältlich.

Die erste Auflage des Buches ist unter dem Titel „Fallbuch der Klinischen Kinderpsychologie. Erklärungsansätze und Interventionsverfahren" erschienen.

© by Hogrefe-Verlag, Göttingen • Bern • Toronto • Seattle 1997 und 2000
    Rohnsweg 25, D-37085 Göttingen

http://www.hogrefe.de
Aktuelle Informationen • Weitere Titel zum Thema • Ergänzende Materialien

Umschlaggestaltung: schmidtgrafik göttingen
Druck: Dieterichsche Universitätsbuchdruckerei
W. Fr. Kaestner GmbH & Co. KG, D-37124 Göttingen-Rosdorf
Printed in Germany
Auf säurefreiem Papier gedruckt

ISBN 3-8017-1367-9

Inhalt

Vorwort

Falldarstellungen besitzen in der Klinischen Kinderpsychologie und Kinderpsychotherapie eine lange Tradition. Viele klinische Interventionsmethoden wurden durch berühmte Fallgeschichten erst bekannt und einer großen Anwendergruppe nahegebracht; dies trifft sowohl für die illustrativen Fallgeschichten von Axline im Kontext der nicht-direktiven Spieltherapie als auch für die Fallberichte von Mary Cover Jones zur Kinderverhaltenstherapie zu. Falldarstellungen tragen dazu bei, daß klinische Interventionsmethoden nachvollziehbar werden. Vielfach werden auf diesem Wege erst die Wirkprinzipien solcher Ansätze offensichtlich. Falldarstellungen machen auch die Komplexität und die Grenzen klinischen Handelns deutlich. In diesem Kontext ergänzt ein Fallbuch ein Lehrbuch – und manchmal relativiert ein Einzelfall auch eine Lehrmeinung.

Das Fallbuch soll die in der Praxis bewährten Diagnosemethoden und Interventionsprinzipien illustrieren. Die Falldarstellungen verlangten von den Autoren des Buches eine hohes Maß an fallbezogener Sensibilität und methodengeleitetem Pragmatismus. Auf diese Weise werden Forschungsergebnisse in praxisnahe Lösungskonzepte umgesetzt. Die 18 Falldarstellungen des vorliegenden Buches möchten dazu Beiträge leisten. Die Ausführungen zu den einzelnen Falldarstellungen gliederten die Autoren nach folgendem Schema:
— Beschreibung des Störungsbildes,
— Differentialdiagnostik,
— Erklärungsansätze,
— Interventionsprinzipien und
— Resümee.

Die Klinische Kinderpsychologie konnte sich in den letzten Jahren, vor allem durch die Fachzeitschrift „Kindheit und Entwicklung" qualitativ weiterentwickeln. Auf diesem Hintergrund versuchte ich, in einem Einführungskapitel das Gegenstandsfeld der Klinischen Kinderpsychologie zu skizzieren und daraus einige Zukunftsperspektiven aufzuzeigen. Ich vermute, ein Denken in Risiko- **und** Schutzfaktoren der kindlichen Entwicklung wird dabei unser Verständnis von Diagnostik und Intervention entscheidend verändern. Als Zielpunkte einer solchen Perspektive sollten sich entwicklungsorientierte Diagnose- und Interventionsstrategien herausbilden.

Viele Autoren des Lehrbuches der Klinischen Kinderpsychologie und Kinderpsychotherapie (vgl. Titelerweiterung seit der 4. Auflage, 2000) sowie der Hogrefe-Verlag motivierten mich, das Fallbuch auf das Lehrbuch eng abzustimmen und praxisnah zu gestalten – was uns mit vereinigten Kräften auch gelang.

Ich danke allen Beteiligten für ihr außerordentliches Engagement, das auch bei der 2. Auflage gefordert war. Für die 2. Auflage wurden nur wenige Beiträge neu konzipiert (z. B. der zum Thema Soziale Phobie und Unsicherheit), aber fast alle aktualisiert.

Meinen Mitarbeitern und einigen Kollegen danke ich für viele Diskussionen und Anregungen, die mir vor allem bei der Gegenstandsdefinition des Faches „Klinische Kinderpsychologie" hilfreich waren. Allen Autoren danke ich für ihre Disziplin und dem Hogrefe-Verlag für die problemlose Kooperation. Abschließend möchte ich allen Lesern eine gewinnbringende Lektüre des Fallbuches wünschen.

Bremen, im März 2000

Franz Petermann

Die Autoren

Andreas Bäcker, Dr. phil.
Zentrum für Kinderheilkunde
der Universität Gießen,
Abt. für Sozial- und Neuropädiatrie
Feulgenstraße 12
35392 Gießen

Michael Borg-Laufs, Dr. phil.
Katholische Erziehungsberatungsstelle des Caritas-Verbandes
der Stadt Essen e. V.
Elisenstraße 64
45139 Essen-Frillendorf

Udo B. Brack, Prof. Dr. phil.
Institut für Reha-Wissenschaften
Philosophische Fakultät IV
der Humboldt-Universität Berlin
Georgenstraße 36
10117 Berlin

Dagmar Breuker, Dr. phil.
Klinische Psychologie
der Universität Göttingen
Goßlarstraße 14
37073 Göttingen

Ragna Cordes, Dr. phil.
Zentrum für Rehabilitationsforschung der Universität Bremen
Grazer Straße 2
28359 Bremen

Manfred Döpfner,
Prof. Dr. sc. hum.
Klinik für Kinder- und Jugend-
psychiatrie der Universität Köln
Robert-Koch-Straße 10
50931 Köln

Manfred M. Fichter,
Prof. Dr. med.
Klinik Roseneck
Am Roseneck 6
83209 Prien

Christopher Göpel, Dr. med.
Krankenanstalt Mutterhaus
der Borromäerinnen Trier
Kinder- und Jugendpsychiatrie
Feldstraße 16
54290 Trier

Blanka Hastenrath,
Dipl.-Psych.
Klinik für Kinder- und Jugend-
psychiatrie der Universität Köln
Robert-Koch-Straße 10
50931 Köln

Martin Hautzinger,
Prof. Dr. phil.
Klinische Psychologie
der Universität Tübingen
Gartenstraße 29
72074 Tübingen

Dietmar Heubrock,
Priv.-Doz. Dr. phil.
Neurologische Ambulanz
des Zentrums für Rehabilitationsforschung der Universität Bremen
Grazer Straße 2
28359 Bremen

Christian Klicpera,
Prof. Dr. phil.
Abteilung für Angewandte
und Klinische Psychologie
der Universität Wien
Neutorgasse 13
A-1010 Wien

Karin Landerl, Dr. phil.
Institut für Psychologie
der Universität Salzburg
Hellbrunnerstraße 34
A-5020 Salzburg

Gerd Lehmkuhl, Prof. Dr. med.
Klinik für Kinder- und Jugendpsychiatrie der Universität Köln
Robert-Koch-Straße 10
50931 Köln

Robert P. Liberman,
Prof. Dr. med.
Clinical Research Center
of the Study of Schizophrenia
and Psychiatric Rehabilitation
West Los Angeles Medical Center
Los Angeles, CA 90073, U.S.A.

Silvia Miller, Dipl.-Psych.
Zentrum für Rehabilitationsforschung der Universität Bremen
Grazer Straße 6
28359 Bremen

Stephan Mühlig, Dr. phil.
Zentrum für Rehabilitationsforschung der Universität Bremen
Grazer Straße 6
28359 Bremen

Gerhard Neuhäuser,
Prof. Dr. med.
Zentrum für Kinderheilkunde
der Universität Gießen
Abt. für Sozial- und Neuropädiatrie
Feulgenstraße 12
35392 Gießen

Franz Petermann,
Prof. Dr. phil.
Zentrum für Rehabilitations-
forschung der Universität Bremen
Grazer Straße 6
28359 Bremen

Ulrike Petermann,
Prof. Dr. phil.
Lehrstuhl für Rehabilitation
und Sonderpädagogik
der Universität Dortmund
Emil-Figge-Straße 50
44227 Dortmund

Carsten Reister, Dr. med.
Klinik für Kinder- und Jugendpsychiatrie der Universität Köln
Robert-Koch-Straße 10
50931 Köln

Martin H. Schmidt,
Prof. Dr. rer. nat. Dr. med.
Zentralinstitut
für Seelische Gesundheit
Postfach 12 21 20
68072 Mannheim

Stephanie Schürmann,
Dipl.-Psych.
Klinik für Kinder- und Jugend-
psychiatrie der Universität Köln
Robert-Koch-Straße 10
50931 Köln

Heinz Süss-Burghart, Dr. phil.
Kinderzentrum München
Heiglhofstraße 63
81377 München

Hans-Jörg Walter, Dr. phil.
Zentrum für Rehabilitationsforschung der Universität Bremen
Grazer Straße 6
28359 Bremen

Petra Warschburger,
Priv.-Doz. Dr. phil.
Zentrum für Rehabilitations-
forschung der Universität Bremen
Grazer Straße 6
28359 Bremen

Nancy Wojtalla, Dipl.-Psych.
Praxis für Psychotherapie
und Beratung
Altes Zollamt, Mauerstraße 13
35781 Weilburg

Klinische Kinderpsychologie – Begriffsbestimmung und Grundlagen

Franz Petermann

1 Aufgabenfelder und Inhalte

Die Klinische Kinderpsychologie bietet verschiedene Erklärungsmodelle für psychische Auffälligkeiten, Störungen und Erkrankungen des Kindes- und Jugendalters. In der Regel geht man von biopsychosozialen Erklärungs- und Krankheitsmodellen aus (vgl. Petermann, 2000; Petermann, Kusch & Niebank, 1998), wobei zur Entstehung dieser Phänomene genetische Faktoren nicht vernachlässigt werden dürfen (vgl. Plomin, 1994). Aus den Erklärungsmodellen können empirisch begründete Diagnose- und Interventionsstrategien abgeleitet werden. Als Bezeichnung des Gebietes wäre von der Altersspanne her der Begriff „Klinische Kinder- und Jugendpsychologie" angemessen, aus Gründen der sprachlichen Prägnanz wurde jedoch „Klinische Kinderpsychologie" gewählt. Die Aufgabenfelder der Klinischen Kinderpsychologie umfassen:
- Deskription und Klassifikation,
- Feststellung der Häufigkeit (Epidemiologie),
- Entstehung (Ätiologie und Pathogenese),
- Verlauf (Entwicklungspsychopathologie),
- Erfassung (Diagnostik),
- Prävention,
- Therapie,
- Rehabilitation und
- forensische Beurteilung (z.B. Sorgerecht, Schuldfähigkeit, Glaubwürdigkeit).

Seit Anfang der 90er Jahre wurden zum Forschungs- und Anwendungsgebiet „Klinische Kinderpsychologie" international verschiedene Handbücher publiziert (vgl. Herbert, 1998; Walker & Roberts, 1992). Viele Inhalte der behandelten Themen sind zwar nicht neu – eine wesentliche Innovation besteht jedoch in der empirischen Orientierung des Gebietes. Dieser Perspektivenwechsel wurde erst durch das Vorliegen aktueller Längsschnittstudien möglich, die – interdisziplinär angelegt – Entwicklungsrisiken für psychische Störungen im Kindes- und Jugendalter identifizieren konnten (z.B. die Mannheimer Risikostudie; vgl. Esser, Laucht & Schmidt, 1995).

Die Klinische Kinderpsychologie untersucht im Gegensatz zur Entwicklungspsychologie, die sich mit der normalen Entwicklung beschäftigt, Einflüsse und Effekte der Entwicklungsabweichung. Sie gibt Hinweise auf die Genese psychischer Auffälligkeiten und Störungen sowie die Bewältigung von Belastungs- und Krisensituationen (vgl. v. Siebenthal & Largo, 1996; Wolchik & Sandler, 1997). Ein weiteres Aufgabenfeld bilden **psychosomatische Störungen**, also pathophysiologische Prozesse, bei deren Entstehung und Aufrechterhaltung psychische Faktoren eine bedeutsame Rolle spielen (z. B. Eßstörungen, Störungen der Ausscheidung). Ein spezielles Anwendungsgebiet findet die Klinische Kinderpsychologic in der Kinderheilkunde (Routh, 1988; Warschburger & Petermann, 2000). Hierunter wird im wesentlichen die Bewältigung einer chronischen körperlichen Erkrankung im Kindes- und Jugendalter (z. B. Diabetes, Krebs, Schmerzerkrankungen) und der daraus resultierenden Probleme (z. B. mangelnde Therapiemitarbeit, reduzierte Lebensqualität und eingeschränkte Lebensperspektive) verstanden. Die Klinische Kinderpsychologie geht von einem biopsychosozialen Belastungs- und Krankheitsmodell aus, in dem sowohl Defizite als auch Ressourcen betrachtet werden.

2 Risiko- und Schutzfaktoren

Zusammengefaßt betrachtet beschäftigt sich die Klinische Kinderpsychologie mit der Entstehung, dem Verlauf, der Prävention und der Reduktion von Belastungen, Erkrankungen und Störungen im Kindes- und Jugendalter. In diesem Kontext haben Studien zu Risiko- und Schutzfaktoren, die in der Entwicklung wirksam werden, eine herausragende Bedeutung. Risiko- und Schutzfaktoren können sich
a) auf das Kind selbst und
b) auf seine Umgebung beziehen.

Risikofaktoren auf der Seite des Kindes werden unter dem Begriff „**Vulnerabilität**" zusammengefaßt. Diese kindbezogenen Risikofaktoren beziehen sich auf genetische Dispositionen, chronische Krankheiten, Ängstlichkeit, Depressivität und Merkmale wie eine hohe Ablenkbarkeit, eine niedrige Intelligenz u. a. (vgl. Allhoff, 1994; Brambring et al., 1995). Risikofaktoren aus der Umgebung werden als **Stressoren** bezeichnet; sie beinhalten sozioökonomische Faktoren, familiäre Belastungen u. a. (vgl. Hetherington & Blechman, 1996). Im einzelnen wird man eine Vielzahl belastender Umgebungsbedingungen beachten müssen, wie das ungünstige Modell- und Interaktionsverhalten der Eltern, spezifische Lebensereignisse, interpersonelle Konflikte, überzogene Ansprüche der Eltern gegenüber ihren Kindern, aber auch externe Auslöser körperlicher Reaktionen (z. B. Allergene bei Asthma oder Neurodermitis; s. Petermann, 1999; Petermann & Warschburger, 1999). In ähnlicher Weise lassen sich auch die Schutzfaktoren untergliedern. So bilden etwa ein günstiges Temperament des Kindes, eine enge Beziehung zu einer erwachsenen Bezugsperson, eine positive Partnerschaft der Eltern, Selbstvertrauen, Bewältigungskompetenzen, Problemlösefähigkeiten oder die Streßtoleranz des Kindes globale Schutzfaktoren. Ein wichtiger kindbezogener Schutzfaktor stellt zum Beispiel die Streßbewältigungskompetenz dar, die in präventiv orientierten Trainings gesteigert werden kann. Ebenso wirken vielfältige umgebungsbezogene Schutzfaktoren, wie das Ausmaß an sozialer Unterstützung oder ein positives Familienklima.

Abbildung 1 gibt eine Übersicht über Risiko- und Schutzfaktoren sowie die daraus resultierenden Belastungen und Ressourcen in der kindlichen Entwicklung. Die Darstellung bildet dabei einen spezifischen Entwicklungszustand eines Kindes und seiner Familie ab, das heißt die Alters- bzw. Entwicklungsabhängigkeit von Risiko- und Schutzfaktoren wird vernachlässigt. Die Klinische Kinderpsychologie sollte sich jedoch zukünftig intensiv mit dieser Entwicklungsorientierung beschäftigen, da Risiko- und Schutzfaktoren im Entwicklungsverlauf sicherlich einem Wandel unterliegen. So kann eine **enge Bindung** zu einer erwachsenen Bezugsperson im Kindesalter positiv wirken und im Jugendalter kann dieselbe enge Bindung in bestimmten Entwicklungsbereichen einen Risikofaktor darstellen.

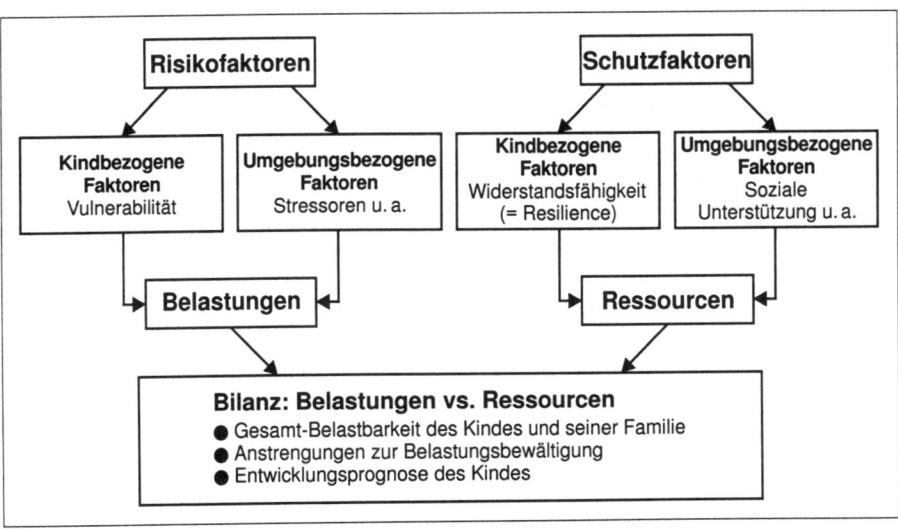

Abbildung 1:
Risiko- und Schutzfaktoren der kindlichen Entwicklung

Risiko- und Schutzfaktoren sollten die Eckpfeiler für Entwicklungsmodelle liefern, an denen sich klinische Interventionen zukünftig zu orientieren haben. Zur Begründung dieser Eckpfeiler sind Längsschnittstudien nötig, mit deren Hilfe man spezifische und generelle Risiko- und Schutzfaktoren identifizieren kann. Ein besonders bedeutsamer, genereller Schutzfaktor bildet eine gelungene Mutter-Kind-Interaktion. Die Mannheimer Risikostudie zeigt, daß ein gestörtes Interaktionsverhalten (im Alter von 3 Monaten) am deutlichsten daran zu erkennen ist, daß Mütter ihr Kind selten anlächeln und die „Ammen-sprache" (Baby-talk) nicht verwenden (vgl. Esser et al., 1995). Durch die Qua-lität dieser frühen Mutter-Kind-Interaktion lassen sich emotionale und Verhal-tensstörungen (im Alter von $4\,{}^{1}/_{2}$ Jahren) vorhersagen. Biologische Faktoren (z. B. niedriges Geburtsgewicht, neonatale Komplikationen) besitzen dagegen eine vergleichsweise geringe Bedeutung. Insgesamt nehmen psychosoziale Aspekte in der Entwicklungsprognose eine wichtige Rolle ein, wobei komple-xe Wechselwirkungen angenommen werden müssen. So zeigt die oben ge-nannte Studie, daß das Erziehungsverhalten zwar die zentrale Vorhersageva-riable bildet, dieses aber durch die sozial-emotionale Störung der Säuglinge negativ beeinflußt wird.

Zurück zum Gegenstandskatalog der Klinischen Kinderpsychologie: Es wird gefordert, daß klinisches Handeln sich aus empirischen Entwicklungsmodellen ableitet, wobei die Vernetztheit psychischer Belastungen, Beeinträchtigungen und Störungen beachtet werden muß. Die Entwicklungsmodelle sollten dabei Schlußfolgerungen über
— die zeitliche Erstreckung und
— den Verlauf einer psychischen Störung sowie
— ihrer Übergänge zu anderen Störungen zulassen.

Solche wissenschaftlich begründeten Entwicklungsmodelle bilden zukünftig eine wichtige Grundlage zur Erfolgsbeurteilung einer klinischen Intervention.

3 Klinische Kinderpsychologie
im Kontext der Klinischen Psychologie

Kinder und Jugendliche sind alters- und kulturabhängig in spezifischer Weise in Familie und Gesellschaft eingebunden und von erwachsenen Bezugsperso-nen abhängig, von denen sie in der Regel soziale Unterstützung erhalten. In ihrem Entwicklungsverlauf müssen sie spezifische Anforderungen und vielfäl-tige Aufgaben bewältigen. Vielfach ergeben sich aus diesen besonderen An-forderungen notwendige Belastungen, die Kinder für Krisen besonders anfällig machen. Vor diesem Hintergrund resultieren für die unterschiedlichen Alters-gruppen spezifische Fragestellungen, mit denen sich die Klinische Psychologie des Erwachsenenalters nicht auseinandersetzen muß. Einige dieser Fragestel-lungen seien kurz aufgeführt:
a) Welche psychischen Merkmale sind Frühindikatoren für Auffälligkeiten in späteren Entwicklungsphasen (z. B. für die Entstehung der kindlichen Ag-gression oder Depression)?
b) Welche entwicklungs- bzw. altersbedingten Verletzlichkeiten (Vulnerabili-täten) kennzeichnen eine krisenhafte bzw. normale kindliche Entwicklung?
c) Von welchen Bedingungen hängt die Widerstandsfähigkeit eines Kindes (Resilience) im Kontext der Belastungs- und Krisenbewältigung ab?

d) Von welchen Faktoren hängt das Streßverhalten eines Kindes und die Aktivierung bzw. Herausbildung von Ressourcen ab?

e) Durch welche Merkmale sind „unverwundbare" Kinder gekennzeichnet?

f) In welcher Form beeinflussen frühe sozial-emotionale Faktoren (verschiedene Mutter-Kind-Bindungen, die frühe soziale Interaktion, Aspekte der Temperamentsentwicklung und Formen der Emotionsregulierung) die kindliche Resilience?

g) Welche symptombezogenen Entwicklungsmodelle können einer entwicklungsorientierten Interventionsplanung zugrunde gelegt werden?

h) Warum weisen Kinder depressiver Mütter ein erhöhtes Risiko für emotionale Störungen auf?

Die genannten Fragestellungen scheinen unter dem Blickwinkel der Entwicklungspsychopathologie beantwortbar. Die Entwicklungspsychopathologie versteht sich dabei als übergreifender Ansatz, der eine Brücke zwischen Normalität und Pathologie schlagen will. In entwicklungspsychopathologischen Studien werden Aspekte der normalen und abweichenden Entwicklung miteinander verglichen. Man geht hier davon aus, daß die Erforschung psychopathologischer Bedingungen das Verständnis der normalen Entwicklung fördern kann; die Pathologie wiederum ist am besten auf dem Hintergrund der Prinzipien normaler Entwicklung und des „normalen Funktionierens" zu verstehen. Ziel all dieser Bemühungen im Kontext der Klinischen Kinderpsychologie muß darin gesehen werden, zu spezifischen und handlungsleitenden Erklärungs- und Prognosemodellen psychischer Störungen zu gelangen.

Je präziser unsere Erkenntnisse über die Entstehung von Entwicklungsabweichungen im Kindes- und Jugendalter werden, desto gezielter können Therapieplanungen erfolgen. Aussagen über Entwicklungsabweichungen (z.B. bei hyperkinetischen Störungen) müssen im Kontext des bisherigen Entwicklungsverlaufes eingeordnet werden; hieran leitet sich dann eine begründete Entwicklungsprognose ab. So kann aus einer hyperkinetischen Störung aggressives oder gar delinquentes Verhalten entstehen, und als Entwicklungsausgang ist bei einer bestimmten Gruppe Jugendlicher mit einem Übergang zum Drogenkonsum zu rechnen (vgl. Warschburger & Petermann, 1997). Als generelle Regeln für eine moderne Interventionsplanung lassen sich auf diesem Hintergrund vier Aspekte herausarbeiten. So sollten Interventionen im Kindes- und Jugendalter

— altersgruppenspezifisch,

— entwicklungsorientiert (also optimal dem Entwicklungsstand des Kindes entsprechen),

— ressourcenorientiert (d.h. Kompetenzen stärkend) und

— umfeldorientiert (also an die Bezugspersonen des Kindes angepaßt)

gestaltet sein. Auf diesem Wege lassen sich auch die Forderungen nach einer differentiellen Indikationsstellung wissenschaftlich fundieren (vgl. Petermann & Petermann, 1996).

4 Entwicklungspsychologie
als Grundlage der Klinischen Kinderpsychologie

Die Entwicklungspsychologie bemüht sich immer stärker darum, klinische Pra-
xisfelder anhand ihrer neuen Erkenntnisse und Modelle mitzugestalten (vgl.
Lehmkuhl & Rauh, 1996; Montada, 1998). So sind viele Phasen der Interventionsplanung bei Kindern ohne entwicklungspsychologisches Hintergrundwis-
sen nicht bearbeitbar. Durch differenziertes Wissen über Entwicklungsrisiken
im Kindes- und Jugendalter lassen sich präventive Strategien für verschiedene
Altersgruppen begründen und effizienter gestalten. Erkenntnisse aus Entwick-
lungsverlaufsdaten (z.B. der Entwicklungsepidemiologie oder Entwicklungspsychopathologie, vgl. Essau & Petermann, 1997) sind zentral, um die
– Stabilität von Störungen und
– Komorbidität von Merkmalskonstellationen zu beurteilen,
– Einflußgrößen beim Erleben und Verarbeiten einer chronischen (körperlichen) Krankheit bzw. von Schmerzen zu erkennen.

In vielen Fällen wird die Entwicklung eines Kindes oder Jugendlichen krisenhafte und auffällige Phasen aufweisen, ohne daß man von dauerhaften Beeinträchtigungen sprechen kann. Manche psychosoziale Umbruchphase ist durch
eine besondere Sensibilität für negative und positive Einflüsse gekennzeichnet
(vgl. Montada, 1998). Die Erkenntnisse über solche Verläufe muß die Klinische Kinderpsychologie im Rahmen der Diagnosestellung und Interventionsplanung berücksichtigen. Epidemiologische Studien dienen als Entscheidungs-
basis dafür, ab wann das Ausmaß der Abweichungen als problematisch zu
bewerten ist und eine Intervention erfolgen sollte.

Anregungen für eine prozeßorientierte Betrachtung in der Klinischen Kinderpsychologie bietet das **Konzept der sensiblen Perioden für kognitive und
soziale Entwicklungen** (vgl. Montada, 1998). Gemäß des Konzeptes der sensiblen Perioden erhält man Hinweise auf
– eine erhöhte Empfänglichkeit für Lernangebote,
– eine erhöhte Reagibilität durch Stressoren und
– Entwicklungsbarrieren bzw. Entwicklungschancen im Kindesalter.

Anhand solcher Modelle müßten sich das Entwicklungspotential eines Kindes
und damit Chancen und Grenzen seiner Förderung präziser abschätzen lassen.

Verknüpft man Wissen aus neueren entwicklungspsychologischen Längsschnittstudien und Befunde zur Entwicklungspsychopathologie, dann könnte
damit erstmals im Kontext der Begründung klinisch-psychologischer Interventionen eine umfassende empirische Orientierung gelingen. Die systematische
Beschreibung und Erklärung günstiger und ungünstiger Entwicklungsverläufe
stellen einen wichtigen Schritt auf dem Weg zu einer **differentiellen Entwicklungspsychologie** dar. So wären differentielle Aussagen darüber, wie altersspezifische Entwicklungsaufgaben und Belastungen bewältigt werden, hilfreich für die Klinische Kinderpsychologie. Weiterhin sind Hinweise auf Wen-

depunkte in der Entwicklung entscheidend, bei denen bestimmte Entwicklungsabweichungen gehäuft auftreten oder Entwicklungen zurück zum „Normalen" begünstigt werden. Solche Überlegungen und Befunde lassen dann auch Rückschlüsse darüber zu, wann und mit welchem Aufwand eine Entwicklungsabweichung positiv beeinflußt werden kann. Alle diese Anstrengungen tragen dazu bei, eine **klinische Entwicklungsdiagnostik** zu begründen, die für die Klinische Kinderpsychologie von zentraler Bedeutung sein wird.

5 Neuropsychologie als Grundlage der Klinischen Kinderpsychologie

In der Klinischen Kinderpsychologie spielen Defekte oder Reifungsdefizite des Zentralnervensystems (ZNS) eine größere Rolle als im Erwachsenenbereich (vgl. Brack, 1996). Für diesen Bereich muß die Klinische Kinderpsychologie Diagnoseverfahren anbieten, die differentialdiagnostisch abklären können, ob eine kognitive Entwicklungsretardierung allein oder gekoppelt mit ungünstigen Erziehungseinflüssen vorliegt. Die psychologische Behandlung von Kindern setzt die damit verbundene Unterscheidung von Entwicklungs- und Verhaltensstörungen voraus – die frühzeitige Diagnostik von Entwicklungsstörungen ist in diesem Kontext zentral, neuropsychologisch begründete Verfahren sind dabei besonders wichtig (vgl. Heubrock & Petermann, 1996).

Epidemiologische Befunde zeigen, daß ca. 15 % aller Grundschulkinder an erheblichen Lernstörungen leiden, von denen wiederum etwa die Hälfte Hinweise auf **neurogene** Funktionsstörungen aufweisen (vgl. Gaddes & Edgell, 1994). Dieser Befund ist nicht verwunderlich, wenn man die Prinzipien und bisherigen Ergebnisse der Entwicklungsneuropsychologie berücksichtigt. Demnach vollzieht sich die kindliche Entwicklung in einer Abfolge von Prozessen des Wachstums und der Differenzierung des Zentralnervensystems (vgl. Kandel, Schwartz & Jessell, 1996; Kolb & Whishaw, 1996). Für die Klinische Kinderpsychologie ist hier zum einen interessant, daß sich die zerebrale Entwicklung nicht gleichmäßig, sondern in sogenannten **Wachstumsspurts** vollzieht, die ihrerseits mit kognitiven Prozessen korrelieren (d. h. in der jeweiligen Phase besonders sensibel für bestimmte Stimuli und Erfahrungen sind) und offenbar auch mit den von Piaget beschriebenen Phasen der kognitiven Entwicklung des Kindes übereinstimmen. Umgekehrt lassen sich viele Entwicklungsstörungen, die Gegenstand der Klinischen Kinderpsychologie sind, auch durch Störungen der neuronalen Entwicklung erklären (vgl. Heubrock & Petermann, 2000). Klinische Interventionen müßten folglich für eine Reihe vor allem psychogen erklärter Störungsbilder neuropsychologische Ursachen mit berücksichtigen; zudem läßt sich die Wirksamkeit therapeutischer Strategien auch bezüglich ihrer Rückwirkungen auf die zerebrale Organisation definieren.

Seit einiger Zeit werden auch **emotionale Störungen** (z. B. Depression, vgl. Birmaher & Ryan, 1999; Cicchetti, Ackerman & Izard, 1995; Kobak & Ferenz-Gillies, 1995) und **aggressives Verhalten** (vgl. Scheithauer & Petermann, 2000) bei Kindern verstärkt aus einer neuropsychologischen Perspektive analysiert. Insbesonders neurochemische Untersuchungen konnten zeigen, daß verschiedene Neurotransmitter, hier vor allem Serotonin (5-HT), einen großen Einfluß auf die Emotionsregulation haben, so daß pathologische Abweichungen im Serotonin-Haushalt zu einer Dysregulation der neuronalen Informationsverarbeitung führen und eine Destabilisierung affektiver, kognitiver und verhaltensbezogener Subsysteme bewirken können (vgl. Cicchetti & Tucker, 1994).

6 Biopsychologie
als Grundlage der Klinischen Kinderpsychologie

Der Einfluß von psychischen Vorgängen auf körperliche Störungen ist Gegenstand der inhaltlich nah verwandten Fachgebiete „Psychosomatik" und „Verhaltensmedizin"; grundlegende Konzepte zur Erklärung solcher Störungen wurden in der Biopsychologie entwickelt. Hierbei werden neben einer verhaltens- und erlebnispsychologischen Betrachtungsebene auch physiologische Mechanismen einbezogen.

Neuere biopsychologische Konzepte versuchen, komplexe Wechselwirkungen zwischen psychischen Faktoren und körperlichen Störungen zu beschreiben: So berücksichtigen sie differenzierte Hormonreaktionen, die insbesondere in Situationen aktiviert werden, in denen Ärger/Wut, Angst/Furcht und Depression/Hilflosigkeit erlebt werden. Des weiteren werden in die Konzepte der psychoendokrinologischen Streßreaktionen Befunde der psychoneuroimmunologischen Belastungsforschung integriert, die zeigen, daß immunologische Funktionen entweder direkt durch das ZNS oder indirekt durch das endokrine System beeinflußt werden. Eine direkte Einflußnahme wird über Nervenfasern des vegetativen Nervensystems ausgeübt, während die indirekte Beeinflussung durch die Ausschüttung von Hormonen und Neuropeptiden erfolgt, insbesondere von Hormonen der Hypothalamus-Hypophysen-Nebennierenrinden-Achse (Schulz, 1994). Solche physiologischen Mechanismen legen den Zusammenhang zwischen chronischer psychischer Belastung und immunsuppressiven Effekten nahe, die sich zum Beispiel in einer erhöhten Infektanfälligkeit bei Kindern äußern. Mit ihrer Hilfe läßt sich auch die Entwicklung kognitiv-behavioraler Streßmanagement-Programme bei immunologisch vermittelten Erkrankungen begründen (vgl. Cohen & Herbert, 1996).

Generell scheinen neuere Befunde der interdisziplinären Streßforschung (vgl. Janke & Wolffgramm, 1995) Hinweise zur Formulierung eines biopsychosozialen Modells streßbedingter Erkrankungen zu liefern. Vor allem unter dem Entwicklungsaspekt sollten sich zukünftig Studien mit der Entstehung der Streßaktivität befassen und der Frage nachgeben, ob sich sensible Perioden für unterschiedliche Stressoren ermitteln lassen. Weiterhin wäre zu klären, ob solche sensiblen Perioden mit spezifischen Bewältigungsdefiziten in Beziehung stehen.

Ein Streßbewältigungsprogramm als präventive Maßnahme für Kinder im Grundschulalter wurde von Hampel und Petermann (1998) sowie von Klein-Heßling und Lohaus (1995) entwickelt und evaluiert. Auf der Grundlage des transaktionalen Streßkonzepts wurde angestrebt, die Wahrnehmung streßvoller Ereignisse zu verbessern und die Verfügbarkeit effizienter Streßbewältigungsstrategien zu erhöhen. Neben einem Problemlösetraining zeichnete sich besonders ein Kombinationstraining aus Wissens-, Entspannungs- und Problemlösekomponenten als effizient hinsichtlich der Veränderungen des subjektiven Streßerlebens und der physischen Streßsymptomatik aus. Dies ist ein erster hoffnungsvoller Ansatz, wobei die Beteiligung der Eltern noch zufriedenstellender genutzt werden kann und die Evaluationskriterien auch auf physiologische Kennwerte erweitert werden sollten.

Kognitiv-behaviorale Streßmanagement-Trainings sind darüber hinaus zur Modifikation der Bewältigung chronischer Krankheiten indiziert. Hier liegen vor allem positive Befunde zur Schmerzbehandlung bei Kindern vor (vgl. Petermann, Wiedebusch & Kroll, 1994). Wirksamkeitsstudien zu Biofeedbackverfahren in der Schmerzbehandlung haben ergeben, daß diese Verfahren bei Kindern sogar effektiver sind als bei Erwachsenen (vgl. Blanchard & Andrasik, 1991). Eine Kombination von Biofeedbackverfahren der Hauttemperatur und Muskelspannung mit kognitiven Methoden der Verhaltensmodifikation erwies sich insbesondere für Migräne, Spannungs- und Kombinationskopfschmerz als wirksam.

7 Auf dem Weg zur Fundierung der klinischen Praxis

Entwicklungsorientierte Diagnostik. Die Klinische Kinderpsychologie liefert wichtige Erkenntnisse zur Begründung der Diagnosestellung in der Kinderpsychotherapie. Ihre konsequent empirische Orientierung ermöglicht ein kontinuierlich wachsendes Verständnis der Risikofaktoren bzw. protektiven Einflüsse, die das Entstehen spezifischer Störungen im Entwicklungsverlauf begünstigen oder verhindern. Fundierte **epidemiologische Daten (Entwicklungsepidemiologie**; vgl. Petermann, Döpfner, Lehmkuhl & Scheithauer, 2000) erlauben beispielsweise
— eine präzisere Beschreibung von Störungs- und Krankheitsbildern und die Bestimmung diagnostischer Kern- und Ausschlußkriterien auf der Grundlage empirisch ermittelter Symptomverteilungen (Symptomatologie),
— die Ermittlung von Auftretenswahrscheinlichkeiten spezifischer Störungen in bestimmten Entwicklungsstufen (Altersverteilung), bei beiden Geschlechtern oder unter differierenden Umweltbedingungen (sozioökonomischer Status, Wohngebiet, Stellung in der Geschwisterreihe),

- die Identifizierung von altersspezifischen Verlaufsmustern (Erstmanifestationsalter, Altersgipfel) und der durchschnittlichen zeitlichen Erstreckung der Problematik (Erkrankungsdauer, Spontanremissionen),
- die Feststellung von Zusammenhängen zwischen unterschiedlichen organischen, psychosomatischen und/oder psychopathologischen Störungen (Komorbiditäten).

Mittels derartiger Informationen können psychiatrische Klassifikationssysteme (DSM-IV; ICD-10) stärker empirisch fundiert und der diagnostische Prozeß besser abgesichert, präzisiert und vereinfacht werden. Außerdem bildet die Identifikation von Risikofaktoren bzw. Risikoprofilen wesentliche Ansatzpunkte für präventive Maßnahmen und frühzeitige kompensatorische Interventionen.

Prävention und Gesundheitsförderung. Von zentraler Bedeutung für die Interventionsplanung sind die differenzierten Resultate zur Ätiologie und Pathogenese unterschiedlicher Entwicklungsabweichungen. Mit Hilfe dieser Daten können kausale Zusammenhänge bei der Entstehung und Aufrechterhaltung psychischer Störungen und chronischer Erkrankungen erklärt sowie förderliche bzw. hinderliche Einflüsse auf deren weiteren Verlauf festgestellt werden. Die Identifikation störungsspezifischer Vulnerabilitätsfaktoren erlaubt zum einen gezieltere präventive Eingriffe und Hilfen für besonders gefährdete Kinder (vgl. Hurrelmann & Settertobulte, 2000) und zum anderen eine differenziertere Indikation und Abstimmung der Therapie auf die individuellen Voraussetzungen des Kindes.

Die Klinische Kinderpsychologie sollte sich konsequent der Frage zuwenden, welche positiven Einflüsse und Zustände gesund halten und welche es verhindern, daß Risikokinder in eine Krankheit abgleiten. Ergebnisse aus solchen Studien tragen dazu bei, Maßnahmen zur Gesundheitsförderung wissenschaftlich zu begründen. Forschungsresultate zur pathogenetischen Bedeutung äußerer Belastungsbedingungen (Stressoren wie familiäre Konflikte, Schulschwierigkeiten, psychische Probleme der Eltern) stellen wichtige Ansatzpunkte für gezielte Interventionen in der Umgebung des Kindes dar. Vergleichbares gilt für Ergebnisse zur familiären Häufung bestimmter Störungssymptome (z.B. funktionelle Schmerzsyndrome; Petermann, Wiedebusch & Kroll, 1994), die den zentralen Einfluß von Modell- und Verstärkereinflüssen der sozialen Umwelt oder genetischer Faktoren auf Entstehung oder Aufrechterhaltung kindlicher Störungsbilder belegen.

Entwicklungsorientierte Therapie. Einen herausragenden Stellenwert für eine fundierte Interventionsplanung kommt neueren **entwicklungspsychopathologischen Erklärungsmodellen** zu (vgl. Petermann et al., 1998). Solche Modelle geben zukünftig Aufschluß über die Verlaufstypen psychischer Störungen. So ist bei Störungen, die sich kontinuierlich entwickeln, eine frühe Intervention notwendig; verschwindet jedoch eine Störung erwartungsgemäß im Erwachsenenalter, das heißt verläuft sie diskontinuierlich, dann geht es vielmehr darum, ohne größeren Aufwand die positiven Einflußgrößen im Lebenslauf möglichst frühzeitig zu aktivieren, um so schnell eine Wende zum Positiven zu ermöglichen. Vor allem im Kontext der Entwicklung aggressiven Verhaltens besitzen wir ein umfassendes Wissen aus Längsschnittstudien, das für eine entwicklungsorientierte Therapie herangezogen werden kann (Warschburger & Petermann, 1997). Treten aggressive Verhaltensweisen früh auf, dann kann im weiteren Verlauf auch das schulische Lernen massiv beeinträchtigt werden; im Jugendalter tritt dann gehäuft dissoziales Verhalten und Drogenmißbrauch auf.

Einen großen Fortschritt für die klinische Praxis bilden neuere, verhaltensnahe Klassifikationssysteme, wie das DSM-IV (vgl. Petermann, Lehmkuhl, Petermann & Döpfner, 1995), die sich konsequent an den Ergebnissen der Entwicklungspsychopathologie orientieren. Die Determinanten günstiger und ungünstiger Entwicklungsverläufe zu bestimmen, bildet eine der vorrangigsten Aufgaben der Klinischen Kinderpsychologie der nächsten Jahre. Auf dieser Basis könnten frühzeitige Indikatoren für kritische Entwicklungen abgeleitet, differentielle Indikationsstellungen entwickelt und die alters- und kontextspezifische Effektivität unterschiedlicher Interventionsstrategien empirisch evaluiert werden.

Die in der klinischen Praxis eingesetzten **diagnostischen Instrumente, Interventionsstrategien** und **Therapiematerialien** müssen auf der Basis wachsender entwicklungspsychologischer Kenntnisse zunehmend auf den kognitiven Entwicklungsstand (kognitive Schemata, Informationsverarbeitung, Gedächtnisfunktion) der Kinder adaptiert werden. Auch die entwicklungsangemessene Durchführung kinderpsychologischer Interventionen läßt sich unter Berücksichtigung der erhöhten Aufnahmebereitschaft und Stressorempfindlichkeit während der sensiblen Phasen weiter optimieren.

Ressourcen-orientiertes Vorgehen. Besonderes Augenmerk sollte m. E. zukünftig auf die Bestimmung von Schutzfaktoren des Kindes und seiner sozialen Umgebung gelegt werden. Die Bewältigungskompetenz des Kindes und der Familie bezüglich alltäglichen Stresses oder besonderer Belastungs- und Krisensituationen beeinflußt in entscheidender Weise das Entstehen dysfunktionaler Reaktionen und anhaltender Beeinträchtigungen. In diesem Zusammenhang kann verstärkt auf entwicklungspsychologische Erkenntnisse zum altersspezifischen Erleben und Verarbeiten belastender Situationen (z. B. chronische Erkrankungen, Schmerzen, kritische Ereignisse) zurückgegriffen werden. Biopsychologische Ergebnisse über die immunsuppressiven Auswirkungen anhaltender psychischer Belastung begründen mit wachsender Evidenz die Notwendigkeit frühzeitiger Eingriffe zur Belastungsreduktion (z. B. mittels Streßbewältigungsprogrammen). Auf diesem Weg lassen sich erhöhte Erkrankungsrisiken vermeiden, bereits bestehende verringern und Ressourcen stärken.

Entwicklungs- und neuropsychologische Konzepte. Kinder machen im Verlauf ihrer Entwicklung wiederholt krisenhafte Umbruchphasen durch, während derer sie altersspezifische Entwicklungsaufgaben zu bewältigen haben. Durch die Kenntnis solcher kritischen Entwicklungsphasen und sensiblen Perioden und der verfügbaren Bewältigungskompetenzen wird in der Therapie eine gezieltere Unterstützung für die erfolgreiche Bewältigung von Entwicklungsanforderungen möglich; vielfach werden präventive Maßnahmen (Aufklärung, Beratung oder Patientenschulung) Effekte zeigen, die einzelne Entwicklungsphasen überdauern. In diesem Zusammenhang müssen allerdings psychogen verursachte Entwicklungsstörungen klarer als bisher von bestehenden Störungen in der neuronalen Reifungsentwicklung (insbesondere während der sensiblen Phasen) abgegrenzt werden. Zu diesem Zweck werden verstärkt **neuropsychologische Diagnoseverfahren** zum Einsatz kommen müssen, um eine differentielle Indikation zu begründen (vgl. Heubrock & Petermann 1996, 2000). Es ist in diesen Fällen zu erwarten, daß sich gezielte und rechtzeitige klinisch-psychologische Interventionen wiederum positiv auf die zerebrale Organisation auswirken.

Methodische Zugänge. Die spezifischen Fragestellungen der Klinischen Kinderpsychologie (z. B. die Analyse von Wirkzusammenhängen über den Entwicklungsverlauf) erfordern eigene methodische Zugänge, die der klinisch-psychologischen Forschung wichtige Anstöße vermitteln. Für eine weitere Fundierung der klinischen Praxis in der Kinderpsychologie sind vor allem Längsschnittstudien erforderlich; diese sind geeignet, kontinuierliche bzw. diskontinuierlich-komplexe Entwicklungsverläufe über mehrere Lebensabschnitte hinweg zu untersuchen. Zur Bestimmung komplexer Wirkursachen und Wechselwirkungen im Entwicklungsverlauf bieten sich auch zeitreihen- und einzelfallanalytische Modelle und Verfahren an (vgl. Petermann, 1996).

Literatur

Allhoff, P. (1994). Risikofaktoren der kindlichen Entwicklung. Definition, Probleme und Nutzen. In D. Karch (Hrsg.), *Risikofaktoren der kindlichen Entwicklung* (1–11). Darmstadt: Steinkopff.

Birmaher, B. & Ryan, N. D. (1999). Neurobiological factors. In C. A. Essau & F. Petermann (Eds.), *Depressive disorders in children and adolescents* (287–318). Northvale: Aronson.

Blanchard, E. B. & Andrasik, F. (1991). *Bewältigung chronischer Kopfschmerzen.* Bern: Huber.

Brack, U. B. (1996). Entwicklungsstörungen. *Kindheit und Entwicklung, 5,* 3–11.

Brambring, M., Beelmann, A., Buitenhuis, S., Hecker, W., Kurp, C., Licher-Eversmann, G. & Müller, A. (1995). Frühförderung blinder Kinder: Konzeption und Hauptergebnisse des Bielefelder Projektes. *Kindheit und Entwicklung, 4,* 149–156.

Cicchetti, D., Ackerman, B. P. & Izard, C. E. (1995). Emotions and emotion regulation in developmental psychopathology. *Development and Psychopathology, 7,* 7–10.

Cicchetti, D. & Tucker, D. (1994). Development and self-regulatory structures of the mind. *Development and Psychopathology, 6,* 533–549.

Cohen, S. & Herbert, T. B. (1996). Health psychology: Psychological factors and physical disease from the perspective of human psychoneuroimmunology. *Annual Review of Psychology, 47,* 113–142.

Essau, C. A. & Petermann, F. (Eds.) (1997). *Developmental psychopathology: Epidemiology, diagnostics and treatment.* London: Harwood Academic Press.

Esser, G., Laucht, M. & Schmidt, M. H. (1995). Der Einfluß von Risikofaktoren und der Mutter-Kind-Interaktion im Säuglingsalter auf die seelische Gesundheit des Vorschulkindes. *Kindheit und Entwicklung, 4,* 33 –42.

Gaddes, W. H. & Edgell, D. (1994). *Learning disabilities and brain function. A neuropsychological approach.* New York: Springer, 3. Auflage.

Goldberger, L. & Breznitz, S. (Eds.) (1993). *Handbook of stress. Theoretical and clinical aspects.* New York: Free Press.

Hampel, P. & Petermann, F. (1998). *Anti-Streß-Training für Kinder.* Weinheim: Psychologie Verlags Union.

Herbert, M. (1998). *Clinical child psychology.* Chichester: Wiley, 2. erweit. Auflage.

Hetherington, E. M. & Blechman, E. A. (Eds.) (1996). *Stress, coping, and resiliency in children and families.* Mahwah: Erlbaum.

Heubrock, D. & Petermann, F. (1996). Psychometrische Diagnostik von Entwicklungsstörungen. *Kindheit und Entwicklung, 5,* 19–23.

Heubrock, D. & Petermann, F. (2000). *Lehrbuch der Klinischen Kinderneuropsychologie.* Göttingen: Hogrefe.

Hurrelmann, K. & Settertobulte, W. (2000). Prävention und Gesundheitsförderung. In F. Petermann (Hrsg.), *Lehrbuch der Klinischen Kinderpsychologie und Kinderpsychotherapie* (131–148). Göttingen: Hogrefe, 4. völlig veränd. Auflage.

Janke, W. & Wolffgramm, J. (1995). Biopsychologie von Streß und emotionalen Reaktionen: Ansätze interdisziplinärer Kooperation von Psychologie, Biologie und Medizin. In G. Debus, G. Erdmann & K. W. Kallus (Hrsg.), *Biopsychologie von Streß und emotionalen Reaktionen* (293–347). Göttingen: Hogrefe.

Kandel, E. R., Schwartz, J. H. & Jessel, T. M. (Hrsg.) (1996). *Neurowissenschaften.* Heidelberg: Spektrum Akademischer Verlag.

Klein-Heßling, J. & Lohaus, A. (1995). Streßbewältigung im Kindesalter: Modifikation und Evaluation einer Präventionsmaßnahme. *Kindheit und Entwicklung, 4,* 240–247.

Kobak, R. & Ferenz-Gillies, R. (1995). Emotion regulation and depressive symptoms during adolescents: A functionalist perspective. *Development and Psychopathology, 7,* 183–192.

Kolb, B. & Whishaw, I. Q. (1996). *Neuropsychologie.* Heidelberg: Spektrum Akademischer Verlag, 2. erweit. Auflage.

Lehmkuhl, U. & Rauh, H. (1996). Die Bedeutung entwicklungspsychologischer Modelle für die Kinder- und Jugendpsychiatrie. *Praxis der Kinderpsychologie und Kinderpsychiatrie, 45,* 78–82.

Montada, L. (1998). Entwicklungspsychologie und Anwendungspraxis. In R. Oerter & L. Montada (Hrsg.), *Entwicklungspsychologie* (895–914). Weinheim: Psychologie Verlags Union, 4. Auflage.

Petermann, F. (Hrsg.) (1996). *Einzelfallanalyse.* München: Oldenbourg, 3. korrigierte Auflage.

Petermann, F. (1999). *Asthma bronchiale.* Göttingen: Hogrefe.

Petermann, F. (2000). Grundbegriffe und Trends der Klinischen Kinderpsychologie und Kinderpsychotherapie. In F. Petermann (Hrsg.), *Lehrbuch der Klinischen Kinderpsychologie und Kinderpsychotherapie* (9–26). Göttingen: Hogrefe, 4. völlig veränd. Auflage.

Petermann, F., Döpfner, M., Lehmkuhl, G. & Scheithauer, U. (2000). Klassifikation und Epidemiologie psychischer Störungen. In F. Petermann (Hrsg.), *Lehrbuch der Klinischen Kinderpsychologie und Kinderpsychotherapie* (29–56). Göttingen: Hogrefe, 4. völlig veränd. Auflage.

Petermann, F., Kusch, M. & Niebank, K. (1998). *Entwicklungspsychopathologie. Ein Lehrbuch.* Weinheim: Psychologie Verlags Union.

Petermann, F., Lehmkuhl, G., Petermann, U. & Döpfner, M. (1995). Klassifikation psychischer Störungen im Kindes- und Jugendalter nach DSM-IV – Ein Vergleich mit DSM-III-R und ICD-10. *Kindheit und Entwicklung, 4,* 171–182.

Petermann, F. & Warschburger, P. (Hrsg.) (1999). *Neurodermitis.* Göttingen: Hogrefe.

Petermann, F., Wiedebusch, S. & Kroll, T. (Hrsg.) (1994). *Schmerz im Kindesalter.* Göttingen: Hogrefe.

Petermann U. & Petermann, F. (1996). Voraussetzungen, Anforderungen und Effekte von Verhaltenstrainings mit Kindern. *Kindheit und Entwicklung, 5,* 129–132.

Plomin, R. (1994). *Generics and experience. The interplay between nature and nurture.* Thousand Oaks: Sage.

Rothenberger, A., Woerner, W., Dumais-Huber, C., Eisert, H.-G., Gutfleisch-Mayer, J., Müller, H. U., Niemeyer, J., Schmidt, H. M., Stratmann, F. & Vöhringer, L. (1991). *Verlauf kinderpsychiatrischer Störungen und zentralnervöse Kontrollmechanismen.* Poster auf dem Internationalen Kongreß für Kinder- und Jugendpsychiatrie vom 1.–4. Mai 1991 in Bad Homburg.

Routh, D. K. (Ed.) (1988). *Handbook of pediatric psychology.* New York: Guilford.

Scheithauer, H. & Petermann, F. (2000). Aggression. In F. Petermann (Hrsg.), *Lehrbuch der Klinischen Kinderpsychologie und Kinderpsychotherapie* (187–226). Göttingen: Hogrefe, 4. völlig veränd. Auflage.

Schulz, K. H. (1994). Psychoneuroimmunologie. In W. D. Gerber, H. D. Basler & U. Tewes (Hrsg.), *Medizinische Psychologie. Mit Psychobiologie und Verhaltensmedizin* (129–139). München: Urban & Schwarzenberg.

Siebenthal, K. v. & Largo, R. H. (1996). Frühkindliche Risikofaktoren: Ihre Auswirkungen und Bedeutung für die spätere Entwicklung. *Kindheit und Entwicklung, 5,* 36 –44.

Walker, L. E. & Roberts, M. C. (Eds.) (1992). *Handbook of clinical child Psychology.* New York: Wiley, 2. Auflage.

Warschburger, P. & Petermann, F. (1997). Kinderverhaltenstherapie: Neue Trends am Beispiel der aggressiven Störungen. In F. Petermann (Hrsg.), *Kinderverhaltenstherapie. Grundlagen und Anwendungen* (86–126). Baltmannsweiler: Schneider.

Warschburger, P. & Petermann, F. (2000). Belastungen bei chronisch kranken Kindern und deren Familien. In F. Petermann (Hrsg.), *Lehrbuch der Klinischen Kinderpsychologie und Kinderpsychotherapie* (479–511). Göttingen: Hogrefe, 4. völlig veränd. Auflage.

Wolchik, S. A. & Sandler, I. N. (Eds.) (1997). *Handbook of children's coping. Linking theory and intervention.* New York: Plenum Press.

Aggression

Ulrike Petermann und Franz Petermann

Aggressives Verhalten gegenüber Menschen und Tieren stellt eine der vier Gruppen dar, die die Diagnose „Störung des Sozialverhaltens" bilden (vgl. DSM-IV, 1996). Die Merkmalsliste besteht aus sieben Kriterien (A1–A7). Die drei anderen Gruppen umfassen „Zerstörung von Eigentum", „Betrug oder Diebstahl" sowie „schwere Regelverstöße". Gestörtes Sozialverhalten wird in der Regel ausschließlich bei Kindern und Jugendlichen diagnostiziert und zählt zur Gruppe der externalisierenden Verhaltensstörungen. Tritt es bei Personen über 18 Jahre auf, so ist zu prüfen, ob die Kriterien einer „Antisozialen Persönlichkeitsstörung" erfüllt sind. Bei Aggression handelt es sich um ein Problemverhalten, das überwiegend bei Jungen auftritt, und zwar im Verhältnis fünf zu eins; das heißt, ca. zehn Prozent der Jungen weist nach den Klassifikationskriterien des DSM-IV (1996) eine Störung des Sozialverhaltens in diesem Sinne auf und ca. zwei Prozent der Mädchen (vgl. Scheithauer & Petermann, 2000).

Die Prävalenzangaben schwanken jedoch je nach untersuchter Stichprobe und angewandter Erhebungsmethode, wobei die Rate in städtischem Gebiet im Vergleich zu ländlichem höher zu sein scheint (vgl. DSM-IV, 1996). Nach DSM-IV wird vermutet, daß die Störung des Sozialverhaltens in den letzten Jahrzehnten anstieg; unserer Einschätzung nach wäre es möglich, daß sich die Formen aggressiven Verhaltens verändert haben und der Zeitpunkt der Erstmanifestation früher liegt; dies kann zum Eindruck erhöhter Prävalenz führen, ohne daß dies tatsächlich der Fall ist. So hat scheinbar aggressives Verhalten in den letzten Jahren an Intensität und Brutalität zugenommen, Fairneßregeln werden immer weniger eingehalten, und Skrupel, zum Beispiel bei körperlicher Aggression, sind immer weniger beobachtbar.

Aggressives Verhalten zählt zu den stabilsten Verhaltensstörungen und verläuft unter bestimmten Bedingungen mit einer ungünstigen Prognose (vgl. Fergusson, 1998; Moffitt, 1993). In Anlehnung an Loeber (1990) führen folgende Voraussetzungen zu einer ungünstigen Entwicklungsprognose:
- hohe Auftrittshäufigkeit aggressiven Verhaltens,
- hohe Intensität aggressiven Verhaltens,
- früher Beginn aggressiven Verhaltens,

- generalisiertes aggressives Verhalten, das heißt situationsunspezifisches und personenunabhängiges aggressives Verhalten,
- Komorbidität, zum Beispiel mit hyperkinetischem Verhalten und
- bereits eingetretene Sekundärprobleme, wie Schul- und Leistungsprobleme.

Die Prognose ist dann besonders ungünstig, wenn die Phänomene bereits früh auftreten (Dumas, 1992; Fergusson, 1998). Dies bedeutet, daß Kinder einerseits schon früh mit ihrem Temperament und Interaktionsverhalten zu den sogenannten schwierigen Kleinkindern gehörten, sich zu Kindern mit einer hyperkinetischen Störung und dann zu solchen mit Oppositionellem Trotzverhalten entwickelten; das Risiko zum Übergang in delinquentes Verhalten ist dann sehr groß (vgl. Döpfner, 2000; Loeber, 1990). Naheliegender Weise haben „Quereinsteiger" eine sehr viel günstigere Prognose, aus der Aggressionsproblematik auch wieder auszusteigen; das aggressive Verhalten tritt bei diesen „late starters" erst in der späten Kindheit auf und hat sich bei diesen quereinsteigenden Kindern deshalb noch nicht verfestigen und somit noch nicht generalisieren können (Moffitt, 1993). Interventionen können bei diesen Kindern sehr viel erfolgreicher angewandt werden (vgl. Scheithauer & Petermann, 2000).

Die Ausführungen verdeutlichen, wie wichtig eine Früherkennung aggressiven Verhaltens und seiner Vorformen ist, um Kinder in präventiver Absicht zu fördern. Der nun vorzustellende Fall gibt ein Beispiel eines Jungen, der als „early starter" eingestuft werden kann und sich bereits im Übergang zu delinquentem Verhalten befindet.

1 Beschreibung des Störungsbildes

Der Fall handelt von einem Jungen namens Jan, der zum Zeitpunkt des Erstkontaktes 12,9 Jahre alt ist. Er besucht zu diesem Zeitpunkt die sechste Klasse einer Orientierungsstufe. Sein familiäres Umfeld besteht aus der Mutter, der Schwester und dem Stiefvater. Die Mutter sucht für ihren Sohn therapeutische Hilfe, weil er wegen aggressivem und delinquentem Verhalten sowohl zu Hause als auch in der Schule aufgefallen ist. Die Eltern sehen sich außerstande, den Jungen noch angemessen zu erziehen und zu fördern. Sie stehen kurz vor dem Entschluß, für Jan eine Fremdunterbringung in einem Erziehungsheim zu beantragen. Zum gleichen Zeitpunkt kommen auch verstärkt Beschwerden aus der Schule. Während des Erstkontaktes werden die schulischen Gutachten mit den Empfehlungen für die weiterführenden Schulen angefertigt. Die Lehrer teilen den Eltern mit, daß sie Jan nicht mehr in einer Allgemeinen Schule für unterrichtbar halten und eine Schule für Erziehungshilfe bzw. für Verhaltensgestörte mit Hauptschulzweig empfehlen.

Zur **diagnostischen Abklärung** werden mit der Mutter von Jan eine standardisierte Exploration zum Problemverhalten und dessen Entwicklung durchgeführt; Jan selbst bearbeitet eine Reihe von Testverfahren:

- Erfassungsbogen für aggressives Verhalten in konkreten Situationen (EAS-J; Petermann & Petermann, 2000 a),
- Anstrengungsvermeidungstest (AVT; Rollett & Bartram, 1977),
- Aufmerksamkeitsbelastungstest (d2; Brickenkamp, 1994),
- Prüfsystem für Schul- und Bildungsberatung (PSB-Intelligenztest; Horn, 1969).

Die Informationssammlung wird durch ein telefonisches Explorationsgespräch mit dem Klassenlehrer von Jan abgerundet. Die Auswertung und Analyse der diagnostischen Bemühungen ergeben folgendes Störungsbild:

Verhalten in der Familie. Die Mutter beschreibt Jans Verhalten in der Familie als aggressiv, faul und bequem. Jan lügt, kennt keine Grenzen, will in Diskussionen immer Recht behalten, und er ist extrem neugierig. Er schreit seine Mutter sehr häufig an und folgt Aufforderungen sowie Abmachungen nicht. Auch Verbote beachtet Jan nicht: Beispielsweise benutzt er ohne Erlaubnis die Bohrmaschine, entwendet den Autoschlüssel, stiehlt der Nachhilfelehrerin, die ihn in Deutsch fördert, die Spardose, was fast zu einer Strafanzeige führt. Aufgaben und Verantwortung in der Familie übernimmt er unregelmäßig und unzuverlässig: Die Familie besitzt Ponys, die Jan auf die Weide läßt, ohne zu prüfen, ob die Gatter alle verschlossen sind, damit die Tiere nicht davonlaufen können.

Mit der Schwester hat Jan häufig Streit, da er deren Zimmer ohne zu fragen betritt und Gegenstände, zum Beispiel Kassetten, wegnimmt. Er reagiert eifersüchtig, wenn seine Mutter und der Stiefvater mit seiner Schwester sprechen.

Der Stiefvater stellt für Jan eine Respektsperson dar, der der Junge folgt. Der Stiefvater redet mit Jan ruhig, leise, aber bestimmt. Dies gelingt der Mutter weniger gut, so daß zwischen Jan und seiner Mutter schnell eine eskalierende Kommunikation entsteht, in der sie ihn ermahnen, erinnern und zu Aufgaben auffordern muß, die Jan dann oft nicht oder unzuverlässig ausführt. – Prognostisch günstig ist festzustellen, daß Jan noch nie von zu Hause weggelaufen und über Nacht außerhäusig gewesen ist.

Verhalten in der Schule. Jan besucht regelmäßig und gerne den Schulunterricht und hat die Schule noch nie geschwänzt. Bis auf die Fächer Deutsch und Englisch sind seine Schulleistungen gut bis befriedigend. Probleme gibt es mit der Erledigung der Hausaufgaben, die er oft vergißt. Die Beschwerden beziehen sich auf Jans aggressives Verhalten gegenüber seinen Mitschülern. Diese tritt er im Vorbeigehen; er fegt deren Hefte oder Federmäppchen vom Tisch, wirft Gegenstände durch die Klasse, schreibt in fremde Hefte, beschädigt in fremden Klassenräumen das Eigentum anderer Schüler und beschimpft seine Mitschüler mit sehr unflätigen Ausdrücken.

Unterrichtsstörungen zeigen sich darin, daß er zu spät kommt, plötzlich in den Unterricht schreit, aufspringt, durch den Klassenraum läuft, sich nicht meldet, wenn er einen Unterrichtsbeitrag liefern will, Absprachen und Aufträge mit den Lehrern sehr unzuverlässig ausführt und bei fehlender Aufsicht durch die Lehrer unkontrolliertes Verhalten zeigt. Beispielsweise reißt er auf dem Weg zur Toilette während des Unterrichts die Türen aller anderen Klassenräume auf oder entwendet ein anderes Mal den Schlüssel eines Lehrers. Jan zeigt auch aggressives Verhalten gegen Schuleigentum, indem er Tische und Bänke umstürzt, Geräte im Sprachlabor oder Physikraum unerlaubterweise ein- und ausschaltet oder durch die Gegend wirft. Kurz vor Therapiebeginn hat Jan Knallkörper in einem Briefkasten auf dem Schulgelände angezündet, wodurch die Polizei auf Jan zum ersten Mal aufmerksam wird.

Verhalten im Kontakt zu Gleichaltrigen. Jan kann Kontakt zu Gleichaltrigen nicht richtig einschätzen. Er betrachtet alle Kinder, mit denen er zusammentrifft, als seine Freunde. Im Kontakt mit Jungen entstehen sehr schnell Handlungen, die man nicht mehr nur als harmlose Jungenstreiche bezeichnen kann. Beispielsweise veranstaltet er mit einem Blasrohr Wettschießen auf vorüberfahrende Autos; das Blasrohr ist mit Steinen „als Munition geladen". Außerdem zündelt Jan sehr gerne, ohne dabei notwendige Sicherheitsregeln und Gefahren zu bedenken.

Zu Mädchen hat er ein gutes kameradschaftliches Verhältnis, und zwar durch das gemeinsame Interesse für Ponys. Positiv ist festzuhalten, daß Jan in einem Fußball- und Tischtennisverein aktiv ist sowie an einer Schacharbeitsgemeinschaft in der Schule teilnimmt.

Ein Jahr bevor Jan in verhaltenstherapeutische Behandlung kommt, wird er für zwölf Wochen in einem Kinder- und Jugendpsychiatrischen Landeskrankenhaus stationär aufgenommen. Die Diagnose enthält keine, den Klassifikationskriterien gemäßen Angaben; die psychotherapeutischen Ansätze bleiben für den Jungen und die Familie ohne Effekte. Ebenso verhält es sich mit den Bemühungen einer Erziehungsberatungsstelle, die die Eltern mit dem Jungen im Anschluß an die kinder- und jugendpsychiatrische Maßnahme für ein knappes Jahr aufsuchen. Nachdem sich bei dem Jungen die erheblichen Verhaltensstörungen nicht verbessern, wenden sich die Mutter und der Stiefvater von Jan an eine verhaltenstherapeutische Kinderambulanz.

2 Differentialdiagnostik

Die bereits genannten Testverfahren, die mit Jan durchgeführt wurden, ergeben, daß Jan eine durchschnittliche Konzentrationsfähigkeit aufweist und eine insgesamt knapp durchschnittliche Intelligenzleistung erreicht. Eine hohe Anstrengungsvermeidung kann festgestellt werden. Die Ergebnisse im Anstrengungsvermeidungstest decken sich mit den berichteten Verhaltensweisen aus dem häuslichen und schulischen Bereich. Im situationsspezifischen Aggressionstest (EAS-J; Petermann & Petermann, 2000a) weist Jan eindeutig aggressives Verhalten auf, das sich bevorzugt im Freizeitbereich manifestiert. Halb so häufig aggressiv reagiert Jan jeweils in den Bereichen „in der Schule" und „zu Hause". Von den 22 Reaktionsmöglichkeiten kreuzt Jan zwanzig mit aggressiven Verhaltensalternativen an. Diese setzen sich aus zwei massiv aggressiven Reaktionen und 18 leicht aggressiven Reaktionen zusammen. Dies entspricht auch Alltagsbeobachtungen, bei denen deutlich wird, daß Jan nicht durch wenige und dafür massive aggressive Verhaltensweisen, sondern vielmehr durch viele leichte Formen aggressiven Verhaltens auffällt, die sich allerdings in einer großen Vielfalt zeigen. Überwiegend kreuzt Jan aggressionsinitiierendes Verhalten an (fünfzehnmal) und bei fünf aggressiven Reaktionen entscheidet er sich für parteiergreifendes aggressives Verhalten (Mitläufer). Überwiegend besteht sein aggressives Verhalten im EAS aus verbal direktem Reagieren gegen andere (achtmal); viermal richtet sich sein verbal aggressives Verhalten gegen Gegenstände, dreimal kreuzt er verbal hinterhältiges und dreimal nonverbal hinterhältiges sowie einmal nonverbal direktes aggressives Verhalten gegen andere an. Es zeigt sich, daß das aggressive Verhalten von Jan bereits stark differenziert und generalisiert ist, wenn auch im EAS „nur" in den leichten Reaktionsformen.

Diese Ergebnisse des EAS stimmen mit den Angaben der Mutter und des Klassenlehrers überein (siehe die Beschreibungen zum Störungsbild). Über das aggressive Verhalten hinaus kommen bei Jan bereits delinquente Verhaltensweisen zum Ausdruck. Die Mutter erzählt, daß Jan häufig lügt und er Verhaltensweisen wie Stehlen oder Sachbeschädigung erst dann zugibt, wenn ihn die Beweislast erdrückt. Beispielsweise stiehlt er in Kaufhäusern; in dem bereits berichteten Beispiel bestiehlt Jan seine Nachhilfelehrerin. Auch Mitschülern entwendete er bereits Geld, weswegen Jan öfters als Dieb in der Klasse verdächtigt wird, auch wenn er unschuldig ist.

Neben der Störung des Sozialverhaltens mit aggressiven und delinquenten Bestandteilen sowie neben den Merkmalen Oppositionellen Verhaltens ist bei Jan motorische Unruhe beobachtbar, die für aggressive Kinder dann typisch ist, wenn sie als „Vorläufersymptom" Hyperaktivität zeigten (vgl. Loeber, 1990). Beispielsweise läuft Jan im Unterricht unaufgefordert und unkontrolliert durch das Klassenzimmer; er kann nur schwer stillsitzen und zappelt mit Händen und Füßen. Jan zeigt auch das Symptom der Impulsivität, indem er unaufgefordert handelt, andere nicht ausreden läßt oder plötzlich in das Unterrichtsgeschehen hineinschreit. Er kann auch nur schwer abwarten, bis er an der Reihe ist, und wenn er bei einem Spiel verliert, hat er eine kaum ausgeprägte Frustrationstoleranz und Impulskontrolle. Impulsivität und Hyperaktivität bilden mit der Aufmerksamkeitsstörung zusammen die hyperkinetische Störung (vgl. Döpfner, 2000). Unaufmerksamkeit zeigt sich bei Jan darin, daß er bei Erklärungen oder Anweisungen nicht genau zuhört sowie in vielen Situationen nicht genau hinschaut. Dies macht sich in vielen Situationen ungünstig bemerkbar, beispielsweise beim Lesen, beim Schreiben, beim Rechnen oder beim Schachspielen.

Schließlich sind die für aggressive Kinder typischen Wahrnehmungsprobleme bei Jan feststellbar. Sie beziehen sich auf soziale Geschehnisse, die einseitig als Angriff oder Bedrohung interpretiert werden; dies betrifft vor allem zweideutige Situationen. Von aggressiven Kindern werden auch vermehrt aggressive Reize oder vermeintlich aggressive wahrgenommen. Solche verzerrten Wahrnehmungen und Interpretationen sozialer Ereignisse führen zwangsläufig zu einer Verteidigungshaltung und erleichtern aggressives Verhalten (vgl. Dodge & Schwartz, 1997).

Kasten 1 enthält die Kodierungen psychischer Störungen nach dem DSM-IV bei Jan. Die analogen Kodierungen der ICD-10 (WHO, 1993) werden in Klammern angegeben. Sind die Kriterien sowohl für eine hyperkinetische Störung (F90) als auch für eine Störung des Sozialverhaltens (F91) erfüllt, dann werden nach der ICD-10 nicht die Einzelkodierungen vorgenommen, sondern es ist eine eigene Kodierung zu wählen, nämlich F90.1: Hyperkinetische Störung des Sozialverhaltens. Dies ist bei Jan nach der ICD-10 gegeben. Es wird deutlich, daß zwischen den beiden Klassifikationssystemen Unterschiede bestehen, die sich vor allem bei der Störung des Sozialverhaltens zeigen.

Kasten 1:
DSM-IV-Kodierungen unter Berücksichtigung aller fünf Achsen

Achse I: **Klinische Störungen und Andere Klinisch Relevante Probleme**

314.01 Aufmerksamkeitsdefizit- und Hyperaktivitätsstörung, Mischtypus (F90.0 bzw. F90.1)

312.8 Störung des Sozialverhaltens (Typus mit Beginn in der Kindheit; F91.8 bzw. F90.1)
Schweregrad: mittel

313.81 Störung mit Oppositionellem Trotzverhalten (nach DSM-IV wird diese Störung nicht diagnostiziert, wenn für die Störung des Sozialverhaltens alle Kriterien erfüllt sind, was bei Jan zutrifft; trotzdem soll für das Gesamtbild der Diagnose diese Störung erwähnt werden; F91.3)

Achse II: **Persönlichkeitsstörungen**
Geistige Behinderung
V71.09 Keine Diagnose

Achse III: **Medizinische Krankheitsfaktoren**
Keine

Achse IV: Belastungsfaktoren
Bei Achse IV wird auf die Kriterien des DSM-III-R (1989) zurückgegriffen, welches differenziert Belastungsfaktoren sowie eine Skala der Schwere der psychosozialen Belastungsfaktoren speziell für Kinder und Jugendliche ausweist; der Schweregrad ist von 1 (keine Belastungsfaktoren) bis 6 (katastrophale Belastungen) kodierbar.
Psychosoziale Belastungsfaktoren
— Akute Ereignisse
Berufliche Veränderung des Stiefvaters und bevorstehender Wohnungswechsel für die gesamte Familie, einschließlich Schulwechsel für Jan
Schweregrad: 2 (leicht)

— Von Schulausschluß und Heimeinweisung bedroht
Schweregrad: 3 (mittel)

Länger andauernde Lebensumstände
— Konfliktgeladene Beziehung der Eltern untereinander und Ablehnung des Jungen von
seiten des Stiefvaters; inkonsistente elterliche Kontrollen
Schweregrad: 4 (schwer)

**Länger als ein Jahr zurückliegende Lebensumstände, die in der Vergangenheit von Jan
Belastungsfaktoren darstellten** (vgl. hierzu auch den nächsten Abschnitt „Erklärung")
— Chronisch behindernde Krankheit des leiblichen Vaters (Alkoholismus)
Schweregrad: 3 (mittel)
— Wiederholte körperliche Mißhandlung durch den leiblichen Vater; Anstiftung zu delin-
quentem Verhalten durch den leiblichen Vater
Schweregrad: 5 (extrem)
— Scheidung der leiblichen Eltern und Trennung von Mutter und Schwester
Schweregrad: 4 (schwer)

Achse V: Globale Erfassung des Funktionsniveaus
GAF=45 (zur Zeit)
Dies bedeutet, daß Jan ernsten Beeinträchtigungen in familiären und sozialen
Beziehungen unterliegt und die schulische Leistungsfähigkeit eingeschränkt ist.

Die differentialdiagnostischen Bemühungen ergeben, daß die Schulleistungs-
probleme von Jan in Deutsch und Englisch Sekundärprobleme darstellen, die
durch Lebensumstände entstanden, nicht jedoch durch mangelnde Intelligenz
bedingt sind. Der durchgeführte Intelligenztest gibt entsprechende Hinweise,
da Jan in dem Subtest allgemeine „Denkfähigkeit" gute Werte aufweist. Aus
der Screening-Befragung der Mutter anhand des DIPS-K (vgl. Unnewehr,
Schneider & Margraf, 1995) geht hervor, daß bei Jan keine weiteren psychischen Störungen vorliegen, wie zum Beispiel Angst oder Depression, welche
mit aggressivem Verhalten kombiniert auftreten können.

3   Erklärungsansätze

Wie bereits mit den Ausführungen zur Achse IV im Rahmen der Differentialdiagnose angedeutet wurde, existieren in der Biographie von Jan eine Reihe
länger andauernder Lebensumstände sowie akute Ereignisse, die die Entwicklung des aggressiven Verhaltens von Jan erklären können. Auf diese biogra-
phisch bedeutsamen Faktoren und Lebensumstände wird im folgenden genauer
eingegangen, um dann diese Lebensumstände auf lerntheoretischem Hintergrund hinsichtlich ursächlicher und aufrechterhaltender Bedingungen genauer
zu analysieren.

Schon in der frühen Kindheit und im Vorschulalter treten belastende Lebensumstände auf. Jan kommt drei Jahre nach der Geburt seiner Schwester als
zweites Kind zur Welt und wächst bis zu seinem zehnten Lebensjahr in einer
Großstadt auf. Die Mutter ist berufstätig, weswegen Jan in den ersten eineinhalb Jahren vorwiegend vom Vater versorgt und erzogen wird. Der Vater wird
von der Mutter als jähzornig und aggressiv beschrieben. Er ist alkoholabhängig

und hält sich auch tagsüber oft in Kneipen auf. Er ist bereits mehrmals in
einer Strafvollzugsanstalt eingesessen, unter anderem wegen Rowdytums.

Mit einem Jahr wird Jan in einer Kinderkrippe betreut. Als Jan 18 Monate alt
ist, wird diese Betreuung abgebrochen, da er plötzlich und ohne erkennbare
Ursache hohes Fieber bekommt. In diesem Zusammenhang gibt die Mutter
ihre Berufstätigkeit für ein knappes Jahr auf und übernimmt selbst die Pflege
und Erziehung von Jan. Zum frühestmöglichen Zeitpunkt besucht Jan einen
Kindergarten. In dieser Zeit kümmert sich wieder der Vater verstärkt um den
Jungen.

Als Jan sieben Jahre alt ist, trennt sich die Mutter von ihrem Ehemann, da
sie das gewalttätige Verhalten ihres Ehemannes, auch in Gegenwart der Kinder,
nicht mehr weiter akzeptieren kann. Die Mutter hat einen neuen Partner, zu
dem sie in die Wohnung zieht und den sie zwei Jahre später heiratet. Die
Schwester zieht mit der Mutter und dem Stiefvater in diese neue Lebensge-
meinschaft, während Jan bei seinem leiblichen Vater bleiben will.

Da der Vater sich tagsüber in Kneipen aufhält, ist Jan sich selbst überlassen.
Abends sehen Vater und Sohn gemeinsam bis Mitternacht Fernsehen und Vi-
deos, bevorzugt Kriminal- und Horrorfilme. Nach einiger Zeit zieht eine neue
Lebensgefährtin mit fünf Kindern zum Vater in die Wohnung ein. Da die Lebensgefährtin wie der Vater alkoholabhängig ist und das Geld überwiegend
für Alkoholkonsum verbraucht wird, schicken sie die Kinder zum Stehlen, vor
allem um Nahrungsmittel zu besorgen. Manchmal wird Jan von seinem Vater
so schwer mißhandelt und geschlagen, daß er deswegen die Schule tageweise
nicht besuchen kann.

Die Mutter besucht den Jungen aufgrund von nicht von ihr beeinflußbaren
Umständen nur im Abstand von drei bis vier Wochen. Der Vater verbietet Jan
den Telefonkontakt zu seiner Mutter; dadurch bleiben der Mutter die Lebensumstände ihres Sohnes in vollem Umfang verborgen. Jan ruft seine Mutter
jedoch heimlich an und bittet sie um Hilfe. Die Mutter bemüht sich darum,
das Sorgerecht für ihren Sohn zu erhalten, was ihr zugesprochen wird, als Jan
zehn Jahre alt ist. In diesem Alter zieht Jan zu seiner Mutter, seiner Schwester
und dem Stiefvater. Die Mutter gibt ihre Berufstätigkeit auf, da sie Jan nicht
unbeaufsichtigt lassen kann.

Das aggressive Verhalten von Jan im Umgang mit anderen, und zwar hinsicht-
lich seiner Mitschüler und besonders im Hinblick auf seine Mutter, muß im
Kontext unterschiedlicher Lerntheorien erklärt werden. Im Blickpunkt stehen
Modellernprozesse, operantes Konditionieren sowie Unkontrollierbarkeits- und
Unvorhersagbarkeitsbedingungen. Sicherlich ist das schlechte Vorbild des leib-
lichen Vaters zentral für die Entwicklung von Jan. Der Vater mißhandelt die
Mutter in Gegenwart der Kinder: Sie wird angeschrien und körperlich attak-
kiert. Jan erfährt selbst körperliche Mißhandlungen, was nach Studien zum
Modellernen eine weitere Voraussetzung für die Entwicklung von aggressivem
Verhalten darstellt (vgl. z. B. Patterson, Reid & Dishion, 1992).

Personen mit Alkoholproblemen stellen für ihre Umwelt, besonders für Kinder, unvorhersagbare und unkontrollierbare Bedingungen her, da sie aufgrund der Alkoholisierung und des damit verbundenen Kontrollverlusts unberechenbar sein können. Solchen unvorhersagbaren und unkontrollierbaren Bedingungen war Jan zehn Jahre lang ausgesetzt. Die Mißhandlungen durch den Vater, die Mutter und Sohn erfahren, geschehen meist in alkoholisiertem Zustand. Das heißt jedoch nicht, daß jeder Alkoholkonsum beim Vater aggressives Verhalten auslöst. Für Jan fehlen somit Sicherheitssignale, ob sein Vater, wenn er getrunken hat, schlägt oder sich friedlich verhält. Auf den Alkoholkonsum des Vaters hat Jan zudem keinen Einfluß. Unvorhersagbar und unkontrollierbar erlebt Jan auch die Mutter; sie steht einmal durch ihre Berufstätigkeit und einmal durch die Trennung von ihrem ersten Mann Jan als enge Bezugsperson nicht zuverlässig zur Verfügung.

Das delinquente Verhalten von Jan läßt sich eindeutig darauf zurückführen, daß Jan in einer Lebensphase von ca. drei Jahren legitimiert stiehlt, da er vom Vater und dessen neuer Lebensgefährtin dazu veranlaßt wird. Auch die fünf Kinder der Lebensgefährtin werden zum Stehlen angehalten, um Nahrungsmittel zu beschaffen. Diese Lebenserfahrungen bekräftigen das Fehlverhalten und verhindern eine eindeutige normorientierte Entwicklung im Hinblick darauf, daß fremdes Eigentum zu achten ist.

Aus den Angaben der Mutter und ihrem Interaktionsverhalten kann berechtigt angenommen werden, daß Jan kaum Anerkennung und emotionale Unterstützung erfährt. Von der Mutter wird er wenig gelobt, dafür um so mehr geschimpft und zum Beispiel mit Hausarrest bestraft. Vom Stiefvater erfährt er keine positive emotionale Zuwendung und Aufmerksamkeit sowie vor allem keine lobende Unterstützung. Vielmehr erlebt der Stiefvater Jan als Störenfried in der neuen Ehebeziehung und als große Belastung. Dies äußert der Stiefvater auch offen gegenüber Jan. Somit sind sowohl in sozialer als auch in emotionaler Hinsicht für Jan Lebensumstände gegeben, die für ihn nur wenige positive Verstärkungsbedingungen bereit halten, dafür um so mehr direkte und indirekte Bestrafungssituationen. Einen emotionalen Ausgleich findet Jan bei der Beschäftigung mit den eigenen Tieren (einem Hund und zwei Ponys); diese muß er füttern und pflegen, mit dem Hund spielt und tobt er; ein Pony, das ihm gehört, reitet er. Die operanten Verstärkungsbedingungen, die das Problemverhalten stabilisieren und positives Alternativverhalten kaum begünstigen, sind in Tabelle 1 zusammengefaßt.

Neben diesen ursächlichen und aufrechterhaltenden Bedingungen in der Familie stellt die Tatsache, daß Jan keine konstanten außerfamiliären Sozialkontakte hat, einen das Problemverhalten begünstigenden Faktor dar. Eine Freundschaft zu einem gleichaltrigen Jungen mit positivem Sozialverhalten könnte für Jan eine bekräftigende sowie Vorbildwirkung ausüben; zugleich wäre er weniger sozial isoliert und emotional nicht ausschließlich auf seine Familie angewiesen.

Tabelle 1:
Das Problemverhalten von Jan aufrechterhaltende familiäre Bedingungen

	Positive Verstärker		Negative Verstärker	
	$C^+ =$	Direkte Belohnung; baut Verhalten auf.	$C^- =$	Direkte Bestrafung; hemmt Verhalten.
geben	Mutter und Stiefvater:	Schimpfen mit Jan; wirkt als bekräftigende Zuwendung wegen mangelnder positiver Zuwendung; das Schimpfen erfolgt zudem zuverlässig.	Mutter:	Hausarrest für Jan; aufgrund der nicht durchhaltbaren, langen zeitlichen Erstreckung wird die Strafe nicht konsequent zu Ende geführt.
	$\Rightarrow$	Problemverhalten von Jan wird aufrechterhalten.	$\Rightarrow$	Unrealistisches Strafmaß und Inkonsequenz der Mutter heben die Wirkung der Strafe auf ($= \cancel{C}^-$), wodurch das Problemverhalten von Jan im Sinne einer negativen Verstärkung aufrechterhalten wird.
			Stiefvater:	Äußert gegenüber Jan, daß Jan die Ehebeziehung belastet.
			$\Rightarrow$	Eine solche Äußerung bekräftigt die geringe Selbstachtung von Jan und motiviert nicht zur Veränderung des Problemverhaltens.
	$\cancel{C}^+ =$	Indirekte Bestrafung; hemmt Verhalten.	$\cancel{C}^- =$	Indirekte Belohnung; baut Verhalten auf.
nehmen	Mutter und Stiefvater:	Kein Lob, keine Anerkennung, keine emotionale Unterstützung für Jan.	Tiere:	Die Beschäftigung mit den Tieren ermöglicht Jan, seine Isolation zu beenden und den Mangel an positiv erfahrenen Emotionen zu bewältigen.
	$\Rightarrow$	Angemessenes Verhalten und positive Entwicklungen von Jan werden nicht aufrechterhalten und stabilisiert.	$\Rightarrow$	Dies bekräftigt Jans Kontaktverhalten zu Tieren und die Fürsorge für diese.

Anmerkung: Der Pfeil $\Rightarrow$ gibt beabsichtigte und unbeabsichtigte Wirkungen der positiven und negativen Verstärker auf Jan an.

Jan erlebt aufgrund von Wahrnehmungsproblemen und tatsächlich erfahrenen, ungerechtfertigten Beschuldigungen seine Umwelt als bedrohlich. Diese vermeintlichen und tatsächlichen Bedrohungen begünstigen aggressives Verhalten. Jan zeigt zudem eine Reihe unüberlegter Handlungen, zum Beispiel wenn er mit Feuer hantiert und unter dem Scheunenvordach ein Lagerfeuer entzündet. Er ist oft nicht in der Lage, Konsequenzen seines Handelns vorherzusehen und reagiert eher impulsiv, was als Teil der hyperkinetischen Störungen angesehen werden kann (vgl. den Abschnitt Differentialdiagnostik).

4 Interventionsprinzipien

Für Jan besteht das zentrale Interventionsziel darin, eine Einweisung in ein Erziehungsheim zu vermeiden. Er will in jedem Fall in der Familie verbleiben. Für die Eltern steht als globales Ziel im Vordergrund, daß Jan nicht in eine Schule für Erziehungshilfe bzw. Verhaltensgestörte überwiesen wird und daß sich die Erziehungsschwierigkeiten zu Hause verringern, das heißt, daß Jan vor allem für die Mutter beeinflußbarer wird. Der Mutter liegt auch daran, daß Jan nicht weiter mit der Polizei in Berührung kommt und delinquentes Verhalten nicht weiter entwickelt.

Diese groben Ziele sind aus therapeutischer Sicht akzeptierbar; sie müssen in Teilziele untergliedert werden. Die Orientierung hierzu erfolgt an den Diagnosen nach dem DSM-IV-Klassifikationssystem; danach stehen aggressives, unaufmerksames und hyperaktives sowie dissoziales Verhalten im Vordergrund. Die **Teilziele** werden detailliert aufgeführt.

Hyperkinetisches Verhalten. Dies bezieht sich auf die folgenden Bereiche:
- Jan soll lernen, sich zu entspannen und motorisch ruhig zu werden; dazu übt er gezielt, Hände und Füße ruhig zu halten, nicht mit dem Stuhl zu kippeln sowie auf seinem Platz sitzen zu bleiben.
- Jan soll genau hinhören und genau hinschauen lernen; dies bezieht sich sowohl auf die Wahrnehmung bei schulischen Aufgaben als auch auf soziale Situationen.
- In Spielsituationen soll er abwarten können, bis er an die Reihe kommt. Diese Fertigkeit wird in einem zweiten Schritt auf Unterrichtssituationen übertragen.
- Jan lernt, eine größere Impulskontrolle aufzubauen, damit er sein Verhalten besser kontrollieren kann; dazu soll er vor dem Handeln nachdenken.

Aggressives Verhalten. Hier können aufgeführt werden:
- Jan soll lernen, Blickkontakt zu anderen aufnehmen und halten zu können.
- Beim gemeinsamen Spielen soll Jan Kompromißbereitschaft üben.
- Jan soll lernen, Wutgefühle und aggressive Gedanken angemessen zu bewältigen.
- Mit Mißerfolgen angemessen umgehen können, zum Beispiel bei einem Spiel einen Mißerfolg oder eine Niederlage akzeptieren lernen, ist ein weiteres wichtiges Ziel.
- Jan übt, sich an Absprachen zu halten und innerhalb der Familie an gemeinsamen Aufgaben zu beteiligen.
- Jan lernt angemessene Kommunikationsformen, um in der Familie, vor allem gegenüber der Mutter, statt laut fordernd und schimpfend in ruhiger und kooperativer Weise zu reagieren.

Dissoziales Verhalten. Dies bezieht sich auf die Bereiche:
- Jan soll ehrlich sein und die Wahrheit sagen.
- Fremdes Eigentum soll er nicht entwenden.

– Er lernt, mit Feuer verantwortlich umzugehen und nicht gedankenlos zu zündeln.

Ziele der Elternarbeit. Wesentlich ist hierbei, das Verhalten und die Einstellungen der Eltern gegenüber Jan zu modifizieren. Dadurch sollen die Verhaltensänderungen für Jan erleichtert und die gesamte Familiensituation positiv beeinflußt werden. Das Erziehungsverhalten und die Abgestimmtheit von Mutter und Stiefvater im Umgang mit Jan sind Themen der Elternarbeit. Die Mutter muß lernen, Jan im Kommunikationsverhalten ein positives Vorbild zu sein, indem sie Jan nicht anschreit; zugleich soll sie mit ihm konsequent umgehen, wobei sie lernen muß, realistische Anforderungen an Jan zu stellen und umsetzbare sowie durchhaltbare Konsequenzen zu realisieren. Für den Stiefvater ist ein Ziel von großer Bedeutung, nämlich Jan zu akzeptieren, und zwar mit seinen problematischen Verhaltensweisen. Dafür muß der Vater sensibilisiert werden, positive Verhaltensweisen an Jan zu entdecken, anzuerkennen und diese für den Jungen erkennbar sowie positiv zurückzumelden. Hinsichtlich des strafenden Verhaltens muß der Stiefvater Ausgewogenheit lernen. Beide Elternteile müssen üben, Jan mehr zu loben und positiv zu bewerten, Fortschritte zu erkennen und diese dann Jan mitzuteilen. Sollten Grenzsetzungen notwendig werden, dann müssen die Eltern lernen, konsequent zu bleiben (vgl. Petermann & Petermann, 2000 c).

Interventionsschritte mit Jan. Die Prognose für eine erfolgreiche ambulante Behandlung für Jan ist relativ schlecht. Er weist eine Reihe der Merkmale auf, die nach den Ergebnissen der Studie von Loeber (1990) einen ungünstigen Entwicklungsverlauf nahelegen. Er zeigt hyperkinetisches Verhalten; Oppositionelles Trotzverhalten und aggressives Verhalten können nach DSM-IV klassifiziert werden, und die Tendenzen zu delinquentem Verhalten sind eindeutig. Es ist also ersichtlich, daß das Problemverhalten von Jan über einen längeren Zeitraum bereits besteht und zudem stabil, generalisiert sowie diversifiziert ist. Im vorliegenden Fall ist eine strukturierte Kindertherapie und Familienberatung notwendig, um zu Erfolgen zu gelangen. Zugleich muß ein zeitlich intensives Vorgehen gewählt werden. Die Intervention für Jan setzt sich aus einem Einzel- und Gruppentraining zusammen, welches durch eine regelmäßige Eltern- und Familienberatung begleitet wird. Folgende Interventionsschritte liegen vor:

Erstes Einzeltraining. Acht Sitzungen zu je 100 Minuten werden durchgeführt; dieser Interventionsteil umfaßt im Schwerpunkt die Bausteine des Einzeltrainings mit aggressiven Kindern (Petermann & Petermann, 2000 c). Einzelne Sitzungen werden um Inhalte zur kognitiven Umstrukturierung erweitert (siehe unten).

Gruppentraining. Um den Aufbau sozial kompetenten Verhaltens nachhaltig zu fördern sowie um eine realitätsnähere Therapiesituation im Vergleich zu einem Einzeltraining herzustellen, werden sechs Sitzungen (à 100 Minuten) mit Jan und zwei weiteren Jungen durchgeführt. Die Interventionsbausteine basieren größtenteils auf denen des Gruppentrainings mit aggressiven Kindern (vgl. Petermann & Petermann, 2000 c) sowie auf zwei flexibel umgestalteten Bausteinen; die veränderte Vorgehensweise wird durch Problemsituationen in der Gruppe, die die Beziehung und das Verhalten der Jungen untereinander betrifft, notwendig.

Zweites Einzeltraining. Im Anschluß an das Gruppentraining wird das Einzeltraining mit sechs Sitzungen (je zwei pro Woche) fortgeführt. In diesen Einzelsitzungen ist es primäres Ziel, die bisher erreichten Ziele bei Jan zu stabilisieren. Zudem werden Problemlösefertigkeiten und Lernstrategien für Unterricht- und Hausaufgabensituationen geübt.

Eltern- und Familienarbeit. Zur Diagnose und Interventionsbegleitung von Jan finden insgesamt zehn Familiensitzungen, jeweils Doppelstunden von 100 Minuten, statt. Bis auf jeweils eine Sitzung kommen Mutter und Stiefvater gemeinsam zur Beratungsarbeit. An den letzten drei Terminen nimmt Jan ebenfalls regelmäßig teil.

Folgende **Interventionsprinzipien** kommen im Einzel- wie im Gruppentraining zum Tragen:
— Vertragstechnik,
— Entspannungstechniken (Kapitän-Nemo-Geschichten und Progressive Muskelentspannung),
— Tokensystem zum differentiellen Verhaltensfeedback und zur Verstärkung,
— Modellernen mit Hilfe von Videoszenen,
— Übungen zur sozialen Wahrnehmung mittels unterschiedlichem Bildmaterial,
— Problemlösetechniken für soziale und kognitive Aufgaben,
— Selbstkontrolltechniken mit Hilfe von Selbstinstruktionen und Selbstinstruktionskärtchen,
— kognitive Umstrukturierung im Hinblick auf Anforderungen im Training und hinsichtlich Selbstwirksamkeitserwartungen (individuell auf Jan abgestimmte Arbeitsblätter; vgl. Kasten 2),
— Verhaltensübungen im Rahmen von Rollenspielen,
— Hausaufgabentechnik zur Unterstützung der Übertragung des Gelernten auf den Alltag (Detektivbogen).

Das konkrete Vorgehen entspricht dem Training mit aggressiven Kindern (vgl. Petermann & Petermann, 2000 c; einen Überblick über das erste Einzeltraining und das Gruppentraining geben Tab. 2 und 3). Die Progressive Muskelentspannung wird in der Kurzform für Jugendliche durchgeführt (vgl. Petermann, 1996 b; Petermann & Petermann, 2000 b). Für Jan ist es zur Orientierung von großer Bedeutung, eine immer gleiche Sitzungsstruktur vorzufinden. Diese wird durch folgende Punkte realisiert:
● Der Detektivbogen mit Aufgaben zur Selbstbeobachtung und für Verhaltensübungen zu Hause oder in der Schule wird ausgewertet.
● Ein Entspannungsverfahren wird durchgeführt.
● Der Schwerpunkt der gemeinsamen Arbeit mit Jan liegt auf der materialgeleiteten Trainingsarbeit.

● Am Ende einer jeden Sitzung erfolgt der Eintausch der Tokens in Spielminuten.

Tabelle 2:
Themen bzw. Konfliktgeschichten zur materialgeleiteten Arbeit im Einzeltraining

Einzeltraining	Themen bzw. Konfliktgeschichten	Materialien
1. Sitzung	Transparenz herstellen bezüglich des Trainings, seiner Anforderungen und Freiräume	Entspannungsgeschichte Trainingsvertrag Regelliste
2. Sitzung	„Das Bauwerk eines anderen wird zerstört"	Videofilmsituation
3. Sitzung	„Ich habe keine Lust zum Aufräumen"	Videofilmsituation
4. Sitzung	„Fernsehen ist besser als ins Bett gehen"	Fotogeschichte
5. Sitzung	„Feuerspiel"	Karten aus „Vertragen und nicht schlagen"
6. Sitzung	„Räuberhaus"	Karten aus „Vertragen und nicht schlagen"
7. Sitzung	Gerechtfertigte Lehrerstrafe	Arbeitsblatt: Beschreibung aggressiver Situationen (BAS)
8. Sitzung	Ungerechtfertigte Lehrerstrafe	Arbeitsblatt: BAS

Tabelle 3:
Stundenübersicht zum Gruppentraining

Gruppentraining	Themen	Praktisches Vorgehen
1. Sitzung	Gegenseitiges Kennenlernen Erarbeiten von Regeln	Ballspiel Gespräch
2. Sitzung	Einüben von Einfühlungsvermögen	Strukturierte Rollenspiele anhand des Igelspiels
3. Sitzung	Aufdecken der Hintergründe für hinterhältig aggressives Verhalten in der Gruppe der Trainingskinder	Gemeinsame Überlegungen für wichtige Regeln zum Umgang miteinander
4. Sitzung	Selbstbeobachtung und differenzierte Selbstwahrnehmung	Auswertung der Videoaufzeichnungen des Igelspiels
5. Sitzung	Erkennen der Auswirkungen von Lob, Nichtbeachtung und Tadel auf eine Person und ihr Handeln	Lob-Tadel-Spiel (experimentähnliches Ereignis)
6. Sitzung	Stabilisierung von helfendem und sozial kompetentem Verhalten	Durchführung einer gemeinsamen Aufgabe (Turmbau), bei der kooperatives Verhalten gefordert ist

Die Elemente der kognitiven Umstrukturierung umfassen mehrere Arbeitsblätter, die Jan zusätzlich zu Beginn der dritten bis sechsten Einzeltrainingssitzung
bearbeitet. Dies ist wichtig, da Jan keine Motivation für die Trainingsarbeit
mitbringt, was mit seiner generellen Anstrengungsvermeidung zu erklären ist,

aber auch mit der Tatsache, daß er in den Schulferien zur Therapie kommen muß. Die kognitive Umstrukturierung verfolgt das Ziel, zu verdeutlichen, daß er das Training positiv für sich selbst nutzen kann. Er soll deshalb Gründe dafür finden, warum er in die Kinderambulanz kommt, und diese auf ein Arbeitsblatt eintragen. Um die Therapiemotivation zu erhöhen, werden zwei weitere Arbeitsblätter eingesetzt. Das eine dient der Reflexion von Selbstwirksamkeitserfahrungen im Hinblick darauf, was Jan durch die Therapie bereits an seinem Verhalten positiv verändert hat. Zugleich soll ihm die Formulierung „Ich kann mich selbst beeinflussen!" verdeutlichen, daß die Verhaltensänderungen durch seine Anstrengungen möglich geworden sind (vgl. Kasten 2). Das andere Arbeitsblatt verfolgt das Ziel, die Selbstachtung von Jan anzuheben, indem er darüber nachdenkt, warum er auf sich stolz sein kann. Weitere Informationen zum Therapieverlauf sind der Kasuistik von Petermann, Gottschling und Sauer (1994) zu entnehmen.

Kasten 2:
Zusammenstellung verschiedener Arbeitsblätter zur kognitiven Umstrukturierung von Jan

Arbeitsblätter	Ziele der kognitven Umstrukturierung
Warum komme ich in die Kinderambulanz? Antworten von Jan: — Weil es für mein Leben wichtig ist! — Um nicht aggressiv zu sein! — Damit ich nicht ins Heim komme!	Einsicht vermitteln, warum in der Therapie Anforderungen gestellt werden.
Ich kann mich selbst beeinflussen!!! Für diese Aussage sollte Jan Beweise finden: Beweis 1: Deutlich sprechen! Beweis 2: Genau hinschauen! Beweis 3: Gründlich nachdenken; das heißt, ich frage vorher!	Verdeutlichen von Selbstwirksamkeitserfahrungen.
Ich bin stolz auf mich, weil... Antworten von Jan lauten: — ich ein Pferd habe! — ich gute Noten in Deutsch schreibe! — ich mit Tieren umgehen kann!	Aufbau von Selbstachtung.

Auf die Bedeutung der Eltern- und Familienberatung wurde bereits hingewiesen. Auch für sie sollen die zentralen **Interventionsprinzipien** benannt werden:

● Schulung der Verhaltensbeobachtung hinsichtlich vorausgehender und nachfolgender Reize (diskriminative Stimuli und Konsequenzen) für Jans Verhalten.

● Einsatz von Verstärkungsprinzipien und Übungen zum Loben mit Hilfe der Hausaufgabentechnik.

● Erlernen von angemessenem sowie konsequentem Verhalten im Umgang mit Jan.

● Fokussierung positiver Merkmale und Fähigkeiten sowie von Trainings-
  fortschritten von Jan, um negative Einstellungen sowie Erwartungen gegenüber Jan (besonders von seiten des Stiefvaters) zu modifizieren.
● Bewußtmachen von einseitigen und zu hohen Erwartungen an Jan (vor
  allem von seiten des Stiefvaters) mittels Konfrontation und Information.

Jans Klassenlehrer wird telefonisch in einzelne Verhaltensmodifikationsschritte
einbezogen. Dazu erhält der Lehrer einerseits Verhaltensbeobachtungsaufga-
ben, andererseits den Auftrag, Jan bei bestimmten Verhaltensübungen mit Hilfestellung und Lob zu unterstützen. Jan erhält für seinen Detektivbogen Aufgaben, die er in den Trainingssitzungen übt und auf Unterrichtssituationen in
der Schule überträgt. Hierzu gehören Selbstinstruktionsaufgaben, wie zum Beispiel: „Ich spreche deutlich!" oder „Ich denke gründlich nach, bevor ich etwas
sage und tue!" oder „Ich schaue genau hin!".

Welche Erfolge zeigen die Interventionsbemühungen? Drei Aspekte sollen betrachtet werden:
– Beschulung und Fremdunterbringung von Jan,
– einzelne Verhaltensweisen von Jan, die während der Intervention gezielt
  gefördert und systematisch beobachtet werden,
– Auswirkungen der Elternberatung.

Die Einschätzungen beziehen sich auf drei Zeiträume, nämlich während und
unmittelbar nach der Therapie, sechs Monate und ein Jahr nach Therapieende.

Die Intervention kann insgesamt als gelungen bezeichnet werden, da sowohl
die **Fremdunterbringung** in einem Erziehungsheim als auch die **Beschulung**
in einer Erziehungshilfeschule verhindert werden können. Jan lebt nach wie
vor in der Familie mit Mutter, Schwester und Stiefvater zusammen und besucht
erfolgreich eine Hauptschule.

Einzelne Verhaltensweisen, die gezielt während der Intervention geübt und
differentiell verstärkt werden, können teilweise modifiziert werden. Die Aus-
wertung der Videodokumentation basiert auf sechs Beobachtungskategorien,
die sich auf Problem- bzw. Zielverhaltensweisen beziehen:
– Jan denkt vor dem Handeln nach (er läßt den anderen ausreden; er schaut
  Bilder erst genau an, bevor er sie beschreibt; er hört genau zu; er fragt
  um Erlaubnis und handelt nicht spontan)!
– Er spricht deutlich!
– Er zappelt nicht mit den Händen!
– Er zappelt nicht mit den Füßen!
– Jan hält Blickkontakt!
– Er zeigt keine abgewandte und verweigernde Körperhaltung (z. B. legt er
  sich nicht auf den Tisch, schaut nicht unentwegt aus dem Fenster und läuft
  nicht im Zimmer umher)!

Ergebnisse und Interpretation. Die Interpretation der Beobachtungsergeb-
nisse erfolgt einmal für die Verhaltensweisen, die über das differenzierte und

prompte Rückmeldungs- und Verstärkungssystem gezielt trainiert werden und einmal über alle sechs Beobachtungskategorien zusammengenommen.

Für die Verhaltensweisen, die in ein Rückmeldungssystem integriert sind („vor dem Handeln nachdenken" sowie „deutlich sprechen"), liegen positive Effekte des Einzeltrainings vor. Die durchschnittlichen Skalenwerte fallen vom Trainingsbeginn zur dritten bis achten Einzeltrainingssitzung um einen Skalenpunkt und vom Beginn zum Gruppentraining um 1,3 Punkte. Im Gruppentraining verschlechtert sich wie erwartet Jans Verhalten anfangs; später setzt eine positive Veränderung ein, so daß Jan bezüglich der sechs Beobachtungskategorien ein stabil verbessertes Verhalten zeigt. Für eine Signifikanzprüfung des Gesamtverhaltens über die sechs Beobachtungskategorien kommt der Wilcoxon-Test zur Anwendung. Der Vergleich findet über die verschiedenen Behandlungsphasen statt. Setzt man das Gesamtverhalten im Gruppentraining mit dem Gesamtverhalten im ersten (1. und 2. Sitzung) und zweiten (3. bis 8. Sitzung) Abschnitt des Einzeltrainings in Beziehung, so ist eine signifikante Verbesserung feststellbar (vgl. zur Methode: Petermann, 1996 a).

Tabelle 4:
Einschätzungen zum Katamnesezeitpunkt

	Mutterurteile	**Vaterurteile**	**Lehrerurteile**
Problemverhalten			
Motorische Unruhe			
Mit Händen und Füßen zappeln	3 P verbessert	2 P verbessert	3 P verbessert
Unruhig auf dem Stuhl herumrutschen	1 P verbessert	unverändert	1 P verbessert
Initiiertes aggressives Verhalten			
Schreit Erwachsene an und beschimpft sie	1 P verbessert	1 P verschlechtert	unverändert
Schreit Kinder an und beschimpft sie	2 P verbessert	1 P verschlechtert	1 P verbessert
Geht körperlich gegen Kinder vor (z. B. schlagen)	3 P verbessert	1 P verbessert	2 P verbessert
Geht körperlich gegen Erwachsene vor (z. B. stoßen)	3 P verbessert	1 P verbessert	3 P verbessert
Beschädigt Gegenstände	2 P verbessert	1 P verbessert	1 P verbessert
Sonstiges Problemverhalten			
Undeutlich sprechen	1 P verbessert	unverändert	3 P verbessert
Zielverhalten			
Kooperations- und Kompromißbereitschaft			
Hilfe und Unterstützung geben (z. B. Mitschülern, der Mutter im Haushalt)	2 P verbessert	1 P verbessert	unverändert
Sich an Regeln halten (z. B. um Erlaubnis fragen, Arbeitsunterlagen in die Schule mitbringen)	1 P verschlechtert	1 P verschlechtert	1 P verbessert
Eigene Versprechen einhalten	unverändert	1 P verschlechtert	2 P verbessert

Tabelle 4: Fortsetzung

	Mutterurteile	Vaterurteile	Lehrerurteile
Selbstkontrolle			
Anforderungen nachkommen, ohne zu widersprechen und zu verweigern (z. B. Haushaltpflichten, Hausaufgaben)	unverändert	1 P verschlechtert	1 P verbessert
Räumt sein Zimmer auf, hält Ordnung, erledigt seine Aufgaben selbständig (z. B. im Unterricht)	1 P verbessert	unverändert	2 P verbessert
Macht seine Hausaufgaben	1 P verbessert	unverändert	2 P verbessert
Denkt nach, bevor er handelt	2 P verbessert	1 P verbessert	2 P verbessert

Erklärung: 1 P verbessert   = 1 Skalenwert ⎧ verbessert im Vergleich
2 P verbessert   = 2 Skalenwerte ⎨ zur Einschätzung
3 P verbessert   = 3 Skalenwerte ⎩ zum Diagnosezeitpunkt
unverändert   =   der gleiche Skalenwert wie zum Diagnosezeitpunkt
1 P verschlechtert = 1 Skalenwert verschlechtert im Vergleich zur Einschätzung zum Diagnosezeitpunkt

Die **Auswirkungen der Elternarbeit** lassen sich daran erkennen, wie Mutter und Stiefvater Jans Verhalten beurteilen und wie hoch die Übereinstimmungen bzw. Abweichungen zwischen beiden sind. Dazu werden Mutter, Stiefvater und Klassenlehrer darum gebeten, Verhaltensänderungen von Jan während der letzten sechs Monate einerseits und während der letzten beiden Wochen unmittelbar vor der Befragung andererseits zu beurteilen. Die Interpretation solcher Einschätzungen können immer nur Trends verdeutlichen, da vor allem Eltern oft eine verzerrte Wahrnehmung besitzen und zum Beispiel befürchten, ihr Kind könne auf die ,,schiefe Bahn" geraten. Die Auswertung erbringt den bereits bekannten Unterschied zwischen der Beurteilung der Mutter und des Stiefvaters. Positive Verhaltensänderungen bei Jan werden vom Stiefvater nicht so deutlich wie von der Mutter und auch vom Lehrer beobachtet. Sicherlich spielen hier die sehr hohen Erwartungen des Stiefvaters an Jan eine Rolle — vermutlich weist der Stiefvater immer noch eine ambivalente, eventuell sogar ablehnende Haltung gegenüber Jan auf.

Trotz aller Einschränkungen besitzen die Beurteilungen der Eltern und des Klassenlehrers eine große Bedeutung, zeigen sie doch Tendenzen an, ob Jan die Verhaltensänderungen auf den Alltag übertragen kann und ob diese Effekte stabil geblieben sind. Tabelle 4 zeigt einen Überblick über die Mutter-, Vater- und Lehrerurteile anhand der Kategorien des Einschätzungsbogens (vgl. Sauer & Petermann, 1996).

5 Resümee

Zusammengefaßt läßt sich feststellen, daß Jans motorische Unruhe deutlich reduziert bleibt; eine undeutliche Aussprache berichten die Eltern nach wie vor, dem steht jedoch ein sehr positives Urteil von seiten des Lehrers gegenüber sowie die Beobachtung bei einem Hausbesuch ein Jahr nach Therapieende (vgl. Tab. 4). Das aggressive Verhalten tritt kaum mehr auf. Die Mutter berichtet, daß Jan gegenüber Gleichaltrigen selten bis nie verbale und körperliche Aggression zeigt. Der Lehrer berichtet davon, daß verbale Aggression in Form von Anschreien anderer Kinder manchmal vorkommt, während körperliche Aggression wie Boxen und Treten nur selten zu beobachten ist. Gegenüber dem Lehrer zeigt Jan überhaupt kein aggressives Verhalten. Dies kontrastiert zu den Aussagen des Stiefvaters, der angibt, daß das aggressive Verhalten im letzten halben Jahr seit Interventionsende oft zu beobachten gewesen sei. Die voneinander abweichende Einschätzung von Mutter und Klassenlehrer einerseits gegenüber dem Stiefvater andererseits zeigt sich auch in der Beobachtungskategorie „vor dem Handeln nachdenken". Sicherlich liegt hier von seiten der Eltern, besonders des Stiefvaters, ein sehr hohes Maß an erwarteter Selbstkontrolle vor; dabei berücksichtigen die Eltern nicht die beginnende Pubertätsphase mit ihren spezifischen Veränderungen und Schwierigkeiten für einen Jugendlichen.

Im Rahmen des delinquenten Verhaltens wird nach Lügen und Stehlen gefragt. Auch hier stimmen die Urteile der Mutter und des Lehrers überein und die des Stiefvaters weichen davon ab. Stehlen tritt selten bis nie nach Aussage von Mutter und Lehrer auf; hingegen gibt der Stiefvater an, daß Jan oft stiehlt. Ähnlich liegt die Beurteilung des Verhaltens „Lügen". Der Klassenlehrer kreuzt „manchmal" an, die Mutter „oft" und der Stiefvater „sehr oft". Es ist nicht auszuschließen, daß Jan manchmal das Lügen als Überlebensstrategie einsetzt. Es handelt sich dabei um ein gut geübtes und generalisiertes Verhalten, das nur schwer zu verändern ist.

Positive Effekte werden hinsichtlich des kooperativen und kompromißbereiten Verhaltens von Jan berichtet. Hier unterscheiden sich Lehrer- und Elternurteile in umgekehrter Weise wie bisher. Der Klassenlehrer beurteilt das Verhalten als „manchmal" auftretend, während Stiefvater „oft" und Mutter „sehr oft" ein kooperatives und kompromißbereites Verhalten wahrnehmen.

Die Aussagen zu den systematischen Beobachtungen und Befragungen verdeutlichen einen guten Erfolg der Intervention. Nach den Einschätzungen der Eltern treten einige Problemverhaltensweisen zwar seltener auf; sie können jedoch zeitweise wieder deutlicher in den Vordergrund rücken. Dieser Tatbestand ist darauf zurückzuführen, daß die Familiensituation immer noch Risikofaktoren beinhaltet. Dies betrifft beispielsweise die anhaltende ambivalente Haltung des Stiefvaters gegenüber Jan.

Literatur

Brickenkamp, R. (1994). *Test d2 Aufmerksamkeits-Belastungs-Test*. Göttingen: Hogrefe, 8., erweiterte und neugestaltete Auflage.

Döpfner, M. (2000). Hyperkinetische Störungen. In F. Petermann (Hrsg.), *Lehrbuch der Klinischen Kinderpsychologie und Kinderpsychotherapie* (151–186). Göttingen: Hogrefe, 4., völlig überarbeitete Auflage.

DSM-III-R (1989). *Diagnostische Kriterien und Differentialdiagnosen des Diagnostischen und Statistischen Manuals Psychischer Störungen*. Weinheim: Beltz.

DSM-IV (1996). *Diagnostisches und Statistisches Manual Psychischer Störungen*. Göttingen: Hogrefe.

Dodge, K. A. & Schwartz, D. (1997). Social information processing mechanisms in aggressive behavior. In D. M. Stoff, J. Breiling & J. D. Maser (Eds.), *Handbook of antisocial behavior* (171–180). New York: Wiley.

Dumas, J. E. (1992). Conduct disorder. In S. M. Turner, K. S. Calhoun & H. E. Adams (Eds.), *Handbook of clinical behavior therapy* (285–316). New York: Wiley.

Fergusson, D. M. (1998). Stability and change in externalizing behaviors. *European Archives of Psychiatry and Clinical Neuroscience, 248*, 4–13.

Horn, W. (1969). *Prüfsystem für Schul- und Bildungsberatung (PSB)*. Göttingen: Hogrefe.

Loeber, R. (1990). Development and risk factors of juvenile antisocial behavior and delinquency. *Clinical Psychology Review, 10*, 1–41.

Moffitt, T. E. (1993). „Life-course persistent" vs. „adolescent-limited" antisocial behavior: A developmental taxonomy. *Psychological Review, 100*, 674–701.

Patterson, G. R., Reid, J. B. & Dishion, T. J. (1992). *Antisocial boys*. Eugene, OR: Castalia.

Petermann, F. (1996 a). *Einzelfalldiagnostik in der klinischen Praxis*. Weinheim: Psychologie Verlags Union, 3., neu ausgestaltete Auflage.

Petermann, F. & Petermann, U. (2000 a). *Erfassungsbogen für aggressives Verhalten in konkreten Situationen (EAS)*. Göttingen: Hogrefe, 4., korrigierte Auflage.

Petermann, F. & Petermann, U. (2000 b). *Training mit Jugendlichen. Förderung von Arbeits- und Sozialverhalten*. Göttingen: Hogrefe, 6., überarbeitete Auflage.

Petermann, F. & Petermann, U. (2000 c). *Training mit aggressiven Kindern*. Weinheim: Psychologie Verlags Union, 9., überarbeitete Auflage.

Petermann, U. (1996 b). *Entspannungstechniken für Kinder und Jugendliche*. Weinheim: Psychologie Verlags Union.

Petermann, U., Gottschling, R. & Sauer, B. (1994). Training mit aggressiven Kindern: Fallbeispiel und Effekte. *Kindheit und Entwicklung, 3*, 192 –202.

Petermann, U. & Petermann, F. (1997). Grundlagen kinderverhaltenstherapeutischer Methoden. In F. Petermann (Hrsg.), *Kinderverhaltenstherapie. Grundlagen und Anwendungen.* (22–63). Baltmannsweiler: Schneider.

Rollett, B. & Bartram, M. (1977). *Anstrengungsvermeidungstest (AVT)*. Braunschweig: Westermann.

Sauer, B. & Petermann, U. (1996). Katamnesen zum Training mit aggressiven Kindern. *Kindheit und Entwicklung, 5*, 174–188.

Scheithauer, H. & Petermann, F. (2000). Aggression. In F. Petermann (Hrsg.), *Lehrbuch der Klinischen Kinderpsychologie und Kinderpsychotherapie* (187–226). Göttingen: Hogrefe, 4., völlig überarbeitete Auflage.

Unnewehr, S., Schneider, S. & Margraf, J. (1995). *Kinder DIPS – Diagnostisches Interview bei psychischen Störungen im Kindes- und Jugendalter*. Berlin: Springer.

WHO (1993). *Internationale Klassifikation psychischer Störungen. ICD-10: Klinisch-diagnostische Leitlinien*. Bern: Huber, 2., korrigierte Auflage.

Hyperkinetische Störungen

Manfred Döpfner, Stephanie Schürmann und Gerd Lehmkuhl

Hyperkinetische Störungen oder Aufmerksamkeitsdefizit-/Hyperaktivitätsstörungen stellen neben den aggressiven Verhaltensstörungen (Störungen des Sozialverhaltens) die häufigsten Auffälligkeiten im Kindesalter dar. Sie sind durch eine Beeinträchtigung der Aufmerksamkeit (Aufmerksamkeitsstörung, Ablenkbarkeit), der Impulskontrolle (Impulsivität) und der Aktivität (Hyperaktivität) gekennzeichnet. Diese Auffälligkeiten sind vor dem Alter von sechs Jahren meist gut erkennbar und treten in der Regel in mehreren Situationen und Lebensbereichen auf – in der Familie, im Kindergarten, in der Schule oder auch in der Untersuchungssituation. Tabelle 1 zeigt die Kriterien für die Diagnose dieser Störung, wie sie in den beiden derzeit gültigen internationalen Klassifikationssystemen ICD-10 (Dilling et al., 1991; 1994) und DSM-IV (Saß et al., 1996) definiert werden. Störungen der Aufmerksamkeit sowie der Hyperaktivität und der Impulsivität müssen über einen Zeitraum von mindestens sechs Monaten in einem Ausmaß vorhanden sein, das zu einer Fehlanpassung führt und dem Entwicklungsstand des Kindes nicht angemessen ist. Beide Diagnosesysteme unterscheiden sich zwar nur unwesentlich in der Definition der einzelnen Kriterien, wohl aber in der Bestimmung der Anzahl und der Kombination dieser Kriterien, die für die Diagnose einer hyperkinetischen Störung vorliegen müssen.

Das ICD-10 fordert, daß sowohl Störungen der Aufmerksamkeit, der Impulskontrolle und der Aktivität für die Diagnose einer hyperkinetischen Störung vorhanden sein müssen. Demgegenüber unterscheidet das DSM-IV zwischen dem gemischten Subtypus, bei dem vergleichbar zum ICD-10 alle Kernsymptome auftreten, dem vorherrschend unaufmerksamen Subtypus und dem vorherrschend hyperaktiv-impulsiven Subtypus. Bei Jugendlichen, die nicht mehr alle notwendigen Symptome zeigen, kann die Diagnose nach DSM-IV durch den Zusatz ,,in partieller Remission" spezifiziert werden.

Hyperkinetische Störungen gehören zu jenen Störungsbildern, bei denen in der Regel nicht ein einzelner, sondern mehrere Funktions- und Lebensbereiche beeinträchtigt sind. Neben den Kernsymptomen (Aufmerksamkeitsstörung, Impulsivität und Hyperaktivität), die in unterschiedlicher Intensität in verschiedenen Lebensbereichen (Familie, Schule, Gleichaltrigengruppe) auftreten können, liegen häufig aggressive Verhaltensauffälligkeiten, emotionale Auffälligkeiten, Entwicklungs- und Schulleistungsstörungen sowie Störungen der Familieninteraktionen und der Familienbeziehungen vor (vgl. Döpfner, 2000).

Tabelle 1:
Symptom-Kriterien der hyperkinetischen Störung nach ICD-10 (Forschungskriterien) und der Aufmerksamkeitsdefizit-/Hyperaktivitätsstörung nach DSM-IV

A) Unaufmerksamkeit:
1. Beachtet häufig Einzelheiten nicht oder macht Flüchtigkeitsfehler bei den Schularbeiten, bei der Arbeit oder bei anderen Tätigkeiten.
2. Hat oft Schwierigkeiten, längere Zeit die Aufmerksamkeit bei Aufgaben oder Spielen aufrechtzuerhalten.
3. Scheint häufig nicht zuzuhören, wenn andere ihn ansprechen.
4. Führt häufig Anweisungen anderer nicht vollständig durch und kann Schularbeiten, andere Arbeiten oder Pflichten am Arbeitsplatz nicht zu Ende bringen (nicht aufgrund von oppositionellem Verhalten oder Verständnisschwierigkeiten).
5. Hat häufig Schwierigkeiten, Aufgaben und Aktivitäten zu organisieren.
6. Vermeidet häufig, hat eine Abneigung gegen oder beschäftigt sich häufig nur widerwillig mit Aufgaben, die längerandauernde geistige Anstrengungen erfordern (wie Mitarbeit im Unterricht oder Hausaufgaben).
7. Verliert häufig Gegenstände, die er/sie für Aufgaben oder Aktivitäten benötigt (z.B. Spielsachen, Hausaufgabenhefte, Stifte, Bücher oder Werkzeug).
8. Läßt sich oft durch äußere Reize leicht ablenken.
9. Ist bei Alltagstätigkeiten häufig vergeßlich.

B) Hyperaktivität:
1. Zappelt häufig mit Händen oder Füßen oder rutscht auf dem Stuhl herum.
2. Steht {häufig} in der Klasse oder in anderen Situationen auf, in denen Sitzenbleiben erwartet wird.
3. Läuft häufig herum oder klettert exzessiv in Situationen, in denen dies unpassend ist (bei Jugendlichen oder Erwachsenen kann dies auf ein subjektives Unruhegefühl beschränkt bleiben).
4. Hat häufig Schwierigkeiten, ruhig zu spielen oder sich mit Freizeitaktivitäten ruhig zu beschäftigen.
5. {Ist häufig „auf Achse" oder handelt oftmals, als wäre er „getrieben."} [Zeigt ein anhaltendes Muster exzessiver motorischer Aktivität, das durch die soziale Umgebung oder durch Aufforderungen nicht durchgreifend beeinflußbar ist.]

C) Impulsivität:
1. Platzt häufig mit der Antwort heraus, bevor die Frage zu Ende gestellt ist.
2. Kann häufig nur schwer warten, bis er/sie an der Reihe ist [bei Spielen oder in Gruppensituationen].
3. Unterbricht und stört andere häufig (platzt z.B. in Gespräche oder in Spiele anderer hinein).
4. Redet häufig übermäßig viel [ohne angemessen auf soziale Beschränkungen zu reagieren]. *{Im DSM-IV unter Hyperaktivität subsumiert.}*

{ } = nur DSM-IV; [ ] = nur ICD-10

Angaben zur Häufigkeit von hyperkinetischen Störungen weisen aufgrund der unterschiedlichen diagnostischen Kriterien ein breites Spektrum auf. Die in verschiedenen epidemiologischen Studien festgestellten Prävalenzraten schwanken zwischen 3% und 15%. Studien, die mit operational streng definierten Kriterien vorgehen, kommen meist übereinstimmend zu Häufigkeitsangaben von 3% bis 8%. Jungen sind gegenüber Mädchen deutlich häufiger betroffen, das Verhältnis wird zwischen 3:1 und 9:1 angegeben (vgl. Döpfner, 2000).

Bei der Erkennung und Behandlung hyperkinetischer Störungen im Kindes- und Jugendalter sind die altersspezifischen Ausprägungen zu beachten. Im Säuglingsalter werden von den Müttern gehäuft besonders hohe Aktivität, Schlafprobleme, Eßschwierigkeiten und gereizte Stimmungslage berichtet. Jedoch entwickelt die Mehrzahl der Kinder mit solchen Temperamentsproblemen im weiteren Verlauf keine hyperkinetischen Störungen. Im Kindergartenalter besteht meist bereits eine deutliche Hyperaktivität bei geringer Aufmerksamkeitsspanne und häufig auch oppositionelles Verhalten. Allerdings sind im Alter von drei Jahren hyperkinetische Kinder noch schwer von besonders aktiven Kindern mit noch altersgemäßem Bewegungsdrang zu unterscheiden. Die Kinder weisen eine ziellose Aktivität auf, können schlecht spielen und sich kaum alleine beschäftigen. In mehreren Studien konnte die hohe Stabilität der Symptomatik vom Vorschul- bis in das Grundschulalter hinein nachgewiesen werden (vgl. Döpfner, 1993), wobei mit dem Schuleintritt relative Leistungsschwächen und Probleme in Gruppensituationen deutlicher hervortreten. Die Eltern berichten vermehrt über aggressiv-oppositionelle Verhaltensweisen in der Familie. Alltägliche Routineaufgaben und Pflichten gelingen nur ungenügend und die Eltern fühlen sich zunehmend psychisch belastet.

In der Adoleszenz kommt es zwar zu einem deutlichen Rückgang der motorischen Unruhe, die Aufmerksamkeitsdefizite bestehen jedoch häufig weiter und die dissozialen Tendenzen nehmen zu, hauptsächlich bei jenen Kindern, die zuvor bereits aggressive Verhaltensauffälligkeiten entwickelt hatten. Jugendliche, die als Kinder hyperkinetisch waren, besitzen ein erhöhtes Risiko zum Alkoholmißbrauch, werden häufiger in Autounfälle verwickelt und verlassen die Schule öfter ohne einen Abschluß. Die nicht selten begleitend vorhandenen emotionalen Probleme, verbunden mit einem verminderten Selbstwertgefühl, dürfen nicht übersehen werden. Insgesamt stellen hyperkinetische Störungen häufig eine erhebliche Beeinträchtigung der Entwicklung von Kindern und Jugendlichen in mehreren Lebens- und Funktionsbereichen dar; sie sind mit einem erheblichen Chronifizierungsrisiko bis ins Erwachsenenalter hinein verknüpft.

1 Beschreibung des Störungsbildes

Der neunjährige Michael ist das mittlere Kind einer zum Zeitpunkt der Erstvorstellung 38jährigen Hausfrau und eines 39jährigen Technikers. Er hat eine 13jährige Schwester und einen vierjährigen Bruder. Familienanamnestisch ist eine Schilddrüsenunterfunktion bei der Mutter bekannt. Nach unauffälliger Schwangerschaft und Geburt war Michael etwa zwei Wochen wegen eines Atemnotsyndroms aufgrund von Flüssigkeitsaspiration in stationärer Behandlung. Die frühkindliche Entwicklung verlief ansonsten altersgemäß. Ab dem vierten Lebensjahr besuchte er den Kindergarten, war dort motorisch unruhig und häufig nicht in der Lage, angefangene Arbeiten oder Spiele zu beenden. Die Einschulung erfolgte dann mit sechs Jahren. Zum Vorstellungszeitpunkt besuchte er die dritte Klasse der Grundschule mit extremen Leistungsschwierigkeiten im Lesen und Rechtschreiben.

Michael wird von seinen Eltern vorgestellt, weil er in der Schule unruhig, unkonzentriert und ablenkbar ist und auch zu Hause − beispielsweise beim Mittagessen − viel in Bewegung ist. Für die Hausaufgaben braucht er extrem lange. Häufig verweigert er die Hausaufgaben, vor allem beim Lesen und Schreiben. Es kommt dann zu regelrechten Machtkämpfen zwischen Mutter und Michael. Ansonsten ist er eigentlich nicht übermäßig aggressiv. Er versteht sich auch mit seinen Geschwistern ganz gut und hat viele Freunde. Michael kann auch besonders intensiv und ausdauernd Lego spielen. Er ist ein Kind, das nach Einschätzung der Eltern klare Absprachen und Regeln braucht, um sich daran zu halten. Wenn die Mutter einmal nicht konsequent ist, nutzt Michael dies sofort aus und versucht, Regeln zu umgehen. Der Vater ist eher nachgiebiger, was alle drei Kinder auszunutzen versuchen.

Die Hauptprobleme liegen jedoch in Michaels schulischem Verhalten. Die Lehrerin klagt, daß Michael kaum Ausdauer im Unterricht zeige, ständig abgelenkt sei und sich auch wenig zutraue, wenn es um neue Aufgaben gehe. Diese Probleme seien seit der Einschulung aufgetreten, allerdings hätten sich die Schwierigkeiten jetzt in der dritten Klasse deutlich verschärft. Michael habe auch zunehmend weniger Lust, in die Schule zu gehen, während er in den Anfangsklassen recht freudig die Schule besucht habe. Von Anfang an habe er Schwierigkeiten mit dem Lesen und dem Schreiben gehabt. Die ersten ungeübten Diktate in der dritten Klasse habe er „völlig verhauen".

Michael erzählt, daß er nicht gerne in die Schule geht, weil die Lehrerin oft unzufrieden mit ihm ist und ihn immer wieder ermahnt, besser aufzupassen und nicht so viel herumzutrödeln. Außerdem fällt ihm das Schreiben sehr schwer. Er hat oft das Gefühl, die anderen könnten alles besser als er.

2 Differentialdiagnostik

In der Untersuchungssituation wirkte Michael kooperativ, zugewandt und freundlich. Es konnten keine Hinweise auf depressive Symptome festgestellt werden und auch eine altersangemessene motorische Unruhe, Impulsivität oder Ablenkbarkeit waren nicht beobachtbar. Andere Auffälligkeiten konnten in der Untersuchungssituation anhand der Psychopathologischen Befund-Dokumentation (Döpfner et al., 1998a) nicht festgestellt werden. Bei der körperlichen und neurologischen Untersuchung konnten ebenfalls keine auffälligen Befunde erhoben werden. Das Hirnstrombild war unauffällig.

Anhand der Diagnose-Checkliste – Hyperkinetische Störungen (DCL-HKS; Döpfner & Lehmkuhl, 1998) wurde auf der Basis der Exploration der Mutter die Diagnose einer Aufmerksamkeitsdefizit-/Hyperaktivitätsstörung, vorwiegend unaufmerksamer Subtypus nach DSM-IV gestellt. Die Forschungskriterien für eine hyperkinetische Störung nach ICD-10 (Dilling et al., 1994) erfüllte Michael nicht, wohl aber die klinischen Kriterien (Dilling et al., 1991). Die motorische Unruhe ist allerdings relativ schwach ausgeprägt.

Mit der Klassenlehrerin wurde telefonisch ein klinisches Interview durchgeführt. Auch auf der Basis dieser Exploration ließ sich anhand der Diagnose-Checkliste – Hyperkinetische Störungen (DCL-HKS) die Diagnose einer Aufmerksamkeitsdefizit-/Hyperaktivitätsstörung, vorwiegend unaufmerksamer Subtypus nach DSM-IV bestätigen. Damit muß die Symptomatik als eine situationsübergreifende Störung eingeschätzt werden, die sowohl in der Familie als auch in der Schule auftritt. Die Forschungskriterien für eine hyperkinetische Störung nach ICD-10 (Dilling et al., 1994) erfüllte Michael auch auf der Basis der Exploration der Lehrerin nicht, wohl aber die klinischen Kriterien (Dilling et al., 1991).

Zur differenzierten Diagnostik und zur weiteren Überprüfung komorbider Auffälligkeiten wurden zusätzlich zur klinischen Exploration mehrere Fragebogenverfahren durchgeführt. Im Elternfragebogen über das Verhalten von Kindern und Jugendlichen (CBCL 4–18; vgl. Arbeitsgruppe Deutsche Child Behavior Checklist, 1998 a) wird Michael von der Mutter sowohl hinsichtlich der Gesamtauffälligkeit als auch auf den Subskalen als unauffällig eingeschätzt. Im Lehrerfragebogen zum Verhalten von Kindern und Jugendlichen (TRF; vgl. Arbeitsgruppe Deutsche Child Behavior Checklist, 1993 b) beschreibt die Lehrerin eher schwach ausgeprägte Aufmerksamkeitsstörungen (T-Wert 62), ansonsten beurteilt sie Michael weitgehend unauffällig. Die Einschätzungen der Mutter im Fremdbearbeitungsbogen zur Erfassung von hyperkinetischen Störungen (FBB-HKS; Döpfner & Lehmkuhl, 1998) weisen vor allem auf Aufmerksamkeitsstörungen und eine leichter ausgeprägte motorische Unruhe und Impulsivität hin. Diese Beurteilungen entsprechen damit weitgehend der klinischen Einschätzung in der Diagnose-Checkliste.

Im Elternfragebogen über Problemsituationen in der Familie (HSQ-D; vgl. Döpfner et al., 1998 b) gibt die Mutter mehrere Situationen in der Familie an, die sie als belastend erlebt. Allerdings ist die Problemstärke relativ gering. Das einzige Problem, was mit mittlerer Problemstärke bewertet wird, ist die Hausaufgabensituation. In der Checkliste für Eltern über Verhaltensprobleme bei den Hausaufgaben (HPC-D/E; vgl. Döpfner et al., 1998 b) werden von der Mutter vielfältige Verhaltensprobleme bei der Durchführung der Hausaufgaben geschildert. Als besonders problematisch beschreibt die Mutter Michaels Ablenkbarkeit, die extrem verlängerten Hausaufgabenzeiten, das Trödeln von Michael und daß er häufig Arbeitsmaterial vergißt und immer wieder erinnert werden muß, die Hausaufgaben zu machen.

Zum Abschluß der diagnostischen Phase wurden mit den Eltern die Ergebnisse der Diagnostik zusammenfassend besprochen und folgende therapierelevanten Verhaltensprobleme definiert, deren Verminderung Ziel der Behandlung sein sollte:
- Michael will mit den Hausaufgaben nicht beginnen.
- Michael unterbricht die Hausaufgaben ständig und ist durch Kleinigkeiten ablenkbar.
- Michael zeigt vor allem beim Essen eine ausgeprägte motorische Unruhe.

Die Einschätzungen der Lehrerin im Fremdbeurteilungsbogen zur Erfassung von hyperkinetischen Störungen (FBB-HKS) weisen ebenfalls hauptsächlich auf Aufmerksamkeitsstörungen hin. Die Beurteilungen entsprechen weitgehend der klinischen Einschätzung in der Diagnose-Checkliste auf der Basis der Lehrerinterviews.

Mit der Lehrerin wurden zum Abschluß der diagnostischen Phase folgende therapierelevanten Verhaltensprobleme im Unterricht definiert, die durch die Behandlung vermindert werden sollen:
● Konzentrationsschwierigkeiten und starke Ablenkbarkeit beim Bearbeiten von Aufgaben;
● mangelnde Ausdauer, vor allem beim Bearbeiten von Aufgaben, die Michael noch nicht gut kann;
● Selbstunsicherheit und mangelndes Selbstvertrauen bezüglich der eigenen Leistungsfähigkeit.

Neben den Verfahren der Verhaltensdiagnostik wurden Instrumente zur Leistungs- und zur Familiendiagnostik eingesetzt. Bei der testpsychologischen Untersuchung erreichte Michael im Grundintelligenztest (CFT 1; Weiß & Osterland, 1977; IQ = 98) und in der Kaufman Assessment Battery (K-ABC; Kaufman & Kaufman, 1991; SW = 98) eine durchschnittliche Intelligenzleistung. Beim CFT 1 fiel auf, daß Michael in der Auge-Hand-Koordination etwas unbeholfen wirkte und dadurch in den beiden ersten Testteilen schlechtere Ergebnisse erzielte als in der logischen Denkfähigkeit. Im K-ABC ergaben sich bezüglich des simultanen und sukzessiven Verarbeitungsstils keine signifikanten Differenzen. Die Fertigkeitenskala (erworbenes Wissen) lag im unteren Durchschnittsbereich (SW = 88). Hierbei zeigte sich eine signifikante individuelle Schwäche im Untertest Lesen und Verstehen. In der Skala intellektueller Fähigkeiten ergab sich ein recht ausgeglichenes Leistungsprofil. Im Diagnostischen Rechtschreibtest DRT 3, erzielte Michael mit einem Prozentrang von 1 ein weit unterdurchschnittliches Ergebnis. Damit ist neben der hyperkinetischen Störung die Diagnose einer Lese- und Rechtschreibstörung (ICD-10: F81.0) zu stellen.

Im Family Relations Test für Kinder (FRT-K; Bene & Anthony, 1957) beschreibt Michael eine überwiegend positiv geprägte Beziehung zu beiden Elternteilen, die als altersadäquat zu beurteilen ist. Auch die negativen Beziehungsanteile gegenüber den Eltern liegen im Durchschnittsbereich. In der Beziehung zur älteren Schwester beschreibt Michael sowohl positive als auch negative Anteile, die sich im altersangemessenen Bereich befinden. Zum jüngeren Bruder ergibt sich eine deutlich positiv geprägte Beziehung, mit ebenfalls durchschnittlichen negativen Anteilen.

In der Erwachsenen-Version des Family Relations Tests (Bene & Anthony, 1957), der von der Mutter bearbeitet wurde, zeigt sich, daß die Mutter ihre Familie insgesamt als deutlich positiv wahrnimmt. Von ihrem Ehemann fühlt sie sich manchmal ein bißchen im Stich gelassen. Sie beschreibt ihn als zu brummig, ohne Grund ärgerlich, manchmal schlecht gelaunt und nicht immer hilfsbereit. Sie wünscht sich, daß er mehr im Haushalt tun und im Familienleben eine „wichtigere Rolle" spielen sollte. Sie selbst beschreibt sich als jemanden, der nicht gut mit Problemen umgehen kann.

Differentialdiagnostisch lassen sich folgende Störungsbilder ausschließen:

- **Altersgemäße Verhaltensweisen bei aktiven Kindern:** Die hyperkinetische Symptomatik ist zwar sowohl nach der klinischen Einschätzung als auch nach dem Urteil der Mutter und der Lehrerin nicht massiv ausgeprägt, jedoch haben die Auffälligkeiten ein Ausmaß erreicht, das das Funktionsniveau von Michael sowohl in der Schule als auch in der Familie erheblich beeinträchtigt. Als eine altersgerechte Normvariation kann das Verhalten deshalb nicht mehr beurteilt werden.
- **Durch Medikamente oder durch neurologische Störungen bedingte hyperkinetische Symptomatik:** Michael nimmt regelmäßig Medikamente ein, und es gibt keine Hinweise auf eine neurologische Störung (z. B. ein Anfallsleiden), die die Symptomatik auslösen könnte.
- **Hyperkinetische Symptome bei schulischer Überforderung:** Eine generelle schulische Überforderung ist durch die Intelligenzdiagnostik ausgeschlossen worden.
- **Hyperkinetische Symptome bei schulischer Unterforderung:** Michael ist nicht weit überdurchschnittlich begabt. Eine schulische Unterforderung kann daher ausgeschlossen werden.
- **Hyperkinetische Symptome bei Intelligenzminderung:** Vor allem Symptome der Aufmerksamkeitsschwächen, aber auch erhöhte Unruhe und Impulsivität tritt bei Kindern mit Intelligenzminderung üblicherweise auf. Die Intelligenzdiagnostik gibt bei Michael keine Hinweise auf eine Intelligenzminderung. Daher kann eine Lernbehinderung differentialdiagnostisch ausgeschlossen werden.
- **Hyperkinetische Symptome als Folge chaotischer psychosozialer Bedingungen:** Die Familien- und die Schulsituation ist gut organisiert. Daher können chaotische psychosoziale Bedingungen als Ursachen für hyperkinetische Symptome ausgeschlossen werden.
- **Oppositionelle Verhaltensweisen:** Kinder mit oppositionellen Verhaltensauffälligkeiten können gegen Arbeiten oder schulische Aufgaben Widerstand leisten, die Anstrengung und Aufmerksamkeit verlangen, da sie nicht gewillt sind, sich den Forderungen anderer anzupassen. Oppositionelle Verhaltensweisen sind bei Michael mit Ausnahme von verweigerndem Verhalten bei den Hausaufgaben nicht beobachtbar. Die Kriterien für eine op-

positionelle Verhaltensstörung sind nicht erfüllt. Aufmerksamkeitsstörungen stehen im Vordergrund der Symptomatik. Das oppositionelle Verhalten wird als Folge der Schulleistungsschwächen im Lesen und Schreiben sowie der hyperkinetischen Symptomatik interpretiert.

● **Hyperkinetische Störung des Sozialverhaltens:** Da keine Hinweise auf eine Störung des Sozialverhaltens vorliegen, kann die ICD-10-Diagnose einer hyperkinetischen Störung des Sozialverhalten (F 91.0) ausgeschlossen werden.

● **Psychomotorische Erregung und Konzentrationsstörungen bei affektiven Störungen und Angststörungen:** Diese Symptome lassen sich manchmal nur schwer von der Hyperaktivität und den Aufmerksamkeitsstörungen einer hyperkinetischen Störung unterscheiden. Ein Unterscheidungsmerkmal kann der Verlauf sein: Hyperkinetische Störungen haben einen kontinuierlichen Verlauf mit Beginn im Vorschulalter, affektive Störungen treten meist später auf und verlaufen üblicherweise weniger kontinuierlich. Bei Michael läßt sich ein kontinuierlicher Verlauf der Symptomatik seit dem Kindergartenalter feststellen; zudem liegen keine Hinweise auf ausgeprägte emotionale Störungen vor. Die Selbstwertprobleme von Michael, die vor allem die Lehrerin berichtet, werden als Folge der Schulleistungsschwächen und der schulischen Probleme im Zusammenhang mit der hyperkinetischen Symptomatik interpretiert.

3 Erklärungsansätze

Als Ursachen hyperkinetischer Störungen wird generell eine multifaktorielle Genese zugrundegelegt, wobei biologischen und konstitutionellen Merkmalen vermutlich eine entscheidende ursächliche Rolle zukommt, während psychosoziale Faktoren die Ausprägung und den Verlauf der Störung wesentlich beeinflussen können (vgl. Döpfner, 2000).

Barkley (1989) entwickelte ein Modell der Störung des regelgeleiteten Verhaltens, in dem er ebenfalls eine neuropsychologische Disposition als Grundlage der Störung annimmt. Das Modell geht davon aus, daß hyperkinetische Verhaltensstörungen unter einer starken Kontrolle von Umweltkontingenzen stehen müssen, weil sie sich in wechselnden Situationen dramatisch ändern können. Als grundlegende psychologische Defekte werden nicht Verhaltens- oder kognitive Defizite, sondern Störungen in der Beziehung von Umweltereignissen (Stimuli, Regeln, Konsequenzen) und dem Verhalten postuliert (siehe Döpfner, 2000).

Dieses Modell stellt eine wesentliche theoretische Grundlage für die Entwicklung von Elterntrainings und von Interventionen im Kindergarten und in der Schule dar. Das Ziel dieser Interventionen muß es sein, Stimuli und Kontingenzen innerhalb der Familie so zu setzen, daß die Störungen regelgeleiteten Verhaltens vermindert werden können. Welche Auswirkungen diese Störungen auf die Eltern-Kind-Interaktion haben, zeigt das von Barkley (1981) entwik-kelte Interaktionsmodell (vgl. Döpfner, 2000). Danach beachten hyperkinetisch auffällige Kinder Aufforderungen und Grenzsetzungen der Eltern gehäuft nicht. Es kommt zu einem Teufelskreis aus Wiederholung von Aufforderungen durch die Eltern und Nichtbeachtung durch das Kind, was schließlich meist dazu führt, daß die Eltern dem Kind seinen Willen lassen. Dieses inkonsistente Erziehungsverhalten führt zu einer negativen Verstärkung und damit zur einer Zunahme des Problemverhaltens.

Im Fall von Michael ist sowohl bei der Mutter als auch bei dem Vater vor allem in der Hausaufgabensituation ein solches inkonsistentes Erziehungsver-halten festzustellen. Schließlich können diese Interaktionsformen dazu führen, daß in der Interaktionsbilanz negative Eltern-Kind-Interaktionen gegenüber po-sitiven Erfahrungen überwiegen. Ein solches Mißverhältnis zwischen positiven und negativen Interaktionen hat sich bei Michael zwar (noch) nicht auf die gesamte Familiensituation ausgebreitet, wie die Ergebnisse der Familiendia-gnostik zeigen. Allerdings überwiegen solche negativen Interaktionen in der Hausaufgabensituation völlig.

Das Interaktionsmodell läßt sich auch auf Lehrer-Kind-Interaktionen anwen-den. Hier zeigt sich bei Michael, daß negative Lehrer-Kind-Interaktionen, trotz der intensiven Bemühungen der Klassenlehrerin erheblich zugenommen haben. Michael erlebt die Lehrerin in hohem Maße als ermahnend und er spürt dar-über hinaus seine Leistungsdefizite, wodurch die Schulsituation für ihn noch aversiver wird.

4 Interventionsprinzipien

Aufgrund der vielfältigen Lebens- und Funktionsbereiche, die bei Kindern mit hyperkinetischen Störungen beeinträchtigt sind, verwundert es nicht, daß mit einem isolierten Behandlungsansatz häufig nicht die gewünschten Effekte er-zielt werden, sondern eine multimodale Therapie notwendig ist. Entsprechend fordern die Behandlungsleitlinien der American Academy of Child and Ado-lescent Psychiatry (1991) ein multimodales Vorgehen unter Einbeziehung von Psychotherapie, von psychosozialen Interventionen und von Pharmakotherapie (vgl. Döpfner & Lehmkuhl, 1993; Taylor et al., 1998). Bei der Planung einer multimodalen Behandlung und der Auswahl der Interventionsformen sollte ein Grundprinzip berücksichtigt werden: Die Situationsspezifität der Symptomatik und ihre vielfältigen Ausprägungsformen gebieten, daß die Therapie dort an-zusetzen hat, wo die Probleme auftreten – beim Kind, in der Familie, in der Schule, bei den Aufmerksamkeitsschwächen, der Impulsivität, der Hyperakti-vität oder der Aggressivität. Dieses Prinzip ist deshalb von außerordentlicher Bedeutung, weil eine Generalisierung von Therapieeffekten von einem Le-bensbereich auf den anderen oder von einer Störungsform auf die andere be-stenfalls unvollständig, häufig aber gar nicht gelingt (Döpfner, 2000).

Das **Therapieprogramm für Kinder mit hyperkinetischem und oppositionellem Problemverhalten** (THOP; vgl. Döpfner et al., 1998 b) ist ein multimodales Interventionsprogramm, in dem verhaltenstherapeutische Interventionen in der Familie, im Kindergarten bzw. in der Schule und beim Kind selbst mit medikamentösen Interventionen entsprechend der individuellen Problemkonstellation miteinander kombiniert werden können. Döpfner (2000) legt einen Entscheidungsbaum vor, dem die Indikationen für die einzelnen Interventionen entnommen werden können.

Danach ist eine **primäre Stimulanzientherapie** dann indiziert, wenn eine sehr stark ausgeprägte und situationsübergreifende hyperkinetische Symptomatik diagnostiziert wurde, unter der sich eine krisenhafte Zuspitzung in der Schule und/oder der Familie entwickelt hat (z.B. wenn die weitere Beschulung des Kindes bedroht ist). Bei Michael ist eine solche stark ausgeprägte Symptomatik mit einer krisenhaften Zuspitzung nicht zu beobachten. Eine primäre medikamentöse Therapie ist daher nicht indiziert.

Liegt eine solche krisenhafte Zuspitzung nicht (mehr) vor, dann sind zur Verminderung hyperkinetischer oder oppositioneller/aggressiver Verhaltensstörungen im Unterricht verhaltenstherapeutische Interventionen in der Schule nötig. Liegen außerdem hyperkinetische oder oppositionelle/aggressive Auffälligkeiten des Kindes in der Familie vor, dann sind zusätzlich Interventionen in der Familie indiziert. Unter besonderen Bedingungen kann auch ein Selbstinstruktionstraining geeignet sein (vgl. Döpfner, 2000).

Bei Michael sind deutliche Auffälligkeiten im Unterricht beobachtbar und die Klassenlehrerin zeigt sich ausgesprochen kooperativ. Deshalb soll die Klassenlehrerin angeleitet werden, verhaltenstherapeutische Interventionen im Unterricht durchzuführen. Falls diese Interventionen nicht hinreichend erfolgreich sind, dann soll eine ergänzende Stimulanzientherapie mit den Eltern erwogen werden. Außerdem wurden bei Michael vor allem in der Hausaufgabensituation erhebliche Auffälligkeiten festgestellt. Deshalb sollen entsprechende Interventionen in der Familie durchgeführt werden. Die Interventionen werden in der Familie und in der Schule parallel durchgeführt, da Generalisierungen von einem Lebensbereich auf den anderen nicht von vornherein erwartet werden können. Falls die Lese- und Rechtschreibprobleme nach Beendigung dieser Interventionen weiter bestehen, soll eine entsprechende Übungsbehandlung durchgeführt werden.

Das Therapieprogramm für Kinder mit hyperkinetischem und oppositionellem Problemverhalten (THOP) kann zur Behandlung von Kindern im Alter von drei bis etwa zwölf Jahren eingesetzt werden. Es wurde im Rahmen der Kölner Multimodalen Therapiestudie bei Kindern mit hyperkinetischen Störungen entwickelt (Döpfner & Lehmkuhl, 1995). Das Programm ist allerdings auch bei Kindern mit ausschließlich oppositionellen Verhaltensstörungen einsetzbar.

THOP besteht aus zwei Teilprogrammen:

● dem **Eltern-Kind-Programm**, das auf die Verminderung von hyperkinetischen und oppositionellen Verhaltensstörungen in der Familie abzielt und das Eltern und Kind anleitet, Problemsituationen in der Familie zu bewältigen;

● den **Interventionen im Kindergarten bzw. in der Schule**, die hyperkinetische und oppositionelle Verhaltensstörungen in diesen Lebensbereichen vermindern sollen.

Das Eltern-Kind-Programm besteht aus 20 Behandlungsbausteinen, in denen zwei Interventionsformen miteinander verknüpft sind: die familienzentrierten und die kindzentrierten Interventionen. Tabelle 2 gibt eine Übersicht über die Bausteine des Eltern-Kind-Programmes und die beiden Interventionsformen. Die kind- und die familienzentrierten Interventionen eines jeden Therapiebausteins sind aufeinander bezogen und werden miteinander kombiniert.

Bei den familienzentrierten Interventionen des Eltern-Kind-Programmes, die mit dem Buchstaben F gekennzeichnet sind, steht die Arbeit mit den Eltern im Mittelpunkt und das Kind wird je nach Behandlungsbaustein, Problematik und Alter unterschiedlich stark integriert. Je älter das Kind ist, um so stärker wird es generell in die familienzentrierten Interventionen einbezogen. Wenige Behandlungsbausteine werden in der Regel ausschließlich mit den Eltern durchgeführt. Die familienzentrierten Interventionen stellen das Kernstück des Eltern-Kind-Programmes dar. Sie können mit Ausnahme der Behandlungsbausteine 16 a (Spieltraining) und 16 b (Selbstinstruktionstraining) auch unabhängig von den kindzentrierten Interventionen durchgeführt werden.

Bei den kindzentrierten Interventionen des Eltern-Kind-Programmes, die mit dem Buchstaben K gekennzeichnet sind, steht die therapeutische Arbeit mit dem Kind im Mittelpunkt, die Eltern werden jedoch auch hier integriert. Die kindzentrierten Interventionen werden nicht unabhängig von den familienzentrierten Interventionen durchgeführt.

Unter den kindzentrierten Interventionen des Eltern-Kind-Programmes werden zwei Behandlungsansätze subsumiert:

● Die Geschichten von „Wackelpeter & Trotzkopf" ergänzen die familienzentrierten Interventionen. In kindgemäßen Kurzgeschichten werden die Inhalte der einzelnen Behandlungsbausteine mit dem Kind erarbeitet. Ziel dieser Geschichten ist es, das Kind stärker in die familienzentrierten Interventionen zu integrieren. Dieser Ansatz ist für Kinder ab dem Schulalter geeignet. Die Bearbeitung der Geschichten dauert in der Regel etwa 20 Minuten und wird in die familienzentrierten Interventionen integriert.

● In den Behandlungsbausteinen K 16 a bis K 16 c führt der Therapeut ein Spieltraining (K 16 a) und ein Selbstinstruktionstraining (K 16 b) mit dem Kind durch oder er erarbeitet mit dem Kind eine Selbstmanagement-Intervention (K 16 c). Im Verlauf dieser Interventionen werden die Eltern integriert. Das Spieltraining ist vor allem für Kinder im Vorschulalter geeignet, während das Selbstinstruktionstraining und Selbstmanagement für Schulkinder indiziert sein kann.

Tabelle 2:
Überblick über die Therapiebausteine und Interventionsformen des Eltern-Kind-Programmes

familienzentrierte Interventionen	kindzentrierte Interventionen

Problemdefinition, Entwicklung eines Störungskonzeptes und Behandlungsplanung

familienzentrierte Interventionen	kindzentrierte Interventionen
F01 Definition der Verhaltensprobleme des Kindes.	K01 Wackelpeter, das bin ich!!
F02 Erarbeitung der Elemente eines gemeinsamen Störungskonzeptes.	K02/ Hurra, ich bin kein Scheusal!
F03 Entwicklung eines gemeinsamen Störungskonzeptes.	K03
F04 Behandlungsziele und Behandlungsplanung.	K04 Wackelpeters Wunschliste

Förderung positiver Eltern-Kind-Interaktionen und Eltern-Kind-Beziehungen

F05 Betrachten Sie Ihr Kind von der positiven Seite.	K05 Unser ,,Was-war-schön-Tagebuch"
F06 Die Spaß & Spiel-Zeit: Schenken Sie Ihrem Kind Aufmerksamkeit, wenn es spielt.	K06 Ich darf spielen, wie ICH will!

Pädagogisch-therapeutische Interventionen
zur Verminderung von impulsivem und oppositionellem Verhalten

F07 Wie man wirkungsvolle Aufforderungen gibt.	K07/ Peter mach' dies, Peter laß das.
F08 Schenken Sie Ihrem Kind Aufmerksamkeit, wenn es Aufforderungen befolgt.	K08
F09 Schenken Sie Ihrem Kind Aufmerksamkeit, wenn es Sie bei einer Beschäftigung nicht gestört hat.	K09 Meine Zeit – Deine Zeit
F10 Wo ist Ihr Kind und was macht Ihr Kind? Bewahren Sie den Überblick!	
F11 Setzen Sie natürliche Konsequenzen, wenn Ihr Kind Aufforderungen und Regeln nicht befolgt.	K11 Ich löffle meine Suppe selbst aus!

Tokensysteme, Response-Cost und Auszeit

F12 Wenn Lob alleine nicht ausreicht: Der Punkteplan.	K12 Punkte statt Ärger
F13 Wie man Punktepläne verändert und beendet.	
F14 Der Wettkampf um lachende Gesichter.	K14 Mama, ich und die lachenden Gesichter.
F15 Auszeit	K15 Dicke Luft

Interventionen bei spezifischen Verhaltensproblemen

F16a Helfen Sie Ihrem Kind, intensiv und ausdauernd zu spielen.	K16a Spieltraining
F16b Helfen Sie Ihrem Kind, Aufgaben Schritt für Schritt zu lösen.	K16b Selbstinstruktionstraining
	K16c Selbstmanagementtraining
F17 Wie Sie Probleme bei den Hausaufgaben lösen können.	K17 Setz dem Hausaufgabenkrieg ein Ende!
F18 Problematisches Verhalten in der Öffentlichkeit.	

Stabilisierung der Effekte

F19 Wenn neue Probleme auftauchen.	

Ziel der Eltern-Kind-Programmes sind Veränderungen der alltäglichen Eltern-Kind-Interaktionen auf der Mikroebene (Microteaching), die notwendig sind, um die Verhaltensprobleme des Kindes in der Familie zu vermindern. Das familiäre und psychosoziale Bedingungsgefüge (Makroebene), in dem diese Interaktionen stattfinden, darf jedoch dabei nicht übersehen werden. Erfolgreiche und vor allem stabile Veränderungen auf der Mikroebene lassen sich nur erreichen, wenn sie auf der Makroebene verankert sind. Ausgangspunkt der Therapie ist deshalb das familiäre Bedingungsgefüge, das gemeinsam mit den Eltern erarbeitet wird. Dabei werden neben den Eigenschaften, Temperamentsmerkmalen und Bedürfnissen des Kindes auch Eigenschaften, Temperamentsmerkmale, psychische Auffälligkeiten und Bedürfnisse der Eltern sowie familiäre Belastungen (z. B. durch Partnerschaftsprobleme, durch berufliche oder finanzielle Probleme) berücksichtigt.

Bei der Durchführung der Interventionen auf der Mikroebene muß die Akzeptanz der Interventionen durch die Eltern und die Durchführbarkeit der Interventionen vor dem Hintergrund der Makroebene immer wieder hinterfragt und problematisiert werden. Mißerfolge bei den Interventionen auf der Mikroebene sind häufig darin begründet, daß die Voraussetzungen auf der Makroebene für erfolgreiche Interventionen nicht gegeben sind (Döpfner & Lehmkuhl, 1996).

Die 20 Therapiebausteine des Eltern-Kind-Programmes sind in sechs Themenkomplexen gruppiert:
1. Die ersten vier Einheiten werden immer durchgeführt. Sie dienen der **Problemdefinition, der Entwicklung eines Störungskonzeptes und der Behandlungsplanung**. Zunächst werden die Verhaltensprobleme des Kindes, die Gegenstand der Therapie sein sollen, auf einer individuellen Problemliste definiert. Die Eltern beurteilen zu Beginn jeder Therapiesitzung anhand dieser Problemliste die Stärke der Verhaltensprobleme in der vorangegangenen Woche (Problemstärke) und wie belastend sie das Problemverhalten des Kindes erlebt haben (Problembelastung). In den folgenden Bausteinen wird ein gemeinsames Störungskonzept erarbeitet, das neben den Verhaltensstörungen des Kindes die familiären Belastungen sowie psychische Probleme und Temperamentsmerkmale der Eltern berücksichtigt. Zwischen Eltern und Therapeuten divergierende Störungs- und Interventionskonzepte gehören zu den häufigsten Ursachen von Therapiemißerfolgen (Döpfner & Lehmkuhl, 1996). Aus diesem Störungskonzept werden die Behandlungsziele abgeleitet, die sich nicht nur auf die Verhaltensprobleme des Kindes, sondern auch auf andere Probleme in der Familie oder einzelner Familienmitglieder beziehen können. Damit wird eine Einbettung der symptomzentrierten Interventionen auf der Mikroebene der alltäglichen Eltern-Kind-Interaktionen in einen umfassenden Behandlungsansatz gewährleistet.
2. Die beiden folgenden Bausteine (F/K05 und F/K06) dienen der **Förderung positiver Eltern-Kind-Interaktionen**. Sie sind indiziert, wenn in der Interaktion zwischen Eltern und Kind negativ-kontrollierende Elemente dominieren und die Eltern-Kind-Beziehung beeinträchtigt ist. Die Aufmerksamkeit von Eltern und Kind werden in diesen Einheiten auf positive In-

teraktionsanteile gelenkt und durch spezielle Spielzeiten wird der Anteil der positiven Eltern-Kind-Interaktionen erhöht.

3. Die Therapiebausteine F/K07 bis F/K11 sollen den Eltern helfen, impulsives und oppositionelles Verhalten durch **pädagogisch-therapeutische Interventionen** besser zu bewältigen. Die Eltern werden angeleitet, ihrem Kind wirkungsvolle Aufforderungen zu geben, sich bei angemessenem Verhalten des Kindes ihm positiv zuzuwenden, eine hinreichende Kontrolle über das Kind aufzubauen und bei problematischem Verhalten angemessene negative Konsequenzen zu setzen. Im wesentlichen werden also allgemeine Erziehungspraktiken eingeübt und auf dem Hintergrund verhaltenstheoretischer Konzepte auf die spezifische Problematik angewandt. Die Kinder werden dazu angeleitet, sich selbst in kritischen Situationen zu beobachten und sich an gemeinsam erarbeiteten Familienregeln zu orientieren.

4. In den Einheiten F/K12 bis F/K15 werden **spezielle verhaltenstherapeutische Techniken** eingeführt, insbesondere Tokensysteme (Münzverstärkungsprogramme), Response-Cost (Verstärker-Entzug) und Time-out (Auszeit). Durch diese Methoden sollen umschriebene Verhaltensprobleme vermindert und angemessene Verhaltensalternativen aufgebaut werden. Sie finden hauptsächlich bei Problemen Anwendung, die sich durch die pädagogisch-therapeutischen Interventionen nicht hinreichend vermindern ließen.

5. **Interventionen zur Verminderung von spezifischen Verhaltensproblemen** werden im fünften Block zusammengefaßt. Die Einheit F16a dient der Verbesserung von Spielintensität und Spielproduktivität hauptsächlich bei hyperkinetisch auffälligen Kindern im Kindergartenalter, während die Einheiten F16b und F17 für Kinder im Schulalter konzipiert und deren Arbeitsverhalten verbessern sowie Probleme während der Hausaufgabenzeit vermindern sollen. In der Einheit F18 werden die Interventionen auf außerfamiliäre Situationen (Verhalten in der Öffentlichkeit, z.B. in Geschäften und Restaurants) übertragen.
Im Mittelpunkt der Bausteine F16a/K16a und F16b/K16b stehen zunächst die kindzentrierten Interventionen, die der Therapeut in der Regel mit dem Kind alleine durchführt. Die familienzentrierten Interventionen werden später eingesetzt und dienen dazu, die Eltern als Kotherapeuten anzuleiten, so daß die Interventionen in der Familie fortgeführt werden können. Der Baustein K16c (Selbstmanagement) ist die einzige kindzentrierte Intervention, der keine familienzentrierte Intervention direkt zugeordnet ist. In diesem Baustein, der für Schulkinder etwa ab der zweiten Klasse geeignet ist, werden mit dem Kind Möglichkeiten der Selbstbeobachtung und Selbstkontrolle erarbeitet, die ergänzend zu verschiedenen anderen familienzentrierten Interventionen eingesetzt werden können.

6. In der Einheit F19 wird mit den Eltern erarbeitet, wie sie künftig Probleme eigenständig bewältigen können.

In der Regel werden nicht alle Einheiten in dieser Abfolge bearbeitet, sondern können entsprechend der individuellen Problemkonstellation zusammengestellt werden. Das Eltern-Kind-Programm findet in der Regel gemeinsam mit den Eltern und dem Kind statt. Die Mitarbeit beider Elternteile ist wünschenswert, aber nicht zwingend notwendig. Die Therapie kann schwerpunktmäßig mit der Hauptbezugsperson des Kindes (meist der Mutter) durchgeführt werden. Der allgemeine Ablauf einer Sitzung gestaltet sich wie folgt: Zunächst werden die in der vorangegangenen Sitzung besprochenen Inhalte noch einmal zusammengefaßt und die Ergebnisse der dabei erarbeiteten und zwischenzeitlich durchgeführten Interventionen analysiert; daran schließt sich die neue Einheit an. Häufig werden die neu erarbeiteten Methoden vom Therapeuten demonstriert, wenn nötig im Rollenspiel eingeübt. Danach wird eine spezifische Intervention entwickelt, die bis zur folgenden Sitzung erprobt werden soll. Die wichtigsten Regeln einer jeden Einheit werden anhand eines Elternleitfadens zusammengefaßt. Die Eltern protokollieren die Ergebnisse der Intervention in der Familie anhand von speziellen Tagebüchern oder Protokollbogen.

Interventionen im Kindergarten bzw. in der Schule sind analog zum Eltern-Kind-Programm aufgebaut:

- Zunächst werden die therapierelevanten Verhaltensauffälligkeiten des Kindes im Kindergarten bzw. in der Schule gemeinsam mit der Erzieherin/Lehrerin eingegrenzt und definiert. Danach werden Informationen zur Problematik des Kindes vermittelt, ein gemeinsames Störungskonzept aufgebaut und Interventionsstrategien abgeleitet.

- Anschließend werden pädagogisch-therapeutische Interventionen diskutiert und erarbeitet, die durch wirkungsvolle Aufforderungen, durch positive Aufmerksamkeit bei angemessenem Verhalten und durch negative Konsequenzen bei auffälligem Verhalten Verhaltensprobleme im Kindergarten bzw. in der Schule reduzieren sollen.

- Schließlich können spezielle verhaltenstherapeutische Techniken, vor allem Tokensysteme und Response-Cost-Verfahren, eingesetzt werden, vor allem dann, wenn die Problematik sich durch pädagogisch-therapeutische Interventionen nicht hinreichend vermindern läßt.

Zur Durchführung der Interventionen sollte mindestens ein Besuch des Therapeuten im Kindergarten bzw. in der Schule erfolgen. Die Interventionen im Kindergarten bzw. in der Schule werden größtenteils telefonisch erarbeitet. Spätestens, wenn Probleme bei der Umsetzung der Interventionen auftreten, findet ein erneuter direkter Kontakt statt.

Die Behandlung von Michael wurde im Rahmen der Kölner Multimodalen Therapiestudie durchgeführt, bei der die Behandlungen in Therapiephasen mit je sechs wöchentlichen Sitzungen unterteilt sind. Mit Michael wurden insgesamt drei Behandlungsphasen durchgeführt: eine Beratungsphase und zwei Phasen mit verhaltenstherapeutischen Interventionen. Nach Beendigung dieser Intensivbehandlung wurde die Nachsorge mit einem Kontakt alle zwei Monate eingeleitet.

Abbildung 1 zeigt die Veränderungen in den therapierelevanten Verhaltensproblemen in der Familie und in der Schule, erfaßt durch die individuelle Problemliste, die von der Mutter und von der Klassenlehrerin wöchentlich beurteilt wurde. In Abbildung 1 sind die Veränderungen der Problembelastung dargestellt, die auf einer zehnstufigen Skala von 0 (kein Problem) bis 9 (es hätte nicht schlimmer sein können) beurteilt wird. Neben der Beurteilung der einzelnen therapierelevanten Verhaltensprobleme wird von der Mutter und der Lehrerin ein Globalurteil erhoben.

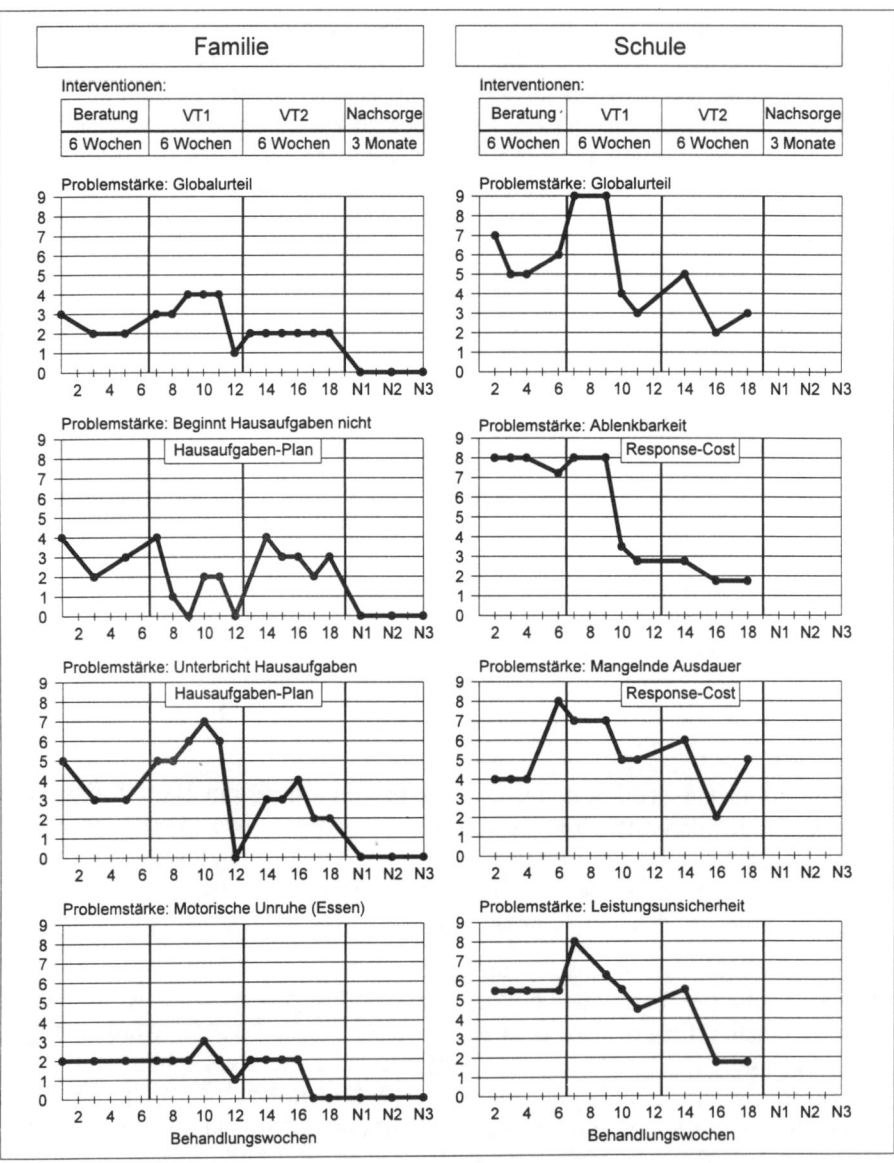

Abbildung 1:
Veränderungen der therapierelevanten Verhaltensauffälligkeiten
in der Familie und in der Schule bei Michael

In der Beratungsphase wurden Michaels Eltern und seine Lehrerin eingehend über die Diagnose sowie die multifaktorielle Genese hyperkinetischer Störungen aufgeklärt und die Untersuchungsbefunde wurden ihnen vermittelt. Außerdem stand der Aufbau einer tragfähigen Beziehung zu den Eltern und zu Michael im Mittelpunkt dieser ersten Phase. Im Verlauf der Beratungsphase zeigte sich, daß beide Eltern Michael viel Verständnis entgegenbrachten. Mit den Eltern wurden allgemeine Erziehungspraktiken besprochen. Hierbei wurde auch thematisiert, daß sich die Mutter teilweise von ihrem Mann im Stich gelassen fühlt. Der Vater versuchte zwar in der Freizeit, viel Zeit mit seinen Kindern zu verbringen, hielt sich jedoch aus Erziehungsaufgaben und Grenzsetzungen weitgehend heraus. Beide Eltern zeigten vom Ansatz her ein der Problematik des Kindes angemessenes Erziehungsverhalten; zuweilen fielen es ihnen jedoch schwer, konsequent Grenzen zu setzen, vor allem in der Hausaufgabensituation. Mit der Lehrerin wurde die Zusammenarbeit vertieft. Die Therapeutin führte einen Schulbesuch durch und hospitierte im Unterricht. Anschließend wurde mit der Lehrerin darüber diskutiert, wie man die schulische Situation generell gestalten könnte, um die Schwierigkeiten von Michael zu verringern (z. B. Sitzordnung).

Die Interventionen in der Familie, die in der zweiten Behandlungsphase begonnen wurden, bezogen sich vor allem auf die Hausaufgabensituation. Michael zeigte sich an den Interventionen sehr interessiert. Er litt vor allem darunter, daß sein Leistungsstand in der Klasse deutlich unter dem Durchschnitt lag. Er spürte seine Unsicherheit in Leistungssituationen und war sehr daran interessiert, durch die Interventionen nicht nur sein Verhalten, sondern auch seinen Leistungsstand zu verbessern.

Tabelle 3:
Übersicht über die Regeln des Elternleitfadens F17
(Wie Sie Probleme bei den Hausaufgaben lösen können)

Regel 1:	Alle Hausaufgaben werden von Ihrem Kind während der Schulzeit in einem Aufgabenheft notiert!
Regel 2:	Die Hausaufgaben werden immer am gleichen Arbeitsplatz gemacht!
Regel 3:	Vermindern Sie die Ablenkungsmöglichkeiten bei den Hausaufgaben!
Regel 4:	Die Hausaufgaben werden immer an der gleichen Stelle im Tagesablauf gemacht!
Regel 5:	Vereinbaren Sie zusammen mit Ihrem Kind pro Hausaufgabe die maximale Zeit, in der die Aufgaben erledigt werden!
Regel 6:	Erstellen Sie gemeinsam mit Ihrem Kind einen Punkteplan für die Hausaufgabenzeit!

Zunächst wurde Michael und der Mutter das Kapitel K17: „Setz' dem Hausaufgabenkrieg ein Ende!" aus „Wackelpeter & Trotzkopf" vorgelesen. In diesem Kapitel erzählt Peter von seinem täglichen Hausaufgabenkrieg mit seiner Mutter. Er beschreibt, wie die Therapeutin gemeinsam mit ihm und seiner Mutter einen Hausaufgabenplan entwickelt und wie dadurch der Hausaufgabenkrieg beendet wird. Danach wurde der Elternleitfaden des Therapiebausteins F17 (Wie Sie Probleme bei den Hausaufgaben lösen können!) ebenfalls gemeinsam mit Michael und der Mutter bearbeitet. Tabelle 3 zeigt die Kurzfassung dieser Regeln (siehe auch Döpfner et al., 1994).

Hausaufgaben-Plan für: Michael

Datum	Aufgaben	Zeit (Min.) Vorgabe	gebraucht	Punkte	Wie gut? (1-5) Schüler	Eltern	Punkte	Zusatz punkte	Gesamt punkte	Bemerkungen
26.02.	Male / Rechnen	15	20	1	3	3	2	2	4	hat etwas getrödelt
27.02.	Schreiben	20	18	1	3	4	1	2	4	
28.02.	Rechnen (1 x 1)	15	15	1	4	4	1	2	2	8er Reihe ist noch schwer
28.02.	Schreiben	20	25	1	4	4	1	2	3	habe gute Ideen!
29.02.	Sachunterricht	15	10	1	3	2	3	1	4	
29.02.	Diktat üben	20	20	1	4	4	1	2	3	konnte nicht gut bei der
01.03.	eine kleine Geschichte weitererzählen	15	20	1	4	4	1	2	3	Sache bleiben
								–	3	
04.03.	Rechnen	15	12	1	3-4	3	2	–	2	
04.03.	Rechnen	15	15	1	4	4	1	1	3	
05.03.	Text abschreiben	20	18	1	3	3	2	2	6	hat (freiwillig) üben wollen!
05.03.	keine Hausaufgaben aber Schreiben geübt	20	20	1	3	2-3	3			
06.03.	Rechnen	20	17	1	3	3	2	2	5	hat sich viel Mühe gege-
06.03.	Sachunterricht	20	18	1	3	3+	2		3	ben!
17.5	Abschreiben	16	14	1	3	4	1	1	2	war ziemlich schwer

Zusatzpunkt wenn:

2 Punkte	Michael nach dem Essen freiwillig mit den Hausaufgaben anfängt (bis 15 min. danach).
1 Punkt	Michael nach einmaliger Aufforderung mit den Hausaufgaben beginnt.

Baustein F17	Wie Sie Probleme bei den Hausaufgaben lösen können
Arbeitsblatt F17.3	Mein Hausaufgabenplan

Abbildung 2:
Hausaufgabenplan von Michael

Kern dieses Bausteins ist die Entwicklung eines Tokensystems, durch das Michael verstärkt wurde, wenn er bei zumindest ausreichender Arbeitsqualität zügig seine Hausaufgaben durchführte. Mit Michael wurde erarbeitet, daß er sich zu Beginn der Hausaufgabenzeit zunächst einen genauen Überblick über die zu leistenden Hausaufgaben verschaffen sollte und für jede Hausaufgabe einen Zeitraum festsetzen muß, in dem er die Aufgaben gut erledigen kann, wenn er in normalem Tempo ohne Unterbrechung und Ablenkung arbeitet. Anfangs sollte ihm die Mutter bei der Festlegung der maximalen Arbeitszeit pro Aufgabe behilflich sein. Die einzelnen Aufgaben und die zur Verfügung stehende Zeit wurden in den Hausaufgabenplan (siehe Abb. 2) eingetragen. Wenn Michael Schwierigkeiten bei der Aufgabenstellung hatte, sollte er mit seiner Mutter Rücksprache halten, ansonsten sollte er die Hausaufgaben selbständig durchführen. Danach notierte Michael die tatsächlich benötigte Zeit und bewertete auf einer Notenskala von 1 bis 5, wie gut ihm seiner Meinung nach die Hausaufgaben gelungen waren. Die Mutter schaute dann gemeinsam mit Michael die Hausaufgaben durch, besprach mit ihm notwendige Korrekturen und bewertete dann die Qualität der Hausaufgaben. Wenn die Mutter die Hausaufgaben mindestens als ausreichend (4) einstufte, erhielt Michael einen Punkt. Je höher die Qualität der Arbeit war, um so mehr Punkte konnte Michael erhalten. Bei einer hervorragenden Qualität konnte sich Michael pro Hausaufgabe vier Punkte verdienen.

Da Michael meist mehrfach ermahnt werden mußte, mit den Hausaufgaben zu beginnen und es darüber häufig zum Streit zwischen Michael und der Mutter kam, wurden Zusatzregeln vereinbart. Danach konnte sich Michael zwei Zusatzpunkte verdienen, wenn er bis zu einem festgelegten Zeitpunkt freiwillig mit den Hausaufgaben angefangen hatte (15 Minuten nach Beendigung des Mittagessens). Ein Punkt war noch möglich, wenn er nach einmaliger Aufforderung der Mutter direkt mit den Hausaufgaben anfing. Die erworbenen Punkte konnten in Sonderbelohnungen (Eintauschverstärker) eingetauscht werden. Dazu wurde ein genauer Eintauschplan aufgestellt. Als Eintauschmöglichkeiten wünschte sich Michael vor allem gemeinsame Aktivitäten (mit dem Vater ins Schwimmbad gehen, Fahrradtour machen, selbst etwas kochen dürfen). Für jede einzelne Aktivität wurde die notwendige Punktzahl gemeinsam festgelegt.

Der Hausaufgabenplan wurde sowohl von Michael als auch von seiner Mutter gut akzeptiert und konsequent in die Tat umgesetzt. Die Verweigerungshaltung zu Beginn der Hausaufgaben verminderte sich direkt mit Beginn des Hausaufgabenplans, wie Abbildung 1 zu entnehmen ist. In der Folgezeit ließen sich zwar immer wieder Schwankungen feststellen, langfristig konnte dieses Problem jedoch nachhaltig verringert werden, wie Abbildung 1 zeigt. Die benötigte Hausaufgabenzeit verminderte sich ebenfalls deutlich. Michael machte seine Aufgaben zwar in aller Regel fertig, und auch die Qualität der Aufgaben wurden von der Mutter im Vergleich zu früher als besser bewertet. Allerdings zeigte sich Michael dennoch weiterhin stark ablenkbar und häufig fiel es ihm schwer, ausdauernd bei den Hausaufgaben zu bleiben.

Deshalb wurde das bereits geplante Selbstinstruktionstraining (Therapiebaustein K 16 b) von der Therapeutin zunächst mit Michael alleine durchgeführt. In der ersten Phase wurden die einzelnen Schritte des Selbstinstruktionstrainings anhand von spielerischen Aufgaben eingeübt. Da Michael dazu neigte, impulsiv mit der Bearbeitung von Aufgaben zu beginnen, bevor er sich der Aufgabenstellung wirklich vergewissert hatte, wurde der Schwerpunkt des Selbstinstruktionstrainings auf diese Problematik gerichtet. Michael sollte sich zunächst über die Aufgabenstellung klar werden, bevor er zum aktiven Bearbeiten der Aufgabe überging („Stop, was ist mein Problem?"). Anschließend wurden mit Michael kleine Zeitintervalle vereinbart, in denen er versuchen sollte, ohne Pause konzentriert durchzuarbeiten. Nach der Einübungsphase wurde das Selbstinstruktionstraining auf schulisches Material erweitert, hier vor allem im Bereich des Lesens und des Rechtschreibens. Mithilfe von Materialien zum Rechtschreibtraining wurden Rechtschreibübungen mit Michael durchgeführt. Michael konnte innerhalb von vier Übungsstunden die Selbstinstruktionstechnik gut automatisieren. Daher wurde die Mutter in das Training einbezogen. Anhand des Elternleitfadens für diesen Therapiebaustein (F16a: Helfen Sie Ihrem Kind, Aufgaben Schritt für Schritt zu lösen) wurde mit der Mutter erarbeitet, welche Hilfestellungen sie Michael geben konnte. Das Selbstinstruktionstraining führten die Mutter und Michael gemeinsam zweimal pro Woche (für 20 Minuten) anhand von Rechtschreibübungen durch; auch in kritischen Hausaufgabensituationen wurde die Methode eingesetzt. Wie Abbildung 1 zu entnehmen ist, konnte die Ablenkbarkeit bei den Hausaufgaben im Verlaufe der zweiten Phase der verhaltenstherapeutischen Interventionen deutlich vermindert werden und in der Nachsorgephase wurden von der Mutter keine weiteren Probleme bezogen auf die Ablenkbarkeit bei den Hausaufgaben beobachtet.

Aufgrund der guten Kooperationsbereitschaft der Lehrerin konnte mit Michael in der Schule ein intensives verhaltenstherapeutisches Programm durchgeführt werden. Im Unterricht stellte die starke Ablenkbarkeit von Michael nach Einschätzung der Lehrerin das Hauptproblem dar. Zur Verminderung dieser Problematik wurde ein Response-Cost-System entsprechend dem Therapiebaustein F14 (Der Wettkampf um lachende Gesichter) durchgeführt. Zunächst wurde der Wettkampf auf eine Schulstunde (Mathematik) beschränkt. Michael standen für diese Unterrichtsstunde zehn Gesichter zur Verfügung, die er sich verdienen konnte. Jedesmal, wenn seine Lehrerin ihn wegen massiver Unkonzentriertheit oder störendem Verhalten ermahnen mußte, malte sie in eines der Gesichter einen traurigen Mund. In alle am Ende der Schulstunde übrig gebliebenen Gesichter durfte Michael einen lachenden Mund malen; diese Smileys gehörten ihm. Die Smileys konnte Michael in den Therapiestunden in Bausteine für ein Legoauto eintauschen. Nachdem er das Legoauto in den Therapiestunden Stein für Stein zusammengebaut hatte, durfte er das Auto mit nach Hause nehmen.

Unmittelbar nach Beginn der Intervention konnte eine deutliche Verminderung aller Verhaltensprobleme im Unterricht festgestellt werden, wie Abbildung 1 zeigt. Am stärksten verringerte sich die Ablenkbarkeit im Unterricht, die Ziel der Intervention war. Die Lehrerin berichtete, daß sich die Verhaltensänderung zwar am deutlichsten in der Unterrichtsstunde zeigte, in der die Intervention durchgeführt wurde, aber sich auch auf andere Fächer erstreckte. Der Wettkampf um lachende Gesichter konnte schließlich auf die gesamte Unterrichtszeit der Klassenlehrerin in der Klasse ausgedehnt werden. Durch diese Intervention konnte zwar die Ablenkbarkeit und auch das störende Verhalten von Michael im Unterricht deutlich vermindert werden, nach wie vor beteiligte er sich jedoch nur in geringem Maße aktiv am Unterricht. Deshalb wurde der Wettkampf um lachende Gesichter durch ein Tokensystem (entsprechend Baustein F12) ergänzt. Michael konnte sich Punkte verdienen, wenn er sich im Unterricht aktiv beteiligte. So entstand ein Mischsystem aus Tokenentzug und Tokenvergabe.

Nach der Durchführung von zwei verhaltenstherapeutischen Phasen war das Ende des vierten Schuljahres erreicht. Aufgrund des deutlich verbesserten Leistungsverhaltens von Michael empfahl die Lehrerin eine Versetzung in die fünfte Klasse der Hauptschule und nicht, wie ursprünglich geplant, eine Wiederholung der Klasse. Zwar ließen sich auch nach Beendigung dieser Phasen noch hyperkinetische Verhaltensweisen im Unterricht beobachten, doch war eine ergänzende medikamentöse Therapie nicht mehr indiziert.

Da auch in der Familie keine ausgeprägten Verhaltensprobleme mehr auftraten, konnte die intensive wöchentliche Therapie mit Michael beendet und eine Nachsorgephase eingeleitet werden. Die Rechtschreibschwäche verminderte sich im Verlauf der Behandlung deutlich. Bei einer erneuten testpsychologischen Untersuchung zum Ende der Intensivbehandlung lagen Michaels Rechtschreibleistungen im unteren Durchschnittsbereich.

In der Nachsorgephase fand alle ein bis zwei Monate eine Sitzung mit Michael und seiner Mutter statt. Michaels Verhalten stabilisierte sich auch in der fünften Klasse weitgehend. Er war in seine neue Klasse sehr gut integriert, seine Leistungen lagen im Durchschnitt zwischen den Noten zwei und drei. Auf Wunsch von Michael wurde kein Kontakt mit der Klassenlehrerin in der neuen Schule aufgenommen. Er wollte sich selbst zeigen, daß er die Schule ohne fremde Unterstützung gut meistern konnte. Deshalb konnten von der Lehrerin auch keine Verhaltensbeurteilungen in der Nachsorgephase eingeholt werden (siehe Abb. 1). Etwa ein Jahr nach Beendigung der Intensivbehandlung traten noch einmal größere Schwierigkeiten in der Familie auf, da Michael eine angekündigte Klassenarbeit verschwieg und für diese auch nicht gelernt hatte. Zudem hatte Michael mehrfach die Hausaufgaben nicht gemacht. Die Mutter konnte diese Probleme jedoch weitgehend selbständig lösen.

5 Resümee

Die Kasuistik zeigt die erfolgreiche Anwendung des Therapieprogrammes für Kinder mit hyperkinetischem und oppositionellem Problemverhalten (THOP). Im Falle von Michael konnte durch umgrenzte Interventionen in der Familie und in der Schule eine deutliche Verminderung der Verhaltensprobleme erreicht werden. Verschiedene Faktoren erleichterten den Therapieerfolg. Erstens war die hyperkinetische Störung bei Michael zwar behandlungsbedürftig, aber nicht massiv ausgeprägt. Bei der Mehrzahl der Kinder mit diesem Störungsbild in diesem Altersbereich liegt der Schweregrad wie bei Michael im mittleren Bereich. Die extremen Formen betreffen nur einen geringen Anteil der Kinder. In der Bevölkerung liegt dieser Anteil etwa bei einem Prozent. Bei schwer gestörten Kindern sind in der Regel kombinierte medikamentöse und verhaltenstherapeutische Interventionen notwendig (vgl. Döpfner et al., 1996 b, c). Bei einem großen Anteil der Kinder mit mittlerem Schweregrad lassen sich durch verhaltenstherapeutische Interventionen in der Familie und in der Schule weitgehende Behandlungserfolge erzielen, wenn entsprechende Ressourcen in der Familie und in der Schule genutzt werden können. Dies war bei Michael in besonderem Maße der Fall. Die Problematik in der Familie bezog sich auf wenige umschriebene Situationen (hauptsächlich Hausaufgaben), auf der Beziehungsebene waren keine massiven Störungen in der Familie festzustellen und kein weiteres Familienmitglied zeigte ausgeprägte psychische Auffälligkeiten. Im Erziehungsverhalten der Eltern waren lediglich kleinere Korrekturen nötig. Michael selbst war sehr kooperativ und motiviert, was man bei Kindern mit diesem Störungsbild eher nicht erwarten kann. Zu allen Beteiligten konnte die Therapeutin in relativ kurzer Zeit eine tragfähige Beziehung herstellen. Die Klassenlehrerin war ausgesprochen kooperativ und engagiert und konnte verhaltenstherapeutische Interventionen im Unterricht gut umsetzen. Dennoch ist auch bei solch einem günstigen Verlauf eine langfristige Verlaufskontrolle nötig, da durch neue Anforderungssituationen und Entwicklungsaufgaben auch neue Probleme auftreten können.

Literatur

American Academy of Child and Adolescent Psychiatry (1991). Practice parameters for the assessment and treatment of attention-deficit hyperactivity disorder. *Journal of the American Academy of Child and Adolescent Psychiatry, 30,* I–III.

Arbeitsgruppe Deutsche Child Behavior Checklist (1993 a). *Elternfragebogen über das Verhalten von Kindern und Jugendlichen; deutsche Bearbeitung der Child Behavior Checklist (CBCL/4-18). Einführung und Anleitung zur Handauswertung,* bearbeitet von P. Melchers & M. Döpfner. Köln: Arbeitsgruppe Kinder-, Jugend- und Familiendiagnostik (KJFD).

Arbeitsgruppe Deutsche Child Behavior Checklist (1993 b). *Lehrerfragebogen über das Verhalten von Kindern und Jugendlichen; deutsche Bearbeitung der Teacher's Report Form der Child Behavior Checklist (TRF). Einführung und Anleitung zur Handauswertung,* bearbeitet von M. Döpfner & P. Melchers. Köln: Arbeitsgruppe Kinder-, Jugend- und Familiendiagnostik (KJFD).

Arbeitsgruppe Deutsche Child Behavior Checklist (1998 a). *Elternfragebogen über das Verhalten von Kindern und Jugendlichen; deutsche Bearbeitung der Child Behavior Checklist (CBCL/4-18). Einführung und Anleitung zur Handauswertung.* 2. Auflage mit deutschen Normen, bearbeitet von M. Döpfner, J. Plück, S. Bölte, K. Lenz, P. Melchers & K. Heim. Köln: Arbeitsgruppe Kinder-, Jugend- und Familiendiagnostik (KJFD).

Arbeitsgruppe Deutsche Child Behavior Checklist (1998 b). *Fragebogen für Jugendliche; deutsche Bearbeitung der Youth Self-Report Form der Child Behavior Checklist (YSR). Einführung und Anleitung zur Handauswertung.* 2. Auflage mit deutschen Normen, bearbeitet von M. Döpfner, J. Plück, S. Bölte, K. Lenz, P. Melchers & K. Heim. Köln: Arbeitsgruppe Kinder-, Jugend- und Familiendiagnostik (KJFD).

Barkley, R. A. (1981). *Hyperactive children: A handbook for diagnosis and treatment.* New York: Guilford.

Barkley, R. A. (1989). The problem of stimulus control and rule-governed behavior in attention deficit disorder with hyperactivity. In L. M. Bloomingdale & J. M. Swanson (Eds.), *Attention deficit disorder,* Volume IV (203–234). Oxford: Pergamon.

Bene, E. & Anthony, J. (1957). *Manual for the Family Relations Test.* London: NFER Publishing Company.

Dilling, H., Mombour, W., & Schmidt, M. H. (Hrsg.) (1991). *Internationale Klassifikation psychischer Störungen – ICD 10, Kapitel V (F). Klinisch-diagnostische Leitlinien.* Bern: Huber.

Dilling, H., Mombour, W., Schmidt, M. H. & Schulte-Markwort, E. (Hrsg.) (1994). *Internationale Klassifikation psychischer Störungen – ICD 10, Kapitel V (F). Forschungskriterien.* Bern: Huber.

Döpfner, M. (1993). Interventionen bei extraversiven Auffälligkeiten. In M. Döpfner, & M. Schmidt (Hrsg.), *Kinderpsychiatrie – Vorschulalter* (104–119). München: Quintessenz.

Döpfner, M. (2000). Hyperkinetische Störungen. In F. Petermann (Hrsg.), *Lehrbuch der Klinischen Kinderpsychologie und Kinderpsychotherapie* (151–186). Göttingen: Hogrefe, 4. völlig veränd. Auflage.

Döpfner, M., Berner, W., Flechtner, H., Lehmkuhl, G. & Steinhausen, H.-C. (1998 a). *Psychopathologisches Befund-System für Kinder und Jugendliche (CASCAP-D): Befundbogen, Glossar und Explorationsleitfaden.* Göttingen: Hogrefe.

Döpfner, M. & Lehmkuhl, G. (1993) Zur Notwendigkeit von Qualitätsstandards in der Kinder- und Jugendpsychiatrie. *Zeitschrift für Kinder- und Jugendpsychiatrie, 21,* 188–193.

Döpfner, M. & Lehmkuhl, G. (1994). Der Lehrerfragebogen über das Verhalten von Kindern und Jugendlichen im Rahmen der multiplen Verhaltens- und Psychodiagnostik verhaltensauffälliger Kinder und Jugendlicher. *Kindheit und Entwicklung, 3,* 244–252.

Döpfner, M. & Lehmkuhl, G. (1995) Elterntraining bei hyperkinetischen Störungen. In H. C. Steinhausen (Hrsg.), *Hyperkinetische Störungen im Kindes- und Jugendalter* (178–208). Stuttgart: Kohlhammer.

Döpfner, M. & Lehmkuhl, G. (1996). Mißerfolgs- und Widerstandsanalyse in der Verhaltenstherapie am Beispiel eines Eltern-Kind-Programmes zur Behandlung von hyperkinetisch und oppositionell auffälligen Kindern. *Praxis der Kinderpsychologie und Kinderpsychiatrie, 45,* 10–19.

Döpfner, M. & Lehmkuhl, G. (1997). *Diagnose- und Symptom-Checklisten zur Erfassung psychischer Störungen im Kindes- und Jugendalter nach ICD-10 und DSM-IV (DISYPS-KJ).* Göttingen: Hogrefe.

Döpfner, M. & Lehmkuhl, G. (1998). *Diagnostik-System für psychische Störungen im Kindes- und Jugendalter nach ICD-10 und DSM-IV (DISYPS-KJ).* Bern: Huber.

Döpfner, M., Lehmkuhl, G. & Roth, N. (1996 a). Kombinationstherapien. *Kindheit und Entwicklung, 5,* 118–123.

Döpfner, M., Lehmkuhl, G. & Schürmann, S. (1996 b). Das Therapieprogramm für Kinder mit hyperkinetischem und oppositionellem Problemverhalten (THOP) – Aufbau und Einzelfall-Evaluation. *Zeitschrift für Kinder- und Jugendpsychiatrie und Psychotherapie, 24,* 145–163.

Döpfner, M., Schürmann, S. & Frölich, J. (1998 b). *Das Therapieprogramm für Kinder mit hyperkinetischem und oppositionellem Problemverhalten (THOP).* Weinheim: Psychologie Verlags Union, 2. korr. Auflage.

Döpfner, M., Schürmann, S. & Lehmkuhl, G. (1994). Hausaufgabenprobleme? Diagnostik und Therapie von Verhaltens- und Interaktionsstörungen bei der Durchführung der Hausaufgaben. *Kindheit und Entwicklung, 3,* 227–237.

Döpfner, M., Schürmann, S. & Lehmkuhl, G. (1996c). Elternberatung, Elternanleitung, Elterntraining. *Kindheit und Entwicklung, 5*, 124–128.

Döpfner, M., Schürmann, S. & Lehmkuhl, G. (1999). *Wackelpeter & Trotzkopf. Hilfen bei hyperkinetischem und opposionellem Verhalten.* Weinheim: Psychologie Verlags Union.

Kaufman, A. S. & Kaufman, N. L. (1991). *Kaufman-Assessment Battery for Children K-ABC.* Deutschsprachige Fassung von P. Melchers und U. Preuß. Lisse: Swets & Zeitlinger.

Saß, H., Wittchen, H. U. & Zaudig, M. (Hrsg.) (1996). *Diagnostisches und Statistisches Manual Psychischer Störungen DSM-IV.* Göttingen: Hogrefe.

Taylor, E., Sergeant, J., Döpfner, M., Gunning, B., Overmeyer, S., Möbius, H. & Eisert, H. G. (1998). Clinical guidelines for hyperkinetic disorder. *European Child & Adolescent Psychiatry, 7*, 184–200.

Weiß, R. H. & Osterland, J. (1977). *Grundintelligenztest CFT 1, Skala 1.* Braunschweig: Westermann.

Tic-Störungen

Manfred Döpfner und Carsten Reister

Tics sind unwillkürliche, rasche, wiederholte, nicht-rhythmische motorische Bewegungen, die umschriebene Muskelgruppen betreffen (motorische Tics) oder vokale Produktionen, die plötzlich einsetzen und keinem offensichtlichen Zweck dienen (vokale Tics). Sowohl motorische als auch vokale Tics können in ihrer Komplexität, Intensität und Art inter- und intraindividuell beträchtlich variieren. Zu den einfachen **motorischen Tics** zählen Augenblinzeln, Kopfwerfen, Schulterzucken und Grimassieren; komplexe motorische Tics sind oft langsamer und wirken in ihrem Erscheinungsbild eher zielgerichtet. Sie können jede Art von Bewegung widerspiegeln, die der Körper hervorrufen kann. Bei den **vokalen Tics** variiert der Komplexitätsgrad von Räuspern, Bellen, Grunzen, Schnüffeln und Zischen bis hin zur Wiederholung bestimmter Wörter und dem Gebrauch sozial unannehmbarer, oft obszöner Wörter (Koprolalie) sowie der Wiederholung eigener Laute oder Wörter (Palilalie) (vgl. Döpfner, 1999). Es gibt eine immense Variation des Schweregrades von Tics. Am einen Extrem ist das Phänomen fast normal, da zumindest jedes zehnte, möglicherweise auch jedes fünfte Kind zu irgendeiner Zeit passagere Tics zeigt. Am anderen Extrem steht die Tourette-Störung als eine seltene, oft chronische Störung (vgl. Rothenberger, 1991). Wahrscheinlich stellen die verschiedenen Tic-Störungen unterschiedliche Ausprägungen auf einem Kontinuum dar und sind keine voneinander abgegrenzten Störungseinheiten.

Zentrale Klassifikationsmerkmale von Tic-Störungen sind das isolierte bzw. gemeinsame Auftreten von motorischen und vokalen Tics und ihr Chronifizierungsgrad. Dementsprechend wird sowohl nach ICD-10 (Dilling et al., 1991, 1994) als auch im DSM-IV (Saß et al., 1996) zwischen der vorübergehenden Tic-Störung, der chronischen motorischen oder vokalen Tic-Störung und der Tourette-Störung, der Kombination von vokalen und motorischen Tics, unterschieden.

Die **vorübergehende Tic-Störung**, die häufigste Form von Tics, ist im Alter von vier oder fünf Jahren am meisten verbreitet, häufig in Form von Blinzeln, Grimassieren oder Kopfschütteln. Die vorübergehenden Tics dauern gewöhnlich eine Woche bis wenige Monate, jedoch nicht mehr als ein Jahr. Vorübergehende Tics können aber auch wiederkehren, vor allem während Phasen, in denen das Kind unter Streß steht.

Bei der **chronischen motorischen oder vokalen Tic-Störung** persistieren motorische oder vokale Tics zumindest über ein Jahr, sie treten jedoch nicht gemeinsam auf und können als Einzel-Tic, häufiger jedoch als multiple Tics ausgeprägt sein. Die Mehrzahl der Kinder erleben im Jugendalter eine spontane Besserung, obwohl auch später eine Verschlechterung der Symptomatik möglich ist.

Bei der **Tourette-Störung** (Gilles de la Tourette Syndrom) müssen gegenwärtig oder in der Vergangenheit multiple motorische Tics und zumindest ein vokaler Tic aufgetreten sein, auch wenn beide Tic-Formen nicht notwendigerweise gleichzeitig auftreten. Die vokalen Tics sind oft ebenfalls multipel ausgeprägt und können aus den unterschiedlichsten Lauten wie Zungenschnalzen, Grunzen, Jaulen, Bellen, Schnüffeln, Husten oder Ausstoßen von Wörtern bestehen. Koprolalie, ein komplexer vokaler Tic mit dem Drang, Obszönitäten auszusprechen, ist in einem Drittel aller Fälle vorhanden. Gelegentlich treten komplexe motorische Tics mit dem Drang zu Berührungen, zum Niederkauern, zu tiefen Kniebeugen, zu Rückwärtsschritten und zum Herumdrehen während des Laufens auf. So gut wie immer liegt der Beginn in der Kindheit oder der Adoleszenz. Das Durchschnittsalter bei Beginn beträgt sieben Jahre, meist beginnt die Störung vor Vollendung des 14. Lebensjahres. Gewöhnlich gibt es eine Vorgeschichte motorischer Tics, bevor sich vokale Tics entwickeln; die Symptome verschlechtern sich häufig während der Adoleszenz, und üblicherweise persistiert die Erkrankung bis ins Erwachsenenalter.

Etwa in der Hälfte der Fälle weisen Patienten mit chronischen multiplen Tics oder mit Tourette-Störung eine hyperkinetische Störung auf. Häufig entwickelt sich die hyperkinetische Symptomatik vor der Tic-Symptomatik. Verschiedene Studien weisen darauf hin, daß Zwangsstörungen eng mit der Tourette-Störung in Verbindung stehen. Bei Patienten mit massiver Tourette-Symptomatik wird gehäuft selbstverletzendes Verhalten beobachtet. Eine depressive Symptomatik kann bei Patienten mit Tic-Störung ebenfalls häufiger beobachtet werden. Die soziale Anpassung und die schulische und berufliche Leistungsfähigkeit können aufgrund der Ablehnung durch andere oder der Furcht vor dem Auftreten von Tics in sozialen Situationen erheblich beeinträchtigt sein. Ferner können in schweren Fällen die Tics selbst tägliche Aktivitäten wie Schreiben und Lesen beeinträchtigen.

Tics können manchmal über lange Zeit stabil bleiben. Sie lassen unter nicht angstbesetzter Ablenkung und Konzentration nach, interferieren kaum mit intendierten Bewegungen (werden z. B. beim Schreiben ganz unterdrückt oder auf dabei nichtbeteiligte Muskelgruppen „umgeleitet"), sie verschwinden meistens im Schlaf und nehmen unter emotionaler Anspannung zu. Tics können willkürlich für Minuten bis Stunden unterdrückt werden. Sie zeigen sich fast durchweg zuerst und am häufigsten im proximalen und später (und seltener) im distalen Körperbereich.

Bevor die Patienten einen motorischen oder vokalen Tic ausführen, fühlen sie häufig eine zunehmende Körperanspannung oder innere Unruhe. Häufig versuchen die Patienten, in diesem Stadium die Bewegungen oder die Lautäußerungen zu unterdrücken, aber im Verlauf von Sekunden oder Minuten steigt der Impuls derart an, daß der Patient diesem nicht mehr Herr werden kann. Manchmal ist der Patient in der Lage, den Andrang dieses Impulses zu vermindern, ihn durch Konzentration und andere Aktivitäten tatsächlich auch ganz aus seinem Erlebensbereich zu eliminieren, vielfach wird es ihm aber trotz einer enormen Anstrengung nicht gelingen. Er wird den Tic nach außen lassen, die Entlastung von der inneren Spannung wohltuend erleben, die unangenehme Sinneserfahrung wird verstummt sein. Innerhalb von Sekunden oder Minuten kann diese Phase der Entlastung allerdings wieder vorbei sein und der Patient dann einer erneuten Welle von innerer Anspannung und der gesamten Prozedur, vielleicht in einem anderen Körperteil, ausgesetzt sein (vgl. Rothenberger, 1991).

Tics können verschoben werden, in ihrer Ausprägung beeinflußt und für kurze oder längere Zeiträume unterdrückt werden. Kindern ist es häufig möglich, zu warten, bis sie zu Hause sind, bevor sie mit dem Ausstoßen eines Schreies beginnen. Sie sind mitunter in der Lage, rechtzeitig für kurze Zeiträume den Klassenverband zu verlassen, um ihre Tics gehen zu lassen und dann beruhigt wieder zurückzukehren. Besonders unangenehme Tics können verschleiert, in Willkürhandlungen eingebaut, in scheinbar sinnvolle Willkürbewegungen umgelenkt, verlangsamt und geordnet werden.

1 Beschreibung des Störungsbildes

Der 16jährige Rolf leidet seit dem vierten Lebensjahr an einer chronischen Tic-Störung. Seit drei Jahren wird er durch einen Neurologen medikamentös mit Tiaprid (Handelsname: Tiapridex) behandelt. Darunter verringerte sich die Tic-Symptomatik zwar, sie ist jedoch nie völlig verschwunden. Im zeitlichen Verlauf hat es deutliche Schwankungen der Symptomatik gegeben. Rolf berichtet, er ist vor sechs Wochen in den Osterferien für zehn Tage mit seinem Fußballverein auf einer Sportfreizeit im Ausland gewesen. Ab dem zweiten Tag hatte er aufgrund der zahlreichen Aktivitäten vergessen, die Tabletten weiter einzunehmen. Daraufhin traten die bestehenden Tics (Blinzeln, Naserümpfen, Umstülpen der Unterlippe, Unterkieferbewegungen und Schulterrucken) sehr viel stärker auf. Außerdem entwickelte sich in dieser Zeit erstmalig ein vokaler Tic, das Räuspern. Einzelne Tics wurden extrem heftig. Durch das Umstülpen der Unterlippe platzte diese auf und blutete stark; auch die Unterkieferbewegungen waren sehr schmerzhaft und Rolf befürchtete, sich den Unterkiefer auszurenken. Am fünften Tag nahm er Tiapridex in der alten Dosierung (3 x 150 mg/Tag) wieder ein. Die Tics sind seitdem etwas geringer ausgeprägt, jedoch wesentlich auffälliger als vor dem Urlaub. Auch das Räuspern ist geblieben, was Rolfs Mutter beängstigt.

Zur Zeit ist es für Rolf besonders quälend, wenn die Tics in der Öffentlichkeit auftreten und von anderen Personen bemerkt werden. Auch ist es ihm sehr peinlich, wenn er das Räuspern im Schulunterricht nicht unterdrücken kann und seine Mitschüler ihn dann überrascht, entsetzt oder abwertend anschauen. Das Räuspern tritt besonders dann auf, wenn er sich meldet und einen Satz beginnt; während des Sprechens tritt das Räuspern dagegen eher selten auf. Allerdings ist ihm das Räuspern im Beisein der Mitschüler so peinlich, daß er sich kaum noch freiwillig meldet. Deshalb erlebt Rolf den Schulunterricht als sehr anstrengend; an den Leistungsanforderungen liegt das nach Rolfs Angaben nicht – Rolf besucht die zehnte Gymnasialklasse mit bislang durchschnittlich bis guten Leistungen. Die Mutter ist der Ansicht, Rolfs Noten könnten durchaus noch besser sein, wenn die Tics nicht wären. Rolf schildert, daß er in letzter Zeit ganz erschöpft von der Schule nach Hause kommt; dann zieht er sich zunächst in sein Zimmer zurück und muß sich erst einmal „richtig austicen". Das bedeutet, daß er dann die Tics „frei herausläßt" und so den „angestauten Druck etwas abbauen kann". In der Schule versucht er mit allen Mitteln, die Tics vor den anderen zu verbergen; es gibt einige Tricks, die ihm helfen, die Symptome für wenige Minuten zu kontrollieren. Am Tag vor der Vorstellung in der Klinik war die „innere Anspannung" jedoch so groß, daß er mehrmals vorgab, auf die Toilette gehen zu müssen, um den Unterricht verlassen zu können.

Seinen besten Freunden hatte Rolf erzählt, die Tics seien eine „neurologische Erkrankung", die Bewegungen könne man nicht verhindern, sie kämen von alleine. Seine Freunde hätten Verständnis und würden ihn nicht so häufig darauf ansprechen. Er hatte auch schon eine Freundin gehabt, der habe er lediglich gesagt, es sei eine „Angewohnheit". Besonders unangenehm ist es für Rolf jedoch, wenn die Tics vor fremden Leuten, in der Straßenbahn oder zum Beispiel im Supermarkt auftreten. Er merkt dann genau, wie ihn die anderen in der Schlange vor der Kasse komisch anschauen, „so als ob ich verrückt wäre". Einmal hatte er gehört, wie sich zwei Mädchen über ihn unterhielten und die eine sagte: „Der ist doch nicht ganz richtig im Kopf!" Solche Situationen sind schon öfter vorgekommen. Manchmal wird er ganz wütend und würde die anderen am liebsten anschreien. Er weiß jedoch, daß das nichts ändert und zieht deshalb vor, so zu tun, als bekomme er davon nichts mit. Früher, in der Grundschulzeit, hätten ihn seine Mitschüler häufig gehänselt und nachgemacht. Sein Spitzname sei damals „Der Blinzler" gewesen und das habe ihn ganz wütend gemacht.

Zu Hause ermahnen ihn seine Eltern öfter, die Tics stärker zu unterdrücken, was er nicht ausstehen kann. Er hat dadurch immer wieder das Gefühl, von seiner Mutter extrem kontrolliert zu werden. Gelegentlich schreit er dann seine Eltern an und wird richtig wütend. Dabei ist sein Zimmer der einzige Ort, an dem er sich mal ungestört „austicen" könne.

Die Mutter berichtet, einem Kinderarzt sei aufgefallen, daß das Kind häufig und intensiv blinzle, als Rolf etwa viereinhalb Jahre alt war. Rolf hat zuvor eine wohl allergisch bedingte Bindehautentzündung beider Augen gehabt. Die Eltern hatten das Blinzeln zwar bemerkt, dem jedoch keine Bedeutung beigemessen. Die Mutter hatte gedacht, daß das Blinzeln eine Angewohnheit ist, die sich von alleine wieder verliert. Auch Rolfs Kinderarzt hat ihnen gesagt, daß sich das Blinzeln wahrscheinlich von alleine legen wird. In der Familie war damals nach Angaben der Mutter sonst alles in Ordnung. Auch Rolf kann sich nicht an eigene oder familiäre Probleme erinnern.

In den folgenden Jahren sind dann Mundbewegungen und Naserümpfen dazugekommen. Die Eltern hatten immer gehofft, daß sich die Zuckungen von selbst zurückbilden würden. Mit sechseinhalb Jahren ist Rolf in die Grundschule eingeschult worden; in der ersten Zeit beteiligte er sich wenig am Unterricht und war mündlich ziemlich zurückhaltend. Er war aber immer ein guter Schüler und konnte die geringe mündliche Beteiligung durch gute schriftliche Leistungen ausgleichen. Sein bester Freund akzeptierte Rolf immer mit seinen Zuckungen; andere Klassenkameraden hänselten ihn dagegen ständig. „Blinzler" oder auch „Spastiker" waren gängige Spitznamen. Zum Wechsel in die vierte Klasse zog die Familie um. Rolf hatte in der neuen Schule große Schwierigkeiten, sich in die Klassengemeinschaft einzufinden. Bis zum Ende des vierten Schuljahres hatte er keinen richtigen Freund gefunden. Außerdem kam es zu massiven Hänseleien durch Mitschüler. Gerade in der Anfangszeit gab es deswegen einige Prügeleien mit Klassenkameraden. Seine Klassenlehrerin hatte für Rolf kein Verständnis; er wurde in der Klasse mehrfach an einen Einzelplatz gesetzt, bekam wegen Streitereien im Unterricht häufiger Strafarbeiten und mußte nachsitzen. Gegen Ende des vierten Schuljahres wurden die Tics extrem stark. Weitere Bewegungen – Schulterrucken, Hände verkrampfen, Bauch einziehen und sich nach vorne neigen, Hacken beim Gehen ans Gesäß schlagen und Hand an den Kopf schlagen – traten in dieser Zeit auf. Die Lehrerin schaltete schließlich einen Schulpsychologen ein. Der Intelligenztest fiel gut aus; der Schulpsychologe meinte, daß Rolf möglicherweise aggressive Anteile gegen sich selbst richtet und nicht herauslassen kann. Mit der Schwester gab es zu Hause jedoch wegen jeder Kleinigkeit Streit und auch Raufereien. An den Wochenenden wurden die Tics jedoch besser. Schließlich weigerte sich Rolf, weiter in die Schule zu gehen, was auch zu ziemlichen Auseinandersetzungen mit dem Vater führte. Rolf wurde in dieser Zeit verschiedenen Ärzten vorgestellt, ohne daß ihm weitergeholfen werden konnte.

In einer psychologischen Praxis wurden Spielstunden durchgeführt, ohne daß das geholfen habe. Schließlich sind dann die Eltern mit Rolf zu einem Neurologen gekommen, der ihnen sagte, daß es sich um eine „Tic-Erkrankung" handelt und daß Rolf die Zuckungen nicht steuern könne. Er erklärte, daß Tics durch eine „Stoffwechselstörung im Gehirn" verursacht werden und riet dann auch erstmals zu einer medikamentösen Behandlung mit Tiapridex. Die Eltern sind zwar eher gegen Medikamente eingestellt; allerdings waren die Tics damals im Alter von zehn Jahren so schlimm, daß sie zu allem bereit waren. Die Tiapridex-Tabletten hätten schließlich auch recht gut gewirkt. Die Tics verschwanden zwar nicht, jedoch traten sie insgesamt weit seltener auf und verminderten sich in ihrer Heftigkeit. Die Problematik in der Schule verringerte sich deutlich und Rolf wechselte auf ein Gymnasium.

Mittlerweile nimmt Rolf die Medikamente seit sechs Jahren ein. Die Tic-Symptome sind jedoch nie völlig verschwunden. Allerdings gab es immer wieder bessere und schlechtere Wochen, ohne daß Rolf dafür eine Ursache angeben kann. Insgesamt hatte Rolf den Eindruck, daß die Wirkung des Medikamentes deutlich nachgelassen habe, obwohl die Dosierung nach dem Aussetzen im Urlaub vor einigen Wochen auf 3 x 200 mg Tiapridex pro Tag gesteigert wurde. Dies hatte Rolf jedoch nicht gut vertragen. Er wurde weinerlich und sehr müde, war schlecht gestimmt und zog sich von allen zurück. Der Neurologe probierte daraufhin ein weiteres Medikament (Orap 3 x 2 mg/Tag) aus. Darunter wurde er jedoch ebenfalls sehr müde und konnte sich in der Schule kaum konzentrieren. Deshalb mußte Orap wieder abgesetzt werden.

Rolf ist das jüngere zweier Kinder einer 38jährigen Hausfrau und eines 42jährigen ganztagsbeschäftigten Maschinenbauingenieurs. Die ältere Schwester ist 18 Jahre alt und besucht die zwölfte Klasse des Gymnasiums. In der Familie ist keine Tic-Störung bekannt, allerdings leidet Rolfs Onkel (mütterlicherseits) an einer Zwangsstörung. Rolfs Mutter selbst beschreibt sich als einen ordentlichen Menschen, der „gerne immer alles perfekt machen möchte". Die Küche muß gut geputzt sein, sonst fühle sie sich nicht wohl. Sie leidet jedoch nicht darunter; einen richtigen „Putzfimmel" habe sie eigentlich nicht. Sie berichtet, daß sich Rolf häufiger mit seiner älteren Schwester streitet. Beide haben ein eigenes Zimmer; dennoch fühlt sich Rolf immer wieder von seiner Schwester gestört, wenn diese in sein Zimmer kommt. Die Schwester ist eine gute Schülerin und hat keine größeren Probleme.

Der Vater reagiert teilweise etwas ungehalten, wenn die Tics bei Rolf beim gemeinsamen Abendessen ausgeprägt auftreten. Er wird dann lauter und fordert Rolf auf, sich zusammenzunehmen. In der letzten Zeit stand Rolf dann einfach vom Tisch auf und aß in seinem eigenen Zimmer weiter. Manchmal hat die Mutter auch den Eindruck, daß Rolf einfach zu faul ist, die Tics besser zurückzudrängen. Auch denkt sie bisweilen, daß Rolf seine Symptome absichtlich einsetzt, um unangenehmen Aufgaben (z. B. Zimmer aufräumen, Tisch decken) aus dem Wege zu gehen. Weiterhin erstaunt sie, daß Rolf bei manchen Aktivitäten, beispielsweise bei Sport oder beim Klavierspielen, die Tics auch für längere Zeit völlig kontrollieren kann, so daß sie manchmal den Eindruck hat, er könnte die Tics wesentlich besser unterdrücken, wenn er nur wollte. Rolfs Vater ist als selbständiger Ingenieur beruflich sehr eingespannt und wegen der Tics leicht aus der Ruhe zu bringen. Er „hält viel auf seinen Sohn" und erwartet von ihm gute Schulleistungen. Seine Zuneigung zu Rolf kann er jedoch schlecht zeigen. Sie selbst weiß im Prinzip, daß Rolf seine Tics wenig steuern kann und ist deshalb nicht so streng wie ihr Ehemann sondern in einigen Gebieten eher gewährend. Sie macht sich große Sorgen, daß die Tics weiter zunehmen, vor allem jetzt, da seit einigen Wochen das Räuspern hinzugekommen ist. Vor einiger Zeit hatte sie im Fernsehen eine Sendung über einen jungen Mann mit ausgeprägten Tics gesehen, der ständig Schimpfworte und obszöne Ausdrücke wiederholte und befürchtet nun, daß sich so etwas bei Rolf ebenfalls entwickeln könnte. In der Familie gebe es ansonsten keine größeren Probleme, die Ehe sei „ganz normal".

Die Schwangerschaft wurde durch frühzeitig einsetzende Wehen etwas kompliziert, die Geburt erfolgte drei Wochen vor dem errechneten Geburtstermin in der 36. Schwangerschaftswoche per Kaiserschnitt. Ansonsten traten keine Geburtskomplikationen auf und auch die Neugeborenen- und Kleinkindzeit verlief weitgehend unauffällig. Im ersten Lebensjahr hatte Rolf allerdings spastisch-allergische Bronchitiden, später ist dann eine erfolgreiche Desensibilisierung gegen verschiedene Allergene durchgeführt worden. Rolf war als Kleinkind eher ruhig und „pflegeleicht", hat gut gegessen, getrunken und ausreichend geschlafen. Die Meilensteine der psychomotorischen Entwicklung erreichte er eher etwas früher. Insgesamt war Rolf ein pfiffiges Kind, motorisch geschickt und bei allen Personen beliebt. Zu anderen Kindern fand er schnell Kontakt und er hatte auch immer Freunde. Mit drei Jahren kam Rolf in den Kindergarten. Er freute sich damals darauf und zeigte wenig Trennungsängste. Im Kindergarten gab es nie Probleme. Auch familiär gab es keine Schwierigkeiten, zu dieser Zeit.

2 Differentialdiagnostik

Während des Erstgespräches wirkte Rolf eher still und zurückhaltend. Er neigte dazu, seine Symptome zu bagatellisieren und sprach anfangs stockend und scheinbar unwillig über seine Probleme. Beim Gespräch über die Tic-Symptomatik reagierte er zunehmend unruhig und ängstlich. Es schien, als versuche Rolf, die Tics in der Untersuchungssituation zurückzuhalten oder zu verbergen. Er führte verschiedene Handbewegungen durch, mit denen er Tics im Gesichtsbereich verdecken konnte. In der Untersuchungssituation waren hochfrequentes Augenblinzeln, Naserümpfen und Umstülpen der Lippe sowie etwa alle fünf Minuten ein deutliches Räuspern beobachtbar.

Mehrfach beantwortete Rolfs Mutter stellvertretend an Rolf gerichtete Fragen des Untersuchers. Bis auf Spannungskopfschmerzen, die mit der Tic-Symptomatik in Verbindung gebracht wurden, konnten keine funktionellen und somatoformen Störungen festgestellt werden. Bei der somatisch-neurologischen Untersuchung wurden mit Ausnahme der Tics keine weiteren Befunde von pathologischer Wertigkeit erhoben.

Die Diagnose einer Tic-Störung wurde anhand der Diagnose-Checkliste für Tic-Störungen (DCL-TIC) aus dem Diagnostiksystem für Psychische Störungen im Kindes- und Jugendalter (DISYPS-KJ) gestellt (Döpfner & Lehmkuhl, 1998). Bei Rolf sind die Diagnosekriterien einer kombinierten vokalen und motorischen Tic-Störung (Tourette-Syndrom) sowohl nach ICD-10 (F95.2) als auch nach DSM-IV erfüllt (vgl. Dilling et al., 1991, 1994; Saß et al., 1996):
– Rolf leidet an multiplen motorischen und vokalen Tics.

- Die Tics treten sehr häufig am Tage seit mehr als einem Jahr auf.
- Im Zeitraum des letzten Jahres war keine Remission zu beobachten, die länger als zwei Monate andauerte.
- Die Störung führt zu starker innerer Anspannung und verursacht bedeutsame Beeinträchtigungen in wichtigen Lebens- und Funktionsbereichen.
- Der Beginn der Symptomatik liegt vor dem 18. Lebensjahr.
- Die Störung geht nicht auf die direkte körperliche Wirkung einer Substanz oder eines medizinischen Krankheitsfaktors (beispielsweise einer postviralen Enzephalitis) zurück.

Aufgrund der zusätzlichen vokalen Tics und der Dauer der Tic-Symptomatik kann die Diagnose einer chronischen motorischen Tic-Störung (ICD 10: F95.1) und einer vorübergehenden Tic-Störung (ICD 10: F95.0) ausgeschlossen werden.

Anhand folgender Merkmale können Tics von anderen motorischen Störungen unterschieden werden (vgl. Döpfner, 1999):
- Rolf führt plötzliche, rasche, vorübergehende und umschriebene Bewegungen durch und es fehlen Hinweise auf eine zugrundeliegende neurologische Störung. Außerdem sind die Bewegungen relativ leicht willkürlich zu unterdrücken und zu produzieren. Auch wenn manche Dyskinesien (z. B. Chorea, Stereotypien und akatische Bewegungen) willentlich unterdrückt werden können, so ist diese Möglichkeit selten, geringgradig und höchstens sehr kurzfristig möglich. Der Wechsel von einem Tic-Phänomen zu einem anderen ist ein Merkmal von Tic-Störungen, das in dieser Form kaum bei anderen Dyskinesien zu beobachten ist.
- Die Bewegungen sind nicht-rhythmisch. Das unterscheidet Tics von stereotypen repetitiven Bewegungen, wie sie manchmal bei Kindern und Jugendlichen mit autistischen Störungen oder bei geistig behinderten Menschen gesehen werden.
- Die Bewegungen stellen keine Manierismen dar, wie sie beispielsweise bei manchen schizophrenen Störungen auftreten. Manierismen zeigen die Tendenz, komplexere und variablere Bewegungen zu umfassen, als sie üblicherweise bei Tics gesehen werden.
- Die Bewegungen sind keine Zwangshandlungen. Diese gleichen manchmal komplexen Tics, unterscheiden sich jedoch dadurch, daß ihre Ausgestaltung eher durch den Zweck (etwa ein Objekt in einer bestimmten Häufigkeit zu berühren oder umzudrehen) als durch die betroffene Muskelgruppe definiert wird.

Abbildung 1 zeigt die Häufigkeit und Intensität der Tics zu Therapiebeginn nach klinischer Einschätzung anhand der Modifizierten Yale Global Tic Severity Scale (Döpfner, 1999). Dabei werden sechsstufige Skalen (von 0 bis 5) verwendet. Das Augenzwinkern ist sowohl was die Häufigkeit als auch die Intensität betrifft am stärksten ausgeprägt, während Naserümpfen und Lippeumstülpen ebenfalls zwar relativ häufig, jedoch weniger intensiv auftritt. Das Räuspern tritt zwar am seltensten auf, jedoch ist es dann relativ intensiv.

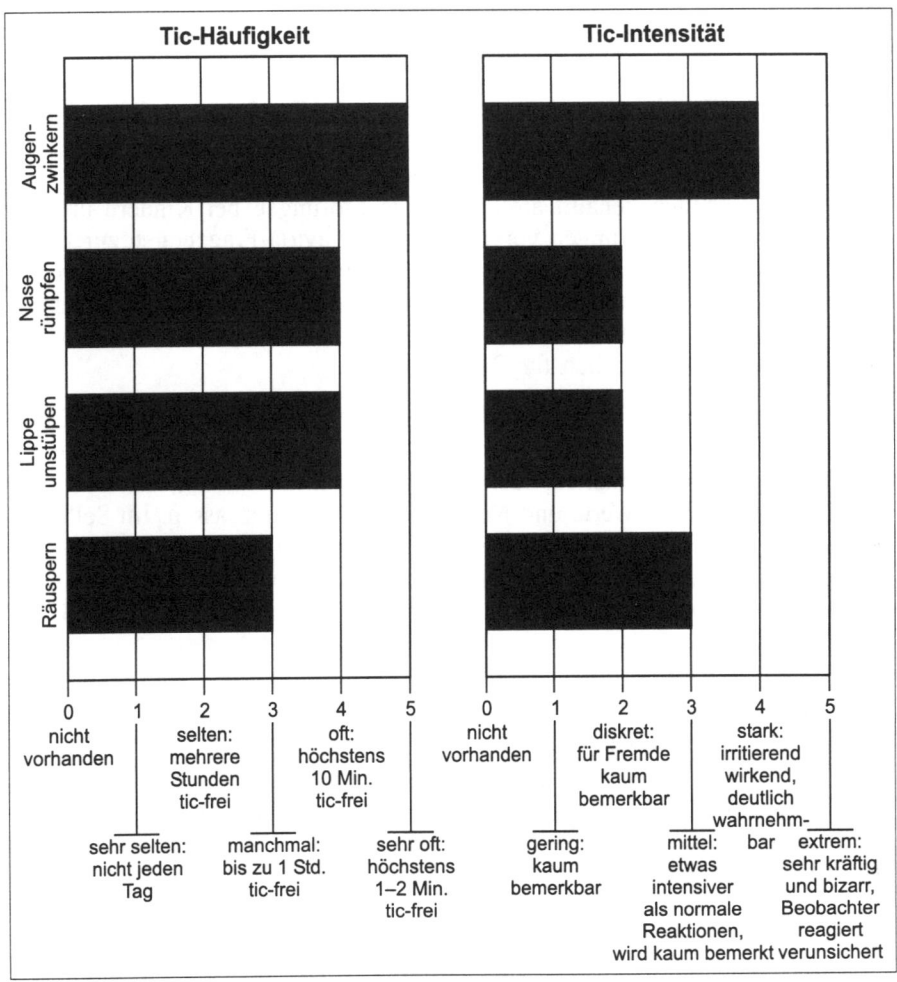

Abbildung 1:
Häufigkeit und Intensität der Tic-Symptomatik bei Rolf zu Therapiebeginn
(klinische Einschätzung)

Zur Überprüfung komorbider Auffälligkeiten wurden zusätzlich zur klinischen Exploration mehrere Fragebogenverfahren durchgeführt. Im Fragebogen für Jugendliche, YSR (Arbeitsgruppe Deutsche Child Behavior Checklist, 1998 a), einem Verfahren zur Erfassung psychischer Auffälligkeiten von Jugendlichen in der Selbsteinschätzung, ließen sich weder auf den Einzelskalen noch auf den übergeordneten Skalen zur Erfassung von externalen und internalen Verhaltensauffälligkeiten und auch nicht auf der Gesamtskala klinische Auffälligkeiten (T= 70) feststellen. Auch im Elternfragebogen über das Verhalten von Kindern und Jugendlichen (Arbeitsgruppe Deutsche Child Behavior Checklist, 1998 b) ließen sich keine klinisch relevanten Auffälligkeiten feststellen. Die entsprechende Einschätzung des Klassenlehrers im Lehrerfragebogen über das Verhalten von Kindern und Jugendlichen (Arbeitsgruppe Deutsche Child Behavior Checklist, 1993) deckte sich im wesentlichen mit den Angaben der Mutter.

Neben diesen Breitbandverfahren der multiplen Verhaltens- und Psychodiagnostik (vgl. Döpfner & Lehmkuhl, 1998) wurden weitere Verfahren zur Überprüfung von Zwangsstörungen und von depressiven Störungen eingesetzt, weil diese Auffälligkeiten gehäuft als komorbide Störungen bei Kindern und Jugendlichen mit Tic-Störungen vorkommen. Im Leyton-Fragebogen zur Erfassung von Zwangshandlungen und Zwangsgedanken (Döpfner, 2000) ergab sich kein Hinweis auf zwanghaftes Verhalten oder Zwangsgedanken. Im Depressions-Fragebogen GCDI (Lobert, 1989) fanden sich mit sechs von maximal 54 Punkten keine Anzeichen für Depressivität.

Zur Diagnostik der familiären Beziehungen wurden die Familienbögen (Cierpka & Frevert, 1994) verwendet, in denen sich verschiedene Faktoren (Aufgabenerfüllung, Rollenverhalten, Kommunikation, Emotionalität, affektive Beziehungen, Kontrolle, Werte und Normen) differenzieren lassen. Im Selbstbeurteilungsbogen ergaben sich für Rolf T-Werte im Normbereich. In der Beziehung zu seiner Mutter sah Rolf Stärken in der Erfüllung von familiären Aufgaben (T = 37) sowie Probleme hinsichtlich des Rollenverhaltens (T = 68).

3 Erklärungsansätze

Die Entstehung von Tic-Störungen wird weitgehend übereinstimmend auf der Basis eines Vulnerabilitäts-Streß-Konzeptes erklärt. Dabei spielen genetische Faktoren vermutlich eine wichtige Rolle. Neben Tic-Störungen kommen gehäuft auch Zwangsstörungen in Familien von Tourette-Patienten vor. Als neurobiologisches Substrat wird vorrangig eine Imbalance Striato-thalamo-kortikaler dopaminerger Bahnen gesehen. In einigen Fällen können traumatische Lebenserfahrungen als Auslöser für die Tic-Störung eruiert werden (vgl. Leckman & Cohen, 1995; Rothenberger, 1991; Döpfner, 1999).

Bei Rolf ließ sich kein psychosozialer Stressor mit dem Beginn der Störung in einen zeitlichen Zusammenhang bringen. Allerdings ging dem Auftreten des ersten Tics (Augenblinzeln) ein Heuschnupfen voran. Auch von anderen Tic-Patienten werden häufiger unmittelbar den Tics vorausgehende, mit sensorischen Reizzuständen verbundene Irritationen beschrieben (z. B. vorübergehende Rachenentzündung mit Juckreiz und Husten gefolgt von Räusper-Tics). Rolf empfindet, wie die Mehrzahl der Tic-Patienten, sensorische Phänomene, die sich den einzelnen Tics zuordnen lassen und diesen vorangehen. So nimmt Rolf ein „brennendes Gefühl der Augen – so als ob sie trocken seien" wahr. Dieser sensorische Impuls steigert sich im Verlauf von einigen Sekunden bis wenigen Minuten und entlädt sich in der Tic-Reaktion (Augenblinzeln). Dabei kommt es zu Spannungsabfuhr, die eine negative Verstärkung für die Ausführung der Tics darstellt.

Auch das sogenannte Austicen nach der Schule zu Hause dient der Reduktion innerer Anspannung. Verschiedene Situationen (Öffentlichkeit, fremde Personen, Klassenunterricht) erzeugen über die Antizipation negativer Konsequenzen („Tics werden von anderen als störend wahrgenommen und sind mir peinlich!") eine Erwartungsangst, die die innere Anspannung steigert und damit die Symptomatik intensiviert. In diesen Situationen werden Tics entweder prophylaktisch ausgeführt, bevor Rolf in die Situation geht oder sie werden für eine gewisse Zeit unterdrückt; häufig werden sie aber auch versteckt ausgeführt. Rolf führte immer, wenn er auf eine fremde Person zuging, eine langsame Handbewegung vor seinem Gesicht von der Stirn bis zum Kinn aus, um so verdeckt und unbemerkt von seinem Gegenüber prophylaktisch „austicen" zu können. Schließlich wurden bestimmte, mit innerer Anspannung verbundene Aktivitäten vermieden (mündliche Beiträge im Klassenunterricht, Besuch von öffentlichen Veranstaltungen). Die Symptomatik wird auch dadurch negativ verstärkt, daß Rolf aufgrund der Tics von häuslichen Aufgaben verschont wird. Situationen, welche die Symptomatik eher vermindern, sind sportliche Aktivitäten und konzentrative Beschäftigung. Als negative Konsequenzen im familiären Rahmen können kontrollierendes Verhalten der Eltern (Aufforderungen, die Tics zu unterdrücken, TV-Verbote) betrachtet werden, die jedoch in der Bilanz der Verstärker keine wesentliche Rolle spielen.

4 Interventionsprinzipien

Prinzipiell ist bei Behandlungsbeginn zu entscheiden, ob eine:
- Beratung und Verlaufskontrolle,
- Behandlung komorbider Störungen oder Probleme,
- symptomzentrierte verhaltenstherapeutische Behandlung,
- medikamentöse Behandlung oder
- Unterstützung bei der Bewältigung von Problemen indiziert ist, die im Zusammenhang mit der Symptomatik auftreten.

Abbildung 2 zeigt einen Entscheidungsbaum, dem die Indikationen für die einzelnen Behandlungsansätze entnommen werden können.

Nicht jede Tic-Störung stellt auch eine Behandlungsindikation dar. Aufgrund der hohen Spontanremissionsrate genügt bei einer Tic-Störung im Kindesalter, die weniger als ein halbes Jahr besteht und in ihrer Intensität nur gering ausgeprägt ist, im allgemeinen eine eingehende Beratung des Kindes und der Familie. Eine langfristig angelegte Verlaufskontrolle ist jedoch auf jeden Fall indiziert, da eine Vorhersage eines günstigen Verlaufs (Spontanremission) oder einer ungünstigen Entwicklung (Entwicklung einer chronischen Tic-Störung, eines Tourette-Syndroms oder weiterer Verhaltensauffälligkeiten) nicht möglich ist. Liegen jedoch ausgeprägte komorbide Störungen vor, dann kann eine Behandlung der komorbiden Symptomatik indiziert sein. Rolf leidet unter einer chronifizierten Störung, bei der sich die medikamentöse Therapie als nur

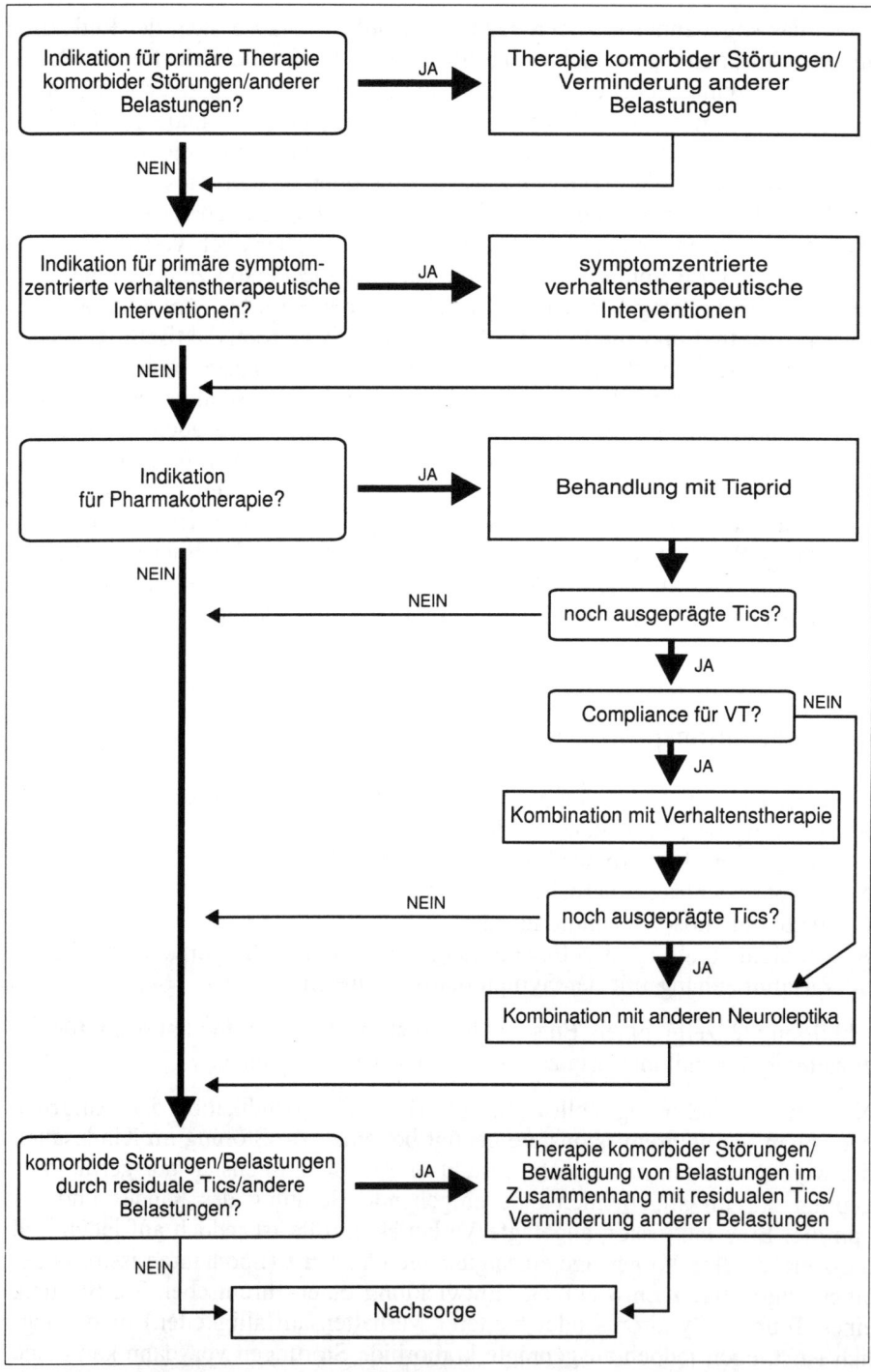

Abbildung 2:
Differentialtherapeutischer Entscheidungsbaum für Tic-Störungen

begrenzt erfolgreich erwiesen hat. Eine ausschließliche Beratung und Verlaufs-kontrolle ist daher nicht nötig.

Liegen komorbide Störungen und andere Belastungen vor, so ist zu entschei-den, ob zunächst eine Intervention zur Verminderung dieser Auffälligkeiten oder Belastungen indiziert ist (siehe Abb. 2). Tabelle 1 zeigt die Kriterien, die bei dieser Entscheidung herangezogen werden können.

Tabelle 1:
Indikation und Kontraindikation für primäre Interventionen
zur Verminderung komorbider Störungen und anderer Belastungen

Indikationen:
1. Komorbide Störungen oder andere Belastungen stehen im Vordergrund der Problematik und die Tic-Symptomatik ist relativ schwach ausgeprägt.
oder
2. Komorbide Störungen oder andere Belastungen tragen vermutlich wesentlich zur Aufrecht-erhaltung der Tic-Symptomatik bei.

Kontraindikationen:
1. Komorbide Störungen oder andere Belastungen sind vermutlich hauptsächlich Folge der Tic-Symptomatik.

Bei Rolf steht die Tic-Symptomatik eindeutig im Vordergrund der Störung. Komorbide Störungen oder andere Belastungen sind vermutlich hauptsächlich Folge der Tic-Symptomatik. Rolfs Leistungsorientierung und die der Eltern können möglicherweise zur Aufrechterhaltung der Tic-Symptomatik beitragen. Diese Problematik soll im Rahmen der Behandlung thematisiert werden. Al-lerdings wird ihr kein zentraler Stellenwert bei der Aufrechterhaltung der Sym-ptomatik beigemessen. Daher wird auch nicht erwartet, daß sich die Tic-Sym-ptomatik durch eine Verminderung dieser Belastung wesentlich verbessert.

Tabelle 2:
Kriterien für die Indikation
für primäre symptomzentrierte verhaltenstherapeutische Interventionen

Alle Kriterien (1 bis 4) müssen erfüllt sein:
1. Dauer der Tic-Symptomatik länger als sechs Monate.
2. Mindestens eines der folgenden Kriterien ist erfüllt:
   a) Die Tic-Symptomatik hat eine geringe bis mittlere Intensität,
   b) die Tic-Symptomatik besteht aus wenigen Tics,
   c) fehlende Compliance für medikamentöse Therapie.
3. Bei dem Patienten und der Hauptbezugsperson liegt eine hinreichende Compliance für ver-haltenstherapeutische Interventionen vor.
4. Eine sehr schnelle Symptomminderung (z.B. wegen zu hohem Leidensdruck) ist nicht drin-gend erforderlich.

Eine primäre symptomzentrierte verhaltenstherapeutische Intervention ist dann angezeigt, wenn die in Tabelle 2 dargestellten Kriterien erfüllt sind. Bei Rolf wird bereits eine medikamentöse Therapie durchgeführt. Deshalb ist die in Abbildung 2 dargestellte primäre symptomzentrierte Verhaltenstherapie nicht möglich. Ein Absetzen der Medikation ist absolut kontraindiziert, weil dann mit einer erheblichen Zunahme der Symptomatik gerechnet werden muß, die sich möglicherweise durch eine erneute medikamentöse Intervention nicht mehr in dem gleichen Umfang vermindern läßt.

Die medikamentöse Behandlung der Tic-Störung mit Dopamin-Rezeptoren blockierenden Medikamenten (z. B. Tiaprid) hat nach Rothenberger (1991) gute Erfolge aufzuweisen. Allerdings kann lediglich bei 58 % bis 68 % der Patienten eine Verminderung der Symptomatik durch eine medikamentöse Behandlung mit Tiaprid erzielt werden, das heißt bei mehr als 30 % der Patienten erweist sich die medikamentöse Behandlung als wirkungslos und auch unter den Patienten, die auf die Behandlung ansprechen, zeigt ein nicht unerheblicher Anteil weiterhin eine ausgeprägte Tic-Symptomatik. Auch bei alternativen medikamentösen Therapien (Pimozid, Haloperidol) liegt nach einer Übersicht von Rothenberger (1991) der Anteil der Patienten, die nicht auf die Behandlung ansprechen, mindestens bei 20 % und zumindest weitere 12 % zeigen nach der Behandlung weiterhin noch deutliche Tic-Symptome. Außerdem sind häufig erhebliche Nebenwirkungen (vor allem Müdigkeit) zu beobachten (vgl. Banaschewski & Rothenberger, 1997). Tabelle 3 zeigt Kriterien der Indikation für primäre pharmakotherapeutische Interventionen.

Tabelle 3:
Kriterien für die Indikation
für primäre symptomzentrierte pharmakotherapeutische Interventionen

Alle drei Kriterien sind erfüllt:
1. Die Dauer der Tic-Symptomatik ist länger als zwölf Monate.
2. Mindestens ein Kriterium ist erfüllt:
   a) Die Tic-Symptomatik hat eine hohe Intensität,
   b) die Tic-Symptomatik besteht aus vielen Tics.
3. Bei dem Patienten und der Hauptbezugsperson liegt eine hinreichende Compliance für pharmakotherapeutische Interventionen vor.

Bei Rolf wurde bereits eine Pharmakotherapie begonnen, durch die die Symptomatik erfolgreich vermindert werden konnte. Eine Erhöhung der Dosierung ist nicht möglich, da dies zu sehr beeinträchtigenden Nebenwirkungen führte. Es besteht eine deutliche Restsymptomatik, die den Patienten beeinträchtigt und belastet. Deshalb ist eine die Pharmakotherapie ergänzende Verhaltenstherapie indiziert. Diese wird in Abbildung 2 vor der Erprobung anderer Neuroleptika vorgeschlagen, da andere Neuroleptika (z. B. Pimozid oder Haloperidol) meist erhebliche kurz- wie langfristige Nebenwirkungen haben können. Eine medikamentöse Kombinationsbehandlung (Tiaprid und Pinozid) wurde aufgrund erheblicher Nebenwirkungen wieder abgesetzt.

Wie Abbildung 2 zu entnehmen ist, können nach der symptomzentrierten medikamentösen und/oder verhaltenstherapeutischen Intervention weitere Maßnahmen indiziert sein, wenn komorbide Störungen (beispielsweise Depression) oder andere Belastungen (beispielsweise Familienkonflikte) weiterhin bestehen oder wenn die Tic-Symptomatik nicht soweit vermindert werden konnte, daß sie für den Patienten keine Belastung mehr darstellen. In diesem Fall ist es häufig notwendig, dem Patienten Hilfestellungen bei der Bewältigung jener Probleme zu geben, die unmittelbar aus der Tic-Symptomatik resultieren (beispielsweise selbstsichere Reaktion, wenn die Umgebung auf die Tics beleidigend oder verunsichert reagiert). Bei Rolf kann davon ausgegangen werden, daß die assoziierten Probleme (Vermeidung von öffentlichen Situationen; Anspannung im Klassenunterricht; vermehrt kontrollierende Erziehungshaltung der Eltern) eine Folge der Tic-Symptomatik darstellen und sich deshalb bei erfolgreicher symptomzentrierter Behandlung ebenfalls vermindern. Soweit Residualprobleme nach der symptomzentrierten Behandlung bestehen oder die Tic-Symptome weiterhin stark ausgeprägt sind und zu anderen Bewältigungsproblemen führen, sollen diese durch entsprechende Interventionen bearbeitet werden.

Tabelle 4:
Komponenten der Reaktionsumkehr (habit reversal) nach Azrin und Nunn (1973)
(vgl. Döpfner, 1996)

1. Selbstwahrnehmungstraining
Durch folgende Behandlungskomponenten soll die Selbstwahrnehmungsfähigkeit des Patienten hinsichtlich seiner Tic-Symptomatik verbessert werden:
- **Selbstbeobachtung:** Der Patient beobachtet das Auftreten von Tics und protokolliert die Häufigkeit.
- **Beschreibung der Tic-Reaktionen:** Der Patient beschreibt dem Therapeuten alle Details jedes einzelnen Tics.
- **Training der Reaktionserkennung:** Der Patient gibt dem Therapeuten immer dann ein Signal, wenn ein Tic auftritt. Der Therapeut macht den Patienten auf das Auftreten einzelner nicht selbst wahrgenommener Tics aufmerksam.
- **Training der Wahrnehmung früher Zeichen einer Tic-Reaktion:** Der Patient versucht, gemeinsam mit dem Therapeuten die frühesten Anzeichen oder Vorgefühle vor einem Tic herauszufinden.
- **Training der Wahrnehmung situativer Einflüsse:** Zusammen mit dem Patienten werden jene Situationen identifiziert, in denen die Symptomatik besonders intensiv oder besonders schwach ausgeprägt ist.

2. Entspannungsverfahren

3. Training inkompatibler Reaktionen
Der Therapeut übt mit dem Patienten eine motorische Gegenbewegung zur Tic-Reaktion ein, die gegen das Auftreten des Tics gerichtet ist. Diese Muskelreaktion sollte drei Merkmale aufweisen:
- sie sollte der Tic-Bewegung entgegengerichtet sein,
- sie sollte für wenige Minuten aufrechterhalten werden können,
- sie sollte weitgehend unauffällig durchgeführt werden können und sich in gerade ausgeübten Aktivitäten eingliedern lassen.
Zur Kontrolle vokaler Tics können Atemübungen angewandt werden.

4. Kontingenzmanagement
Mit Hilfe von Token-Systemen und Zuwendung können Symptomverminderungen und vor allem die Durchführung der einzelnen Behandlungskomponenten im natürlichen Umfeld positiv verstärkt werden.

5. Generalisierungstraining
Über das gesamte Behandlungsprogramm hinweg wird der Unterstützung der Generalisation von in den Therapiesitzungen erworbenen Techniken auf das natürliche soziale Umfeld eine besondere Aufmerksamkeit gewidmet.

Unter den symptomzentrierten verhaltenstherapeutischen Interventionen hat sich die von Azrin und Nunn (1973) entwickelte Kombinationsbehandlung der **Reaktionsumkehr (habit reversal)** (vgl. Azrin & Peterson, 1988 a, 1988 b, 1990) bislang als wirkungsvollste Intervention erwiesen. Das Behandlungsprogramm basiert auf der Annahme, daß die Tic-Symptomatik, ursprünglich durch ein Trauma oder einen psychischen Streß ausgelöst, sich zu einer automatisierten Gewohnheitsreaktion von hoher Frequenz entwickelt und dabei zumindest teilweise nicht mehr selbst wahrgenommen wird. Tabelle 4 gibt eine Übersicht über die einzelnen Behandlungskomponenten der Reaktionsumkehr (vgl. Döpfner, 1999).

Das Behandlungsprogramm der Reaktionsumkehr versucht durch ein Training der Selbstwahrnehmung die Sinne des Patienten für seine Tics und deren Beeinflußbarkeit durch innere und äußere Reize zu schärfen, um daraus in einem **Training inkompatibler Reaktionen** eine Gegenregulation zu den Tics zu entwickeln. Zusätzlich soll ein **Entspannungstraining** zur Streßreduktion beitragen. Die **positive Verstärkung** der einzelnen Behandlungsschritte und der Teilerfolge sollen die Motivation des Patienten fördern und zur Symptomminderung beitragen. Die bislang vorliegenden empirischen Belege lassen vermuten, daß dieses Behandlungsprogramm die zur Zeit wirkungsvollste psychologische Therapie von Tic-Störungen darstellt und – wenn eine Behandlungscompliance erzielt werden kann – in ihrer Effektivität pharmakologischen Behandlungen eher über- als unterlegen ist (vgl. Döpfner, 1999; Petersen et al., 1994). Während die Wirkung medikamentöser Behandlung bei längerem Therapieverlauf häufig nachläßt und ein Absetzen der Medikamente in der Regel zu einer deutlichen Zunahme der Tic-Symptomatik führt, stellt das „nebenwirkungsfreie" habit-reversal eine dauerhafte Behandlungsform dar, in deren Rahmen neu auftretende Tics selbständig kontrolliert werden können. In vier Studien wurden Kinder und Jugendliche mit multiplen Tics erfolgreich behandelt. Die Reduktion der Zielsymptomatik lag bei mindestens 90 %, häufig wurde Symptomfreiheit erzielt. Reaktionsumkehr erwies sich gegenüber massierten Übungen als deutlich überlegen. Auch bei Patienten mit Tourette-Syndrom konnte die Wirksamkeit des Behandlungsprogrammes belegt werden. In Einzelfallstudien konnten Symptomreduktionen von 80 % bis 99 % nachgewiesen werden. Katamnesen in der Hälfte der Studien bis zu einer Dauer von einem Jahr belegen eine Stabilität der Therapieerfolge. Eine eindrucksvolle Bestätigung der Therapieeffekte bei Tourette-Patienten legen Azrin und Peterson (1990) mit einer Gruppenstudie an 10 Patienten vor. Die Tic-Frequenz reduzierte sich durchschnittlich um 93 %, wobei sie sich in den letzten Behandlungsmonaten auf diesem Niveau stabilisierte.

Tabelle 5 zeigt, wie die zentralen Behandlungskomponenten der Reaktionsumkehr in einem **Selbstmanagement-Ansatz** integrierbar sind (vgl. Döpfner, 1999). Dabei werden drei Situationen unterschieden:
– kritische Situationen, in denen gehäuft Tics auftreten,
– wenn ein Tic-Impuls wahrgenommen wird und

– wenn der Impuls nicht zu unterdrücken ist und eine Tic-Reaktion ausgeführt wird.

Die einzelnen Handlungskomponenten werden zunächst in der Therapie zusammen mit dem Patienten erarbeitet und auf seine individuelle Symptomatik abgestimmt. Danach setzt der Patient diese Selbstkontrollstrategien im Alltag ein.

Tabelle 5:
Selbstkontrolltechniken bei Tic-Störungen (nach Döpfner, 1999)

1. Bevor der Tic-Impuls kommt (in kritischen Situationen)
(A) Selbstinstruktion, z. B.:
 – „Ich bemühe mich, den Tic nicht aufkommen zu lassen!"
 – „Wenn der Impuls kommt, werde ich mich ihm stellen!"
(B) Ablenkende Tätigkeit/Entspannung und Selbstverstärkung

2. Wenn der Impuls wahrgenommen wird
(A) Selbstinstruktion, z. B.:
 – „Ich spüre, wie er kommt, jetzt Gegenbewegung einsetzen!"
(B) Impulsabbauende Technik
 – Gegenbewegung aufbauen (Muskelgruppen anspannen)
(C) Entspannung und Selbstverstärkung
(D) Protokollierung

3. Wenn der Impuls nicht zu unterdrücken ist
(A) Selbstinstruktion, z. B.:
 – „Der Tic kommt, jetzt abbremsen!"
(B) Gegenbewegung aufbauen:
 – Tic abbremsen
 – Gegenbewegung durchführen
(C) Entspannung und Selbstverstärkung
(D) Protokollierung

In ambulanten Sitzungen, die hauptsächlich mit Rolf alleine durchgeführt werden, soll die Symptomatik in einem abgesteckten zeitlichen Rahmen (15 bis 20 Sitzungen) durch Reaktionsumkehr in mehreren Schritten vermindert werden (siehe Tab. 4). Die therapeutische Grundhaltung stützt sich dabei auf das Selbstmanagement-Konzept. Der Patient soll zu verschiedenen Selbstkontrolltechniken angeleitet werden, die er schließlich eigenverantwortlich durchführt (siehe Tab. 5). Die medikamentöse Behandlung soll parallel weitergeführt werden. Zu Beginn der Behandlung soll zunächst zusammen mit den Eltern und dem Patienten ein gemeinsames Störungskonzept sowie gemeinsame Zielvorstellungen erarbeitet werden. In den folgenden Sitzungen soll die Entwicklung einer tragfähigen Therapeut-Patienten-Beziehung im Mittelpunkt stehen. Erfahrungsgemäß reagieren vielen Tic-Patienten beim Gespräch über die Symptomatik ängstlich, angespannt oder abwehrend und sie versuchen, die Konfrontation mit ihren Tics u. a. durch dissimulierendes Verhalten zu umgehen. Eine positive Verstärkung der Compliance des Patienten kann von besonderer Bedeutung sein, da die Umsetzung der Intervention ein hohes Maß an Energie und Motivation erfordert. Bereits im Verlauf der symptomzentrierten verhaltenstherapeutischen Interventionen sollen mit Rolf Bewältigungsstrategien für

verschiedene soziale Situationen erarbeitet sowie seine Sozialkontakte gefördert werden.

Eine vertrauensvolle und tragfähige Beziehung zwischen Rolf und dem Therapeuten ließ sich relativ rasch entwickeln. Zunächst wurden Rolfs Fähigkeiten
(Sport, Beschäftigung mit EDV) und Interessen (Turniertanzen, Treffen mit
Freunden) angesprochen. Dabei wurde auch thematisiert, in welchen Situationen die Tic-Symptomatik vermindert war. Beim Tennis- und beim Fußball-
spielen traten kaum Tics auf.

Außerdem wurde auch Rolfs Beziehung zu Freunden, Familie, Klassenkameraden und Lehrern thematisiert. Dabei wurden immer wieder die externen sowie die internen Konsequenzen der Tic-Störung analysiert. Es zeigte sich im
Verlauf der ersten Stunden, daß Rolf relativ rasch Vertrauen gewann und mehr
und mehr über seine aktuelle und frühere Symptomatik sprechen konnte. Dabei
wurde beobachtet, daß Rolf innerhalb der Therapiestunden ungezwungener
und offener mit seinen Tics umging und diese immer weniger vor dem Therapeuten zu verstecken suchte. Rolf wurde vom Therapeuten für den offenen
Umgang mit der Tic-Störung (auch außerhalb der Therapiestunden) durch vermehrte Zuwendung und Lob positiv verstärkt. Das vertrauensvolle und einfühlsame Vorgehen im Gespräch über die Tics war für Rolf offensichtlich eine
völlig neue und angenehme Erfahrung. Die anfängliche Zurückhaltung wich
mehr und mehr einer offenen und ideenreichen Zusammenarbeit.

Schließlich wurden nach einem standardisierten Explorationsschema für Tic-
Störungen (Döpfner, 1995) noch ausstehende Informationen zu Selbstwahrnehmung von Tics bzw. zur Wahrnehmung sensorischer Impulse, zu Kontrollbemühungen, zur subjektiven Beeinträchtigung des Patienten sowie der Bezugspersonen bezüglich jedes einzelnen relevanten Tics erfragt und damit die
erste Stufe der Reaktionsumkehr-Behandlung eingeleitet. Für diese Schritte
wurden zwei Therapiestunden benötigt.

In der nächsten Sitzung wurde mit Rolf vereinbart, zunächst die **Selbstbeob-
achtung** der Tic-Symptomatik mit dem für Rolf am meisten störenden Tic
(Augenblinzeln) zu beginnen. Zuerst wurde Rolf dazu aufgefordert, innerhalb
einer Zeitspanne von fünf Minuten bei jedem auftretenden Augenblinzeln den
Tic-Impuls (sensorische Komponente) sowie die Tic-Reaktion (motorische
Komponente) mittels einer Strichliste zu zählen. Übersehene Tics wurden vom
Therapeuten zurückgemeldet. Rolf bewältigte diese Selbstbeobachtungsaufga-
be relativ rasch, so daß die Übung schrittweise auf die übrigen Tics (Naserümpfen, Lippeumstülpen, Räuspern) ausgedehnt werden konnte. Rolf lernte
dabei, die verschiedenen Tic-Reaktionen sowie die dazugehörigen sensorischen
Tic-Impulse präzise zu beschreiben. Auch übte er, die zeitliche Abfolge (Beginn des Impulses, Aufbau der Spannung, Beginn der Tic-Bewegung, Dauer
der Spannungsreduktion) zu erfassen. Dabei wurden Videoaufnahmen und das
Arbeiten vor einem Spiegel als Rückmelde-Techniken eingesetzt. Danach wurde mit Rolf besprochen, wie er die Selbstbeobachtung der Tic-Symptomatik
zu Hause täglich durchführen konnte. Dazu wurde ein standardisiertes Tage-

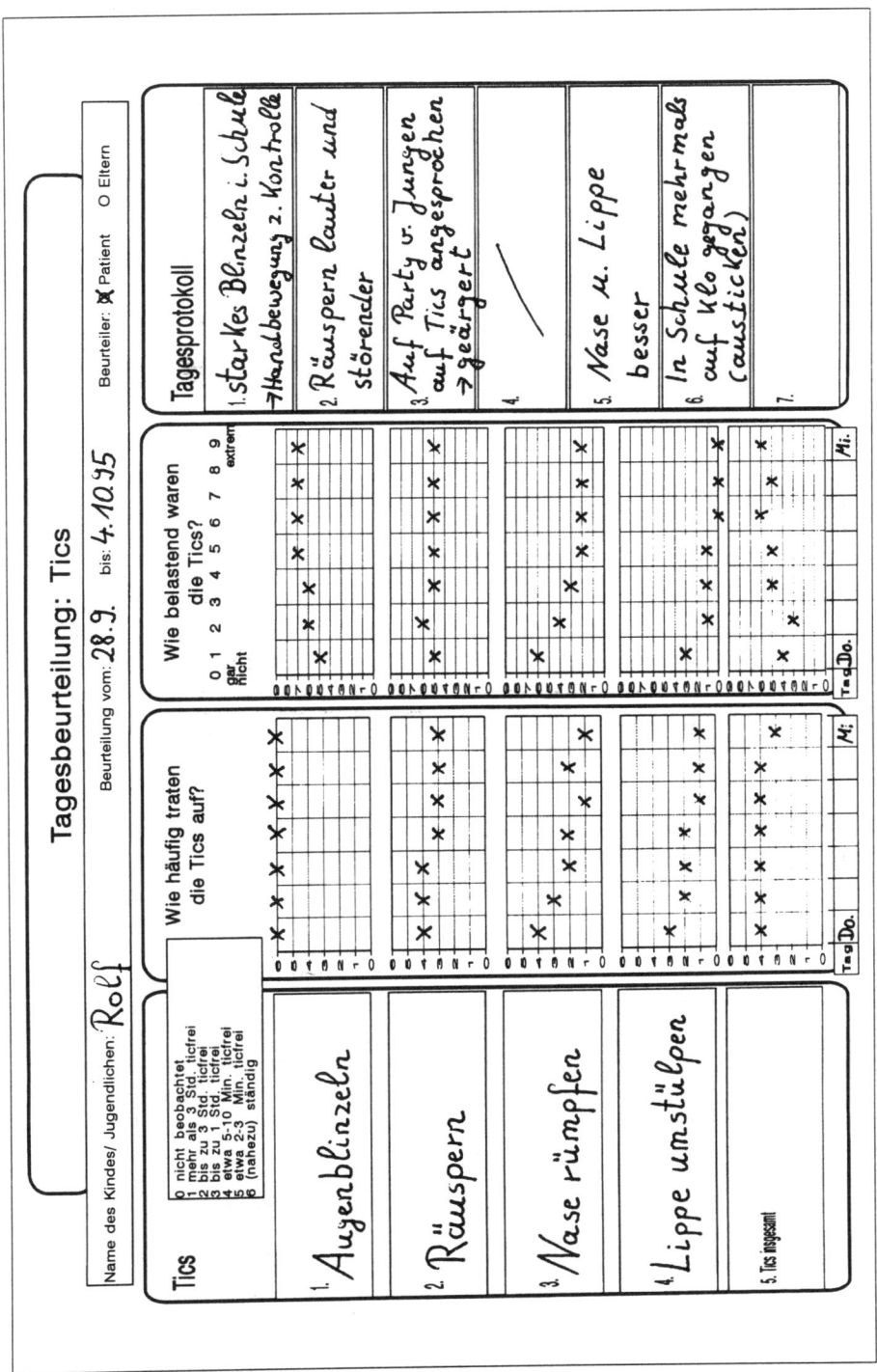

Abbildung 3:
Tagesbeurteilungsbogen für Tic-Störungen

buch (siehe Abb. 3) eingesetzt. Neben der Häufigkeit der Tics sowie der subjektiven Belastung durch die Symptomatik sollte Rolf in diesem Tagebuch
auch Beobachtungen zu auslösenden Bedingungen und zu Situationen notieren,
in denen die Tics vermindert auftreten.

Im Verlauf der ersten Wochen des Selbstwahrnehmungstrainings ließ sich, wie
Abbildung 4 zeigt, eine deutliche Verminderung in der Auftretenshäufigkeit
der Tics „Naserümpfen" und „Lippeumstülpen" sowie „Räuspern" feststellen.
Parallel zu dieser Entwicklung verminderte sich auch die subjektive Belastung
durch diese Tics. Während einer schulfreien Woche waren diese Symptome
kaum noch ausgeprägt. Rolf hatte sich für dieses Schuljahr zum Ziel gesetzt,
seine Leistungen in verschiedenen Fächern zu verbessern, wodurch er sich
selbst einer erheblichen psychischen Belastung aussetzte.

Bereits in dieser Phase wurden Probleme beim Umgang mit der Symptomatik
aufgegriffen und thematisiert. So zeigte sich, daß Rolf sehr unsicher und verärgert reagierte, wenn er von fremden Jugendlichen auf die Tics angesprochen
wurde. Gemeinsam mit Rolf wurden Verhaltensalternativen für diese Situationen gegenüber Freunden, Lehrern, Mitschülern und Fremden erarbeitet und
im Rollenspiel eingeübt. Die Lehrer wurden anhand eines Informationsblattes
über die Symptomatik unterrichtet. Außerdem erarbeitete der Therapeut mit
Rolf, auf welche Weise er einzelne Lehrer bei sehr starker Symptomatik während des Unterrichtes ansprechen und um die Erlaubnis bitten kann, den Unterricht kurzzeitig verlassen zu dürfen. Dabei wurde darauf geachtet, daß diese
Entlastung nicht zu einer Verminderung der Änderungsmotivation von Rolf
hinsichtlich seiner Tic-Symptome führte.

Nachdem mit den Eltern die negativen Auswirkungen ihrer engmaschigen
Kontrolle der Symptomatik besprochen wurden und sich die Tics vermindert
hatten, konnten die Eltern ihre Kontrollen ebenfalls verringern, worüber Rolf
sichtlich erleichtert war. Die schriftliche, tägliche Selbstbeobachtung der Tic-
Symptomatik wurde bis zum Therapieende weitergeführt.

In den nächsten Sitzungen wurde mit Rolf für jeden einzelnen Tic eine motorische Gegenbewegung eingeübt (**Training inkompatibler Reaktionen**).
Rolf wurde erklärt, daß die Gegenbewegungen zu Verminderung der Tics führen werden. Zunächst wurden Rolfs eigene in verschiedenen Situationen durchgeführten Kontrollbemühungen analysiert und hinsichtlich ihrer Effektivität
beurteilt.

Zuerst wurde wiederum der Blinzel-Tic als der am meisten störende Tic her-
ausgegriffen. Da beim Blinzeln nicht nur ein repetitiver Augenliedschluß, sondern auch Kontraktionen der benachbarten mimischen Muskulatur auftraten,
wurde als motorische Gegenbewegung ein forciertes Zukneifen der Augen für
30 Sekunden gewählt. Dieses wurde innerhalb der Therapiestunde in einer
zehnminütigen Übungszeit trainiert. Dabei wurde besonders darauf geachtet,
daß die Durchführung der Gegenbewegung in verschiedenen sozialen Situationen kaum auffielen und für Rolf akzeptabel war. Während der Einübung

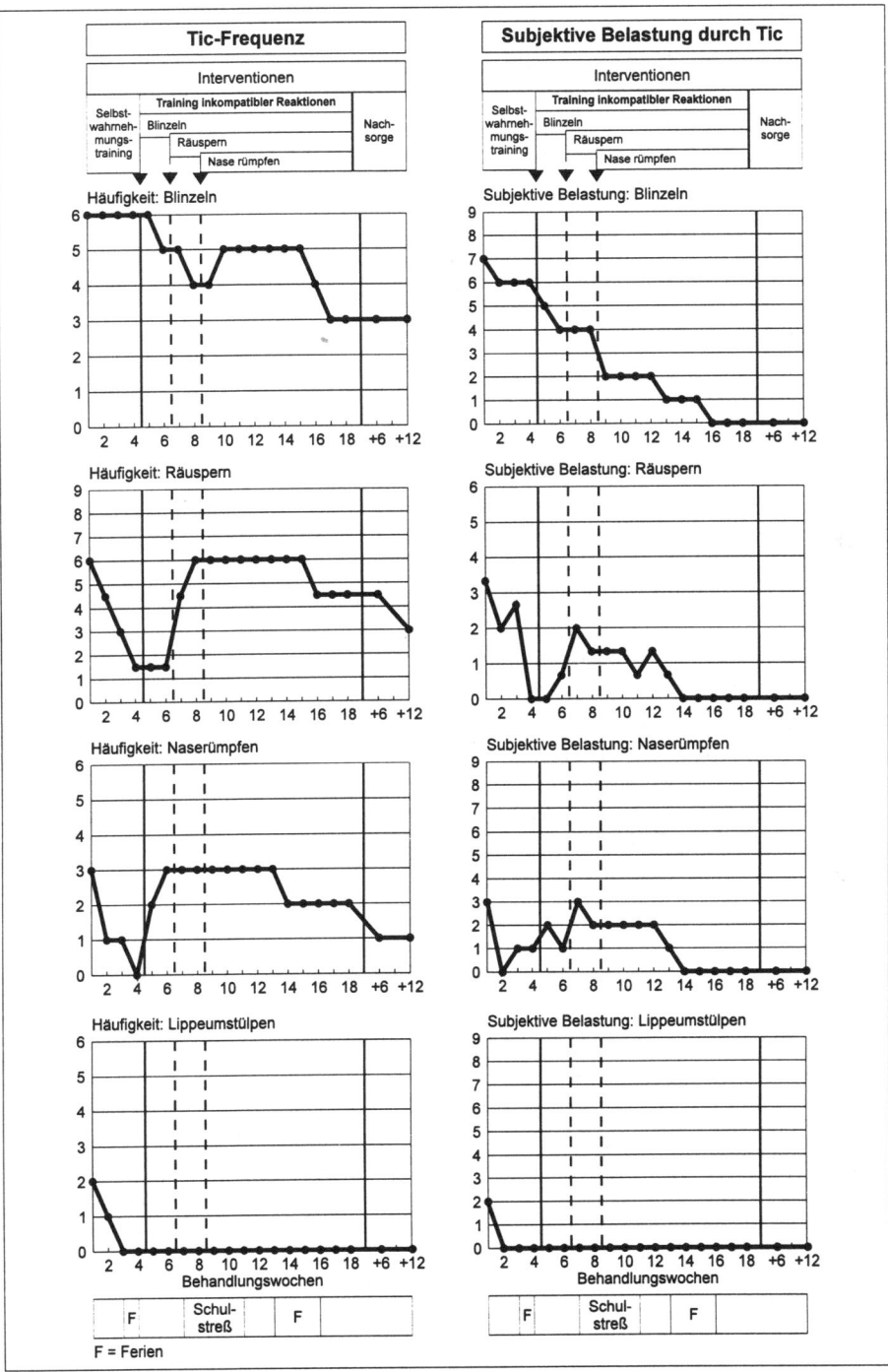

Abbildung 4:
Verlauf der Tic-Symptomatik bei Rolf während der Behandlung (Häufigkeit und subjektive Belastung: pro Woche gerundete Mittelwerte der Tagesbeurteilungen)

signalisierte Rolf, wenn die sensorische Empfindung „trockene Augen" ankündigte, daß ein Blinzeln bevorstand. Wurde der sensorische Impuls stärker, dann führte Rolf die entsprechende Gegenbewegung für mindestens 30 Sekunden durch. Danach lernte Rolf, sich durch eine Atemübung (tief einatmen, ganz langsam ausatmen) zu entspannen. Anhand eines Übungsprotokolls wurde mit Rolf vereinbart, wann und wie lange er zu Hause täglich die beschriebene Übung durchführt. Rolf entschied sich dafür, jeweils nach der Schule in seinem Zimmer 30 Minuten lang die Trainingsaufgabe durchzuführen. Es wurde mit Rolf noch einmal erarbeitet, daß die Übung eine große Ausdauer erforderte.

Innerhalb von 14 Tagen ließ sich die Tic-Frequenz von anfangs 10 bis 20 Tics pro Minute (Ausprägung 6) auf zwei- bis dreiminütige tic-freie Intervalle (Ausprägung 5) senken, was schon eine sehr deutliche Verminderung der Belastung für Rolf bedeutete. Innerhalb der beiden folgenden Wochen konnte Rolf den Blinzel-Tic deutlich vermindern, so daß die Frequenz bei durchschnittlich einige Male in 10 Minuten lag und tic-freie Intervalle von drei bis zehn Minuten Dauer auftraten (Frequenz 4–5; siehe Abb. 4). Allerdings stieg in dieser Zeit die Frequenz des Räusper-Tics und des Naserümpf-Tics deutlich an. Eine solche Verschiebung der Symptomatik ist in der Anfangsphase des Trainings der Reaktionsumkehr häufiger zu beobachten (vgl. Döpfner, 1999). Daher wurden in den folgenden Wochen die zur Entspannung eingeübte Atemtechnik (tief einatmen, langsam ausatmen) als Gegenreaktion zum Räusper-Tic eingesetzt. Schließlich wurde auch eine Gegenbewegung zum Naserümpf-Tic (Oberlippe herunterziehen und Lippen zusammenpressen) eingeübt. Da sich auch herausstellte, daß der Blinzel-Tic kombiniert mit dem Naserümpfen auftrat, begann Rolf in seinen Trainingsstunden, die Gegenbewegungen (abgesehen von der Atemübung) schließlich gleichzeitig durchzuführen.

Die nächsten Wochen gestalteten sich als problematisch, da der deutliche Anfangserfolg (siehe Abb. 4) sich zunächst nicht fortsetzte. Die subjektive Belastung durch die Tic-Symptomatik hatte sich jedoch deutlich vermindert, und für Rolf stand in dieser Phase die Arbeitsbelastung durch zahlreiche anstehende Klassenarbeiten im Vordergrund. Gerade der Versuch, die Übungszeiten des Reaktionsumkehrtrainings auszuweiten und mehr und mehr auf den gesamten Alltag (Schulbesuchszeit, zu Hause, Freizeit) auszudehnen, gelang zunächst nicht. Die Motivation zur Durchführung der Übungen sowie die Bereitschaft zu wöchentlichen Therapiekontakten sank, so daß in zwei Therapiestunden der Schulstreß und Leistungsdruck, die Erwartungen der Eltern hinsichtlich der Schulleistungen und der Zusammenhang von Schulstreß und Tic-Symptomatik thematisiert wurden. Rolf konnte erkennen, daß er in den Schulstunden bei geringer Symptomatik auch besser lernen und sich mündlich beteiligen konnte, so daß sich die schulischen Leistungen auch verbesserten. Durch die Festlegung kurzfristiger Therapieziele und die Vereinbarung einer telefonischen Rückmeldung der Trainingserfolge an den Therapeuten konnte die Motivation insgesamt verbessert werden. Rolf zeigte Bereitschaft, zumindest die Atemübung gegen auftretendes Räuspern im Klassenunterricht (nur in Nebenfächern) durchzuführen.

Während der Weihnachtsferien und der anschließenden Schulzeit nahm die Tic-Symptomatik und die damit verbundene subjektive Belastung deutlich ab; in dieser Zeit führte Rolf die Übungen häufiger durch und fühlte sich bei fehlendem schulischem Leistungsdruck insgesamt entspannter. Je weniger Tics im Tagesverlauf auftraten, desto eher konnte sich Rolf der Zielvorstellung annähern, jeden einzelnen Tic mit einer gezielten inkompatiblen Reaktion zu kontrollieren. Rolf berichtete, daß innerhalb der 30minütigen Übungssitzungen in der Regel weder Tic-Impulse noch Tic-Reaktionen auftraten. Allein die Bereitschaft, auftretende Tics gezielt und effektiv zu kontrollieren, führte somit zu Tic-Freiheit in einem umschriebenen Zeitintervall. Je weniger Tics auftraten, desto seltener mußte Rolf die Gegenbewegungen durchführen.

Nach 13 Therapiestunden innerhalb von 18 Wochen wurde die intensive Therapiephase beendet und zwei Nachsorge-Termine nach sechs und nach zwölf Wochen vereinbart. Dabei zeigte sich, daß sich die Tic-Symptomatik weiter verringert hatte. Der am meisten störende Tic (Augenblinzeln) hatte sich so stark vermindert, daß tic-freie Intervalle von etwa zehn Minuten Dauer häufig vorkamen (Ausprägung 4). Auch die anderen Tics konnten soweit reduziert werden, daß die Tic-Symptomatik nicht mehr als belastend erlebt wurde. Neben der Frequenz hatte sich vor allem die Intensität der einzelnen Tics deutlich vermindert. Der störende Räusper-Tic trat jetzt nur noch drei- bis viermal am Tag auf, was Rolf im Alltag nicht mehr beeinträchtigte. Erleichtert zeigte sich Rolf auch, daß nun die Tics von seinen Mitschülern nicht mehr bemerkt wurden und er von verschiedenen Jugendlichen positiv darauf angesprochen wurde. Die medikamentöse Behandlung mit Tiapridex wurde weitergeführt, Nebenwirkungen bestanden nicht. Bei einer weiteren Nachuntersuchung, vier Monate nach Behandlungsende erwies sich die beschriebene Symptomminderung weiterhin als stabil.

5 Resümee

In der Kasuistik wird eine symptomzentrierte verhaltenstherapeutische Intervention bei einem 16jährigen Patienten mit Tourette-Störung beschrieben, die ergänzend zu einer Pharmakotherapie mit Tiapridex durchgeführt wurde. Trat der am meisten störende Tic zu Behandlungsbeginn mehrmals pro Minute auf, so bedeutete schließlich das gelegentliche Auftreten der Tics mit tic-freien Intervallen von bis zu einer Stunde keine Belastung mehr für den Patienten und wurde von Bezugspersonen kaum noch wahrgenommen. Ein vollständige Remission der Symptomatik wurde allerdings nicht erreicht. Während der Behandlungsphase kam es nicht zum Auftreten neuer oder früherer Tics. Eine vorübergehende Zunahme einzelner Tic-Symptome bei Reduktion anderer Tics war in der Anfangsphase der Behandlung mit Reaktionsumkehr beobachtbar.

Durch die rasche Entwicklung von Gegenbewegungen für jede einzelne Tic-Reaktion und die Kombination dieser Gegenbewegungen konnten schließlich alle Tics sowohl in der Häufigkeit als auch in der subjektiven Problembelastung nachhaltig vermindert werden.

Die Einbeziehung von Bezugspersonen, die Beratung der Eltern und der Lehrer erscheint bei Patienten im Jugendalter gerade in den ersten Behandlungsstunden besonders wichtig. Die Entwicklung eines gemeinsamen Störungskonzeptes und gemeinsamer Therapieziele sind zentrale Schritte, die vor Beginn der störungsspezifischen Behandlung durchgeführt werden müssen. Ein dissimulierendes Verhalten sowie vermehrte Selbstkontrollbemühungen der Patienten in den Behandlungsstunden ist typisch. Eine besondere Herausforderung an den Therapeuten ist die Entwicklung einer hinreichenden Motivation des Patienten, die erarbeiteten Interventionen regelmäßig durchzuführen und im Sinne eines Generalisierungstrainings im Alltag anzuwenden. Dafür ist der Aufbau einer tragfähigen Therapeut-Patienten-Beziehung eine wichtige Voraussetzung. Die Methode der Reaktionsumkehr erfordert von dem Patienten genau das, was ihm Schwierigkeiten bereitet: ein hohes Maß an Selbstkontrolle (vgl. Döpfner, 1996).

Möglicherweise kann im Rahmen einer Gruppenbehandlung eine größere Motivation zum Durchführen der Interventionen bei den Patienten erreicht werden als in Einzelsitzungen. Gerade bei Patienten mit umschriebenen voneinander abgrenzbaren motorischen oder vokalen Tics kann die Behandlung mit Reaktionsumkehr eine erfolgreiche Methode als Ergänzung oder auch als Alternative zur medikamentösen Therapie darstellen. Da auch bei Beendigung der intensiven Behandlungsphase weiterhin Tic-Symptome auftraten, wurde die medikamentöse Therapie zunächst weitergeführt.

Literatur

Arbeitsgruppe Deutsche Child Behavior Checklist (1993). *Lehrerfragebogen über das Verhalten von Kindern und Jugendlichen; deutsche Bearbeitung der Teacher's Report Form der Child Behavior Checklist (TRF). Einführung und Anleitung zur Handauswertung*, bearbeitet von M. Döpfner & P. Melchers. Köln: Arbeitsgruppe Kinder-, Jugend- und Familiendiagnostik (KJFD).

Arbeitsgruppe Deutsche Child Behavior Checklist (1998 a). *Elternfragebogen über das Verhalten von Kindern und Jugendlichen; deutsche Bearbeitung der Child Behavior Checklist (CBCL/4-18). Einführung und Anleitung zur Handauswertung*. 2. Auflage mit deutschen Normen, bearbeitet von M. Döpfner, J. Plück, S. Bölte, K. Lenz, P. Melchers & K. Heim. Köln: Arbeitsgruppe Kinder-, Jugend- und Familiendiagnostik (KJFD).

Arbeitsgruppe Deutsche Child Behavior Checklist (1998 b). *Fragebogen für Jugendliche; deutsche Bearbeitung der Youth Self-Report Form der Child Behavior Checklist (YSR). Einführung und Anleitung zur Handauswertung*. 2. Auflage mit deutschen Normen, bearbeitet von M. Döpfner, J. Plück, S. Bölte, K. Lenz, P. Melchers & K. Heim. Köln: Arbeitsgruppe Kinder-, Jugend- und Familiendiagnostik (KJFD).

Azrin, N. H. & Nunn, R. G. (1973). Habit-reversal: A method for eliminating nervous habits and tics. *Behavior Research and Therapy, 11*, 619–628.

Azrin, N. H. & Peterson, A. L. (1988 a). Habit reversal for the treatment of Tourette Syndrome. *Behavior Research and Therapy, 26*, 347–351.

Azrin, N. H. & Peterson, A. L. (1988 b). Behavior therapy for Tourette's Syndrome and tic disorders. In D. J. Cohen, R. D. Bruun, R. D. & J. F. Leckman (Eds.), *Tourette's syndrome and tic disorders* (237–256). New York: Wiley.

Azrin, N. H. & Peterson, A. L. (1990). Treatment of Tourette Syndrome by Habit Reversal: A Waiting-List Control Group Comparison. *Behavior Therapy, 21*, 305–318.

Banaschewski, T. & Rothenberger, A. (1997). Verhaltenstherapie bei Tic-Störungen. In F. Petermann (Hrsg.), *Kinderverhaltenstherapie* (204–243). Baltmannsweiler: Schneider.

Cierpka, M. & Frevert, G. (1994). *Die Familienbögen.* Göttingen: Hogrefe.

Dilling, H., Mombour, W. & Schmidt, M. H. (Hrsg.) (1991). *Internationale Klassifikation psychischer Störungen – ICD 10, Kapitel V (F). Klinisch-diagnostische Leitlinien.* Bern: Huber.

Dilling, H., Mombour, W., Schmidt, M. H. & Schulte-Markwort, E. (Hrsg.) (1994). *Internationale Klassifikation psychischer Störungen – ICD-10, Kapitel V (F). Forschungskriterien.* Bern: Huber.

Döpfner, M. (1995). *Explorationsschema Tic-Störungen.* Unveröffentlichtes Manuskript, Klinik für Psychiatrie und Psychotherapie des Kindes- und Jugendalters der Universität zu Köln.

Döpfner, M. (1996). Behandlung eines Jugendlichen mit Tourette-Syndrom durch Reaktionsumkehr (habit reversal) und Verstärkerrückgabe (response cost). *Kindheit und Entwicklung 5*, 189–196.

Döpfner, M. (1999). Tics. In H. C. Steinhausen & M. von Aster (Hrsg.), *Handbuch Verhaltenstherapie und Verhaltensmedizin bei Kindern und Jugendlichen* (162–186). Weinheim: Psychologie Verlags Union, 2. überarbeitete Auflage.

Döpfner, M. (2000). Zwangsstörungen. In F. Petermann (Hrsg.), *Lehrbuch der Klinischen Kinderpsychologie und Kinderpsychotherapie* (271–289). Göttingen: Hogrefe, 4. völlig veränd. Auflage.

Döpfner, M. & Lehmkuhl, G. (1998). *Diagnostik-System für psychische Störungen im Kindes- und Jugendalter nach ICD-10 und DSM-IV (DISYPS-KJ).* Bern: Huber.

Leckman, J. F. & Cohen, D. J. (1995). Tic disorders. In M. Rutter, E. Taylor & L. Hersov (Eds.), *Child and adolescent psychiatry* (455–466). Oxford: Backwell.

Lobert, W. (1989). Untersuchung von Merkmalen depressiver Verstimmung in der Pubertät mit dem Kinder-Depressions-Inventar nach Kovacs. *Zeitschrift für Kinder- und Jugendpsychiatrie, 17*, 194–201.

Petersen, A. L., Campise, R. L. & Azrin, N. H. (1994). Behavioral and pharmacological treatments for tic and habit disorders: A review. *Developmental and Behavioral Pediatrics, 15*, 430–441.

Rothenberger, A. (1991). *Wenn Kinder Tics entwickeln.* Stuttgart: Gustav Fischer Verlag.

Saß, H., Wittchen, H. U. & Zaudig, M. (Hrsg.) (1996). *Diagnostisches und Statistisches Manual Psychischer Störungen DSM-IV.* Göttingen: Hogrefe.

Zwangsstörungen

Manfred Döpfner und Blanka Hastenrath

Patienten mit Zwangsstörungen teilen ein ähnliches Schicksal: Sinnlose Gedanken tauchen aus heiterem Himmel auf und gehen immer und immer wieder durch den Kopf. Bestimmte Handlungen müssen immer und immer wieder ausgeführt werden. Manche erleben die quälenden Gedanken – simple Zahlenreihen oder einen bestimmten Satz – als sinnlos; andere kommen von sehr belastenden Ideen nicht los („Ich habe gerade einen Menschen umgebracht!"). Einige Patienten müssen zehn-, zwanzig- oder hundertmal kontrollieren, ob Türen geschlossen, Lichtschalter oder Geräte ausgeschaltet oder ob eigene Tätigkeiten auch tatsächlich zu Ende gebracht worden sind. Andere verbringen Stunden, um überflüssige Symmetrien in ihrer Umgebung herzustellen – Schnürsenkel müssen gleichlang gebunden sein, die einzelnen Haare der Augenbrauen parallel zueinander liegen. Am häufigsten leiden die Patienten unter dem Drang, sich immer und immer wieder zu waschen. Diesen Problemen ist ein Grundthema gemeinsam: Du kannst und darfst Deinem eigenen gesunden Menschenverstand (der Dir sagt, daß die Tür verschlossen ist) oder Deinen fünf Sinnen (die keinen Schmutz erkennen können) nicht trauen. Obwohl Du weißt, daß Du nichts Gefährliches unternommen hast, mußt Du doch nochmals kontrollieren oder Zahlenreihen in Gedanken wiederholen. Du kannst den Impuls, Dich waschen zu müssen, nicht verdrängen; er kommt immer wieder und Du beginnst an Dir selbst zu zweifeln: „Bin ich mir wirklich sicher? Ich fühle, daß irgendetwas nicht stimmt!" Allen Ausdrucksformen dieser Störung liegt eine kaum nachvollziehbare Intensität des Dranges, sich zu waschen oder etwas zu kontrollieren oder die Übermacht eines bestimmten Gedankens zugrunde: „Wenn der Gedanke kommt, wird alles aber auch alles in meinem Leben zurückgedrängt" (Rapoport, 1989; vgl. Döpfner, 1999, 2000).

Die Hauptmerkmale einer Zwangsstörung sind immer wiederkehrende Zwangsgedanken und/oder Zwangshandlungen. **Zwangsgedanken** sind Ideen, Vorstellungen oder Impulse, die den Betroffenen immer wieder stereotyp beschäftigen. Sie sind fast immer quälend, weil sie als sinnlos erlebt werden und der Betroffene erfolglos versucht, Widerstand zu leisten oder weil sie gewalttätigen Inhalts oder obszön sind. Die Person versucht, solche Gedanken bzw. Impulse zu ignorieren, zu unterdrücken oder sie mit Hilfe anderer Gedanken oder Handlungen auszuschalten. Sie werden jedoch als eigene Gedanken erlebt, selbst wenn sie als unwillkürlich oder abstoßend empfunden werden.

Zwangshandlungen sind wiederholte, zweckmäßige und beabsichtigte Verhaltensweisen, die auf einen Zwangsgedanken hin nach bestimmten Regeln oder in stereotyper Form ausgeführt werden. Das Verhalten dient meist dazu, Unbehagen oder schreckliche Ereignisse bzw. Situationen unwirksam zu machen bzw. zu verhindern. Dem Verhalten liegt also eine Furcht vor einer Gefahr zugrunde, die den Betroffenen bedroht oder von ihm ausgeht. Die Handlung wird mit dem Gefühl des subjektiven Zwangs durchgeführt, wobei zumindest anfänglich gleichzeitig der Wunsch vorhanden ist, Widerstand zu leisten. Die Person sieht im allgemeinen ein, daß ihr Verhalten übertrieben oder unvernünftig ist. Die betroffene Person hat keine Freude am Ausführen der Handlung, obwohl sie zu einer Spannungsreduktion führt (vgl. Döpfner, 2000).

Am häufigsten treten Zwangsstörungen im Erwachsenenalter auf, allerdings berichten bis zur Hälfte der erwachsenen Patienten mit einer Zwangsstörung, daß die Störung im Jugendalter begonnen habe. Bei Kindern und Jugendlichen beginnt die Symptomatik überwiegend im Jugendalter. Nur zehn Prozent der Kinder und Jugendlichen mit Zwangsstörungen entwickeln diese Störung vor dem achten Lebensjahr. Im Durchschnitt liegt das Erstmanifestationsalter bei Kindern und Jugendlichen im Alter von zehn Jahren. Die Häufigkeit von Zwangsstörungen im Jugendalter liegt bei etwa einem Prozent (Flament et al., 1988). Zwangsgedanken ohne Zwangshandlungen sind bei Kindern und Jugendlichen eher selten (5–20%). Noch seltener werden Zwangshandlungen ohne assoziierte Zwangsgedanken beschrieben (etwa 10%). Multiple Zwangshandlungen und -gedanken sind dagegen eher die Regel (50–70%; vgl. Rapoport, 1989; Döpfner, 1999).

Die häufigsten Zwangshandlungen bei Kindern und Jugendlichen sind Waschzwänge, Kontrollzwänge, Wiederholungszwänge, Ordnungs- und Zählzwänge. Dagegen wird eher selten von Berührungszwängen, zwanghafter Langsamkeit, Sammel-, Schreib- oder Bet-Zwängen berichtet. Damit verteilen sich die im Jugendalter anzutreffenden Zwangshandlungen ähnlich wie im Erwachsenenalter. Zu den häufigsten Zwangsgedanken im Kindes- und Jugendalter zählen Angst vor Verschmutzung, Verseuchung oder Vergiftung, aggressive und gewalttätige Vorstellungen, Angst, sich selbst oder andere zu verletzen, auf den eigenen Körper bezogene Gedanken sowie religiöse oder sexuelle Inhalte.

Nach Flament und Mitarbeitern (1988) erhalten die Hälfte der zwangsgestörten Jugendlichen, erfaßt in einer Felduntersuchung, zumindest eine weitere Diagnose. Am häufigsten Depression oder dysthyme Störungen, Bulimie, generalisierte Angststörungen und zwanghafte Persönlichkeitsstörungen. In klinischen Stichproben liegt die Komorbiditätsrate etwa bei 74 Prozent; hauptsächlich werden Angststörungen (ca. 40%) und Depression/Dysthymie (30–40%) diagnostiziert. Diese Störungen entwickelten sich etwa in der Hälfte der Fälle vor dem Beginn der Zwangssymptomatik, während bei den restlichen Patienten Angst oder Depression erst nach der Zwangserkrankung auftraten. Aufmerksamkeitsstörungen und aggressive oder dissoziale Störungen sind eher selten (etwa 10%) und sie entwickeln sich ausnahmslos vor Beginn der Zwangssymptomatik. Motorische Tics wurden in 20 bis 24 Prozent der Fälle beobachtet. Zwanghafte Persönlichkeitsstörungen wurden in 11 bis 14 Prozent der Fälle diagnostiziert und damit wesentlich seltener als bei erwachsenen Patienten (vgl. Döpfner, 1999).

Das Chronifizierungsrisiko von Zwangsstörungen, die nicht erfolgreich behandelt werden können, ist erheblich. In einer Zehnjahres-Katamnese an 20 Kindern und Jugendlichen mit Zwangsstörungen, die überwiegend stationär verhaltenstherapeutisch behandelt wurden, konnten Allsopp und Verduyn (1988) bei allen Patienten, die sich während der Behandlung nicht verbesserten oder sogar verschlechterten, entweder eine Persistenz der Zwangsstörung oder die Entwicklung einer schizophrenen Störung (bei 2 von 6 Patienten) nachweisen. Demgegenüber zeigte keiner der Patienten mit einer kompletten Remission der Störung während der Behandlung zum Katamnesezeitpunkt eine Zwangssymptomatik. Bei vier von fünf Patienten, bei denen zwar keine Symptomfreiheit, wohl aber eine Symptomverminderung während der Behandlung erzielt werden konnte, wurde zum Katamnesezeitpunkt eine Zwangsstörung diagnostiziert, nur ein Patient war symptomfrei. Insgesamt war die Hälfte der Patienten zum Katamnesezeitpunkt symptomfrei.

1 Beschreibung des Störungsbildes

Der zum Vorstellungszeitpunkt 14;11 Jahre alte Thomas ist das einzige Kind seiner 43jährigen, im Haushalt tätigen Mutter und seines 40jährigen Vaters, der den elterlichen Betrieb leitet. Schwangerschaft und Geburt sind unauffällig verlaufen. Mit drei Jahren ist Thomas in den Kindergarten gekommen, den er drei Jahre lang besuchte. Mit sechs Jahren wurde er eingeschult. Thomas war ein fröhliches und aufgeschlossenes Kind gewesen, das durchaus Anschluß an andere Kinder gefunden und seinen Eltern keine Probleme bereitet hat. Mit zehn Jahren erfolgte der Wechsel auf das Gymnasium. Dort war das erste Jahr ebenfalls problemlos verlaufen. Danach fand er immer schwerer Kontakt zu den anderen Kindern und seine Schulleistungen gingen deutlich zurück. Inzwischen ist seine Versetzung gefährdet. Mittlerweile ist er ein regelrechter Einzelgänger und Außenseiter, der gern von seinen Mitschülern gehänselt wird. Zum Vorstellungszeitpunkt besuchte er die neunte Klasse des Gymnasiums.

Die Mutter berichtet, daß Thomas nie ein trennungsängstliches Kind war. Sie selbst und auch ihr Mann seien jedoch trennungsängstliche Eltern. Thomas wuchs immer wohlbehütet, „fast überbehütet" auf. Man erlaubte Thomas nie viel, aus Angst, ihm könnte etwas zustoßen. Auch heute verbiete man ihm, weitere Strecken mit dem Fahrrad zu fahren, aus Angst, er könne an den Folgen eines Verkehrsunfalls sterben. Die Eltern berichten, in der ständigen Angst um Thomas zu leben, daß dieser durch einen Unfall „ums Leben kommen könne". Den Eltern ist zwar bewußt, daß ihre Sorge übertrieben ist, „sie können aber nicht aus ihrer Haut".

Thomas, der in Begleitung seiner Mutter erschien, berichtet von ausgeprägten Zwangsgedanken und Zwangshandlungen, die seit etwa vier Jahren bestehen und sich in den letzten Monaten zuspitzten. Vor allem plagt ihn der Gedanke, „meinen Eltern könnte etwas passieren". Deshalb benutzt er beispielsweise keine elektrischen Geräte, da er befürchtet, er könnte „feuchte Hände" haben und dadurch könnte Wasser in den Stromkreislauf gelangen. Er hat dann Angst, daß seine Eltern bei späterer Benutzung dieser Geräte an den Folgen eines elektrischen Schlages sterben könnten. Auf der Verhaltensebene äußert sich seine Zwangsstörung in seinem sehr stark ausgeprägten Kontrollverhalten (Kontrolle von elektrischen Geräten, Lichtschaltern und Steckdosen). Hinzu kommt stundenlanges Beten und zwanghaftes Fragen. Außerdem kontrolliert er seine Eltern im Umgang mit elektrischen Geräten. Die Nichtausführung seiner Zwangshandlungen gehen mit ausgeprägten körperlichen Symptomen einher, vor allem Herzklopfen, feuchte Hände und inneres Zittern.

Für die Mutter ist besonders belastend, daß Thomas seine Zwangsgedanken den Eltern gegenüber immer aussprechen muß. An besonders „schlechten" Tagen kann Thomas mehr als zwanzig Fragen direkt hintereinanderstellen. Wenn Thomas ohne seine Eltern das Haus verlasse, „bombardiert" er diese vor Verlassen des Hauses mit Ratschlägen. Er warnt dann seine Eltern davor, diese oder jene Tätigkeiten auszuführen. Die Mutter ist dann immer froh, wenn Thomas das Haus verlassen hat. Thomas berichtet in diesem Zusammenhang, daß er seine Eltern auf diese Weise vor der „drohenden Gefahr" warnen muß. Indem er sie warnt, gibt er gleichzeitig die Verantwortung für deren Tun ab; das beruhigt ihn dann sehr.

Den Eltern ist es kaum noch möglich, ohne Thomas das Haus zu verlassen, da Thomas Angst hat, daß den Eltern etwas zustößt. Die Mutter berichtet, daß das Ehepaar einmal im Monat kegeln geht. Dies ist für die ganze Familie jedoch sehr belastend, weil Thomas dann mehrere Male am Abend unter irgendeinem Vorwand anruft, um im weiteren Gesprächsverlauf „gute Ratschläge" zu geben. Er wartet dann unter großer Anspannung zu Hause auf seine Eltern. Die Mutter meint, sie könne da nicht immer ruhig bleiben und reagiere mitunter sehr gereizt und heftig. Thomas beschreibt, er lebt in dem ständigen „Druck", das Leben seiner Eltern „in der Hand zu haben". Er „verwettet das Leben seiner Eltern in Gedanken". So meint er beispielsweise, das Leben seiner Eltern erhalten zu können, indem er den Druckknopf an seinem Hemd auf- statt zuläßt. Bei Klassenarbeiten kann es vorkommen, daß er aus eben diesem Grund einen andersfarbigen Stift benutzen muß. Thomas berichtet, im Unterricht, aber auch nachmittags zu Hause, muß er ständig daran denken, seinen Eltern könne etwas zustoßen. Er kommt von diesem Gedanken einfach nicht los, was ihn sehr quält.

Außerdem kann er seine Eltern oft nicht berühren. Wenn er zum Beispiel den Hund angefaßt hat, was er zur Zeit völlig unterläßt, kann er danach seine

Eltern nicht berühren oder ihnen irgendetwas geben, da er befürchtet, daß sie sonst krank werden. Vorab muß er sich die Hände waschen. Seine Mutter berichtet, Thomas wasche sich sehr oft die Hände. Er bemerkt fast ständig, daß irgendetwas „schmutzig" ist. Bevor sie ihm beispielsweise das Mittagessen hinstellt, besteht Thomas darauf, daß sie sich die Hände wäscht.

Außerdem kommt Thomas nach Angaben der Mutter mit seiner Sexualität nicht zurecht. Offenbar würden sich ihm häufig Gedanken sexuellen Inhaltes aufdrängen, gegen die er nichts tun kann. Er selbst hält das für „abartig" und versucht, sich durch intensives Beten bei Gott dafür zu entschuldigen, oder er fragt seine Eltern, ob dieser oder jener sexuell besetzte Gedanke „schlimm" ist. Meistens macht er aber beides. Mitunter ist die Mutter über die Inhalte regelrecht schockiert. Zur Sexualität befragt, gibt Thomas an, seit etwa eineinhalb Jahren nicht mehr zu masturbieren. Er bete heute noch die „restlichen Schuldgefühle" ab, die durch das frühere Masturbieren entstanden seien. Zentral ist auch hier wieder der Gedanke, daß irgendjemand seine Eltern für seine „Lust" bestraft. Spontanerektionen beunruhigen ihn jedoch nicht weiter, da er diese nicht „willentlich" herbeigeführt hat.

Gefragt, wie realistisch es ist, daß er durch die beschriebenen Verhaltensweisen das Leben seiner Eltern erhalten kann, gibt Thomas an, daß er das nicht genau weiß. Er hat aber noch nie versucht, seinen Zwangsimpulsen nicht nachzugeben. Dies ist ihm einfach zu gefährlich. Aber letztendlich ist ihm klar, daß seine Gedanken und Befürchtungen nicht der Wirklichkeit entsprechen.

Thomas berichtet zudem über zunehmende depressive Verstimmungen. Er hat den Eindruck, daß er aufgrund der vielen Ängste und Zwänge immer verzweifelter und trauriger wird. Mit Zunahme der Zwangsstörung hätten sich außerdem seine schulischen Leistungen kontinuierlich verschlechtert. Auch ist er immer weniger in den Klassenverband integriert. Seit einiger Zeit sei er „der totale Außenseiter". Dies kann auch damit zusammenhängen, daß er seinen Klassenkameraden oft Fragen stellt oder diese auffordert, möglichst nicht den Lichtschalter zu benutzen. Er versucht zwar, das Fragen zu unterdrücken, schaffe dies aber zunehmend weniger. Thomas sieht sich hin und wieder veranlaßt, während des Unterrichtes aufzustehen, um nachzusehen, ob die Lichtschalter „trocken" sind.

Thomas leidet nach eigenen Angaben seit etwa vier Jahren unter seinen Zwangsstörungen. Der Beginn der Störung war schleichend und liegt deutlich weiter zurück. An ein auslösendes Ereignis kann er sich jedoch nicht erinnern. Er hat schon so lange er denken kann Angst um das Leben seiner Eltern gehabt und sich um diese gesorgt. Soweit er sich erinnern kann, haben diese Sorgen mit Eintritt in das Gymnasium zugenommen. Angefangen habe alles damit, daß diese Gedanken immer mehr Raum eingenommen haben und er versuchte, die aufkommende Angst um seine Eltern durch glückbringende bzw. unheilabwehrende Handlungen (mehrfach über die Türschwelle gehen) zu reduzieren, was kurzfristig die Angst senkte. Später hat er gemerkt, daß es besser ist, seinen Eltern seine Gedanken mitzuteilen. Er suchte viele Ärzte auf; die Probleme haben sich aber auch nicht durch ein Medikament (Antidepressivum) vermindern lassen. Zum Zeitpunkt der Vorstellung nahm Thomas keine Medikamente ein. Eine psychotherapeutische Behandlung war noch nicht durchgeführt worden.

2 Differentialdiagnostik

Beim Erstkontakt wirkte Thomas extrem scheu, unsicher und angepaßt. Seine Körperhaltung war sehr starr, er bewegte sich kaum und vermied jeden Blickkontakt. Er schien unter starken Schuldgefühlen zu leiden und hatte offenbar wenig Selbstvertrauen. Seinem Zwang fühlte er sich hilflos ausgeliefert. Er wirkte deutlich bedrückt und traurig gestimmt. In weiteren Gesprächen öffnete sich Thomas zunehmend und war in der Lage, offen und differenziert über seine Zwangsinhalte zu sprechen.

Bei Thomas sind die Kriterien einer Zwangsstörung sowohl nach ICD-10 (Dilling et al., 1991, 1993) als auch nach DSM-IV (Saß et al., 1996) erfüllt. ICD-10 unterscheidet zwischen:
● Zwangsstörungen vorwiegend mit Zwangsgedanken und Grübelzwang (F42.0),
● Zwangsstörungen vorwiegend mit Zwangshandlungen (F42.1),
● Zwangsstörungen mit gemischten Zwangsgedanken und -handlungen (F42.2).

Da sowohl Zwangshandlungen als auch Zwangsgedanken bei Thomas ausgeprägt vorkommen, wird nach ICD-10 die Diagnose einer Zwangsstörung mit gemischten Zwangsgedanken und -handlungen (F42.2) gestellt. Die einzelnen Kriterien dieser Störung nach ICD-10 (Forschungskriterien; Dilling, 1994), die auch den Kriterien nach dem DSM-IV für eine Zwangsstörung entsprechen, sind bei Thomas voll erfüllt:
● die Zwangsgedanken und Zwangshandlungen treten an den meisten Tagen über einen Zeitraum von mehr als zwei Wochen auf;
● die Zwangsgedanken werden als eigene Gedanken anerkannt und nicht als von anderen Personen oder Einflüssen eingegeben;
● Zwangsgedanken und Zwangshandlungen wiederholen sich dauernd und werden als unangenehm empfunden und mindestens ein Zwangsgedanke oder eine Zwangshandlung werden als übertrieben oder unsinnig anerkannt;
● Thomas versuchte zumindest anfangs, Widerstand zu leisten; allerdings ist der Widerstand mittlerweile sehr gering, was durchaus typisch für chronifizierte Zwangsstörungen ist;
● die Ausführung der Zwangsgedanken oder der Zwangshandlung ist nicht an sich angenehm. Die Zwangsgedanken lösen deutliche Ängste aus. Die Zwangshandlungen reduzieren diese Ängste und Anspannungen und führen

damit zu einer vorübergehenden Erleichterung, sind aber dennoch nicht angenehm.
- Thomas leidet unter den Zwangsgedanken und Zwangshandlungen und wird vor allem durch den besonderen Zeitaufwand in seinem sozialen und individuellen Leistungsfähigkeit behindert.

Außerdem liegt bei Thomas eine dysthyme Störung nach DSM-IV (300.4) bzw. eine Dysthymie nach ICD-10 (F34.1) vor:
- Thomas zeigt eine traurige, depressive Verstimmung über einen Zeitraum von mindestens zwei Jahren.
- Geringes Selbstwertgefühl, Gefühl der Hoffnungslosigkeit, sozialer Rückzug lassen sich beobachten.

Differentialdiagnostisch lassen sich folgende Störungsbilder ausschließen:
1. **Anankastische (zwanghafte) Persönlichkeitsstörung** (ICD-10: F60.5): Sie zeichnet sich vor allem durch Unentschlossenheit, Zweifel und übermäßige Vorsicht und Perfektionismus, Bedürfnis nach ständiger Kontrolle und peinlich genaue Sorgfalt aus, wobei die beschriebenen Symptome charakteristische dauerhafte innere Erfahrungs- und Verhaltensmuster darstellen müssen, die insgesamt deutlich von kulturell erwarteten und akzeptierten Vorgaben abweichen und darüber hinaus der Nachweis zu erbringen ist, daß die Abweichung stabil, von langer Dauer ist und im späten Kindesalter oder in der Adoleszenz begonnen hat. Dies ist bei Thomas nicht der Fall.
2. **Grübeln im Rahmen einer Depression:** Bei Thomas liegt auch ein dysthyme Störung vor. Allerdings lassen sich die Zwangsgedanken nicht primär auf ein Grübeln zurückführen, wie es häufiger im Rahmen von Depressionen beobachtet werden kann. Die Gedanken werden nicht als sinnlos empfunden. Thomas kann sich zumindest teilweise von seinen Zwangsgedanken distanzieren. Außerdem sind die Zwangsgedanken bei Thomas eindeutig mit Zwangshandlungen verbunden, was bei dem depressiven Grübeln nicht beobachtet werden kann.
3. **Wahnphänomene im Rahmen einer psychotischen Symptomatik:** Im Gegensatz zur Gedankeneingebung im Rahmen einer psychotischen Symptomatik erkennt Thomas, daß die Zwangsgedanken von ihm selbst kommen und nicht von außen aufgezwungen werden. Manchmal kann der Zwangsgedanke jedoch zur überwertigen Idee werden, die sich allerdings von einem echten Wahn dadurch unterscheidet, daß der zwangsgestörte Patient nach einiger Diskussion die Möglichkeit anerkennt, daß der Gedanke unbegründet oder überzogen ist. Dies ist bei Thomas der Fall.
4. **Hypochondrie:** Die wiederkehrenden Zwangsgedanken beziehen sich bei Thomas nicht auf die Furcht, eine ernsthafte Erkrankung zu bekommen oder zu haben (die auf der Fehlinterpretation körperlicher Symptome basiert) und die Gedanken münden bei Thomas in eindeutige Zwangshandlungen, die in dieser Form bei einer Hypochondrie nicht auftreten.
5. **Tourette-Störung:** Bei der Tourette-Störung (siehe Döpfner & Reister, in diesem Buch) treten häufig auch zwanghafte Symptome oder voll ausge-

bildete Zwangsstörungen auf. Thomas hat jedoch nie motorische oder vokale Tics entwickelt, wie dies für die Tourette-Störung typisch ist.

6. **Stereotypien** treten vor allem bei autistischen oder geistig behinderten Kindern auf und sind eher lustbetont. Beide Störungen können bei Thomas eindeutig ausgeschlossen werden und die Zwangshandlungen reduzieren zwar Ängste, aber sie werden von Thomas auch als quälend erlebt.

Im Prüfsystem für Schul- und Bildungsberatung (PSB), einem Verfahren der Intelligenzdiagnostik (Horn, 1969), erreichte Thomas einen Intelligenzquotienten von 110. Allgemein läßt sich bei Thomas eine mathematisch-naturwissenschaftliche Begabung feststellen. Seine Fähigkeiten, Gesetzmäßigkeiten zu erkennen und komplexe Zusammenhänge zu erfassen, sind sehr gut ausgeprägt. Seine schulischen Probleme sind daher nicht auf einen Intelligenzmangel zurückzuführen, sondern vermutlich Resultat seiner ihn in vielen Bereichen stark einschränkenden Zwangsstörung.

Zur Überprüfung komorbider Auffälligkeiten wurden zusätzlich zur klinischen Exploration mehrere Fragebogenverfahren durchgeführt. Im Fragebogen für Jugendliche, YSR (Arbeitsgruppe Deutsche Child Behavior Checklist, 1998 a; Döpfner et al., 1994 a), einem Selbstbeurteilungsverfahren zur Erfassung psychischer Auffälligkeiten von Jugendlichen, erreicht Thomas bei Behandlungsbeginn, wie Abbildung 1 zeigt, weit überdurchschnittliche Werte auf der Skala Angst/Depressivität (T 78) und auch die Werte für somatische Beschwerden (T 62), für soziale Probleme (T 64) und für schizoid/zwanghafte Auffälligkeiten (T 65) liegen im überdurchschnittlichen Bereich, wenngleich sie noch nicht als klinisch auffällig gewertet werden. Auf der Skala Angst/Depressivität beschreibt Thomas, daß er viel weine; daß er Angst habe, Schlimmes zu tun; daß er glaube, perfekt sein zu müssen; daß er starke Schuldgefühle habe; daß er leicht verlegen werde; daß er mißtrauisch sei; daß er traurig sei und sich viele Sorgen mache. Aufgrund der Werte auf den Einzelskalen sind auch die entsprechenden übergeordneten Skalen auffällig: ausgeprägte internale Auffälligkeiten (T 69) und ausgeprägte Gesamtauffälligkeiten (T 65).

Im Elternfragebogen über das Verhalten von Kindern und Jugendlichen (Arbeitsgruppe Deutsche Child Behavior Checklist, 1998 b; Döpfner et al., 1994 c) beschreibt die Mutter ihren Sohn ebenfalls als deutlich auffällig, wie Abbildung 1 zeigt. Auf den Skalen Angst/Depressivität, soziale Probleme, schizoid/zwanghafte Auffälligkeiten und Aufmerksamkeitsstörungen wird Thomas als klinisch auffällig beschrieben (T>= 67). Erhöhte Werte lassen sich darüber hinaus auch für die Skalen sozialer Rückzug (T 65) und körperliche Beschwerden (T 63) feststellen. Bei den übergeordneten Skalen werden für internale Auffälligkeiten (T 74) und für die Gesamtauffälligkeiten (T 66) klinisch auffällige Werte festgestellt. Insgesamt liegen die Beurteilungen der Mutter über den Selbsteinschätzungen von Thomas, in der Struktur sind beide Beurteilungen jedoch sehr ähnlich. Die klinisch auffälligen Werte auf der Skala Aufmerksamkeitsstörungen werden überwiegend durch Items bedingt, die nicht im Kern Aufmerksamkeitsstörungen erfassen (verhält sich zu jung für sein

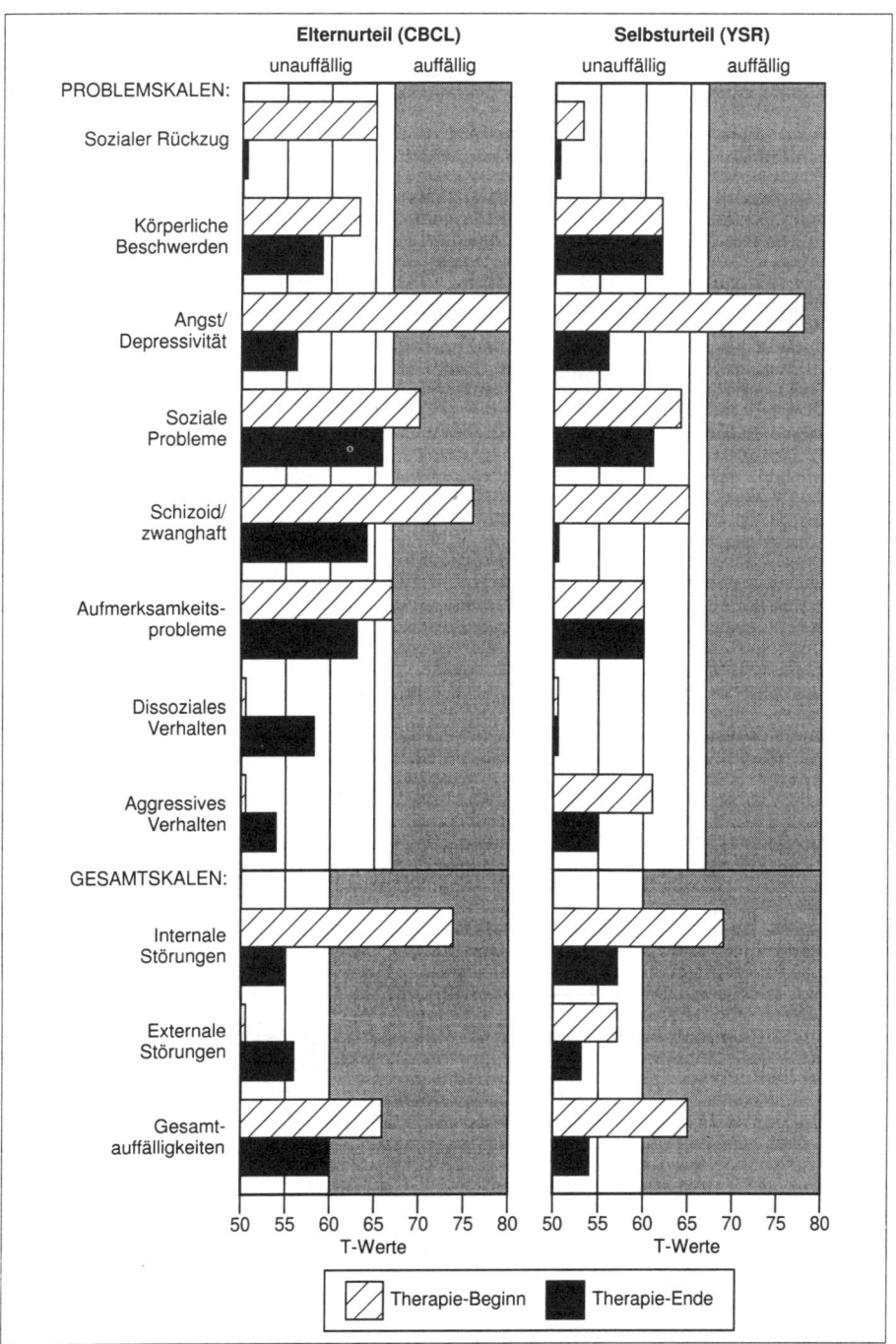

Abbildung 1:

Psychische Auffälligkeiten im Selbsturteil von Thomas und im Fremdurteil der Mutter im Fragebogen für Jugendliche (YSR) bzw. im Elternfragebogen über das Verhalten von Kindern und Jugendlichen (CBCL) bei Behandlungsbeginn und Behandlungsende

Alter, ist nervös, kann sich nicht konzentrieren). Sie werden eher als Folge der Zwangssymptomatik und der Depression und nicht als Hinweis auf eine Aufmerksamkeitsstörung interpretiert.

Neben diesen Breitbandverfahren der multiplen Verhaltens- und Psychodiagnostik (vgl. Döpfner & Lehmkuhl, 1998) wurden weitere Verfahren zur Überprüfung von Zwangsstörungen und von depressiven Störungen eingesetzt. Die Children's Yale-Brown Obsessive Compulsive Scale (CY-BOCS) ist ein Instrument zur klinischen Beurteilung verschiedener Aspekte der Zwangsstörungen anhand von vierstufigen Beurteilungsskalen (Döpfner, 1999). Abbildung 2 zeigt die Ausprägungen auf dieser Skala zu Behandlungsbeginn und zu Behandlungsende. Zu Therapiebeginn wird Thomas hinsichtlich der Zwangsgedanken als stark auffällig oder als sehr stark auffällig (Ausprägung 3 oder 4) eingeschätzt. Bei den Zwangshandlungen liegen die Einschätzungen zwischen ausgeprägt vorhanden und stark auffällig (Ausprägung 2 oder 3).

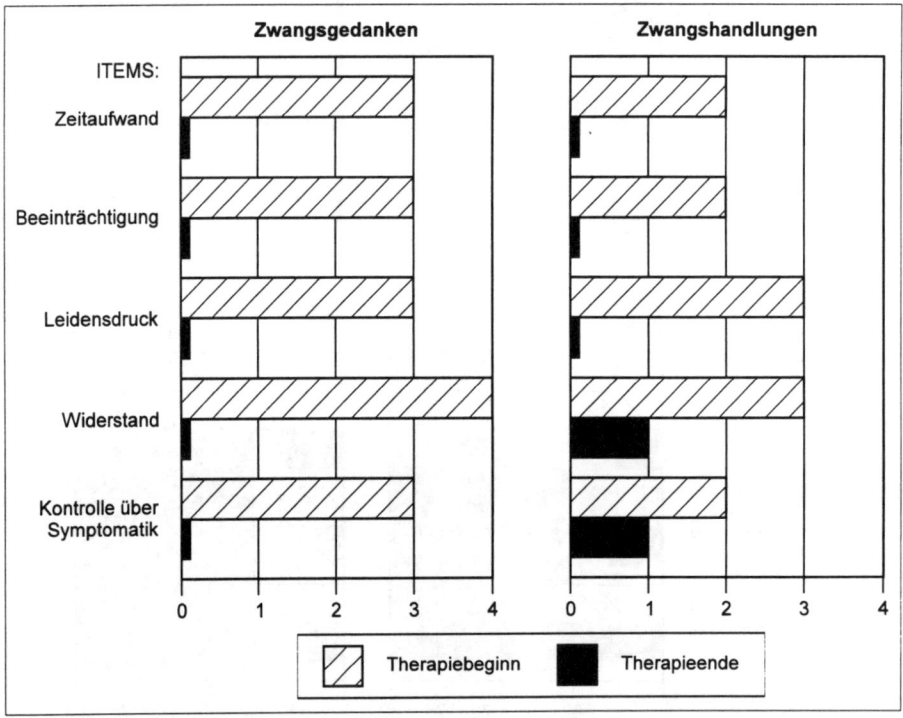

Abbildung 2:
Ausprägungen der Zwangssymptomatik bei Thomas im klinischen Urteil
zu Behandlungsbeginn und Behandlungsende
(Children's Yale-Brown Obsessive Compulsive Scale, CY-BOCS)

In einem selbstkonstruierten Fragebogenverfahren zur Erfassung von Zwangsgedanken und Zwangshandlungen gab Thomas bei Behandlungsbeginn an, täglich zwei bis fünf Stunden mit der Ausübung seiner Zwangsgedanken und

Zwangshandlungen beschäftigt zu sein. In seinem Alltag fühle er sich durch diese „stark beeinträchtigt". Wenn er seinen Zwangsimpulsen nicht nachgebe, habe er Angst, „daß den Eltern etwas passiert".

In der Kurzform des Hamburger Zwangsinventars, HZI-K (Klepsch et al., 1993) lassen sich Auffälligkeiten in den Bereichen „Denken von Worten und Bildern" (PR 90), und „Waschen und reinigen" (PR 87) feststellen, wie Abbildung 3 zeigt. Alle anderen Skalen liegen weitgehend im Durchschnittsbereich. Insgesamt sind die Selbsteinschätzungen geringer ausgeprägt als die klinischen Beurteilungen. Die Prüfskalen spiegeln jedoch keine generelle Dissimulationstendenz wider.

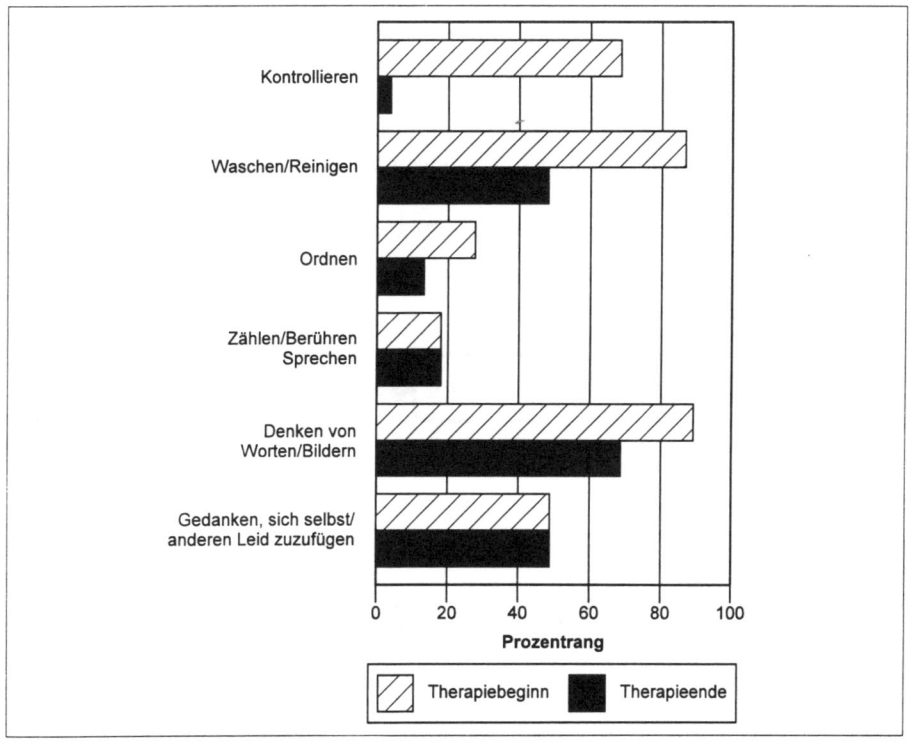

Abbildung 3:
Ausprägungen der selbstbeurteilten Zwangssymptomatik bei Thomas
zu Behandlungsbeginn und Behandlungsende (Hamburger Zwangsinventars, HZI-K)

Im Depressions-Inventar für Kinder und Jugendliche, DIKJ (Stiensmeier-Pelster et al., 1989), wurde mit einem Prozentrangwert von 81 eine im oberen Durchschnittsbereich liegende Depressivität festgestellt. Diese Selbsteinschätzung liegt deutlich unter der klinischen Beurteilung, nach der eine dysthyme Störung vorliegt.

3 Erklärungsansätze

Die Entwicklung und Aufrechterhaltung von Zwangsstörungen wird aus verhaltenstheoretischer Perspektive auf der Basis von Mowrers Zweifaktorentheorie unter Zuhilfenahme kognitiver Konzepte erklärt. Abbildung 4 zeigt die
Erklärung der Aufrechterhaltung von Zwangsstörungen auf der Basis der Zweifaktorentheorie nach Mowrer. Zwangsgedanken werden häufig durch spezifische Hinweisreize (z. B. Berühren der Türklinke) ausgelöst. Diese Zwangsgedanken beinhalten die Antizipation katastrophaler Konsequenzen einer Handlung oder einer Situation („Wenn ich die verseuchte Türklinke berühre, werde
ich an Krebs sterben!"). Dadurch werden Ängste ausgelöst, die durch Zwangshandlungen (waschen) vermindert werden können. Die Angstreduktion wirkt
als negative Verstärkung der Zwangshandlung und erhöht somit deren künftige
Intensität oder Frequenz. Andererseits wird durch die Zwangshandlung die
Konfrontation mit der angstauslösenden Situation und die Erfahrung, daß die
antizipierten katastrophalen Konsequenzen nicht eintreten (fehlende Realitätstestung), vermieden, was zur Stabilisierung der Zwangsgedanken beiträgt. Patienten mit Zwangsstörungen benutzen im allgemeinen zwei Vermeidungsstrategien: die Vermeidung der angst-/zwangsauslösenden Situation (passive Vermeidung) und die aktive Vermeidung durch die Zwangshandlung, die antizipierte zukünftige Katastrophen verhindern hilft (vgl. Döpfner, 2000).

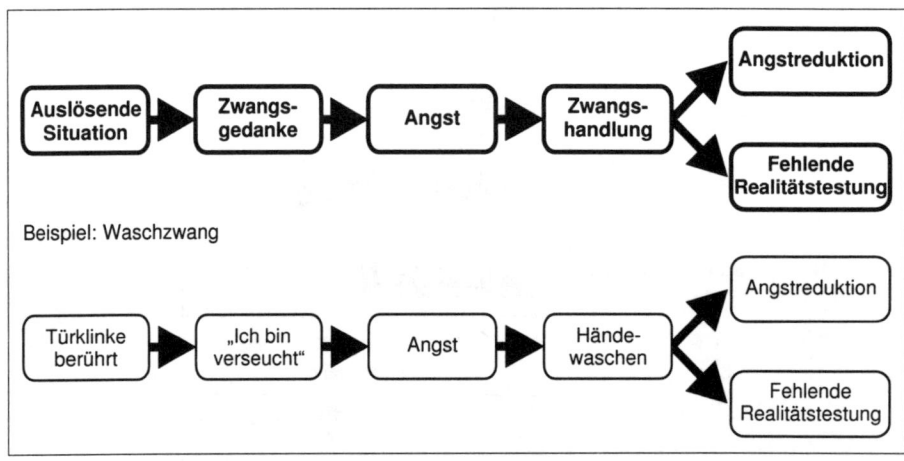

Abbildung 4:
Behaviorales Modell zur Entwicklung von Zwangsstörungen

Kognitive Erklärungsansätze wurden von Salkovskis (1985, 1989) und Foa
und Kozak (1986) entwickelt. Danach sind aufdringliche Gedanken Bestandteil
eines normalen Gedankenablaufs, der sich handlungsbegleitend annähernd
automatisiert vollzieht. Diese Gedanken werden vom Individuum fortlaufend
bewertet, damit wichtige Gedanken und Ideen aus dem Strom der Informationsverarbeitung herausgefiltert werden können. Wie Abbildung 5 zeigt, ent

steht eine Zwangssymptomatik dann, wenn aufdringliche Gedanken als negativ bewertet werden („Der Gedanke ist fürchterlich!" „So etwas darf ich gar nicht denken!") und dadurch Unruhe und Erregung auslösen, die im nächsten Schritt zu neutralisieren versucht werden. Die Neutralisierung erfolgt über gedankliche oder verhaltensmäßige Rituale. Allerdings gelingt die Neutralisierung des Gedankens nur vorübergehend und nicht vollkommen, weil die Neutralisierungsaktivität einen weiteren Hinweis auf die Bedeutsamkeit des Gedankens darstellt, wodurch sich Erregung und Unruhe wieder erhöhen. Dies wird als erneuter Beleg für die Bedeutsamkeit des Gedankens gewertet, wodurch erneut die Intensität steigt, mit der sich der Mensch mit dem Gedanken beschäftigt.

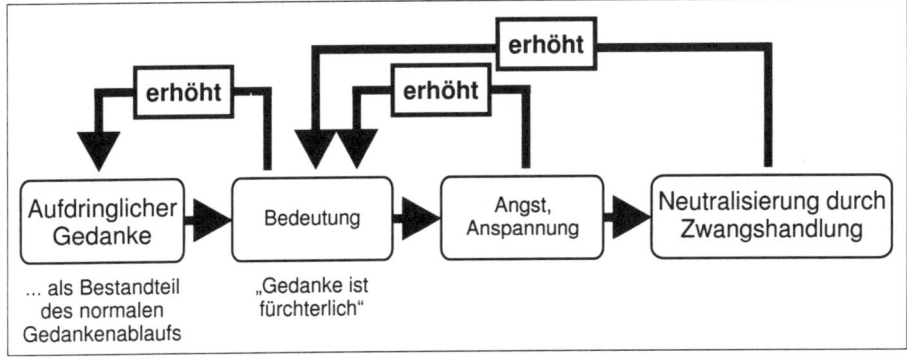

Abbildung 5:
Kognitives Modell zur Entwicklung von Zwangsstörungen
in Anlehnung an Salkovskis (1989; modifiziert nach Döpfner, 2000)

Diese theoretischen Modelle stellen eine gute Erklärung für die Aufrechterhaltung von Zwangsstörungen dar und erlauben auch eine schlüssige Ableitung von Interventionsprinzipien, die sich generell als ausgesprochen wirkungsvoll erwiesen haben. Die Faktoren, die ursprünglich zur Entwicklung der Zwangssymptomatik beigetragen haben, lassen sich allerdings häufiger aus den biographischen Zusammenhängen erkennen.

Aufgrund des schleichenden Beginns der Störung, konnte Thomas kein besonderes Lebensereignis mit der Entstehung seiner Zwangsstörung in Zusammenhang bringen. Bei Thomas entwickelte sich die Symptomatik vor dem biographischen Hintergrund einer ängstlichen und überbehütenden Erziehungshaltung der Eltern. Thomas ist in einer überbehütenden Umgebung aufgewachsen, in der er Verbote für Alltäglichkeiten erhielt (z. B. auf der Straße spielen, auf Bäume klettern), weil diese aus Sicht seiner Eltern lebensbedrohlich seien. Die Eltern berichten, sie forderten ihn auch heute noch auf, diese oder jene Tätigkeit (z. B. Fahrrad fahren) zu unterlassen, da er sonst sterben könnte. Thomas selbst meint, daß ihm die übermäßige Sorge seiner Eltern schon immer „genervt" habe. Seit jeher seien ihm Themen wie Sterben, Tod und lebensgefährliche Situationen gut vertraut.

Vermutlich hat Thomas dieses kognitive Konzept internalisiert und auf seine Eltern übertragen. Im Sinne der kognitiven Erklärungsansätze (siehe Abb. 5) sind Gedanken an ein mögliches Unheil, das den Eltern zustoßen könnte, bedingt durch das ängstliche Modellverhalten der Eltern, bei Thomas häufiger aufgetreten und wurden von ihm eher negativ bewertet. Aufgrund seiner geringeren Möglichkeiten, auf die Eltern beispielsweise in Form von Verboten Einfluß zu nehmen, könnte er andere Bewältigungsstrategien entwickelt haben (z. B. Fragen und Kontrollieren), um die aufkommende Angst bezüglich seiner Eltern zu reduzieren. Besonderes früh hatte er den Eltern Fragen gestellt, um seine Spannung zu reduzieren, wodurch einerseits das zwanghafte Fragen negativ verstärkt wurde und andererseits die Erfahrung nicht gemacht werden konnte, daß sich die Ängste auch dann vermindern, wenn er seinen Eltern keine Fragen stellt.

Die depressive Verstimmung scheint überwiegend sekundärer Natur als Folge der langen und leidvollen Erfahrung mit der Erkrankung zu sein, wobei allerdings die Möglichkeit einer prämorbiden Depression als Auslöser für die Zwangserkrankung nicht völlig ausgeschlossen werden kann. Die anamnestischen Angaben sind hierzu nicht eindeutig. Sie lassen jedoch vermuten, daß die depressiven Reaktionen eher eine Folge der Zwangsstörung sind.

4 Interventionsprinzipien

Die Pharmakotherapie (mit Antidepressiva, hauptsächlich Anafranil und in jüngster Zeit mit Serotonin-Wiederaufnahme-Hemmern) hat sich, vor allem was die Stabilität der Behandlungserfolge betrifft, als weniger wirkungsvoll erwiesen. Demgegenüber konnten für symptomzentrierte verhaltenstherapeutische Interventionen bei der Behandlung von Erwachsenen, aber auch von Kindern und Jugendlichen mit Zwangsstörungen weitgehend stabile Behandlungseffekte nachgewiesen werden (vgl. Döpfner, 2000).

Abbildung 6 gibt einen Entscheidungsbaum wieder, an dem die Indikationen für die einzelnen Interventionsverfahren abzulesen sind. Stehen komorbide Störungen im Vordergrund der Symptomatik, beispielsweise ausgeprägte Depressionen, dann sollten zunächst diese Störungen behandelt werden. Dies ist bei Thomas nicht der Fall.

Wenn schulische oder familiäre Bedingungen vermutlich zur Aufrechterhaltung der Zwangssymptomatik beitragen, dann sollten zunächst Interventionen durchgeführt werden, die auf eine Verminderung dieser aufrechterhaltenden Bedingungen abzielen. Da familiäre Bedingungen bei Thomas vermutlich zu einem wesentlichen Teil bei der Aufrechterhaltung der Symptomatik beteiligt sind, sollen in einem ersten Schritt familienzentrierte Interventionen durchgeführt werden.

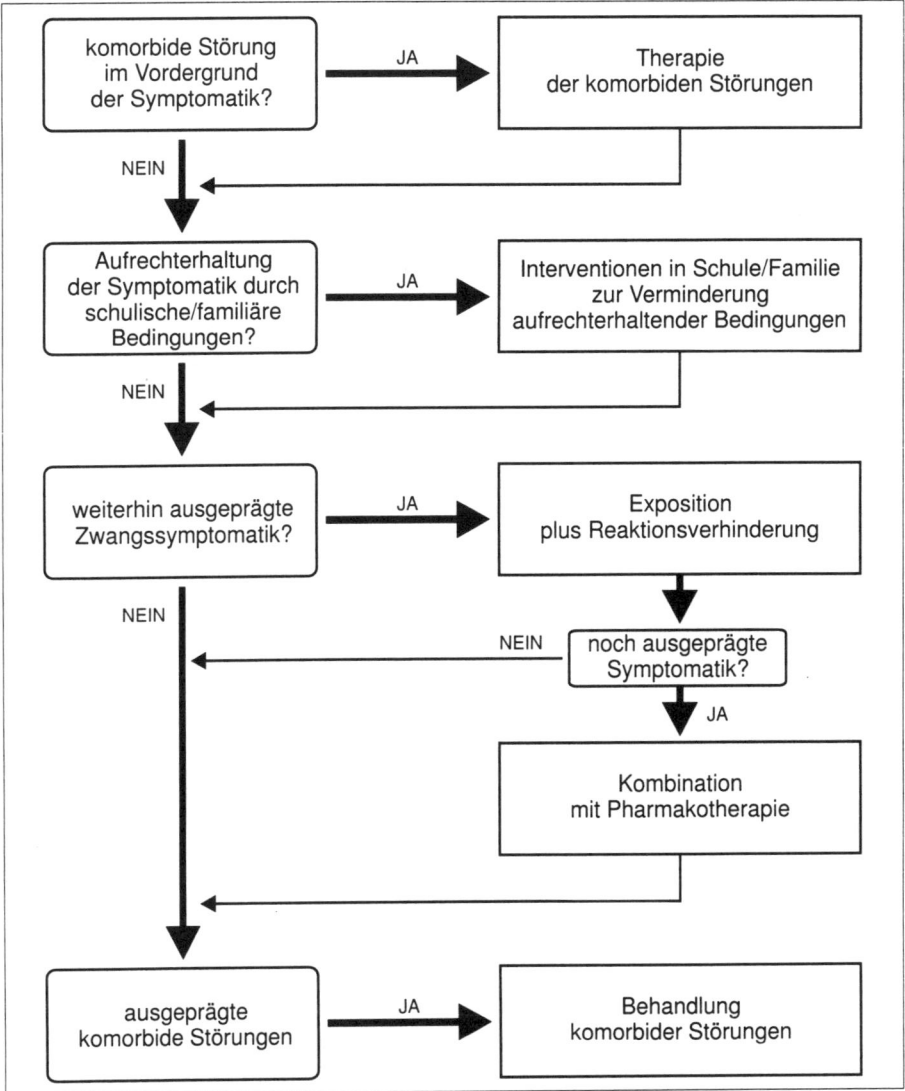

Abbildung 6:
Differentialtherapeutischer Entscheidungsbaum für Zwangsstörungen
im Kindes- und Jugendalter

Da bei Thomas die Zwangssymptome relativ stark ausgeprägt sind und auch
schon über einen längeren Zeitraum bestehen, ist zu erwarten, daß familienzentrierte Interventionen alleine nicht hinreichend erfolgreich sind. Deshalb
wird eine Exposition mit Reaktionsverhinderung geplant, die im häuslichen
Milieu durchgeführt werden soll. Bei Erwachsenen hat sich vor allem die **Exposition mit Reaktionsverhinderung** als besonders wirkungsvolle Methode
erwiesen. Durch eine hinreichend lange Konfrontation mit angst- und zwangsauslösenden Reizen (Exposition) und durch die Verhinderung von Zwangs-

handlungen (Reaktionsverhinderung) erfährt der Patient, daß er die Situation bewältigen kann und das gefürchtete Ereignis nicht eintritt, wodurch sich die Angst vermindert. Rund 60 bis 70 Prozent der behandelten erwachsenen Patienten zeigen eine erhebliche oder deutliche Symptomminderung, teilweise liegen die Erfolgsraten auch darüber (vgl. Reinecker, 1994). Auch im Kindes- und Jugendalter liegen mehrere Studien vor, welche die Wirksamkeit von Exposition mit Reaktionsverhinderung belegen (vgl. Döpfner, 1999).

Eine Ergänzung der Verhaltenstherapie durch eine pharmakologische Therapie soll erwogen werden, falls sich die Exposition mit Reaktionsverhinderung als nicht hinreichend erfolgreich herausstellt (siehe Abb. 6). Die depressive Symptomatik wird hauptsächlich als Folge der Zwangssymptomatik interpretiert. Daher ist zu erwarten, daß sich die depressiven Symptome sowie die Außenseiterrolle von Thomas unter Gleichaltrigen im Zuge einer erfolgreichen Behandlung der Zwänge ebenfalls vermindern.

Tabelle 1:
Interventionsplanung bei Thomas

1. Familienzentrierte Interventionen zur Verminderung der Zwangssymptomatik
  a) Die Ängste der Eltern sollen thematisiert und ihre Bedeutung für die Entstehung und Aufrechterhaltung der Zwangssymptomatik herausgearbeitet werden.
  b) Die Familienmitglieder sollen dazu angeleitet werden, Thomas bei der Durchführung von Zwangshandlungen weniger zu unterstützen.
  c) Positive Verstärkung von Thomas für angemessene Bewältigungsbemühungen durch einen Punkteplan.
  d) Selbstbeobachtung und -aufzeichnung: Thomas soll täglich die Häufigkeit der Zwangshandlungen und der Impulse zu Zwangshandlungen sowie deren Stärke aufzeichnen.

2. Exposition mit Reaktionsverhinderung
  a) Die Exposition soll zunächst gemeinsam mit der Therapeutin im häuslichen Umfeld durchgeführt werden. Thomas wird Situationen ausgesetzt, die er bislang vermieden hat (Exposition) und er wird ermuntert, in diesen Situationen Impulsen zu Zwangshandlungen zu widerstehen (Reaktionsverhinderung). Eine Expositionssitzung dauert so lange, bis Angstreduktion einsetzt.
  b) Thomas führt Expositionen alleine täglich zu Hause durch.

Familienzentrierte Interventionen können verschiedene Interventionen beinhalten (vgl. Döpfner, 1997). Tabelle 1 gibt die Interventionsplanung für Thomas wieder, der auch die einzelnen familienzentrierten Interventionen entnommen werden können. In der ersten Phase der familienzentrierten Interventionen sollen die Probleme von Thomas und deren Auswirkungen auf die Familie aus der Perspektive von Thomas und der Eltern beleuchtet werden. Unterschiede in den Krankheitskonzepten sollen herausgearbeitet werden, Erfahrungen der Eltern und von Thomas über verschiedene Formen des Umgangs mit der Problematik werden zusammengetragen. Informationen über Zwangsstörungen sollen anhand einer Informationsbroschüre (Döpfner & Rothenberger, 1996) vermittelt werden. Danach soll ein gemeinsames Krankheitskonzept entwickelt werden. Dabei soll vor allem die Rolle der Ängste der Eltern bei der Entstehung und Aufrechterhaltung der Zwangssymptomatik thematisiert werden. Mit den Eltern soll die Modellfunktion, die ihre Ängste bei der Entwicklung der

Zwangsstörung von Thomas eingenommen haben, erarbeitet werden. Die Funktion und Irrationalität dieser Ängste soll thematisiert werden, um damit das Erziehungsverhalten zu verändern.

Schließlich sollen die Eltern Thomas bei Zwangshandlungen nicht mehr unterstützen oder sich ihm zuwenden (z. B. auf zwanghaftes Fragen immer wieder eingehen, Ratschläge und Kontrollen von Thomas zulassen). Durch einen Verstärkerplan soll Thomas motiviert werden, seine Zwangshandlungen aktiv zu unterdrücken. Auf der Basis eines gemeinsamen Krankheitskonzeptes, soll mit den Eltern erarbeitet werden, daß sie Thomas bei seinem „Kampf" gegen die Zwangssymptome helfen können, indem sie ihn nicht mehr bei der Ausführung seiner Zwangssymptomatik unterstützen, sondern ihn zu jeder Form von Widerstand gegen die Zwänge ermuntern.

Bei Kindern und Jugendlichen mit weniger chronifizierten Zwangsstörungen können diese Maßnahmen Zwangssymptome deutlich vermindern, möglicherweise weil die Symptomatik in einem stärkeren Maße durch Interaktionsprozesse unterstützt und aufrechterhalten wird als bei älteren Patienten. Lassen sich jedoch innerhalb weniger Wochen allenfalls geringfügige Veränderungen erzielen oder erscheint die Symptomatik von Anfang an sehr verfestigt und chronifiziert oder sind die Kooperationsmöglichkeiten in der Familie sehr begrenzt, dann sollte der Therapeut eine Expositionsbehandlung mit Reaktionsverhinderung beginnen (vgl. Döpfner, 2000).

Obwohl die interaktionellen Bedingungen bei der Aufrechterhaltung der Zwangssymptome von Thomas vermutlich eine erhebliche Rolle spielen, wird aufgrund des Chronifizierungsgrades und des Ausprägungsgrades der Zwangssymptomatik davon ausgegangen, daß die familienzentrierten Interventionen durch eine Expositionsbehandlung mit Reaktionsverhinderung ergänzt werden müssen. Deshalb wird eine zwei- bis dreiwöchige Behandlung mit Konfrontation in vivo und Reaktionsverhinderung geplant. In dem die Expositionsbehandlung vorbereitenden Gespräch soll eine stabile Behandlungsmotivation für die Exposition aufgebaut werden. Thomas kann sich in diesem Gespräch unter Anleitung der Therapeutin das Therapieverfahren selbst erarbeiten, um sich in der anschließenden Überlegungsphase unter Abwägung aller Vor- und Nachteile für oder gegen die für ihn sehr schwierige und anstrengende Therapie zu entscheiden. Auf dieser Basis wird zusammen mit dem Patienten ein spezifisches Therapieprogramm abgeleitet.

Die sehr deutlich ausgeprägte Veränderungsmotivation des Patienten sowie sein hoher Leidensdruck lassen die Prognose einer gezielten systematischen Expositionstherapie mit dem Schwerpunkt auf einer Exposition in vivo mit Reaktionsverhinderung günstig erscheinen. Durch die Expositionstherapie soll Thomas erfahren, daß eine Angstüberwindung ohne Ausführung seines Zwangsrituals möglich ist und daß der von Thomas erwartete Ausgang bei Nichtausführung seines Zwangsverhaltens (Tod der Eltern) nicht eintreffen wird.

Bei der massierten Exposition in vivo mit Reaktionsverhinderung soll Thomas zunächst im Beisein seiner Therapeutin direkt mit den spezifischen Reizen, die bisher das Zwangsverhalten ausgelöst hatten, in der Realität konfrontiert werden. Dabei soll er motiviert werden, seine Zwangshandlungen (Händewaschen, fragen, kontrollieren) zu unterlassen. Durch gezielte therapeutische Interventionen werden hierbei stattfindende Habituationsprozesse bis zu einer völligen Reduktion der Angst bzw. Unruhe gefördert. So kann Thomas die Erfahrung machen, daß eine Angstüberwindung ohne Ausführung des Zwangsrituals und Vermeidung möglich ist und die erwartete Katastrophe (Tod der Eltern) ausbleibt. Zur Intensivierung des Therapieerlebens und zur Erhöhung der Therapiechancen wird hierbei die zeitliche Komprimierung der Expositionsbehandlung mit bis zu drei Kontakten pro Woche mit mehreren Behandlungseinheiten täglich angestrebt. Ein massiertes Vorgehen erscheint angesichts der stark ausgeprägten Erwartungsangst und der relativ früh zu erwartenden Erfolgserlebnisse eher indiziert als ein graduiertes Vorgehen.

Baldmöglichst soll Thomas die Expositionsübungen allein, ohne Anwesenheit seiner Therapeutin durchführen. Die therapeutischen Kontakte werden sich dann auf Vorbereiten und Nachbesprechen der Übungen konzentrieren. Auf diesem Wege können therapeutische Hilfestellungen systematisch zurückgenommen werden, so daß ein nahtloser Transfer in den Alltag gewährleistet ist. Nach Beendigung dieser massierten Kurzzeitbehandlung soll Thomas in die sechs- bis achtwöchige Erprobungsphase entlassen werden. In dieser Zeit wird Thomas angehalten sein, sich selbständig bislang zwangsauslösenden Situationen zu stellen.

Auf der Basis einer mehrstündigen Diagnostik wurde zu Beginn der Behandlung gemeinsam mit Thomas und seinen Eltern ein individuelles Modell für die Entstehung und Aufrechterhaltung seiner Zwangsstörung erarbeitet. Hierbei wurde insbesondere auf die Rolle des Modellverhaltens der Eltern eingegangen. Als nächsten Schritt wurde gemeinsam mit Thomas und seinen Eltern ein Verstärkerplan aufgestellt. Auf Wunsch von Thomas wurde als Verstärker eine Erhöhung seines Taschengeldes eingesetzt. Gemeinsam mit Thomas und seinen Eltern wurden für jeden Tag drei zeitlich genau definierte Intervalle von je einer halben Stunde festgelegt. In diesen Zeiten hatte er die Möglichkeit, seine Eltern alles zu fragen, was er wollte. Außerhalb dieser Zeiten sollte er keinen Fragen stellen, andernfalls würde er den vereinbarten Geldbetrag nicht erhalten. Wenn er zwischen erstem und zweitem Frageintervall bzw. zwischen zweitem und drittem Frageintervall usw. keine Fragen stellte, erhielt er vor Beginn des nächsten Frageintervalls 1,– DM.

Diese Intervention ist insgesamt erfolgreich verlaufen. Thomas berichtete, daß er in der Regel zu den vorgegebenen Zeiten keine Fragen hatte und daß ,,das Rumsitzen ziemlich langweilig gewesen ist". Er habe aber die Erfahrung machen können, daß seine Erregung und Angst auch dann zurückgehe, wenn er seinem zwanghaften Fragen nicht nachkomme. In den drei Wochen, in denen dieser Verstärkerplan eingesetzt wurde, verdiente sich Thomas insgesamt 17,–

DM. Eine Woche vor dem ersten Expositionstermin meinte die Mutter, die Symptomatik Thomas habe sich aus ihrer Sicht bereits um 50 Prozent verbessert. Thomas sprach von einer 70prozentigen Symptomverbesserung. Bereits in dieser Phase erschien Thomas deutlich gelockerter und gesprächsbereiter.

In der nächsten Therapiephase wurde das Behandlungskonzept bei einer massierten Expositionstherapie in vivo mit Reaktionsverhinderung erläutert und begründet. Nachdem Thomas von dem Vorgehen überzeugt war, wurde auf dieser Grundlage das Interventionsprogramm erstellt. Thomas wurde im Rahmen einer dreitägigen Entscheidungsphase die Möglichkeit gegeben, sich zu überlegen, ob er unter den genannten Bedingungen die Therapie beginnen wollte. Bereits in dieser Überlegungsphase hatte sich Thomas eigenständig zwangsauslösenden Situationen gestellt. Kurz vor Beginn der ersten Expositionsübung, die gemeinsam mit der Therapeutin durchgeführt werden sollte, berichtete Thomas, er sei wiederholt seinen Zwangsimpulsen nicht nachgekommen und habe festgestellt, daß seine Eltern noch leben. In der Schule sei ihm beispielsweise der Gedanke gekommen, daß seinen Eltern etwas zustoßen könnte, wenn er nicht mit einem andersfarbigen Stift weiterschreiben würde. Er habe dennoch nicht die Farbe des Stiftes gewechselt. Außerdem habe er seit drei Tagen seine Mutter nicht mehr aufgefordert, sich vor dem Austeilen des Essens die Hände zu waschen. Die Mutter bestätigte dies.

Vor Beginn der ersten Expositionsübung, die im Hause der Familie stattfand, bekundete Thomas, daß er aufgrund der in den letzten drei Tagen gesammelten Erfahrungen keine Angst mehr habe. Dennoch wurde Thomas angehalten, mit nassen Fingern alle Lichter und elektrischen Geräte im Hause anzumachen. Nachdem Thomas dies bereitwillig getan hatte, wurde seine Mutter gebeten, alle Geräte wieder abzuschalten, während Thomas gemeinsam mit seiner Therapeutin im Wohnzimmer wartete. Während des Wartens auf seine Mutter wurde Thomas zunehmend unruhiger. Er äußerte seine Bedenken, seine Mutter könne nun doch einen elektrischen Schlag bekommen und sterben. In diesem Moment verfiel er in sein Zwangsverhalten zurück und begann wiederholt dieselben Fragen zu stellen. Die Therapeutin antwortete nicht und ermunterte ihn, keine weiteren Fragen mehr zu stellen. Nachdem die Mutter alle Geräte ausgeschaltet hatte und im Wohnzimmer erschien, entschloß sich Thomas eigenständig „ab jetzt nie wieder die Lichtschalter mit dem Handrücken oder dem Ellbogen an- oder auszumachen". Diese Übung wurde an diesem Tage noch insgesamt zwei Mal wiederholt. Die letzte Übung konnte Thomas völlig angstfrei bewältigen. Im Anschluß daran wurde Thomas mit folgenden Situationen konfrontiert: Er sollte mit seinem Hund, den er etwa ein halbes Jahr nicht mehr gestreichelt hatte, spielen und sich dabei an den Händen lecken lassen. Darauf sollte er mit ungewaschenen Händen ein Brot für sich und seine Mutter schmieren. Im Beisein der Therapeutin wurden die Brote gegessen. Thomas berichtete, er habe keine Angst, fände dies „nur ein wenig eklig". Die Frage, ob seine Mutter nun erkranken kann, verneinte Thomas, mit der Bemerkung „Ich habe wohl früher ziemlich übertrieben!".

Am Ende des ersten Expositionstages wurde der Verstärkerplan gemeinsam mit Thomas und seinen Eltern verändert. Auf seinen Wunsch hin, wurden die „Fragezeiten" aufgehoben. Thomas selbst entschied sich dafür, seinen Eltern über den Tag verteilt maximal drei Fragen zu stellen, um am Ende des Tages 1,– DM zu erhalten. Die Mutter von Thomas schlug vor, Thomas am Ende des Tages 2,– DM zu geben, vorausgesetzt, er stellt maximal eine Frage pro Tag.

Thomas erhielt die Aufgabe, bis zum nächsten Expositionstag, der vier Tage später stattfand, möglichst keinen Zwangsimpulsen nachzugeben und zusätzlich die Übungen des ersten Expositionstages täglich einmal durchzuführen. Zu Beginn des zweiten Expositionstages berichtete Thomas und auch seine Mutter, daß er jeden Abend Geld erhalten habe; zweimal habe er sich sogar zwei Mark verdient. Thomas erzählte außerdem, er habe in den letzten Tagen wiederholt masturbiert, ohne daß Schuldgefühle oder Ängste aufgekommen seien. Seine Erwartungsangst sei jedoch sehr groß gewesen.

Inhalt des zweiten Expositionstages war in groben Zügen eine Wiederholung der Übungen aus der ersten Expositionssitzung. Dabei wurde deutlich, daß Thomas mit der Exposition keinerlei Probleme mehr hatte. In Anbetracht dieser erfolgreichen Entwicklung wurde keine weitere in vivo Expositionsübung mehr geplant und für zwei Wochen später ein Termin in der Klinik vereinbart. Der Verstärkerplan wurde beibehalten.

Die positive Entwicklung setzte sich in diesen zwei Wochen fort. Bei dem vereinbarten Termin berichteten Thomas und seine Mutter, Thomas habe jeden Tag sein Geld dafür erhalten, daß er pro Tag maximal eine Frage der Mutter stellte. Die Mutter sprach von einer 99prozentigen Symptomverbesserung, Thomas von einer 100prozentigen Besserung. Deshalb wurde das achtwöchige Erprobungsintervall begonnen. Der Verstärkerplan wurde mit Zustimmung aller Beteiligten beendet.

Das überbehütende und ängstliche Verhalten der Eltern konnte zwar im Rahmen der familienzentrierten Interventionen bereits vermindert werden; nach wie vor berichteten die Eltern jedoch, daß es ihnen sehr schwer fällt, Thomas einen größeren Freiraum zu gewähren. Deshalb wurden mit den Eltern insgesamt drei Gespräche geführt, um die Eltern im Sinne einer kognitiven Umstrukturierung von dem angstbesetzten Gedanken „Thomas könnte an einem Unfall sterben!" zu entlasten. In diesem Zusammenhang wurde nochmals ausführlich auf die Modellfunktion ihres Verhaltens eingegangen. Die Eltern entschieden sich schließlich, Thomas in Zukunft einen größeren Freiraum zu geben, in der Erwartung, daß sich dann auch ihre Ängste vermindern würden.

Acht Wochen nach Therapieende gab Thomas in einem Fragebogen an, sich im Vergleich zum Beginn der Therapie sehr viel besser zu fühlen. Er fühlte sich weder in der Schule noch in seiner Freizeit oder in seiner Familie durch Zwangssymptome beeinträchtigt. Ausgeprägte Zwangshandlungen traten nach Beendigung der Therapie überhaupt nicht mehr auf. Von Zwangsgedanken

wurde er auch nicht mehr täglich geplagt. Gelegentlich auftretenden Zwangsimpulsen konnte er gut aktiv begegnen, ohne in sein altes Zwangsverhalten
zurückzufallen. Die Mutter bestätigte dies und gab an, daß Thomas maximal
zwei Fragen pro Tag an sie stellt. In der Mehrzahl der Tage stellte er aber
ohnehin keine Fragen mehr. An Tagen, an denen Zwangsgedanken auftraten,
nahmen diese maximal eine halbe Stunde des Tages in Anspruch. In seinem
Alltag fühlte er sich durch diese sporadisch auftretenden Zwangsgedanken
„überhaupt nicht gestört". In den letzten beiden Wochen traten „gar keine"
Zwangsgedanken mehr auf.

Die Bewältigung ehemals gemiedener Situationen ohne Ausführung seines
Zwangsverhaltens sowie die Erweiterung seines allgemeinen Handlungsspiel-
raumes vermittelten Thomas Kompetenzerlebnisse und eine Steigerung seines
Selbstwertgefühls, was wiederum ein Nachlassen der vor Therapiebeginn bestehenden depressiven Gestimmtheit zur Folge hatte; zudem hatte sich seine
Stellung in der Klasse verbessert. Er war optimistisch, daß er bald wieder in
seine Klasse integriert sein wird. Seit Therapieende hatte er sich bereits mehrfach mit Klassenkameraden getroffen.

Den Abbildungen 1 bis 3 können die Ergebnisse der Verlaufskontrolle entnommen werden. Sowohl die klinische Beurteilung der Zwangssymptomatik
auf der Children's Yale-Brown Obsessive Compulsive Scale, CY-BOCS
(Abb. 2) als auch die Selbsteinschätzungen von Thomas im Hamburger
Zwangsinventars, HZI-K (Abb. 3) weisen auf eine weitgehende Verminderung
der Zwangssymptome acht Wochen nach Behandlungsende hin. Weder im
Selbsturteil von Thomas noch im Fremdurteil der Mutter lassen sich klinisch
relevante Auffälligkeiten feststellen, wie die Skalenwerte im Fragebogen für
Jugendliche (YSR) bzw. im Elternfragebogen über das Verhalten von Kindern
und Jugendlichen (CBCL) zeigen (siehe Abb. 1). Im Elternurteil sind noch
erhöhte, wenn auch nicht mehr klinisch auffällige Werte bei den Skalen zur
Erfassung sozialer Probleme (mit Gleichaltrigen), von schizoiden/zwanghaften
Auffälligkeiten und von Aufmerksamkeitsstörungen festzustellen.

5 Resümee

Die Falldarstellung illustriert, wie im Kindes- und Jugendalter – vermutlich
in einem stärkeren Maße als im Erwachsenenalter – aktuelle Familienbeziehungen und -interaktionen Zwangssymptome aufrechterhalten können. Neben
der Exposition mit Reaktionsverhinderung sind deshalb familienzentrierte Interventionen von besonderer Bedeutung. In dem vorliegenden Fall konnte die
Zwangssymptomatik durch die familienzentrierten Interventionen erheblich
vermindert werden, obwohl die Zwangsstörung bereits seit mehreren Jahren
bestand. Dennoch zeigen die Reaktionen von Thomas in den ersten in vivo
Expositionen, daß eine ergänzende Exposition auch in diesem Fall notwendig
und hilfreich war. Im Kindes- und Jugendalter können, wie auch dieses Bei-

spiel zeigt, durch die Expositionstherapie häufig relativ schnelle Behandlungserfolge erzielt werden, was vermutlich durch den im Vergleich zu Zwangsstörungen im Erwachsenenalter meist geringeren Chronifizierungsgrad der Störung bedingt ist. Da mindestens ein Drittel aller Zwangsstörungen bereits im Kindes- und Jugendalter beginnt, sollte daher eine möglichst frühzeitige Erkennung und Behandlung angestrebt werden.

Literatur

Allsopp, M. & Verduyn, C. (1988). A follow-up of adolescents with obsessive-compulsive disorder. *British Journal of Psychiatry, 154*, 829–834.

Arbeitsgruppe Deutsche Child Behavior Checklist (1998 a). *Elternfragebogen über das Verhalten von Kindern und Jugendlichen; deutsche Bearbeitung der Child Behavior Checklist (CBCL/4-18). Einführung und Anleitung zur Handauswertung*. 2. Auflage mit deutschen Normen, bearbeitet von M. Döpfner, J. Plück, S. Bölte, K. Lenz, P. Melchers & K. Heim. Köln: Arbeitsgruppe Kinder-, Jugend- und Familiendiagnostik (KJFD).

Arbeitsgruppe Deutsche Child Behavior Checklist (1998 b). *Fragebogen für Jugendliche; deutsche Bearbeitung der Youth Self-Report Form der Child Behavior Checklist (YSR). Einführung und Anleitung zur Handauswertung*. 2. Auflage mit deutschen Normen, bearbeitet von M. Döpfner, J. Plück, S. Bölte, K. Lenz, P. Melchers & K. Heim. Köln: Arbeitsgruppe Kinder-, Jugend- und Familiendiagnostik (KJFD).

Dilling, H., Mombour, W. & Schmidt, M.H. (Hrsg.) (1991). *Internationale Klassifikation psychischer Störungen – ICD 10, Kapitel V (F). Klinisch-diagnostische Leitlinien*. Bern: Huber.

Dilling, H., Mombour, W., Schmidt, M.H. & Schulte-Markwort, E. (Hrsg.) (1994). *Internationale Klassifikation psychischer Störungen – ICD 10, Kapitel V (F). Forschungskriterien*. Bern: Huber.

Döpfner, M. (1997). Verhaltenstherapeutische Behandlung eines Jugendlichen mit Zwangsstörungen. *Kindheit und Entwicklung, 6*, 88–96.

Döpfner, M. (1999). Zwangsstörungen. In H.-C. Steinhausen & M. von Aster (Hrsg.), *Handbuch Verhaltenstherapie und Verhaltensmedizin bei Kindern und Jugendlichen* (271–326). Weinheim: Psychologie Verlags Union, 2. überarbeitete Auflage.

Döpfner, M. (2000). Zwangsstörungen. In F. Petermann (Hrsg.), *Lehrbuch der Klinischen Kinderpsychologie und Kinderpsychotherapie* (271–289). Göttingen: Hogrefe, 4. völlig veränd. Auflage.

Döpfner, M., Berner, W. & Lehmkuhl, G. (1994 a). *Handbuch: Fragebogen für Jugendliche. Forschungsergebnisse zur deutschen Fassung der Youth Self-Report Form (YSR) der Child Behavior Checklist*. Köln: Arbeitsgruppe Kinder-, Jugend- und Familiendiagnostik (KJFD).

Döpfner, M. & Lehmkuhl, G. (1998). *Diagnostik-System für psychische Störungen im Kindes- und Jugendalter nach ICD-10 und DSM-IV (DISYPS-KJ)*. Bern: Huber.

Döpfner, M. & Rothenberger, A. (1996). *Zwangsstörungen bei Kindern und Jugendlichen – Fragen und Antworten. Eine Information für Betroffene und ihre Eltern*. Osnabrück: Deutsche Gesellschaft Zwangserkrankungen e. V.

Döpfner, M., Schmeck, K. & Berner, W. (1994 b). *Handbuch: Elternfragebogen über das Verhalten von Kindern und Jugendlichen. Forschungsergebnisse zur deutschen Fassung der Child Behavior Checklist (CBCL/4–18)*. Köln: Arbeitsgruppe Kinder-, Jugend- und Familiendiagnostik (KJFD).

Flament, M.F., Whitaker, A., Rapoport, J.L., Davies, M., Berg, C.Z., Kalikow, K. & Sceery, W. (1988). Obsessive compulsive disorder in adolescence: An epidemiological study. *Journal of the American Academy of Child and Adolescent Psychiatry, 27*, 764–771.

Foa, E.B. & Kozak, M.J. (1986). Emotional processing of fear: Exposure to corrective information. *Psychological Bulletin, 99*, 20–35.

Horn, W. (1969). *Prüfsystem für Schul- und Bildungsberatung (PSB)*. Göttingen: Hogrefe.

Klepsch, R., Zaworka, W., Hand, I., Lüneneschloß, K. & Jauernig, G. (1993). *Hamburger Zwangsinventar – Kurzform (HZI-K)*. Göttingen: Hogrefe.

Rapoport, J.L. (Ed.) (1989). *Obsessive compulsive disorder in children and adolescents*. Washington, D.C: American Psychiatric Press.

Reinecker, H.S. (1994). *Zwänge. Diagnose, Theorien und Behandlung*. Bern: Huber, 2., überarbeitete und erweiterte Auflage.

Salkovskis, P.M. (1985). Obsessional-compulsive problems: A cognitive-behavioural analysis. *Behaviour Research and Therapy, 23*, 571–583.

Salkovskis, P.M. (1989). Obsessions and compulsions. In J. Scott, J.M. Williams & A.T. Beck (Eds.), *Cognitive therapy in clinical practice. An illustrative casebook*. London: Routledge.

Saß, H., Wittchen, H.U. & Zaudig, M. (Hrsg.) (1996). *Diagnostisches und Statistisches Manual Psychischer Störungen DSM-IV*. Göttingen: Hogrefe.

Stiensmeier-Pelster, J., Schürmann, M. & Duda, K. (1989). *Depressionsinventar für Kinder und Jugendliche (DIKJ)*. Göttingen: Hogrefe.

Soziale Phobie und Unsicherheit

Ulrike Petermann

Ängste im Kindes- und Jugendalter gehören zu den relativ weit verbreiteten psychischen Störungen. Nimmt man alle Angststörungen zusammen, dann sind zwischen zehn und 15 Prozent aller Kinder und Jugendlichen betroffen (vgl. Petermann, Essau & Petermann, 2000). Die diagnostischen Klassifikationskriterien haben sich von DSM-III-R nach DSM-IV für die Angststörungen im Kindesalter dahingehend verändert, daß bei den Störungen im Kindesalter nur noch die Störung mit Trennungsangst unter der Diagnoseklasse „Andere Störungen im Kleinkindalter, in der Kindheit oder Adoleszenz" aufgeführt wird. Die im DSM-III-R (1989) angegebenen Störungen mit Kontaktvermeidung sowie die Überängstlichkeit wurden im DSM-IV (1996) nicht mehr aufgenommen. Diese Angststörungen müssen im DSM-IV nach den Kriterien der Angststörungen im Erwachsenenalter klassifiziert werden. Die entsprechenden Störungen werden dort als Soziale Phobie sowie Generalisierte Angststörung bezeichnet. Dabei überlappen sich nur teilweise die Kriterien der Störung mit Überängstlichkeit mit der Generalisierten Angststörung sowie die Merkmale der Störung mit Kontaktvermeidung mit der Sozialen Phobie. Bei den diagnostischen Kriterien der Angststörungen im Erwachsenenteil des DSM-IV sind Hinweise auf Abweichungen für das Kindesalter angegeben. Im Unterschied zum DSM-IV weist die ICD-10 (WHO, 1993) differenzierte Kategorien zu Ängsten im Kindesalter auf. In der Gruppe „F93 emotionale Störungen des Kindesalters" sind die Kriterien für Trennungsangst, phobische Störung, Störung mit sozialer Ängstlichkeit und generalisierte Angststörung enthalten. Die Soziale Phobie nach DSM-IV (300.23; Erwachsenenteil) enthält analoge Kriterien zur Störung mit sozialer Ängstlichkeit des Kindesalters in der ICD-10 (F93.2; vgl. Petermann et al., 2000).

Das **Hauptmerkmal** der Sozialen Phobie besteht in einer starken, anhaltenden Angst vor sozialen oder Leistungssituationen, in denen entweder der Kontakt mit fremden Personen unvermeidbar ist oder eine Beurteilung durch andere Personen stattfindet bzw. erwartet wird. Deshalb werden nach Möglichkeit solche sozialen Situationen gemieden. Mißlingt die Vermeidung, so verhält sich der Betroffene befangen, verlegen, gehemmt und sorgt sich in übertriebener Weise darüber, ob sein Verhalten angemessen ist.

Die **Prävalenz** für die Soziale Phobie beträgt nach DSM-IV (1996) – auf die gesamte Lebenszeit bezogen – drei bis 13 Prozent. Bei den epidemiologischen Studien zeigt sich besonders ab dem Jugendalter eine etwas höhere Angstrate bei den Mädchen, und im Erwachsenenalter tritt die Soziale Phobie bei Frauen häufiger als bei Männern auf. In klinischen Stichproben tritt die Soziale Phobie bei Männern und Frauen vergleichbar häufig auf.

Die Prävalenzzahlen zeigen für das Kindesalter unterschiedliche, zum Teil sich widersprechende Ergebnisse. Für Trennungsangst beispielsweise liegen für Jungen und Mädchen in manchen Studien vergleichbare Raten vor, in anderen Studien sind Mädchen bei der Trennungsangst überrepräsentiert. Ebenso widersprüchlich sind die Ergebnisse zur Überängstlichkeit bzw. zur Generalisierten Angststörung; einmal sind die Jungen, einmal die Mädchen überrepräsentiert (vgl. Petermann et al., 2000).

Es kann sowohl eine **Komorbidität** zwischen den einzelnen Angststörungen als auch eine Komorbidität mit Depression (vgl. Essau & Petermann, 2000) und mit anderen Störungen, wie zum Beispiel der Hyperaktivität und der Aggression, angenommen werden (vgl. Groen & Petermann, 1998; Petermann et al., 2000).

Die Angststörung „Soziale Phobie" ist insbesondere dadurch charakterisiert, daß vor Kontakt mit anderen Personen zurückgewichen wird, ein Kind sich weigert, an Gruppenspielen oder an Kindergruppen teilzunehmen. Kinder mit Sozialer Phobie ziehen sich typischerweise bei sozialen Aktivitäten zurück und versuchen, diese zu vermeiden; sie wollen auch in der unmittelbaren Umgebung und Nähe vertrauter Erwachsener bleiben. Es ist zu erkennen, daß die „Soziale Phobie" aus einer ausgeprägten und anhaltenden **Angst vor** einer oder mehreren **sozialen**, aber auch **Leistungssituationen** besteht, in denen eine Person entweder mit unbekannten Personen konfrontiert oder von anderen beurteilt wird. Bei Kindern fällt im Kontext der Sozialen Phobie auf, daß Schulleistungen abfallen können, Schulverweigerung oder die Vermeidung von Kontakten mit Gleichaltrigen beobachtbar sind sowie altersangemessene soziale Aktivitäten gemieden werden. Bei der Diagnosestellung im Kindesalter muß gewährleistet sein, daß ein Kind mit vertrauten gleichaltrigen und erwachsenen Personen sehr wohl soziale Beziehungen aufnehmen kann, und die soziale Angst darf sich nicht nur gegenüber Erwachsenen äußern, sondern muß auch bei Gleichaltrigen auftreten.

Markant ist die Angst der betroffenen Person davor, ein Verhalten zu zeigen, das als peinlich oder demütigend erlebt wird; beispielsweise haben Kinder mit einer Sozialen Phobie häufig Angst vor Situationen mit sozialer Hervorhebung, Situationen also, in denen die Aufmerksamkeit anderer auf sie gerichtet ist. Sie empfinden es als besonders peinlich, wenn sie etwas gefragt werden und antworten sollen, jedoch aufgrund der Angst zum Beispiel nicht sprechen können, eine zittrige Stimme haben oder das Gesicht rot wird (vgl. DSM-IV, 1996). Weitere Anzeichen einer Sozialen Phobie bestehen beispielsweise im Zittern der Hände oder am gesamten Körper, in kalten, feuchten Händen, in einem sehr trockenen Mund sowie in sozialen Defiziten, wie mangelndem Blickkontakt, nicht durch einen Raum bei Anwesenheit anderer gehen können, sich genieren, mit anderen gemeinsam zu essen; soziale Defizite zeigen sich auch in Problemen mit der Selbstbehauptung und Durchsetzungsfähigkeit, wie ablehnen oder zustimmen können. Weitere zugehörige Merkmale können nach DSM-IV (1996) geringes Selbstvertrauen sowie Überempfindlichkeit gegenüber Kritik und Ablehnung sein. Die beschriebenen Symptome führen bei einer Person insgesamt zu großer Unsicherheit im Verhalten sowie in der Selbstbewertung. So kann mit Recht von Sozialer Phobie und sozialer Unsicherheit synonym gesprochen werden (vgl. Petermann & Petermann, 1996).

Kann eine Person eine gefürchtete soziale Situation nicht vermeiden, so erlebt sie massive Angstreaktionen, die im Erscheinungsbild situationsspezifischen Panikattacken gleichen. Dies kann auch bei Kindern beobachtet werden; darüber hinaus ist bei Kindern aber auch ein Verhalten in Form von Weinen, Wutanfällen, Erstarren oder Zurückweichen vor sozialen Situationen mit unvertrauten Personen beobachtbar. Kinder sind nicht immer in der Lage zu erkennen, ob ihre Angst übertrieben oder unbegründet ist. Die Angst vor Leistungssituationen führt zu Prüfungsangst und damit verbunden zu einem schlechteren Leistungsergebnis im Vergleich zu den tatsächlichen Möglichkeiten in einer angstfreien Situation.

Die Auswirkungen der Sozialen Phobie zeigen sich zum Beispiel in der schulischen Leistungsfähigkeit sowie bei unterschiedlichen sozialen Aktivitäten im Alltag und bei sozialen Beziehungen. Dabei ist für Kinder weniger typisch, daß sich ihre sozialen und schulischen Leistungen verschlechtern; vielmehr besteht die Beeinträchtigung bei Kindern darin, daß sie bestimmte Entwicklungsprozesse im sozial-emotionalen und schulischen Bereich nicht durchlaufen und damit ein altersgemäßes Funktionsniveau bzw. altersgemäße Fertigkeiten nicht erreichen. Die Diagnose „Soziale Phobie" wird bei Kindern und Jugendlichen vergeben, wenn die Kriterien mindestens über sechs Monate erfüllt sind.

1 Beschreibung des Störungsbildes

Die Mutter von Klaus sucht psychologische Hilfe für ihren Sohn, da sie von der Kinderärztin geschickt wurde. Dort stellt sie Klaus wegen verschiedener körperlicher Beschwerden vor: Er klagt morgens vor sowie während der Schule über Bauchschmerzen und Übelkeit; die Mutter berichtet auch über morgendliches Zittern vor der Schule sowie darüber, daß Klaus durchschnittlich jede dritte bis vierte Nacht einnäßt. Das nächtliche Einnässen trat erstmals im Verlaufe des ersten Grundschuljahres auf. Die Kinderärztin kann keinen organischen Befund feststellen, weder für Bauchschmerzen noch für Einnässen.

Mit den Eltern von Klaus wird, ohne seine Anwesenheit, ein Diagnosegespräch geführt. Zu einem nachfolgenden Termin schließt sich eine zweistündige Dia-

gnosephase mit Klaus an. Die Eltern bearbeiten mit dem Therapeuten in Anlehnung an den DIPS-K (Unnewehr, Schneider & Margraf, 1995) zuerst einen
Fragebogen zur Abklärung der vorliegenden Störung; danach wird anhand eines Elternexplorationsbogens eine systematische Anamnese und Verhaltensanalyse erarbeitet (vgl. Petermann & Petermann, 1996). Klaus wird mit verschiedenen Verfahren getestet (CFT 20; Weiß, 1987; d2; Brickenkamp, 1994
und AFS; Wieczerkowski et al., 1981) und sein Verhalten systematisch in
Spielsituationen beobachtet. Es wird der Beobachtungsbogen für sozial unsichere Kinder zugrundegelegt (BSU; vgl. Petermann & Petermann, 1996). Aufgrund der Ergebnisse ergibt sich das im folgenden beschriebene Störungsbild.

Klaus ist das dritte und jüngste Kind in der Familie. Mit seinen neun Jahren
beträgt der Altersabstand zum nächsten Geschwister sechs Jahre. Es handelt
sich hierbei um eine Schwester. Der Bruder ist neun Jahre älter als Klaus. Es
handelt sich bei Klaus um einen sogenannten Nachkömmling. Alle Kinder
leben noch in der Familie. Die Mutter ist nicht berufstätig und den ganzen
Tag zu Hause. Obwohl Klaus bereits über neun Jahre alt ist, besucht er erst
die zweite Grundschulklasse. Dies hängt damit zusammen, daß er von der
Einschulung zurückgestellt wurde, da er aufgrund seiner sozialen Entwicklung
mit einer Klassensituation überfordert war; denn er besuchte keinen Kindergarten. Die Rückstellung war mit der Auflage verbunden, daß Klaus an einer
Vorschulklasse teilnimmt. Danach wird er regulär eingeschult. Sowohl im ersten als auch im zweiten Schuljahr fehlt Klaus häufig wegen Erkältungskrank-
heiten im Unterricht. In der Schule fällt er durch Schwierigkeiten im Lesen-
und Schreibenlernen auf, wobei er diesbezügliche Leistungsanforderungen
nach Möglichkeit meidet. Aus diesem Grund streitet sich Klaus häufig mit
der Lehrerin. Im Rechnen sind seine Schulleistungen gut. Der Wechsel von
der Vor- zur Grundschule brachte es mit sich, daß Klaus seinen ersten und
einzigen Freund verlor. Obwohl der jetzt schon eineinhalb Jahre in der Klasse
ist, hat er keine neue Freundschaft zu einem Klassenkameraden aufgebaut. Er
besucht andere Kinder nicht, auch wenn er eingeladen ist. Meistens spielt er
allein zu Hause, und seine wichtigsten Kontaktpersonen sind die Mutter und
die Schwester. Sein Verweigerungsverhalten, besonders bei sozialen Anforderungen, ist stark ausgeprägt. Muß er solchen Anforderungen in der Familie
doch einmal nachkommen, so zeigt er deutlich seinen Widerwillen: Er reagiert
wütend, trampelt mit den Füßen, weint, schimpft oder läuft davon. Der Vater
berichtet, daß Anforderungen jeder Art von der Mutter an den Jungen jedoch
nur selten gestellt wurden. Sie verwöhne und behüte ihn zu sehr. Das hätte
sie mit den älteren Geschwistern nicht getan. Die Mutter begründet ihr Erziehungsverhalten damit, daß sie immer zu Hause ist und für alle Arbeiten Zeit
hat. Darüber hinaus hält sie den Straßenverkehr für gefährlicher als zur Zeit
der älteren Geschwister, weswegen sie Klaus oft begleitet oder ungern alleine
irgendwohin gehen läßt.

Klaus wird von den Eltern übereinstimmend als ein schon immer ruhiges und
dadurch angenehmes Kind beschrieben, das die Fähigkeit besitzt, sich stundenlang allein zu beschäftigen. Die Eltern schildern es von Anfang an als ein

Problem, Verwandtenbesuche zu unternehmen oder zu erhalten. Klaus versteckte sich dann als kleines Kind hinter dem Rock der Mutter. Später läuft er sogar von zu Hause weg.

Da Klaus bis zum Beginn der Vorschule zu Gleichaltrigen keinen Kontakt hatte, spielte er häufig mit seiner älteren Schwester, zu der er auch jetzt noch ein gutes Verhältnis besitzt. Den intensivsten Kontakt pflegt er zur Mutter, mit der er auch schmust. Klaus war bislang durch sein ruhiges Wesen ein „pflegeleichtes Kind", das fast nie geschimpft oder bestraft werden mußte. Lediglich in Situationen mit sozialen Anforderungen treten Probleme auf. Massiver werden diese erst mit der Einschulung in die erste Klasse.

Die Testergebnisse von Klaus zeigen eine gute durchschnittliche Konzentrationsfähigkeit sowie Intelligenz auf. Die Subskalen im Angstfragebogen für Schüler (AFS) weisen eine überdurchschnittlich große Prüfungsangst und manifeste Angst aus. Auch seine Schulunlust ist sehr groß. Eine Legasthenie kann bei Klaus ausgeschlossen werden, da er bei guter Stimmung und angstfreier Atmosphäre in befriedigender Weise Texte schreiben und lesen kann. Diese Situation tritt nur zu Hause auf.

Nach dem Beobachtungsbogen für sozial unsicheres Verhalten (BSU) sowie nach den Angaben der Eltern im Rahmen der systematischen Exploration sind für Klaus folgende Verhaltenskategorien kennzeichnend und stimmen mit den im DSM-IV genannten Klassifikationskriterien überein (vgl. Kasten 1).

Still sein. Klaus berichtet von sich aus keine Erlebnisse; er fragt nichts und er bittet um nichts. Extrem zeigt sich dieses Verhalten gegenüber unvertrauten, fremden Personen. Im Umgang mit diesen wenig vertrauten Personen wirkt Klaus sehr mißtrauisch. Die mangelnde verbale Kommunikation bezieht sich sowohl auf Erwachsene als auch auf Kinder. Selbst zu Hause sind diese Verhaltensweisen beobachtbar. Er erzählt von sich aus auch seiner Mutter nichts, am wenigsten aus dem Bereich der Schule. Er berichtet auch nicht, wenn er sich über etwas geärgert hat. Fragen der Mutter beantwortet Klaus nicht unmittelbar. Oft kommt es vor, insbesondere wenn er aus der Schule kommt, daß er erst nach einer halben Stunde Antwort geben und erzählen kann, was er erlebt hat oder was vorgefallen ist. Fremden Personen gegenüber verschließt er sich ganz. Klaus kann verbal weder gegenüber einem Kind noch gegenüber Erwachsenen Freude ausdrücken.

Gesichtsausdruck. Klaus zeigt in einer fremden Umgebung fast immer ein verlegenes Lächeln. Dies berichten auch die Eltern für zu Hause, wenn Besuch anwesend ist. Die Augenlider sind bei Klaus dann niedergeschlagen, beim Gehen hält er den ganzen Kopf gesenkt, Blickkontakt kann er so gut wie gar nicht aufnehmen. In einer fremden Umgebung sieht er sich unsicher um, als ob er Angst hätte, daß ihm jemand in einer Ecke auflauert.

Körperausdruck. Die Mutter beschreibt Klaus als nervös. Dies gilt besonders für Unterrichts- und Hausaufgabensituationen. Das gleiche Verhalten kann auch während der Diagnose- und Therapiesitzungen beobachtet werden. Es fällt auf, daß Klaus mit dem ganzen Körper ständig in Bewegung ist. Er schaukelt mit den Beinen, spielt fast immer mit seinen Händen, steht auf und setzt sich wieder hin. Von den Eltern wird eine einzige Situation genannt, in der keine motorische Unruhe auftritt, und zwar beim Fernsehen. Beim Fernsehen ist die Aufmerksamkeit von Klaus selektiv fokussiert, das heißt, er läßt sich durch nichts stören und ablenken.

Tätigkeiten. Klaus spielt, wie bereits berichtet, meistens alleine zu Hause, wobei er sich hervorragend alleine beschäftigen kann. Bei seinen Spielen, Bastel-, Werk- und Bauarbeiten fällt seine große Geduld positiv auf. Was er anfängt, schließt er mit Erfolg ab. Dabei scheint er, nach der Beschreibung der Eltern, große Zufriedenheit zu empfinden. Auch von seiner Familie erhält er für sein ruhiges und ausdauerndes Spielverhalten einerseits sowie die Ergebnisse seiner Bastelwerke andererseits große Anerkennung.

Sozialkontakt. Soziale Verpflichtungen und Tätigkeiten, sei es in der Schule oder in der Familie, vermeidet Klaus häufig erfolgreich. Kann er eine soziale Situation nicht vermeiden oder verweigern, so dauert es in der Regel sehr lange, bis er der Anforderung nachkommt. Generell lehnt Klaus es ab, sich einer spielenden Kindergruppe anzuschließen; er trifft sich auch nicht mit einem einzelnen Kind zu Hause, und er besucht schon gar nicht ein anderes Kind. Selbst wenn Nachbarskinder ihn zum Spielen abholen oder ihn besuchen wollen, kommt es vor, daß Klaus die anderen Kinder an der Haustür wieder wegschickt. Er äußert gegenüber der Mutter, daß er lieber alleine spielen möchte, wobei er sich dafür nicht nur zu Hause, sondern auch draußen in einem nahegelegenen Wald und in den Feldern aufhält.

Klaus hat durchaus Interesse an Sozialkontakt mit anderen Kindern, was zum einen daran erkennbar ist, daß er in der Vorschulklasse einen Jungen kennenlernte und zu diesem Klassenkameraden einen regelmäßigen und intensiven Kontakt hatte; zum anderen ist der Wunsch nach Sozialkontakt auch daran erkennbar, daß er sich über eine Einladung zu einer Kindergeburtstagsfeier sehr freut und diese Einladung wahrnehmen möchte. Die Mutter besorgt mit Klaus ein Geschenk für das Geburtstagskind. Die unbekannte Situation mit fremden Personen löst dann jedoch so viel Angst bei Klaus aus, daß er sich mit Wein- und Schimpfanfällen massiv weigert, zur Geburtstagsfeier zu gehen. Es kann dann vorkommen, daß er sich in sein Zimmer flüchtet und einschließt. Klaus hat lediglich zu jüngeren Kindern oder Mädchen aus der Nachbarschaft lose Sozialkontakte.

Auch in der häuslichen Umgebung kann es Situationen geben, die bei Klaus deutliche Anzeichen von Unwohlsein erzeugen. Besuchen beispielsweise Verwandte oder Bekannte die Familie, dann zeigt Klaus, je nach Vertrautheitsgrad der Besucher, ein hierarchisch gestuftes Rückzugsverhalten. Entweder zieht sich Klaus in eine andere Zimmerecke zurück, nämlich dahin wo das Fernsehgerät steht, oder er verläßt das Zimmer ganz und geht in sein eigenes Zimmer. Rufen der Eltern beantwortet er nicht, und solange der Besuch noch anwesend ist, kommt Klaus nicht in das Wohnzimmer. Fürchtet er eine Besuchssituation zu Hause in besonderem Maße, dann läuft er für die Zeit des Besuches von zu Hause weg und hält sich im nahegelegenen Wald spielenderweise auf. Er kehrt dann unter Umständen erst nach Stunden zurück, nämlich nachdem der Besuch bereits gegangen ist.

Befindet sich Klaus in einer fremden Umgebung, so zieht er seine Jacke nicht aus. Schal, Mütze, Handschuhe und Tasche behält er in den Händen und legt sie nicht ab. Hat er keine Jacke an, so zieht er die Ärmel seines Pullovers bis zu den Fingerspitzen lang, die Schultern sind hochgezogen, so als ob er frieren würde.

Neben dem Alleinespielen möchte Klaus am liebsten nur mit seiner Mutter oder seiner Schwester zusammen sein. Man kann beobachten, daß es ihm schwerfällt, sich von der Mutter zu trennen. Obwohl er bereits neun Jahre alt ist und eine bewältigbare Wegstrecke zur Therapie hat, bringt ihn die Mutter und holt ihn auch wieder ab.

Sich selbst behaupten. Klaus behauptet sich gar nicht oder unangemessen. Das bedeutet, daß er einerseits seine Meinung oder Kritik nicht äußert, andererseits lehnt er eindeutig und massiv alles ab, was mit sozialen Anforderungssituationen zu tun hat oder wozu er keine Lust hat. Kompromisse können mit Klaus in solchen Situationen nicht gefunden werden.

Eigenständige Aktivitäten. Eigenständige Aktivitäten zeigt Klaus lediglich in Spiel- und Bastelsituationen alleine zu Hause. Im Sozialbereich ist er zu keiner eigenständigen Aktivität in der Lage. Das bedeutet, er kann zu anderen Kindern keinen Kontakt aufnehmen und sich einer spielenden Kindergruppe nicht anschließen. Kommen andere Kinder auf ihn zu, so verweigert er den Kontakt zu ihnen. Bei schwierigen sozialen Anforderungen zu Hause, zum Beispiel wenn Besuch kommt, vermeidet er diese Situationen dadurch, daß er aus dem Felde geht (s. o.).

2 Differentialdiagnostik

Aufgrund der Informationen aus der Elternexploration und den Verhaltensbeobachtungen können für Klaus Kodierungen psychischer Störungen nach DSM-IV vorgenommen werden (siehe Kasten 1, in Klammer stehen die ICD-10 Kodierungen).

Die zentrale Diagnose für Klaus besteht in der „Sozialen Phobie". Hier erfüllt er alle im DSM-IV aufgeführten Kriterien, besonders im Hinblick auf die für Kinder typischen Äußerungsformen dieser psychischen Störung. Dazu zählt, daß sich die Angst bei Kindern vor sozialen Situationen mit unvertrauten Personen in Weinen, Wüten, Erstarren oder Zurückweichen äußern kann. Klaus zeigt vielfach dieses Verhalten; er verfügt über altersangemessene soziale Kompetenz im Umgang mit vertrauten Personen, und die Angst tritt nicht nur gegenüber Erwachsenen, sondern auch bei Gleichaltrigen auf. Dies sind zwei weitere kindspezifische Kriterien; schließlich erfüllt Klaus das vierte für Kinder typische Kriterium: Er erkennt nicht, daß seine Angst übertrieben und unbegründet ist.

Kasten 1:
DSM-IV-Kodierungen unter Berücksichtigung aller fünf Achsen

Achse I: Klinische Störungen und Andere Klinisch Relevante Probleme

300.23   Soziale Phobie, generalisiert (F93.2 Störung mit sozialer Ängstlichkeit)

309.21   Störung mit Trennungsangst (F93.0)

314.01   Aufmerksamkeitsdefizit-/Hyperaktivitätsstörung, vorwiegend Hyperaktivität-Impulsiver Typus (F90.1)

307.6   Enuresis Nocturna, sekundär (F98.00)

Diagnosen: 300.23 (F93.2) und 307.6 (F98.00)
Komorbide Störungen, bei denen Klaus nicht alle diagnostischen Kriterien erfüllt: 309.21 und 314.01

Achse II: Persönlichkeitsstörungen
              Geistige Behinderung
V71.09   Keine Diagnose

Achse III: Medizinische Krankheitsfaktoren
              Keine

Achse IV: Psychosoziale und Umgebungsbedingte Probleme
Probleme mit der Hauptbezugsgruppe: elterliche, vor allem mütterliche Überfürsorglichkeit

Probleme im sozialen Umfeld:	Verlust des Freundes; Schwierigkeiten, sich auf den neuen Lebensabschnitt Schule einzustellen
Ausbildungsprobleme:	Lernprobleme; Streit mit der Lehrerin bezüglich Lesen, Schreibenüben und Vorlesen
Berufliche Probleme:	nicht zutreffend
Wohnungsprobleme:	keine
Wirtschaftliche Probleme:	keine
Probleme beim Zugang zur Krankenversorgung:	nicht zutreffend
Probleme im Umgang mit dem Rechtssystem/Delinquenz:	keine
Andere Probleme:	keine

Achse V: Globale Erfassung des Funktionsniveaus
              GAF = 41 (zur Zeit)
              Dieser Wert zeigt an, daß Klaus ernste Beeinträchtigungen in der sozialen Entwicklung sowie in der schulischen Leistungsfähigkeit aufweist.

Da bei Klaus fast alle sozialen Situationen angstbesetzt sind, und er folglich, wenn er irgend kann, diese vermeidet, muß die Zusatzkodierung „**generalisiert**" vorgenommen werden. Als Folge zeigen sich massive Defizite in sozialen Fertigkeiten, besonders außerhalb der Familie, mit entsprechend schweren Beeinträchtigungen in der Sozialentwicklung, bei der verbalen Kommunikationsfähigkeit sowie bei schulischen Leistungen.

Seit der ersten Klasse in der Grundschule, das heißt seit über einem Jahr zum Zeitpunkt der psychologischen Diagnostik, näßt Klaus zweimal wöchentlich nachts ein. Damit erfüllt er die diagnostischen Kriterien für eine sekundäre

Enuresis Nocturna nach beiden Diagnosesystemen. Das DSM-IV vergibt diese Diagnose ab dem fünften Lebensjahr bei mindestens zweimaligem Einnässen pro Woche für drei aufeinanderfolgende Monate. Nach der ICD-10 muß bei Kindern über sieben Jahren Einnässen einmal pro Monat für minimal drei Monate auftreten (vgl. Petermann & Petermann, 2000).

Die Störung mit „Trennungsangst" wird als komorbide Störung betrachtet, ohne daß sie alle erforderlichen diagnostischen Kriterien erfüllt. Die Tatsache, daß sich Klaus von seiner Mutter und seiner Schwester nur schwer trennen kann, weist zwar auf eine Störung mit Trennungsangst hin; es gibt jedoch auch soziale Situationen zu Hause, während derer sich Klaus äußerst unwohl fühlt, diese fürchtet und in der Regel auch erfolgreich vermeidet, indem er die Wohnung verläßt und sich freiwillig von den engsten Bezugspersonen trennt (vgl. oben das Beispiel „Verwandtenbesuch"). Das bedeutet, daß eine alleinige Diagnose einer Sozialen Phobie nicht gestellt werden kann, aber eine Störung mit Trennungsangst nicht in dem Umfang vorliegt, wie er durch den Kriterienkatalog gefordert wird. Genauso verhält es sich mit der Diagnose „Hyperkinetische Störung"; diese liegt lediglich hinsichtlich dreier von sechs geforderten Kriterien vor, und zwar die Hyperaktivität betreffend, und kann somit lediglich als komorbide Störung bezeichnet werden. Damit jedoch das Spektrum der klinisch relevanten Probleme von Klaus deutlich wird, sind auch die beiden komorbiden Störungen genannt.

Eine differentialdiagnostische Abgrenzung muß zu verschiedenen Angststörungen erfolgen. Für Klaus kann festgestellt werden, daß keine Panikstörung vorliegt, und die Panikattacken bei Klaus in Form von Übelkeit, Bauchschmerzen und ähnlichen Symptomen ausschließlich auf soziale Anforderungssituationen begrenzt sind, nämlich auf den allmorgendlich bevorstehenden Schulbesuch. Entsprechend fehlen in den Ferienzeiten derartige Panikattacken. Das heißt, sie äußern sich vorwiegend in bedrohlichen sozialen Situationen. Solche körperlichen Symptome treten typischerweise bei Sozialer Phobie, aber auch bei der Störung mit Trennungsangst auf (vgl. DSM-IV, 1996).

Bei Klaus muß auch eine differentialdiagnostische Abgrenzung zur Generalisierten Angststörung erfolgen. Diese ist nach DSM-IV dadurch charakterisiert, daß ausgeprägte Sorgen im Hinblick auf eigenes Verhalten und die eigene Leistungsfähigkeit bestehen, und diese auch auftreten, wenn die Person mit einer Generalisierten Angststörung nicht von anderen beobachtet und beurteilt wird. Im Unterschied dazu ist bei einer Sozialen Phobie die Leistungsangst ausschließlich auf soziale Situationen bezogen, in denen eine Bewertung erfolgen kann. Die Situation des Lesens in der Schule verdeutlicht bei Klaus sehr klar, daß sich seine Angst vor dem Lesen ausschließlich auf Situationen der Bewertung und der sozialen Hervorhebung, wie sie in einer Unterrichtssituation gegeben sind, bezieht. Liest er in ruhiger und entspannter Atmosphäre mit seiner Mutter zu Hause oder mit einer vertrauten Person, ohne Zuhörer und Zuschauer (soziale Hervorhebung), dann kann er altersangemessen befriedigend lesen. Dies wäre bei einer Generalisierten Angststörung nicht der Fall, da bei dieser Störung die Bewertungsangst in jeder Situation vorhanden wäre.

Die Tatsache, daß Klaus hohes Interesse an Kontakten und Beziehungen zu vertrauten Personen und an sozialen Situationen mit diesen Personen aufweist, vor allem zu seiner Mutter und Schwester, läßt die Diagnose „Soziale Phobie" eindeutig gegen Tiefgreifende Entwicklungsstörungen abgrenzen, bei deren Vorliegen prinzipiell kein Interesse an Kontakten mit anderen Menschen besteht. Zudem läßt sich bei Klaus die Abgrenzung deshalb klar vollziehen, da er das Kriterium erfüllt, mindestens eine altersangemessene soziale Beziehung mit jemandem außerhalb seiner Familie zu pflegen. Er hatte einen Freund in der Vorschulklasse, mit dem er regelmäßig Sozialkontakt pflegte.

Das Interesse von Klaus an Technik, Basteln, Bauen und Spielen alleine zu Hause sowie die hohe Befriedigung und Selbstwirksamkeit, die er aus diesen Aktivitäten zieht, lassen eine Major Depression oder Dysthyme Störung ausschließen (vgl. Petermann et al., 2000).

3 Erklärungsansätze

Angststörungen werden einerseits über somatische Ansätze, andererseits mit Hilfe von psychologischen Theorien erklärt. Es werden Neurotransmitter-Modelle der Angst entworfen, die sich auf das Noradrenerge-, das Serotonerge- und das Benzodiazepin-System beziehen (vgl. Birbaumer & Schmidt, 1996; Gahr, 1996; Kandel & Kupfermann, 1996). Von besonderem Interesse sind die psychologischen Erklärungsansätze. Sie beziehen sich auf verschiedene Konditionierungsprozesse, kognitive Theorien sowie Modellernprozesse (vgl. Petermann et al., 2000; Strian, 1983).

Bei Klaus fallen vor allem operante Konditionierungen ins Auge, die in seiner Biographie bisher auftraten und zur Entwicklung der Sozialen Phobie entscheidend beigetragen haben dürften. Einen ersten Aspekt betrifft das Temperament von Klaus. Er wird von den Eltern als schon immer ruhiges Kind, das schüchtern und gehemmt ist, beschrieben. Diese für Erwachsene angenehme Seiten eines Kindes werden mit entsprechender Zuwendung einerseits bekräftigt, andererseits werden solche Kinder häufig zusätzlich umsorgt, behütet und über die Maßen beschützt. Dies trifft durchgängig bis in die jüngste Zeit auch für Klaus zu. Die Mutter ist vor allem in all jenen Situationen sehr um Klaus besorgt, in denen er die elterliche Wohnung verläßt. Eine dieser Sorgen bezieht sich zum Beispiel auf den Straßenverkehr und darauf, daß Klaus ein Unfall zustoßen könnte. So sieht es die Mutter auch nicht ungern, wenn sich Klaus überwiegend zu Hause aufhält. Dadurch wird der Junge einerseits nicht selbständig, andererseits wird er negativ für sein sich zurückziehendes Verhalten verstärkt. Das bedeutet, er kann die für ihn angstbesetzten sozialen Situationen vermeiden. Lerntheoretisch betrachtet entfernt er durch sein Rückzugsverhal-

ten negative Reize bzw. Verstärker und erfährt dadurch eine indirekte Belohnung, also negative Verstärkung (vgl. Petermann & Petermann, 1997). Positive
Bekräftigung erlebt Klaus im Sozialkontakt mit anderen kaum, und er lernt
auch nicht, sich in der Auseinandersetzung mit Gleichaltrigen selbst zu behaupten oder durchzusetzen; über derartige Selbstwirksamkeitserlebnisse verfügt Klaus somit nicht.

Klaus kann also durchgängig Flucht- bzw. Vermeidungsverhalten erfolgreich
praktizieren. Dieses Vermeidungsverhalten besteht beispielsweise darin, sich
als kleines Kind bei Besuch hinter dem Rock der Mutter zu verstecken, in
das eigene Zimmer zurückzuziehen oder die Wohnung für die Zeitspanne der
Besuchsdauer zu verlassen und sich im nahegelegenen Wald aufzuhalten.
Schließlich werden Einladungen von anderen Kindern nicht angenommen und
der Besuch bei anderen verweigert. Das Vermeidungsverhalten wird durch
Aufmerksamkeit und Zuwendung von seiten der Familie positiv verstärkt. Die
Tatsache, daß Klaus diese sozialen Anforderungen meiden kann, stellen zugleich immer eine negative Verstärkung dar (vgl. oben). Wird für einen Kin-
dergeburtstag ein Geburtstagsgeschenk besorgt, so erfährt Klaus nicht nur positive und negative Verstärkung, sondern sogar eine materielle Bekräftigung,
indem ihm die Mutter nach einiger Zeit das Geburtstagsgeschenk, welches für
ein anderes Kind bestimmt war, überläßt.

Nicht nur das erfolgreiche Vermeidungsverhalten von Klaus führt dazu, daß
er soziale Fertigkeiten nicht entwickelt, sondern auch durch andere familiäre
Bedingungen sind für ihn keine Übungsmöglichkeiten, vor allem im Umgang
mit wenig vertrauten Personen, gegeben. Entscheidend trägt hierzu die Tatsache bei, daß Klaus keinen Kindergarten besuchte. Die erste, zu späte Konfrontation mit Gleichaltrigen, zudem in einer relativ großen Kindergruppe, die
ihm unbekannt und unvertraut war, erfährt Klaus mit dem Vorschuleintritt. Zu
Hause ist er ausschließlich von den älteren Geschwistern und den Eltern um-
geben. Dies ist kein ausreichendes Übungsfeld, um soziale Kompetenz aufzubauen.

Sicherlich ist auch von Wechselwirkungen zwischen den mangelnden Kon-
taktmöglichkeiten und dem sich entwickelnden Vermeidungsverhalten auszugehen, und zwar in der Weise, daß die nicht vorhandene Konfrontation mit
sozialen Anforderungssituationen ein Vermeidungsverhalten sehr begünstigt.
Dieses Vermeidungsverhalten, welches bisher soziale Situationen zu Hause
und Kontakte zu Gleichaltrigen betrifft, generalisiert in der Weise, daß besonders in der Schule alle Situationen, die mit einer sozialen Hervorhebung gekoppelt sind, von Klaus gemieden werden. Hierzu zählt vor allen Dingen das
Lesenüben und Vorlesen sowie Schreiben an der Tafel. Die Vermeidung all
dieser Situationen bedeutet wiederum im Erleben von Klaus eine negative
Verstärkung.

Sehr viele positive Bekräftigungen erfahren die Verhaltensweisen von Klaus,
die ausdauerndes, ruhiges Spielen alleine betreffen. Beobachtet man Klaus bei
diesen Tätigkeiten, so kann man erkennen, daß ihm der Rückzug in seine

Spiel- und Gedankenwelt Zufriedenheit und Selbstwirksamkeit gibt. Da er sehr viel bastelt und sich mit Technik beschäftigt, erhält er für seine Ergebnisse Lob und Anerkennung aus der Familie. Das Alleinespielen zu Hause wird also durch Selbst- und Fremdverstärkungsprozesse aufrechterhalten.

Das Bedürfnis von Klaus nach sozial-emotionalen Kontakten wird von der Familie voll befriedigt, da Mutter und Schwester mit ihm spielen und schmusen. Wegen dieser Selbst- und Fremdverstärkungsprozesse besteht für Klaus keine Notwendigkeit, sich hinsichtlich der Sozialkontakte außerfamiliär zu orientieren.

Von großer Bedeutung dürfte für Klaus der Verlust des Freundes am Ende der Vorschulzeit sein. Beide Jungen werden in unterschiedliche Grundschulklassen eingeschult. Dieser Kontakt wird von den Eltern für die Zeit des Vorschulklassenbesuchs als stabil und positiv beschrieben. Dadurch, daß die beiden Jungen nicht mehr in einer Klasse sind, nimmt die Kontakthäufigkeit sowie Vertrautheit zwischen ihnen ab. Es gibt auch immer weniger gemeinsame Erfahrungen, die sie verbinden könnte. Welche Bedeutung hat die Tatsache, daß Klaus das erste Mal einen Gleichaltrigenkontakt außerhalb der Familie aufbaut, der durch äußere Umstände nach ca. einem Jahr verlorengeht? Die Wirkung könnte für ihn in zweierlei Hinsicht negativ sein: Zum einen erlebt er den Verlust des Freundes als Bestrafung, zum anderen kann er dem trennenden Ereignis nichts entgegensetzen und damit diese Situation nicht kontrollieren (vgl. Seligman, 1995). Eventuell hat Klaus den Verlust dieser ersten Freundschaft so verarbeitet, daß es sich nicht lohnt, in außerfamiliäre Kontakte Emotionen zu investieren, da diese durch Trennungserlebnisse enttäuscht werden. Bei dieser Sichtweise handelt es sich um eine mögliche Interpretation, wie das Verlustereignis auf Klaus gewirkt haben könnte. Dieser Schluß liegt jedoch nahe, da Klaus innerfamiliär konstant gute Kontakte lebt. Dies ist allerdings nur auf den engsten Familienkreis bezogen.

Schließlich spielt bei der Entstehung der Sozialen Phobie auch die Vorbildwirkung der Mutter eine Rolle. Die Mutter fällt durch mangelnde Blickkontaktfähigkeit auf sowie dadurch, daß sie zu Beginn des therapeutischen Kontaktes im Rahmen der Elternexploration und Elternberatung von sich aus wenig über die Entwicklung von Klaus berichtet. Erst nach einigen Sitzungen kann die Mutter dieses Verhalten etwas verändern, nachdem eine gewisse Vertrautheit entstanden ist; ähnliches ist auch bei Klaus in den Therapiestunden beobachtbar. Für diese Merkmale kann in jedem Fall ein Modellerneffekt angenommen werden.

Vor allem das inkonsequente Verhalten der Mutter verhindert es, daß Klaus Sozialkontakt aufbaut. Belohnungen in Form von Süßigkeiten und kleinen Spielzeugen werden dem Jungen von der Mutter großzügig und regellos gewährt. So läßt sich kein Anreiz setzen, um Klaus zu sozialen Situationen zu motivieren und ihn von seinem Vermeidungsverhalten abzuhalten. Zudem kann Klaus keine Kontingenz zwischen eigenem Bemühen und Belohnung erkennen.

Zusammenfassend läßt sich feststellen, daß das ruhige Temperament des Jungen, die familiären Lebensumstände (jüngstes Kind, Mutter zu Hause, kein Kindergartenbesuch), die Vorbildwirkung der Mutter sowie die falschen Verstärkerbedingungen und mangelhaften Kontingenzzusammenhänge entscheidend zur Entwicklung sowie Aufrechterhaltung des Problemverhaltens von Klaus beigetragen haben.

4 Interventionsprinzipien

Die Therapieziele und das therapeutische Vorgehen beziehen sich auf die Diagnose „Soziale Phobie". Die sekundäre Enuresis Nocturna wird als Folge der Sozialen Phobie und Unsicherheit interpretiert, ähnlich wie die situationsgebundenen Panikattacken mit Übelkeit und Bauchschmerzen, vor allem morgens vor der Schule. Es wird bei der Therapieplanung davon ausgegangen, daß bei erfolgreicher Intervention der Sozialen Phobie das Bettnässen verschwindet, ebenso die anderen körperlichen Symptome. Deshalb steht, trotz erfüllter Klassifikationskriterien für eine sekundäre Enuresis Nocturna, ein soziales Kompetenztraining im Mittelpunkt der therapeutischen Bemühungen.

Die globalen **Ziele** für Klaus bestehen darin, daß er lernt, Kontakte mit wenig vertrauten und fremden Personen nicht zu meiden, sondern zu bewältigen. Er soll auch lernen, zu Gleichaltrigen Kontakte zu knüpfen und aufrechtzuerhalten. Das bedeutet für Klaus, daß er Kinder an der Haustür nicht abweist, Einladungen zu Kindern nicht verweigert und vor allem auch auf andere Kinder zugehen lernt und sie beispielsweise nach Hause einlädt oder sich mit ihnen zum Spielen außerhalb der Wohnung verabredet. Dazu muß er die Kommunikationsfertigkeiten lernen, bei denen er die größten Probleme aufweist, wie zum Beispiel nicht nur still zu sein, sondern etwas zu fragen oder zu erzählen. Auch der Gesichtsausdruck mit Blickkontaktfähigkeit gehört als Basiskompetenz zur Gestaltung sozialer Kontakte.

Klaus muß seine Scheu vor sozialer Hervorhebung im Unterricht abbauen. In kleinen Schritten übt er dafür Verhaltensweisen wie Vorlesen, und zwar zuerst im Zweierkontakt, dann in einer kleinen Kindergruppe und schließlich in einer Schulklasse.

Die **Interventionsschritte** für Klaus orientieren sich vorrangig an dem Training mit sozial unsicheren Kindern (vgl. Petermann & Petermann, 1996). Nach der Erstkontakt- und Diagnosephase erhält Klaus ein siebenstündiges Einzeltraining, und zwar einmal pro Woche. Jede Sitzung dauert 50 Minuten. Danach nimmt Klaus an einer Kindergruppe mit drei weiteren Kindern teil. Die Gruppe besteht aus zwei Mädchen und einem weiteren Jungen; die Kinder sind im Alter von acht bis elf Jahren. Die Anzahl der Gruppensitzungen beläuft sich auf acht Termine, wobei die Sitzungen aus Doppelstunden à 100 Minuten bestehen. Dem Gruppentraining, das ein strukturiertes und direktives Vorgehen verfolgt, sind vier Gruppensitzungen vorgeschaltet, in denen die Kinder frei bestimmen können, was sie mit wem spielen wollen. Diese vier Gruppensitzungen verfolgen noch keine strukturierten Trainingsziele, sondern sollen es ermöglichen, daß sich die Kinder in freiem Spiel miteinander vertraut machen. Des weiteren erfolgt eine Elternberatung, an der überwiegend die Eltern von Klaus allein teilnehmen; bei zwei Sitzungen von insgesamt fünf doppelstündigen Sitzungen sind Klaus und seine Schwester zeitweise anwesend und aktiv einbezogen.

Die **Interventionsprinzipien** für Einzel-, Gruppentraining und Elternberatung bestehen aus:

● dem Initiieren von Modellernprozessen,
● dem Anwenden von Verstärkungsprinzipien,
● der Schulung der Selbstwahrnehmung durch Selbstbeobachtungstechniken,
● der Schulung der sozialen Wahrnehmung,
● dem Aufbau von Selbstmanagementfertigkeiten zur Erzeugung von Ruhe und Entspannung,
● der kognitiven Umstrukturierung mit Hilfe positiver Selbstgesprächsinhalte und effektiven Selbstinstruktionen,
● der Konfrontation mit eigenen Ängsten,
● Rollenspielen zum Einüben einzelner und komplexer Verhaltensfertigkeiten,
● der Befähigung der Eltern zur richtigen Anwendung von Verstärkungsprinzipien und
● der Reflexion der Eltern im Hinblick auf eigenes Verhalten, das eine Vorbildwirkung besitzt.

Alle **Kindertherapiesitzungen** sind in gleicher Weise aufgebaut und durch eine Reihe von Ritualen strukturiert. Jede Sitzung wird damit eröffnet, daß mit den Kindern der Beobachtungsbogen (Detektivbogen) besprochen und ausgewertet wird. Die Kinder erhalten hierbei Lob und Anerkennung für ihre Bemühungen einerseits, andererseits werden Fragen gestellt, wie sie bestimmte Alltagssituationen und Aufgaben bewältigt haben. Dabei können neue Ideen entwickelt und Hilfestellung gegeben werden. Das zweite sich anschließende Ritual besteht in der Anwendung einer Entspannungstechnik für Kinder; es werden dazu die Kapitän-Nemo-Geschichten erzählt (vgl. U. Petermann, 1994; 1996). Diesem Ritual schließt sich die eigentliche materialgeleitete Trainingsarbeit an. In dieser Arbeitsphase werden eine Reihe wichtiger Themen mittels der oben genannten Interventionsprinzipien erarbeitet (vgl. Tab. 1). In dieser Phase können die Kinder im Rahmen eines Tokensystems Punkte für die Phase der Spielminuten verdienen; die Punkte legen den Minutenumfang der Freispielzeit fest, mit der eine Therapiesitzung endet (vgl. dazu Petermann & Petermann, 1996).

Tabelle 1:
Überblick über die Ziele und Materialien von Klaus im Einzel- und Gruppentraining
(vgl. zu den Zielen und Materialien Petermann & Petermann, 1996)

	Ziele	Themen	Materialien
Einzel-training	Sich mit sozialer Angst und unsicherem, vermeidendem Verhalten sowie den Konsequenzen auseinandersetzen.	Zu einem Klassenkameraden Kontakt knüpfen und sich verabreden.	Videosituation „Eine Verabredung"
	Schulung der Wahrnehmung für soziale Ereignisse: Gesichtsausdrücke interpretieren und Selbstinstruktion zur kognitiven Umstrukturierung kennenlernen.	In der Klasse von der Lehrerin aufgerufen werden und aus dem Lesebuch ein geübtes Stück vorlesen.	Wolkenköpfe mit Gedanken (Arbeitsblätter „Gesichtsausdrücke")
	Erwartungen reflektieren, ob starke Personen sich immer angstfrei verhalten; sich mit der eigenen sozialen Angst sowie unsicherem Verhalten auseinandersetzen.	Angst vor dem Straßenverkehr und Unfällen; Angst davor, verprügelt zu werden und sich nicht trauen, zurückzuschlagen.	Das „Superman-Spiel" (zwei Arbeitsblätter)
	Mit Hilfe der Gestik einen Situationsablauf erkennen, Sprechblasen ergänzen und Mimik zuordnen können.	Zugeben, daß Mathematikaufgaben nicht verstanden wurden und einen Klassenkameraden ansprechen und um Hilfe bitten.	Comicgeschichte (Arbeitsblatt „Was will Ralf?")
Gruppen-training	Positive Gefühle und Freude bei vertrauten Personen zeigen.	Als beschenktes Geburtstagskind mit Mimik und Worten Freude ausdrücken.	Fotogeschichte „Das Geburtstagsgeschenk"
	Bei bekannten Personen den eigenen Anspruch realisieren und den Anspruch eines anderen erkennen.	Einen Klassenkameraden auf der Straße ansprechen lernen.	Cartoon „Hausaufgaben erfragen"
	Bei vertrauten Personen sich angemessen selbstbehaupten lernen.	Sammeln und ausgestalten selbstbehauptenden Verhaltens und ein Hörspiel dazu gestalten.	Videosituation „Die Beleidigung" (ohne sozial kompetenten Lösungsweg)
	Mit sozialer Hervorhebung in einer größeren Gleichaltrigengruppe umgehen lernen.	In der Trainingssitzung wird eine analoge Situation zur Fotogeschichte hergestellt und diese Erfahrung mit Hilfe der Fotogeschichte reflektiert.	Fotogeschichte „Aufgerufen werden in der Schule"
	Erzählen und seine Meinung in einer Gruppe Gleichaltriger äußern können.	Die Kinder müssen ein Thema für ein Rollenspiel, welches zur Fotogeschichte paßt, finden.	Fotogeschichte „Diskutieren mit anderen"
	Bei einer vertrauten Person Freude und Anerkennung zeigen lernen.	Einen anderen loben und mit Hilfe von Videofeedback erkennen, ob es unterlassen wurde.	Cartoon „Fußballspiel"

Verhaltensübungen erfolgen mit Hilfe strukturierter Rollenspiele, vorzugsweise in der Kindergruppe. Die Kinder erhalten meistens ein Arbeitsblatt zur Vorbereitung eines Rollenspiels. Auf dem Arbeitsblatt wird eine soziale Situation geschildert, die häufig durch ein Foto oder einen Cartoon konkretisiert ist. Jede Situation gibt zwei Lösungen vor, die zu unterschiedlichen Konsequenzen führen. Einmal wird ein sozial kompetentes bzw. Annäherungsverhalten aufgezeigt, das zu einem erfolgreichen Ergebnis beiträgt; und einmal sind Verhaltensweisen als Situationsausgang geschildert, die sozial ängstliche und unsichere Komponenten aufweisen und deshalb nicht erfolgreich sind. Die Kinder einer Trainingsgruppe haben die Aufgabe, mit Hilfe dieser Vorlagen ein Rollenspiel auszugestalten. Sie dürfen anfangs sowohl ängstliches, unsicheres als auch sozial kompetentes Verhalten spielen. Im Verlauf des Gruppentrainings werden dann nur noch sozial kompetente Fertigkeiten geübt.

Nach den Rollenspielen, die mit Rollentausch durchgeführt werden, finden gezielte Reflexionen statt. Diese werden mit Fragen eingeleitet wie: Wurde das Rollenspiel nach den Absprachen durchgeführt? Wie hast Du Dich in der Rolle gefühlt? Was hat das Ergebnis des Rollenspiels mit dem Verhalten zu tun? Was kann man noch anders machen? Arbeitsblätter zu und Videoaufzeichnungen von den Rollenspielen unterstützen die Reflexion und ermöglichen Verhaltensrückmeldung. Die Reflexionsphase der Rollenspiele wird oftmals mit erneuten Rollenspielen abgerundet. Mit den wiederholten Verhaltensübungen setzen die Kinder häufig eigene Ideen zur Situationsgestaltung um.

Die **Elternarbeit**, an der Mutter und Vater teilnehmen, ist dadurch geprägt, daß auch die Eltern soziales Verhalten beobachten lernen; anfangs bezieht sich dies auf das Verhalten von Klaus. Dies ist für die Eltern eine gut bewältigbare Anforderung. Sehr viel schwieriger – da bedrohlicher – ist es für die Eltern, sich selbst zu beobachten, zum Beispiel im Hinblick darauf, welches eigene Verhalten als ungünstiges Modell von ihnen gezeigt wird, und wie oft dieses im Alltag auftritt.

Die Verhaltensbeobachtungsübungen sind oft damit verbunden, Kontingenzzusammenhänge zu erkennen. Daran wird den Eltern verdeutlicht, durch was das Problemverhalten aufrechterhalten wird; alternative Verhaltensweisen werden erarbeitet und im Rahmen der Hausaufgabentechnik eingeübt. Im Falle von Klaus steht besonders das Verhalten der Mutter im Blickpunkt. Mit der Unterstützung der älteren Tochter und des Ehemannes sollte sie lernen,
- auf Anforderungen gegenüber Klaus zu bestehen,
- ihn nicht mehr regellos, vor allem mit Süßigkeiten und Spielsachen, zu bekräftigen und
- ihm mehr Freiraum für selbständiges Handeln zu geben.

Dazu wurde unter anderem angeregt, daß Klaus einmal in der Woche regelmäßig einer Verpflichtung nachkommt, indem er zum Beispiel einen Sportverein besucht.

5 Resümee

Nach Abschluß der Therapie kann eine Vielzahl von Änderungen festgestellt werden. Die deutlichsten Veränderungen können hinsichtlich des Körper- und Gesichtsausdrucks von Klaus beobachtet werden. Die systematische Auswertung der videodokumentierten Trainingssitzungen zeigt, daß Klaus sich nicht mehr in seinem Pullover versteckt und auch seine Jacke ausziehen kann. Er zappelt weniger mit seinen Händen und Beinen herum und kann auch für die notwendige Zeitspanne in den Trainingssitzungen zunehmend besser auf seinem Platz sitzenbleiben. Das nervöse Spielen mit den eigenen Händen läßt nach.

Der Gesichtsausdruck von Klaus wird entspannter. Ein verlegenes Lächeln sowie unsicheres Umherschauen treten zunehmend seltener auf. Die Blickkontakthäufigkeit steigt an, ist aber noch verbesserungsbedürftig. Diese positiven Trainingseffekte beginnen im Einzeltraining und setzen sich in noch deutlicherem Ausmaß im Gruppentraining fort.

Weiter ist erkennbar, daß Klaus im Einzeltraining hinsichtlich des Verhaltensbereichs „Erzählen und Fragen" keine Fortschritte macht, im Gruppentraining dagegen große. Nach anfänglichen Schwierigkeiten im Gruppentraining kann Klaus sein Verhalten in wichtigen Bereichen bedeutsam verbessern. Deutlich fällt auf, daß er in den freien Spielminuten keine Tätigkeiten alleine bevorzugt, sondern sich fast immer mit den anderen Kindern der Trainingsgruppe beschäftigt. Damit geht unter anderem auch eine Veränderung in der Kategorie „Erzählen" einher; durch die Kontakte mit den Kindern im Gruppentraining redet Klaus deutlich mehr, so daß die Verhaltenskategorie „Stillsein" nicht mehr feststellbar ist. Während des Einzeltrainings verändert sich „selbstbehauptendes Verhalten" und „eigenständige Aktivitäten ergreifen" nicht. Im Gruppentraining hingegen setzt eine positive Veränderung in diesen Verhaltensbereichen bei Klaus ein.

Die sehr guten Erfolge im Training sollten auch im Alltag ihren Niederschlag finden. Die Eltern bestätigen, daß Klaus zu seinen Klassenkameraden zwar noch wenig außerschulischen Kontakt sucht, das Zusammentreffen mit Nachbarskindern nimmt jedoch deutlich zu. Im Kontakt mit diesen Kindern kann sich Klaus angemessen behaupten. Die Eltern berichten weiter, daß er regelmäßig eine Judogruppe in einem Sportverein besucht. Die Mutter und die Lehrerin berichten übereinstimmend, daß das Sozialverhalten von Klaus eine positive Entwicklung genommen und sich auch stabilisiert hat. So ist Klaus beispielsweise in der Lage, sich in Konfliktsituationen mit anderen Kindern kompromißbereit zu verhalten, und er tendiert nicht mehr dazu, vor solchen Ereignissen davonzulaufen.

Schulische Leistungsanforderungen, besonders was das Lesen und Schreiben anbelangt, meidet Klaus nach wie vor. Auch mit Situationen der sozialen Hervorhebung in der Klasse hat Klaus immer noch erhebliche Probleme.

Die noch zu gering ausgeprägte Fähigkeit zum Blickkontakt hängt sicherlich mit der Vorbildwirkung der Mutter zusammen, die ihrerseits die diesbezüglichen Verhaltensweisen nur in begrenztem Umfang modifizieren kann. Die erreichten Trainingseffekte geben die Eltern in einer Nachkontrolle nach drei Monaten als noch stabil an.

Die sekundäre Enuresis Nocturna sowie die panikattackenähnlichen körperlichen Symptome verschwinden, und zwar im Verlaufe des Gruppentrainings. Auch diese Effekte bleiben drei Monate nach Therapieende noch erhalten. Damit ist die Interpretation bestätigt, daß diese Symptome als Folge der Sozialen Phobie betrachtet werden können.

Die vielseitigen und stabilen Veränderungen bei Klaus und seinen Eltern sprechen dafür, daß die Ziele, Schwerpunkte und Interventionsprinzipien in diesem Therapiefall richtig gewählt worden sind. Einige Ziele können jedoch nur ansatzweise realisiert werden (s. o.). Dies wird darauf zurückgeführt, daß Klaus ein um vier Termine längeres Gruppentraining sowie therapeutisch begleitete Übungen in der Schule benötigt hätte. Die Beratung und Instruierung der Lehrerin reichen nicht aus. Die vier Gruppensitzungen vor dem strukturierten Gruppentraining können auf zwei Termine gekürzt werden. Im verlängerten Gruppentraining hätten nicht Neulernen, sondern wiederholte Verhaltensübungen mit Videofeedback zu bereits erarbeiteten Themen im Mittelpunkt gestanden.

Literatur

Birbaumer, N. & Schmidt, R. F. (1996). *Biologische Psychologie*. Berlin: Springer, 3., überarbeitete Auflage.

Brickenkamp, R. (1994). *Test d2 Aufmerksamkeits-Belastungs-Test*. Göttingen: Hogrefe, 8., erweiterte und neugestaltete Auflage.

DSM-III-R (1989). *Diagnostisches und Statistisches Manual Psychischer Störungen*. Weinheim: Beltz.

DSM-IV (1996). *Diagnostisches und Statistisches Manual Psychischer Störungen*. Göttingen: Hogrefe.

Essau, C. A. & Petermann, U. (1994). Behandlung von ängstlichen und unsicheren Kindern. *Kindheit und Entwicklung, 3*, 185–191.

Essau, C. A. & Petermann, U. (2000). Depression. In F. Petermann (Hrsg.), *Lehrbuch der Klinischen Kinderpsychologie und Kinderpsychotherapie* (291–322). Göttingen: Hogrefe, 4., völlig überarbeitete Auflage.

Gahr, M. (1996). Neurale Grundlagen von Motivation und Emotion. In J. Dudel, R. Menzel & R. F. Schmidt (Hrsg.), *Neurowissenschaft* (463–484). Berlin: Springer.

Groen, G. & Petermann, F. (1998). Depression. In F. Petermann, M. Kusch & K. Niebank (Hrsg.), *Entwicklungspsychopathologie* (327–361). Weinheim: Psychologie Verlags Union.

Kandel, E. R. & Kupfermann, I. (1996). Emotionale Zustände. In E. R. Kandel, J. H. Schwartz & T. M. Jessel (Hrsg.), *Neurowissenschaften* (607–624). Berlin: Springer.

Petermann, U. (1994). Materialien zu Imaginationsverfahren für Kinder. In F. Petermann & D. Vaitl (Hrsg.), *Handbuch Entspannungsverfahren*, Bd. 2 (305–345). Weinheim: Psychologie Verlags Union.

Petermann, U. (1996). *Entspannungstechniken für Kinder und Jugendliche.* Weinheim: Psychologie Verlags Union.

Petermann, U., Essau, C. A. & Petermann, F. (2000). Angststörungen. In F. Petermann (Hrsg.), *Lehrbuch der Klinischen Kinderpsychologie und Kinderpsychotherapie* (227–270). Göttingen: Hogrefe, 4., völlig überarbeitete Auflage.

Petermann, U. & Petermann, F. (1996). *Training mit sozial unsicheren Kindern.* Weinheim: Psychologie Verlags Union, 6., überarbeitete Auflage.

Petermann, U. & Petermann, F. (1997). Grundlagen kinderverhaltenstherapeutischer Methoden. In F. Petermann (Hrsg.), *Kinderverhaltenstherapie. Grundlagen und Anwendungen* (22–63). Baltmannsweiler: Schneider.

Petermann, U. & Petermann, F. (2000). Störungen der Ausscheidung: Enuresis und Enkopresis. In F. Petermann (Hrsg.), *Lehrbuch der Klinischen Kinderpsychologie und Kinderpsychotherapie* (381–408). Göttingen: Hogrefe, 4., völlig überarbeitete Auflage.

Seligman, M. E. P. (1995). *Erlernte Hilflosigkeit.* Erweitert um F. Petermann, Neue Konzepte und Anwendungen. Weinheim: Psychologie Verlags Union, 5., korrigierte Auflage.

Strian, F. (1983). *Angst. Grundlagen und Klinik.* Berlin: Springer.

Unnewehr, S., Schneider, S. & Margraf, J. (1995). *Kinder DIPS – Diagnostisches Interview bei psychische Störungen im Kindes- und Jugendalter.* Berlin: Springer.

Weiß, R. H. (1987). *Grundintelligenztest Skala 2 (CFT 20) mit Wortschatztest (WS) und Zahlenfolgentest (ZF).* Göttingen: Hogrefe, 3., verbesserte und erweiterte Auflage.

WHO (1993). *Internationale Klassifikation psychischer Störungen. ICD-10: Klinisch-diagnostische Leitlinien.* Bern: Huber, 2., korrigierte Auflage.

Wieczerkowski, W., Nickel, H., Janowski, A., Fittkau, B. & Rauer, W. (1981). *Angstfragebogen für Schüler (AFS).* Göttingen: Hogrefe, 6. Auflage.

Spezifische Ängste und Phobien

Ulrike Petermann und Hans-Jörg Walter

Die Spezifische Phobie gehört nach DSM-IV (1996) zur Gruppe der Angststörungen. Vormals wurde die Spezifische Phobie auch Einfache Phobie genannt. Unter einer Spezifischen Phobie versteht man die Ängste einer Person, die sich auf gut abgrenzbare Objekte, Situationen oder Themen beziehen. Diese Ängste sind ausgeprägt und anhaltend, zugleich unangemessen oder unbegründet (Kriterium A nach DSM-IV, 1996). Zum Beispiel hat eine Person Angst vor bestimmten Tieren, sei es, da sie eine traumatische Erfahrung mit einem Tier machte, sei es wegen der Form oder Bewegung einer Tierart; am häufigsten bestehen Ängste vor Mäusen, Spinnen, Schlangen, Hunden, Katzen und Pferden. Andere typische Spezifische Phobien bestehen zum Beispiel in der Furcht vor dem Fliegen, vor Höhen, vor geschlossenen Räumen, vor Blut und ärztlichen Behandlungen, vor Naturereignissen, wie Sturm, oder vor Dunkelheit (vgl. Emmelkamp, Bouman & Scholing, 1998; Reinecker, 1993). Prinzipiell können alle Objekte oder Situationen eine spezifische Angst auslösen (vgl. Petermann, Essau & Petermann, 2000).

Wenn eine Person mit einem für sie phobischen Reiz konfrontiert wird, dann zeigt diese Person fast immer und sofort eine Angstreaktion (Kriterium B nach DSM-IV, 1996). Zukünftig versucht diese Person, wenn sie eine phobische Situation erwartet, diese zu vermeiden. Besteht zur Vermeidung keine Möglichkeit, wird die Situation unter starker Angst ausgehalten (Kriterium D nach DSM-IV, 1996). Gerade bei der Spezifischen Phobie können die phobischen Stimuli in der Regel gut vermieden werden. Solange dieses Vermeidungsverhalten eine Person in ihrem täglichen Leben nicht beeinträchtigt oder solange sie nicht darunter leidet, besteht kein Behandlungsbedarf (Kriterium E nach DSM-IV, 1996). Führt jedoch beispielsweise eine Hundephobie bei einem Kind zur Verweigerung des Schulbesuchs und zur sozialen Isolation, dann sind die zu erwartenden Folgeprobleme für die kognitive und soziale Entwicklung des Kindes so groß, daß schnelle und effektive Hilfe notwendig ist. Weist die Angstreaktion einen hohen Ausprägungsgrad auf, dann erlebt eine Person Kontrollverlust und situationsgebundene Panikattacken mit den typischen psychophysiologischen Erregungszuständen (vgl. Borden, 1992; DSM-IV, 1996; Reinecker, 1993). Der Ausprägungsgrad der Angst hängt einmal von der Nähe zum gefürchteten Objekt und einmal von den Fluchtmöglichkeiten ab (vgl. Petermann et al., 2000).

Erwachsene und Jugendliche schätzen ihre Angst als unbegründet und übertrieben ein. Kinder erkennen dies oftmals nicht (Kriterium C nach DSM-IV, 1996). Sie empfinden auch nicht unbedingt durch die Spezifische Angst eine Belastung. Bei Kindern und Jugendlichen unter 18 Jahren müssen die Symptome mindestens sechs Monate beobachtbar gewesen sein, um die Diagnose Spezifische Phobie stellen zu können (Kriterium F nach DSM-IV, 1996). Eine Spezifische Phobie, die in der Regel Panikattacken aufweist, muß gegen Panikattacken mit und ohne Agoraphobie abgegrenzt werden; bei Kindern muß sie zudem gegenüber der Sozialen Phobie, der Störung mit Trennungsangst, gegenüber Zwangsstörungen sowie der Posttraumatischen Belastungsstörung abgeklärt werden (Kriterium G nach DSM-IV, 1996).

Spezifische Phobien werden in fünf Typen eingeteilt, nämlich den
● Tier-Typus,
● Umwelt-Typus (Angst vor Höhen, Stürmen, Wasser u. ä.),
● Blut-Spritzen-Verletzungs-Typus (Angst vor dem Anblick von Blut, Behandlungsangst besonders bei invasiven medizinischen Prozeduren),
● Situativer-Typus (Angst vor dem Benutzen von Flugzeugen, Fahrstühlen, Angst vor Höhen oder engen geschlossenen Räumen),
● Anderer Typus (hierunter fallen z. B. die Angst zu ersticken, zu erbrechen; bei Kindern die Angst vor lauten Geräuschen oder verkleideten Personen, z. B. zu Fasching).

Bei Kindern ist besonders häufig die Angst vor Tieren sowie bezüglich der natürlichen Umwelt, zum Beispiel Gewitter, verbreitet. Diese beiden Subtypen nehmen in der Regel im Kindesalter ihren Anfang und sind meistens vorübergehender Natur. Der Störungsbeginn des Situativen Typus ist zweigipfelig und liegt einmal in der Kindheit und einmal im Alter von Mitte zwanzig. Bei Kindern ist besonders zu beachten, daß sich die Angstreaktion auch in Schreien, Wutanfällen, Erstarren oder Anklammern äußern kann. Bei der Diagnosestellung sollte die „Phobische Störung des Kindesalters" nach der ICD-10 (WHO, 1993) berücksichtigt werden. Die Klassifikationsmöglichkeit besteht nur in der ICD-10 und meint entwicklungsphasenspezifische Phobien, die typischerweise bei sehr vielen Kindern auftreten können, aber erst bei übermäßig starker Ausprägung, deutlicher sozialer Beeinträchtigung und bei über die alterstypische Phase hinausgehender Dauer kodiert wird. DSM-IV und ICD-10 sollten immer parallel geprüft werden, da es deutliche Unterschiede zwischen beiden Klassifikationssystemen bei den Angststörungen im Kindesalter gibt (vgl. Petermann et al., 2000).

Spezifische Phobien sind in der Allgemeinbevölkerung verbreitet; da sie jedoch nur in Ausnahmefällen zu hoher Beeinträchtigung und Belastung führen und, wie bei Kindern, vorübergehend sein können, wird die Diagnose berechtigterweise nicht in dem Ausmaß der Verbreitung in der Bevölkerung gestellt.

Es wird zur Zeit von Prävalenzraten von neun bis elf Prozent ausgegangen (vgl. DSM-IV, 1996; Petermann et al., 2000).

1 Beschreibung des Störungsbildes

Max ist ein fast 14jähriger Junge aus einer Akademikerfamilie. Er hat eine drei Jahre ältere Schwester und besucht die achte Klasse eines Gymnasiums. Die Familie wohnt in einer Großstadt; die Großeltern von Max sowie sein Onkel mit Familie leben im Stadtrandgebiet mit ländlichem Charakter. Die Eltern geben im Rahmen der Exploration an, daß Max ein „Wunschkind" war. Schwangerschaft sowie Geburt verliefen problemlos. Die körperliche und psychische Entwicklung des Jungen ist bisher sehr positiv gewesen. Mit vier Jahren kam er in den Kindergarten, wo er sich als ein fröhliches und sozial angepaßtes Kind zeigte. Die Schulzeit durchlief Max bis heute reibungslos; allerdings hat er mit den Fremdsprachen Probleme; besonders das Behalten von Vokabeln fällt ihm schwer. Obwohl er sich Mühe gibt und lernt, hat er oft einen „Blackout" bei Vokabeltests. Die Mutter berichtet weiter, daß Max gern zur Schule geht, und er bei den Lehrern sehr beliebt ist.

In der Familie wird Max von den Eltern als kooperativ beschrieben; im Vergleich zu seiner Schwester ist er eher lebhaft und aufgeschlossen. Mit anderen Kindern hat er immer Kontakt gehabt sowie engere Freundschaften gepflegt. Zur Zeit hat er einen festen Freund und zu zwei weiteren Jugendlichen über den Sportverein einen guten Kontakt. Die Jungen treffen sich gelegentlich zum Spielen. Die Hobbys von Max bestehen vor allem aus sportlichen Betätigungen, wie Handballspielen, Rudern und Radfahren. Darüber hinaus interessiert er sich für Computerspiele, aber auch für das Programmieren.

Im Alter von zehn Jahren wurde Max bei einem Spaziergang mit seiner Großmutter, seinem Vater und seiner Schwester unvermittelt von einem Hund in den Bauch gebissen, nachdem er sich diesem mit der Erlaubnis des Hundebesitzers genähert hatte, um ihn zu streicheln. Max mußte stationär behandelt werden; die Wunde wurde genäht; seit dieser Zeit hat Max extreme Angst vor Hunden. Diese Angst bedeutet für ihn sowohl im Alltag als auch bei familiären Kontakten eine massive Einschränkung. Die Großeltern wohnen in einer Gegend, in der viele Nachbarn Hunde besitzen, auch sein Onkel hat einen Schäferhund. Besucht die Familie den Onkel, bleibt Max oft im Auto sitzen oder fährt erst gar nicht mit. Der Onkel muß den Schäferhund in den Schuppen sperren, wenn Max kommt. Trotz mehrfacher Kontrollen von Max sowie Versicherungen des Onkels ist Max in der Wohnung seines Onkels sehr angespannt. Die Einschränkung im Alltag tangiert eine Reihe von Tätigkeiten, wie Besorgungen erledigen, den Schulweg bewältigen, zu Freunden oder zum Sport gehen. Max bewegt sich fast nur noch mit dem Fahrrad durch die Stadt; dies kommentiert er mit: „Da kann ich schnell flüchten, wenn ich einen Hund sehe!" Er entwickelt vielfältige Strategien, wie er Hunden aus dem Weg gehen kann. Dieses Vermeidungsverhalten erhöht den Zeitaufwand bei alltäglichen Unternehmungen oder führt sogar dazu, daß er manche Aktivitäten verweigert, sofern er diese nicht im voraus planen kann. Seit dem Hundebiß lebt Max in einer permanenten Angst, einem Hund zu begegnen.

Die Hundeangst bereitet allen Familienmitgliedern Probleme. Max ist seit diesem Vorfall oft nervös und gereizt. Viele Aktivitäten der Familie können nicht stattfinden, da Max sie verweigert. Die Eltern haben schon einige Versuche gestartet, um Max zu helfen. Eine ,,Konfrontationstherapie" mit einem Hund eines Bekannten ist fehlgeschlagen. Max hat dabei am ganzen Körper gezittert und seine Angst ist noch größer geworden. Auch Beruhigungstabletten zeigten nicht den gewünschten Effekt.

Die von einem Kinder- und Jugendpsychiater vorgeschlagene Spieltherapie löste in der Familie große Hoffnung aus. In der Spieltherapie wurde jedoch niemals über das Problem von Max gesprochen. Er hatte dort Karten und im Sandkasten gespielt, gekocht oder Feuer in einem Kamin angezündet. Diese Therapie zeigte naheliegenderweise nach etwa 30 Stunden noch keinen Erfolg, so daß die Therapie abgebrochen wurde. Die Eltern befürchten nun, daß sich Max negativ entwickelt, wenn er seine Angst vor Hunden nicht überwindet. Ein Großteil seines Denkens und Handelns ist von dieser Angst bestimmt. Die angestrebte Verhaltenstherapie ist für die Eltern ein letzter Versuch; sollte auch diese Therapie scheitern, dann wissen die Eltern nicht mehr weiter.

Die Motivationslage für diese Therapie darf als ideal bezeichnet werden. Die Eltern und Max möchten die belastende Situation verbessern. Als Max nach dem Grund gefragt wird, warum er zur Therapie kommt, antwortet er: ,,Weil ich Angst vor Hunden habe!". Vor dem Vorfall im Park hatte er sehr viel Kontakt zu Hunden gehabt, besonders Schäferhunde ,,mag ich sehr gerne, würde ich auch gerne haben, wenn ich diese Angst nicht hätte!". Er erlebt sich regelrecht in einer Zwickmühle. Einerseits ist die Angst vor Hunden so stark, daß er alles unternimmt, um Kontakte zu vermeiden. Andererseits mag er Hunde sehr und will gerne wieder zu Hunden gehen können. Nachdem der Therapeut die Vorgehensweisen und Möglichkeiten einer Verhaltenstherapie erklärt hat, entsteht zwischen Max und dem Therapeuten schnell ein ,,Arbeitsbündnis" und aus diesem eine vertrauensvolle Beziehung (vgl. Petermann, 1996 a).

2 Differentialdiagnostik

Die Ergebnisse aus Verhaltensbeobachtungen, dem Angstfragebogen für Schüler (AFS; Wieczerkowski et al., 1981) sowie dem Persönlichkeitsfragebogen für Kinder (PFK; Seitz & Rausche, 1992) sind unauffällig. In den Skalen Prüfungsangst, Manifeste Angst, Schulunlust und Soziale Erwünschtheit des AFS erzielt Max durchschnittliche Werte. Im PFK zeigt sich eine deutliche

Selbstüberzeugung sowie ein hohes Sozialengagement und eine niedrige Unbekümmertheit und schließlich ein geringer Ehrgeiz.

Max erscheint als ein ruhiger, differenziert wahrnehmender, überlegt handelnder Junge. Von der ersten Stunde an ist er der Therapie gegenüber positiv eingestellt und kooperativ. Er kann über seine Ängste sprechen und das Therapieziel klar benennen. In gemeinsamen Gesprächen mit den Eltern während der Diagnosephase kann er ihnen gegenüber Bedürfnisse und Wünsche äußern und seine eigene Meinung kompetent durchsetzen.

Die Informationen aus Testdiagnostik, Verhaltensbeobachtung und Exploration werden im Hinblick auf die Kriterien einer Spezifischen Phobie nach dem DSM-IV geprüft; danach kommt man zu folgendem Ergebnis:

Kriterium A
Max zeigt ausgeprägte und anhaltende Angst, die übertrieben ist. Diese Angst wird durch die tatsächliche oder erwartete Begegnung mit Hunden ausgelöst.

Kriterium B
Die Begegnung mit Hunden erzeugt immer und unmittelbar eine Angstreaktion, die bei Max situationsgebundene Panikattacken in Form von Zittern, feuchten Händen, Frieren (Kälteschauer) und Bauchschmerzen (Übelkeit sowie Magen-Darm-Beschwerden) hervorruft. Manchmal äußert sich seine Angstreaktion auch in Gereiztheit und wütendem Verweigerungsverhalten, was ein typisches Verhalten bei Kindern darstellt.

Kriterium C
Max erkennt, daß seine Angst übertrieben ist, und er möchte sie verlieren, damit er sich Hunden nähern und sie sogar streicheln kann.

Kriterium D
Max vermeidet möglichst alle Hundebegegnungen; ist dies zum Beispiel beim Besuchen seines Onkels nicht möglich, dann erträgt er die phobische Situation nur unter starker Angst.

Kriterium E
Die Erwartung eines phobischen Reizes sowie sein Vermeidungsverhalten behindern Max erheblich in vielen familiären und Alltagssituationen. Somit sind einerseits soziale Aktivitäten eingeschränkt, andererseits leidet Max unter der Sozialen Phobie, da er Hunde mag und zu Hunden wie zu deren Besitzern (zu seinem Onkel) gern Kontakt hätte.

Kriterium F
Die Spezifische Phobie hält bei Max bereits vier Jahre an.

Kriterium G
Die Spezifische Phobie von Max kann nicht besser durch eine andere psychische Störung erklärt werden. Der Biß des Hundes in den Bauch von Max stellt sicherlich situativ ein lebensbedrohliches Ereignis dar, besonders im Erleben eines zehnjährigen Kindes. Deshalb ist die Posttraumatische Belastungs-

störung differentialdiagnostisch abzugrenzen. Bei Max treten nicht die für eine Posttraumatische Belastungsstörung typischen zusätzlichen Merkmale auf, nämlich Wiedererleben des Traumas sowie ein eingeschränkter Affekt. Somit handelt es sich bei Max eindeutig um eine Spezifische Phobie.

Typus-Bestimmung

Max hat eine Spezifische Phobie im Sinne des Tier-Typus, und zwar eine Hundephobie. Die Kodierung dieser psychischen Störung bezüglich der fünf Achsen des DSM-IV ist aus Kasten 1 ersichtlich:

Kasten 1:

DSM-IV-Kodierungen unter Berücksichtigung aller fünf Achsen

Achse I: Klinische Störungen und Andere Klinisch Relevante Probleme
300.29   Spezifische Phobie, Tier-Typus (Hundephobie; F40.2 nach ICD-10)
Achse II: Persönlichkeitsstörungen
Geistige Behinderung
V71.09   Keine Diagnose
Achse III: Medizinische Krankheitsfaktoren
Keine
Achse IV: Psychosoziale und Umgebungsbedingte Probleme
Keine
Achse V: Globale Erfassung des Funktionsniveaus
GAF = 55 (zur Zeit)
Dieser Wert gibt mäßig ausgeprägte Schwierigkeiten an, das heißt, Max ist in psychischen und sozialen Funktionen mäßig beeinträchtigt.

Eine alternative Diagnose könnte die ,,phobische Störung des Kindesalters" aus der ICD-10 darstellen. Eine Prüfung der Kriterien zeigt, daß nur das der Dauer erfüllt ist: Bei dem jugendlichen Max besteht die Phobie vor Hunden über die alterstypische Phase hinaus. Der entscheidende Aspekt, der gegen eine phobische Störung des Kindesalters (F93.1) spricht, bezieht sich jedoch auf das kritische Lebensereignis, von einem Hund im Alter von zehn Jahren in den Bauch gebissen worden zu sein. Vor diesem Erlebnis hatte Max keine Angst vor Hunden.

3 Erklärungsansätze

Zur Erklärung von Phobien werden eine Reihe von theoretischen Modellen bzw. prädisponierenden Faktoren herangezogen. Sie reichen von klassischem, über operantes Konditionieren bis zu Modellernen, kognitiven Theorien und psychophysiologischen Modellen; auch genetische Einflüsse werden in Erwägung gezogen (vgl. DSM-IV, 1996; Emmelkamp et al., 1998; Petermann et al., 2000; Reinecker, 1993). Die Zwei-Faktoren-Theorie von Mowrer (1947) kann als klassische Angsttheorie lerntheoretischer Herkunft bezeichnet werden, die lange Jahre und entscheidend die Diskussion um die Ätiologie der Angst beeinflußte. Sie verbindet die Vorstellungen des klassischen Konditionierens mit denen des operanten Lernens, indem sie davon ausgeht, daß die Angstreaktion klassisch konditioniert ist und das dazugehörige Vermeidungsverhalten durch operante Prozesse aufrechterhalten wird. Die Für- und Widerpositionen im Spiegel empirischer Untersuchungen stellten Petermann et al. (2000) und Reinecker (1993) zusammen.

Der Beginn einer Spezifischen Phobie wird oft im Zusammenhang mit einem traumatischen Erlebnis gesehen; als solches gilt beispielsweise: von einem Tier angegriffen und gebissen werden, in einem engen Raum eingeschlossen sein oder einen Hausbrand erleben (vgl. DSM-IV, 1996; Emmelkamp et al., 1998). Können solche traumatischen Ereignisse in der Biographie einer Person ausgemacht werden, wobei nicht zwingend eine zeitliche Nähe zwischen einem solchen Erlebnis und dem Beginn der Angstentwicklung gegeben sein muß, dann greifen in der Regel zur Erklärung klassisches und operantes Konditionieren, also die Zwei-Faktoren-Theorie von Mowrer. Emmelkamp et al. (1998) berichten von Studien, in denen die Hälfte und mehr der untersuchten Patienten ein traumatisches Erlebnis hatten, welches im Zusammenhang mit der Entstehung der Phobie stand. Dies bedeutet umgekehrt, daß es bis zu 50% Patienten mit Spezifischer Phobie gibt, die jedoch kein traumatisches Ereignis erinnern. In weiteren Studien, so Emmelkamp et al. (1998), zeigte sich, daß etwa nur die Hälfte der Personen mit einem traumatischem Erlebnis mit Hunden daraufhin eine Hundephobie entwickelte. Im Lichte solcher Studienergebnisse stellt sich die Frage nach der „Anfälligkeit" einer Person für klassische Konditionierungsvorgänge. Diese „Anfälligkeit" könnte von dem individuellen Erregungsniveau abhängen; eine klassische Konditionierung scheint dann leichter möglich, wenn ein erhöhtes Erregungsniveau bei einer Person vorliegt (vgl. Petermann et al., 2000). Zudem scheint es bei der Entstehung von Tierphobien einen kritischen Lebensabschnitt zwischen dem achten und zehnten Lebensjahr zu geben. In diesem Alter genügt scheinbar ein geringfügiges traumatisches Erlebnis, um eine Tierphobie auszulösen. Dies könnte mit der kognitiven Entwicklung erklärt werden; im Alter von acht bis zehn Jahren treten nämlich keine kindspezifischen Ängste, zum Beispiel vor lauten Geräuschen oder vor dem Alleinsein, mehr auf; statt dessen zeigen sich die ersten „normalen Ängste" (vgl. Emmelkamp et al., 1998; Schneider, 1994). Genetische Faktoren spielen vermutlich bei der Entwicklung Spezifischer Ängste keine Rolle; eine Ausnahme bilden Blutphobiker, bei denen eine familiäre Häufung beobachtet werden kann (DSM-IV, 1996; Emmelkamp et al., 1998; vgl. auch Petermann et al., 2000).

Entwickelt sich eine Spezifische Phobie graduell, so ist dies nicht ohne weiteres mit klassischem Konditionieren erklärbar. In diesen Fällen müssen drei Faktoren zur Erklärung in Erwägung gezogen werden: Modellernen, Instruktionen durch andere und kognitive Aspekte (vgl. Bandura, 1979; Beck & Emery, 1985). Die Beobachtung anderer kann sich darauf beziehen, daß jemand eine traumatische Situation erlebt (z. B. aus großer Höhe stürzt oder am Fenster eines brennenden Hauses um Hilfe ruft) oder daß jemand Angstreaktionen zeigt. Letzteres dürfte bei Kindern häufiger der Fall sein, zum Beispiel reagiert die Mutter oder Oma in Gegenwart ihres Kindes bzw. Enkels mit Angst und wechselt die Straßenseite, wenn ihr ein Hund begegnet. Auch Instruktionen, zum Beispiel in Form von Warnungen der Eltern vor Hunden, aber auch Zeitungsberichte oder Fernsehreportagen über Unfälle und Unglücke, können zur graduellen Entwicklung einer Spezifischen Phobie beitragen (vgl. auch DSM-IV, 1996; Petermann et al., 2000; Reinecker, 1993). Kognitive Faktoren haben prinzipielle Bedeutung bei der Angstentstehung. Ängstliche Personen zeigen eine selektive Wahrnehmung, indem sie im Vergleich zu wenig ängstlichen Personen bevorzugt bedrohliche oder gefährliche Reize sehen und neutrale bzw. positive Reize übersehen (vgl. Beck & Emery, 1985). Der Einfluß ungünstiger kognitiver Faktoren scheint bei Spezifischen Phobien, außer bei der Hundephobie, keine große Rolle zu spielen. Bei Hundephobikern steht die Angst vor Schmerzen und Verletzung im Mittelpunkt (vgl. Emmelkamp et al., 1998).

Im vorliegenden Fall zeigen die diagnostischen Informationen, daß Max ein traumatisches Erlebnis im besagten kritischen Lebensalter von zehn Jahren hatte. Er wurde von einem Hund in den Bauch gebissen, unerwartet und schmerzlich. Max erschreckte sich. Die klassische Konditionierung seiner Hundephobie erfolgte damit. Sein Vertrauen in Hunde sowie in seine Fähigkeit, mit diesen umzugehen, ist erschüttert. Alle bisherigen Versuche, die von Eltern, Ärzten, Therapeuten und ihm selbst unternommen wurden, führten zu keiner Löschung der Hundephobie. Das Vermeidungsverhalten von Max, in Form von Umwegen machen, Besuche vermeiden, nur mit dem Fahrrad fahren, verhindert jegliche Kontakte zu Hunden und ermöglicht keine neuen, positiven Erfahrungen mit diesen. Damit geht operantes Lernen einher, und zwar wird das Vermeidungsverhalten negativ verstärkt, da durch Vermeiden die Angst verhindert oder minimiert werden kann. Auch eine spontane Remission kann nicht auftreten, da keine Konfrontation mit dem erwarteten C^-, also einer Begegnung mit einem Hund, erfolgt. Max kann somit nicht feststellen, ob noch ein traumatischer Zusammenhang besteht oder ob eine Hundebegegnung ohne Schmerzen, Schreck und Angst möglich ist.

Da der Onkel von Max einen Schäferhund besitzt und Kontakt zwischen diesem sowie den Eltern von Max besteht und da die Eltern hohes Interesse daran haben, daß Max seine Hundephobie verliert, können Modellernen und Instruktionen durch andere als angstinduzierende Faktoren ausgeschlossen werden. Ebenso unwahrscheinlich sind unangemessene Kognitionen bei Max, da er unter den Folgen der Hundephobie leidet und gerne zu Hunden Kontakt aufnehmen können möchte.

Im Rahmen der Zwei-Faktoren-Theorie von Mowrer (1947) kann die Angstreaktion von Max klassisch konditioniert und sein Vermeidungsverhalten als operante Reaktion erklärt werden. Das traumatische Erlebnis „beißender Hund" ist als unkonditionierter Stimulus aufzufassen (UCS). Der daraus resultierende Schreck stellt die unkonditionierte Reaktion dar (UCR). Alle zukünftigen Begegnungen mit Hunden (CS) werden von Max mit Angst (CR) erwartet. Somit werden alle Situationen, in denen eine Hundekonfrontation möglich ist, zum konditionierten Stimulus (CS), und diese lösen die Angst als konditionierte Reaktion (CR) aus. Erwartet Max eine phobische Situation, dann wird diese Erwartung zum diskriminativen Stimulus (S^D) für Vermeidungsverhalten (R^V). Durch das Vermeidungsverhalten reduziert Max seine Angst ($\cancel{C}$), es tritt also keine erwartete aversive Reaktion ein. Damit ist die Bedingung einer negativen Verstärkung gegeben. Die Entstehung der Spezifischen Phobie von Max wird in Kasten 2 zusammengefaßt.

Kasten 2:
Entstehung der Hundephobie von Max in Anlehnung an das Zwei-Faktoren-Modell des klassischen und operanten Konditionierens

1	**UCS** ━━━━━━━▶	**UCR**
	Max wird von einem Hund in den Bauch gebissen, was schmerzhaft ist.	Dies löst Erschrecken aus.
	$\updownarrow$ Raum-Zeit-Kopplung	
2	**CS** ━ ━ ━ ━ ━ ━▶	**CR**
	Die früher neutrale oder sogar positive Begegnung von Max mit Hunden (neutraler Stimulus) wird aufgrund des traumatischen Erlebnisses zum konditionierten Reiz.	Er löst eine konditionierte emotionale Reaktion bei Max aus, nämlich Angst, welche aversiv erlebt wird.
3	**CS → S^D** ━━━━━▶	**R^V**
	Ein erwarteter konditionierter Stimulus wird zum diskriminativen Reiz.	Er führt zum Vermeidungsverhalten; Max fährt also nur noch mit dem Fahrrad, macht Umwege, meidet Aktivitäten und Besuche.
4	**R^V** ━━━━━━━▶	**$\cancel{C}$**
	Das Vermeidungsverhalten von Max bewirkt, daß er keine oder kaum Angst empfindet.	Durch das Ausbleiben dieser aversiven emotionalen Reaktion wird das Vermeidungsverhalten negativ verstärkt.

4 Interventionsprinzipien

Die Therapieziele liegen klar auf der Hand und werden auch von Max selbständig formuliert. Er möchte Situationen mit Hunden nicht aus dem Weg gehen und ihnen angstfrei begegnen können; er wünscht sich sogar, sie anfassen und streicheln zu können; er möchte, daß es ihm nichts mehr ausmacht, von Hunden beschnüffelt und an den Händen geleckt zu werden.

Um diese Therapieziele zu erreichen, soll eine Extinktion der Angst angestrebt und dadurch das Vermeidungsverhalten von Max abgebaut werden. Max soll erleben, daß der konditionierte Stimulus, nämlich eine Hundebegegnung, nicht mehr die konditionierte Reaktion, also Angst, auslöst. Dadurch lernt Max, daß der konditionierte Reiz nicht zwingend mit dem unkonditionierten gepaart ist;

das heißt, eine Hundebegegnung ist nicht zwangsweise mit schmerzhaften und erschreckenden Hundebissen verbunden.

Beim therapeutischen Vorgehen werden unterschiedliche Therapiemethoden miteinander kombiniert. **Selbstverbalisierungs-** und **Angstbewältigungstechniken** werden mit Übungen zur **Interozeption** im Rahmen der **Systematischen Desensibilisierungstechnik** verknüpft (Beck, 1999; Borden, 1992; Essau & Petermann 1994; Petermann et al., 2000; Schneider, 1999; Walter, 1993). Bei Interozeptionsübungen werden körperliche Empfindungen während der Imagination von angstauslösenden Situationen wahrgenommen; eine zuvor erlernte Entspannungstechnik sowie spezifische und positive Selbstinstruktionen sind hilfreich. Die mehrfach gestufte Konfrontation mit dem angstauslösenden Reiz, in sensu oder in vivo, im Rahmen der Systematischen Desensibilisierung zielt auf eine Habituierung der Angstreaktion ab. Das bedeutet, es findet eine Gewöhnung an den angstauslösenden Reiz statt, was auf einer Abnahme der Reaktionsstärke auf diesen Reiz beruht. Der Prozeß der Habituierung wird durch zeitgleich angewendete Entspannungsübungen erleichtert (vgl. Emmelkamp et al., 1998; Linden, 2000; Petermann, 1996 b). Bei Spezifischen Phobien haben sich besonders in-vivo-Expositionen als effektiv erwiesen, und gerade in diesem Kontext sind Entspannungstechniken sehr hilfreich (vgl. Schneider, 1999; Petermann, 1996 b). Kognitive Therapien hingegen scheinen bei Patienten mit Spezifischen Phobien nicht wirkungsvoll (vgl. Emmelkamp et al., 1998).

Therapieplan. Die Analyse über den Zusammenhang zwischen dem Vermeidungsverhalten und der Angst vor Hunden aufgrund des traumatischen Ereignisses wird Max erklärt und von ihm bestätigt. Folgender Therapieplan wird deshalb erstellt (vgl. z. B. auch Glasscock & McLean, 1990; Madonna, 1990; Secret & Bloom, 1994):

1. Analyse der Gedanken zum Problem: Begegnung mit einem Hund, Vermeidungsverhalten und Angst.
2. Erarbeiten und Einüben von Alternativen zur Problembewältigung.
3. Erstellen einer Angsthierarchie für imaginative Expositionen.
4. Hierarchisch aufgebaute Provokationen von Angstreaktionen in der Phantasie (Reizkonfrontation).
5. Wahrnehmen der aufkommenden Angst.
6. Aktives Bewältigen der aufkommenden Angst durch Einsatz von Selbstverbalisationen.
7. Verstärkung für den Einsatz konstruktiver und angstreduzierender Verhaltensweisen.
8. Erstellen einer Angsthierarchie für in-vivo-Expositionen.
9. Reizkonfrontation: Üben unter realen Angstbedingungen (hierarchisch aufgebaute Provokationen von Angstreaktionen in realen Situationen; Anwenden von Hausaufgaben).
10. Erfüllen einer noch genau zu definierenden Aufgabe (z. B.: Einen Hund ausführen oder mit einem Hund längere Zeit spielen).

1. Sitzung. Zunächst wird mit Max das Therapieziel klar definiert: „Ich will wieder zu jedem Hund hingehen können, ohne Angst zu haben!" Anschließend wird der Therapieplan besprochen und ein grober Zeitplan festgelegt. Hierbei wird davon ausgangen, daß die Therapie zwanzig Stunden umfaßt. Etwa die Hälfte der Zeit ist für Gespräche und Übungen im Therapiezimmer vorgesehen, die andere Hälfte soll in konkreten und realen Situationen stattfinden. Als Ort für die in-vivo-Übungen wird der nahegelegene Stadtpark ausgewählt, in dem viele Hundebesitzer ihre Haustiere ausführen. Max ist mit der Therapieplanung einverstanden, würde allerdings lieber schneller vorgehen. Der Therapeut erklärt ihm die Notwendigkeit der strikten Einhaltung der einzelnen Behandlungsschritte, erklärt sich aber bereit, einzelne Therapieschritte zeitlich zu verkürzen, wenn Max gute Fortschritte zeigt.

Des weiteren lernt Max Entspannungsübungen kennen, und zwar die Grundelemente des Autogenen Trainings (vgl. Petermann, 1996b). Die Entspannungswirkungen sind für die Sensibilisierung der Wahrnehmung von Körperprozessen (Interozeption) sehr hilfreich.

2. Sitzung. In ihr setzt sich Max mit dem Thema Hundebegegnung und dadurch ausgelöste Angst auseinander. Zunächst wird eine typische Situation erarbeitet, die Max in Form eines Rollenspiels darstellt. Folgenden Situationsablauf vermittelt Max: Er befindet sich in einem Kaufhaus. Sein Fahrrad ist vor dem Kaufhaus abgestellt. Er kauft sich ein Comic-Heft und will zu seinem Fahrrad zurückgehen. Als er das Kaufhaus verläßt, kommt ihm eine Frau mit einem freilaufenden Hund entgegen. Er verspürt Panik und läuft in das Kaufhaus zurück. – Es schließt sich eine Analyse der Kognitionen, Empfindungen und Reaktionen von Max über diese Situation an (vgl. Kasten 3).

Kasten 3:
Analyse einer typischen angstauslösenden Situation im Alltag von Max

Analyse der Kognitionen:	„Ich kann nicht an Hunden vorbeigehen, da sie spüren, daß ich Angst habe."
Analyse der Körperreaktionen:	„Ich empfinde Panik, meine Hände werden naß, mir wird kalt, ich bekomme Bauchschmerzen."
Analyse der Vermeidungsreaktionen:	„Ich versuche zu entkommen."

Die Sitzung wird mit einer Entspannungsübung abgeschlossen.

3. Sitzung. Mit Max werden verschiedene angstauslösende Alltagssituationen gesammelt und eine Angsthierarchie erstellt. Eine von den wenig angstauslösenden Situationen wird Max differenziert vorgegeben: „Es ist dunkel und Du sollst durch einen Wald laufen. Du hast davor Angst. Welche Möglichkeiten hast Du, Deine Angst zu überwinden?" Max erarbeitet folgende Möglichkeiten, um diese Situation zu bewältigen:
– „Es kommt auf die Situation an. Wenn der Druck sehr groß ist, durch den Wald laufen zu müssen, so ist die Möglichkeit größer, daß ich es tue!"

– „Wenn ich einen Freund hätte, der mit mir geht, dann würde ich es mir eher zutrauen!"

– „Ich würde ganz schnell mit meinem Fahrrad durch den Wald fahren!"

– „Ich könnte es üben, indem ich zunächst im Hellen, dann in der Dämmerung, dann im Dunkeln durch den Wald laufe!"

Mit Hilfe dieser wenig bedrohlichen Situation aus der Angsthierarchie konnte Max die vier genannten Bewältigungsstrategien erarbeiten. Sie sollten für die weiteren Therapieschritte als Orientierung für die Bewältigung der Angst vor Hunden dienen. Dazu bestimmte Max in einem *ersten Schritt*, ob seine Angst vor Hunden immer gleich stark ausgeprägt ist, und wenn es in der Angstintensität Unterschiede gibt, von welchen Faktoren sie abhängen. Im Rahmen dieser Überlegungen findet Max folgende Einflußfaktoren, die seine Angstausprägung bestimmen:

a) Wie ist meine eigene Verfassung?
b) Was für ein Hund begegnet mir?
c) Sind andere Menschen da oder ist der Hund allein?
d) Kenne ich den Hund oder den Besitzer?
e) Wie benimmt sich der Hund?

In einem *zweiten Schritt* werden Strategien besprochen, wie die Angst vor Hunden von Max verringert werden kann. Zunächst fällt es Max schwer sich vorzustellen, was seine Angst verringern könnte; zuerst fällt ihm nur Davonlaufen ein. Nach einer kurzen Pause äußert er: „Im übertriebenen Sinne eine Pistole oder ein Buschmesser." Nach längerem Überlegen kommt er zu der Meinung, daß es die beste Hilfe wäre, „keine Angst mehr vor Hunden zu haben, dann haben diese auch keinen Grund mehr anzugreifen". Als weitere Hilfe nennt Max das Gespräch mit dem Hundebesitzer über den Hund. Er kann sich auch vorstellen, daß ein Straßenseitenwechsel ausreichend ist, wenn der Hund an der Leine geführt wird. Es bleibt für Max aber immer ein Unsicherheitsfaktor und eine „Restangst" bestehen.

An dieser Stelle wird die inhaltliche Arbeit für diese Sitzung beendet und abschließend eine Entspannungsübung durchgeführt.

4. Sitzung. An der in der vorherigen Sitzung erstellten Angsthierarchie wird angeknüpft. Dazu berichtet Max, daß er in der vergangenen Woche keinen einzigen Hund gesehen hat. Lakonisch äußert er dazu: „Das war richtig langweilig." Er bekommt die Aufgabe, eine Angsthierarchie für folgende Fragestellungen zu erstellen:

a) Welcher Hund begegnet mir unter welchen Bedingungen?
a.1 Kleine Hunde an der Leine.
a.2 Große Hunde an der Leine.
a.3 Kleine Hunde freilaufend.
a.4 Große Hunde freilaufend.

b) Wer begleitet den Hund?
b.1 Mein Vater.

b.2 Gute Freunde oder Verwandte.

b.3 Fremde.

b.4 Der Hund ist allein.

c) Wie ist meine persönliche Bewegungsfreiheit?

c.1 Ich habe absolute Ausweichmöglichkeiten.

c.2 Ich bin mit dem Fahrrad unterwegs.

c.3 Ich bin zu Fuß und kann nicht ausweichen.

d) Wie ist mein momentanes Befinden?

d.1 Ich habe etwas Tolles erlebt und bin gut gelaunt.

d.2 Ich habe meine Alltagslaune.

d.3 Ich bin sehr schlecht gelaunt, weil alles schief gegangen war.

Aus der Abbildung 1 wird deutlich, daß Max seine Hundephobie differenziert und abgestuft nach verschiedenen Einflußgrößen bewerten kann; er betrachtet dies als nur „theoretisch", denn „in Wirklichkeit laufe ich doch vor jedem Hund weg".

In einem nächsten Schritt erfolgt eine erste Desensibilisierung in der Vorstellung nach zuvor erzeugter Entspannung. Der Therapeut bespricht mit Max, daß er nun, nachdem er sich entspannt hat, mit der einfachsten Aufgabe anfängt. Er erzählt Max eine Geschichte, bei der ihm ein kleiner Hund, der von seinem Vater an der Leine geführt wird, begegnet; er hat die größten Ausweichmöglichkeiten und ist frohgelaunt.

Sehr große Angst														
10			x					x			x			x
9						x								
8		x												
7													x	
6					x									
5				x										
4										x		x		
3	x						x							
2														
1									x					
0														
Gar keine Angst	a.1	a.2	a.3	a.4	b.1	b.2	b.3	b.4	c.1	c.2	c.3	d.1	d.2	d.3

Abbildung 1:
Angsthierarchie von Max
(a.1, a.2 ... = Situationen, die im vorangestellten Text genannt sind)

Max kann sich relativ schnell entspannen, verspürt aber ein leichtes Unbehagen in Form von „Bauchkribbeln". Der Therapeut bittet Max, sich zunächst verdeckt zu instruieren, daß das Bauchkribbeln aus dem Bauch herausgehen soll, da zur Zeit kein Grund für Bauchweh besteht. Nach einiger Zeit gelingt es Max, ohne Bauchkribbeln entspannt zu sein. Erst dann erzählt der Therapeut mit einigen örtlichen Ausschmückungen die abgesprochene Geschichte weiter.

Max kann sich die Geschichte nun bis zum Ende anhören, ohne noch einmal Angst zu verspüren oder „Bauchkribbeln" zu bekommen. Die Sitzung wird mit einer positiven Erfahrung beendet.

5. Sitzung. Die Desensibilisierung in sensu im entspannten Zustand wird mit einer anderen angstauslösenden Situation fortgesetzt. Nach einem kurzen „warming-up", welches zu Beginn einer jeden Sitzung erfolgt und darin besteht, daß über Schule, Computerspiele und Hobbys gesprochen wird, beginnt der Therapeut, die Angsthierarchie weiter abzuarbeiten. Es wird eine etwas schwerere Situation gewählt, in der Max im Park einer fremden Frau begegnet, die einen großen Schäferhund an der Leine führt. Max schiebt sein Fahrrad, da sehr viele Menschen im Park spazieren gehen. Er hat heute Alltagslaune.

Max kann sich gut entspannen, er wirkt ruhig, gelassen und ausgeglichen. Die Imagination kann ausführlich durchgeführt werden; dabei läßt Max den Schäferhund sogar nah an sich vorbeilaufen. Einige Male lächelt er vor Freude über den Erfolg während der Desensibilisierungsübung; aber er ist sich dessen bewußt, daß er in Wirklichkeit einen Hund nicht so nah an sich herankommen lassen würde.

Max erhält eine Hausaufgabe, bei der er mit Hilfe eines Detektivbogens täglich beobachten soll, ob er einem Hund begegnet ist. Ein Detektivbogen ist ein Material für die Kindertherapie, welches zur Selbstbeobachtung einerseits und zur Verhaltensmodifikation andererseits eingesetzt wird (vgl. Petermann & Petermann, 1996).

6. Sitzung. Max ist in der letzten Woche zweimal einem Hund begegnet. Jedesmal war der Abstand zum Hund so groß, daß er keine Angst verspürt hat. Er berichtet, daß er „innerlich" große Lust empfand, den Hunden näher zu kommen; er traute sich allerdings nicht, sich ihnen zu nähern. Er äußert, daß er „jeden Hund anfassen und streicheln möchte. Das habe ich früher auch gekonnt."

Nach dieser Einstimmung in die Therapiesitzung werden die Desensibilisierungsübungen in sensu wieder aufgenommen. Max beschließt mit dem Therapeuten gemeinsam, daß er sich in dieser Sitzung hinsichtlich der Konfrontation mit Hunden steigern will. Die im Rollenspiel zusammengestellte Geschichte hat den folgenden Inhalt: Max trifft einen Bekannten auf der Straße, der seinen Schäferhund ausführt. Er begrüßt den Bekannten und nähert sich dem Schäferhund, um ihn zu streicheln. Der Hund ist ganz ruhig, wackelt mit dem Schwanz und schaut Max erwartungsvoll an.

Nachdem sich Max gut entspannt hat, beginnt der Therapeut, die Geschichte zu imaginieren. Max kann sich in der Vorstellung dem Hund bis auf etwa eineinhalb Meter nähern, ohne Angst zu verspüren. Als der Therapeut ihn auffordert, an das Tier näher heranzutreten, verspürt Max im Magen Unbeha-

gen und im Oberschenkel ein Ziehen. Max verbleibt noch einige Zeit gedank-
lich in „sicherer" Distanz zu dem Hund; schließlich kann er seine Angstge-
fühle überwinden, indem er sich mit Hilfe von Selbstverbalisationen Mut zu-
spricht und beruhigt: „Es ist ein braver Hund, und wenn ich keine Angst
zeige, dann tut er mir auch nichts." Die Hausaufgabe für den Detektivbogen
von Max am Ende der Sitzung lautet: „Wenn ich einem Hund begegne, dann
bleibe ich ganz ruhig!"

7. Sitzung. Zu Beginn der Sitzung werden gemeinsam die Hausaufgaben überprüft. Max berichtet, daß er dem Schäferhund seines Onkels begegnet ist.
Dieser befand sich hinten im Auto. Max war durch das Hundegitter geschützt
gewesen; der Hund war sehr „aufgeregt" und wollte immer an Max lecken.
Das war ihm aber zuviel der Konfrontation, und er hat Angst verspürt. Andererseits hätte er den Hund gern gestreichelt und sich von ihm lecken lassen.

In der Vorstellung wird mit der Desensibilisierung unter Einbezug von Selbstverbalisationen fortgefahren. Der Therapeut und Max sprechen sich ab, daß
sie die Geschichte aus der sechsten Sitzung noch einmal benutzen. Zusätzlich
wählt Max den Satz „Ich habe keine Angst und will den Hund streicheln!"
für die Selbstverbalisationsübung während der Entspannungsdurchführung.

Zunächst gelingt es Max nur mäßig, sich zu entspannen. Deshalb wird das
Vorgehen kurz unterbrochen, und bei einem Gespräch darüber stellt sich heraus, daß ein geplanter Ausflug nach Holland mit einer Gruppe von Jugendlichen nicht klappt, da alle Plätze besetzt sind. Darüber hat sich Max sehr geärgert, und er muß immer daran denken. Nachdem er darüber berichtet hatte,
ist Max bereit, die Entspannungsübung noch einmal zu versuchen. Nun gelingt
ihm die Entspannung, die Desensibilisierung mit Einbezug der Selbstverbalisation kann beginnen. Bei der Vorstellung, in unmittelbarer Nähe des Hundes
zu sein, verspürt Max im Magen ein leichtes Unbehagen, worauf der Therapeut
ihn bittet, mit der Selbstverbalisation anzufangen. Zusätzlich soll Max folgenden Satz denken: „Bauchzwicken, verlasse bitte meinen Bauch!"; diese Selbstinstruktion gibt er sich so lange, bis das unangenehme Gefühl verschwunden
ist.

Nach einiger Zeit gelingt es Max, das unangenehme Gefühl abzubauen; der
Therapeut kann mit seiner Geschichte weitermachen. Nun kann Max sich ohne
Probleme vorstellen, daß er den Hund an sich heranläßt; dieser leckt mit seiner
Zunge an seinen Fingern, und Max streichelt ihm über den Kopf. Max hält
bei dieser Übung die Augen geschlossen, lächelt dabei und sieht entspannt
aus. Nach dieser Übung ist er euphorisch, fast übermütig. Er freut sich sehr,
daß er sich vorstellen konnte, einen Hund anzufassen, ohne Angst zu verspüren.

Aufgrund der erfolgreichen in-sensu-Desensibilisierungsübungen wird mit
Max eine Angsthierarchie für in-vivo-Übungen zusammengestellt. Es stellt
sich jedoch heraus, daß es wegen dieser guten Stimmung schwierig ist, mit
Max eine Angsthierarchie für die Feldübungen aufzustellen. Er will mit den

schwierigsten Aufgaben anfangen und glaubt, daß er es schafft, zu jedem Hund gehen zu können. Der Therapeut macht ihm klar, daß ein schrittweises Vorgehen für den Therapieerfolg wichtig ist und ein Fehlschlag seine Motivation beeinträchtigen kann.

Zur Einschätzung der situativen Befindlichkeit wird eine Angstleiter von null bis zehn gewählt (vgl. Kasten 4).

Kasten 4:
Angstleiter für Max

0	1	2	3	4	5	6	7	8	9	10
⇑										⇑

gar keine Angst   sehr große Angst

Es werden zwei Übungen für die folgende Sitzung festgelegt, die zeitlich hintereinander durchgeführt werden sollen:
– Max geht mit dem Therapeuten in den Stadtpark und beobachtet, aus sicherem Abstand, die dortigen Hunde. Er registriert sein Angstniveau mit Hilfe der Angstleiter und teilt dieses dem Therapeuten mit.
– Max „sucht sich einen Hund aus" und versucht, Kontakt mit ihm zu bekommen; dann streichelt er den Hund, wenn dieser sowie sein Besitzer es akzeptieren.

Als abschließende Hausaufgabe trägt Max in seinen Detektivbogen ein: „Wenn ich einem Hund begegne, dann bleibe ich ganz ruhig!"

8. Sitzung. Max berichtet, daß er mehrmals Hunden begegnet ist. Da es fremde Hunde waren, hatte er sie mit einer „gewissen Vorsicht" beobachtet und sich ihnen auch nicht genähert. Max fand es allerdings „absolut toll", daß er die „Angst von früher" nicht mehr verspürt hatte.

Zur in-vivo-Exposition einigen sich Max und der Therapeut auf die erste Aufgabe aus der vorherigen Sitzung und begeben sich in Richtung Stadtpark. Max verhält sich äußerlich „locker", Angst ist ihm nicht anzusehen. Er berichtet allerdings, daß er „weiche Knie" hat und Unbehagen verspürt. Auf der Angstleiter befindet er sich zwischen vier und fünf.

An einer Parkbank angelangt, verschaffen sich Max und der Therapeut zuerst einen Überblick. Auf der nahegelegenen Wiese spielt ein schwarzer, mittelgroßer Hund mit einem Ball, welchen sein Frauchen immer wieder fortwirft. Auf der anderen Seite der Wiese geht ein älterer Herr mit einem kleinen Pudel spazieren. Max entscheidet sich, daß er an diesem Hund vorbeigehen will. Gemeinsam mit dem Therapeuten passiert er diesen. Hierbei schaut Max ständig auf den Hund und spricht ihn auch an. Dieser zieht an der Leine und will zu Max laufen. Max berichtet, daß er eher weniger Angst verspürt hat als vorher. „Etwa drei bis vier auf der Angstleiter."

Die Frage, ob er sich unsicher gefühlt hat, verneint Max entschieden. Er will auch die zweite Aufgabe durchführen, es ist aber kein Hund mehr in Sicht. –

Als Hausaufgabe für den Detektivbogen erhält Max wieder die Selbstinstruktion: „Wenn ich einem Hund begegne, bleibe ich ganz ruhig!"

9. Sitzung. Max berichtet, daß er einen Pudel gestreichelt hatte. Sein Vater ist dabei gewesen. Die Pudelbesitzerin hatte Max mehrfach gesagt, daß der Hund ganz brav ist und noch nie gebissen hat. Max war sehr aufgeregt und hatte auch Angst verspürt. „Ich wollte aber diesen Pudel streicheln!" und „Der war so niedlich!", sind die Kommentare von Max.

Für die in-vivo-Desensibilisierungsübung wird die zweite, noch nicht durchgeführte Aufgabe aus der siebten und achten Sitzung gewählt. Max will heute einen Hund anfassen. Er geht mit dem Therapeuten über die Innenstadt zum Park. In der Innenstadt begegnen Max viele Hunde, und er kann ruhig sowie mit geringer Angst (auf der Skala 2–3) an den Hunden vorbeigehen. Im Park geht Max auf einen sehr jungen Hund zu und streichelt ihn. Der Hund ist sehr anhänglich und will immer wieder von Max gestreichelt werden. Max berichtet später, daß er keinerlei Angst verspürt hatte, nur Freude über den „süßen" Hund. – Die Hausaufgabe aus der letzten Sitzung wird wiederholt.

10. Sitzung. Bei der Besprechung der Hausaufgabe erzählt Max, daß er keinem Hund begegnet war. Er hatte viel Streß in der Schule und in Englisch eine fünf geschrieben.

Um den bisherigen Therapieerfolg zu stabilisieren, wird ein Verhaltensauftrag mit Max definiert, welcher seine nächste Hausaufgabe beinhaltet: Er soll versuchen, mit dem Schäferhund seines Onkels in Kontakt zu kommen; er soll den Schäferhund so nah an sich herankommen lassen, wie er es sich zutraut. Dabei soll er sein Angstniveau registrieren und die mit ihm geübten Selbstverbalisationen durchführen. – Nach der Erarbeitung dieser Hausaufgabe schließt sich die in-vivo-Übung an. In der Stadt kann Max auf jeden Hund zugehen, ihn ansprechen; einen Hund kann er sogar streicheln.

11. Sitzung. Es fällt auf, daß Max ganz stolz zur Sitzung kommt. Die Auswertung der letzten Hausaufgabe erhellt den Grund: Max hat mit dem Schäferhund seines Onkels „Freundschaft geschlossen". Drei Tage hat er dafür gebraucht.
1. Tag: Max geht zum Hund, hält die Hand vor seine Schnauze und streichelt sogar den Hund!
2. Tag: Max geht mit dem Onkel und dessen Hund auf den Feldern spazieren. Er hält es mit dem Hund zusammen im Auto aus. Den Kopf des Hundes, der auf dem Schoß von Max liegt, streichelt er.
3. Tag: Tagsüber spielt Max mit dem Hund alleine. Er übernachtet beim Onkel, wobei der Hund in seinem Zimmer geschlafen hat.

Bei der letzten in-vivo-Übung, dem Spaziergang durch den Stadtpark, gibt es keine Probleme mit Hunden. – Für den Detektivbogen erhält Max die Hausaufgabe, sich bei der Konfrontation mit dem ehemals phobischen Reiz selbst zu instruieren: „Wenn ich einem Hund begegne, bleibe ich ganz ruhig!"

12. Sitzung. Max berichtet darüber, daß er in der vergangenen Woche in der Stadt einen niedlichen, schwarzen Hund gestreichelt hatte. Da die Therapie sehr erfolgreich verlief, wird sie mit der zwölften Sitzung beendet. Dazu erscheinen auch die Eltern von Max, damit mit ihnen über den Therapieverlauf reflektiert werden kann. Die Eltern sind sehr froh darüber, daß Max seine Angst überwunden hat. „Es ist wie ein Geschenk, daß es mit Max geklappt hat. Es ist für uns alle eine große Entlastung." Am Wochenende war Max noch einmal mit dem Schäferhund seines Onkels unterwegs. Das familiäre Zusammenleben verläuft zur Zeit sehr gut. Max ist „lieb und sehr verträglich". Für das Lernen in der Schule braucht Max einen gewissen Druck; allerdings soll er sein Lernpensum weitgehend alleine finden. – Es bestehen lediglich die anfangs genannten Lernprobleme. Mit der Familie wird vereinbart, daß im Laufe von drei Monaten ein Kontakt pro Monat stattfinden soll.

5 Resümee

Die Therapie mit Max baut stringent auf der Verhaltensanalyse auf, die in Anlehnung an das Zwei-Faktoren-Modell durchgeführt wird. Dieses Vorgehen und die Kombination verschiedener Interventionsprinzipien, aber auch die gute Therapiemotivation von Max und seinen Eltern sowie schließlich die vertrauensvolle Kind-Therapeut-Beziehung tragen vermutlich zu dem schnellen Therapieerfolg bei. Der Therapieverlauf wird nicht nur anhand subjektiver Schilderungen von Max, sondern auch mit Hilfe der Angstleiter zur Einschätzung von Befindlichkeit und Angstniveau, der Kontrolle der Hausaufgaben (Detektivbogen) sowie der direkten Verhaltensbeobachtung bestimmt. Bei den Verhaltensbeobachtungen wird genau auf Vermeidungs- und Annäherungsreaktionen in den in-vivo-Situationen geachtet.

Die drei monatlichen Kontakte mit Max nach Therapieende dienen einerseits der Stabilisierung des Therapieeffektes, andererseits zu deren Kontrolle. Dabei zeigte sich im einzelnen:

Ein Monat nach Therapieende. Es geht Max gut, auch in der Schule ist alles in Ordnung. Mit Hunden hat er zur Zeit wenig Kontakt. Es scheint für Max kein „diskussionswürdiges Thema" zu sein.

Zwei Monate nach Therapieende. Max geht mit dem Therapeuten nach draußen. Hier treffen sie auf einen mittelgroßen Hund, der auf Max zugeht. Max zeigt keinerlei Angst oder Nervosität und spricht den Hund freundlich an.

Drei Monate nach Therapieende. Zu diesem Termin fühlt sich Max nicht wohl. Er hat Kopfschmerzen, Übelkeit und Bauchschmerzen. Er wird um eine Einschätzung zur Therapie befragt, worauf er äußert: „Hören wir ruhig auf!" Beim Spaziergang durch die Stadt geht Max an einem mittelgroßen Hund vorbei, der sich ruckartig umdreht und an Max hochspringt. Max zeigt keinerlei Angst, im Gegenteil. Er spricht ruhig mit dem Hund und streichelt ihn.

Literatur

Bandura, A. (1979). *Sozial-kognitive Lerntheorie*. Stuttgart: Klett-Cotta.

Beck, A. T. & Emery, G. (1985). *Anxiety disorders and phobias: A cognitive perspective*. New York: Basic Books.

Beck, J. S. (1999). *Praxis der Kognitiven Therapie*. Weinheim: Psychologie Verlags Union.

Borden, J. W. (1992). Behavioral treatment of simple phobia. In S. M. Turner, K. S. Calhoun & H. E. Adams (Eds.), *Handbook of clinical behavior therapy* (3–12). New York: Wiley, 2. Auflage.

DSM-IV (1996). *Diagnostisches und Statistisches Manual Psychischer Störungen*. Göttingen: Hogrefe.

Emmelkamp, P. M. G., Bouman, T. K. & Scholing, A. (1998). *Angst, Phobien und Zwang*. Göttingen: Verlag für Angewandte Psychologie, 2. Auflage.

Essau, C. A. & Petermann, U. (1994). Behandlung von ängstlichen und unsicheren Kindern. *Kindheit und Entwicklung, 3*, 185–191.

Glasscock, S. E. & McLean, W. E. (1990). Use of contact desensitization and shaping in the treatment of dog phobia and generalized fear of the outdoors. *Journal of Clinical Child Psychology, 19*, 169–172.

Linden, M. (2000). Systematische Desensibilisierung. In M. Linden & M. Hautzinger (Hrsg.), *Verhaltenstherapie* (308–311). Berlin: Springer, 4., überarb. Auflage.

Madonna, J. M. (1990). An integrated approach to the treatment of a specific phobia in a nine-year-old boy. *Phobia Practice and Research Journal, 3*, 95–106.

Mowrer, O. H. (1947). On the dual nature of learning – a reinterpretation of „conditioning" and „problemsolving". *Harvard Educational Review, 17*, 102–148.

Petermann, F. (1996 a). *Psychologie des Vertrauens*. Göttingen: Hogrefe, 3. Auflage.

Petermann, U. (1996 b). *Entspannungstechniken für Kinder und Jugendliche*. Weinheim: Psychologie Verlags Union.

Petermann, U., Essau, C. A. & Petermann, F. (2000). Angststörungen. In F. Petermann (Hrsg.), *Lehrbuch der Klinischen Kinderpsychologie* und *Kinderpsychotherapie* (227–270). Göttingen: Hogrefe, 4., völlig überarbeitete Auflage.

Petermann, U. & Petermann, F. (1996). *Training mit sozial unsicheren Kindern*. Weinheim: Psychologie Verlags Union, 6., überarb. Auflage.

Reinecker, H. (1993). *Phobien*. Göttingen: Hogrefe.

Schneider, S. (1994). Angstdiagnostik bei Kindern. *Kindheit und Entwicklung, 3*, 164–171.

Schneider, S. (1999). Kognitive Verhaltenstherapie bei Angststörungen im Kindesalter. *Kindheit und Entwicklung, 8*, 226–233.

Secret, M. & Bloom, M. (1994). Evaluating a self-help approach to helping a phobic child: profile analysis. Special Section: Practical applications of single-system research designs. *Research on Social Work Practice, 4*, 338–348.

Seitz, W. & Rausche, A. (1992). *Persönlichkeitsfragebogen für Kinder zwischen 9 und 14 Jahren (PFK 9–14)*. Göttingen: Hogrefe, 3., überarb. u. erg. Auflage.

Walter, H.-J. (1993). Verhaltenstherapie bei multiplen Kinderängsten. *Kindheit und Entwicklung, 2*, 164–171.

WHO (1993). *Internationale Klassifikation psychischer Störungen. ICD-10: Klinisch-diagnostische Leitlinien*. Bern: Huber, 2., korrigierte Auflage.

Wieczerkowski, W., Nickel, H., Janowski, A., Fittkau, B. & Rauer, W. (1981). *Angstfragebogen für Schüler (AFS)*. Göttingen: Hogrefe, 6. Auflage.

Depression

Martin Hautzinger

1 Beschreibung des Störungsbildes

Das 16jährige Mädchen fiel bei einer unserer Felduntersuchungen zu depressiven Störungen im Kindes- und Jugendalter dadurch auf, daß es in zwei Selbstbeurteilungsinstrumenten (DTK, vgl. Rossmann, 1993; DIKJ, vgl. Stiensmeier-Pelster et al., 1989) Werte erreichte, die im obersten Dezil (92. bzw. 95. Prozentrang) der Werteverteilung dieser Instrumente lagen und eine deutliche Beeinträchtigung ausdrückten. Übereinstimmend damit wurde sie von dem Klassenlehrer uns als niedergeschlagen, schwer zugänglich, schüchtern, unkonzentriert und problembeladen beschrieben. Die Eltern, die wir gerne fremdanamnestisch befragt hätten, waren jedoch nicht bereit, sich einem Interview zu stellen. Nach einem mit dem jugendlichen Mädchen durchgeführtes strukturiertes klinisches Interview (DISK, vgl. Hautzinger et al., 1995) zeigte sich, daß sie früher bereits wegen Eßproblemen (Erbrechen nach Freßattacke) aufgefallen war, unbemerkt zwei „Selbstmordversuche" (einmal mit Verletzung mit Messer, einmal mit Tabletten) unternommen hatte und regelmäßig (ca. 2 bis 3 mal pro Woche) Haschisch und (fast täglich) Alkohol (2 bis 3 Glas Wein oder Bier) konsumierte. Typisch für eine depressive Episode herrschten bei dem Mädchen Energie- und Lustlosigkeit, Abwertung der eigenen Person und des Aussehens, Angst, Hoffnungslosigkeit und Pessimismus als dominierende depressive Symptome vor. Sie gab außerdem an, schlecht zu schlafen (deshalb trinke oder kiffe sie ganz gern abends) und werde wie gerädert morgens wach. Zum Aufstehen müsse sie sich dann zwingen. Lernen falle ihr schwer und auf die schulischen Dinge könne sie sich kaum noch konzentrieren. In den Ferien sei alles noch schlimmer, da schlafen selbst bis mittags keine Erleichterung bringe.

Das Mädchen lebte mit den Eltern und einem älteren Bruder unter sozial angespannten Verhältnissen. Die Mutter ist Hausfrau und existiert nur für die Kinder und den Ehemann. Der Vater arbeitet bei einer Spedition als Lagerarbeiter. Der um drei Jahre ältere Bruder ist Vaters und Mutters Liebling und machte immer alles richtig, obgleich er von der Schule abgegangen war, die Ausbildung schon zweimal geschmissen und nun bei der Bundeswehr sich verpflichtet hatte. Die Patientin berichtet, daß sie zu Hause eigentlich immer nur Kritik und Ablehnung erfahren hatte. Die Mutter habe sogar einmal gesagt,

daß sie besser nicht geboren worden sei. Schon als Kindergartenkind wurde
sie immer zu Wohlverhalten ermahnt und durch massive Drohungen einge-
schüchtert. Sie kam mit den anderen Kindern nur schwer zurecht, wurde bald
gehänselt und es gab Klagen seitens der Erzieherinnen, daß sie nicht mitmache,
sich verkrieche und schwer zugänglich sei. Zur Einschulung wurde ihr von
den Eltern mitgegeben, daß keine Klagen von der Schule erwartet werden, die
Lehrer immer Recht hätten und sie es vermutlich sowieso nicht weit bringen
werde. Trotz guter schulischer Leistungen, mit Ausnahme der Klagen über
fehlende Mitarbeit und schlechten sportlichen Leistungen, erfuhr sie nie Anerkennung oder gar Lob. Trotz Gymnasiumsempfehlung waren die Eltern nur
bereit, sie auf die Realschule zu lassen („Mädchen brauchen das nicht!", „Du
schaffst das sowieso nicht!"). In der Grundschule wurde sie viel gehänselt, da
sie so unsportlich war und sich überhaupt mit den Kindern (z. B. in der Pause)
schwer tat. In der Realschule setzte sich das fort und sie wurde wegen ihrer
Kleidung aufgezogen, weil sie mit den oft teueren ober ganz modischen Kla-
motten der Mitschüler nicht mithalten konnte. Außerdem war sie immer noch
still und schüchtern. Sie hatte bestenfalls oberflächliche Kontakte zu einigen
Mitschülerinnen. Bis heute ist sie nur dann zu Klassenfesten eingeladen worden, wenn diese für alle stattfanden, private Feste blieben ihr bislang verschlossen. Außerhalb der Schule hat sie kaum Kontakte, ist viel zu Hause,
lernt, hört Musik und liest. Sie muß außerdem im Haushalt helfen (auch etwas
was der Bruder nie mußte). Den täglichen Alkohol kann sie sich aus dem
familiären Vorrat problemlos besorgen. Schwieriger ist es mit dem Haschisch.
Um dies finanzieren zu können, jobt sie stundenweise in einem nahegelegenen
Supermarkt im Lager.

Um Hilfe wegen ihrer Trübsal, ihrer Energielosigkeit und dem Pessimismus
habe sie noch nie nachgesucht. Beim ersten Suizidversuch (der Verletzung mit
dem Messer) habe sie den Ärzten und den Eltern von einem Unfall im Haushalt erzählt. Die Mutter habe sie nur wegen ihrem selbst herbeigeführten Erbrechen angesprochen, Vorwürfe gemacht und nahegelegt, doch deshalb zum
Arzt zu gehen, was sie jedoch nicht getan habe.

2 Differentialdiagnostik

Depressive Störungen bei Kindern und Jugendlichen werden nach ICD-10 bzw.
DSM-IV entsprechend denselben Kriterien beurteilt, wie sie für Erwachsene
gelten (vgl. Essau & Petermann, 2000). Die junge Patientin erfüllt die Kriterien
einer Major Depression (nach DSM-IV) bzw. einer depressiven Episode (nach
ICD-10). Die depressive Episode ist gegenwärtig mittelschwer ausgeprägt
(F32.10 nach ICD-10), ohne daß psychotische oder deutlich somatische Symptome das Störungsbild beherrschen. Hinweise auf manische oder hypomani-
sche Symptome gibt es bislang nicht, was auf eine unipolare affektive Störung
hinweist. Es ist jedoch gut möglich, daß in den nächsten Jahren maniforme

Symptome auftreten können, was dann zu der Änderung der Diagnose hin zu einer „Bipolaren affektiven Störung" führen dürfte.

Zwei Jahre zurück gab es über eine mehrmonatige Phase Auffälligkeiten im Eßverhalten. Die Jugendliche aß damals häufig aus Frustration und dem Gefühl des Ungeliebtseins heraus größere Mengen Süßigkeiten, Eis, Knabberzeug, Nüsse, doch auch Joghurt, Quark, Karotten, saure Gurken usw. Nach derartigen, sich über mehrere Stunden erstreckenden „Völlereien" versuchte die junge Patientin, diese Last wieder loszuwerden, indem sie sich selbstinduziert erbrach, was meist nur teilweise gelang. Kurzfristig bewirkte das In-sich-rein-essen eine Erleichterung und Distanz, doch spätestens nach dem Erbrechen kam sie sich bald wieder schlecht, ungeliebt, verzweifelt und noch verlassener vor. Lebensgeschichtlich rechtfertigen diese, heute überwundenen Symptome die Diagnose einer atypischen Bulimia nervosa (F50.3 nach ICD-10), da zum vollen Bild einer Bulimie mehrere Kernsymptome (wie z. B. übertriebene Kontrolle des Körpergewichts, Eßattacke über kurzen Zeitraum) fehlen.

Es liegt außerdem gegenwärtig ein seit über einem Jahr bestehender Substanzmißbrauch vor, wobei die Drogen ursprünglich zur Linderung der Beschwerden, vor allem der Schlafprobleme eingesetzt wurden. Inzwischen hat sich ein Gewohnheitsmuster herausgebildet, ohne daß es bislang zur Konsumsteigerung, zur Toleranzentwicklung oder gar zu Kontrollverlust gekommen ist.

3 Erklärungsansätze

Kenntnisse über Depression bei Jugendlichen. Aus mehreren Studien wissen wir (z. B. Lewinsohn et al., 1992), daß bei den 14- bis 18jährigen mit einer Punktprävalenz für Depressionen (unipolar) von 2,9%, bei etwa doppelt so hohen Zahlen für Mädchen (3,9%) als für Jungen (1,7%), zu rechnen ist. Die Jahresprävalenz depressiver Störungen bei Jugendlichen erreicht Werte zwischen 5 und 6 Prozent (vgl. Essau & Petermann, 2000). Die weitaus größte Gruppe dabei erfüllen die Kriterien einer Major Depression (84%). Die Komorbidität mit einer anderen Störung (48%) und das Risiko von Selbstmordversuchen (36%) ist hoch.

Typischerweise lassen sich depressive Jugendliche dadurch kennzeichnen, daß sie bereits früher psychische Beschwerden, vor allem depressiver Art, vielerlei sozial auffällige problematische Verhaltensweisen (Aggression, Verweigerung, Schulprobleme, Eßstörungen; Reicher, 1999) und Selbstmordgedanken bis hin zu Selbstmordversuchen aufweisen. Das Denken ist von dysfunktionalen Kognitionen (Pessimismus, internale Mißerfolgsattributionen), negativem Körperbild, geringem Selbstwert, erhöhter Selbstaufmerksamkeit und emotionaler Abhängigkeit geprägt; es mangelt an sozialer Unterstützung. Die Bewältigungsversuche sind meist resignativ, wenig wirksam (Rückzug, Isolation) und eher

schädlich (Alkohol, Nikotin, andere Drogen usw.). Das Fortbestehen von Rest-
symptomen und eine Vorgeschichte an Depressionen sind, neben den genannten Faktoren, prognostisch sehr ungünstige Faktoren.

Gefragt, was Jugendliche von einem Gruppenangebot zur Überwindung der
dysphorischen Stimmung erwarten, gibt die Mehrheit an, Hilfen bei der Überwindung dieser Verstimmung (45%), mehr Selbstwert erlangen (33%), Lösung
zwischenmenschlicher Konflikte verbunden mit dem Aufbau von hilfreichem
Problemlösen.

Psychologische Erklärungskonzepte. Bei dem einleitend geschilderten Fall
tragen vor allem die aversiven Umgebungs- und Familienbedingungen, die
vielfältigen und häufigen Abwertungen, die Ermahnungen und Kritik sowie
die Ablehnung bzw. fehlende Anerkennung dazu bei, daß sich bei dem Mädchen eine heftige Mißerfolgsorientierung, die Angst vor Ablehnung und Kritik,
Selbstunsicherheit und Selbstzweifel herausbilden und jetzt ihre Wahrnehmung, ihr Denken und ihre Erwartungen bestimmen. Hinzu kommt, daß durch
die (frühe) Angst und Verunsicherung sich nicht nur Hemmungen, sondern vor
allem auch eine deutliche Verhaltensungeschicklichkeit entwickelten. Diese
Verhaltensdefizite zeigen sich im Umgang mit Gleichaltrigen, Mitschülern,
doch auch innerhalb der Familie. Es ist verständlich, daß sie sich lieber ver-
kriecht und mit sich selbst beschäftigt. Diese Selbstbeschäftigung fördert jedoch immer nur die negative Sicht der eigenen Person und der Lebenslage zu
Tage. Rasch setzt so eine negative Spirale ein, die tief in die dysphorische
Verstimmung und den Lebensüberdruß führt.

Depressionen im Kindes- und Jugendalter werden, ähnlich wie bei anderen
Altersgruppen (vgl. Hautzinger, 1991; 1997) häufig durch folgende Belastun-
gen bedingt:
– Fehlende Anerkennung, Unterstützung, Wärme, Lob und Anerkennung
  (seitens der Herkunftsfamilie);
– Verluste, Enttäuschungen, Ausgrenzungen, Trennungen;
– Einschränkung der Kontakte, Rückzug, Isolation;
– Ängste, Hemmungen, Verhaltensdefizite (vor allem sozialer Art);
– interpersonelle Abhängigkeiten, emotionale Labilität;
– Mangel an positiven, verstärkenden Erfahrungen, nur aversive, ungeliebte
  Aktivitäten, Inaktivität, wenig strukturierte Tages- und Wochenabläufe;
– negativ verzerrtes Denken, Fehlverarbeitungen, Fehler nur bei sich selbst
  suchen, Selbstabwertungen;
– fehlendes bzw. wenig hilfreiches Problemlöse- und Bewältigungsverhalten.

Vereinfacht läßt sich so ein Modell konzipieren, das diese psychologischen
und sozialen Faktoren berücksichtigt (in Anlehnung an Hautzinger, 1991) und
in der Abbildung 1 dargestellt ist.

Auf der Endstrecke hin zu einer Depression kommen den aversiven Lebensbedingungen (negativen Konsequenzen), dem Mangel an positiven Erfahrungen (positiver Verstärkung), Verhaltensdefiziten (sozialer, problemlösender, lei-

stungsbezogener Art) sowie dysfunktionalen Kognitionen und Selbstzweifeln wesentliche Bedeutung zu. Über das Durchgangsstadium von Verunsicherung, Hemmung, Angst, fehlschlagender Bewältigungsversuche, Hilflosigkeit und interpersoneller Abhängigkeit entwickeln sich die affektiven, motivationalen, kognitiven, vegetativen und motorischen Symptome, aus denen sich die Diagnose einer Dysthymie bzw. Depression zusammensetzt. Die resultierenden Auffälligkeiten wirken im Sinne einer Rückkoppelungsschleife intensivierend auf die Ausgangsbedingungen zurück und wirken so selbstverstärkend auf die Depression ein.

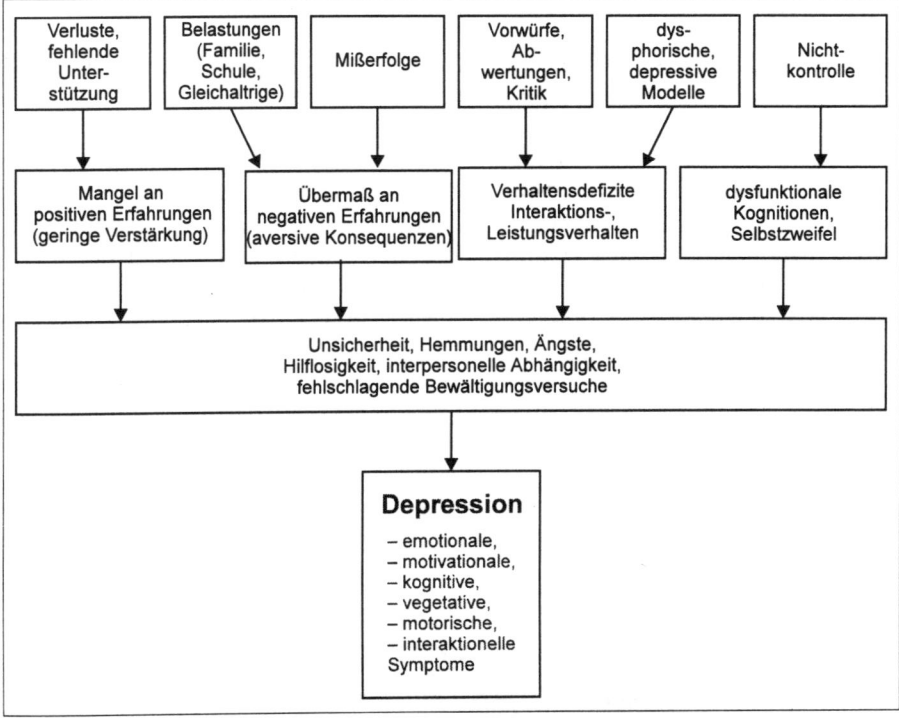

Abbildung 1:
Modell zur Entwicklung depressiver Störungen bei Kindern und Jugendlichen

4 Interventionsprinzipien

Entsprechend dem zuvor dargestellten Bedingungsgefüge haben psychologische Interventionen einerseits die alltäglichen, familiären, schulischen und sozialen Belastungen zu reduzieren, andererseits auf die Lebensbedingungen strukturierend einzuwirken, damit positive Erfahrungen und Erfolgserlebnisse ermöglicht werden. Ferner müssen die sozialen, verhaltens- und leistungsbezogenen Defizite und ungünstigen Bewältigungsmuster durch therapeutische

Hilfen, Training, Übungen, Unterstützung, angemessene Modelle ausgeglichen werden. Schließlich kommt der Bearbeitung verzerrt negativer Verarbeitungsmuster, der Korrektur von Selbstzweifel, Fehlattributionen und anderer dysfunktionaler Kognitionen entscheidende Bedeutung bei.

Erfolgreiche Therapeuten (vgl. Hautzinger et al., 1995) sind positiv, zuversichtlich, beruhigend, konkret, strukturiert, problemorientiert, um Kooperation bemüht, erklärend, fassen wiederholt zusammen und bemühen sich um Rückmeldung. Ganz wesentlich ist, daß sie es schaffen, die erfolgversprechenden Interventionsprinzipien an die ganz persönliche Situation eines Kindes, eines Jugendlichen bzw. einer Familie anzupassen.

Antidepressionskurs für Jugendliche. Ziel dieser Gruppentherapie ist es, depressiven Jugendlichen ein kognitiv-verhaltenstherapeutisches Konzept zum Verständnis ihrer eigenen Verstimmungen und depressiven Beschwerden zu vermitteln und Strategien einzuüben, die für die Überwindung und die Prävention der affektiven Störungen hilfreich sind. Dabei geht es um die Zusammenhänge von Fühlen, Denken und Handeln sowie um die Möglichkeiten, auf jeder dieser menschlichen Erfahrungsebenen Veränderungen vorzunehmen. Sie werden in dem meist nur über sechs bis acht Wochen gehenden, doch zwölf bis 16 Gruppensitzungen umfassenden Kurs, mit verschiedenen Fertigkeiten übend konfrontiert und in diesen trainiert. Das Vorgehen ist weitgehend strukturiert (es existiert ein bislang nicht publiziertes Therapie-Handbuch), doch läßt dies viel und genügend Raum für die Wünsche und Anliegen der Teilnehmer. Die folgende Abbildung (Abb. 2) stellt in einer Übersicht die einzelnen Elemente und deren Behandlung in dem Gruppengeschehen dar.

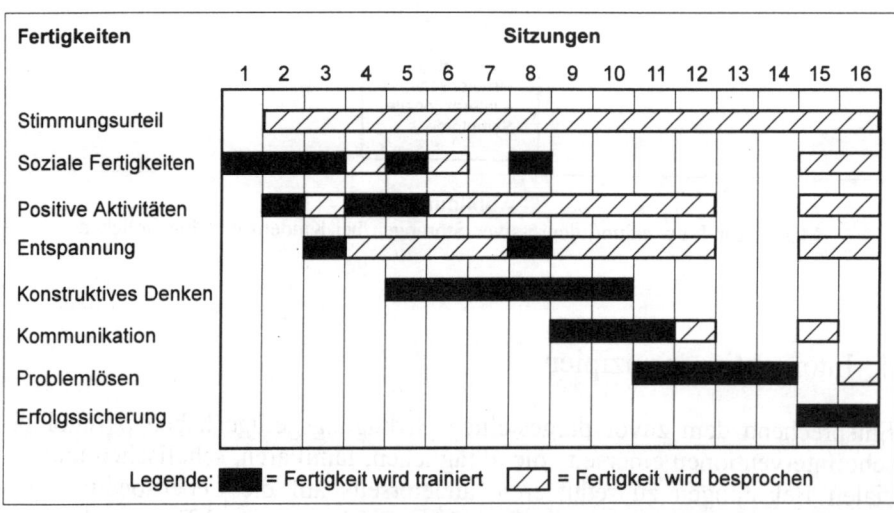

Abbildung 2:
Übersicht über die Elemente der Gruppentherapie mit depressiven Jugendlichen
(nach Lewinsohn, Rohde & Hautzinger, 1994)

Während der gesamten Zeit führen die Gruppenmitglieder ein Stimmungstagebuch, das auch Platz läßt für Eintragungen zu Ereignissen, besonderen Vorkommnissen, genauen Protokollen von Stimmungstiefs. Diese Selbstbeobachtungen werden in den Gruppensitzungen immer wieder aufgegriffen und besprochen. Insbesondere die Beispiele werden in die Gruppe eingebaut, die gerade zu der bearbeiteten Thematik passen.

In den ersten Gruppensitzungen wird an den Fertigkeiten zum Kontaktaufbau, zur Selbstsicherheit und den befriedigenden Sozialbeziehungen gearbeitet. Es kommen rasch Übungen in der Gruppe und konkrete Aufgaben zwischen den Sitzungen auf die Jugendlichen zu. Auch der Einsatz von Videoaufzeichnungen findet hier statt. Die Steigerung angenehmer, positiv verstärkender Aktivitäten und Alltagserfahrungen schließt sich an. Dabei wird vor allem mit Tages- und Wochenprotokollen, Listen angenehmer Aktivitäten und Protokollen zur Dokumentation von Stimmung und Anzahl angenehmer Aktivitäten gearbeitet. Dieser Behandlungsabschnitt strukturiert auch den Tagesablauf und verschafft Rückmeldung über Erfolge.

Das Entspannungstraining (Progressive Muskelentspannung) wird als Kontrollstrategie gegen Verspannung, Verstimmung und Angst eingeführt. Es ist zum einen ein Weg, um auf der Ebene des Fühlens direkter einzugreifen, zum anderen um Fertigkeiten zur Angst- und Streßbewältigung verfügbar zu haben.

Die Bearbeitung negativer, selbstwertabträglicher, pessimistischer und verzerrter Kognitionen bestimmt das Gruppengeschehen, die Übungen und Aufgaben zwischen der fünften und der elften Sitzung. Hier kommen das Tagesprotokoll negativer Gedanken, das ABC-Schema, die Liste hilfreicher Gedanken und konstruktive Selbstinstruktionen zur Anwendung.

Im nächsten Abschnitt geht es um die Verbesserung der Interaktion und Kommunikation in der Familie bzw. engeren Sozialbeziehungen. Wir haben auch schon Gruppen durchgeführt, bei denen diese Elemente unter Beteiligung der Eltern besprochen und eingeübt wurden. Die Ergebnisse zeigen jedoch bislang keine Überlegenheit der Gruppen mit Elternbeteiligung. Die typischen Übungen dabei sind richtiges Zuhören, Verstärken, Paraphrasieren, konstruktive Kritik üben und Problemlösen.

Das zuletzt erwähnte Element wird dann nochmals in einem weiteren Abschnitt „Problemlösen" intensiver bearbeitet. Dabei werden die Schritte des richtigen und hilfreichen Problemlösens erarbeitet, an Beispielen durchgespielt und im Alltag erprobt. In diesem komplexen Element werden die zuvor geübten Fertigkeiten (soziale Fertigkeiten, kognitive Techniken, Kommunikation) benötigt und integriert. Die letzte Sitzung ist reserviert für das Thema „Umgang mit Krisen, Rückschlägen, Stimmungsverschlechterungen und Notfällen". Dafür werden persönliche Notfallpläne erarbeitet und der Nutzen der gelernten Kompetenzen herausgestellt.

In einer Studie haben wir speziell dafür dann im Verlauf eines Jahres mehrere Auffrischungssitzungen angeboten und durchgeführt. Die Ergebnisse dabei erbrachten jedoch keine Überlegenheit dieser Gruppentherapie mit Auffrischungssitzungen gegenüber einer Gruppentherapie ohne diese zusätzlichen Gruppenangebote. Aus klinischer Sicht empfiehlt es sich, dennoch an diesen Auffrischungs- und Stabilisierungssitzungen zumindest über ein Jahr nach Behandlungsende festzuhalten.

Dieses gruppentherapeutische Angebot wurde inzwischen verkürzt und in eine Form gebracht, die den Einsatz bei weniger stark depressiven Kindern und Jugendlichen in der Schule (ab der Klasse 7) erlaubt. Die Inhalte sind im wesentlichen identisch, doch auf sechs Gruppensitzungen (zu mindestens 2 $^1/_2$stündiger Dauer) in wöchentlichem Abstand verdichtet.

Die ersten beiden Sitzungen beinhalten Spiele und Übungen zur Beeinflussung unserer Gefühle durch Kognitionen. In der dritten Sitzung geht es um die Beeinflussung von Befinden durch Entspannung, wozu konkret geübt wird und eine Übungskassette den Teilnehmern ausgeteilt wird. In der vierten Sitzung geht es um den Zusammenhang von Verhalten und Befinden. Insbesondere wird der Einfluß von Handlungen und Aktivitäten auf Gefühle und Stimmungen erarbeitet. Daraus ergeben sich dann Übungen zur Vermehrung angenehmer Aktivitäten und Tagesstrukturierung. Im Mittelpunkt der fünften Sitzung stehen Rollenspiele und Übungen zum Durchsetzen, zum Beziehungsaufbau und zur Selbstsicherheit. Es sollen soziale Fertigkeiten vermittelt werden, um damit über die Handlungsschiene Kontrolle über die Gefühle zu erlangen. In der letzten Sitzung werden die Elemente nochmals zusammen besprochen, es wird überlegt, wie die neuen Erfahrungen in den Alltag eingebaut und beibehalten werden können. Dabei kommt es nochmals zu Rollenspielen, Übungen zur Tagesstruktur und zum Zusammenhang von Denken und Fühlen. Es werden abschließend persönliche Vereinbarungen für die nächste Zeit geschlossen.

Ein fünfstufiges, überwiegend kognitives Therapiekonzept für die Behandlung depressiver Jugendlicher haben Belsher und Wilkes (1994) vorgestellt. Die erste Stufe zielt darauf ab, die Jugendlichen auf die Variabilität ihre Befindens und ihrer Stimmung über den Tag bzw. Woche hinzuweisen. Dazu werden Übungen und vor allem Hausaufgaben in Form von Beobachtungsprotokollen durchgeführt. Die Stufe 2 dreht sich um das Entdecken automatischer Gedanken, die besonders relevant für das emotionale Erleben sind. Auch dazu gibt es Übungsmaterialien. Während der dritten Stufe geht es um die Identifikation von Überzeugungen und Einstellungen der jugendlichen Depressiven. Dazu werden verschiedene Techniken (wie z. B. Pfeiltechnik, Genogramm) anhand konkreter Beispiele eingesetzt. Die Stufe 4 beinhaltet die Überprüfung, Beurteilung und das Hinterfragen der automatisch ablaufenden Kognitionen. Dazu schlagen die Autoren wieder verschiedene Methoden (wie z. B. Benennen kognitiver Muster, Technik des doppelten Standards, Pro und Contra, logische Analyse, Zeitprojektion) als mögliche Hilfe vor. Während des fünften Schrittes geht es um die Veränderung des dysfunktionalen und wenig hilfreichen Denkens depressiver Jugendlicher. Besonders bewährt hat sich dabei das „Spaltenprotokollblatt" (Tagesprotokoll negativer Gedanken), alternative Erklärungen finden, Gedankenstopp, Ablenkung, Übertreibung und ins Gegenteil verkehren. Meist schließen sich als (fakultative) sechste Stufe verhaltensbezogene Methoden (wie z. B. Aktivitätsaufbau) und ein Problemlösetraining an.

Insgesamt wird deutlich, daß die verschiedenen Autoren, mit zum Teil unterschiedlicher theoretischer Herkunft und Schwerpunkt, zu sehr ähnlichen, ja identischen therapeutischen Vorschlägen und Methoden kommen. Die Abfolge ist meist anders und auch die Zeit, die mit einzelnen Methoden gearbeitet wird.

Ergebnisse der Gruppentherapie mit Jugendlichen. Die Ergebnisse zeigen bislang, daß dieses, an den Stärken und Ressourcen der Jugendlichen ansetzende Behandlungsangebot gut ankommt, erfolgreich die depressive Symptomatik reduziert und die Erfolge auch ein und zwei Jahre nach Kursende noch nachweisbar sind (Lewinsohn et al., 1994).

Bei 59 Jugendlichen konnte der BDI-Wert von anfangs 22 Punkten auf acht Punkte nach Abschluß des Gruppenangebots reduziert werden. Ingesamt 46 % erreichten BDI-Werte unter neun Punkten, was als weitgehend remittiert definiert war. In der (Warte-)Kontrollgruppe erreichten dieses Kriterium lediglich 5 %. Insgesamt 96 depressive Jugendliche nahmen an einer zweiten Studie teil. Auch dort zeigte es sich, daß durch diese Intervention der durchschnittliche BDI-Wert von 26 Punkten nach acht Wochen auf elf Punkte erfolgreich reduziert werden konnte. Über zwei Jahre Nachkontrolle wiesen nur 20 % der Patienten einen Rückfall dahingehend auf, daß sie wieder BDI-Werte von 18 oder mehr Punkten erreichten.

Erste Versuche, Prädiktoren für dieses Gruppenangebot zu bestimmen, zeigten, daß Jugendliche mit milderen Depressionen, geringen Angstwerten, jüngeren Alters, weniger extrem verzerrten Kognitionen und bereits einem gewissen Niveau an angenehmen, verstärkenden Aktivitäten Kandidaten für ein gutes Therapieergebnis sind. Da unserer Erfahrung nach Jugendliche selbst kaum um Hilfe oder gar Therapie nachsuchen, erscheint die Kooperation mit Institutionen (wie z. B. Schulen) notwendig, um die depressiv beeinträchtigten Jugendlichen zu erreichen und für die Teilnahme an der Gruppe zu motivieren.

Für die einleitend dargestellte junge Patientin war die achtwöchige Gruppe zwar ein guter und erfolgreicher Einstieg, doch ein nicht ausreichendes Therapieangebot. In der sich anschließenden, über weitere neun Monate und 23 Sitzungen gehende Einzeltherapie wurden die Elemente des Gruppenprogramms vertieft und die Kontrolle des Alkohol- und Haschischkonsums bearbeitet. Insbesondere die negative Selbstsicht, die Abwertungen, die Selbstzweifel wurden mit Methoden der kognitiven Therapie nach Beck et al. (1994) bearbeitet. Im einzelnen werden eingesetzt: konkrete Analyse typischer Situationen, Herausarbeiten der automatischen, verzerrt negativen Gedanken, sokratische Gesprächsführung zum Herausarbeiten der Berechtigung dieser Selbstabwertungen, Erarbeitung angemessener situationsnaher Gedanken, dabei Einsatz von Spaltenprotokollen, Kärtchen als Erinnerungshilfe angemessener, hilfreicher und positiver Kognitionen sowie Übungen im Alltag. Weitere Maßnahmen erstreckten sich auf den Umgang mit Gleichaltrigen, Video- und Rollenspielübungen des Verhaltens in sozialen Situationen. Die Eltern waren während des gesamten Zeitraums nicht zu einem gemeinsamen Gespräch bereit. Lediglich mit der Mutter konnte schon gegen Ende der Einzeltherapie ein längeres Telefongespräch geführt werden. Während des gesamten Zeitraums (fast ein ganzes Jahr) führte die Patientin das tägliche Stimmungsprotokoll (siehe Abb. 3), was in den Therapiesitzungen immer (zumindest) kurz besprochen wurde und oft Anstoß für eine detaillierte Bearbeitung war.

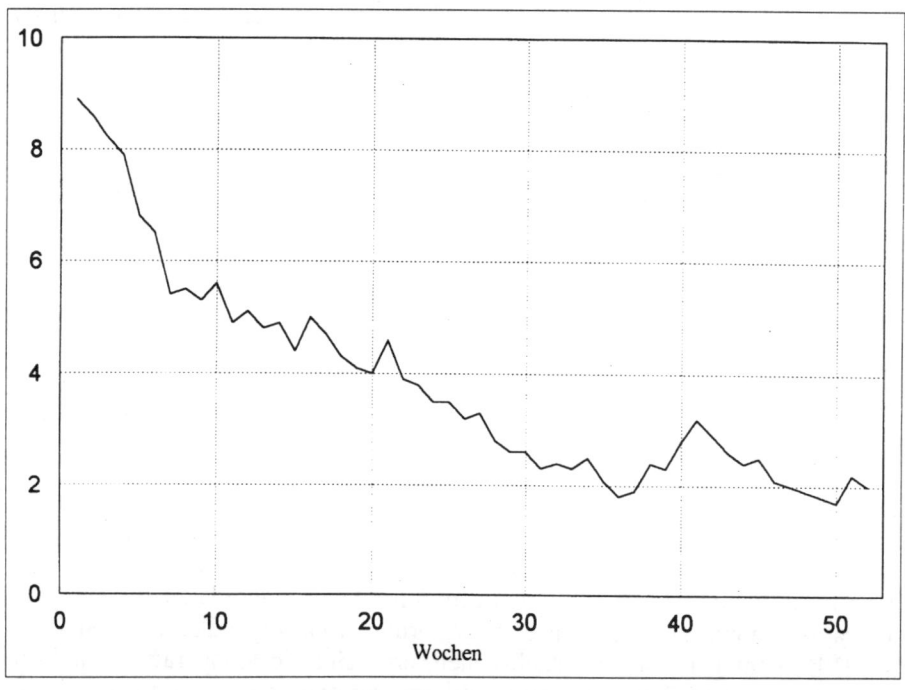

Abbildung 3:
Stimmungsprotokoll der jungen Patientin des Fallbeispiels während der Gruppentherapie
und anschließend während der Einzeltherapie
(die Kurve stellt die gemittelten Werte der Stimmungsurteile von 0 bis 10 dar)

Am Therapieende waren die Depressionswerte (DTK-Dysphorieskala, DIKJ) auf unauffällige Werte zurückgegangen (18. bzw. 25. Prozentrang). Diese Verbesserung schlug sich auch in der Erscheinung und dem Auftreten (Kleidung, Haare, Interaktionsverhalten, Körperhaltung) deutlich nieder. Die Sozialkontakte hatten sich vermehrt. Es bestanden nun regelmäßige Kontakt zu mehreren Gleichaltrigen; sie ging mit ihnen zu Veranstaltungen und wurde zu Festen eingeladen. Sie hatte sich außerdem, angeregt durch den Therapeuten, einem Karate-Club angeschlossen und nahm an dem Training zuverlässig teil. Das Unterrichtsverhalten profitierte ebenfalls, was durch die Noten (u. a. Verbesserung in Mitarbeit und Sport), doch auch durch Äußerungen von mehreren Lehrern bestätigt wurde.

5 Resümee

Die Fallgeschichte zeigt, daß Depressionen, die mit zum Teil erheblichem Ausmaß im Jugendalter vorkommen, häufig mit anderen Problemen (wie Substanzmißbrauch, Ängsten, Eßstörungen) verwoben sind. Die Behandlung Jugendlicher durch kognitive Verhaltenstherapie ist möglich und erfolgversprechend. Dabei kommen, altersangepaßt die gleichen Methoden wie bei älteren Patienten (Hautzinger et al., 1995) zur Anwendung. Die vorgestellte gruppentherapeutische Verhaltenstherapie zur Überwindung depressiver Auffälligkeiten bei Jugendlichen (14 bis 17 Jahre) ist ein Angebot, das lebensraumnah (z.B. in der Schule, in Jugend-Treffs, in Kirchengemeinden) durchgeführt werden kann und seinen Indikationsbereich primär nicht bei der Therapie schwerer depressiver Jugendlicher hat. Der vorgestellte Fall macht deutlich, daß bei einer ernsthaften depressiven Problematik die Gruppentherapie durch verhaltenstherapeutische Einzeltherapie (idealerweise unter Einbezug der Eltern bzw. Familie) ergänzt werden muß.

Die hier gemachten Vorschläge sind bislang nicht ausreichend empirisch untersucht. Es liegen nur erste Ergebnisse vor (Lewinsohn et al., 1994), die jedoch nicht bei sehr ernsthaft depressiv beeinträchtigten Jugendlichen gewonnen wurden. Der Bedarf, weitere psychotherapeutische Vorgehensweisen zu entwickeln, ist angesichts fraglicher Wirksamkeit und Indikation einer Pharmakotherapie bei jugendlichen Depressiven (vgl. Ambrosini et al., 1993; Kazdin, 1994) dringend erforderlich. Darüber hinaus existieren meines Wissens bislang noch keine Vergleichsstudien zwischen Verhaltenstherapie und antidepressiver Pharmakotherapie. Zu wünschen wäre, daß die klinischen Aktivitäten in diesem Bereich verstärkt werden und sich mehr Forschergruppen der Entwicklung und Evaluation psychotherapeutischer Behandlungen für Kinder und Jugendliche mit Depressionen annehmen (vgl. Kazdin, 1994).

Literatur

Ambrosini, P.J., Bianchi, M.D., Rabinovich, H. & Elia, J. (1993). Antidepressant treatment in children und adolescents: I. Affective disorders. *Journal of the American Academy of Child and Adolescent Psychiatry, 32,* 1–6.

Beck, A.T., Rush, A.J., Shaw, B.F. & Emery, G. (1994). *Kognitive Therapie der Depression.* Weinheim: Psychologie Verlags Union, 4. Auflage.

Belsher, G. & Wilkes, T.C.R. (1994). Cognitive therapy: Intervention techniques of five steps in the therapeutic process. In T.C.R. Wilkes, G. Belsher, A.J. Rush & E. Frank (Eds.), *Cognitive therapy for depressed adolescents* (132–243). New York: Guilford.

Essau, C. A. & Petermann, U. (2000). Depression. In F. Petermann (Hrsg.), *Lehrbuch der Klinischen Kinderpsychologie und Kinderpsychotherapie* (291–322). Göttingen: Hogrefe, 4. völlig veränd. Auflage.

Essau, C. A., Petermann, F. & Conradt, J. (1999). Psychologische Intervention bei depressiven Kindern und Jugendlichen. *Kindheit und Entwicklung, 8*, 199–205.

Hautzinger, M. (1991). Perspektiven für ein psychologisches Konzept der Depression. In C. Mundt, P. Fiedler, H. Lang & A. Kraus (Hrsg.), *Depressionskonzepte heute* (236 –248). Berlin: Springer.

Hautzinger, M. (1997). Affektive Störungen. In K. Hahlweg & A. Ehlers (Hrsg.), *Enzyklopädie der Psychologie: Klinische Psychologie, Störungsbilder* (156–239). Göttingen: Hogrefe.

Hautzinger, M., Stark, W. & Treiber, R. (1995). *Kognitive Verhaltenstherapie bei Depressionen.* Weinheim: Psychologie Verlags Union, 3. Auflage.

Hautzinger, M., Gomez, Y., Bopp, C. et al. (1995). *Diagnostisches Interview für Kinder und Jugendliche (DISK).* Mainz: Abteilung Klinische Psychologie am Psychologischen Institut der Universität Mainz.

Kazdin, A. E. (1994). Psychotherapie mit Kindern und Jugendlichen. Aktueller Stand, Fortschritte und zukünftige Entwicklungen. *Psychotherapeut, 39*, 345–352.

Lewinsohn, P. M., Clarke, G. N., Hops, H. & Andrews, J. A. (1990). Cognitive-behavioral treatment for depressed adolescents. *Behavior Therapy, 21*, 385–401.

Lewinsohn, P. M., Hops, H., Roberts, R. E., Seeley, J. R., Rohde, P., Andrews, J. A. & Hautzinger, M. (1992). Affektive Störungen bei Jugendlichen: Prävalenz, Komorbidität und psychosoziale Korrelate. *Verhaltenstherapie, 2*, 132–139.

Lewinsohn, P. M., Rohde, P. & Hautzinger, M. (1994). Kognitive Verhaltenstherapie depressiver Störungen im Jugendalter. Forschungsergebnisse und Behandlungsempfehlungen. *Psychotherapeut, 39*, 353–359.

Reicher, H. (1999). Depressivität und Aggressivität im Jugendalter: Gemeinsame und spezifische psychosoziale Charakteristika. *Kindheit und Entwicklung, 8*, 171–185.

Rossmann, P. (1993). *Depressionstest für Kinder (DTK).* Bern: Huber.

Stiensmeier-Pelster, J., Schürmann, M. & Duda, K. (1989). *Depressionsinventar für Kinder und Jugendliche (DIKJ).* Göttingen: Hogrefe.

Komplexe Entwicklungs- und Verhaltensstörungen

Udo B. Brack und Heinz Süss-Burghart

1 Beschreibung des Störungsbildes

Andreas kam mit 5;1 Jahren erstmals wegen seiner erheblichen Entwicklungs-auffälligkeiten und Verhaltensprobleme zur stationären Diagnostik und Thera-pie. Er war bereits durch die Frühförderungseinrichtung vor Ort betreut wor-den. Dort konnten jedoch die Entwicklungs- und Verhaltensstörungen nicht klar diagnostiziert bzw. abgegrenzt werden; auch über die Ursachen und Be-handlungsmöglichkeiten der Probleme bestanden Unsicherheiten. Deswegen erfolgte über den Kinderarzt die Einweisung zu einer kurzen, intensiven Un-tersuchung des Kindes und zur Erarbeitung eines Therapiekonzeptes unter Ein-beziehung der Eltern.

Andreas wurde als zweites Kind seiner Eltern nach unauffälliger Schwanger-schaft in der 40. Schwangerschaftswoche (Gewicht 3540 Gramm, Länge 51 cm, Kopfumfang 34.5 cm) geboren. Nach der Geburt blieb er noch eine Woche wegen einer verlängerten Neugeborenen-Gelbsucht in der Klinik. Zu-hause fiel ein häufiges, schrilles und langandauerndes Schreien und ein stark gestörter Schlaf-Wach-Rhythmus auf. In der Säuglingszeit zeigte Andreas oft Zeichen von Angst, wenn er frei auf dem Rücken lag. Daneben bemerkten die Eltern schon früh übermäßigen Speichelfluß, intensives Schnarchen und eine grob- und feinmotorische Ungeschicklichkeit. Die Nahrungsaufnahme des Kindes war jedoch problemlos. Auch die frühkindliche Entwicklung erschien zunächst relativ unauffällig; Andreas begann mit acht Monaten zu krabbeln und mit 15 Monaten frei zu laufen.

Die Eltern beobachteten dann jedoch eine verspätete Sprachentwicklung: Das erste Wort produzierte er erst mit 18 Monaten, die ersten Zweiwortsätze mit 2;6 Jahren. (Die drei Jahre ältere Schwester wies zunächst auch eine deutliche Sprachentwicklungsverzögerung auf, holte den Rückstand aber bis zur Ein-schulung weitgehend auf.) Deswegen wurde mit einer Betreuung durch die örtliche Frühförderungseinrichtung begonnen, und das Kind kam zum frühest-möglichen Zeitpunkt in den ebenfalls im Ort befindlichen Kindergarten. Damit sollten auch die zunehmend auffallende Kooperationsverweigerung und die geringe Konzentrationsspanne (die Eltern schilderten ein sehr impulsives, wenig kontrolliertes Arbeiten bei strukturiertem Spiel, Zuordnungsaufgaben, Puzzles usw.) angegangen werden.

Mit 2;0 und dann wieder mit 3;6 Jahren war das Kind vorübergehend sauber und trocken; dazwischen und danach kotete Andreas wieder ein. Zum Zeitpunkt der Aufnahme in die Klinik berichteten die Eltern von mehrmals täglich mit Stuhlspuren beschmutzten Unterhosen und dem gelegentlichen Absetzen geformter, aber kleiner Mengen von Stuhl in die Hose.

Neben der Frühförderung und dem Besuch des Kindergartens erhielt Andreas Krankengymnastik (nach der Bobath-Methode) und Ergotherapie; allerdings bemerkten die Eltern dadurch weder eine Verbesserung der motorischen Ungeschicklichkeit noch der Kooperationsverweigerung, des Konzentrationsmangels oder des Einkotens. Wegen der immer deutlicher werdenden Entwicklungsauffälligkeiten wurden mehrere EEG-Ableitungen und ein Computertomogramm durchgeführt, die zunächst alle unauffällige Ergebnisse erbrachten. Die geringen Fortschritte des Kindes unter ambulanter Therapie und die unklare Diagnose führten zur stationären Untersuchung und Behandlung des Kindes, das zusammen mit seiner Mutter aufgenommen wurde.

2 Differentialdiagnostik

Medizinische Diagnostik. Die allgemeine kinderärztliche Untersuchung erbrachte keine für die Entwicklungsstörungen relevanten Befunde; lediglich die rektale Untersuchung zeigte eine stark gefüllte Ampulle mit reduzierter Sphinkterfunktion, wies also auf eine Überlaufenkopresis hin (vgl. Petermann & Borg-Laufs, in diesem Buch).

Das EEG war, wie schon bei den früheren Ableitungen, unauffällig. Die neurologische Untersuchung, das EMG und die Analyse der Nervenleitgeschwindigkeit führten jedoch zur Diagnose einer neo-archizerebellären Ataxie, also einer spezifischen Form von Bewegungsstörung aufgrund einer Schädigung des Kleinhirns, die als (zumindest Teil-)Ursache für die verwaschene Sprache, den schlecht kontrollierten Speichelfluß und die motorische Ungeschicklichkeit betrachtet werden kann. – Bei der humangenetischen Diagnostik wurden zwar einige kleinere körperliche Mißbildungen (degenerative Stigmata) festgestellt, insgesamt ergab sich jedoch kein Hinweis auf ein bekanntes Syndrombild.

Psychologische Eingangsdiagnostik. In der psychologischen Untersuchung schienen zu einer breiten Prüfung der **intellektuellen Fähigkeiten** die ‚Kaufman Assessment Battery for Children – K-ABC' (Melchers & Preuß, 1991) und, ergänzend und zur Kontrolle, die ‚Wechsler-Preschool and Primary Scales of Intelligence – WPPSI' (Wechsler, 1967) am besten geeignet zu sein. (Die Ergebnisse im letztgenannten Test haben, vor allem im Verbalteil, nur orientierenden Charakter, da für eine – unautorisierte – deutsche Fassung keine eigenen Normen vorliegen.) In beiden Verfahren erreichte Andreas Gesamtergebnisse im – z. T. unteren – Durchschnittsbereich (vgl. Tab. 1).

In der ‚WPPSI' war der Handlungs-IQ (104) etwas besser als der Verbal-IQ (96); relativ gute Werte erreichte Andreas in den Subtests, die die **visuelle Verarbeitungsfähigkeit** (ohne wesentliche Anforderungen an die Feinmotorik) prüfen, besonders schwach fielen ‚Sentences' (6 Wertpunkte) und ‚Animal House' (5 Wertpunkte) aus. Von diesen beiden Untertests, die **sprachliches** und **visuelles Gedächtnis** sowie **konzentriertes Arbeiten** prüfen, entspricht der zweite dem Untertest ‚Tierhäuser' in der deutschen Fassung des Tests, dem ‚Hannover-Wechsler-Intelligenztest für das Vorschulalter – HAWIVA' (Eggert, 1975) und der erste am ehesten, mit stärkerer Betonung der Länge als der syntaktischen Komplexität der Sätze, dem Untertest ‚IS' im ‚Heidelberger Sprachentwicklungstest – H-S-E-T' (Grimm & Schöler, 1991).

Tabelle 1:
Ausgewählte Testergebnisse bei der Erstuntersuchung, beim zweiten Besuch
ein halbes Jahr später und beim letzten Besuch etwa vier Jahre nach der Erstuntersuchung.
Erläuterungen (auch der abgekürzten Testbezeichnungen) finden sich im Text

		Alter		
Test	**Untertest**	**5;1**	**5;7**	**9;2**
K-ABC	SIF	90	100	94
(IQ-Werte)	SED	93	86	67
	SGD	89	107	113
	FS	88	91	86
WPPSI	Gesamtwert	99		
(IQ-Werte bzw. Wertpunkte)	Verbalteil	96		
	Handlungsteil	104		
	Sentences	6		
	Animal House	5		
GMT	SZT	0	2	2
(Rohwerte)	SSV	0	2	3
	GT	1	14	37
	GMT	0	6	12
	FGT	0	5	14
H-S-E-T	IS		35	43
(T-Werte)	TG		35	43

Das schlechte Ergebnis in den ‚Sentences' weist auf Defizite im **verbalen Kurzzeitgedächtnis** hin. Beim Untertest ‚Animal House', bei dem nach einer Vorgabe Stecksteine nach ihrer Farbe bestimmten Tierbildern zugeordnet werden sollen, fiel auf, daß das schlechte Ergebnis nicht auf die Feinmotorik (an die dabei nur geringe Anforderungen gestellt werden) zurückzuführen war, sondern auf den schon von den Eltern beklagten, sehr impulsiven Arbeitsstil:

Das Kind suchte nicht gezielt zum jeweiligen Tierbild durch Blick auf die Vorgabe den richtigen Stein aus bzw. merkte sich die Zuordnung, sondern schaute zur Vorgabe, wählte einen Stein, blickte wieder zur Vorgabe, setzte den Stein dann ein, verglich wieder, korrigierte den zugeordneten Stein usw. Dieser Test prüft indirekt auch das Gedächtnis: Kinder, die sich die Vorgabe der Kombinationen von Tierbildern und Farben gut merken können, können die Aufgaben schneller richtig lösen. Hat ein Kind dabei Probleme und muß daher die Vorgabe immer wieder erneut prüfen, dann kann das (und das schien die Beobachtung von Andreas bei der Testdurchführung zu bestätigen) bei einer Tendenz zu flüchtigem Arbeiten zum beschriebenen chaotischen Arbeitsstil führen.

Auch in der ‚Kaufman Assessment Battery for Children‘ lag der Wert für die (Gesamt-),Skala intellektueller Fähigkeiten – SIF‘ im (unteren) Normbereich, während die stärker bildungsabhängige ‚Fertigkeiten-Skala – FS‘ mit 88 IQ-Punkten etwas unterdurchschnittlich war. Die aus drei Untertests bestehende ‚Skala einzelheitlichen Denkens – SED‘, die einen Teil der Gesamtskala ‚SIF‘ darstellt und die in starkem Maße auch Gedächtnisleistungen prüft, fiel knapp durchschnittlich aus; allerdings ist zu betonen, daß hier das Gedächtnis für semantisch-syntaktische Strukturen eine untergeordnete Rolle spielt und es nur auf das Merken einer Reihe ohne besondere Struktur ankommt. Die Ergebnisse der genannten drei Untertests der ‚SED‘ lagen relativ homogen zwischen acht und zehn Wertpunkten. Bei den Untertests der ‚Skala ganzheitlichen Denkens – SGD‘, die den zweiten Teil der Gesamtskala ‚SIF‘ darstellt und die mit 89 IQ-Punkten auch knapp durchschnittlich ausfiel, war nur das ‚Gestaltschließen‘ mit fünf Wertpunkten ausgeprägt unterdurchschnittlich. (In diesen Test scheinen wieder Aspekte sowohl des Gedächtnisses wie des Arbeitsstils einzugehen.)

Die auffällige **Feinmotorik** wurde mit der ‚Graphomotorischen Testbatterie – GMT‘ (Rudolf, 1986) geprüft. Andreas erzielte hier ein weit unterdurchschnittliches Ergebnis mit Rohwerten zwischen 0 und 16. Da der Test nur Normen bis zu einem Alter von 7;0 Jahren enthält, die Entwicklung des Kindes aber bis zum Alter von 9;2 Jahren verfolgt wurde, wurden die Rohwerte, also die absoluten Leistungen, der schlechtesten Untertests (‚Symmetrie-Zeichen-Test SZT‘, ‚Synergie-Schreibversuch SSV‘, ‚Graphesia-Test GT‘, ‚Graphomotorischer Test GMT‘ und ‚Form-Gestalt-Test FT‘) verglichen (vgl. Tab. 1); dabei zeigte bereits die Beobachtung während der Testdurchführung die feinmotorischen Probleme des Kindes. Das Ergebnis des Subtests ‚Labyrinthe‘ ließ mit 5.5 Rohwertpunkten, worauf das Testmanual hinweist und wie es etwa die Ergebnisse von Butterworth und Hopkins (1993) nahelegen, eine noch nicht ausgeprägte Handdominanz vermuten.

Zur Untersuchung der **sprachlichen Fähigkeiten** diente zunächst die Analyse einer von zwei unabhängigen Beurteilern transskribierten und ausgewerteten Spontansprachprobe (vgl. Süss-Burghart, 1992). Sie ergab eine ‚Mittlere Äußerungslänge in Morphemen – MLU‘ (vgl. Brown, 1973) von 3.3, die nach den

Normen von Miller und Chapman (1981) erheblich unter dem Altersdurchschnitt lag; die erhobenen, überwiegend sehr kurzen Sprachäußerungen befanden sich aber auf einem relativ hohen syntaktischen Niveau, sie enthielten Pluralbildungen, die zweite Vergangenheit und vor allem einen relativ großen Wortschatz mit 119 verschiedenen Wörtern (vgl. Miller, 1987). Systematische Satzstellungsfehler, die auf einen Entwicklungsdysgrammatismus hingewiesen hätten, fanden sich nicht.

Da sich abzeichnete, daß therapeutisch — neben dem insbesondere für den Besuch des Kindergartens und der Schule problematischen Einkoten — zunächst die Eltern-Kind-Interaktion und das Arbeitsverhalten (s. u.) im Vordergrund stehen würden, sollte der ‚Heidelberger Sprachentwicklungstest – H-S-E-T‘ (Grimm & Schöler, 1991) zur detaillierten Planung der Sprachförderung und zur genaueren Abklärung des verbal-begrifflichen Gedächtnisses erst im weiteren Verlauf der Intervention durchgeführt werden. Dagegen wurde der Wortschatz mit dem ‚Aktiven Wortschatz Test – AWST – 3–6‘ (Kiese & Kosielski, 1979) geprüft; mit einem Prozentrang von 84 bestätigte sich das gute Ergebnis dieses Aspekts der Spontansprachprobe.

Da die Artikulation des Kindes im Sinne einer leichten Dyslalie (bzw. Dysarthrie als Teil der ataktischen Symptomatik) teilweise verwaschen wirkte, war zu untersuchen, ob dahinter akustische Differenzierungsprobleme (bzw. eine Lautagnosie) standen; deshalb wurde die ‚Bildwortserie‘ (Schäfer, 1986) angewendet. Dabei fanden sich deutliche Unsicherheiten bei der Unterscheidung von ‚K‘ und ‚T‘ sowie ‚R‘ und ‚L‘; diese Phoneme wurden auch in der Spontansprache häufig ausgelassen.

Die **Verhaltensbeobachtung** ergab, daß Andreas bei den Tests und bei anderen Anforderungen zunächst ausreichend gut mitmachte; bei längerdauernden Aufgabenstellungen zeigten sich jedoch, wie schon beschrieben, auffallende Konzentrationsmängel; er wurde unruhig und zappelig, sein Arbeitsstil mit zunehmender Anforderungsdauer impulsiv.

Wir filmten darüber hinaus die Interaktion zwischen den Eltern und dem Kind in verschiedenen Anforderungs- und Spielsituationen mit der Videokamera; dabei zeigten sich bei den Eltern deutliche Defizite in klarer Strukturvorgabe und in der Eindeutigkeit der semantischen, stimmlichen und gestischen Mitteilungen, vor allem aber in der Häufigkeit und Systematik des Lobens und im kontingenten und klaren Reagieren auf Störverhalten des Kindes.

3 Erklärungsansätze

Bei einer solch komplexen Störung soll zunächst nur das Ergebnis der noch nicht vollständigen, aber für die ersten Therapieschritte hinreichenden Eingangsdiagnostik zusammengefaßt werden. Fallbezogene Erklärungsansätze müssen sich in Wechselwirkung mit den Effekten der einzelnen Therapie-

phasen entwickeln. Folgende Befunde konnten dem Beginn des therapeutischen Handelns zugrundegelegt werden:
- insgesamt durchschnittliche bzw. knapp durchschnittliche intellektuelle Kapazität;
- deutliche feinmotorische Auffälligkeiten (mit, vermutlich in Zusammenhang damit, noch nicht ausgeprägter Händigkeit) in Form einer leichten zerebellären, ataktischen Bewegungsstörung (also nicht als unspezifische ‚clumsiness' – vgl. Powell & Bishop, 1992 –, wie sie oft bei entwicklungsgestörten bzw. sprachretardierten Kindern gefunden wird);
- lcichtc akustische Differenzierungsschwäche;
- leichte Artikulationsprobleme (als unspezifische partielle Dyslalie bzw., resultierend aus der ataktischen Symptomatik, als leichte Dysarthrie bzw. als Folge der akustischen Differenzierungsprobleme – oder als Mischung dieser drei Komponenten);
- vermutlich mäßiggradige, noch genauer abzuklärende Sprachentwicklungsstörung, die sich zunächst in einer, bezogen auf das Alter und die erwähnten Ergebnisse der Intelligenzdiagnostik, reduzierten durchschnittlichen Äußerungslänge (nicht jedoch in einem Defizit des Wortschatzes) zeigte;
- gelegentliches Einkoten in Form einer Überlaufenkopresis;
- ausgeprägt impulsiver Arbeitsstil bei längeren und schwierigeren Anforderungen;
- schlecht strukturierte Eltern-Kind-Interaktion auf der Basis eines wenig effizienten (und insbesondere für die Förderung des Arbeitsstils bzw. die künftige Förderung anderer Entwicklungsbereiche problematischen) Erziehungsstils der Eltern.

4 Interventionsprinzipien

4.1 Therapie – erster Teil

Die vielfältigen Probleme des Kindes sollten, soweit es die psychologisch relevanten Aspekte angeht und wie es verhaltensorientiertes Vorgehen kennzeichnet, gezielt durch evaluierbare Ausformungsprogramme angegangen werden. Deshalb wurde die Behandlung in zwei Abschnitten geplant: Im **ersten Teil der Intervention** (vgl. Tab. 2, oberer Teil) standen die Auffälligkeiten im Vordergrund, die die soziale Integration des Kindes, die Betreuung am Heimatort oder seine weitere Förderung negativ beeinflussen konnten bzw. (wie die Physiotherapie) deutlich von der psychologischen Behandlung (und Elternanleitung) abtrennbar waren. Dementsprechend wurde, unabhängig von den psychologischen Maßnahmen, mit einer Behandlung der insbesondere die **Feinmotorik** beeinträchtigenden ataktischen Bewegungsstörung mittels Physiotherapie nach der Vojta-Methode begonnen, die beide Eltern je einmal täglich zu Hause durchführten. Als Nebeneffekt konnte erwartet werden, daß sich dadurch auch die **Artikulation** verbesserte.

Tabelle 2:
Gliederung der Interventionsmaßnahmen mit den zugehörigen Verfahren zur Diagnostik und Evaluation. Erläuterungen (auch der abgekürzten Testbezeichnungen) finden sich im Text

Intervent.- Abschnitt	therapierelevanter Problembereich	Einzelheiten ermittelt durch	Problem behandelt mit	Erfolg der Intervention evaluiert mit
I	gestörte Eltern-Kind-Interaktion	Elternberichte Verhaltensbeobachtung	Interaktions-Übung über Mediatoren	Elternregistrierungen, Beobachterübereinstimmung
	impulsiver Arbeitsstil	Verhaltensbeobachtung, WPPSI (Animal House)	Konzentrationstraining über Mediatoren	Arbeitsproben (Fehler u. Zeit)
	(Überlauf-) Enkopresis	Elternberichte, Alltagsbeobachtung	Sauberkeitstraining	Sauberkeitskontrolle
	gestörte Feinmotorik (Ataxie)	neurologische Untersuchung, GMT-Testbeobachtung	Physiotherapie (nach Vojta)	neurologische Untersuchung, GMT
II	partielle Dyslalie (bzw. Dysarthrie)	Alltagsbeobachtung, Lauttreppe	(Physiotherapie, verbales Imitationstraining)	Alltagsbeobachtung, Elternberichte
	partielle Lautagnosie	Elternberichte, Bildwortserie	(verbales Imitationstraining)	Elternberichte, Bildwortserie
	geringes verbales Kurz- bzw. Langzeitgedächtnis, geringe Satzlänge	Spontansprachprobe, WPPSI (Sentences, Animal House), H-S-E-T (IS und TG)	Training verbaler Imitation mit schrittweiser Ausformung	Alltagsbeobachtung, H-S-E-T (IS und TG)

Die **Enkopresis** wurde, in Zusammenarbeit mit dem Arzt, in der Form behandelt, daß das Kind jeweils unmittelbar nach der Mittagsmahlzeit ein Laxans und 15 Minuten später ein Signal zum Aufsuchen der Toilette erhielt. Für die Einnahme des Mittels, für den Gang zur Toilette auf das Signal hin und für das nachfolgende Absetzen von Stuhl erhielt Andreas (nach einer Verstärkeranalyse) Münzverstärker, die er, im Sinne eines Verstärkermenüs, gegen Süßigkeiten, Spielzeug usw. nach einem festgelegten Plan eintauschen konnte. Das Laxans wurde mit dem Therapiefortschritt langsam reduziert und schließlich ganz ausgeblendet (vgl. Süss-Burghart & Jakobeit, 1990). Zugleich erhielt das Kind vermehrt schlackenreiche Kost, um die Darmtätigkeit und Sphinktermobilität zu verbessern und eine zeitlich geregelte Stuhlausscheidung zu erzielen (vgl. Petermann & Petermann, 2000).

Eine Verbesserung sowohl der problematischen **Eltern-Kind-Interaktion** als auch des **impulsiven Arbeitsstils** sollte über ein sorgfältig abgestuftes Ausformungsprogramm in Form eines Mediatorentrainings mit Videokontrolle erreicht werden. Die Mutter erhielt dazu (später auch der Vater, zur abwechselnden Durchführung) einen Plan für eine tägliche häusliche Übung. Die Eltern sollten dabei – zunächst in einer abgegrenzten Übungssituation, dann übergehend in den Alltag – lernen, ihr Kind für erwünschtes Verhalten (vor allem Spielverhalten) gezielt zu loben und ihm Verbote eindeutig zu vermitteln. Bei ausgeprägt unerwünschtem (oder gefährlichem bzw. selbstgefährdendem) Verhalten sollten sie ebenso eindeutig eingreifen und schließlich dem Kind Aufforderungen stellen, die für Andreas bewältigbar waren, die ein klar strukturiertes Verhalten verlangten und deren korrekte Ausführung für das Kind zu einer positiven Konsequenz führten (vgl. Brack, 1997). Die in der Übung gestellten Aufforderungen forderten zunächst ganz kurze Handlungen (zum Beispiel ‚Gib mir bitte das Buch, das auf dem Tisch liegt!‘); Andreas wurde für die unmittelbare Ausführung (innerhalb von höchstens 10 Sekunden) gelobt. Mit einer Verbesserung des Spielverhaltens und der Kooperation bei den Aufforderungen (kontrolliert durch laufende Registrierungen) wurden die Anforderungen der letzteren allmählich komplexer gestaltet, das heißt, sie verlangten zunehmend längere Handlungen und strukturierteres Vorgehen, so daß schrittweise der impulsive Arbeitsstil erfaßt und modifiziert wurde; zugleich wurde ab der Stufe, ab der die Aufforderungen sich auf die gezielte, mindestens fünf Minuten erfordernde Beschäftigung mit Arbeitsblättern (zur Vorbereitung auf die Schule) bezogen, das Lob für die (richtige) Bearbeitung durch Münzverstärker ergänzt. Kasten 1 gibt ein Beispiel für das Übungsprogramm auf einer bestimmten Stufe.

4.2 Zwischendiagnostik

Bei der stationären Wiederaufnahme des Kindes im Alter von 5;7 Jahren (mit einigen kurzen ambulanten Besuchen und Videoband-Kontrollen dazwischen) berichteten die Eltern, daß Andreas zwei Monate nach der Erstanleitung zuverlässig sauber war, es seitdem keine Sauberkeitsprobleme mehr gibt und er regelmäßig spontan die Toilette aufsucht. Die neurologische Untersuchung ergab eine leichte Verbesserung der ataktischen Symptomatik, insbesondere der Feinmotorik. Das bestätigte sich bei der Wiederholung der kritischen Untertests der ‚Graphomotorischen Testbatterie – GMT‘ (vgl. Tab. 1).

Die Eltern-Kind-Interaktion wirkte bereits beim Aufnahmegespräch dieses zweiten Aufenthalts deutlich gebessert, sie war strukturierter und bestand aus weniger provokativem und unruhigem Verhalten des Kindes und ungeordneten Erziehungsversuchen der Eltern. Dieses Ergebnis bestätigte sich erstens dadurch, daß die Noten für das Spiel des Kindes in den häuslichen Übungen zunehmend besser wurden; zweitens berichteten die Eltern, daß das Kind auch im Alltag bzw. im Kindergarten mittlerweile ein wesentlich günstigeres Verhalten an den Tag legt; drittens bewerteten zwei unabhängige und in bezug auf die Behandlung ‚naive‘ Auswerter je zwei häusliche Filmaufnahmen der Spielsituation direkt nach dem ersten und direkt vor dem zweiten stationären Aufenthalt (natürlich ohne von dieser zeitlichen Verteilung zu wissen); die Auswertung fiel für die neueren Aufnahmen deutlich besser aus.

Kasten 1:

Beispiel eines Therapieplans für die Mutter zum Aufbau von Kooperation und ruhigem Spielverhalten ihres Kindes und zur Reduktion von Provokationen und Unkonzentriertheit

Übungsplan für die Mutter und Andreas

1. Bitte üben Sie jeden Wochentag in der von Ihnen als beste gewählten Zeit von 16.30 bis 17.00 Uhr. Achten Sie darauf, daß Andreas generell von 16.00 bis 17.30 zu Hause ist und in dieser Zeit keine für ihn sehr interessante Beschäftigung (Videospiel usw.) verfügbar ist, so daß sie ihn weder zu den Übungen holen müssen noch er auf ein schnelles Ende drängt.

2. Bieten Sie Andreas um 16.30 jeweils einmal an, mit ihm zu spielen. Zwingen oder überreden Sie ihn nicht, zum Spiel zu kommen. Bleiben Sie dann, gleich, ob und wann er kommt, bis 17.00 am vereinbarten Platz. Wählen Sie vorher 3 der 20 Spiele aus, die Andreas nach seinen Angaben gerne mag; lassen Sie ihn, wenn er kommt, eines davon bestimmen. (Achten Sie auch bei Erweiterung des Spielvorrats darauf, daß sich darin nur wenige Wettspiele mit festen Regeln befinden; es sollten vor allem Materialien sein, mit denen er prinzipiell auch alleine spielen kann – Bausteine, Lego, Knete, Puzzles usw.)

3. Lassen Sie dann Andreas spielen, spielen Sie selbst nur wenig mit. Loben Sie Andreas, wenn er spielt (und dabei auf das Spiel sieht), immer wieder unmittelbar, also nicht verzögert, wenden Sie sich ihm zu, kommentieren Sie das Spiel usw. – wie wir es eingeübt haben.

4. Tut er etwas Gefährliches oder sehr Unerwünschtes (er geht an die Steckdose, schiebt den Stuhl auf dem Boden usw.), dann sagen Sie bitte einmal ‚nein‘; unterbricht er die Handlung nicht sofort, greifen Sie schweigend und ohne zu strafen ein, indem Sie ihn von dem Gegenstand bzw. diesen von ihm trennen; lassen Sie das Kind dann aber wieder los, versuchen Sie nicht, solche Handlungen zu verhindern, indem Sie es ablenken oder festhalten.

5. Stellen Sie ihm (auf dem jetzigen Stand der Übung) bitte in der halben Stunde dreimal eine Aufforderung (jeweils nur einmal!) zu einer der Handlungen, die auf Ihrer Liste stehen und die er in etwa einer halben Minute erledigen kann (zehn kleine Steine nach drei verschiedenen Farben sortieren, ein Kreuz in jeden der zehn Kreise auf dem Übungsblatt malen usw.). Stellen Sie unmittelbar nach der Aufforderung den Küchenwecker auf eine Minute. Sagt Andreas, daß er fertig sei oder ist die Zeit abgelaufen, dann loben Sie ihn bitte deutlich, wenn die Aufgabe richtig gelöst wurde und nehmen das Material weg; ist die Bearbeitung nicht vollständig oder nicht richtig, dann nehmen Sie das Material kommentarlos weg. Tadeln, ermahnen und belehren Sie ihn nicht – die Aufgaben sind so gewählt, daß er sie prinzipiell lösen kann und keine Erklärungen, die bei ihm zum großen Teil die Funktion der Zuwendung bei unerwünschtem oder unkonzentriertem Verhalten haben, notwendig sind.

6. Bitte sprechen Sie, außer dem Lob, der Zuwendung, dem ‚nein‘ und den Aufforderungen (jeweils in der beschriebenen Form) in der Übung nichts mit ihm. Ausnahme: Wenn er eine sinnvolle Äußerung zum Spiel macht oder Ihnen eine sinnvolle Frage stellt, dann gehen Sie bitte kurz, mit wenigen Worten, darauf ein. Lassen Sie sich nicht auf längere Diskussionen durch wiederholte Äußerungen oder Fragen des Kindes ein.

7. Bitte registrieren Sie auf der Liste: Wann haben Sie genau das Spielangebot gemacht, wann ist er zum Spiel gekommen, wie benoten Sie sein Spiel (im Durchschnitt der Übung), wieviele der drei Aufforderungen hat er angemessen ausgeführt, welche besonderen Ereignisse sind vorgefallen? Bitte nehmen Sie zwischen den dreiwöchigen Besuchsterminen die Sitzungen montags mit Ihrer Videokamera auf und schicken Sie mir das Band (und die Registrierliste) zu – Sie erhalten es kommentiert so schnell wie möglich zurück.

Die zunehmende Zahl der (inhaltlich und zeitlich) richtig bearbeiteten Aufgaben belegte, daß durch die häuslichen Übungen der Arbeitsstil verbessert worden war. Das ließ sich auf jeder Stufe des Übungsplans (aufgrund der Standardisierung der Aufgaben) in bezug auf Menge und Schwierigkeit prüfen. Auch für diesen Bereich berichteten die Eltern von deutlichen Fortschritten sowohl im Alltag zu Hause als auch im Kindergarten.

Zur Kontrolle (und weil das Kind im Kindergarten bei verschiedensten kognitiven Anforderungen gelegentlich immer wieder ‚auffällig' war) wiederholten wir die ‚K-ABC' (vgl. Tab. 1, Alter 5;7 Jahre). Der (Gesamt-),SIF'-IQ lag zehn Punkte höher als bei der Ersttestung; dieses Ergebnis kann, wie auch der Vergleich einzelner Aufgaben zeigte, auf die genannte Verbesserung des Arbeitsstils zurückgeführt werden. Allerdings ist der Fortschritt lediglich auf die primär an der unmittelbaren visuellen Informationsverarbeitung orientierten Untertests von ‚SGD' zurückzuführen, wo eine Zunahme von 18 IQ-Punkten festzustellen war. Dagegen nahm der ‚SED'-IQ, der vor allem aus gedächtnisabhängigen Aufgaben besteht, um sieben IQ-Punkte ab. Der ‚FS'-IQ schließlich war um drei Punkte höher als bei der Ersttestung.

Aus der Erstdiagnostik, dem Ergebnis des ersten Teils der Therapie und der neuerlichen Durchführung der ‚K-ABC' resultierten folgende Annahmen:
- In Intelligenztests, die die kognitive Analyse visuell gebotenen Materials verlangen und keine wesentlichen Anforderungen an das Gedächtnis für syntaktisch-semantisch strukturierte Information stellen, müßte das Kind gute Ergebnisse erzielen. Ein solcher Test sind etwa die ‚Standard Progressive Matrices – SPM' (Kratzmeier & Horn, 1979).
- Mit Testaufgaben, bei denen das Gedächtnis für syntaktisch-semantisch strukturiertes Material im Vordergrund steht (oder, anders gesagt, bei denen normal entwickelte Kinder diese Strukturierung zum besseren Merken ausnützen können), müßte Andreas deutliche Schwierigkeiten haben. Aus solchen Testaufgaben besteht der Untertest ‚Imitation grammatischer Strukturformen – IS' im erwähnten ‚Heidelberger Sprachentwicklungstest', der das Kurzzeitgedächtnis für zunehmend komplexer strukturierte Sätze prüft. Falls ein Kind dabei – im Vergleich zu den anderen Untertests – deutlich abfallende Leistungen zeigt, fällt in der Regel auch der Untertest ‚Textgedächtnis – TG' des gleichen Tests schlecht aus, weil dieser die Entnahme der wesentlichen Inhalte der im verbalen Kurzzeitgedächtnis gespeicherten Information für das Langzeitgedächtnis prüft.
- Bei Aufgaben, die das Gedächtnis für nicht strukturell verbundene Einzelinformationen testen, war die Situation aufgrund der Untertests der Skala ‚SED' in der ‚K-ABC' unklar und sollte weiter verfolgt werden. Andreas erreichte bei der ersten vs. der zweiten Testung bei den ‚Handbewegungen' 9 vs. 8 Wertpunkte, beim ‚Zahlennachsprechen' 10 vs. 7 und bei der ‚Wortreihe' 8 vs. 8.

In den „Progressiven Matrizen" erzielte Andreas, wie erwartet, ein durchschnittliches Ergebnis. Ebenso bestätigte sich die Hypothese der Probleme bei

‚IS' und ‚TG' im ‚Heidelberger Sprachentwicklungstest': Andreas erreichte in beiden Untertests einen T-Wert von 35 (vgl. Tab.1), der 1.5 Standard-abweichungen unter dem Durchschnitt liegt (also einem Abweichungs-IQ von 77.5 entspricht). Die Ergebnisse der anderen Untertests des ‚H-S-E-T' lagen, wie zu vermuten war, deutlich über diesem Wert, also im Durchschnittsbereich.

4.3 Therapie – zweiter Teil

Da sich die Annahme einer deutlichen Teilleistungsschwäche im Bereich des Gedächtnisses für sprachlich strukturierte Information bestätigte (und die El-tern-Kind-Interaktion ebenso wie der Arbeitsstil des Kindes sich bereits stark gebessert hatten), lag eine Umstellung der Übungen auf die Förderung des Satzgedächtnisses nahe (vgl. Tab.2, unterer Teil). Damit verbunden war die Annahme, daß die bei der Eingangsdiagnostik festgestellte auffallend geringe Satzlänge des Kindes mit dieser Teilleistungsschwäche zu tun hat und die genannte Übung zu längeren (und damit auch komplexeren) Sätzen von An-dreas führen könnte. Dementsprechend leiteten wir die Eltern zu einer Übung an, die wieder täglich zu Hause durchzuführen war und die vorherige Übung zu Spiel, Kooperation und Arbeitsstil ersetzen sollte. Auch diese neue Übung war wieder als Stufentherapie geplant (vgl. Süss-Burghart & Brack, 1991).

Andreas sollte dabei vorgesprochene Sätze reproduzieren. Richtiges Nachspre-chen war wieder mit einem Verstärkungssystem verbunden, vor allem um die langfristige, spontane Bereitschaft zur Mitarbeit des Kindes zu sichern. (An-dreas hatte entsprechend dann auch, wie schon bei der vorigen Übung, großes Interesse an der pünktlichen Durchführung ‚seiner' täglichen Übung.) Die Län-ge und die syntaktisch-semantische Komplexität der Sätze wurden in kleinen Schritten gesteigert. Der Übergang zur jeweils nächsten Stufe hing davon ab, daß die vorausgehende Stufe – orientiert an einem Kriterium – gut beherrscht wurde.

Ein Beispiel für eine Stufe und ein Kriterium: Eine Übungsphase bestand aus Sechswortsätzen, die jeweils zwei Nomina (bzw. Namen) und ein Adjektiv enthielten (etwa ‚Heidi spielt mit ihrer großen Puppe' oder ‚Der Junge liegt im grünen Gras'). Die Mutter erstellte zwanzig solcher Sätze, die in beliebiger Reihenfolge in der zwanzigminütigen täglichen Übung vorgesprochen wurden und von ihm reproduziert werden sollten. Hatte er, über die einzelnen Sitzun-gen hinweg gerechnet, einen Satz zehnmal in Folge (laut Registrierung) richtig nachgesprochen, dann wurde dieser weggelassen und durch einen neuen Satz des gleichen Typs ersetzt – so lange, bis 100 solcher Sätze erfolgreich durch-geübt waren. Dann wurde zur nächsten Komplexitätsstufe übergegangen.

Ein Aspekt der zunehmenden Komplexität bestand auch darin, Sätze verzögert reproduzieren zu lassen: Andreas sollte den Satz erst nachsprechen, wenn die Mutter, zum Beispiel fünf Sekunden nachdem sie den Satz vorgesprochen hat-te, ein bestimmtes Signal gab. Zusätzlich zu dieser Erschwerung wurde auf der letzten Stufe des Übungsprogramms (etwa eineinhalb Jahre nach Beginn des verbalen Imitationstrainings) gefordert, die wesentlichen Inhalte gehörter Geschichten (zum Teil auch mit zusätzlicher Verzögerung) wiederzugeben. Auch dieser Übungsteil wurde nach genau definierten Kriterien bewertet. Mit dieser Übung sollte das Gedächtnis für gehörte und die Länge produzierter Sätze sowie die dyslalische (bzw. partiell dysarthrische) Artikulation verbessert und die phonematische Differenzierungsfähigkeit gesteigert werden. Deshalb enthielt die Übungsliste außer den Sätzen immer auch einige einfache, für die Unterscheidungs- und Artikulationsleistung von Andreas aber problematische Wörter, für deren exaktes Imitieren er ebenfalls verstärkt wurde.

Die Kontrolle der Übung erfolgte wieder durch Videoaufnahmen, kurze ambulante Besuche in größeren Abständen und weitere vier kurzstationäre Aufenthalte von jeweils zwei bis drei Tagen. – Daneben sollte auch die Physiotherapie nach der Vojta-Methode weiterhin von beiden Eltern durchgeführt werden; neben der Anleitung der Eltern durch die Krankengymnastin erfolgte auch in diesem Bereich eine intensive Therapiekontrolle über Videoaufnahmen.

4.4 Weiterer Verlauf

Bei den nachfolgenden ambulanten und vor allem den stationären Kontrollen wurde die Entwicklung in den relevanten Fähigkeitsbereichen weiterhin laufend mit psychometrischen Verfahren überprüft; das Verhalten des Kindes und die Eltern-Kind-Interaktion wurden dabei in unterschiedlichen Situationen beobachtet. Daraus wurden, über die folgenden dreieinhalb Jahre hinweg, verschiedene zusätzliche, kleinere Therapiemaßnahmen abgeleitet.

Entscheidend für die hier diskutierten Aspekte waren einige besondere Verlaufsmerkmale (Tab. 1 enthält nur einige wichtige der erhobenen Testdaten):

● Die Sprachtherapie verbesserte die dabei angegangenen Probleme des Kindes relativ schnell; zuerst erreichte es in ‚IS' des ‚H-S-E-T' Werte im Bereich des unteren Durchschnitts, mit einer (erwarteten) Verzögerung dann auch im ‚TG'. Ein Jahr nach der Erstuntersuchung war die ‚Mittlere Äußerungslänge in Morphemen – MLU' in einer Spontansprachprobe von 3.3 auf 4.5 gestiegen, der Wortschatz erweiterte sich auf 145 verschiedene Wörter. Auch die Artikulation wurde wesentlich deutlicher. Die Aufgaben zur akustischen Differenzierung aus der ‚Bildwortserie' konnte Andreas etwa zum gleichen Zeitpunkt fehlerlos lösen. Wegen dieser Verbesserungen beendeten wir die Sprachtherapie im Alter von 7;1 Jahren.

● Durch die Vojta-Therapie reduzierte sich die Ataxie, so daß etwa im Alter von sieben Jahren nur noch leichteste Zeichen davon festzustellen waren.

● Im Lauf der Zeit ergaben sich verschiedene weitere, kleine Defizite in Bereichen des Arbeits- und Leistungsverhaltens, der visuomotorischen Geschicklichkeit usw. Aus diesem Grund wurde die Sprachübung (gewissermaßen schulvorbereitend) nacheinander durch verschiedene, eher spielerische Übungen ersetzt; diese Übungen wurden im weiteren Verlauf durch die vor Ort behandelnde Ergotherapeutin übernommen.

● Die Einschulung erfolgte in eine Regelschule. Wegen erheblicher Probleme mit den Schulleistungen im Lesen und Schreiben (auf dem Hintergrund der Beobachtung der Lehrerin, daß das Kind Schwierigkeiten hatte, dem Unterricht zu folgen und dementsprechend eine deutliche Leistungsverweigerung ausbildete) wurde Andreas in eine Körperbehindertenschule mit sehr kleiner Klassenstärke – aber etwa dem Lehrstoff der Regelschule – umgeschult. Die Mutter wurde angeleitet, wie sie ihm zu Hause Hilfestellung beim Erwerb des Lesens und Schreibens geben konnte.

● Der Verlauf der Testergebnisse wies auf einen alarmierenden Befund hin, der eventuell auch die Probleme in der Schule erklärt: Während sich die Leistungen von Andreas in allen anderen getesteten Funktionen zunehmend im Bereich der Normalwerte einpendelten, nahmen die Werte in der ‚Skala einzelheitlichen Denkens‘ der ‚K-ABC‘ kontinuierlich ab; und zwar nicht nur in den relativen, auf das Alter bezogenen Meßgrößen, sondern auch in den Absolutwerten. Von der ersten bis zur letzten Testung sanken die Wertpunkte in den drei Untertests von 9 auf 5, von 10 auf 6 und von 8 auf 3. Während Andreas also gelernt hatte, bei verbaler Information die Struktur zum besseren Merken auszunutzen, nahm sein Gedächtnis für nicht-strukturierte Information stark ab.

Dieser auffällige Befund war der Hauptgrund für laufende EEG-Kontrollen und für die Durchführung eines Kernspintomogramms. Das EEG war bis zum Alter von 7;8 Jahren unauffällig; dann wurde erstmals ein „suspektes Müdigkeits- und Schlafentzugs-EEG mit Frequenz- und Amplitudenreduktion okzipital links" abgeleitet, das den Verdacht auf einen Herdbefund nahelegte. Das daraufhin durchgeführte Kernspintomogramm ergab verschiedene Auffälligkeiten, unter anderem „vergrößerte Hinterhörner mit konsekutiver Verschmächtigung des okzipitalen Marklagers und einem kleinen älteren vaskulären Defekt am Hirnstamm", also eine Erweiterung der seitlichen Hirnkammern und einen Gefäßdefekt.

Es ist zu vermuten, daß diese Befunde mit dem spezifischen, psychometrisch nachgewiesenen Gedächtnisabbau zu tun haben. Um mögliche weitere und zunehmende hirnorganische Komplikationen, etwa die Ausbildung eines Anfallsleidens, zu kontrollieren, soll das Kind auch in Zukunft – in größeren Abständen – unter neuropädiatrischer und klinisch-psychologischer Beobachtung bleiben.

5 Resümee

Es wurde über einen Jungen mit schweren Teilleistungsproblemen berichtet. Die Verlaufsdiagnostik erstreckte sich über den Altersbereich von 5;1 bis 9;2 Jahren. Es wurden, vor allem über die entsprechend angeleiteten Eltern, verschiedene Behandlungsprogramme durchgeführt. Bei einer insgesamt knapp durchschnittlichen intellektuellen Gesamtkapazität ergaben sich zunächst Probleme in der Feinmotorik, in der aktiven Sprache, in der Artikulation, in der phonematischen Differenzierungsfähigkeit, in der Eltern-Kind-Interaktion und im Arbeitsstil. Daneben bestand eine Enkopresis. Die weitere Diagnostik legte die Annahme nahe, daß die Sprachprobleme auf einem spezifischen Gedächtnisdefizit beruhten.

Die Therapie konnte in allen Problembereichen deutliche Fortschritte erzielen. Allerdings wies die Verlaufsdiagnostik auf ein anderes, sich offenbar zunehmend ausbildendes Gedächtnisdefizit in einem Bereich hin, der bei der Erstuntersuchung unauffällig gewesen war. Wegen dieses Befundes wurden mehrere neuropädiatrische Kontrollen durchgeführt, die erstmals im Alter von 7;8 Jahren einen manifesten hirnorganischen Befund erbrachten. Weitere neuropädiatrische und klinisch-psychologische Kontrolluntersuchungen sind daher in größeren Abständen vorgesehen.

Literatur

Brack, U. B. (1997). Verhaltenstherapeutische Förderung entwicklungsgestörter Kinder. In F. Petermann (Hrsg.), *Kinderverhaltenstherapie* (311–330). Baltmannsweiler: Schneider.

Brown, R. (1973). *A first language. The early stages.* Cambridge: Harvard University Press.

Butterworth, G. & Hopkins, B. (1993). Origins of handedness in human infants. *Developmental Medicine and Child Neurology, 35,* 177–184.

Eggert, D. (Hrsg.) (1975). *HAWIVA. Hannover Wechsler-Intelligenztest für das Vorschulalter.* Bern: Huber.

Grimm, H. & Schöler, H. (1991). *Heidelberger Sprachentwicklungstest (H-S-E-T).* Göttingen: Hogrefe, 2. Auflage.

Kiese, C. & Kosielski, P. H. (1979). *Aktiver Wortschatztest für drei- bis sechsjährige Kinder.* Weinheim: Beltz.

Kratzmeier, H. & Horn, R. (1979). *Standard Progressive Matrices,* deutsche Bearbeitung. Weinheim: Beltz.

Melchers, P. & Preuß, U. (1991). *K-ABC,* deutschsprachige Fassung. Amsterdam: Swets & Zeitlinger.

Miller, J. F. (1987). *A grammatical characterisation of language disorders. Proceedings of the first international symposium of specific speech and language disorders in children.* London: AFASIK.

Miller, J. & Chapman, R. (1981). The relation between age and mean lenght of utterances in morphemes. *Journal of Speech and Hearing Research, 24,* 154–161.

Powell, R. P. & Bishop, D. V. M. (1992). Clumsiness and perceptual problems in children with specific language impairment. *Developmental Medicine and Child Neurology, 34,* 765–775.

Petermann, U. & Petermann, F. (2000). Störungen der Ausscheidung: Enuresis und Enkopresis. In F. Petermann (Hrsg.), *Lehrbuch der Klinischen Kinderpsychologie und Kinderpsychotherapie* (381–407). Göttingen: Hogrefe, 4., völlig veränd. Auflage.

Rudolf, H. (1986). *Graphomotorische Testbatterie.* Weinheim: Beltz.

Schäfer, H. (1986). *Bildwortserie.* Weinheim: Beltz.

Süss-Burghart, H. (1992). Reliabilität und Validität von Spontansprachproben. *Sprache-Stimme-Gehör, 16,* 108–112.

Süss-Burghart, H. & Brack, U.B. (1991). Therapie von Sprachentwicklungsverzögerungen bei mental retardierten Kindern. *Zeitschrift für Kinder- und Jugendpsychiatrie, 19*, 158–163.

Süss-Burghart, H. & Jakobeit, M. (1990). Zur Therapie der chronischen Enkopresis mit Laxantien und Placebo. *Der Kinderarzt, 21*, 437–442.

Wechsler, D. (1967). *Manual for the Wechsler Preschool and Primary Scales of Intelligence.* New York: Psychological Corporation.

Lese- und Rechtschreibstörungen

Karin Landerl und Christian Klicpera

In der Internationalen Klassifikation psychischer Störungen der Weltgesundheitsorganisation (ICD-10, Kap. V[F]; Dilling, Mombour & Schmidt, 1991) ist die Lese- und Rechtschreibstörung als eine der umschriebenen Entwicklungsstörungen schulischer Fertigkeiten ausgewiesen, wobei zwischen der kombinierten Lese- und Rechtschreibstörung (im folgenden kurz als LRS bezeichnet) und der isolierten Rechtschreibstörung unterschieden wird. Unter „umschriebenen Entwicklungsstörungen" versteht man solche, die eine einzige Fertigkeit – in diesem Fall den Schriftspracherwerb – betreffen, während die allgemeine Entwicklung unauffällig ist.

Im Regelfall zeigen sich die Schwierigkeiten bereits in den ersten Stadien des Erstleseunterrichts. Den betroffenen Kindern bereitet dabei das Erlernen der Buchstaben-Lautbeziehungen Mühe. Insbesondere Buchstaben, die ähnliche Laute abbilden (z. B. *d* und *t*, *o* und *u*), sind anfällig für Verwechslungen. Hier kommt erschwerend hinzu, daß manche Buchstaben, die ähnliche Laute abbilden, auch visuell ähnlich sind (z. B. *b* und *d*). Die Ursachen dieser Buchstabenverwechslungen liegen meist nicht in einer mangelnden visuellen Differenzierung. So werden etwa die Buchstaben *n* und *u* nur selten miteinander verwechselt, obwohl sie visuell ähnlich sind (Cossu, Shankweiler, Liberman & Gugliotta, 1993). Da diese Buchstaben aber Laute abbilden, die wenig Ähnlichkeit miteinander haben, können sie besser auseinandergehalten werden. In den Anfangsphasen haben die Kinder zudem besondere Schwierigkeiten, die durch Buchstaben abgebildeten Laute beim Lesen zusammenzulauten, also eine Lautsynthese durchzuführen. Dadurch ist das „Erlesen" unbekannter Wörter bzw. das „lautierende" Lesen betroffen (Klicpera & Gasteiger-Klicpera, 1999; Wimmer, 1996; Wimmer & Hummer, 1990). Umgekehrt gelingt auch die Segmentation von gesprochenen Wörtern in einzelne Laute beim Schreiben nur schlecht und dies erschwert das „lautorientierte" Schreiben. Diese Anfangsschwierigkeiten sind unterschiedlich stark ausgeprägt und können mit gezieltem Training meist überwunden werden.

In weiterer Folge sind beim Lesen insbesondere eine stark verlangsamte Lesegeschwindigkeit und in der Rechtschreibung die zwar lauttreuen, aber orthographisch falschen Schreibweisen (z. B. *Somer, Fater, schbilen*) auffällig. Schwierigkeiten im Leseverständnis sind zwar kein zentrales Symptom der

LRS, sie können aber als Folge einer defizitären Worterkennung auftreten, das heißt es kann passieren, daß Texte, welche mühevoll und zum Teil fehlerhaft durchgelesen wurden, nicht verstanden werden. Manche Kinder mit Lese- und Rechtschreibschwierigkeiten haben allerdings auch genuine Leseverständnisschwierigkeiten und in der Folge dann auch Probleme beim schriftlichen Ausdruck. Diese sind vielfach Folge geringer sprachlicher Fertigkeiten.

1 Beschreibung des Störungsbildes

Biographische Angaben. Benni ist 11 Jahre alt. Er ist das älteste von vier Kindern. Sein Vater ist von Beruf selbständiger Textilkaufmann, seine Mutter betreut derzeit die Kinder und hilft zeitweise in der Firma mit. Seine Eltern waren beide sehr gute Schüler und lesen gerne und viel. Bennis achtjährige Schwester hat ebenfalls keinerlei Schulprobleme, seine beiden kleineren Geschwister sind noch nicht schulpflichtig. Ein Bruder seines Vaters hatte allerdings in der Schule große Schwierigkeiten mit dem Lesen und Schreibenlernen und hat auch als Erwachsener noch Probleme mit der Rechtschreibung. Benni wächst wohlbehütet in guten finanziellen Verhältnissen auf. Er ist ein offenes, aufgeschlossenes Kind, das leicht Freunde findet. Auch auf Erwachsene geht er ohne Scheu zu. Seine Mutter berichtet, daß seine frühkindliche Entwicklung normal verlief. Wenn man genau hinhört, kann man bei Benni leichte Artikulationsprobleme identifizieren, er hat manchmal Schwierigkeiten, ein ,,s" oder ein ,,sch" (wie in *Schule*) korrekt auszusprechen. Allerdings war dieses Artikulationsproblem nie so auffällig, daß er einer Logopädin vorgestellt worden wäre. Als Benni mit sechs Jahren in die Schule kam, tauchten aber bald die ersten Probleme auf. Obwohl er an sich kein schlechter Schüler war, wollte es mit dem Lesenlernen von Anfang an nicht so recht klappen.

Leseentwicklung: Anfangsphase. Bereits nach etwa vier Monaten, zu Weihnachten der ersten Klasse, fiel Bennis Mutter auf, daß ihr Sohn zwar die Buchstaben brav mitlernte, aber noch kaum in der Lage war, auch nur zwei Buchstabenlaute zusammenzulauten. Bennis Klassenlehrerin beruhigte die Mutter aber, daß Benni nur mehr Zeit brauche, um lesen zu lernen. In den weiteren Monaten beobachtete Bennis Mutter, daß er zwar aus seinem Lesebuch ,,vorlesen" konnte, an ihm unbekannten Wörtern scheiterte er aber völlig. Offenbar war Benni also in der Lage, das nicht besonders umfangreiche Lesematerial seiner Lesefibel auswendig zu lernen, lesen konnte er aber noch immer nicht. Als Benni in der zweiten Klasse war, erfuhr seine Mutter zufällig von einem Bekannten, daß am Institut für Psychologie der Universität Salzburg Diagnosen und auch Förderprogramme für spezifisch lese- und rechtschreibschwache Kinder durchgeführt werden.

2 Differentialdiagnostik

In der Diagnostik wird traditionell die Unterscheidung zwischen sogenannten spezifischen und unspezifischen Lese- und Rechtschreibstörungen besonders beachtet. Bei spezifischen Lese- und Rechtschreibschwierigkeiten, im deutschen Sprachraum Legasthenie genannt, stehen die geringen Fortschritte beim Erlernen des Lesens und Rechtschreibens in auffälliger Diskrepanz zu den sonst durchschnittlichen und guten intellektuellen Leistungen. Allerdings dürfte die Art der Schwierigkeiten, die das Erlernen des Lesens und des Rechtschreibens Kindern unterschiedlicher Intelligenz bereitet, sehr ähnlich sein. Weder von einer differenzierten Analyse der Lese- und Rechtschreibschwierigkeiten noch von den Erfahrungen in der Förderung her erscheint es gerechtfertigt, Kinder mit spezifischen Lese- und Rechtschreibschwierigkeiten besonders hervorzuheben (Klicpera & Gasteiger-Klicpera, 1995; Stanovich & Siegel, 1994).

Eine differenzierte Diagnostik sollte hingegen die Art der Schwierigkeiten, die die Kinder beim Lesen und Schreiben haben, näher abklären. Gut gesichert und für die Förderung relevant ist die Unterscheidung zwischen Kindern mit Lese- und Rechtschreibschwierigkeiten und Kindern mit isolierten Rechtschreibschwierigkeiten sowie zwischen Kindern, die beim Worterkennen bzw. beim Rechtschreiben Probleme haben, und Kindern, die Probleme beim Leseverständnis bzw. beim schriftlichen Ausdruck haben (diese können auch bei Kindern auftreten, die nur geringe Probleme beim mündlichen Lesen bzw. beim Worterkennen und beim Rechtschreiben zeigen; vgl. Klicpera & Gasteiger-Klicpera, 1999).

Erste Diagnose am Beginn der zweiten Klasse. In der Diagnosesitzung zeigte sich, daß Benni die Buchstaben-Lautbeziehungen abgesehen von einigen eher seltenen Buchstaben wie *x*, *y* oder *äu* gut beherrschte, aber immer noch nicht zusammenfügen konnte. Zwar konnte Benni schon Wörter richtig abschreiben, Schreiben nach Diktat war aber völlig unmöglich. Aus diesem Grund war auch die Durchführung eines standardisierten Lese- und Rechtschreibtests zu diesem Zeitpunkt nicht möglich. Bennis massive Schwierigkeiten mit dem Lesen und Schreiben waren um so auffälliger, als seine sonstigen schulischen Leistungen recht gut waren. Bei einem nonverbalen Intelligenztest (Ravens Coloured Progressive Matrices; vgl. Schmidtke, Schaller & Becker, 1978) erzielte Benni einen IQ von 116, so daß eine generelle Lernschwäche ausgeschlossen werden konnte. Weder auffallende Mängel im schulischen Unterricht bzw. mangelnder Schulbesuch noch mangelnde häusliche Anregung (Bennis Familie kann zur oberen Mittelschicht gerechnet werden) kamen als Verursacher in Frage. Gemäß der Definition des ICD-10 wurde daher eine spezifische Entwicklungsstörung des Lesens und Schreibens diagnostiziert.

3 Erklärungsansätze

Die Forschungsbefunde der letzten Jahre haben deutlich gezeigt, daß spezifische Schwierigkeiten beim Schriftspracherwerb in der Mehrzahl der Fälle durch ein spezifisches Sprachdefizit verursacht sind (Überblick bei Klicpera & Gasteiger-Klicpera, 1995; Warnke & Roth, 2000). So weist das ICD-10 darauf hin, daß umschriebenen Entwicklungsstörungen des Lesens und Rechtschreibens häufig Entwicklungsstörungen des Sprechens und der Sprache vorausgehen. Zum Zeitpunkt der Einschulung ist die Sprache aber im Normalfall unauffällig. Bei anderen LRS-Kindern werden zwar keine Sprachentwicklungsstörungen beobachtet, dennoch deckt eine sorgfältige Beurteilung der Sprachfunktionen oft spezielle Probleme auf. LRS-Kinder haben häufig Schwierigkeiten bei Aufgaben, die eine Analyse, Differenzierung oder Kategorisierung von Sprachlauten erfordern, obwohl keine Hörstörung vorliegt. Spezifische Schwierigkeiten im Schriftspracherwerb sind also durch ein Defizit im Bereich der phonologischen Verarbeitung verursacht, das heißt durch Schwierigkeiten bei der kognitiven Verarbeitung der Lautstruktur der gesprochenen Sprache. Oft wird angenommen, daß LRS-Kinder etwa den Unterschied zwischen *Garten* und *Karten* oder zwischen *Kamm* und *kam* (unterscheiden sich nur in der Vokallänge) nicht „hören" würden. Die Tatsache, daß die Kinder diese Wörter in ihrer Spontansprache richtig aussprechen und unterscheiden, zeigt aber, daß diese Annahme nicht richtig sein kann. Oft gelingt es allerdings nicht zu lokalisieren, worin genau der lautliche Unterschied zwischen diesen ähnlich aussprochenen Wörtern besteht.

Dieses mangelnde explizite Verständnis für die Lautstruktur der Sprache ist häufig die Ursache für Schwierigkeiten beim Erlernen der Buchstaben, weil Buchstaben einzelne Sprachlaute abbilden. Auch Defizite beim Erlesen unbekannter Wörter und beim lautorientierten Schreiben lassen sich auf ein phonologisches Defizit zurückführen. Beim Erlesen müssen die durch Buchstaben abgebildeten Laute zu einer artikulatorischen Einheit (Silbe oder Wort) synthetisiert werden. Wichtig ist, daß die Laute bei diesem Prozeß nicht nur sequentiell produziert werden, sondern sie müssen koartikuliert werden. So muß etwa für das Lesen des Wortes *da* die Planung der Artikulation des Vokals /a/ bereits gleichzeitig mit der Planung des Anfangskonsonanten /d/ erfolgen, wenn nicht eine künstliche Aussprache wie /du-a/ resultieren soll. Dieser komplexe phonologische Vorgang bereitet LRS-Kindern zum Teil massive Schwierigkeiten. Auch der umgekehrte Vorgang, nämlich die Analyse von Sprechwörtern in einzelne Laute beim lautorientierten Schreiben, stellt besonders in den ersten Phasen des Schriftspracherwerbs häufig ein Problem dar. Insbesondere die Durchgliederung von Konsonantenverbindungen (wie *gl* oder *spr*) gelingt nicht immer.

Auch die zentralen Symptome älterer LRS-Kinder, nämlich eine niedrige Lesegeschwindigkeit und eine schwache Rechtschreibung, sind meist durch ein phonologisches Defizit verursacht. Aktuelle Theorien der Worterkennung besagen, daß kompetente Leser Schriftwörter im Gedächtnis speichern, indem sie eine multiple Vernetzung zwischen der Gedächtnisrepräsentation für das Schriftwort und der für das Sprechwort aufbauen (Ehri, 1992; Perfetti, 1992). Diese multiple Vernetzung umfaßt unter anderem auch Verbindungen zwischen den einzelnen Buchstaben und den einzelnen Lauten oder zwischen häufig vorkommenden Vor- und Nachsilben wie *ver-* und *-heit* und deren Verschriftlichung. Schriftwörter, für die derartige Gedächtnisrepräsentationen vorhanden sind, können schnell und flüssig gelesen und orthographisch korrekt geschrieben werden. LRS-Kinder haben Schwierigkeiten, derartige Schriftwortrepräsentationen aufzubauen, weil die multiple Vernetzung mit der Sprechwortrepräsentation nicht gelingt.

Phonologische Schwierigkeiten bei Benni. Zufällig stellte sich heraus, daß Benni bereits im Kindergarten, wenige Monate vor seiner Einschulung, an einer Untersuchung des Instituts für Psychologie teilgenommen hatte, in welcher die phonologischen Fertigkeiten von Kindern knapp vor Beginn des schulischen Leseerwerbs erhoben werden sollten. Benni kannte zu diesem Zeitpunkt bereits drei Buchstaben und konnte die Schreibweise seines Vornamens identifizieren. Bei manchen phonologischen Aufgaben waren seine Leistungen altersgemäß, zumindest bei einer Aufgabenstellung zeigten sich aber bereits zu diesem frühen Zeitpunkt Schwierigkeiten, welche retrospektiv als ein erster Hinweis auf das der Lesestörung zugrundeliegende phonologische Defizit gewertet werden können. Benni war zwar gut in der Lage, ein- bis dreisilbige Wörter in ihre Silben zu zerlegen. Er hatte auch keine besonderen Schwierigkeiten, bei verbal präsentierten Pseudowörtern zu beurteilen, ob die Silben gleich (z. B. „spri-spri" oder „pa-pa-pa") oder ungleich (z. B. „spri-spi" oder „ba-pa-pa") seien. Als er allerdings die Pseudowörter der soeben beschriebenen Aufgabe auch nachsprechen mußte, zeigte sich, daß er nicht in der Lage war, die artikulatorische Feinsteuerung vorzunehmen, welche für die Reproduktion der geringfügigen phonologischen Differenzen zwischen den Silben erforderlich war. Bei dreisilbigen Pseudowörtern artikulierte er grundsätzlich alle Silben gleich, auch wenn die Vorgabe eine leicht abweichende Silbe enthielt (z. B. „sprisprispri" statt „sprispispri" oder „kikiki" statt „kikigi"), auch von den zweisilbigen Pseudowörtern konnte er nicht einmal die Hälfte der ungleichsilbigen Items richtig nachsprechen.

Auch bei späteren Diagnosesitzungen wurden einige phonologische Aufgaben durchgeführt. Wiederum zeigte es sich, daß die Diagnose eines phonologischen Defizits nicht ganz einfach ist, weil Benni bei manchen Aufgabenstellungen völlig unauffällige Leistungen zeigte, während er bei anderen relativ schlecht abschnitt. So konnte Benni in der vierten Klasse etwa 24 von 28 relativ komplizierten zwei- bis viersilbigen verbal präsentierten Pseudowörtern (z. B. „arosip", „psaugokratt", „wippadarucht") richtig nachsprechen, seine Leistung ist damit altersgemäß (der Mittelwert für Schüler der 4. Klasse beträgt 22,5). Eine Aufgabe, bei der Benni beurteilen mußte, ob der Vokal in einem vorgesprochenen einsilbigen Pseudowort lang oder kurz war, konnte er ebenfalls recht gut lösen. Bei einer Vokalersetzungsaufgabe hatte er aber Schwierigkei-

'ten. Hier mußte Benni in verbal präsentierten Wörtern und Sätzen alle Vokale durch /i/ ersetzen (z. B. ,,Frinz" für ,,Franz" oder ,,Iwi giht ins Bitt" für ,,Uwe geht ins Bett"). Diese Aufgabe wird von normalentwickelten Lesern der vierten Schulstufe meist nahezu fehlerlos bewältigt. Obwohl Benni die Aufgabenstellung gut verstand, hatte er doch einige Schwierigkeiten. Zwar ersetzte er 28 der insgesamt 30 Vokale richtig, er veränderte aber einige Male zusätzlich auch die Konsonantenstruktur des vorgegebenen Wortes (z. B. ,,Inifint" statt ,,Ilifint" für *Elefant* oder ,,rinti" statt ,,risi" für *rosa*). Diese Fehlerart ist ausgesprochen unüblich, normalerweise bestehen Fehler bei dieser Aufgabe darin, daß nicht alle Vokale ersetzt werden.

Letztlich ist auch Bennis bereits erwähntes geringfügiges Artikulationsproblem mit s-Lauten ein Hinweis auf Abnormitäten im Bereich der Phonologie. Bennis spezielles Sprachdefizit ist um so erstaunlicher, als sowohl seine Mutter als auch sein Vater mehrere Sprachen sprechen. Seine Mutter gab ihre ausgezeichnete verbale und phonologische Kompetenz auch in einer der Diagnosesitzungen zum Besten, als sie eine überzeugende Sprechprobe in der ,,bebe-Sprache" lieferte, einer ,,Geheimsprache", die darin besteht, daß jeweils nach einem Vokal der Laut /b/ eingefügt und der Vokal noch einmal wiederholt werden muß (z. B. ,,habattebe" für *hatte*).

Andere Einflußfaktoren. Für die Entwicklung von Lese- und Rechtschreibstörungen ist in vielen Fällen nicht allein ein Defizit in der phonologischen Verarbeitung verantwortlich. Auch andere Lernvoraussetzungen der Kinder (etwa Aufmerksamkeitsschwierigkeiten) haben einen Einfluß darauf, welche Fortschritte die Kinder im Erstleseunterricht erzielen. Die Art der Unterrichtsgestaltung sowie die Angemessenheit der häuslichen Förderung sind gleichfalls von großem Einfluß. Besonders hinzuweisen ist einerseits auf die großen Unterschiede zwischen verschiedenen Klassen — auch innerhalb der gleichen Schule — in der Häufigkeit solcher Schwierigkeiten, so daß unter Umständen die Situation des Kindes im Unterricht und die Gestaltung des Unterrichts in die diagnostischen Überlegungen mit einzubeziehen sind. Es ist auch zu berücksichtigen, daß die Kinder selbst in den ersten Klassen nur sehr wenig zum selbständigen Lesen kommen, so daß ein großer Teil des Lesenlernens und des Übens des Lesens zu Hause erfolgt. Die verschiedenen Einflußfaktoren können sich in ihren Auswirkungen gegenseitig verstärken und sind bei einzelnen Kindern in unterschiedlichem Ausmaß gegeben (Klicpera & Gasteiger-Klicpera, 1995).

Im Fall von Benni konnte keiner dieser Faktoren als bedeutsam identifiziert werden. Der Leistungsstand seiner Klasse im Lesen und Rechtschreiben war durchschnittlich, und seine Lehrerin widmete dem Lese- und Schreibunterricht relativ viel Zeit. Allerdings war sie nicht in der Lage, die Schwierigkeiten Bennis im Unterricht entsprechend zu berücksichtigen und erkannte wohl auch nicht rechtzeitig seine besonderen Schwierigkeiten beim Lesenlernen, da er diese aufgrund seines guten Gedächtnisses zunächst teilweise kompensieren konnte. Die Unterstützung, die Benni beim Lesenlernen von Zuhause erhielt, entsprach dem, was Eltern sonst gewöhnlich in den ersten beiden Klassen tun, das heißt sie halfen ihm ein wenig bei den schulischen Aufgaben und versuchten, hier und da ein wenig mit ihm zu lesen. Allerdings widmete die Mutter dem Lesenlernen auch keine übermäßig große Aufmerksamkeit, da sie auf diese Schwierigkeiten nicht vorbereitet war.

4 Interventionsprinzipien

Aufbau des Förderprogrammes. Aufgrund der diagnostischen Ergebnisse wurde mit den Eltern Anfang der zweiten Klasse vereinbart, daß Benni ab sofort eine Einzelförderung im Ausmaß von zwei Wochenstunden (aufgeteilt auf zwei Nachmittage) erhalten sollte. Eine Einzelförderung hat gegenüber einer Förderung in Gruppen den erheblichen Vorteil, daß das Förderprogramm auf die spezifischen Schwierigkeiten und auf das spezifische Lerntempo des Kindes abgestimmt werden kann. Obwohl Benni bei diesem ersten Treffen (wie auch später fast immer) einen fröhlichen und aufgeweckten Eindruck machte, wurde doch deutlich, wie sehr er darunter litt, nicht lesen zu können. Er fragte seine Betreuerin, wie lange es wohl dauern würde, bis er lesen könne. Auf die Auskunft, daß, wenn er etwa 20 Stunden fleißig übe, das Lesen wohl schon einigermaßen funktionieren würde, meinte Benni: ,,Gut, dann bleibe ich bis morgen da, dann kann ich lesen."

Da Benni zu Beginn der Förderung die Buchstabe-Lautzuordnungen bereits recht gut beherrschte, war kein intensives Buchstabentraining erforderlich. Beim Lesen sollte er als Erstes das lautierende oder synthetische Lesen erlernen, also die Synthese von durch Buchstaben abgebildeten Lauten zu einer artikulatorischen Einheit (Silbe oder Wort). Diese Lesestrategie ermöglicht dem Kind, auch unbekanntes Lesematerial selbständig zu lesen. Die einfachste Stufe des lautierenden Lesens ist die Lautsynthese eines Vokals und eines Konsonanten, der kontinuierlich artikuliert werden kann (*m, n, s, f, v, l, r*), weil hier ein Aneinanderhängen der beiden Lautwerte für eine korrekte Lesung ausreicht. In dieser Phase wurden kurze Wörter (wie *am, im, in, um, es*), aber auch kurze Pseudowörter (*lo, ra*) gelesen. Rasch konnten mit diesen Buchstaben auch etwas längere, zweisilbige Wörter gebildet werden (*Mama, Oma, Mimi, Nase* usw.). Sobald Benni das Grundprinzip der Lautsynthese anhand dieser Vokal-Kontinuantenverbindungen verstanden hatte, wurden auch die Plosivlaute (*p, t, k, b, d, g*) eingeführt, für welche das Zusammenlauten bereits wesentlich schwieriger ist. In einem nächsten Schritt wurden dann auch Wörter mit Konsonantenverbindungen (z.B. *Br*ot, *Gl*as) geübt. In Bennis Fall wurde das Fördermaterial von seiner kompetenten Betreuerin speziell für ihn zusammengestellt. Einen ähnlich systematischen und linguistisch fundierten Leseaufbau bieten etwa die ,,lauttreuen Leseübungen" von Findeisen, Melenk und Schillo (1988).

Die Grundkonzeption der Leseförderung bei Benni bestand also darin, daß es bei Lese- und Rechtschreibschwierigkeiten zunächst wichtig ist, vom Entwicklungsstand der Kinder im Lesen und Schreiben auszugehen und daß es in einer – in den Buchstaben-Lautbeziehungen – relativ regelmäßigen Schriftsprache wie dem Deutschen wichtig ist, nach Festigung des Wissens um die Zuordnung von Buchstaben und Lauten (bzw. Phonemen) das Zusammenfügen der Laute zu Silben (das heißt das Zusammenlauten) bzw. in der weiteren Folge zu mehrsilbigen Wörtern zu erlernen. Dies soll zunächst an kurzen (ein- bis zweisilbigen) Wörtern mit einer relativ einfachen Lautstruktur geübt werden, also – wie beschrieben – Wörtern, deren Buchstaben gedehnt ausgesprochen (= lautiert) werden können und die keine Konsonantenverbindungen enthalten, die diesen Prozeß des Zusammenlautens zusätzlich erschweren. Bei Kindern, die sehr motiviert zum Lesenlernen sind, ein gutes Gedächtnis haben und bei denen die Gefahr besteht, daß sie sich zu sehr auf ihr Wortwissen stützen (wie dies bei Benni der Fall war), ist es angezeigt, für diesen Schritt des Lesenlernens auch sinnlose Silben bzw. Pseudowörter zu verwenden, damit sie sich tatsächlich auf die Buchstabenfolge konzentrieren und nicht vorschnell versuchen, das Wort zu erraten. In der weiteren Folge sollen dann auch Wörter mit einer komplexeren Lautstruktur und mehrsilbige Wörter eingeführt werden, wobei als Zwischenschritt die Unterteilung der Wörter in Silben, also die Wortgliederung, zu empfehlen ist.

Kasten 1:
Kieler Lese- und Rechtschreibaufbau (Dummer-Smoch & Hackethal, 1993 a, b)

Das systematisch zusammengestellte Übungsprogramm ist für Kinder gedacht, die nach den ersten Schuljahren noch deutliche Schwierigkeiten beim Lesen und Schreiben haben. Es setzt den Schwerpunkt auf die Aneignung des lautierenden Lesens und des lautorientierten Schreibens und zeichnet sich durch einen systematischen Aufbau aus. Beginnend mit kurzen Silben aus Konsonant-Vokal-Verbindungen (sogenannter Silbenteppich) wird ein nach Schwierigkeitsstufen unterteilter Übungswortschatz angeboten. Zusätzlich werden Lautgebärden eingesetzt, um das Behalten der Zuordnung von Lauten und Buchstaben und den Vorgang des Zusammenlautens zu erleichtern. Zur Unterstützung der Motivation werden spielerische Übungen mit Wortkarten und Partnerübungen empfohlen.

Wenn die Fertigkeit des Zusammenlautens beherrscht wird, dann ist es für die Kinder im Prinzip möglich, selbständig zu lesen, allerdings benötigen sie recht viel Übung, um die Fertigkeit des Zusammenlautens zu automatisieren. Das Üben des Lesens kann auch von den Eltern fortgesetzt werden, wenn eine entspannte Situation hergestellt werden kann und die Eltern sich dafür genug Zeit nehmen. Da die Kinder noch recht langsam und mühsam lesen, ist es dabei ratsam, daß Eltern und Kinder sich beim Lesen jeweils nach einem kurzem Abschnitt abwechseln, damit das Interesse am Lesestoff erhalten bleibt. Bei Benni war dies, ohne größeren Eingriff in die Lesesituation möglich. Mitunter ist es jedoch von Vorteil, weitere Hilfen anzubieten. Solche Hilfen können darin bestehen, daß die Eltern angewiesen werden, jeweils beim

Auftreten eines Fehlers solange laut mitzulesen, bis das Kind signalisiert, daß es wieder allein weiterlesen will („unterstütztes Lesen"). Auch das Mitlesen bei einem auf Kassette gesprochenen Text kann eine sinnvolle Unterstützung und Motivationshilfe beim Üben des Lesens darstellen.

Beim Schreiben wurde in der Förderung analog zum Lesen vorgegangen. Lautorientiertes Schreiben setzt voraus, daß das gesprochene Wort in seine Laute zerlegt werden kann, was Benni sehr schwer fiel. Auch hier wurde darauf geachtet, daß am Anfang nur Wörter mit einfacher linguistischer Struktur präsentiert wurden und der Schwierigkeitsgrad nur sehr langsam gesteigert wurde. Erst als Benni das lautorientierte Schreiben einigermaßen beherrschte, wurde er Schritt für Schritt mit orthographischen Merkmalen wie der Doppelkonsonantenschreibung oder der Schreibung des „stummen h" vertraut gemacht. Dabei wurde stets Wert darauf gelegt, daß Benni verstand, warum ein bestimmtes Wort etwa mit Doppelkonsonant geschrieben wird (weil der Selbstlaut vorher kurz gesprochen wird).

In der Anfangsphase dieser Rechtschreibübungen wurden Verstöße gegen orthographische Konventionen zwar korrigiert, es wurde aber kein besonderer Nachdruck auf das Behalten dieser Konventionen gelegt. Die Rechtschreibübungen stellten in erster Linie eine Erweiterung und Ergänzung der Leseförderung dar. Auch der Wortschatz für die Rechtschreibübungen entsprach zunächst weitgehend dem (eingeschränkten) Wortschatz der Leseübungen.

In der Konzeption des Förderprogramms für Benni wurde davon ausgegangen, daß im Vordergrund Hilfen beim Erlernen des Lesens und Schreibens stehen müssen. Es wurde also von dem Prinzip ausgegangen, daß Fortschritte im Lesen und Schreiben nur durch das Üben des Lesens und Schreibens zu erwarten sind, und darauf verzichtet, eventuelle Teilleistungsstörungen in anderen Bereichen mit in Betracht zu ziehen und zum Beispiel Übungen zur Rechts-Links-Unterscheidung, zur Förderung der Aufmerksamkeit oder der feinmotorischen Koordination durchzuführen. Dies war bei Benni naheliegend, da er keine besonderen Schwierigkeiten in diesen Bereichen zeigte. Bei anderen Kindern mit Lese- und Rechtschreibschwierigkeiten scheint dies allerdings auch ein wichtiges Prinzip zu sein. Übungen, die auf einen Ausgleich dieser Teilleistungsschwächen abzielen, mögen eventuell einen Wert haben, wenn es etwa darum geht, die Geschicklichkeit zu verbessern; ihr Einfluß auf das Erlernen des Lesens und Schreibens dürfte jedoch so gering sein, daß sie nicht zu empfehlen sind (Klicpera, Gasteiger-Klicpera & Hütter, 1993; Klicpera & Gasteiger-Klicpera, 1995).

Zweite Diagnose am Ende der zweiten Klasse. Am Ende der zweiten Klasse wurden erneut Bennis Lese- und Schreibleistungen diagnostiziert. Diese zweite Diagnosesitzung zeigte, daß Benni aufgrund der spezifischen Förderung große Fortschritte gemacht hatte, daß seine Lese- und Schreibleistung aber noch keineswegs altersgemäß war. Es wurde der Salzburger Lese- und Rechtschreibtest (Landerl, Wimmer & Moser, 1997) durchgeführt. Hierbei handelt es sich um ein neuentwickeltes Verfahren, das in der folgenden Übersicht näher beschrieben ist.

Kasten 2:

Salzburger Lese- und Rechtschreibtest, SLRT (Landerl, Wimmer & Moser, 1997)

Der SLRT erlaubt die detaillierte Diagnose der Teilkomponenten des Lesens und Schreibens für Kinder der ersten bis vierten Schulstufe. Beim Lesen wird hier unterschieden zwischen dem lautierenden Lesen unbekannter Wörter und der direkten Erkennung bereits bekannter Wörter ohne sequentielle Buchstabe-Lautübersetzung. Beim Schreiben wird unterschieden zwischen Defiziten beim lautorientierten Schreiben und beim orthographischen Schreiben. Diese Teilkomponenten können unabhängig voneinander gestört sein; bei LRS-Kindern sind häufig aber auch mehrere Komponenten defizitär.

Die Teilkomponenten des Lesens werden jeweils durch unterschiedliche Subtests erhoben, welche das Kind laut vorliest. Für jeden Subtest wurde die Lesegenauigkeit (Anzahl der Lesefehler) und die Lesegeschwindigkeit erhoben.

Auszüge aus den Subtests des Lesetests
Häufige Wörter: Katze, alt, Hut, Ball, Esel, Heft, Papa, ...
Zusammengesetzte Wörter: Schultasche, Farbkreide, Marktfrau, Filzstift, ...
Wortunähnliche Pseudowörter: talire, holotu, ketal, filuno, toki, fekota, faluko, ...
Wortähnliche Pseudowörter: Natze, Olt, Put, Kall, asel, Teft, Hapa, Luch, ...
Text: Meine Schwester hat grüne Augen und braune Haare ...

Tests zur Erfassung des direkten Lesens. Unter direktem Lesen versteht man das unmittelbare Wiedererkennen von bereits mehrfach gelesenen Wörtern, ohne daß noch eine mühevolle sequentielle Buchstabe-Lautübersetzung erforderlich wäre. Diese Teilkomponente wird durch zwei Subtests erhoben. Im Subtest **Häufige Wörter** muß eine Abfolge von 30 kurzen Wörtern mit hoher Vorkommenshäufigkeit, die das Kind sicherlich schon oft gelesen hat, vorgelesen werden. Der Subtest **Zusammengesetzte Wörter** besteht aus elf Komposita. Hier ist es wichtig, daß das Kind in der Lage ist, die zusammengesetzten Wörter in ihre Wortbestandteile zu segmentieren, ansonsten gestaltet sich der Leseprozeß bei diesen langen Wörtern mit komplexen Konsonantenabfolgen ausgesprochen schwierig.

Tests zur Erfassung des lautierenden Lesens. Unter lautierendem Lesen versteht man die systematische Buchstabe-Lautübersetzung und das Zusammenfügen der übersetzten Laute zu einer Wortaussprache. Dieser Prozeß kommt immer dann zur Anwendung, wenn unbekanntes Lesematerial gelesen werden muß. Für den Salzburger Lesetest wurden zwei Subtests mit **Pseudowörtern** zusammengestellt, das sind bedeutungslose, aber aussprechbare Buchstabenabfolgen, die das Kind sicherlich noch niemals gelesen hat. Die Items des Subtests **Wortunähnliche Pseudowörter** (24 Items) bestehen aus wenig komplexen Konsonant-Vokalabfolgen. Die Items des Subtests **Wortähnliche Pseudowörter** (30 Items) wurden von den häufigen Wörtern abgeleitet, indem die Anfangsbuchstaben ausgetauscht wurden. Die Struktur dieser Pseudowörter entspricht also eher der deutscher Wörter.

Textlesen. Der SLRT enthält zwei unterschiedlich schwierige Lesetexte für die erste und zweite bzw. für die dritte und vierte Schulstufe. Beim Lesen eines Textes kommen meist beide Teilkomponenten, also sowohl das direkte als auch das lautierende Lesen zur Anwendung, hier ist also keine differentielle Diagnose der beiden Komponenten möglich. Dennoch kann dieser Subtest wertvolle Aufschlüsse über das Leseverhalten des Kindes geben.

Auszüge aus dem Rechtschreibtest
Der Rechtschreibtest des SLRT besteht aus einem Lückentext, in den die diktierten Wörter eingesetzt werden müssen. Beispiele sind:

– Die Eltern *sprechen* mit der Lehrerin.
– Mario *kommt* spät nach Hause.
– Manuel *zieht* seinen Pullover aus.

Bei den Schreibleistungen wird unterschieden zwischen Defiziten im lautorientierten Schreiben und Defiziten beim orthographischen Schreiben. Lautorientiertes Schreiben meint die Fähigkeit, die Lautabfolge eines gesprochenen Wortes entsprechend zu verschriftlichen (unabhängig davon, ob die Schreibung den Konventionen der deutschen Rechtschreibung entspricht). Beim orthographischen Schreiben können zusätzlich auch die Rechtschreibregeln entsprechend berücksichtigt werden. Die Erfassung von Defiziten dieser beiden Teilkomponenten wird nicht wie beim Lesetest mittels verschiedener Subtests geleistet, sondern mittels einer differenzierten Fehleranalyse der Wortschreibungen. Der Rechtschreibtest liegt in einer kürzeren Version (25 Wörter) für die erste und zweite Schulstufe und einer längeren, schwierigeren Version (49 Wörter) für die dritte und vierte Schulstufe vor.

Benni konnte die häufigen Wörter ohne Fehler lesen, allerdings benötigte er relativ lange. Seine Lesezeit von 46 sec entspricht einem Prozentrang von 12 im Vergleich zu gleichaltrigen Kindern, das heißt nur 12 % der Kinder in Bennis Altersgruppe lesen diesen Subtest noch langsamer, während 88 % gleich schnell oder schneller lesen als er. Die zusammengesetzten Wörter bereiteten Benni etwas größere Schwierigkeiten. Er machte vier Fehler (,,Briefkaten" für *Briefkasten*, ,,Faschingsfet" für *Faschingsfest*, ,,Fahrkarte" für *Farbkreide*, und ,,Geburtstagskarte" für *Geburtstagskuchen*). Während die ersten beiden Verleser auf eher geringfügige Fehler im Lautierprozeß zurückzuführen sind, sind die letzten beiden Fehler offenbar dadurch zu erklären, daß Benni jeweils den ersten Bestandteil des zusammengesetzten Wortes las und den zweiten Bestandteil zu erraten versuchte. Seine Lesezeit war auch bei dieser Aufgabe relativ hoch (Prozentrang 14). Den kurzen Text konnte Benni ebenfalls relativ genau (2 Fehler), aber langsam (Prozentrang 12) vorlesen.

Unmittelbar deutlich wurde der positive Effekt der Förderung bei den beiden Pseudowortleseaufgaben. Dem Erwerb des lautierenden Lesens kam bei Bennis Förderung eine zentrale Rolle zu. Demgemäß konnte er die Pseudowörter auch relativ flüssig lesen. Bei den wortunähnlichen Pseudowörtern war seine Lesezeit sogar durchschnittlich (Prozentrang 41–50), bei den wortähnlichen Pseudowörtern lag sie etwas unter dem Durchschnitt (Prozentrang 21–30). Allerdings ist einschränkend zu bemerken, daß Benni bei beiden Subtests relativ viele Fehler machte (z.B. ,,kaluko" statt faluko, ,,faktero" statt fatero oder ,,Tefut" statt Teft). Offenbar ging Bennis akzeptable Lesegeschwindigkeit hier auf Kosten der Lesegenauigkeit.

Beim Rechtschreibtest mußte Benni 25 Wörter, die ihm diktiert wurden, in einen Lückentext einsetzen. Lediglich acht Wörter konnte Benni orthographisch korrekt schreiben (*Hand, Garten, Mutter, Kind, See, Sonne, Jahr, zur*), eine weitere Wortschreibung war abgesehen von einer fehlerhaften Großschreibung (,,Sprechen") ebenfalls richtig. Positiv zu bemerken ist, daß die Mehrzahl der inkorrekten Schreibungen lauttreu war, das heißt es war Benni gelungen, alle Laute des diktierten Wortes akzeptabel zu verschriftlichen (z.B. ,,Waser" statt *Wasser*, ,,Pield" statt *Bild* oder ,,Wamm" statt *warm*). Bei drei Wörtern gelang allerdings keine lauttreue Verschriftlichung. Die Schreibung ,,Hüser" für *Häuser* ist vermutlich nicht auf eine fehlerhafte phonologische Segmentation zurückzuführen, sondern darauf, daß Benni die korrekte Buchstaben-Laut-

beziehung nicht wußte. Doch auch die exakte Durchgliederung von Konso-
nantenhäufungen bereitete Benni offenkundig noch Schwierigkeiten, wie aus
den Schreibungen „Lat" für *Blatt* und „Scheit" für *steigt* deutlich wird. Seine
Leistung beim Salzburger Rechtschreibtest entspricht einem Prozentrang < 5.

Weiterer Entwicklungsverlauf. Die spezifische Lese- und Rechtschreibför-
derung konnte noch bis zur Mitte der dritten Klasse fortgesetzt werden, dann
wurde die Betreuung von der Mutter und einer befreundeten Lehrerin übernommen. In der weiteren Förderung wurde versucht, die Fortschritte im Lesen
durch gelegentliches gemeinsames Lesen sowie durch Unterstützung von Le-
seinteressen weiter auszubauen. Dies hatte seinen Grund in der immer noch
schwachen Lesegeschwindigkeit Bennis sowie in Beobachtungen, daß von der
Häufigkeit des Lesens auch die Weiterentwicklung der Rechtschreibkenntnisse
(insbesondere des Wissens um orthographische Konventionen) abhängt und
daß vom Lesen wichtige Impulse für die sprachliche Entwicklung während
der Schulzeit ausgehen. Ohne weitere Förderung des Lesens schien die Gefahr
vorhanden, daß sich der Wortschatz von Benni nicht genügend weiterentwik-
kelt, um eine weiterführende Schule zu besuchen, und daß er in der Folge
auch Probleme beim schriftlichen Ausdruck zeigt.

Daneben wurden mit Benni auch Rechtschreibübungen gemacht, die einerseits
spezielle Rechtschreibregeln betonten, andererseits auch die Absicherung eines
Grundwortschatzes in der Rechtschreibung bezweckten. Für die Übungen im
Rechtschreiben wurde der Mutter bzw. der mit ihr befreundeten Lehrerin empfohlen, häufiger Übungen einzusetzen, die dem Muster des Lesens-Verdek-
kens-Schreibens-Kontrollierens entsprechen, da dies das Einprägen der
Schreibweise von Wörtern erleichtert. Die Übungen bezogen sich dabei zumeist auf die im schulischen Unterricht verwendeten Wörter und waren nicht
Rechtschreibtrainingsprogrammen entnommen. Solche Programme können allerdings ergänzend eingesetzt werden und dürften das gezielte Üben erleichtern
sowie die Motivation zum Üben stärken, da sie manche spielerische Momente
enthalten. Bewährt haben sich für das Üben des Rechtschreibens auch Computerprogramme, wie sie etwa von der Firma COMLES angeboten werden.
Diese Programme geben den Kindern unmittelbare Rückmeldung über began-
gene Fehler und unterstützen durch Hilfsmenüs das selbständige Arbeiten der
Kinder.

In der vierten Klasse stellte sich das Problem, daß Bennis Schulleistungen
generell stark nachließen. Da er sich selbst das Ziel gesetzt hatte, ein Gymnasium zu besuchen, wurde beschlossen, daß er die vierte Klasse freiwillig
wiederholen sollte. Diese Rückstellung wirkte sich ausgesprochen positiv aus.
Benni konnte sich in die neue Klassengemeinschaft gut einfügen, das zusätzliche Jahr gab ihm auch ausreichend Zeit, seine Lernrückstände aufzuholen.
Seine Lehrerin berichtet, daß Benni jetzt, am Ende der vierten Klasse, ganz
gut lese, allerdings nicht besonders flüssig. Die Schularbeiten seien recht gut
ausgefallen, obwohl er sich offenbar so stark auf die Rechtschreibung konzentrieren müsse, daß der Inhalt oft etwas zu kurz komme. Die Lehrerin be-

schreibt Benni als leicht ablenkbar, aber interessiert. Die vierte Klasse kann Benni mit einem „gut" in Deutsch abschließen – einem Übertritt ins Gymnasium steht also nichts mehr im Wege. Zum Abschluß der Volksschulzeit wurde Benni noch einmal zu einer Lese- und Rechtschreibdiagnostik am Institut für Psychologie eingeladen.

Dritte Diagnose am Ende der vierten Klasse. Wiederum wurde der Salzburger Lese- und Rechtschreibtest durchgeführt. Bennis Leseleistung wurde mit der Normstichprobe der vierten Klasse verglichen, wobei hier zu berücksichtigen ist, daß Benni bereits ein Jahr älter ist, weil er das Schuljahr wiederholt hat. Bei den beiden Wortleseaufgaben (Subtests Häufige Wörter und Zusammengesetzte Wörter) konnten keine Lesedefizite mehr festgestellt werden. Benni las diese Subtests nahezu fehlerlos und überdurchschnittlich schnell. Leseschwierigkeiten, wie sie von der Lehrerin beschrieben wurden, zeigen sich vermutlich nur noch bei komplexeren Texten. Bemerkenswert ist, daß Benni bei einem der beiden Subtests zum Lesen von Pseudowörtern ebenso wie in der zweiten Klasse schlechte Leistungen zeigte. Vier der 30 wortunähnlichen Pseudowörter las er falsch („helerki" statt *heleki*, „funkono" statt *fukuno*, „salkole" statt *sakole* und „referku" statt *refeku*), damit liegt seine Lesegenauigkeit bei diesem Subtest unter dem Prozentrang 20. Auch die Lesezeit war etwas unterdurchschnittlich (Prozentrang 40). Bei den wortähnlichen Pseudowörtern war seine Leistung aber wieder recht gut.

Der Salzburger Rechtschreibtest besteht für Schüler der vierten Schulstufe aus 49 Wörtern, nämlich den 25 Wörtern, die Benni bereits in der zweiten Klasse schreiben mußte, und 24 neuen, etwas schwierigeren Wörtern. Insgesamt lag Bennis Rechtschreibleistung deutlich unter dem Durchschnitt (zwischen Prozentrang 21 und 30). Positiv zu bemerken ist, daß Benni die ersten 25 Wörter, die ihm in der zweiten Klasse noch starke Probleme bereitet hatten, inzwischen gut beherrschte, er produzierte lediglich eine Fehlschreibung („Este" statt Äste). Dennoch zeigte es sich, daß Benni oft die orthographisch korrekte Schreibung eines Wortes nicht kennt (z. B. „stegt" statt *steckt*, „dan" statt *dann* oder „gist" statt *gießt*). Besonders auffällig ist die Schreibung „frho" für *froh*. Hier hat sich Benni zwar gemerkt, daß man *froh* mit „stummem h" schreibt, aufgrund seines eingeschränkten Wissens über die orthographische Struktur fiel ihm aber nicht auf, daß ein „stummes h" immer nach dem Vokal steht. Bemerkenswert ist auch, daß Benni zwei nicht lauttreue Schreibungen produzierte („spritz" statt *spritzt* und „verbrechen" statt *versprechen*), was für einen Schüler seines Alters ausgesprochen ungewöhnlich ist. Im Anschluß an die Durchführung des Rechtschreibtests wurde Benni darauf hingewiesen, daß diese beiden Wortschreibungen falsch seien, ob er denn den Fehler entdecken könne. Hier wurde offenkundig, daß Benni in bezug auf seine Rechtschreibkenntnisse stark verunsichert ist. Bei *spritzt* vermutete er, daß man das Wort vielleicht mit „langem ie" schreibt, er bemerkte aber nicht, daß am Ende seiner ersten Schreibung ein *t* gefehlt hatte. Seine Schreibung „verbrechen" las Benni richtig vor, bemerkte auch selbst, daß er *versprechen* schreiben sollte. Er wurde gebeten, das Wort noch einmal zu schreiben, und setzte an: „verber" – hier wurde er unterbrochen. Als nächstes vermutete er, daß man das Wort wohl mit *f* am Anfang schreibt, obwohl er wenige Minuten vorher stolz berichtet hatte, sich gut gemerkt zu haben, daß man die Vorsilbe *ver* mit *v* schreibt. Nach einem weiteren abgebrochenen Fehlversuch („verp") wurde er gebeten, das Wort *sprechen* zu schreiben. Jetzt, am Wortanfang gelang auch die exakte Durchgliederung der Konsonantenverbindung, er schrieb „schbrechen". Es bedurfte nun nur noch eines kurzen Hinweises der Testleiterin („Wie schreibt man sch – p am Wortanfang?"), und Benni war sofort in der Lage, *sprechen* und dann auch *versprechen* richtig zu schreiben. Bemerkenswert ist, daß es Benni offenbar nicht gelang, den lautlichen Unterschied zwischen den Wörtern *verbrechen* und *versprechen* zu lokalisieren. Dies ist ein deutlicher Hinweis auf ein phonologisches Defizit, auf welches Bennis Lese- und Rechtschreibschwierigkeiten zurückzuführen sind.

5 Resümee

Benni ist ein typischer und außergewöhnlich schwerer Fall eines LRS-Kindes. Da auch sein Onkel Probleme mit dem Schriftspracherwerb hatte, kann angenommen werden, daß Bennis Lese- und Rechtschreibstörung genetisch bedingt ist. Aufgrund eines phonologischen Defizits hatte er von Anfang an Schwierigkeiten mit dem Lesen- und Schreibenlernen, die auch nach fünf Jahren (mit teilweise intensivem Training) nicht endgültig in den Griff zu bekommen sind. Seine Leseleistung ist inzwischen akzeptabel geworden, er liest jetzt auch freiwillig spannende Kinderbücher, wenn sie nicht zu umfangreich sind. Seine Rechtschreibung ist nach wie vor relativ schlecht. Aufgrund seiner guten allgemeinen kognitiven Fertigkeiten sollte Benni der Besuch eines Gymnasiums möglich sein, allerdings wird ihm sein spezifisches Lernproblem wohl noch einige Zeit zu schaffen machen. Neben Schwierigkeiten in Deutsch sind auch Probleme in Englisch und anderen Fremdsprachen zu erwarten. Bereits in der Volksschule hatte es sich gezeigt, daß auch seine Leistung in Mathematik in manchen Bereichen beeinträchtigt ist – auch hier wird er sich im Gymnasium also erst bewähren müssen. Die Unterstützung durch seine Familie ist ihm gewiß. Seine weitere Schulkarriere wird aber auch wesentlich davon abhängen, wieviel Verständnis seine neuen Lehrer für ihn aufbringen werden.

Literatur

Cossu, G., Shankweiler, D. P., Liberman, I. Y. & Gugliotta, M. (1993). *Visual and phonological determinants of misreadings in a transparent orthography.* Haskins Laboratories Status Report on Speech Research.

Dilling, H., Mombour, W. & Schmidt, M. H. (Hrsg.) (1991). *Internationale Klassifikation psychischer Störungen, ICD-10, Kapitel V (F) Klinisch-diagnostische Leitlinien.* Bern: Huber, 2., korr. Auflage.

Dummer-Smoch, L. & Hackethal, R. (1993 a). *Handbuch zum Kieler Leseaufbau.* Kiel: Veris Verlag, 3. Auflage.

Dummer-Smoch, L. & Hackethal, R. (1993 b). *Handbuch zum Kieler Rechtschreibaufbau.* Kiel: Veris Verlag, 2. Auflage.

Ehri, L. C. (1992). Reconceptualizing the development of sight word reading and its relationship to recoding. In P. Gough, L. C. Ehri & R. Treiman (Eds.), *Reading acquisition* (107–143). Hillsdale: Erlbaum.

Findeisen, U., Melenk, G. & Schillo, H. (1988). *Lauttreue Leseübungen,* Teil 1 und 2. Bochum: Winkler.

Klicpera, C. & Gasteiger-Klicpera, B. (1995). *Psychologie der Lese- und Schreibschwierigkeiten.* Weinheim: Beltz.

Klicpera, C. & Gasteiger-Klicpera, B. (1999). Lese-Rechtschreibprobleme – Einführung in den Themenschwerpunkt. *Kindheit und Entwicklung, 8,* 131–134.

Klicpera, C., Gasteiger-Klicpera, B. & Hütter, E. (1993). Die Legasthenikerförderung in zwei Wiener Schulbezirken. Eine Evaluationsstudie einer schulinternen Fördermaßnahme. In Bundesministerium für Unterricht und Kunst (Hrsg.), *Was macht die Förderung effektiv? Kontroverse. Konzepte zur Legasthenikerbetreuung* (41–147). Wien: Ketterl.

Landerl, K., Wimmer, H. & Moser, E. (1997). *Salzburger Lese- und Rechtschreibtest: ein differentieller Test zur Diagnose von Lese- und Rechtschreibschwierigkeiten für die 1. bis 4. Schulstufe.* Bern: Huber.

Pennington, B. F. (1990). The genetics of dyslexia. *Journal of Child Psychology and Psychiatry, 31,* 193–201.

Perfetti, C. A. (1992). The representation problem in reading acquisition. In P. B. Gough, L. C. Ehri & R. Treiman (Eds.), *Reading acquisition* (145–174). Hillsdale: Erlbaum.

Schmidtke, A., Schaller, S. & Becker, P. (1978). *Raven-Matritzen-Test – Coloured Progressive Matrices.* Weinheim: Beltz.

Seyfried, H., Klauser, H. & Weyermüller, F. (1987). *Diagnostischer Rechtschreibtest DRT 4–5.* Wien: Ketterl.

Stanovich, K. E. & Siegel, L. S. (1994). Phenotypic performance profile of children with reading disabilities: a regression-based test of the phonological-core-variable-difference model. *Journal of Educational Psychology, 86,* 24–53.

Warnke, A. & Roth, E. (2000). Umschriebene Lese-Rechtschreibstörung. In F. Petermann (Hrsg.), *Lehrbuch der Klinischen Kinderpsychologie und Kinderpsychotherapie* (453–476). Göttingen: Hogrefe, 4., völlig veränd. Auflage.

Wimmer, H. (1993). Characteristics of developmental dyslexia in a regular writing system. *Applied Psycholinguistics, 14,* 1–33.

Wimmer, H. (1996). The early manifestation of developmental dyslexia: Evidence from German children. *Reading and Writing, 8,* 171–188.

Wimmer, H. & Hummer, P. (1990). How German-speaking first graders read and spell: Doubts on the importance of the logographic stage. *Applied Psycholinguistics, 11,* 349–368.

Autistische Störung

Ragna Cordes und Franz Petermann

Die autistische Störung wird sowohl in der ICD-10 als auch im DSM-IV den tiefgreifenden Entwicklungsstörungen zugeordnet, da der Entwicklungsverlauf autistischer Kinder **qualitativ verändert** ist und in keinem Entwicklungsstadium dem gesunder Kinder entspricht. Typisches Charakteristikum für die autistische Störung sind die qualitativen Beeinträchtigungen des Sozialverhaltens, die das Störungsbild von anderen Entwicklungsstörungen und der Normalentwicklung deutlich unterscheiden. Wing und Attwood (1987) bezeichnen dieses Kernsymptom als **autistisch-soziale Dysfunktion**, Rutter und Schopler (1987) als **Mangel an sozio-emotionaler Reziprozität**.

Schon bei autistischen Kleinkindern unter vier Jahren sind spezifische Auffälligkeiten in der Interaktion mit den Bezugspersonen zu beobachten, die eine Früherkennung ermöglichen. Hierzu gehören der fehlende oder wenig kommunikativ eingesetzte Blickkontakt, die mangelnde Fähigkeit, gemeinsame Aufmerksamkeit herzustellen (z. B. anderen etwas Interessantes zu zeigen), ihre fehlenden oder seltenen Versuche, eine Interaktion zu beginnen, zu verändern oder zu beenden und ihr Bevorzugen immer gleicher, einfacher Spiele mit den Bezugspersonen (Baron-Cohen, 1992; Cordes, 1995; Osterling & Dawson, 1994). Normales Sozialverhalten ist bei autistischen Menschen in keiner Entwicklungsphase zu beobachten!

Die autistische Störung ist in den meisten Fällen von Geburt an oder im ersten Lebensjahr vorhanden und tritt nur in seltenen Fällen nach einer bis dahin scheinbar normalen Entwicklung im Alter von zwei oder drei Jahren auf. Obwohl 94 % der Betroffenen schon vor dem 36. Lebensmonat, 76 % sogar schon in den ersten 24 Lebensmonaten auffällig werden, wird die Diagnose in Deutschland erst etwa Mitte des fünften Lebensjahres, also drei Jahre später, gestellt (Kehrer, 1995). Die Prävalenz der autistischen Störung liegt zwischen zwei und fünf pro 10.000, wobei Jungen etwa vier mal häufiger betroffen sind als Mädchen (Kusch & Petermann, 2000). 75 % der Betroffenen sind zusätzlich geistig behindert, möglicherweise auch als Folge ihrer schon früh einsetzenden Störungen der sozialen Interaktion.

In Kasten 1 sind die Kriterien für die Diagnose einer autistischen Störung nach DSM-IV (Saß, Wittchen & Zaudig, 1996) aufgeführt.

Kasten 1:
Diagnose der autistischen Störung nach DSM-IV (299.00)

Autistische Kinder zeigen in folgenden Bereichen Beeinträchtigungen, von denen zumindest eine vor Ende des dritten Lebensjahres auftritt:
— Die soziale Interaktion ist gestört; es werden keine angemessenen sozialen Beziehungen aufgebaut.
— Der kommunikative Einsatz nonverbalen Verhaltens und die verbale Kommunikation sind beeinträchtigt.
— Die Kinder verfügen über ein nur beschränktes, oft stereotypes Repertoire an Aktivitäten und Interessen.
Zusätzlich zeigen viele Kinder
— auffällige Reaktionen auf sensorische Reize und
— Auto- und Fremdaggressionen sowie Schlaf- und Eßstörungen.

Die Symptomatik verändert sich im Entwicklungsverlauf: Während im Vorschulalter in der Regel das klassische Bild des Autismus mit deutlichem Rückzugsverhalten, dem Beharren auf Gleichförmigkeit und stereotypen Verhaltensmustern besonders ausgeprägt ist, entwickeln die Kinder abhängig vom Alter und der Intelligenz später eher sozial passives Verhalten, das durch wenig Freude und Interesse aber Duldung von Interaktionen gekennzeichnet ist. Einige Kinder sind in der weiteren Entwicklung zu aktiverem, aber sonderbarem Sozialverhalten in der Lage. Sie können Interaktionen beginnen, strukturieren sie aber vorwiegend durch stereotypes Fragen oder Monologisieren (Wing & Attwood, 1987). Während Verhaltensprobleme sich in der Schulzeit oft etwas bessern, tritt bei 10% bis 20% in der Adoleszenz eine Symptomverschlechterung ein (Kusch & Petermann, 1991). Nur 1% bis 2% aller autistischen Menschen sind im Erwachsenenalter in der Lage, unabhängig zu leben. 60% bis 70% aller autistischen Menschen sind auch in diesem Alter noch immer auf ständige Betreuung angewiesen. Während sich das rituelle und zwanghafte Verhalten manchmal verbessert und gute Anpassungsleistungen zu beobachten sind, stellen vor allem die vermehrten Auto- und Fremdaggressionen große Probleme für den autistischen Erwachsenen selbst, seine Familie oder die betreuende Wohneinrichtung dar.

Eine gute Prognose haben vor allem autistische Kinder,
— deren IQ über 55 ist,
— die vor dem fünften Lebensjahr zu sprechen beginnen und
— bei denen schon vor dem vierten Lebensjahr eine intensive Frühförderung eingesetzt hat (Lovaas, 1987; Lovaas & Buch, 1997; McEachin, Smith & Lovaas, 1993).

1 Beschreibung des Störungsbildes

1.1 Äußeres Erscheinungsbild und biographische Angaben

Zum Zeitpunkt der ersten Untersuchung in einer auf die Diagnostik autistischer Störungen spezialisierten Facheinrichtung kommt Ken in Begleitung seiner Eltern. Ken ist vier Jahre alt und körperlich altersentsprechend entwickelt. Er hat regelmäßige Gesichtszüge und sieht – wie viele autistische Kinder – sehr ansprechend aus. Er sucht den ständigen Körperkontakt zu seiner Mutter, bei der er sich in dieser neuen Situation am sichersten zu fühlen scheint. Kens aus Japan stammende Mutter ist 41 Jahre, der Vater 39 Jahre alt. Ken hat keine Geschwister. Die Familie ist aus beruflichen Gründen in den letzten Jahren mehrfach umgezogen und lebt erst seit kurzem in einem Haus im Vorort der Stadt. Ken wird zweisprachig aufgezogen: Seine Mutter spricht vorwiegend japanisch mit ihm, der Vater deutsch.

1.2 Erste Auffälligkeiten und Entwicklung bis zur Diagnose

Nach einer unauffälligen Schwangerschaft wurde nach einem vorzeitigen Blasensprung die Geburt des Kindes 20 Tage vor dem errechneten Termin eingeleitet. Der Junge entwickelte sich aus Sicht der Eltern zunächst unauffällig: Er schlief zwar schlecht ein, schrie oft ohne erkennbaren Grund, verweigerte zeitweise das Stillen, liebte es, intensiv die gemusterten Tapeten zu betrachten und bewegte sich mit sechs Monaten nur auf dem Rücken liegend fort. Doch mit 14 Monaten konnte Ken frei laufen, gut klettern und erste Worte sprechen. Statt ,,Mama" oder ,,Papa" zu sagen, benannte Ken allerdings nur Gegenstände, wie ,,Stein", ,,Loch" oder ,,Wassermelone" und diese auf japanisch. Im zweiten Lebensjahr fiel auf, daß er panikartig auf das Schließen von Türen in öffentlichen Verkehrsmitteln reagierte und sich ausdauernd mit geometrischen Formen und technischen Geräten, vor allem Ventilatoren befaßte, die er in sekundenschnelle in Geschäften oder auf Hinterhöfen entdeckte. Obwohl er nur selten und nur Ein-Wort-Sätze sprach, konnte er 20 Lieder mit Texten in Deutsch und Japanisch singen. Bei einem Aufenthalt in der Heimat der Mutter im Alter von 2 $^1/_2$ Jahren wurden die Auffälligkeiten deutlicher: Ken schien sich von seiner Umwelt zurückzuziehen, seine motorische Unruhe verstärkte sich, und er drehte sich oft immer wieder um die eigene Achse, schaukelte mit dem Körper, wedelte mit den Händen und lief auf Zehenspitzen. Er hörte fast ganz auf zu sprechen und führte nur noch Selbstgespräche oder lautierte mit auffälliger Modulation. Auf Ansprache und Laute reagierte er nur selten. Waren viele der bisherigen Auffälligkeiten aus der Sicht der Eltern auf die Zweisprachigkeit, die häufigen Umzüge oder auf eine ,,Spätentwicklung" zurückzuführen, waren jetzt vor allem der Rückgang der Sprache und der soziale Rückzug ein deutliches Zeichen für die gestörte Entwicklung Kens. Die besorgten Eltern begannen Hilfe zu suchen und stellten den Jungen verschiedenen Ärzten vor, die sie entweder vertrösteten („Das kommt schon noch!"), eine – organisch nicht nachweisbare – „minimale cerebrale Dysfunktion" annahmen oder vermuteten, Ken sei taub und reagiere deshalb anders. Eine Überprüfung des Hör- und Sehvermögens ergab aber keine Auffälligkeiten. Nach vielen erfolglosen Arztbesuchen verwies ein Arzt die Eltern schließlich an eine spezialisierte Facheinrichtung. Hier wurde die Diagnose „Autistische Störung" gestellt und die ambulante Therapie in einer Spezialeinrichtung empfohlen.

1.3 Aktuelle Symptomatik

Neben der ausführlichen **Anamnese** durch einen Kinder- und Jugendpsychiater und eine Psychologin, die durch die **Autismusfragebögen 1 und 2** (Kehrer, 1995) ergänzt wurde, wurde Kens Verhalten frei beobachtet und systematisch nach der **Autismus-Beurteilungsskala CARS** (Schopler, Reichler & Renner, 1986; dt. in: Steinhausen, 1993) eingeschätzt. Sein Entwicklungsstand in den verschiedenen Funktionsbereichen wurde mit dem **Entwicklungs- und Verhaltensprofil P.E.P.** (Schopler & Reichler, 1981), einem speziellen Testverfahren für autistische Kinder, überprüft. Zusätzlich wurde das **Entwicklungsgitter** (Kiphard, 1977) und der nicht-verbale **Intelligenztest von Snijders-Oomen** (SON 2 $^{1}/_{2}$ – 7, Snijders & Snijders-Oomen, 1970; Tellegen, Winkel & Wijnberg-Williams, 1996) durchgeführt. Hier erreichte Ken einen IQ von 87. Sein Entwicklungsprofil war, wie für autistische Kinder typisch, sehr inhomogen: Nahezu altersentsprechenden Leistungen in den Bereichen Grobmotorik, Auge-Hand-Koordination und der Feinmotorik standen um ein bis zwei Jahre verzögerte Leistungen in den Bereichen Sprache, Sozialverhalten und Imitation gegenüber.

Folgende Auffälligkeiten führten zu der Diagnose einer autistischen Störung nach DSM-IV:

Qualitative Beeinträchtigung der sozialen Interaktion. Ken vermeidet den Blickkontakt mit anderen. Fremden Personen nähert er sich, beschnuppert sie kurz, scheint sie aber ansonsten nicht wahrzunehmen. Auf Fragen oder Kontaktangebote anderer reagiert er nicht oder nur nach mehrfacher Wiederholung. Während er den engen Körperkontakt zur Mutter aktiv sucht, wehrt er Berührungen anderer ab.

Kens emotionale Reaktionen sind oft unangemessen. So reagiert er auf eigentlich harmlose Situationen (z. B. laute Geräusche, schnelles Umherdrehen) übertrieben ängstlich, erkennt dagegen reale Gefahren (z. B. Höhen oder heiße Herdplatten) nicht. Ken lacht, weint und schreit oft, ohne daß ein Grund erkennbar wäre. Die Gefühlsausdrücke seiner Bezugspersonen kann er nicht einordnen. Es kann vorkommen, daß er lacht, wenn er jemanden weinen sieht. Ken bevorzugt es, allein mit seinem Körper oder mit Lieblingsgegenständen zu spielen, hat aber auch Freude an ganz bestimmten sozialen Aktivitäten mit seiner Mutter: So singt er mit der Mutter gern ihm gut bekannte Lieder und hat Freude an einfachen Kitzelspielen, die die Mutter mit bestimmten Geräuschen begleiten soll. Allerdings ist Ken bei diesen Spielen eher passiv und initiiert oder variiert sie nur selten. Ken gelingt es lediglich, einfache Handbewegungen (Klatschen oder Winken) zu imitieren. Großräumige und komplexe Bewegungen sowie sprachliche Äußerungen ahmt er nicht nach.

Qualitative Beeinträchtigung der verbalen und nonverbalen Kommunikation. Ken spricht selten spontan, kann aber seine Bedürfnisse mit Ein- bis Zwei-Wort-Sätzen verständlich machen. Er verwechselt allerdings noch deutsche und japanische Begriffe. Oft sagt Ken Wörter (wie z. B. Staubsauger oder Bohrmaschine) ohne kommunikative Bedeutung oder Situationszusammenhang, in auffälliger Betonung vor sich her. In Anforderungssituationen spricht Ken mit auffallender Anstrengung und in gepreßtem Tonfall; bei Selbstgesprächen ist die Sprachmelodie dagegen oft hoch und fast singend. Auch das Sprachverständnis des Jungen ist – wenn gleich weit besser als die aktive Sprachkompetenz – reduziert: Er entnimmt oft der Situation, Gesten oder anderen Hinweisreizen, was von ihm erwartet wird. Seine Mutter fungiert oft als „Dolmetscherin" für Ken, da sie die Aufforderungen anderer in seine Sprache „übersetzt". Ken versteht nur wenige Gesten, wie das unmittelbare Deuten mit dem Zeigefinger auf ein Objekt, und ist auf unterstützende Körperprompts (z. B. Hand berühren) angewiesen, wenn er etwas tun soll. Er selbst setzt keine Gesten zur Verständigung ein, sondern zieht Personen an der Hand zu den von ihm gewünschten Objekten, wenn er sie selbst nicht erreichen kann.

Deutlich beschränktes Repertoire von Aktivitäten und Interessen. Ken spielt in immer der gleichen Art und mit bestimmten Objekten, wobei er diese nicht angemessen nutzt: Er bevorzugt es zum Beispiel, Legosteine in Drehbewegungen zu versetzen, statt einen Turm aus ihnen zu bauen. Ken erkundet Dinge vorwiegend mit den Nahsinnen, steckt sie in den Mund, beriecht oder betastet sie. Sein Hauptinteresse gilt sich schnell drehenden Objekten (Ventilatoren) und technischen Geräten, wie Computern oder Radios, mit denen er außerordentlich geschickt umgehen kann. Er entdeckt diese Geräte auch in neuen Räumen sofort und erkennt schnell, wie sie zu bedienen sind, ohne sie je zuvor gesehen zu haben. Wird er bei solchen Aktivitäten unterbrochen, zeigt er deutlich Unmut und Erregung (Weinen, Schreien). In neuen Situationen, bei einer Veränderung des gewohnten Tagesablaufs oder auch nur, wenn er einen anderen als den bekannten Weg gehen soll, reagiert Ken mit großer Angst und massiven Erregungszuständen. Ken ist nicht zu Rollenspielen oder symbolischem Spiel in der Lage.

Nebenmerkmale. Kens Wahrnehmung scheint in verschiedenen Bereichen gestört zu sein: So hat er starke Angst vor lauten Geräuschen, hält sich aber auch bei leiseren Tönen sofort die Ohren zu. Gleichzeitig zeigt er eine Vorliebe für laute technische Geräte und Musik. Lieder, die er einmal gehört hat, kann er (mit Text) genau nachsingen. Im visuellen Bereich zeigt er eine deutliche Präferenz von gemusterten Oberflächen, die er stundenlang betrachten kann. Interessant ist, daß Ken selbst große, etwa 40teilige Puzzle legen kann, dagegen aber nicht in der Lage ist, nur drei gleichgroße Teile zu einem Bild zusammenzulegen. Er scheint sich beim Puzzeln nur an den Formen der Puzzleteile zu orientieren, ohne das Motiv zu beachten!

Ken hat starke taktile Reize gern, vermeidet dagegen aber den Kontakt mit weichen Materialien wie Creme, Schaum oder Federn. Das Schmerzempfinden des Jungen ist deutlich reduziert. Auf schnelle, vestibuläre Stimulation in der Rücken- oder Bauchlage (auf einem Gymnastikball) reagiert er mit Panik.

Kens Stärken liegen im grob- und feinmotorischen sowie einigen kognitiven Bereichen. Er ist motorisch außerordentlich aktiv und läuft und klettert gern herum. Er legt mit Mosaiksteinen komplexe Muster und baut Autos und Ventilatoren mit Legosteinen nach. Ken hat großes Interesse an Zahlen und kann bis 100 zählen! Gleichzeitig ist er aber nicht in der Lage, auf Aufforderung zwei Äpfel zu holen, hat also noch keinen funktionalen Zahlenbegriff erworben. Hier zeigt sich ein ganz typisches Merkmal, das für viele von Kens guten Fähigkeiten gilt: Er setzt auch diese Fähigkeiten vorwiegend stereotyp und zur Selbststimulation ein, ohne sie sinnvoll oder funktional nutzen zu können.

2 Differentialdiagnostik

2.1 Abgrenzung zur geistigen Behinderung

Ken weist einen nonverbalen IQ von 87 auf, was auf eine durchschnittliche, nur wenig verminderte kognitive Leistungsfähigkeit schließen läßt. Während bei der geistigen Behinderung eine **Verzögerung** des Entwicklungsverlaufs in den verschiedenen Bereichen, vor allem aber der kognitiven Fähigkeiten, vorliegt, zeigt Ken ein Entwicklungsprofil, das nicht einfach dem jüngerer Kinder entspricht, also verzögert ist. Sein Entwicklungsprofil ist sehr **inhomogen** mit den deutlichsten Beeinträchtigungen im Bereich der Sprache und des Sozialverhaltens. Geistig behinderte Kinder verfügen über dem Entwicklungsstand entsprechende soziale und kommunikative Verhaltensweisen. Selbst schwerer geistig Behinderte können Blickkontakt und einfache instrumentelle und expressive Gesten zur intentionalen Kommunikation einsetzen. Trotz seiner altersgemäßen kognitiven Fertigkeiten ist Ken **nicht** in der Lage, sich durch Blickkontakt die Aufmerksamkeit anderer zu sichern und auf Aufforderung oder im Spiel jemanden anzusehen. Oft blickt Ken nur flüchtig oder aus den Augenwinkeln (peripher) zu anderen. Ken kann nicht mit dem Finger zeigen, was er haben möchte und versteht die Zeigegeste anderer nur, wenn sie das Objekt direkt berühren. Er ist nicht in der Lage, emotionale Ausdrücke anderer zu erkennen und zu differenzieren, was geistig Behinderte schon in der frühen Interaktion mit der Mutter lernen. Wenn Ken lacht oder weint, wissen seine Eltern oft nicht, warum, weil für sie kein situationaler Zusammenhang erkennbar ist. Ken hat kein Interesse an Sozialkontakt – außer mit den Eltern –, was ihn von den sehr kontaktfreudigen Kindern mit Down-Syndrom deutlich unterscheidet. Der Junge kann nur sehr wenige, einfache Handbewegungen imitieren. Auch hier zeigt er die typischen deutlich unter seinem Entwicklungsstand liegenden Beeinträchtigungen.

Wesentliches Unterscheidungsmerkmal zwischen der autistischen Störung und der geistigen Behinderung ist somit das bei autistischen Kindern unabhängig vom allgemeinen Entwicklungsstand deutlich beeinträchtigte und qualitativ andersartige soziale und kommunikative Verhalten, das hingegen bei geistig Behinderten „nur" rückständig ist. Während etwa 70% der autistischen Kinder zusätzlich geistig behindert sind, gehört Ken zu den sogenannten Kernautisten (Kehrer, 1995), die die klassischen autistischen Defizite im Sozialverhalten bei nur wenig beeinträchtigter Intelligenz – in „reiner" Form – aufweisen.

2.2 Abgrenzung zu anderen tiefgreifenden Entwicklungsstörungen

In der ICD-10 (Dilling, Mombour & Schmidt, 1993) und dem DSM-IV (1996) werden auch Entwicklungsstörugen klassifiziert, die von der autistischen Störung abzugrenzen sind:

Rett-Störung. Die Rett-Störung ist bislang fast nur bei Mädchen beschrieben worden. Von der autistischen Störung sind jedoch drei bis vier mal mehr Jungen betroffen. Der für die Rett-Störung typische Verlust der Handfunktionen ist bei Ken nicht zu beobachten. Seine motorischen Fähigkeiten sind fast altersentsprechend und es gibt weder Anzeichen einer Rumpfataxie, einer Apraxie oder von verlangsamtem Schädelwachstum, was kennzeichnend für Kinder mit der Rett-Störung ist. Ähnlichkeit zeigt nur der Entwicklungsknick Kens in der Sprachentwicklung sowie sein vermindertes soziales Interesse, was aber auch für die autistische Störung typisch ist.

Desintegrative Störung. Kinder mit einer desintegrativen Störung verlieren nach einer normalen Entwicklung bis zum zweiten Lebensjahr erworbene Fertigkeiten in mehreren Bereichen. Die Eltern von Ken berichten aber, daß der Junge schon kurz nach der Geburt Auffälligkeiten gezeigt habe, die für die autistische Störung typisch sind, von den Eltern damals aber noch nicht als solche erkannt wurden. Ein Entwicklungsknick im Alter von zwei Jahren ist bei Ken lediglich im sprachlichen, nicht aber in anderen Entwicklungsbereichen nachweisbar.

Asperger-Störung. Kennzeichnendes Merkmal dieser Störung ist die Beeinträchtigung sozialer Interaktion sowie das deutlich eingeschränkte Repertoire sich wiederholender Verhaltensmuster, Aktivitäten und Interessen. Kinder mit einer Asperger-Störung sind zudem motorisch auffällig, oft sehr ungeschickt. Dagegen sind diese Kinder sprachlich und kognitiv altersentsprechend entwickelt. Sie haben Interesse an Beziehungen zu Gleichaltrigen, wählen aber oft sonderbare, unangemessene Verhaltensweisen zur Kontaktaufnahme. Ken zählt dagegen eher zu den sozial passiven Kindern, da er nur selten von sich aus Kontakt zu anderen aufnimmt, bestimmte Kontaktangebote aber genießen kann. Seine größten Defizite liegen gerade im sprachlichen Bereich. Auch seine große motorische Geschicklichkeit ist für Kinder mit einer Asperger-Störung untypisch.

Hyperkinetische Störung mit Intelligenzminderung und Bewegungsstereotypien. Ken weist einige typische Merkmale einer Aufmerksamkeits- und Hyperaktivitätsstörung auf, die aber sein Krankheitsbild nicht bestimmen und eher als Begleitsymptomatik seiner autistischen Störung anzusehen sind (vgl. Kusch & Petermann, 2000). Die typische Intelligenzminderung (IQ unter 50) liegt bei Ken nicht vor.

2.3 Abgrenzung zu anderen Krankheitsbildern

Selektiver Mutismus. Kinder mit selektivem Mutismus verfügen durchaus über altersentsprechende kommunikative Fähigkeiten, die sie aber in einigen Kontexten oder in Gegenwart bestimmter Personen nicht anwenden können. Die für die autistische Störung typischen Auffälligkeiten sozialer Interaktion, verbaler und nonverbaler Kommunikation sowie das stereotype Verhalten und der eingeschränkte Interessenbereich kommen bei dieser Störung nicht vor. Kens Sprache ist unabhängig vom Kontext oder den Personen deutlich rückständig und weist zudem autismusspezifische Auffälligkeiten, wie unmittelbare und verzögerte Echolalie, pronominale Umkehr, Neologismen und auffällige Intonation auf. Auch seine nonverbale Kommunikationsfähigkeit (z.B. durch Mimik und Gestik) ist deutlich beeinträchtigt.

Schizophrenie. Schizophrene Störungen entwickeln sich erst nach mehreren Jahren normaler Entwicklung, meist im Erwachsenenalter und nur sehr selten in der Kindheit. Diese kindliche Form der Schizophrenie beginnt etwa um das sechste Lebensjahr. Hier ist eine Abgrenzung vor allem durch die für Autismus untypischen, für Schizophrene dagegen charakteristischen formalen Denkstörungen und die produktive Symptomatik (Halluzinationen, Wahnvorstellungen) möglich, die allerdings erst ab dem sechsten Lebensjahr sichtbar werden. Es ist daher differentialdiagnostisch von großer Bedeutung, die kognitiven Faktoren besonders bei intelligenten autistischen Kindern genau zu untersuchen, um schizophrene Entwicklungsverläufe, die bei autistischen Kindern allerdings sehr selten sind, auch bei diesen Kindern zu erkennen. Bei Ken spricht der frühe Krankheitsbeginn sowie das Fehlen formaler Denkstörungen und produktiver Symptome gegen eine ausschließliche oder zusätzliche Diagnose einer schizophrenen Störung.

3 Erklärungsansätze

Die autistische Störung wird durch mehrere, auf verschiedenen Ebenen wirksame und miteinander interagierende Faktoren verursacht, von denen bislang aber nur einige bekannt sind.

3.1 Prädisponierende Faktoren

Als besonders bedeutsam für die Entwicklung einer autistischen Störung werden neben genetischen Faktoren vor allem neurologische Auffälligkeiten betrachtet: Es werden Dysfunktionen der Strukturen des Temporallappens, eine mesolimbisch-striatale Dysfunktion, eine gestörte sensorische Modulation auf Hirnstamm-Ebene (Kusch & Petermann, 1991) sowie eine fehlende Hemisphärendominanz vermutet. Courchesene (1991) vermutet, daß die bei vielen autistischen Kindern auffindbaren Abnormalitäten im Kleinhirn zu strukturellen Veränderungen anderer, sich später entwickelnder Hirnareale führt, wodurch die höhere kortikale Verarbeitung spezifisch gestört und die Entwicklung der autistischen Störung begünstigt wird. Auch Störungen im Neurotransmitterhaushalt sowie endokriner Substanzen, wie beispielsweise ein erhöhter Serotonin- (bei etwa 25 %) und erhöhter Dopaminspiegel (bei 50 % der autistischen Kinder) und Veränderungen im Endorphinhaushalt können die Störung begünstigen.

Es wird vermutet, daß neurologische Auffälligkeiten zu einer spezifischen Beeinträchtigung der späteren zentralnervösen Entwicklung (kurz vor und nach der Geburt) führen. Störungen in der neuronalen Differenzierung, der Ausbildung neurotransmitterspezifischer Synapsen, der Entwicklung von Neurotransmittern und Endorphinen sowie spezifischen Neurotransmitterrezeptoren sind die Folge (Gustafsson, 1997).

3.2 Auslösende Bedingungen

Die neurologischen Auffälligkeiten beeinträchtigen die Anpassungsleistungen und machen für das Auftreten der autistische Störung vulnerabel. Folgende Bedingungen können den zugrundeliegenden neuropathologischen Mechanismus verhaltenswirksam werden lassen und somit als auslösend für die Entwicklung einer autistischen Störung innerhalb der ersten drei Lebensjahre betrachtet werden:

- Komplikationen in der Schwangerschaft und während der Geburt (z. B. Sauerstoffmangel) oder der Geburtsprozeß selbst.
- Entwicklungsanforderungen zwischen dem achten und 24. Lebensmonat, in denen spezifische, psychologische Funktionen ausgebildet werden.
- Besondere familiäre Bedingungen, die für das in der Informationsverarbeitung beeinträchtigte Kind eine Überforderung darstellen (z. B. Geburt eines Geschwisterkindes, Zweisprachigkeit der Eltern).
- Körperliche Erkrankungen des Kindes, die mit hohem Fieber einhergehen und so eine zusätzliche neurologische Beeinträchtigung bewirken.
- Krankenhausaufenthalte des Kindes, die vermehrte Anpassungsleistungen des Kindes bezüglich der Umwelt und variabler Bezugspersonen erfordern.

3.3 Aufrechterhaltende Bedingungen

Die spezifischen neurologischen Beeinträchtigungen verursachen bei den betroffenen Kindern eine „Erregungsmodulationsstörung" (Dawson & Lewy, 1989): Unvorhersagbare oder neue Reize, die für gesunde Kinder optimal stimulierend sind und zu einer Orientierungsreaktion führen, sind für autistische Kinder überstimulierend und gehen mit einem erhöhten Erregungsniveau und Abwehrreaktionen einher. Der Bereich optimaler Stimulation ist bei diesen Kindern enger, wodurch sie in der Wahrnehmung und Verarbeitung komplexer Reize beeinträchtigt sind. Autistische Kinder profitieren daher nur wenig von dem für die soziale, kommunikative und emotionale Entwicklung besonders wichtigem Stadium der frühen Eltern-Kind-Interaktion. Sie erleben diese als überfordernd, wenden sich von ihr ab und bemühen sich, ihre Lernerfahrungen stattdessen in der einfacher strukturierten, besser voraussagbaren unbelebten Umwelt zu machen. Die Eltern sind durch das abweisende Verhalten ihrer Kinder sehr verunsichert, ziehen sich selbst von ihrem Kind zurück oder bemühen sich verzweifelt, die Aufmerksamkeit des Kindes durch intensive Stimulierung zu wecken. Die so gestörte und veränderte Eltern-Kind-Interaktion bedingt die typischen Beeinträchtigungen in der sozial-kommunikativen und emotionalen Entwicklung und führt u.a. zu der für das Störungsbild typischen mangelhaften Perspektivenübernahme (Störung der „Theory of Mind", Baron-Cohen, 1992, 1995).

3.4 Erklärung der Störung bei Ken

Neben einer Untersuchung des Fruchtwassers während der Schwangerschaft und einem EEG bei Ken, die beide ohne Befund waren, wurden in der Familie keine neurologischen oder genetischen Untersuchungen vorgenommen. Über die prädisponierenden Bedingungen kann daher nur gemutmaßt werden. Als Anzeichen für eine familiäre Prädisposition kann das seltsame und extrem schüchterne, sozial zurückgezogene Verhalten einer Nichte des Vaters gewertet werden. Erster Hinweis für eine mögliche schon pränatal wirksame Beeinträchtigung war der vorzeitige Blasensprung der Mutter sowie die dann eingeleitete Geburt. Retrospektiv berichtet die Mutter heute über folgende Auffälligkeiten, die für das Vorliegen einer autistischen Störung schon im ersten Lebensjahr sprechen:
– Scheinbar am liebsten allein („selbstzufriedenes Kind"),
– wenig Blickkontakt,
– Kontaktaufnahme zu Fremden durch Betasten ihrer Füße, ohne sie jedoch anzusehen,
– häufiges Schreien, ohne daß die Mutter einen Grund dafür entdecken konnte,
– Fixation auf bestimmte Objekte (Steine, Ventilatoren),
– intensives Betrachten und Betasten gemusterter Tapeten und Bodenoberflächen sowie
– Fütterungs- und Schlafprobleme.

Obwohl Kens Entwicklung zu keinem Zeitpunkt normal war, wurde sein Verhalten erst im Alter von zwei bis 2 $^{1}/_{2}$ Jahren so auffällig, daß Fachleute hinzugezogen werden mußten. Zu diesem Zeitpunkt war Ken besonders **hohen Umgebungsanforderungen** ausgesetzt, die vermutlich zur Manifestation der Störung führten: Die Familie hielt sich für längere Zeit in der Heimat der Mutter in Japan auf. Die andere Sprachumwelt, der Wechsel des gewohnten Umfeldes und die Anwesenheit ,,neuer" Personen (Familie der Mutter) stellten eine Überforderung für Ken dar. Zurück in Deutschland folgte aus beruflichen Gründen eine mehrmonatige Trennung vom Vater, was wiederum mit starken Veränderungen im Familienleben, einer Fixierung auf die Mutter und einer Verunsicherung in der Beziehung zum Vater einherging. Auf den erneuten Umzug der Familie reagierte er mit ,,autistischem" Verhalten, Reduktion der Sprache, sozialem Rückzug und vermehrten Stereotypien. Ken bekam in dieser Zeit häufig plötzlich hohes Fieber, das nach zwei Tagen wieder abklang. Kens Schwierigkeiten bei der Verarbeitung komplexer Informationen sowie seine Bevorzugung einfacher Reizmuster bestand vermutlich von Geburt an. Die im Alter von zwei Jahren wirksamen Umgebungsänderungen überstiegen aber seine Informationsverarbeitungsfähigkeiten. Die bis dahin wirksamen Kompensationsleistungen reichten nicht mehr aus, so daß sich die Störung manifestieren konnte. Abbildung 1 stellt die Entwicklung der autistischen Störung bei Ken dar.

Prädisponierende Bedingungen

— Genetische Faktoren/familiäre Disposition: Autistische Züge in der Verwandtschaft
— Spezifische neurologische Veränderungen

$\Downarrow$

Auslösende Bedingungen

— Schwangerschaft: Vorzeitiger Blasensprung
— Eingeleitete Geburt
— Zweisprachigkeit der Eltern
— Häufige Erkrankungen mit kurzzeitig hohem Fieber
— Starke Umgebungsveränderungen im Alter von zwei Jahren

$\Downarrow$

Aufrechterhaltende Bedingungen

— Störung der Wahrnehmungs- und Infomationsverarbeitung (z.B. akustische Überempfindlichkeit)
— Beeinträchtigung sozialer Kommunikation und des sozialen Lernens
— Rückzug auf einfache Reizmuster in unbelebter Umwelt
— Entwicklung stereotyper Verhaltensmuster und eingeschränkter Interessengebiete
— Immer geringer werdende Informationsverarbeitungskapazität

Abbildung 1:
Entwicklung der autistischen Störung bei Ken

4 Interventionsprinzipien

4.1 Bewährte Interventionsmethoden

Obwohl es inzwischen eine Vielzahl ganz unterschiedlicher Therapieformen für die Behandlung autistischer Kinder gibt (vgl. Dzikowski & Arens, 1990), sind nur sehr wenige empirisch überprüft und liegen kaum Effektivitätsstudien vor. Amerikanische Projekte, wie das TEAACH-Modell (Schopler & Olley, 1981; Schopler, Lansing & Waters, 1987) und auch deutsche Untersuchungen (Cordes 1985; Cordes & Dzikowski, 1991) zeigen deutlich, daß vor allem verhaltenstherapeutische Programme sehr wirksam in der Arbeit mit autistischen Kindern eingesetzt werden können. Eindrucksvoll sind vor allem die Erfolge eines speziellen, intensiven, verhaltenstherapeutischen Trainingsprogramms von Lovaas, dem „Early Intervention Program" (Lovaas, 1987; McEachin, Smith & Lovaas, 1993), mit folgenden Rahmenbedingungen:

- Beginn vor dem vierten Lebensjahr,
- enge Kooperation mit den Eltern und Förderung in häuslicher Umgebung,
- sehr hohe Intensität (etwa 40 Stunden wöchentlich!) und
- Einsatz verhaltenstherapeutischer Techniken.

Etwa die Hälfte (47%) der in diesem Projekt trainierten Kinder wiesen in Nachuntersuchungen (im durchschnittlichen Alter von 13 Jahren) ein normales Funktionsniveau auf!

Neuere verhaltenstherapeutische Vorgehensweisen sind heute **entwicklungsorientiert**: Die Erkenntnisse über die Entwicklung gesunder Kinder und der qualitativ veränderten Entwicklung autistischer Kinder bilden die Basis für die Therapieplanung und die genaue Festlegung von Therapiezielen (Petermann, Kusch & Niebank, 1998). Neben der Verhaltenstherapie ist auch die Förderung der Wahrnehmung durch Methoden wie die Sensorische Integrationsbehandlung (vgl. Dzikowski & Vogel, 1988; Zimmermann, 1998) oder Körpertherapien (vgl. Fikar, Fikar & Thumm, 1991) in Deutschland weit verbreitet, allerdings bislang nicht empirisch überprüft.

4.2 Therapeutisches Angebot für autistische Kinder

In Deutschland gibt es zur Zeit etwa 31 Autismusambulanzen, in denen autistische Kinder, Jugendliche und Erwachsene eine speziell auf ihre Störung abgestimmte Therapie erhalten können. Dieses therapeutische Angebot ist unabhängig von der Art der Einrichtung (wie z.B. Kindergarten, Schule, Werkstatt), die die autistischen Kinder, Jugendlichen oder Erwachsenen besuchen, und wird in der Regel nach dem § 39/40 BSHG (Hilfe zur Eingliederung) finanziert. Die autistischen Menschen erhalten in den Autismusambulanzen zwischen einer und sechs Stunden wöchentlich Einzelförderung durch spezialisierte Fachkräfte (meist Psychologen, Sozial- und Heilpädagogen). Schulen, in denen autistische Kinder speziell gefördert werden, sind selten (z. Zt. in Bremen, Hannover und Berlin). Für autistische Erwachsene bestehen aktuell 17 spezielle Wohneinrichtungen mit angegliedertem Arbeitsbereich. Verglichen mit den USA und England, wo es eine Vielzahl spezieller Schulen, Therapiezentren und Heime für autistische Menschen gibt, ist das therapeutische Angebot in Deutschland sehr eingeschränkt.

4.3 Therapie mit Ken

Ken wurde im Alter von vier Jahren in der Autismusambulanz auf Empfehlung des diagnostizierenden Kinder- und Jugendpsychiaters vorgestellt. Ken besuchte inzwischen seit wenigen Monaten die integrative Gruppe eines Regelkindergartens. Nach dem Erstgespräch mit der Mutter, der Psychologin und der Heilpädagogin der Ambulanz, bei dem die Mutter die bisherige Entwicklung Kens, die aktuell vorherrschenden Probleme schilderte, Fragen zur Symptomatik beantwortete und Informationen über das Angebot der Ambulanz erhielt, wurde der Beobachtungszeitraum festgelegt.

Beobachtungs- und Kontaktaufbauphase. Eine sorgfältige Beobachtung ist aufgrund der großen inter- und intraindividuellen Unterschiede autistischer Kinder von besonders großer Bedeutung für eine sinnvolle Therapieplanung, die Identifikation von Verhaltensdefiziten und -kompetenzen und deren Kontextabhängigkeit. Ziel der etwa zwei bis drei Monate dauernden **Beobachtungsphase** bei Ken war es:
- Kens Verhalten in ganz unterschiedlichen Situationen und Umwelten zu beobachten,
- seine kommunikativen Fähigkeiten in der Interaktion mit verschiedenen Bezugspersonen sowie die Fähigkeit, seine Bedürfnisse zu äußern, zu erfassen (Stufe intentionaler Kommunikation),
- sein Spielverhalten allein und mit anderen Kindern zu analysieren,
- seine Vorlieben, Interessen und Stärken in den unterschiedlichen Funktionsbereichen herauszufinden,
- seine Über- bzw. Unterempfindlichkeit in den einzelnen Wahrnehmungsbereichen sowie Ängste und Probleme in den Funktionsbereichen festzustellen,
- den Entwicklungsstand Kens in den verschiedenen Entwicklungsbereichen mit Hilfe von standardisierten Testverfahren zu erheben,
- Möglichkeiten der Kontaktaufnahme über bestimmte Vorlieben und Interessengebiete herauszufinden.

Die Resultate der diagnostischen Untersuchung, wie des **Entwicklungs- und Verhaltensprofils P.E.P.** (Schopler & Reichler, 1981) und der **Autismus-Beurteilungsskala CARS** (Schopler, Reichler & Renner, 1986), sowie der Intelligenzdiagnostik mit dem nicht-sprachlichen Test von **Snijders Oomen** (Snijders & Snijders-Oomen, 1970) lagen vor, mußten also nicht erneut durchgeführt werden.

Um zu verdeutlichen, wie wichtig die sorgfältige Beobachtung autistischer Kinder zu Beginn, aber auch im Verlauf einer Therapie ist, sollen hier kurz exemplarisch die Ergebnisse der Beobachtung verschiedener Situationen zu Hause und im Kindergarten dargestellt werden:

Ken wurde beim gemeinsamen Abendessen, dem abendlichen Zubettgehen und beim Spielen zu Hause sowie beim gemeinsamen Essen im Kindergarten, der Gruppenarbeit und der Pause auf dem Hof beobachtet. Es zeigte sich, daß Ken sich zu Hause ruhig verhielt, sich vor allem beim Essen bemühte, mit Ein-Wort-Sätzen Bedürfnisse zu verdeutlichen und auch teilweise zur Mithilfe beim Auf- und Abdecken zu motivieren war. Laute Geräusche von Geräten weckten sein Interesse, führten aber zu keinen Abwehrreaktionen. Problematisch war dagegen die Waschsituation vor dem Zubettgehen: Ken benötigte ständige Aufforderungen und physische Prompts von der Mutter. Verließ diese das Bad, unterbrach er sofort die Tätigkeit. Im Kindergarten zeigte Ken dagegen ein völlig anderes Verhalten: Er spielte weit ab von der Gruppe, hielt sich schon bei lauterem Kinderrufen die Ohren zu, stand bei gemeinsamen Aktivitäten ständig auf und war nur schwer zum Mitmachen zu bewegen. Nur das Singen in der Gruppe schien ihm Spaß zu machen, so daß er sitzen blieb, aufmerksam zuhörte und sich rhythmisch zum Gesang bewegte.

Ken spielte zu Hause und im Kindergarten am liebsten allein. Sein Spielverhalten war oft stereotyp und wenig phantasievoll. Wollten andere Kinder sich am Spiel beteiligen, ließ Ken die Spielsachen liegen und entfernte sich. Den Eltern gelang es dagegen, kurzzeitig mit Ken gemeinsam etwas zu spielen, indem sie genau auf seine Vorlieben zugeschnittene, für ihn gut verständliche Spiele anboten (vorwiegend Sing- und Kitzelspiele). Viele der Kompetenzen, die Ken zu Hause zeigte, waren im Kindergarten nicht zu beobachten: So sprach Ken gar nicht und schien viele, für ihn zu Hause einfache, Aufforderungen nicht zu verstehen. Zu Hause gut erträgliche Reizsituationen (soziale Kontakte, laute Geräusche) wirkten im Kindergarten aufgrund seines hier insgesamt schon höheren Erregungsniveaus sofort überfordernd und führten zu Rückzugsverhalten.

Die Beobachtung Kens bei verschiedenen Aktivitäten zu Hause und im Kindergarten zeigte, daß Ken – abhängig von seiner Umgebung, den an ihn gestellten Anforderungen und der Bekanntheit der Bezugspersonen – jeweils andere Verhaltensmuster zeigte. Es konnte so festgestellt werden, welche situationalen Bedingungen für seine Entwicklung optimal waren, welche dagegen zu Rückzugsverhalten und Stereotypien führten!

Gemeinsam mit den Eltern und der Erzieherin des Kindergartens wurden die Ergebnisse der Beobachtungsphase besprochen und überlegt, welche Therapieziele im nächsten Jahr angestrebt werden sollten. Wichtig war dabei, daß die Therapieziele für den alltäglichen Umgang mit Ken (Kindergarten und Elternhaus) relevant waren, seinen Entwicklungsmöglichkeiten entsprachen und daß die Bezugspersonen bereit waren, diese Ziele zu unterstützen. Die Inhalte der Therapie setzten gezielt an dem momentanen Entwicklungsstand

Kens an. Seine Vorlieben und Stärken (z. B. das Interesse an Zahlen, Buchstaben und Bewegungsspielen), wurden genutzt, um ihn auch zur Bearbeitung schwieriger Aufgaben zu motivieren und den Erwerb neuer Verhaltensweisen zu erleichtern.

Therapeutische Phase. Die hier dargestellte Förderung fand zwischen Kens viertem und siebtem Lebensjahr statt. Die Autismustherapie mit Ken wurde einmal wöchentlich in der Autismusambulanz sowie einmal wöchentlich bei Ken zu Hause, später dann in der Schule, durchgeführt. Die Mutter war bei den Therapiestunden sowohl beobachtend als auch aktiv handelnd beteiligt. Die Therapie in der Einrichtung hatte vor allem die Anbahnung bestimmter Fertigkeiten zum Inhalt, die dann in den Stunden zu Hause auf den Alltag generalisiert werden sollten. Da Kens Mutter sehr gut mitarbeitete und Ken bei der Umsetzung von Neuerlerntem zu Hause sehr unterstützte, war es möglich, Ken auch von den speziell ausgestatteten Räumen sowie dem ausgewählten Therapiematerial profitieren zu lassen. Autistische Kinder mit einer ausgeprägten Generalisierungsschwäche (besonders junge autistische Kinder) werden dagegen in der Regel ausschließlich zu Hause gefördert, um den Lerntransfer zu verbessern und eine alltagsnahe Förderung zu ermöglichen.

Rahmenbedingungen für die Therapie. Um eine optimale Lernsituation für Ken zu ermöglichen, mußte eine Situation geschaffen werden, die seiner Informationsverarbeitungskapazität angemessen war, vor allem also nicht überfordernd war und motivierende und für ihn verarbeitbare Reize enthielt. Die Therapie wurde daher in einem mittelgroßen, reizarmen Raum durchgeführt, der nur wenig und in Schränken verschlossene Spielsachen enthielt und sehr geräuscharm war. Nur so war es möglich, die Aufmerksamkeit Kens für längere Zeit aufrechtzuerhalten. Die Therapiestunde wurde durch feststehende, jedesmal wiederkehrende Rituale und Abfolgen für Ken vorausschau- und kontrollierbar (vgl. Abb. 2).

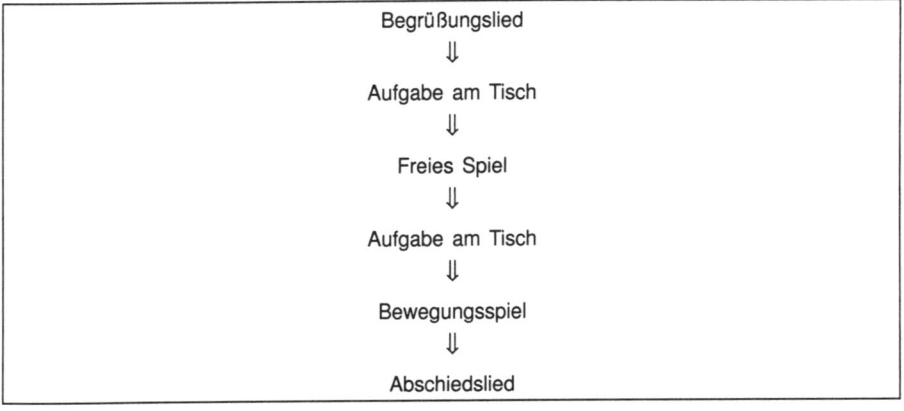

Abbildung 2:
Ablauf der Therapiestunde

Konzentrationsphasen waren mit dem Sitzen am Tisch verbunden und wurden von weniger strukturierten, entspannenden Phasen freier Bewegung abgelöst. Auch die Abfolge der einzelnen Aufgaben war immer gleich, um Ken Sicherheit zu bieten. In jeder Therapiestunde sollte nicht mehr als eine Aufgabe bzw. ein Spielmaterial neu für Ken sein. Auch die Sprache war zu strukturieren: Wenig Worte, kurze Sätze, einheitliches Vokabular und mehrfache Wiederholung der sprachlichen Äußerung. Es wurden nur wenige, für Ken verständliche Gesten angewandt, die verbal begleitet wurden.

In der Therapie mit Ken wurden ausgehend von den Ergebnissen der Beobachtungsphase und dem Lernzielgespräch im ersten Jahr mehrere Ziele verfolgt. Neben verhaltenstherapeutischen Vorgehensweisen (Cordes, 1998; Maurice, 1996; Schopler, Lansing & Waters, 1987) wurden auch Programme zur Förderung sensorischer Integration (Dzikowski & Vogel, 1988) eingesetzt.

Aufbau von Sozialverhalten. Zunächst lernte Ken **Blickkontakt** zur Kommunikation in verschiedenen sozialen Kontexten einzusetzen: Ken schaute andere gewöhnlich nur ausgesprochen kurz und nur selten in Kontaktsituationen wie dem gemeinsamen Spiel oder bei der Begrüßung an. Er schien den Blickkontakt nicht zu vermeiden, ihm aber keine Bedeutung beizumessen, benutzte ihn also nicht kommunikativ. In den Therapiestunden wurde Kens Interesse an den Augen und der Mimik anderer geweckt. Er lernte, Blickkontakt aufzunehmen, wenn er dazu aufgefordert wurde und wenn andere ihn ansprachen oder ihn begrüßten. Längere Phasen von Blickkontakt waren allerdings selten. Ken lernte, anderen zur Begrüßung die Hand zu geben und „Guten Tag" zu sagen sowie sich zu verabschieden. Zu Hause wurden strukturgebende soziale Konventionen eingeführt, wie beispielsweise sich vor dem Essen an den Händen zu fassen, um sich einen guten Appetit zu wünschen.

Ken spielte von sich aus am liebsten allein und zeigte kein Interesse an sozialer Interaktion. Es war daher ein wichtiges Ziel, ihn dazu zu motivieren, von sich aus **Kontakt aufzunehmen und Spiele zu initiieren.** Eine gute Möglichkeit war es hierbei, Kens stereotypes Verhalten aufzugreifen, zu imitieren und leicht abzuwandeln. Ken wurde aufmerksam, fand die Variation interessant und begann schrittweise, auch selbst Variationen einzubringen. Strukturierte Interaktionsspiele (mit immer dem gleichen Ablauf) machten Ken bald auch große Freude und wurden auch von ihm begonnen. So krabbelte er gern in eine große Tonne und bestimmte mit Rufen wie „Deckel zu" oder „Deckel auf", ob etwas auf die Tonne gelegt wurde oder nicht. Er konnte auch plötzlich weglaufen, „Fangen" sagen und so ein Fangspiel beginnen. Schwierig war es für Ken aber, die Rollen zu tauschen, also beispielsweise selbst zu versuchen, den anderen zu fangen.

Ken lernte schrittweise, Handbewegungen und Laute, später auch komplexere Ganzkörperbewegungen und Mimik **nachzuahmen.**

Sprache. Kens kommunikative Sprache beschränkte sich auf einzelne Wörter, die er mit gepreßter Intonation hervorbrachte. Während ihm Bedürfnisäußerungen sehr schwer zu fallen schienen, stimulierte er sich gern durch das Singen von Liedern und Wiederholen von bestimmten „Lieblingswörtern" in hoher Tonlage und mit besonderer Intonation (z. B. „Staubsauger"). In Spielsituationen mit beliebten Objekten lernte Ken, Gegenstände zu benennen. Zu Hause sollte er am Tisch sagen, was er haben wollte. Während seine Wunschäußerungen zunächst noch unter großer Anstrengung hervorgebracht wurden und erst nach mehrmaliger Aufforderung kamen, erkannte Ken zunehmend, was er mit Sprache erreichen konnte und bekam mehr Freude am Sprechen. Seine Stimme wurde weniger gepreßt, und er begann auch, spontan Bedürfnisse zu äußern. Ken lernte, ganze Sätze (z. B. „Ich möchte Milch haben!") zu sagen, später aber auch eigene Handlungen und Bilder zu beschreiben. Trotz der Vergrößerung des aktiven Wortschatzes, zunehmender Spontansprache und „normalerer" Stimme blieb die Sprache Kens vor allem aufgrund der sehr monotonen, beinahe maschinenhaften Sprechweise auffällig.

Wahrnehmung. Ken wies starke **Defizite in der Bildwahrnehmung** auf: Während er reale Objekte erkennen und bezeichnen konnte, war er nicht in der Lage zu erkennen, was auf Fotografien oder Bildern abgebildet war! Vor allem die Abstraktion durch Zeichnungen konnte er nicht nachvollziehen. Gegenstände, die sich nur minimal voneinander in der Größe, der Farbe oder der Form unterschieden, wurden von Ken nicht als zu einer Kategorie gehörig erkannt (sog. visuelle Überselektivität). Ken übte daher, zunächst reale Objekte einander zuzuordnen, dann Fotografien und schließlich abstrakte Bilddarstellungen den realen Gegenständen zuzuordnen. Ken lernte, Objekte auch dann einer Gruppe zuzuordnen, wenn sie sich in Details unterschieden. Nach intensivem Training gelang es Ken sogar, Gegenstände nach ihren kennzeichnenden Merkmalen zu Klassen (z. B. Obst, Fahrzeuge) zusammenzufassen. Kens **akustische Überempfindlichkeit** war nur sehr schwer abzubauen. Ken lernte, Laute und Stimmen zu diskriminieren, Geräuschquellen zu lokalisieren und selbst laute und leise Geräusche zu produzieren. Hierdurch erlangte er zwar Kontrolle über akustische Signale und konnte sie besser einordnen, reagierte aber in Streßsituationen, vor allem im Kontakt mit anderen Kindern, weiter mit Abwehr. Mit Hilfe einer systematischen Desensibilisierung zeigte er etwas bessere Anpassungsleistungen. Dennoch reagiert Ken auch heute noch empfindlich auf laute Geräusche. Das Ohren-Zuhalten ist generalisiert und folgt jetzt als Reaktion auch auf andere überfordernde Situationen.

Durch die Förderung sensorischer Integration wurden vor allem Kens **vestibuläre Überempfindlichkeit** und die **taktile Abwehr** reduziert. Ken lernte schrittweise, verschiedene Raumlagen ohne Angst einzunehmen und zu ertragen. War er zunächst nur für kräftige taktile Reize zu begeistern, so begann er langsam, auch sanfte Massagen und Eincremen zu genießen. Ken begann mehr Körperkontakt zu den Eltern und anderen Bezugspersonen zu suchen und konnte ihre Berührungen jetzt auch genießen.

4.4 Arbeit mit den Eltern

Die enge Zusammenarbeit mit den Eltern war von entscheidender Bedeutung für die therapeutische Förderung Kens. Neben der Teilnahme an den Therapiestunden, fanden wöchentlich Gespräche mit der Mutter (Hauptbezugsperson) sowie etwa halbjährlich gemeinsame Lernzielbesprechungen statt. In den **Therapiestunden** war es das Ziel, die Mutter im angemessenen, auf die Störung abgestimmten Umgang mit ihrem Kind zu unterstützen. Die Mutter lernte daher nicht nur, Ken genau zu beobachten, sondern auch sein angemessenes Verhalten zu verstärken, unangemessenes Verhalten dagegen zu ignorieren. Sie wurde im Einsatz physischer und verbaler Prompts geschult. Die Mutter sprach nur noch in kurzen Sätzen mit begrenztem Vokabular und vor allem ausschließlich deutsch mit Ken. In den Therapiestunden sollte die Mutter zunächst die Interaktion zwischen der Therapeutin und Ken beobachten und daran anschließend selbst die Rolle der Therapeutin übernehmen. Sie erhielt Rückmeldung für ihr Verhalten und gemeinsam wurde die Übertragung des Gelernten auf die häusliche Situation geplant. So sollte Ken beispielsweise lernen, seine Bedürfnisse nicht nur in der strukturierten Therapiesituation, sondern auch zu Hause in ganzen Sätzen zu äußern. Die Mutter konnte hier zunächst das Vorgehen der Therapeutin beobachten, schaffte es dann selbst in der Therapiestunde unter Einsatz verbaler Prompts, Ken zur Äußerung ganzer Sätze zu bringen und berichtete nach einigen Wochen, daß er nun auch zu Hause seine Bedürfnisse in ganzen Sätzen äußern würde.

Gemeinsam mit der Mutter wurde auch überlegt, wie Kens Alltag besser zu strukturieren ist. Sie wurde angeregt, einen Tagesplan mit Photos für Ken zu erstellen, den sie jeden Tag mit ihm besprach. Für Ken war es jetzt leichter, den Ablauf des Tages vorherzusehen und mit Veränderungen zurechtzukommen. Regelmäßig am Ende der Therapiestunde hatte die Mutter die Möglichkeit, Kens Verhalten in der letzten Woche zu schildern und besondere Probleme, aber auch Erfolge im Umgang mit ihm zu besprechen.

In den regelmäßig stattfindenden **Elterngesprächen** wurde gemeinsam Kens Entwicklung reflektiert und wurden neue Ziele festgelegt. Die Eltern erhielten Hinweise, wie sie mit schwierigen Verhaltensweisen von Ken, besonders seiner Geräuschempfindlichkeit, dem stereotypen Spielverhalten und der Angst vor anderen Kindern umgehen sollten. Im ersten Jahr war es für die Eltern besonders wichtig zu erfahren, wie Kens oft sonderbare Verhaltensweisen zu erklären waren und welche Ursachen es für seine Erkrankung gab. Hilfreich war hier für die Eltern auch die Kontaktaufnahme zum ortsansässigen Elternverein: „Hilfe für das autistische Kind."

4.5 Arbeit mit dem Kindergarten und der Schule

In etwa halbjährlichen Abständen oder in Krisensituationen hospitierte die Therapeutin im Kindergarten und führte Gespräche mit den Erzieherinnen. Im

Alter von sechs Jahren wechselte Ken in eine Schule für Körperbehinderte, deren Bedingungen seiner Problematik am ehesten gerecht wurden: Ken wurde in eine kleine Gruppe von sechs lernbehinderten Schülern integriert. Dennoch war eine ständige Begleitung durch einen Zivildienstleistenden nötig. Die intensive Zusammenarbeit der Autismusambulanz mit den Lehrern war hier von besonders großer Bedeutung, um den Schulbesuch Kens nicht zu gefährden. Die Lehrer konnten Kens Verhalten oft nicht einordnen und wußten nicht, ob sie sich ihm gegenüber richtig verhielten. Besonders hilflos waren sie, wenn Ken einfach weglief oder plötzlich begann, laut zu schreien. Ihre üblichen pädagogischen Vorgehensweisen zeigten bei Ken keine Wirkung. Er wurde im Gegenteil durch die ständig wechselnden Reaktionen auf sein Verhalten irritiert und wurde zunehmend problematischer, was wiederum die Lehrer noch mehr verunsicherte. Dieser Teufelskreis mußte durchbrochen werden. Es wurden daher zunächst Verhaltenbeobachtungen – vor allem problematischer Situationen – in der Klasse durchgeführt (Video), so daß eine genaue Situations- und Verhaltensanalyse möglich war. Anhand der Videoaufzeichnungen lernten die Lehrer, Ken genauer zu beobachten und Ursachen sowie aufrechterhaltende Bedingungen für sein Verhalten zu erkennen. Gemeinsam wurde dann ein Vorgehen abgesprochen, das zunächst mit Ken in der Einzelsituation geübt und danach von den Lehrern übernommen wurde. Zeigten sich erste Erfolge, wirkte sich das auch sofort positiv auf die Beziehung der Lehrer zu Ken aus.

Ohne diese Unterstützung einer auf Autismus spezialisierten Facheinrichtung und die tägliche Begleitung durch einen Zivildienstleistenden wäre Kens Besuch der Schule für Körperbehinderte auf Dauer sicher nicht möglich gewesen!

4.6 Entwicklungsverlauf Kens bis heute

Ken ist inzwischen – drei Jahre später – zehn Jahre alt und besucht die dritte Klasse der Schule für Körperbehinderte. Er erhält noch immer zwei mal wöchentlich eine autismusspezifische Förderung durch die Autismusambulanz. Seine Auffälligkeiten im Bereich der Grobmotorik und der Gleichgewichtskontrolle sind deutlich vermindert, und Ken kann inzwischen komplexe Ganzkörperbewegungen imitieren. Sprachlich äußert er sich in ganzen Sätzen, oft allerdings im Telegrammstil und in auffälliger Intonation. Ken bildet selten neue Sätze. Er wiederholt fast ausschließlich exakt die gelernten Sätze. („Ich möchte Lied singen!"). Die Anwendung von Personalpronomen fällt Ken schwer und erfordert oft noch Hilfen. Obwohl Ken keine gewöhnlichen Fragen stellen kann, hat er eine Formulierung gefunden, mit der er Wortbedeutungen von der Mutter erfragt: „Kakee, Kakee?" (= „Was ist das?"). Spontane Sprache gegenüber unbekannten Personen ist selten.

Dagegen liegen Kens kognitive Leistungen deutlich über denen seiner Klassenkameraden: Ken kann als einziger Schüler lesen, schreiben und im Zahlenraum bis 100 addieren. Dennoch besteht eine große Diskrepanz zwischen diesen Fertigkeiten und deren sinnvoller Anwendung: Während seine Mitschü-

ler beispielsweise noch nicht rechnen können, wohl aber über einen Mengen-
begriff verfügen und sofort sagen können, auf welchem Teller mehr Kartoffeln
sind, kann Ken die Kartoffeln lediglich zählen. Hieran zeigt sich, daß Ken
das Rechnen auf eine vollständig andere Art erlernt hat. Durch langandauernde
intensive Beschäftigung mit einem Taschenrechner hat Ken die Aufgaben vermutlich **visuell** gespeichert. Aufgabe der Schule ist es nun, Ken den fehlenden
Zahlenbegriff beizubringen. Auch sinnentnehmendes Lesen und sinnvolles
Schreiben fällt Ken schwer. Er bevorzugt es, Straßenschilder und Warenbe-
zeichnungen zu lesen. Im Sozialverhalten bestehen bei Ken weiterhin die größten Auffälligkcitcn. Während er in einer strukturierten Situation durchaus zur
Kontaktaufnahme mit einem anderen Jungen in der Lage ist, ist er im Beisein
anderer Kinder weiterhin überfordert, zieht sich zurück und ist auch zu einfachen Aufgaben oft nicht in der Lage.

Für Kens weitere Entwicklung ist es daher von großer Bedeutung, seine sozialen Fähigkeiten zu verbessern und zunehmend auf größere, strukturierte
Gruppensituationen auszuweiten. Seine zahlreichen Teilfertigkeiten, die oft nur
zu Stereotypien dienen, müssen in sinnvolle Alltagshandlungen eingebunden
werden, damit er von ihnen profitieren und so weitere Entwicklungsfortschritte
machen kann.

5 Resümee

Die autistische Störung ist durch ganz spezifische sozial-kommunikative Beeinträchtigungen gekennzeichnet. Große interindividuelle Unterschiede ergeben sich vor allem durch das unterschiedlich hohe Ausmaß intellektueller Beeinträchtigung und die variablen Störungen des Sozialverhaltens, die von völ-
ligem Rückzugsverhalten bis hin zu seltsamem und distanzlosem Kontaktver-
halten reichen. Ken zeigt die typischen Merkmale einer autistischen Störung
bei nur wenig beeinträchtigter Intelligenz und ohne komorbide Störungen.
Selbst wenn die Krankheit also – was eher selten ist – wie bei Ken in ihrer
typischen Ausprägung vorliegt, sind abhängig vom situationalen Kontext, dem
Interaktionspartner und dem betroffenen Entwicklungsbereich große intraindividuelle Unterschiede in Kens Verhalten feststellbar. Das macht ihn für andere
zunächst schwer einschätzbar. Eine lange Beobachtungs- und Kontaktphase ist
erforderlich, um Kens Entwicklungsprofil, seine Kompetenzen und Vorlieben
sowie seine Schwierigkeiten zu erfassen und eine Beziehung zu ihm aufzubauen. Die Schwere der autistischen Störung, die sich auf alle Entwicklungsbereiche auswirkt, macht ein spezielles, auf diesen Beobachtungen beruhendes
und die Störungsbedingungen berücksichtigendes therapeutisches Vorgehen erforderlich. Wenn auch nur wenige Kinder mit besonders guten Vorausetzun-
gen und einer früh einsetzenden Therapie ein annähernd normales Funktionsniveau erreichen können, so sind dennoch bei vielen Kindern deutliche Verbesserungen in den Verhaltensbereichen möglich. Allerdings sind meist lang-

fristige therapeutische Maßnahmen bis ins Erwachsenenalter nötig, da die Bewältigung der jeweiligen Entwicklungsaufgaben immer wieder zu Krisen, Verhaltensproblemen oder -rückschritten führen kann. Eine Therapie autistischer Menschen ist langwierig, oft mühsam und erfordert von den Eltern und dem Therapeuten viel Einsatz, Ausdauer und eine hohe Frustrationstoleranz, da Erfolge oft erst nach intensiver Arbeit aller Bezugspersonen zu verzeichnen sind. Der Markt für alternative Behandlungsmethoden (wie die „Delphin-Therapie", die „Festhaltetherapie", die „Gestützte Kommunikation"), die zu schnellen Erfolgen auf relativ einfache (wenn auch oft teure) Art und Weise führen sollen, ist groß. Ken hat durch die intensive und sensible Unterstützung besonders seiner Mutter, der früh einsetzenden Autismustherapie und dem Engagement der Mitarbeiter im Kindergarten und der Schule beachtliche Fortschritte gemacht. Er kann sich seiner Familie und den Lehrern begrenzt verständlich machen, ist zur Kontaktaufnahme in der Lage und hat ein gutes Maß an Selbständigkeit erreicht. Auch weiterhin wird Ken auf die intensive, auf seine Behinderung abgestimmte Arbeit der verschiedenen Bezugspersonen angewiesen sein, um die Anforderungen des täglichen Lebens zu bewältigen und sich weiterzuentwickeln.

Jede therapeutische Maßnahme muß auf die individuellen Möglichkeiten, Fähigkeiten und Schwierigkeiten des autistischen Menschen sorgfältig abgestimmt werden. Spezifische Kenntnisse, ein hohes Engagement und Sensibilität der Therapeuten sind hierzu erforderlich. Die Therapie autistischer Kinder kann heute verbessert werden, wenn die Ergebnisse der Therapieforschung (besonders der USA und Englands) konsequenter in die therapeutische Arbeit umgesetzt werden. Besonders erfolgversprechend scheint der sehr frühe Beginn und die hohe Intensität der Förderung zu sein. Die Früherkennung autistischer Kinder muß so verbessert werden, daß eine Förderung schon im Alter von 1 $\frac{1}{2}$ Jahren möglich wird. Die Frühförderung sollte an der frühen Eltern-Kind-Interaktion ansetzen (vgl. Kusch & Petermann, 2000). Wenn die Eltern in die Lage versetzt werden, trotz der Störungen ihrer Kinder, eine gelungene soziale Interaktion aufzubauen, wird soziales Lernen auch für autistische Kinder möglich!

Literatur

Baron-Cohen, S. (1992). The theory of mind hypothesis of autism: History and prospects of the idea. The Psychologist. *Bulletin of the British Psychological Society, 5,* 9–12.

Baron-Cohen, S. (1995). *Mindblindness.* London: MT Press.

Cordes, H. (1985). Früherkennung und Frühförderung bei Frühkindlichem Autismus. *Frühförderung interdisziplinär, 4,* 17–29.

Cordes, H. & Dzikowski, S. (1991). *Frühförderung autistischer Kinder.* Bremen: Hilfe für das autistische Kind Bremen e. V.

Cordes, R. (1995). *Soziale Interaktion autistischer Kleinkinder. Videogestützte Analyse der Kommunikation zwischen Mutter und Kind.* Weinheim: Deutscher Studien Verlag.

Cordes, R. (1998). Förderung von Kommunikation und Interaktion autistischer Kinder. *praxis ergotherapie, 11*, 253–258.

Courchesene, E. (1991). Neuroanatomic imaging in autism. *Pediatrics, 87*, 781–790.

Dawson, G. & Lewy, A. (1989). Arousal, attention and the socioemotional impairments of individuals with autism. In G. Dawson (Ed.), *Autism – Nature, diagnosis and treatment* (49–74). *New York: Guilford.*

Dilling, H., Mombour, W. & Schmidt, M.H. (Hrsg.) (1993). *Internationale Klassifikation psychischer Störungen: ICD–10, Kapitel V.* Bern: Huber, 2. Auflage.

Dzikowski, S. & Arens, C. (Hrsg.) (1990). *Autismus heute. Band 2. Neue Aspekte der Förderung autistischer Kinder.* Dortmund: verlag modernes lernen.

Dzikowski, S. & Vogel, C. (1988). *Störungen der sensorischen Integration bei autistischen Kindern. Probleme von Diagnose, Therapie und Erfolgskontrolle.* Weinheim: Deutscher Studien Verlag.

Fikar, H., Fikar, S. & Thumm, K. (Hrsg.) (1991). *Körperarbeit mit Behinderten.* Stuttgart: Verlag Konrad Wittwer.

Gustafsson, L. (1997). Inadequate cortical feature maps: A neural circuit theory of autism. *Society of Biological Psychiatry, 42*, 1138–1147.

Kehrer, H.E. (1995). *Autismus. Diagnostische, therapeutische und soziale Aspekte.* Heidelberg: Asanger, 5. überarb. Auflage.

Kiphard, E. (1977). *Wie weit ist mein Kind entwickelt?* Dortmund: verlag modernes lernen.

Kusch, M. & Petermann, F. (1991). *Entwicklung autistischer Störungen.* Bern: Huber, 2. erweiterte Auflage.

Kusch, M. & Petermann, F. (2000). Tiefgreifende Entwicklungsstörungen. In F. Petermann (Hrsg.), *Lehrbuch der Klinischen Kinderpsychologie und Kinderpsychotherapie* (431–452). Göttingen: Hogrefe, 4. völlig veränd. Auflage.

Lovaas, O.I. (1987). Behavioral treatment and normal educational and intellectual functioning in young autistic children. *Journal of Consulting and Clinical Psychology, 55*, 3–9.

Lovaas, O.I. & Buch, G. (1997). Intensive behavioral intervention with young children with autism. In N.N. Singh (Ed.), *Prevention and treatment of severe behavior problems. Models and methods in developmental disabilities* (61–86). Pacific Grove: Brooks.

Maurice, C. (Ed.) (1996). *Behavioral intervention for young children with autism. A manual for parents and professionals.* Austin: pro-ed.

McEachin, J.J., Smith, T. & Lovaas, O.I. (1993). Long-term outcome for children with autism who received early intensive behavioral treatment. *American Journal on Mental Retardation, 97*, 359–372.

Osterling, J. & Dawson, G. (1994). Early recognition of children with autism: A study of first birthday home videotapes. *Journal of Autism and Developmental Disorders, 24*, 247–257.

Petermann, F., Kusch, M. & Niebank, K. (1998). *Entwicklungspsychopathologie. Ein Lehrbuch.* Weinheim: Psychologie Verlags Union.

Rutter, M. & Schopler, E. (1987). Autism and pervasive developmental disorders: Concepts and diagnostic issues. *Journal of Autism and Developmental Disorders, 17*, 159–186.

Saß, H., Wittchen, H.U. & Zaudig, M. (Hrsg.) (1996). *Diagnostisches und Statistisches Manual Psychischer Störungen (DSM-IV).* Göttingen: Hogrefe.

Schopler, E., Lansing, M. & Waters, L. (1987). *Übungsanleitungen zur Förderung autistischer und entwicklungsbehinderter Kinder (0–6 Jahre). Band 3.* Dortmund: verlag modernes lernen.

Schopler, E. & Olley, J.G. (1981). Comprehensive educational services for autistic children: The TEACCH model. In C. Reynolds & T. Guthins (Eds.), *Handbook for school psychology.* New York: Wiley.

Schopler, E. & Reichler, R.J. (1981). *Entwicklungs- und Verhaltensprofil (P.E.P.).* Dortmund: verlag modernes lernen.

Schopler, E., Reichler, R.J. & Renner, B.R. (1986). *The Childhood Autism Rating Scale (CARS).* New York: Irvington.

Snijders, J. Th. & Snijders-Oomen, N. (1970). *Nicht-verbaler Intelligenztest von Snijders-Oomen (2 $^1/_2$ bis 7)*. Groningen: Wolters-Noordhoff.

Steinhausen, H. Ch. (1993). *Psychische Störungen im Kindes- und Jugendalter*. München: Urban & Schwarzenberg, 2. Auflage.

Szatmari, P. & Jones, M. B. (1991). IQ and the genetics of autism. *Journal of Child Psychology and Psychiatry, 32*, 897–908.

Tellegen, P. J., Winkel, M. & Wijnberg-Williams, B. J. (1996). *Snijders-Oomen Non-verbaler Intelligenztest (SON-R 2 $^1/_2$–7)*. Frankfurt: Swets & Zeitlinger.

Wing, L. & Attwood, A. (1987). Syndromes of autism and atypical development. In D. J. Cohen & A. M. Donellan (Eds.), *Handbook of autism and pervasive development disorders* (3–19). New York: Wiley.

Zimmermann, A. (1998). *Ganzheitliche Wahrnehmungsförderung bei Kindern mit Entwicklungsproblemen. Möglichkeiten der Sensorischen Integration. Ein Überblick*. Dortmund: verlag modernes lernen.

Psychische Störungen bei Intelligenzminderung

Christopher Göpel und Martin H. Schmidt

Beeinträchtigungen intellektueller Funktionen bei Kindern und Jugendlichen ziehen Veränderungen bzw. Verzögerungen in den meisten Entwicklungsbereichen nach sich. Verknüpfungen mit anderen umfassenden Entwicklungsstörungen und/oder körperlichen Behinderungen sind häufig, so die Kombination von Intelligenzminderungen mit autistischen Syndromen, die oft diagnostische und therapeutische Schwierigkeiten bereitet.

Der Anteil der Intelligenzgeminderten an der Gesamtbevölkerung beträgt 3,5 %. Die Rate psychiatrischer Auffälligkeiten und die Zuordnung zu einer Grunderkrankung steigt deutlich mit dem Ausmaß der Intelligenzminderung an. Die Ätiologie der Intelligenzminderung ist für die Art der psychischen Auffälligkeit kaum bedeutsam. Bei Kindern und Jugendlichen mit Intelligenzminderungen sind bestimmte psychopathologische Symptome als Folge häufig zu beobachten, wie zum Beispiel Stereotypien, selbstverletzendes Verhalten oder Pica. Oft kommt es bei psychischen Störungen mit gleichzeitig bestehender Intelligenzminderung zu einer charakteristischen klinischen Färbung der Symptomatik, die im klinischen Alltag berücksichtigt werden muß (Schmidt, 2000)

In der Internationalen Klassifikation psychischer Störungen in der zur Zeit gültigen 10. Revision (ICD-10; Dilling et al., 1991) werden Intelligenzminderungen in einer vierfachen Abstufung klassifiziert:
- F70, leichte Intelligenzminderung (IQ zwischen 50 und 69),
- F71, mittelgradige Intelligenzminderung (IQ zwischen 35 und 49),
- F72, schwere Intelligenzminderung (IQ zwischen 20 und 34) und
- F73, schwerste Intelligenzminderung (IQ niedriger als 20).

Fünf Faktoren sind wesentlich für das Entstehen psychischer Störungen (wobei protektive Faktoren hier außer acht bleiben):
- genetisch determinierte Vulnerabilität,
- eine erworbene Vulnerabilität,
- chronische Belastungen und
- akute Belastungen sowie
- die Art der Streßbewältigung.

Das Wechselspiel dieser Faktoren kann die Ausprägung und den Verlauf einer Störung beeinflussen. Intelligenzminderungen können dabei als Risikofaktoren wirken.

Psychische Störungen und Intelligenzminderungen sind häufig miteinander verbunden, weil eine gemeinsame Pathogenese möglich ist. Vier Möglichkeiten eines gemeinsamen Auftretens von Intelligenzminderungen und psychischen Störungen lassen sich unterscheiden und werden in den folgenden Kasuistiken veranschaulicht:

● das Störungsbild läßt sich aus der Intelligenzminderung ableiten, tritt also nur zusammen mit geminderter Intelligenz oder erheblicher Entwicklungsverzögerung auf.

● Psychische Störungen und Intelligenzminderungen sind häufig miteinander verbunden, weil eine gemeinsame Pathogenese möglich ist.

● Psychische Störungen und Intelligenzminderungen treten gemeinsam auf, haben aber keine gemeinsame Pathogenese. Die Intelligenzminderung bestimmt lediglich Färbung und Verlauf der psychischen Störung.

● Die Intelligenzminderung ist Folge einer anderen psychischen Störung; bei früher intakten intellektuellen Fähigkeiten handelt es sich also um einen dementiellen Prozeß, also einen Intelligenzabbau.

Auf diese vier Möglichkeiten soll im folgenden – jeweils an einem Fallbeispiel verdeutlicht – eingegangen werden.

1 Psychische Störungen und Intelligenzminderung einheitlicher Pathogenese

1.1 Beschreibung des Störungsbildes: Hyperkinetische Störung mit Bewegungsstereotypien und Intelligenzminderung (nach Alkoholembryopathie)

Marion ist neun Jahre alt, das zweite Kind einer 40jährigen Mutter und eines 37jährigen Vaters, der als Berufskraftfahrer arbeitet. Marions Geburt war durch vorzeitige Wehen sowie einer Sectio wegen Verdachts auf intrauterinen Sauerstoffmangel kompliziert. Schon kurz nach der Geburt fanden sich Hinweise auf eine Alkoholembryopathie; Laufen und Sprachentwicklung waren deutlich verzögert. Im Kindergarten fiel Marion durch massives umtriebiges Verhalten auf. In der dritten Klasse einer Schule für Geistigbehinderte machten ausgeprägte motorische Unruhe, Konzentrationsdefizite sowie Schwierigkeiten, zwischen Phantasie und Realität zu unterscheiden, den Schulbesuch fast unmöglich. Marions Mutter gab an, daß sie bis zu Marions dritten Lebensjahr „stark getrunken" habe, seitdem aber „trocken" sei. Marions zehnjähriger Bruder ist ebenfalls durch eine Alkoholembryopathie leicht beeinträchtigt.

Marions Mutter berichtet jetzt, daß ihre Tochter sich seit ungefähr einem Jahr sich häufiger selbst verletzt. Sie schlägt sich einen Gürtel „stundenlang an den Kopf", reißt die Haut von den Fingern oder kratzt sich mit den Fingernägeln so, daß es blute. Dabei empfinde sie offensichtlich keine Schmerzen. Ihre Tochter sei zudem sehr unruhig, schaukelt oft stundenlang nach vorne und nach hinten, kann sich oft „keine zwei Minuten" auf etwas konzentrieren, provoziert Eltern und Geschwister, ist ungehorsam und reagiert auf Anforderungen und Einschränkungen mit minutenlangen Wutanfällen. Gegenüber anderen Kindern ist sie jedoch freundlich und hilfsbereit, tiefergehende Freundschaften bestehen trotzdem nicht. Ihre Mutter gab an, mit ihr hoffnungslos überfordert zu sein, ihre Tochter sei „der Teufel". Da sich ihr Mann wegen der großen Schwierigkeiten zunehmend von der Familie distanziert, ist sie oft deprimiert; Auseinandersetzungen mit dem Partner sind häufig. Im Alltag benötigt Marion beim Anziehen und Waschen noch größere Hilfe, den kurzen Schulweg kann sie noch nicht alleine bewältigen.

1.2 Differentialdiagnostik

Bei Marion sind die drei Kriterien einer hyperkinetischer Störung mit Intelligenzminderung und Bewegungsstereotypien (ICD-10: F84.4; DSM-IV: 307.3) erfüllt. Im einzelnen sind dies:

- **Bewegungsstereotypien,** also gleichförmige, willkürliche Bewegungen ohne Funktionscharakter, die zum Teil auch mit Selbstschädigungen einhergehen oder in diese übergehen;
- als besonderes Merkmal fällt bei ihr die zur Klassifizierung notwendige schwere motorische, **zwanghaft ausgeprägte Überaktivität (Erethie)** auf;
- die diagnostisch geforderte Intelligenzminderung zeigte sich anamnestisch in **verzögerter sprachlicher und motorischer Entwicklung,** Defiziten der **sozialen Entwicklung** sowie deutlichen intellektuellen Mängeln in der **Abstraktionsfähigkeit** und **Realitätsbeurteilung.**

Differentialdiagnostisch müssen die stereotypen Bewegungen gegenüber Tic-Störungen abgegrenzt werden. Im Unterschied zu Bewegungsstereotypien können motorische Tics nicht willkürlich herbeigeführt werden und betreffen oft ganze Muskelgruppen, wobei sie nicht rhythmisch sind.

Komplexe Stereotypien können bei schizophrenen Störungen und autistischen Syndromen beobachtet werden. Zielgerichtet und in der Durchführung komplexer sind die Handlungen bei Zwangserkrankungen. Insbesondere im Hinblick auf therapeutische Interventionen sind von dem hier beschriebenen Syndrom andere hyperkinetische Störungen (ICD-10: F90.0/F90.1; DSM-IV: 314.01) abzugrenzen. Patienten mit diesen Störungen sind in der Regel normal bis leicht unterdurchschnittlich intelligent und zeigen im allgemeinen keine stereotypen Bewegungsmuster. Ein Behandlungsversuch mit Stimulantien ist hier sinnvoll. Eine Methylphenidatbehandlung erweist sich bei Kindern mit hyperkinetischen Störungen im Zusammenhang mit Intelligenzminderung und

Bewegungsstereotypien jedoch selten effektiv. Es kann dabei zu schweren dysphorischen Reaktionen kommen.

1.3 Erklärungsansätze

Die hyperkinetische Störung mit Intelligenzminderung und Bewegungsstereotypien gilt als ungünstig definierte Störung von unsicherer nosologischer Validität. Bei der Ausbildung des hyperkinetischen Störungsspektrums bei Normalintelligenten besitzen neurobiologische Bedingungen eine erhebliche Bedeutung, auch wenn Zeichen einer Reifungsverzögerung oder perinataler Risikofaktoren oft nicht feststellbar sind. Die Zusammenhänge von Hyperaktivität und Intelligenzminderung sind noch unklar. Für die Entwicklung von Stereotypien, die auch im Säuglingsalter als Übergangsphänomene ohne Krankheitswert gesehen werden und Automutilationen (selbstverletzenden Handlungen) können hingegen verschiedene biologische und lerntheoretische Hypothesen angeführt werden. Bei Automutilationen werden gestörte opiaterge und dopaminerge Mechanismen diskutiert. Lerntheoretische Überlegungen rücken mehr positive und negative Verstärkungen des gezeigten Verhaltens durch die soziale Umwelt des Kindes oder interne propriozeptive Reize in den Mittelpunkt. Über das Zutreffen psychodynamischer Konstrukte (das Verhalten dient zur Abgrenzung und Einrichtung einer verbesserten Ich-Identität) fehlen empirische Untersuchungen.

1.4 Interventionsprinzipien

Prinzipiell werden Bewegungsstereotypien mit selbstverletzenden Verhaltensweisen neben zusätzlicher externer Stimulation im Umfeld, die die Wahrscheinlichkeit ihres Auftretens senken sollen, direkt symptomatisch mit verhaltenstherapeutischen Techniken angegangen, die auf die Einführung mit der Stereotypie unvereinbarer Alternativhandlungen zielen. Aversive Methoden sind nur bei schwersten Automutilationen gerechtfertigt. Übermäßige Hyperaktivität bei intelligenzgeminderten Patienten spricht in der Regel auf psychopharmakologische Behandlung (Pipamperon) an.

Zu Beginn des stationären Aufenthaltes bei Marion wurden die zuhause auftretenden autoaggressiven stereotypen Verhaltensweisen beobachtet. Geringe Reize (Langeweile, Müdigkeit) oder erhöhte Stimulation von außen (z. B. unstrukturierte Situationen in der Kindergruppe) waren oft auslösende Bedingungen für die bekannten Verhaltensweisen, die sich daraufhin meist selbst verstärkten bis hin zu blutenden Verletzungen an Fingern und Zehen. Die bekannte motorische Unruhe war eindrucksvoll und erschwerte die Einbindung von Marion in Gruppensituationen, die den Stereotypien generell hätten entgegenwirken können.

Im Rahmen der Intervention wurde versucht, im strukturierten engen Betreuungsrahmen Marion beim Auftreten stereotyper Verhaltensweisen in praktische Tätigkeiten (Tischdecken, Spiele) einzubinden und so ein Aufschaukeln der Symptomatik zu verhindern. Ein Behandlungsversuch der schweren motorischen Hyperaktivität bei Marion mit Pipamperon bei gleichzeitig kontingenter Verstärkung erwünschter Verhaltensweisen wurde jedoch aufgrund deutlicher EEG-Veränderungen abgebrochen. Trotz Verbesserung der Symptomatik im stationären Rahmen, wurde auf Wunsch der Mutter eine außerfamiliäre Unterbringung eingeleitet.

2 Typische Begleiterkrankungen einer Intelligenzminderung bei häufig einheitlicher Pathogenese

2.1 Beschreibung des Störungsbildes: Frühkindlicher Autismus und Intelligenzminderung

Dirk war zum Zeitpunkt seiner zweiten stationären Aufnahme fast 14 Jahre alt. Sein 58jähriger Vater ist Arbeiter bei der Gemeindeverwaltung an Dirks Wohnort, die 53jährige Mutter Hausfrau, eine 19jährige Tochter studiert. Vor Dirks Geburt hatte seine Mutter zahlreiche Frühaborte, die Schwangerschaft mit Dirk war wegen Blutungen in den ersten Wochen kompliziert. Laufen erlernte Dirk mit 17 Monaten, die ersten Worte sprach er mit drei Jahren, später war seine Sprachproduktion gering. Der Kindergartenbesuch wurde mit drei Jahren schon nach wenigen Wochen wegen schwerer Verhaltensauffälligkeiten von Dirk abgebrochen. An Kontakten zu Gleichaltrigen oder gemeinsamen Spielen war Dirk nicht interessiert, er beschäftigte sich im Kindergarten und auch zuhause hauptsächlich mit Wasserhähnen, mit Handwedeln vor den Augen oder „Licht-Schatten-Spielen". Über elektiv mutistisches Verhalten vor allen Betreuern im Kindergarten gegenüber oder später in der Schule wurde mehrfach berichtet. Zunächst besuchte Dirk den Sonderkindergarten einer Einrichtung für Geistigbehinderte, später auch die Schule für Geistigbehinderte. Gelegentliche mutistische Phasen in der Schule sowie aggressiv-provokantes Verhalten gegenüber den Eltern, machte eine kontinuierliche kinder- und jugendpsychiatrische Betreuung über Jahre hinweg notwendig.

Von den Eltern wurde berichtet, daß sich seit einiger Zeit aggressive Verhaltensweisen von Dirk ihnen gegenüber zuhause häuften. Vor allen Dingen, wenn Dirk seine „Lieblingssendung" im Fernsehen (Testbild vor Sendebeginn) nicht sehen kann, reagiert er heftig wütend und wirft zum Teil auch mit Gegenständen in der Wohnung. Von der Schule wurde berichtet, daß Dirk seit ungefähr einem Jahr nicht mehr aktiv am Unterricht teilnimmt, er hält sich demonstrativ die Hand vor dem Mund. Den Eltern gegenüber besteht er darauf, die Schule verlassen und eine Hauptschule besuchen zu wollen. Über gelegentliche Befürchtungen vor Lehrern, die er mit ängstlichem Affekt als „Wölfe" bezeichnet, berichten die Eltern. Kontakte zu Gleichaltrigen lehnt Dirk ab, nach der Schule beschäftigt er sich hauptsächlich mit Schnecken, die er auch stundenlang beobachtet, weiterhin mit den bekannten Schattenspielen und „Testbild schauen" im Fernsehen.

2.2 Differentialdiagnostik

– Deutliche **qualitative Beeinträchtigungen in der sozialen Interaktion** (kein Interesse an Beziehungen zu Gleichaltrigen bzw. Freundschaften) und in der Kommunikation,
– **stereotype Beschäftigung mit Objekten** (hier: Schnecken) oder ritualisierte Verhaltensweisen (z. B. Testbild schauen),
– eine **Sprachentwicklungsverzögerung** und
– Auftreten der typischen **Symptome vor dem dritten Lebensjahr**
sichert die Diagnose des Vollbildes eines frühkindlichen Autismus (ICD-10: F84.0; DSM-IV: 299.0). Aggressives bzw. selbstverletzendes Verhalten, unspezifische Befürchtungen („Lehrer sind Wölfe") bzw. elektiv mutistische Perioden sind als diagnoseergänzende Merkmale häufige Symptome, besonders wenn eine deutliche Intelligenzminderung vorliegt.

Differentialdiagnostisch müssen vor allen Dingen nach dem zweiten oder dritten Lebensjahr beginnende autistische Syndrome (sogenannter atypischer Autismus) von anderen Störungen der Sprache und der Interaktion (elektiver Mutismus, rezeptive Sprachstörungen, desintegrative Störungen des Kindesalters oder (selten) frühkindliche Psychosen) abgegrenzt werden. Normale Sprachbenutzung und Beziehungsfähigkeit zu vertrauten Personen grenzen elektiven Mutismus ab. Bei den seltenen, ausgeprägten rezeptiven Sprachentwicklungsverzögerungen fehlen die für den Autismus typischen massiven Störungen der sozialen Interaktion, Gestik und Mimik (vgl. Kusch & Petermann, 2000). Bei der seltenen Differentialdiagnose der desintegrativen Psychose ist eine normale Entwicklung bis zum dritten Lebensjahr mit dann rasch einsetzendem irreversiblen Abbau der Sprache sowie weiterer kognitiver Fähigkeiten typisch. Sinnesdefekte oder Deprivationsschäden können dem Autismus ähnliche Symptome hervorrufen, eine Abgrenzung gegenüber dem Autismus ist über eine intakte soziale Beziehungsfähigkeit möglich, auch wenn das Bindungsverhältnis bei deprivierten Kindern beeinträchtigt ist.

2.3 Erklärungsansätze

Frühkindlicher und atypischer Autismus scheinen gemeinsame Endstrecken verschiedener pathogenetischer Prozesse zu sein, wobei sich aus neuroanatomischen, biochemischen und genetischen Befunden eine biologische Grundlage der Störungsmuster abzeichnet. Psychodynamische oder familienorientierte Hypothesen konnten nicht bestätigt werden. Die Verknüpfung mit neurologischen Symptomen, perinatalen Infektionen und chromosomalen Defekten deutet auf neurobiologische pathogenetische Gemeinsamkeiten hin. Dies gilt sicher genauso für die Kombination von Intelligenzminderung mit autistischen Syndromen, die bei 70 % der autistischen Menschen vorliegt. Gerade unter Intelligenzgeminderten findet sich häufig nicht das Vollbild des frühkindlichen Autismus, bei gleichzeitig autistischen Zügen besteht das Syndrom am häufigsten aus stereotypen bzw. repetitiven Verhaltensweisen mit eingeschränktem Interessenspektrum (Kusch & Petermann, 2000). Die embryonale Schädigung im ersten Drittel der Schwangerschaft scheint die gemeinsame Ursache beider Störungen, Autismus und Intelligenzminderung, zu sein.

2.4 Interventionsprinzipien

Die Prinzipien der Behandlung autistischer Syndrome mit bzw. ohne Intelligenzminderung liegen darin:
- spezifisch fehlangepaßtes Verhalten zu eliminieren,
- Erwerb notwendiger Kommunikationsmuster zu fördern,
- familiäre Belastungen durch Änderung des elterlichen Erziehungsverhaltens abzubauen und
- die normale Lernfähigkeit und Entwicklung zu fördern.

Domäne der Behandlung autistischer Kinder sind verhaltenstherapeutische Techniken, die weitestmöglich in das Alltagsverhalten integriert werden müssen, so daß die Behandlung auf Bezugspersonen, die als Kotherapeuten wirken können, angewiesen ist. Dies gilt nicht nur für den häuslichen Rahmen, sondern auch für den Schulunterricht; im Kindergarten und in der Schule sind die sozialen Defizite und daraus folgende Stereotypien weitaus kritischer als die Leistungseinschränkung.

Der Einsatz von Psychopharmaka kann zur Beeinflussung motorischer Unruhe, von Affektdurchbrüchen oder Erregung sowie zur Erhöhung der sozialen Erreichbarkeit eingesetzt werden (Schmidt & Brink, 1995). Zum Abbau von Verhaltensexzessen, Reduktion von Stereotypien und Ritualen sowie der Förderung der Sprachentwicklung und sozialer Reaktionsformen sind ausgefeilte verhaltenstherapeutische Techniken entwickelt worden (vgl. Brack, 1997). Der Einsatz von Festhaltetherapie (Prekop, 1984) und sogenannter gestützter Kommunikation zu Förderung des Spracherwerbs muß aufgrund fehlender empirischer Nachweise über Indikation und therapeutischer Effekte als überaus kritisch betrachtet werden (Rimland & Ort, 1992).

Ein Schwerpunkt der stationären Behandlung bei Dirk war die Beeinflussung der symptomatisch mutistischen Verhaltensweisen mit verhaltenstherapeutischen Maßnahmen. In einer Vielzahl strukturierter Sprechsituationen (Leseübung, Wortspiele, Singen, Tonbandübung) wurde Häufigkeit und Intensität von Dirks Sprachäußerungen verstärkt und stufenweise erweitert. Schriftliche oder gestische Mitteilungen von Dirk zur Durchsetzung eigener Wünsche wurden durch seine Betreuer negiert. Die Behandlung des Mutismus wurde im

weiteren auf Situationen außerhalb der Klinik ausgedehnt (Einkaufen, Straßen-
bahnfahren u. v. a.). Dirk konnte sich nach einigen Wochen in einer klar verständlichen Alltagssprache gegenüber ihm fremden oder weniger sympathi-
schen Personen verständlich machen, dabei auch Zeichen der Schüchternheit
oder Unsicherheit weitestgehend ablegen.

Dirks aggressives Verhalten konnte nur im familiären Rahmen beobachtet werden und diente dazu, sich gegen elterliche Eingrenzungen zu wehren. Zöger-
liches und unsicheres Verhalten seiner Eltern („Vielleicht beruhigt er sich wieder!") verstärkten Dirk in solchen Verhaltensweisen. Diese Zusammenhänge
wurden neben Informationen über das Störungsbild des Autismus und der sich
daraus ableitenden therapeutischen und prognostischen Perspektiven in gemeinsamen Gesprächen mit den Eltern thematisiert. Es wurden Möglichkeiten
zur Eingrenzung der aggressiven Verhaltensexzesse entwickelt und versucht,
diese an den Wochenenden zuhause umzusetzen. Sollte eine Eingrenzung von
Dirk durch die Eltern im häuslichen Rahmen in Zukunft nicht möglich sein,
müssen Möglichkeiten einer außerhäuslichen Unterbringung in einer Spezialeinrichtung für autistische Jugendliche diskutiert werden.

3 Typische Begleiterkrankung einer Intelligenzminderung bei häufig uneinheitlicher Pathogenese

3.1 Beschreibung des Störungsbildes: Störung des Sozialverhaltens und Intelligenzminderung

Alfred ist zur Zeit circa 14 Jahre alt. Sein Vater ist ein 50jähriger Weinbau-
ingenieur, seine Mutter eine 43jährige kaufmännische Angestellte. Schwangerschaft und Geburt waren kompliziert durch frühzeitige Wehen, Blutungen und
vorzeitigen Blasensprung. Nach der Geburt sei Alfred „blau" gewesen und
habe beatmet werden müssen. Die frühkindliche Entwicklung sei bezüglich
der Sprache, Motorik und des Spielverhaltens verzögert gewesen. Folgende
Phänomene habe man bei Alfred beobachtet:
– Vermeiden von Blickkontakt,
– Riechen an Händen und
– Fingerbewegungen vor dem Gesicht.

Wegen der deutlichen Entwicklungsverzögerung und anderer beobachteter Ver-
haltensweisen wurde Alfred in einer Vielzahl von Kliniken vorgestellt. Die
Einschulung erfolgte deshalb mit acht Jahren zunächst in einer Schule für
Geistigbehinderte, wo er zum Teil wegen fehlender Gruppenfähigkeit nur in
Einzelbetreuung unterrichtet werden konnte. Es folgten mehrere Schulwechsel.
Kurz vor der stationären Behandlung im Alter von 14 Jahren wurde Alfred
probeweise in eine Schule für Körperbehinderte aufgenommen. Dies geschah
auf Initiative der Eltern, die stets seine intellektuellen Fähigkeiten höher ein-

geschätzt hatten. Alfred verfügte zu diesem Zeitpunkt nach Angaben der Schule über „keine aktive Sprache", die Verständigung erfolgte gestisch oder mimisch, schriftliche Arbeiten konnte er nicht durchführen.

Seit seiner Aufnahme in eine Schule für Körperbehinderte greift Alfred Mitschüler und Lehrer körperlich an, reißt Mitschülern Haare aus, zerstört Brillen und andere Gegenstände von Lehrern und hat auch versucht, die Elektro-Rollstühle seiner Mitschüler zu zerstören. Meist erfolgten diese Handlungen in Konflikt- oder Anforderungssituationen, gelegentlich aber auch ohne ersichtlichen Anlaß. Die Schule hat Alfred den Schulausschluß angedroht. Alfreds Eltern erklären seine aggressiven Durchbrüche meist mit körperlichen Beschwerden (z. B. Nierenkoliken, Magenschleimhautentzündung), die ihn in diesem Moment belasteten.

3.2 Differentialdiagnostik

Bei Alfred liegen autistische Züge vor, die Suche nach Körperkontakt, gute Toleranz von Veränderungen der sozialen Umwelt und — wenn auch selten — Kontaktaufnahme, sprechen jedoch gegen das Vollbild eines frühkindlichen Autismus. Alfreds expressive Sprachleistung, die weit unter dem zu erwartenden Bereich zu seiner psychometrisch gesicherten leichten Intelligenzminderung (IQ zwischen 50 und 69) liegt, ist nicht im Zusammenhang mit autistischen Symptomen zu sehen und wurde nach intensiver neuropsychologischer Befunderhebung als Ausdruck einer expressiven Sprachstörung mit Beeinträchtigung der rezeptiven Sprache diagnostiziert. Näher betrachtet werden sollen die aggressiven Verhaltensweisen von Alfred.

Differentialdiagnostisch muß aggressives Verhalten als Symptom auch bei Intelligenzgeminderten von Aggressivität abgegrenzt werden, die aus psychotischen Wahnideen oder aus Manien resultiert, vor allem, wenn auslösende Bedingungen des aggressiven Verhaltens nicht oder nur schwer nachvollziehbar sind. Belastungsreaktionen und Anpassungsstörungen bei kritischen Lebensereignissen können bei jugendlichen Intelligenzgeminderten neben bekannten depressiven oder ängstlichen Reaktionen, häufig auch aggressiv-dissoziale Verhaltensweisen zeigen. Bei Verdacht auf kombinierte Störungen des Sozialverhaltens und der Emotion ist bei Intelligenzgeminderten besonders Wert auf die diagnostische Sicherung emotionaler Symptome zu legen, die phänomenologisch gewisse Abweichungen von Patienten mit durchschnittlichen oder höheren intellektuellen Leistungen zeigen können. Bei Intelligenzgeminderten mit begleitenden organischen Psychosyndromen können sich aggressive Handlungen gelegentlich in Form enthemmter unvermittelter Durchbrüche äußern.

3.3 Erklärungsansätze

Aggressives Verhalten bei Intelligenzgeminderten hat oft Symptomcharakter und zeigt dabei eher oppositionelle Färbung als bei dissozialen Kindern und Jugendlichen. Eine niedrige Frustrationstoleranz bei Intelligenzgeminderten kann sich erst recht bei bestehenden Sozialisationsmängeln in impulsiv-aggressiven Durchbrüchen entladen. Im weiteren Verlauf kann es zu dissozialen Syndromen kommen, bei denen die auch bei Normalintelligenten beobachteten Symptome, wie Streiten, Tyrannisieren, Sachbeschädigung, Lügen, Stehlen, verbale oder körperlich aggressive Verhaltensweisen sowie Zündeln, im Vordergrund stehen können.

3.4 Interventionsprinzipien

Die Behandlung aggressiver Verhaltensweisen mit Symptomcharakter bei Intelligenzgeminderten (ICD-10: F91; DSM-IV: 312.8) ist verhaltenstherapeutisch angelegt (vgl. Brack, 1997). In Ausnahmefällen kann eine begleitende pharmakotherapeutische Behandlung – in der Regel durch Neuroleptika – vor allem bei hirnorganisch unterlegten Aggressionsdurchbrüchen notwendig sein (vgl. Schmidt & Brink, 1995). Systematische Verhaltensanalysen des kritischen Verhaltens und das Erkennen von Kontingenzen, die dieses im sozialen Umfeld begünstigen, sind für die Interventionsplanung unverzichtbar.

In der Mehrzahl der Situationen konnte bei Alfred registriert werden, daß aggressives Verhalten (lautes Schreien, Zerstören von gerade greifbaren Gegenständen etc.) dazu diente, sich Konflikt- und/oder Anforderungssituationen zu entziehen. Die Bereitschaft zu aggressivem Verhalten wurde durch erhöhte Einwirkung von Außenreizen (Musik, Schreien anderer Kinder oder ähnliches) oder eine zeitlich veränderte Abfolge des Tagesablaufs erhöht. Als therapeutische Antwort auf seine aggressiven Verhaltensweisen wurde – neben einer übersichtlichen Strukturierung des Tagesablaufs und einer allgemeinen Abschottung von störenden Außenreizen – das ,,Time out"-Verfahren angewendet. Alfred wurde bei Anzeichen des Auftretens des bekannten Verhaltens aus der Gruppe und bis zur Beruhigung in ein reizabgeschirmtes Zimmer gebracht. Dieses Vorgehen wurde stets durch einen Betreuer kurz angekündigt und ohne Aufsehen und Einreden durchgeführt. Eine Rückkehr in die Gruppe wurde erst nach seiner Beruhigung zugelassen. Nach mehrmaligem Durchführen dieser Prozedur reichte bei Alfred in der Regel die Ankündigung, um ein Aufschaukeln des aggressiven Verhaltens zu unterbinden und ihm den Verbleib in der Gruppe zu ermöglichen, was für ihn Belohnungscharakter hatte. Anzumerken ist jedoch, daß bei intelligenzgeminderten Kindern und Jugendlichen, die an Gruppenaktivitäten nicht interessiert sind, dieses Verfahren versagt.

4 Intelligenzminderung als Folge einer anderen psychischen Störung

4.1 Beschreibung des Störungsbildes: Intelligenzminderung nach schizophrener Störung

Bianca, zum Zeitpunkt der stationären Aufnahme 20 Jahre alt, ist das älteste von fünf Kindern. Der 54jährige Vater ist Bauarbeiter, die 50jährige Mutter Hausfrau. Nach normaler Schwangerschaft und Geburt wurde bei Bianca im zweiten Lebensmonat ein Herzfehler festgestellt, größere operative Eingriffe waren notwendig. Die motorische Entwicklung verlief verzögert, die Mutter erinnerte Trinkschwierigkeiten bei Bianca. Den Kindergarten besuchte Bianca wegen „starker Angst" nicht. Mit verspäteter Einschulung im achten Lebensjahr zeigten sich bei ihr massive Leistungsschwierigkeiten. Die dringend notwendige Umschulung auf eine Schule für Lern- oder Geistigbehinderte erfolgte „aus Rücksicht auf Bianca" nicht. Nach dem Wechsel auf eine Hauptschule wiederholte Bianca mehrere Klassen und mußte die Schule schließlich nach der achten Klasse ohne Abschluß verlassen. Kurz danach wurde sie erstmals mit Symptomen einer paranoid-halluzinatorischen Schizophrenie stationär behandelt. Zum damaligen Zeitpunkt konnte ein bestehender Vergiftungswahn neben anderen typischen Symptomen exploriert werden, die sich unter neuroleptischer medikamentöser Behandlung vollständig zurückbildeten. Zur Wiedereingliederung hielt sich Bianca danach in einer sozialtherapeutischen Einrichtung auf, wo sie leichte Küchenarbeiten verrichtete.

Seit einem halben Jahr wurden bei Bianca in der Institution, in der sie lebte, auffällige Verhaltensänderungen beobachtet. Sie vernachlässigte zunehmend ihr Äußeres, ist morgens nicht mehr aufgestanden, schlief tagsüber und näßte häufig ein. Ihre schon immer geringen sozialen Kontakte hat sie ganz eingestellt, zuletzt auch kaum mehr gesprochen. In ihrem Tätigkeitsbereich konnte sie als Küchenhilfe nicht mehr eingesetzt werden. Das Vorliegen von Wahnsymptomen und/oder Halluzinationen konnte nicht ausgeschlossen werden. Fragen in dieser Richtung beantwortete die Patientin nur vage. Eine Aufnahme in stationäre jugendpsychiatrische Behandlung war unvermeidbar. Bianca wirkte dabei angespannt, ängstlich und unnatürlich abwesend, gelegentlich äußerte sie diffuse Ängste vor Mitpatienten.

4.2 Differentialdiagnostik

Bei der knapp 20jährigen waren zu erkennen:
- schleichend beginnendes Rückzugsverhalten,
- Vernachlässigen ihres Äußeren,
- häufiges Einnässen sowie
- mutistisches Verhalten.

- sozialen Anforderungen kam sie nicht mehr nach,
- hinzu trat ein diffuses, wenig spezifisch ängstliches Verhalten
- mit Antriebsminderung und Affektverflachung.
- floride psychotische Symptome, wie beim ersten Aufenthalt, wurden nicht beobachtet;
- ebenso fanden sich keine Hinweise auf halluzinatorische Phänomene irgendeiner Qualität.

Wegen des sich ausbildenden Mutismus waren Explorationen jedoch wenig ergiebig. Aufgrund der akuten psychopathologischen Phänomene sowie unter Berücksichtigung des Verlaufes der Erkrankung, sind die Kriterien für eine Schizophrenia simplex (ICD-10: F20.6; DSM-IV: 295.6) erfüllt; ein Übergang von der bestehenden früheren paranoid-halluzinatorischen Form in die jetzt bestehende ist hier wahrscheinlich.

Bei intelligenzgeminderten psychotischen Jugendlichen überwiegen gerade bei den Frühsymptomen Ängste gegenüber Wahnsymptomen, differentialdiagnostische Abgrenzungen gegenüber phobischen und Angstzuständen sind notwendig. Häufig sind erste Anzeichen einer psychotischen Erkrankung, wenn sie unspezifischen Rückzug, Abnahme der Leistungsfähigkeit oder Eßstörungen betreffen, bei intelligenzgeminderten Jugendlichen – nicht zuletzt wegen der begrenzten Möglichkeiten der verbalen Ausdrucksfähigkeit und geringer Reflexion – schwer deutbar und auch von depressiven bzw. Überforderungssymptomen kaum abzugrenzen. Die Abgrenzung der Symptome der Intelligenzminderung von Negativ- und/oder Residualsymptomatik kann Schwierigkeiten bereiten. Auch das vermehrte Auftreten katatoner bzw. körperlicher Symptome der Schizophrenie muß bei Intelligenzgeminderten beachtet werden. Die Abgrenzung psychischer – insbesondere psychotischer – Symptome bei Epilepsien, die ebenfalls eine erhöhte Komorbidität bei Intelligenzminderung zeigt, gegen schizophrene Störungen ist notwendig.

4.3 Erklärungsansätze

Bei der Entstehung schizophrener Störungen stehen neben einer genetischen Disposition biologische Faktoren im Vordergrund. Insbesondere strukturelle Abnormalitäten des Gehirns im Sinne pränatal induzierter Zelldifferenzierungsstörungen (Beckmann & Jakob, 1994) sowie biochemischen Faktoren im Sinne einer Neurotransmitterstörung (Benkert & Hippius, 1992) werden diskutiert. Psychische Unreife und/oder Überforderung scheinen im Jugendalter die Manifestation zu begünstigen (Dworkin et al., 1994), für intelligenzgeminderte Jugendliche gilt dies erst recht. Andere Konzepte, die zum Beispiel von Störungen im Rollengefüge der Familie ausgehen, haben keine Bedeutung mehr.

4.4 Interventionsprinzipien

Die Behandlung schizophrener Störungen beruht auch bei intelligenzgeminderten Jugendlichen und jungen Erwachsenen auf drei Prinzipien:

- **Pharmakotherapie** bei allen akuten Phasen und zur Rezidivprophylaxe,
- **soziotherapeutische Maßnahmen** (wie Beschäftigungstherapie oder rehabilitative Maßnahmen bei der Wiedereingliederung in Schule oder am Arbeits-/Ausbildungsplatz) zur Förderung der sozialen Anpassung und Kompetenzen sowie der sozialen Weiterentwicklung bzw. Frührehabilitation (Huber, 1976) und
- **stützende Psychotherapie** bezüglich der Akzeptanz der Störungen und Unterstützung der notwendigen Ablösung von den Eltern.

Die therapeutische Umsetzung hängt vor allem von den individuellen Krankheits- und Persönlichkeitsbedingungen der Patienten ab, wobei die Einbeziehung des Familienumfeldes bei Jugendlichen und intelligenzgeminderten jungen Erwachsenen besondere Bedeutung besitzt.

Die Basistherapie bei Bianca war eine sofort begonnene Behandlung mit Neuroleptika. Schlechtes Ansprechen und auftretende Nebenwirkungen – auch im Zusammenhang mit den Vorerkrankungen der Patientin – machten mehrere Wechsel der Medikation notwendig. Die Beurteilung des Therapieerfolges war, vor allem was wahnhafte und affektive Symptome der Erkrankung betraf, wegen der eingeschränkten sprachlichen Möglichkeiten und des mutistischen Rückzugsverhaltens schwierig. Dem Urteil von Außenstehenden (Eltern und Betreuern) kam deshalb große Bedeutung zu. Sofort nach Abklingen der Akutsymptomatik war es notwendig, der Patientin unter verhaltenstherapeutischen Vorgaben einen strukturierten Tagesablauf (vor allem regelmäßige Körperhygiene, körperliche Aktivierung, Anbahnen sozialer Kontakte zu Mitpatienten) zu vermitteln; ergotherapeutische Maßnahmen dienten zur Verbesserung der Leistungsfähigkeit. Das Erkennen von Über- bzw. Unterforderungssituationen war in der Phase der Frührehabilitation zum Teil wegen der Kombination von Intelligenzminderung und psychotischer Erkrankung schwierig. Biancas Zustand besserte sich trotz intensiver therapeutischer Bemühungen leider nur mäßig und erreichte bei Entlassung bei weitem nicht das prämorbide Niveau, ein chronifizierter Verlauf war absehbar. Familienorientierte Interventionen zielten bei Bianca neben Informationen über die Erkrankung auf die gemeinsame Erarbeitung von Zukunftsperspektiven, da absehbar war, daß Bianca aufgrund der Schwere ihrer Erkrankung weiter intensiv in einer entsprechenden Einrichtung betreut werden muß. Die Einrichtung einer Pflegschaft zu Wahrung ihrer Interessen wurde durch die Eltern beantragt. Zu einer außerhäuslichen Unterbringung ihrer Tochter in einer für sie geeigneten Einrichtung konnten sich Biancas Eltern aber nicht entschließen. Im Laufe dieser Krankheitsepisode haben sich Biancas Fähigkeiten in den meisten Lebensbereichen noch einmal deutlich verschlechtert. An eine Weiterbeschäftigung als Küchenhilfe war nicht mehr zu denken. Bianca benötigte in vielen Bereichen des Alltages engmaschige Einzelbetreuung, vor allem bei Aufgaben, die sie vor dieser Episode auch alleine durchführen konnte. Bei Entlassung beherrschten vor allem die Antriebsminderung, sozialer Rückzug bzw. Mutismus in geringerer Form das klinische Bild.

Literatur

Beckmann, H. & Jakob, H. (1994). Pränatale Entwicklungsstörungen von Hirnstrukturen bei schizophrenen Psychosen. *Der Nervenarzt, 65*, 454–463.

Benkert, O. & Hippius H. (1992). *Psychiatrische Pharmakotherapie.* Berlin: Springer, 5. Auflage.

Brack, U. B. (1997). Verhaltenstherapeutische Förderung entwicklungsgestörter Kinder. In F. Petermann (Hrsg.), *Kinderverhaltenstherapie. Grundlagen und Anwendungen* (311–330). Baltmannsweiler: Schneider.

Dilling, H., Mombour, W. & Schmidt, M. H. (1991). *ICD-10. Internationale Klassifikation psychischer Störungen.* Bern: Huber.

Dworkin R. H., Lewis J. A., Cornblatt B. A. & Erlenmeyer-Kimling, L. (1994). Social competence deficits in adolescents at risk for schizophrenia. *The Journal of Nervous and Mental Disease, 180*, 103–108.

DSM-IV (1996). *Diagnostisches und Statistisches Manual Psychischer Störungen.* Göttingen: Hogrefe.

Huber, G. (Hrsg.) (1976). *Therapie, Rehabilitation und Prävention schizophrener Erkrankungen.* Stuttgart: Schattauer.

Kusch, M. & Petermann, F. (2000). Tiefgreifende Entwicklungsstörungen. In F. Petermann (Hrsg.), *Lehrbuch der Klinischen Kinderpsychologie und Kinderpsychotherapie* (431–452). Göttingen: Hogrefe, 4., völlig veränd. Auflage.

Prekop, I. (1984). Festhaltetherapie bei autistischen Kindern. *Der Kinderarzt, 15*, 789–802.

Rimland, B. & Ort, B. (1992). Let's teach the kids to read. *Autism Research Review, 3*, 3–5.

Schmidt, M. H. (2000). Psychische Störungen infolge von Intelligenzminderungen. In F. Petermann (Hrsg.), *Lehrbuch der Klinischen Kinderpsychologie und Kinderpsychotherapie* (359–380). Göttingen: Hogrefe, 4., völlig veränd. Auflage.

Schmidt, M. H. & Brink, A. (1995). Verhaltenstherapie und Pharmakotherapie. *Kindheit und Entwicklung, 4*, 236–239.

Neuropsychologische Störungen

Dietmar Heubrock und Franz Petermann

Unter neuropsychologischen Störungen werden die psychischen Auswirkungen nachgewiesener oder angenommener Hirnschädigungen verstanden. Diese können in frühester Kindheit, zumeist vor, während oder kurz nach der Geburt, entstanden sein (prä-, peri- oder postnatale frühkindliche Hirnschädigungen) oder auch im späteren Verlauf der kindlichen Entwicklung, dann häufig durch Schädel-Hirn-Traumen oder Erkrankungen (z. B. Encephalitiden, Hirntumore, neurodegenerative Leiden), erworben werden (vgl. Neuhäuser & Heubrock, 2000). Die psychischen Auswirkungen neurogener Noxen können sich auf

- einzelne kognitive Leistungen („Funktionen"), wie etwa Störungen der Wahrnehmung, der Sprache und des Sprechens, des Handelns, des Gedächtnisses und der Merkfähigkeit, der Aufmerksamkeit und der Konzentration oder des problemlösenden Denkens (Intelligenz),
- komplexe Leistungssituationen (Lernstörungen),
- das Verhalten oder
- das Erleben

beziehen. Häufig kommt es nach neurogenen Noxen im Kindesalter jedoch zu einer ungünstigen sequentiellen Abfolge von Beeinträchtigungen auf allen Ebenen, wenn etwa aus einem erworbenen Schädel-Hirn-Trauma eine zentrale Sprachstörung (Aphasie) resultiert, die zu gravierenden Sprachverständnisstörungen führt. Eine solche Störung äußert sich im Kindergarten oder in der Schule darin, daß das Kind den Anweisungen, Spielen und Gesprächen nicht mehr folgen kann; es reagiert dann langfristig mit Rückzug und Isolation; Ängste, Depression oder Aggressivität treten als Ausdruck chronischer Überforderung auf.

Ein besonderes Problem neuropsychologischer Störungen im Kindesalter ist die relative Unscheinbarkeit einzelner Beeinträchtigungen nach vermeintlich leichten Schädel-Hirn-Traumen, die nicht zu erkennbaren neurologischen Störungen (z. B. langanhaltender Bewußtlosigkeit, Lähmungen, Amnesien, morphologischen Defekten) geführt haben. Häufig zeigen sich in diesen Fällen die funktionellen Folgen erst nach einigen Wochen oder Monaten, wenn das Kind den Anforderungen komplexer Leistungssituationen, etwa in der Schule, zunehmend nicht mehr gewachsen ist und dann in unspezifischer Weise auffällig wird. In besonders ungünstigen Fällen kommt es zu einer Entwicklung, die man sich als eine Schere vorstellen kann, bei der über die Zeit hinweg die beiden Schneiden „aktuelle Leistungsfähigkeit des Kindes" und „Anforderungen an die Leistungsfähigkeit" immer stärker auseinanderklaffen. Dies gilt vor allem bei Schulkindern, deren Alltag durch beständig wachsende Anforderungen an Gedächtnisleistungen, Lernfähigkeit, Aufmerksamkeit und motorische Fähigkeiten geprägt ist (vgl. Heubrock, 1996). Ebenso dramatisch können sich auch mit Eintritt in das Schulalter bis dahin unerkannt gebliebene frühkindliche Hirnschädigungen oder wenig beachtete neuropsychologische Folgen genetischer Erkrankungen (z. B. Neurofibromatose) auswirken, die nicht mit deutlichen körperlichen Stigmata verbunden sind.

Im Zweifelsfall sollte daher immer eine neuropsychologische Diagnostik Aufschluß darüber erbringen, ob
– bei sonst unerklärlichen, plötzlichen oder stetigen Leistungseinbrüchen möglicherweise unerkannt gebliebene neurogene Schädigungen vorliegen oder
– es als Folge von (auch scheinbar minimalen) Hirnschädigungen zu neuropsychologischen Leistungsbeeinträchtigungen („Funktionsstörungen") gekommen ist.

Auch heute lassen sich noch nicht alle neurogenen Schädigungen mit bildgebenden Diagnose-Methoden zweifelsfrei nachweisen (Wilson, 1990), so daß vor allem zur Abklärung der funktionellen Folgen bekannter oder vermuteter neurogener Noxen die neuropsychologische Diagnostik unverzichtbar ist.

Die neuropsychologische Diagnostik ist als sequentieller Untersuchungsprozeß organisiert, in dem nach Anamnese und Exploration, Verhaltensbeobachtungen sowie standardisierten und orientierenden Testverfahren eine „Syndromanalyse" vorgenommen wird (Deegener, Dietel, Kassel, Matthaei & Nödl, 1992; Heubrock, 1990). Anhand dieser Schritte lassen sich gestörte, aber auch unbeeinträchtigt gebliebene Teilleistungen sowie – daran anknüpfend – gezielte neuropsychologische Therapieempfehlungen identifizieren. Im Kindesalter ist hierbei besonders der Entwicklungsaspekt zu beachten. Daher spielen in der neuropsychologischen Diagnostik von Kindern und Jugendlichen vor allem psychometrische Untersuchungsverfahren eine entscheidende Rolle, die einen Vergleich der empirischen Teilleistungen des betroffenen Kindes mit den altersbezogenen Erwartungs- oder Normwerten erlauben (interindividueller Vergleich) und die innerhalb des individuellen Leistungsprofils des untersuchten Kindes signifikant abweichende Testwerte aufzeigen (intraindividueller Vergleich; vgl. Heubrock & Petermann, 1996). Für beide Bezugssysteme haben sich innerhalb der klinischen Neuropsychologie – in Anlehnung an das Teilleistungskonzept umschriebener Entwicklungsstörungen (Esser & Wyschkon, 2000) – Abweichungen von jeweils 1 $^1/_2$ Standardabweichungen als aussagefähig erwiesen. Einzelne neuropsychologische Störungsbilder sind jedoch auch mit psychometrischen Methoden nicht zu quantifizieren. Dies gilt beispielhaft für das im Kindes- und Jugendalter recht häufige „Frontalhirn-Syndrom", das durch oft völlig oder nahezu unbeeinträchtigte kognitive Teilleistungen, jedoch

erhebliche Verhaltensstörungen gekennzeichnet ist, und das zur Syndromab-
klärung den sorgfältigen Einsatz verhaltensanalytischer Verfahren erfordert
(Heubrock, 1994, 1995).

1 Beschreibung des Störungsbildes

Der 9 Jahre und 10 Monate alte Torsten ist das jüngste Kind einer in durchschnittlichen Verhältnissen lebenden Familie und geht in die dritte Klasse der
Grundschule. Torsten hat einen 13 Jahre alten Bruder, der die achte Klasse
der Hauptschule besucht.

Die Schwangerschaft und die Geburt sind komplikationslos verlaufen. Im Alter
von gut zwei Jahren wurde bei Torsten eine Hüftkopf-Atrophie festgestellt. Er
wurde krankengymnastisch behandelt und im Alter von fast fünf Jahren ope-
riert, wobei ihm eine Metallplatte eingesetzt wurde; er trug dann ca. sechs
Wochen lang einen Gips und die Metallplatte wurde ihm ein Jahr später wieder
operativ entfernt, anschließend erfolgte eine erneute krankengymnastische Behandlung. In seiner frühen Kindheit, allein während des ersten Lebensjahres
drei Mal, wurde Torsten wiederholt einer Leistenbruch-Operation mit Total-
anästhesie unterzogen.

Im dritten Lebensjahr besuchte der Junge einen Spielkreis, erhielt später mu-
sikalische Früherziehung und ging bis zu seiner Einschulung in den Kindergarten. Torsten wurde mit sieben Jahren eingeschult und hatte von Beginn an
deutliche Lernschwierigkeiten, die später zunehmend von Verhaltensauffälligkeiten begleitet wurden und auf Empfehlung der Lehrerin zu einer Vorstellung
in einer Neuropsychologischen Ambulanz für Kinder und Jugendliche führten.

Im Erstgespräch berichtete Torstens Mutter über Rückmeldungen aus der Schule, denen zufolge Torsten während des Unterrichts häufig „abwesend" ist,
kaum Gefühle oder eine sonstige Beteiligung zeigt, die Hausaufgaben oft vergißt und beim Schreiben oder Zeichnen motorisch ungeschickt ist. Er malt
auch nur „Strichmännchen" und hat einen zu geringen Sprachschatz.

Zu Hause ist aufgefallen, daß Torsten nur ungern zur Schule geht und lieber
daheim ist, oft mit „roten Augenrändern" aus der Schule heimkommt, abends
oft erst sehr spät einschläft und dann morgens stets müde ist.

Torsten mogelt häufig bei den Hausaufgaben, indem er einfach aufgegebene
Schularbeiten aus dem Aufgabenheft wegradiert und sie dann auch nicht erledigt. Er hatte bereits drei Mal Förderunterricht in Deutsch erhalten und dennoch nur eine „4" bis „5" erhalten. In Mathematik ist er besser, malt aber
kaum und nicht gerne („ich kann nicht malen").

Das zum Erstgespräch mitgebrachte letzte Zeugnis der dritten Schulklasse beschreibt ein Arbeitsverhalten, demzufolge Torsten kaum am Unterrichtsgeschehen teilnimmt, Fragestellungen oft nicht versteht und nicht selbständig genug

arbeitet. Seine Leistungen im Sachunterricht werden als „überwiegend mangelhaft" beschrieben, die Zensuren in den übrigen Fächern liegen zwischen „3" und „4"; in Rechtschreibung wurde keine Benotung vorgenommen.

Ebenfalls mitgebrachte Schulhefte weisen eine hohe Fehlerzahl bei Diktaten aus, wobei es vor allem Probleme in der Groß- und Kleinschreibung, bei Umlauten (ä/e), mit dem „ie" und durch Auslassungen gibt. Auch das Schriftbild wirkt etwas ungelenk und angestrengt.

Zusammengefaßt weisen bei Torsten bereits die im Erstgespräch erhobenen Informationen auf kognitive und möglicherweise auch auf motorische Teilleistungsstörungen hin, die auch die beschriebenen Anzeichen von Überforderung („rote Augenränder" nach dem Schulbesuch) und des beginnenden Vermeidungsverhaltens (Wegradieren der Hausaufgaben) erklären könnten. Zur Abklärung möglicher neurogener Ursachen und zur Überprüfung alternativer Hypothesen (z. B. Legasthenie, allgemeine Entwicklungsverzögerung, psychogene Ursachen) soll daher eine neuropsychologische Differentialdiagnostik durchgeführt werden.

2 Differentialdiagnostik

Neuropsychologische Exploration. Zu dem Explorationsgespräch brachte Torstens Mutter auch das „Untersuchungsheft für Kinder" mit, das jedoch zu keinem Zeitpunkt Auffälligkeiten dokumentierte. Der Mutter war aber aufgefallen, daß Torsten nie gekrabbelt ist, worauf dann auch die Hüftkopf-Atrophie festgestellt wurde. Im Zuge der damit verbundenen krankengymnastischen Behandlung war der Physiotherapeutin aufgefallen, daß Torstens Zunge stets zwischen den Zähnen gelegen hatte, was seine Aussprache behinderte. Daraufhin wurde mit Torsten auch eine logopädische Behandlung durchgeführt. In der Vorschulzeit war dann den Erzieherinnen im Kindergarten aufgefallen, daß Torsten nie gerne mit der Schere ausgeschnitten hatte, und daß er dies auch nicht exakt konnte.

Nach weiteren besonderen Ereignissen befragt, berichtete die Mutter auch über einen Unfall im fünften Lebensjahr, bei dem Torsten ausgerutscht und hart auf den Kopf gefallen war. Torsten war kurze Zeit danach auf der Couch eingeschlafen, aber nicht bewußtlos gewesen. Eine Röntgen-Untersuchung im Krankenhaus hatte keinen Befund ergeben; weitere Untersuchungen waren danach nicht mehr durchgeführt worden.

Nach der Einschulung war bereits früh aufgefallen, daß Torsten vieles stets wiederholen mußte, bis er es endlich konnte. Es dauerte alles – auch im Vergleich zu seinem älteren Bruder – viel länger, bis er etwas richtig begriffen hatte. Manchmal wirkte es, „als wenn es hängt, aber nicht herauskommt". Auch häufiges Üben zu Hause mit dem Vater und der Förderunterricht in der Schule hatten keinen nennenswerten Erfolg gezeigt; vielmehr hatte Torsten inzwischen eine richtige Abneigung gegen die Schule und das Lernen entwikkelt.

Eine früher durchgeführte EEG-Untersuchung hatte keinen Befund erbracht; eine Kernspintomographie war in Torstens drittem Lebensjahr, jedoch nur von der Hüfte, durchgeführt worden. Vor etwa einem Monat hatte Torsten über Nacht plötzlich über 39 °C Fieber gehabt und sein Kopf tat weh. Torsten hatte danach des öfteren nachts „fürchterliche Angst", wenn er aufgewacht war; er hatte dann seine Eltern auch nicht immer sofort erkannt. Auch heute noch sagt Torsten manchmal: „Ich kann gar nicht einschlafen, mir dreht sich alles." Eine Erklärung hierfür ist, auch nach Gesprächen mit dem Kinderarzt, nicht bekannt.

Auch die Exploration der Mutter erhärtet weiter die Hypothese einer neurogenen Verursachung der anfangs beschriebenen Schul- und Verhaltensprobleme. Zwar weist das „Untersuchungsheft für Kinder" keine Auffälligkeiten aus, es finden sich aber Hinweise auf eine neuromuskuläre oder dyspraktische Störung (gestörte Mundmotorik, Ungeschicklichkeiten beim Handhaben der Papierschere) sowie auf eine Lernstörung, deren genaue Ursachen weiter abgeklärt werden müssen. Ebenfalls finden sich Hinweise auf mehrere kritische Ereignisse, die bekanntlich zu neuropsychologischen Funktionsstörungen führen können: So könnte der scheinbar leichte Unfall mit Kopfverletzung auch dann zu einem leichten Schädel-Hirn-Trauma geführt haben, selbst wenn die Röntgen-Aufnahme, die lediglich knöcherne Verletzungen hätte erfassen können, ohne Befund blieb. Auch das plötzliche nächtliche Fieberereignis mit heftigen Kopfschmerzen ist neuropsychologisch relevant, da es Symptom beispielsweise einer Encephalitis oder Meningitis sein könnte. Ebenso sind im Zusammenhang mit epileptischen Anfallsformen (z. B. benigne Partialepilepsie mit affektiver Symptomatik; vgl. Dalla Bernardina, Colamaria, Chiamenti, Capovilla, Trevisan & Tassinari, 1992; Doose, 1995) plötzlich auftretende Angst- und Verwirrtheitszustände bekannt.

Neuropsychologische Verhaltensbeobachtung. Eine systematische Verhaltensbeobachtung wurde während jeder der insgesamt vier, jeweils etwa zweistündigen ambulanten neuropsychologischen Untersuchungstermine durchgeführt. Hierbei zeigte Torsten durchweg eine geringe Konzentrationsfähigkeit. Bereits nach ca. 20 Minuten ließ Torstens Aufmerksamkeit erkennbar nach; er seufzte und schnaufte dann hörbar und rieb sich wiederholt die Augen. Mehrfach klagte er über störende Nebengeräusche, die für den Untersucher selbst kaum wahrnehmbar waren („der [etwa zweieinhalb Meter entfernte] Computer brummt immer so"). Besonders anstrengend waren für Torsten Aufgaben mit visuellen Anforderungen, über die er sich immer wieder beklagte. Auf gezieltes Nachfragen berichtete Torsten über ein verschwommenes Sehen, und er gab auch gelegentliche Doppelbilder in der Schule an.

Die Verhaltensbeobachtung ergab weitere Hinweise auf kognitive Leistungsbeeinträchtigungen, die sich vor allem bei visuellen Anforderungen auszuwirken schienen und dann auch zu schneller Überforderung und nachlassender

Konzentrationsfähigkeit führten. Des weiteren schien Torstens sensorische Reizschwelle herabgesetzt zu sein. Aufgrund der subjektiv geklagten Störungen der visuellen Wahrnehmung (verschwommenes Sehen und Doppelbilder) wurde parallel zur neuropsychologischen Diagnostik eine gründliche augenärztliche Untersuchung einschließlich Computerperimetrie veranlaßt, die jedoch keinen Befund ergab.

Psychometrische Diagnostik. Das generell übliche sequentielle Vorgehen neuropsychologischer Diagnostik variiert in Abhängigkeit vom jeweiligen Setting und Patientengut erheblich. Unterschieden werden
– der durchgängige Gebrauch einer Standard-Testbatterie (17,6 %),
– die flexible Anwendung verschiedener Testbatterien für verschiedene Patientengruppen (53,8 %) und
– die flexible Anwendung verschiedener Testverfahren in Abhängigkeit vom Einzelfall (28,6 %).

Die Häufigkeitsangaben beziehen sich auf eine großangelegte Befragung amerikanischer Neuropsychologen (Sweet & Moberg, 1990), die jedoch für hiesige Verhältnisse zu annähernd analogen Ergebnissen führen dürfte. In allen drei Ansätzen werden zumeist sowohl standardisierte und normierte als auch nichtnormierte, orientierende Testverfahren in die Untersuchung einbezogen, wobei die zweite Gruppe strenggenommen nicht den psychometrischen Verfahren zugerechnet werden darf (vgl. hierzu Crawford, Parker & McKinlay, 1992; Vanderploeg, 1994). Auch in unserem Fall wurde ein flexibler Untersuchungsansatz mit einer Kombination psychometrischer und orientierender Testverfahren angewandt, der bei Torsten zu folgenden Ergebnissen führte (die Ergebnisse der psychometrischen Testverfahren sind in Tab. 1 zusammengefaßt):

Torstens *Lateralität* ist rechtshändig. Eine *Schreibprobe* zeigte ein etwas ungelenkes, jedoch gut lesbares Schriftbild ohne formale Fehler. Auch Zahlen wurden korrekt und in der üblichen Reihenfolge der Ziffern geschrieben. Das *Lesen* gelang Torsten weitgehend flüssig und korrekt. Die *Rechts-Links-Differenzierung* wurde am eigenen Körper fehlerfrei und am Gegenüber mit leichten Unsicherheiten beherrscht. Die *visuelle Gnosie,* die als sinngerechtes Erkennen von sich gegenseitig überlappenden Abbildungen von Alltagsgegenständen („Poppelreuter-Bilder", siehe Abb. 1) geprüft wurde, war nicht erkennbar beeinträchtigt; hier zeigten sich jedoch vereinzelt semantische Paraphasien (z. B. „Gartenschere" statt „Harke") und Wortfindungsstörungen (z. B. „zum Reinfüllen" für „Schale").

Tabelle 1:
Übersicht über das psychometrische Leistungsprofil

Neuropsychologische Funktion Testverfahren	Rohwert (RW)	Normvergleich		andere Werte/ Bemerkungen
		z-Wert	Prozentrang (PR)	
Intelligenz				
SPM	27	0	50	IQ = 100
HAWIK-R (Gesamt)	59	–2,0	2	IQ = 69
HAWIK-R (VT)	32	–1,5	7	IQ = 77
HAWIK-R (HT)	27	–2,1	2	IQ = 68
Psychomotorik				
einfache optische RZ	0,348"	–1,2	12	
einfache akustische RZ	0,294"	–0,5	31	
Wahl-RZ	0,450"	–0,3	38	
ZVT	211"	–1,1	13	
WDG (RR)	78	–0,3	40	
WDG (FR)	4	–1.1	14	
Merkfähigkeit				
Benton-Test (ZF)	R = 4, F = 9			entspricht IQ-Erwartungswert
DCS	1/2/2/3/1/2 R = 11, F = 15	–1,5	7	viele Fehler (DR, KL)
AVLT	6/7/7/10/10/4/4			viele Fehler (Konfabulationen)
Raumanalyse				
GAT	R = 3, F = 12			Cut-off-Wert: F = 3
Aktivierungsniveau				
Flimmerverschmel-zungsfrequenz	VF = 26,4 Hz FF = 58,5 Hz			

Abkürzungen: SPM = Standard Progressive Matrizen nach Kratzmeier & Horn (1988); HAWIK-R = revidierter Hamburg-Wechsler Intelligenztest für Kinder; VT = Verbalteil; HT = Handlungsteil; RZ = Reaktionszeiten; ZVT = Zahlen-Verbindungs-Test nach Steingrüber & Lienert (1976); WDG = Wiener Determinationsgerät; RR = richtige Reaktionen; FR = falsche Reaktionen; ZF = Zeichenform; DCS = Diagnostikum für Cerebralschädigung nach Weidlich & Lamberti (1993); AVLT = Auditiv-Verbaler Lerntest nach Heubrock (1992); GAT = Gailinger Abzeichentest nach Wais (1978); IQ = Intelligenz-Quotient; DR = Drehungen; KL = Klappungen; R = richtig; F = falsch; VF = Verschmelzungsfrequenz; FF = Flimmerfrequenz.

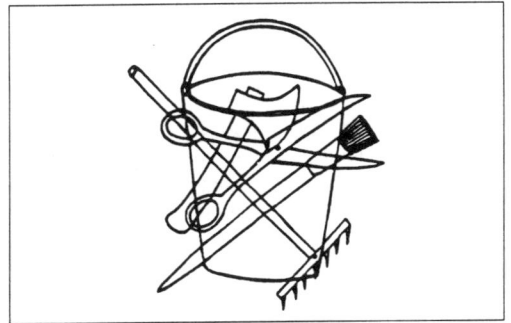

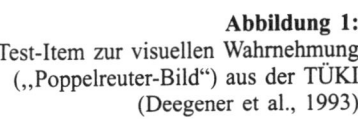

Abbildung 1:
Test-Item zur visuellen Wahrnehmung
(„Poppelreuter-Bild") aus der TÜKI
(Deegener et al., 1993)

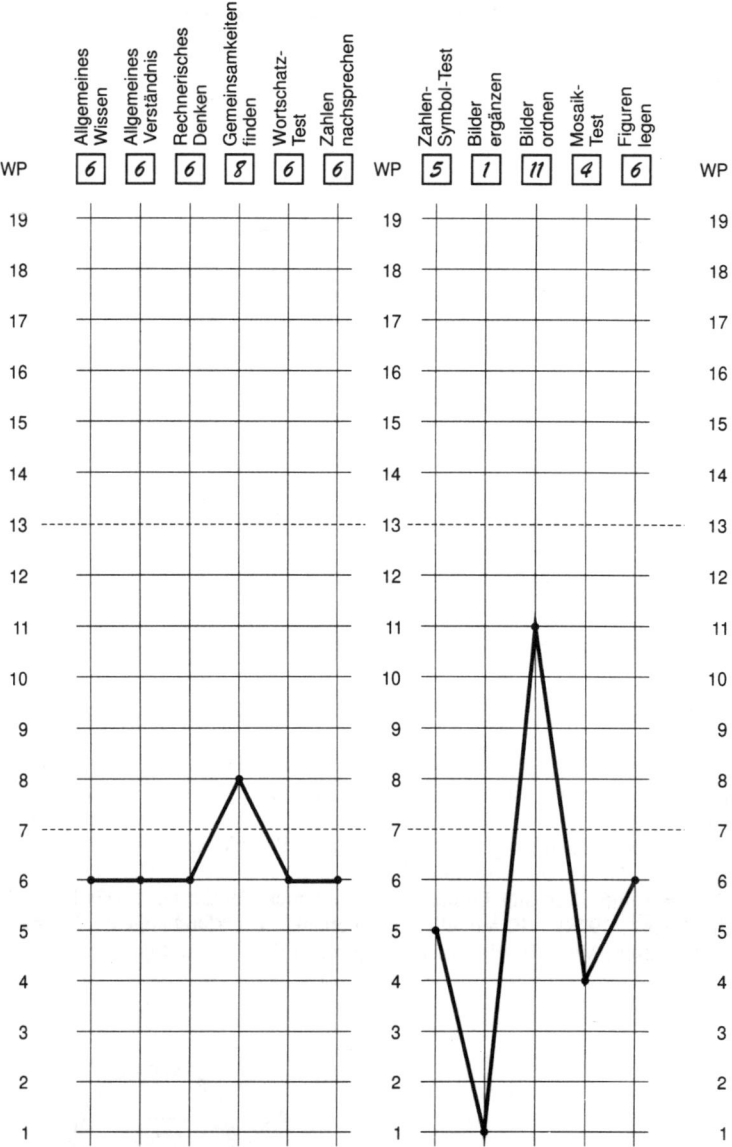

Abbildung 2:
Teilleistungs-Profil des HAWIK-R

Die *Intelligenz*leistungen variierten deutlich in Abhängigkeit von den Testbedingungen: Bei sprach- und zeitdruckfreier Prüfung erzielte Torsten ein altersdurchschnittliches Resultat (SPM), während er unter Einbeziehung verschiedener Teilleistungen nur noch weit unterdurchschnittlich abschnitt (HAWIK-R). Innerhalb des Leistungsprofils im HAWIK-R zeigte sich ein etwas besseres Abschneiden bei sprachgebundenen Anforderungen (VT), wohingegen visuelle und handlungsorientierte Aufgaben durchweg schlechter ausfielen (HT). Zu deutlichen Minderleistungen bis hin zu Totalausfällen kam es hier zum einen bei räumlich-konstruktiven Anforderungen und zum anderen in der visuellen Analyse und Synthese sowie im visuomotorischen Tempo. Nahezu alle sprachbezogenen Leistungen lagen knapp unterhalb der Altersnorm (siehe Abb. 2).

Auch ein weiteres orientierendes Prüfverfahren (GAT) ergab Hinweise auf eine ausgeprägte Teilleistungsschwäche im Bereich *räumlich-konstruktiver Funktionen*. Hier fiel Torsten vor allem die Wiedergabe von Größenverhältnissen, die Raumrichtungsanalyse und die dreidimensionale Reproduktion sowie generell auch das Erfassen von Kreislinien sehr schwer (siehe Abb. 3).

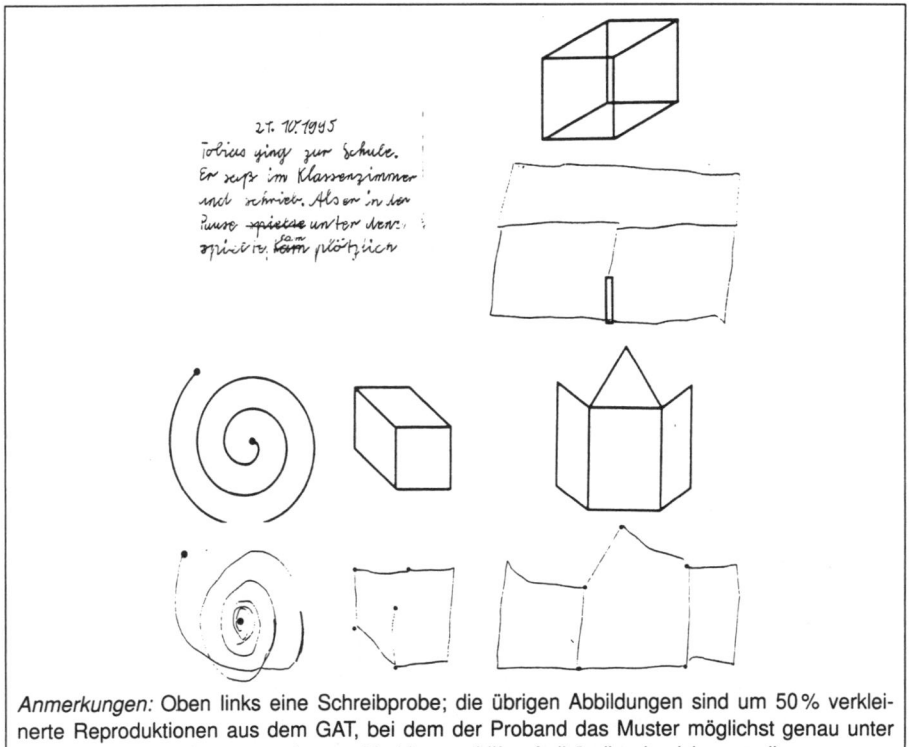

Anmerkungen: Oben links eine Schreibprobe; die übrigen Abbildungen sind um 50 % verkleinerte Reproduktionen aus dem GAT, bei dem der Proband das Muster möglichst genau unter Berücksichtigung der vorgegebenen Markierungshilfen freihändig abzeichnen soll.

Abbildung 3:
Räumlich-konstruktive Teilleistungen

Im *psychomotorischen Bereich* zeigten sich etwas uneinheitliche Ergebnisse, die insgesamt jedoch auf eine Minderleistung in der visuellen Informations-

verarbeitung hindeuten: So waren sowohl die einfachen optischen Reaktionszeiten als auch das visuomotorische Tempo (ZVT) verlangsamt, während die
einfachen akustischen Reaktionszeiten und die Wahlreaktionen knapp alters-
durchschnittlich bis normgerecht ausfielen. Auch das Arbeitstempo bei einer
komplexeren bilateralen psychomotorischen Koordinationsaufgabe lag im Altersnormbereich (WDG, RR), war aber durch eine erhöhte Fehlerquote gekennzeichnet (WDG, FR).

Zum Teil ausgeprägte Minderleistungen zeigten sich auch im Bereich der *mne-
stischen Leistungen*. Hier gelang Torsten lediglich die unmittelbare zeichneri-
sche Reproduktion visuell-figuraler Muster noch normentsprechend (Benton-
Test). Die Wiedergabe einer größeren Menge visuell-figuralen Materials gelang
auch unter Lernbedingungen, das heißt trotz mehrfacher Wiederholung, nicht
mehr altersgerecht (DCS), wobei auffällt, daß zum einen die Anzahl korrekt
reproduzierter Muster trotz mehrfacher Wiederholung nahezu stagnierte, und
zum anderen viele Muster bei der Reproduktion grob entstellt wurden. Auch
im auditiv-verbalen Lernversuch (AVLT) erreichte Torsten keine altersgerechte
Leistung. Hier fällt vor allem eine erschwerte Umstellung auf neue sprachliche
Informationen (proaktive Hemmung) und eine deutliche Störanfälligkeit bereits gelernter Inhalte durch zwischenzeitliche Störreize (retroaktive Hemmung) auf. Auch die unmittelbare Merkspanne für Zahlen entspricht nicht
mehr der Altersnorm (HAWIK-R: Zahlennachsprechen).

Zur Überprüfung des *allgemeinen cerebralen Aktivierungsniveaus (,,arousal")*
wurde ergänzend auch eine Flimmerverschmelzungsfrequenz-Analyse (auf-
und absteigender Modus mit adaptierender Vorgabe) durchgeführt. Da derzeit
Normen für Torstens Alter noch nicht vorliegen, konnte hier lediglich das
Verhältnis der beiden Parameter ,,Verschmelzungsfrequenz" (VF) und ,,Flim-
merfrequenz" (FF) zueinander bewertet werden, das keine Hinweise auf pathologische Verhältnisse ergab.

Neuropsychologische Syndromanalyse. Neuropsychologische Diagnostik
wird erst dann zur neuropsychologischen Syndromanalyse, wenn es ihr gelingt,
eine *,,genaue psychologische Analyse der Störung und die Aufdeckung der
unmittelbaren Ursachen für den Zerfall des funktionellen Systems* oder, anders
ausgedrückt, die *detaillierte Bewertung des beobachteten Symptoms"* (Luria,
1993, S.30; Hervorhebung im Original) zu liefern. Dies gilt nicht nur für die
von Luria bevorzugt untersuchten lokalen Hirnschädigungen, sondern ebenso
auch – wenngleich dort schwieriger durchzuführen – für multifokale und diffuse Hirnschädigungen. Die neuropsychologische Syndromanalyse darf sich
dabei nicht nur auf die Beschreibung relativ gut isolierbarer einzelner Symptome beschränken, sondern muß in einer Zusammenschau aller relevanten
Datenquellen ein tiefgreifendes Verständnis ,,aller mit einer bestimmten Hirnschädigung bzw. Hirnfunktionsstörung einhergehenden Verhaltensänderungen
sowie die gleichzeitige Diagnose der intakt gebliebenen Funktionsbereiche"
(Deegener et al., 1992, S.21; Hervorhebung im Original) leisten. Diese ohnehin schwierige Aufgabe stellt in der Neuropsychologie des Kindes- und Ju-

gendalters durch das zusätzliche Einbeziehen der Entwicklungsdynamik neuropsychologischer Funktionen und die größere Variabilität normaler kindlicher Verhaltensspielräume eine besondere Herausforderung dar.

Prozentrang	Merkmalsbereich (Testverfahren)
+ 2 Standardabweichungen	
98	
+ 1 Standardabweichung	
84	
+/– 0 Standardabweichung	
50	sprachfreie Intelligenz (SPM); visuelles Kurzzeitgedächtnis (Benton-Test)
	psychomotorische Koordination (WDG, RR); Reaktionsgeschwindigkeit unter Wahlbedingungen (Wahl-RZ)
	einfache akustische Reaktionszeiten (akust. RZ)
– 1 Standardabweichung	
16	einfache optische Reaktionszeiten (opt. RZ); visuomotorisches Tempo (ZVT); Fehler in der psychomotorischen Koordination (WDG, FR)
	verbale Intelligenz (HAWIK-R, VT); visuell-figurale Merk- und Lernfähigkeit (DCS)
– 2 Standardabweichungen	
2	kombinierte Intelligenz (HAWIK-R, Gesamt); Handlungs-Intelligenz (HAWIK-R, HT)

Abkürzungen: siehe Tabelle 1; *Anmerkung:* Jede Zeile kennzeichnet einen Bereich von 0,2 z-Werten; die dick eingerahmten Felder kennzeichnen den Altersnormbereich (+/– 1 Standardabweichung).

Abbildung 4:
Graphisches Gitterprofil der psychometrischen Untersuchung

Grundlage für die neuropsychologische Syndromanalyse bei Torsten sind zunächst die Ergebnisse der psychometrischen Untersuchung (Abb. 4 veranschaulicht diese Ergebnisse in Form eines Gitterprofils, das neben dem interindividuellen Normvergleich auch intraindividuelle Leistungsunterschiede hervortreten läßt).

Hier fällt auf, daß Torstens kognitive Leistungsfähigkeit im Vergleich zu seiner (in der Abb. 4 stark eingerahmten) Altersnorm insgesamt reduziert ist. Viele Teilleistungsergebnisse liegen unterhalb des Altersnormbereiches und Torstens beste Testresultate erreichen lediglich soeben den Altersdurchschnittswert. Diese intraindividuell besten Testleistungen stellen nun auch das Bezugssystem für die Beurteilung von Teilleistungsschwächen dar, da sie Torstens optimal mögliche Leistungsfähigkeit unter den für ihn günstigsten Bedingungen und somit vermutlich unbeeinträchtigte Funktionen anzeigen. In Torstens Fall sind somit die Ankerwerte für den interindividuellen und den intraindividuellen Profilvergleich identisch, da beide durch den statistischen Altersdurchschnitt, also einen Prozentrang von 50, markiert werden.

Zu Torstens persönlichen Leistungsschwerpunkten gehören demnach das sprachfreie und anschauliche Problemlösen, einfache visuelle Merkfähigkeitsaufgaben mit sofortiger Wiedergabe und eine schnelle psychomotorische Reaktionsfähigkeit. Das Kriterium von intra- und interindividuellen Teilleistungsschwächen mit einer Differenz von mehr als 1 $^1/_2$ Standardabweichungen von den unbeeinträchtigten Funktionen erfüllen am deutlichsten kombinierte Intelligenzleistungen und solche Intelligenzleistungen, die höhere Anforderungen an visuelle und handlungsgebundene Teilleistungen stellen. Hinsichtlich der verbalen Intelligenz und der visuell-figuralen Lernfähigkeit ist zum gegenwärtigen Untersuchungszeitpunkt von einer grenzwertigen, das heißt genau an der Grenze zwischen normgerechten und nicht mehr normgerechten Ergebnissen angesiedelten Leistungsfähigkeit auszugehen. Diese Funktionen können aber später zu einem deutlicheren Handicap werden, wenn die Anforderungen an diese Leistungen im Entwicklungsverlauf steigen und Torstens Entwicklungstempo in diesen Bereichen nicht mithalten kann oder sogar stagniert. Obwohl derzeit noch innerhalb von Torstens individueller Toleranzzone angesiedelt, können auch die bereits jetzt im interindividuellen Vergleich unterdurchschnittlichen Leistungen der optischen Reaktionsgeschwindigkeit und des visuomotorischen Tempos zukünftig weitere Problemfunktionen werden.

Betrachtet man die Profilanalyse unter neuropsychologischen Aspekten, so fällt auf, daß vor allem Aufgaben mit visuell-analytischer und visuell-synthetischer Komponente betroffen sind. Dies bestätigt sich auch im Detail, wenn beispielsweise die Ergebnisse der beiden, nur durch die geforderte Sinnesmodalität unterschiedenen, Reaktionstests miteinander verglichen werden: Hier schneidet Torsten bei den optischen Reaktionszeiten deutlich langsamer ab als bei den akustischen Reaktionszeiten. Werden nun auch die Ergebnisse der nicht-normierten Untersuchungsverfahren mit herangezogen, so ist zusätzlich auch von einer Beeinträchtigung raumanalytischer und räumlich-konstruktiver Funktionen auszugehen (vgl. Abb. 2 und 3). Diese objektivierbaren Befunde korrespondieren zudem mit den von Torsten selbst beklagten visuellen Problemen und der in der untersuchungsbegleitenden Verhaltensbeobachtung deutlich gewordenen schnellen Überforderung bei visuellen Anforderungen. Da die zwischenzeitlich durchgeführte augenärztliche Untersuchung keinen Befund erbracht hatte, kann für die mehrfach bestätigten visuellen und raumanalytischen Teilleistungsstörungen eine neurogene Verursachung als begründet angenommen werden. Differentialdiagnostisch kann auch eine umschriebene Lese-Rechtschreibstörung (vgl. Warnke & Roth, 2000), eine schwerwiegende Intelligenzminderung, beispielsweise als Folge einer Chromosomenaberration (vgl. Schmidt, 2000), und eine hyperkinetische Störung (vgl. Döpfner, 2000) ausgeschlossen werden. Dafür spricht, daß das Lesen und Schreiben bei Torsten nicht spezifisch beeinträchtigt ist, daß in Abhängigkeit von den Prüfbedingungen eine altersdurchschnittliche Intelligenzleistung erbracht werden kann, und daß die Konzentrationsstörungen lediglich bei bestimmten kognitiven Anforderungen auftreten und nicht über verschiedene Lebensbereiche hinweg generalisieren. Vielmehr lassen sich die aus der Schule berichteten schriftsprachbezogenen Probleme plausibel als eine spätere Folge der gleichen raumanalytischen und räumlich-konstruktiven Teilleistungsschwächen erklären, die zuvor im Kindergarten bereits zu Ungeschicklichkeiten beim Ausschneiden und Malen geführt hatten. Auch die inzwischen manifest gewordenen psychischen und Verhaltensauffälligkeiten könnten eine Folge der beschriebenen neuropsychologischen Störungen sein. Wie so häufig in ähnlichen Fällen könnte die geminderte Leistungsfähigkeit in altersspezifischen Funktionen bei Torsten zu einer lange unbemerkten Überforderung geführt haben, der Torsten mit Verweigerung und Vermeiden versucht hat zu entkommen (siehe Abb. 5).

neuropsychologische Funktionsstörungen	Störung der visuellen Analyse und Synthese, raumanalytische und räumlich-konstruktive Störung, visuelle Merkfähigkeitsstörung
⇓	⇓
alltagsbezogene Handicaps	Ungeschicklichkeiten beim Malen und Ausschneiden, graphomotorische Defizite beim Schreiben, visuomotorische Verlangsamung beim Lesen
⇓	⇓
psychische Auswirkungen	chronische Überforderung bei scheinbar leichten kognitiven Anforderungen, Gefühl der Hilflosigkeit, negatives Selbstkonzept
⇓	⇓
Verhalten	Vermeidung von negativ besetzten Situationen (Schule, Hausaufgaben, Lernen), Verweigerung defizitärer kognitiver Anforderungen (Schreiben, Malen, Lesen), Unaufmerksamkeit

Abbildung 5:
Erklärungsmodell von psychischen und Verhaltensstörungen
als Folge neuropsychologischer Funktionsstörungen

3 Erklärungsansätze

Die ätiologische Zuordnung neuropsychologischer Störungen kann im Einzelfall auch dann schwierig sein, wenn sich die funktionellen Beeinträchtigungen zweifelsfrei objektivieren lassen und andere Störungsformen differentialdiagnostisch ausgeschlossen werden können. In Torstens Fall kommen als mögliche Ursachen neuropsychologischer Störungen mehrere, anamnestisch erhebbare Bedingungen in Frage. Da sich in der Anamnese bereits zu einem frühen Zeitpunkt Merkmale einer Entwicklungsverzögerung auffinden lassen, dürfte für die ausgeprägten Störungen der visuellen Informationsverarbeitung und räumlich-konstruktiven Funktionen sowie für den diskreten Sprachentwicklungsrückstand mit dysphasischen Merkmalen (semantische Paraphasien und Wortfindungsstörungen) weder der Unfall im fünften Lebensjahr noch das spätere plötzliche Fieberereignis mit nachfolgenden Kopfschmerzen und nächtlichen Verwirrtheitszuständen alleine in Frage kommen. Möglicherweise besteht jedoch zwischen den einzelnen Ereignissen ein mittelbarer Zusammenhang. So ist vorstellbar, daß eine frühkindlich entstandene neurogene Noxe mit den beschriebenen Funktionsstörungen zum einen vermehrte Fehlleistungen im Alltag, so etwa den Sturz im Haushalt, und zum anderen eine erhöhte Bereitschaft zu späteren cerebralen Dysregulationen nach sich zieht. Ähnliche Zusammenhänge sind beispielsweise für primär hyperkinetische Kinder bekannt, deren Grundstörung zu vermehrter Unachtsamkeit im Alltag und in der Folge zu einem erhöhten Unfallrisiko mit der Gefahr von Schädel-Hirn-Traumen beitragen kann.

Da auch eine neuropädiatrische und EEG-Untersuchung bei Torsten — wie bei Kindern insgesamt sehr häufig der Fall — kein hirnorganisches Korrelat der funktionellen Beeinträchtigungen erbracht haben, müssen entwicklungsneuropsychologische Überlegungen herangezogen werden. Demnach läßt sich die neuropsychologische Entwicklung im Kindesalter als eine sequentielle Abfolge von neuronalen Wachstums- und Differenzierungsprozessen mit den (wichtigsten) Etappen der Zellmigration, der Axonsprossung, des Dendritenwachstums und der Myelinisierung beschreiben (vgl. Golden, 1981; Remschmidt & Schmidt, 1981; Rourke et al., 1983; Spreen et al., 1984), die ihrerseits wiederum mit einer kortikalen und funktionellen Umorganisation, insbesondere der Reifung primärer, sekundärer und tertiärer Rindenfelder, einhergeht. Störungen dieses Wachstumsprozesses führen zu spezifischen funktionellen Beeinträchtigungen, die in Abhängigkeit vom Zeitpunkt, von der Art und vom Ausmaß der Störung von mentaler Retardierung über komplexe kognitive und Verhaltensstörungen bis hin zu isolierten Teilleistungsstörungen reichen können. Umgekehrt erlaubt das Wissen um entwicklungsneuropsychologische Gesetzmäßigkeiten im Einzelfall eine (ungefähre) Zuordnung des neuropsychologischen Syndrommusters zum Zeitpunkt und manchmal auch zur vermutlichen Genese der kortikalen Funktionsstörung (vgl. Deegener et al., 1992). Im Falle von Torsten deutet das Zusammentreffen folgender Faktoren auf eine Störung in der dritten Stufe der neuropsychologischen Entwicklung hin:

- die Dominanz visueller und raumanalytischer Störungen,
- die (geringer ausgeprägte) Entwicklungsverzögerung sprachlicher Prozesse,
- das anamnestisch in der Vorschulzeit zu verortende erste Auftreten diskreter Beeinträchtigungen,
- die abgeschlossene Hemisphärenspezialisierung mit erkennbarer Lateralisierung motorischer und kognitiver Funktionen und die Beobachtung,
- daß konkret-anschauliche Problemlöseprozesse grundsätzlich beherrscht werden.

Die dritte Stufe der neuropsychologischen Entwicklung ist durch die funktionelle Ausreifung der sekundären Assoziationsfelder gekennzeichnet, die bis in das fünfte Lebensjahr hineinreicht. Sie stellt die Grundlage für die Entwicklung komplexerer motorischer und perzeptueller Leistungen bereit und korrespondiert mit Piagets Stufe des präoperationalen anschaulichen Denkens (vgl. Deegener et al., 1992, S. 52f.; siehe auch Abb. 6). Störungen in dieser Entwicklungsstufe führen zumeist zu intramodalen, das heißt auf eine Sinnesmodalität bezogene, Teilleistungsschwächen – in Torstens Fall zu Störungen des „visuellen Analysators" und raumanalytischer Funktionen –, beeinflussen aber auch die hiervon abhängige weitere kognitive Entwicklung ungünstig, da im Normalfall funktionierende Handlungsroutinen (z. B. beim Lesen und Schreiben) durch kognitiv aufwendigere „Umwegstrategien" kompensiert werden müssen.

Neuropsychologische Entwicklungsstufe	Funktionelles System	Hirnstrukturen	Entwicklungsalter	Entwicklungsstufe nach Piaget
1	Aktivierungseinheit	Formatio reticularis	0 bis 12 Monate	– – –
2	primäre sensorische und motorische Areale	visuelle, auditorische, somato-sensorische und motorische Regionen	0 bis 12 Monate	sensumotorische Entwicklung
3	sekundäre Assoziationsfelder, Hemisphären-Dominanz	sekundäre sensorische und motorische Regionen	0 bis 5 Jahre	präoperationales anschauliches Denken
4	tertiäre sensorische Input-Areale	Parietal-Lappen	5 bis 8 Jahre	anschauliches und konkret-operatives Denken
5	tertiäre Output-Areale, Handlungsplanung	präfrontale Region	12 bis 14 Jahre	formal-logisches Denken

Abbildung 6:
Entwicklungsneuropsychologie funktioneller Systeme im Kindesalter
(modifiziert nach Spreen (1984) und Deegener et al. (1992))

Diese Gesichtspunkte sprechen gegen eine Verursachung durch den Unfall und das Fieberereignis und für eine Hirnreifungsstörung. Da eine prä- und perinatale Hirnschädigung weitgehend ausgeschlossen werden kann, erscheint ein Zusammenhang zwischen einer Hirnreifungsstörung und den wiederholten Totalanästhesien im Kontext der Leistenbruch-Operationen (von denen allein drei in Torstens erstem Lebensjahr durchgeführt wurden) plausibel.

4 Interventionsprinzipien

In der neuropsychologischen Therapie lassen sich zwei grundlegende therapeutische Strategien,
– das direkte Angehen der Schwächen („Attacking the weaknesses") und
– das Ansetzen an den Stärken („Enhancing the strengths")
unterscheiden (Deegener et al., 1992, S. 7ff.; Matthes-von Cramon & von Cramon, 1995).

Beim direkten Angehen der Schwächen wird versucht, die beeinträchtigten Teilleistungen durch Übungen und Trainingsverfahren zu verbessern. Dies kann etwa durch Computerprogramme zur visuellen Wahrnehmung oder durch Merkfähigkeitsaufgaben geschehen. Beim Ansetzen an den Stärken wird versucht, die gestörten Funktionen durch die vorhandenen Leistungsreserven zu stützen und manchmal sogar zu ersetzen. Dies kann beispielsweise dadurch geschehen, daß aufmerksamkeitsgestörte und impulsive Kinder ihre Handlungen vor der Durchführung verbalisieren müssen. Beide Strategien lassen sich bei komplexeren neuropsychologischen Störungen häufig miteinander und mit verhaltenstherapeutischen Interventionsstrategien verknüpfen. In einer kritischen Gegenüberstellung der häufigsten neuropsychologischen Therapieformen kommen Matthes-von Cramon und von Cramon (1995) zu dem Ergebnis, daß Verfahren, die auf repetitivem Üben beeinträchtigter Funktionen („drill and practice") beruhen, keinen Erfolg bringen und sinnlos sind. Das liegt daran, daß sich neuropsychologische Funktionen nicht – wie die Autoren es formulieren – „wie ein mentaler Muskel auftrainieren" lassen. Eine Ausnahme von der Nutzlosigkeit der „drill-and-practice"-Methoden betrifft allerdings die Therapie visuomotorischer Suchprozesse („Scanning") als Folge von halbseitigen visuell-räumlichen Neglect-Syndromen, bei denen die betroffenen Patienten alle Reize einer Raum- oder Körperhälfte vollständig ignorieren.

Demgegenüber haben sich verschiedene verhaltensorientierte und kognitive Therapiemethoden bei neuropsychologisch beeinträchtigten Patienten als erfolgversprechend gezeigt. Hierzu gehören
● der Aufbau invarianter Verhaltenssequenzen, durch den festgelegte Verhaltensweisen durch klassisches oder operantes Konditionieren erlernt werden,
● die Vermittlung interner Strategien, bei der die Patienten Selbstinstruktionen oder Gedächtnistechniken erlernen,

● der Gebrauch externer Hilfsmittel, die als „kognitive Krücke" in Form von Merkheften oder Note-books die gestörten Funktionen unterstützen oder ersetzen, und

● die Förderung von Metakognitionen, die sich auf das Wissen und die flexible Anwendung günstiger Problemlösestrategien beziehen.

Bei Kindern und Jugendlichen hängt die Auswahl geeigneter neuropsychologischer Therapieverfahren unter anderem von ihren Funktionsstörungen, den vorhandenen (kognitiven und sozialen) Ressourcen, ihrem Alter und ihrer Motivation ab (vgl. Deegener et al., 1992). So hat sich gezeigt, daß das direkte therapeutische Angehen der Teilleistungsschwächen im Sinne eines „Attacking the weaknesses" vor allem bei jüngeren Kindern wirksam sein kann, deren cerebrale und kognitive Verarbeitungsstrategien noch nicht voll entwickelt sind, so daß hier eine effektive Umstrukturierung funktioneller Systeme eher erwartet werden kann. Damit ist gemeint, daß das gleiche Verhaltensziel (z.B. Schreiben) nach einer Hirnschädigung auch durch eine neue, nicht primär angelegte Art der Ausführung (z.B. spontanes Wechseln der Händigkeit) erreicht werden kann (vgl. Luria, 1993, S.22ff.). Bei älteren Kindern ab etwa neun Jahren mit bereits länger bestehenden Funktionsstörungen haben sich häufig schon (oft ungünstige) spontane Kompensationsstrategien derart hartnäckig im Alltag etabliert, daß diese durch direkte Modifikationsversuche nur schwer zu verändern sind. Zudem reagieren ältere Kinder häufiger mit Ablehnung und Unlust auf direkte Therapieansätze. Hier haben sich Therapieverfahren als wirksam erwiesen, die an den vorhandenen Leistungsstärken ansetzen und diese gezielt nutzen, um Teilleistungsstörungen zu kompensieren. So können Beeinträchtigungen in der visuellen Analyse und Synthese häufig durch eine gezielte Versprachlichung („verbale Codierung") kompensiert oder zumindest gemildert werden.

Nicht zuletzt wirken sich Erfolge, die durch das Ansetzen an den individuellen Teilleistungsstärken des Kindes erzielt werden, positiv auf das Selbstkonzept und die Bereitschaft zum Transfer der gelernten Strategien in den Schulalltag aus. Neuropsychologische Therapieverfahren nach dem Ansatz „Enhancing the strengths" setzen allerdings voraus, daß das Teilleistungsprofil des Kindes hinreichend stabil entwickelte Leistungsschwerpunkte aufweist, die zudem zur Kompensation der Funktionsstörungen unter komplexen Alltagsbedingungen geeignet sein müssen. Als günstig haben sich hier sprachliche Ressourcen und erhaltene Leistungen im problemlösenden und flexiblen Denken und in den sogenannten exekutiven Funktionen (vgl. Pennington & Ozonoff, 1996) erwiesen. Darunter werden folgende Elemente der Handlungsplanung, -steuerung und -kontrolle gefaßt, die bei unbeeinträchtigter Leistungsstärke auch eine führende und supervidierende Rolle in der Ausführung defizitärer Teilleistungen einnehmen können:

— die Exploration der Umgebung (Informationsanalyse),

— das Planen (als mentaler Entwurf oder Intuition),

— der Abruf von gefestigten Routineprogrammen,

— die Ausführung und

— die Ergebniskontrolle (vgl. Karnath, 1991).

In Torstens Fall wurde ein neuropsychologischer Therapieansatz gewählt, in dem

● die Störungen der visuellen Analyse und Synthese durch ein computerunterstütztes Training direkt bearbeitet wurden,

● der inzwischen spontan und durchgängig angewandte ungünstige Arbeitsstil mit voreiliger Aufgabenbearbeitung und -beendigung in einem strukturierten Verhaltenstraining mit externen Strukturierungshilfen (siehe Abb. 7) modifiziert wurde,

● Problemlösestrategien in einem „Denktraining", das Aufgaben mit unterschiedlichen kognitiven Anforderungen und mit verschiedenen Schwierigkeitsniveaus enthält (nach Klauer, 1989), systematisch geübt und optimiert,

● die einzelnen Therapiesitzungen mit einer Videokamera aufgenommen, gemeinsam beurteilt sowie ausgewertet wurden und

● das konzentrierte Durchhalten während zeitlich definierter Übungseinheiten mit einem Computerspiel am Ende jeder Trainingseinheit operant verstärkt wurde.

Wie löst man Aufgaben?

1. Aufgabe genau ansehen!
2. Was muß ich tun?
3. Was habe ich schon?
4. Was brauche ich noch?
5. Auswählen und entscheiden!
6. Kontrollieren, ob es stimmt!

Abbildung 7:
Allgemeine Strukturierungshilfen zum kognitiven Problemlösen
(die „Regeln" wurden zunächst extern, als Karteikarte, vorgegeben
und im Verlauf des Trainings schrittweise internalisiert)

Die neuropsychologische Therapie wurde – zur Vorbereitung auf den inzwischen angstbesetzten Übergang zur vierten Grundschulklasse – in den Sommerferien ambulant, mit jeweils zwei einstündigen Therapie-Einheiten pro Woche durchgeführt. Um Torsten den Transfer der gelernten Strategien in den Schulalltag zu erleichtern und den Transfererfolg zu kontrollieren, wurden während des Trainings „Klassenarbeiten" simuliert, die sich auf Aufgaben bezogen, die dem „Denktraining" analog, jedoch nicht völlig mit diesen identisch waren. Da die aus den neuropsychologischen Beeinträchtigungen resultierenden Verhaltensstörungen bereits zu ungünstigen Auswirkungen innerhalb der Familie, vor allem zu Ungeduld, Strenge und Resignation, geführt hatten (vgl. hierzu Haus-Herrmann & Heubrock, 1994), wurden in ausführlichen Gesprächen sowohl die Eltern als auch die Klassenlehrerin über Torstens Probleme informiert und hinsichtlich günstiger und unterstützender Verhaltensweisen beraten.

Das computerunterstützte neuropsychologische Training wurde mit Hilfe der PC-Programme „Bild" und „Garten" (Rigling, 1993) durchgeführt. Beide Programme trainieren verschiedene Aspekte visueller Wahrnehmungs-, Such- und

Koordinationsleistungen und sind als Therapiematerial für Kinder und Jugendliche mit neuropsychologischen Beeinträchtigungen sehr motivierend. Für die sinnvolle Anwendung computergestützter Trainingsprogramme gilt jedoch generell, daß sie stets mit einem begleitenden Strategietraining verbunden werden sollten, um einen Transfer in Alltagssituationen mit vergleichbaren Anforderungen zu ermöglichen.

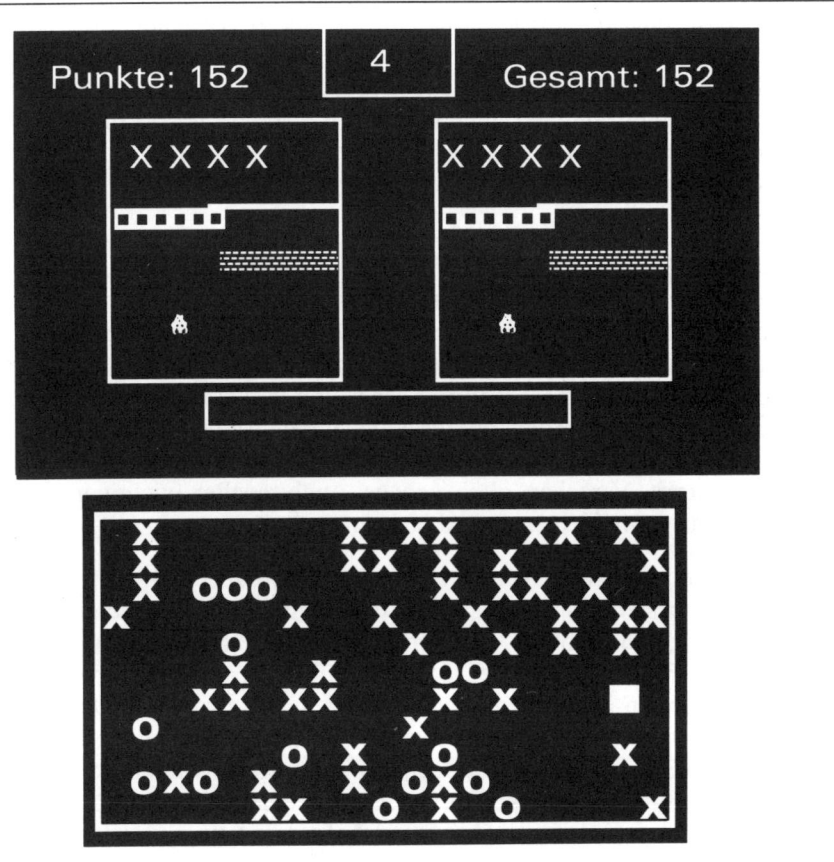

Anmerkung: Die obere Abbildung zeigt einen Monitor-Ausschnitt des Programmes „Bild", die untere Abbildung zeigt einen Monitor-Ausschnitt des Programmes „Garten" (weitere Erklärungen im Text).

Abbildung 8:
Beispiel-Aufgaben des computerunterstützten neuropsychologischen Trainings
(nach Rigling, 1993)

Das Training mit dem Programm „Bild" stellt eine visuelle Scanning-Aufgabe dar, bei der zwei auf dem Monitor sichtbare Bilder so schnell wie möglich miteinander verglichen werden müssen (siehe Abb. 8, oben). Die Bilder bestehen hierbei aus Elementen, die in Farbe, Form oder räumlicher Position differieren können. Torsten hatte bei jedem Bildvergleich zu entscheiden, ob ein Unterschied vorhanden war. Hatte Torsten einen Unterschied gefunden, mußte er eine Reaktionstaste betätigen; er durfte jedoch nicht reagieren, wenn beide Bilder übereinstimmten. Als Rückmeldung über seine Leistungen erhielt Torsten Punktwerte für jeden richtig beurteilten Vergleichsdurchgang, wobei das rasche Erkennen von vorhandenen Unterschieden mit zusätzlichen Zeitpunkten belohnt wurde. Ebenfalls als Orientierungshilfe zeigte ein „Zeitbalken" unterhalb der beiden Bilder Torsten die schon verstrichene Zeit an. Nach Abschluß eines Durchgangs mit jeweils 20 Bildvergleichen wurde der erreichte Gesamtpunktwert in eine direkte Rückmeldung übersetzt (Beispiel: „Du solltest intensiv üben"). Durch eine variable Auswahl des Schwierigkeitsgrades und der zum Vergleich zur Verfügung stehenden Zeit konnten die Anforderungen an Torstens Leistungsfähigkeit angepaßt und im Verlauf des Trainings stetig gesteigert werden, wobei eine zufallsgenerierte Auswahl der Bildelemente stereotypes Reaktionslernen verhindert.

Das Training mit dem Programm „Garten" stellt eine visuomotorische Konzentrationsaufgabe dar, bei der Torsten eine Schlange in der Weise durch einen Garten führen mußte, daß sie mit möglichst wenig Bewegungsschritten die im Garten verteilten 60 Futternäpfe leert, ohne dabei durch Berührungen mit dem Zaun oder mit den ebenfalls im Garten verteilten Giftpflanzen zu sterben. Um mit Torsten ein langsames, systematisches und vorausschauendes Vorgehen zu trainieren, wurden als Ablenker zusätzliche, den Weg der Schlange kreuzende „Nervtöter" eingeführt. Ebenso spielte die Bearbeitungszeit keine Rolle, um ein überhastetes Vorgehen ohne genaue Analyse aller wichtigen Situationsmerkmale zu vermeiden (siehe Abb. 8, unten).

Das „Denktraining für Kinder I" (Klauer, 1989) soll induktive Denkprozesse fördern und besteht aus insgesamt 120 Aufgaben mit unterschiedlicher Problemstruktur (siehe Abb. 9). Auf großformatigen und farbigen Abbildungen sind hierbei Probleme zu lösen oder Fragen zu beantworten, bei denen verschiedene Formen induktiven Denkens (z. B. Generalisierung, Diskrimination, Beziehungserfassung) anzuwenden sind. Bei Torsten wurde dieses Förderprogramm mit dem bereits beschriebenen strukturierten Verhaltenstraining verknüpft, so daß er systematisch lernen konnte, eine universell gültige günstige Problemlösestrategie bei verschiedenen Anforderungen einzusetzen.

Generell hat die Therapie neuropsychologischer Funktionsstörungen, unabhängig von der Genese und der Ausprägung der Beeinträchtigungen, das Ziel, den betroffenen Kindern das Zurechtkommen im Alltag, das heißt die Bewältigung alltäglicher Anforderungen in Familie, Schule und Freundeskreis trotz eines Handicaps, zu erleichtern (Ponsford, 1995). Die Effektivität der rehabilitativen Anstrengungen muß sich daher letztlich vor allem im Alltag erweisen. Da die langfristige Wirksamkeit einer Therapie jedoch erst in katamnestischen Untersuchungen, in der Regel mehrere Monate und Jahre nach Abschluß der Behandlung, beurteilt werden kann, wird in der klinischen Neuropsychologie versucht, zumindest eine psychometrische Abschätzung der Therapieeffekte und ihrer Zeitstabilität vorzunehmen (Sturm & Hartje, 1989), die über eine Befragung der Kinder selbst und ihrer Eltern oder anderer Bezugspersonen hinaus-

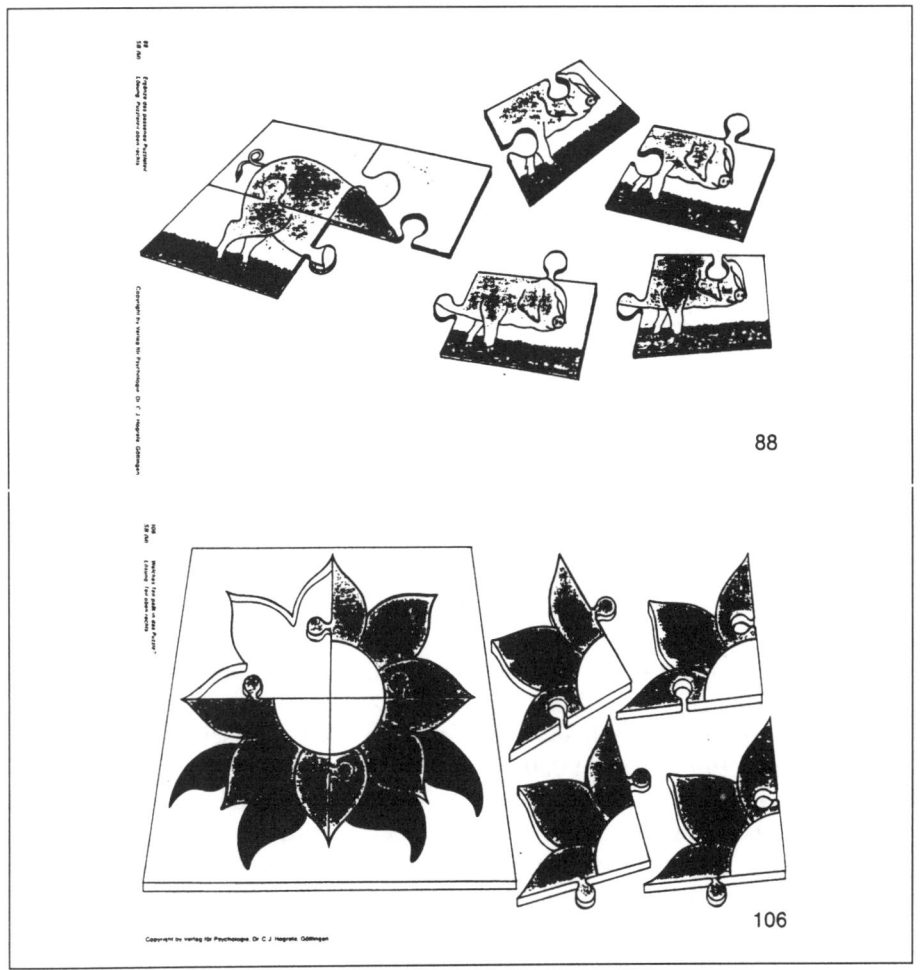

Abbildung 9:
Beispiel-Aufgaben aus dem „Denktraining für Kinder" (Klauer, 1989)

geht. Daher sollte sich eine neuropsychologische Verlaufsdiagnostik anschließen, in der die differentiellen Veränderungen und das Ausmaß von Ge-
neralisierungseffekten erhoben werden („sequentielle Diagnostik", vgl. Heubrock & Petermann, 1996). Hierzu wird in einer neuropsychologischen Ver-
laufsuntersuchung eine erneute psychometrische Testung derjenigen Funktionen vorgenommen, die zuvor bereits in der neuropsychologischen Statusdia-
gnostik erfaßt worden sind. Die Signifikanz dieser Veränderungen läßt sich
mit den Methoden der Einzelfallanalyse bestimmen und erlaubt so wesentlich
genauere Aussagen, als dies in einer ausschließlich auf subjektiven Angaben
beruhenden Befragung der Fall ist (vgl. Petermann, 1996a, 1996b).

Nach einer erfolgreichen Therapie einzelner Funktionsstörungen wäre zu erwarten, daß sich die Untersuchungsergebnisse zum zweiten Testzeitpunkt nicht
nur gegenüber der ersten Untersuchung verbessert haben müßten, sondern daß

das Ausmaß der Leistungssteigerung in diesen Funktionen auch den erwartbaren Zugewinn durch reine Übungseffekte aufgrund der Testwiederholung übersteigen müßte, die wiederum durch die Ergebnisse in den nicht spezifisch therapierten Funktionen angezeigt werden. In ähnlicher Weise lassen sich auch Transfereffekte empirisch abschätzen, da das Ausmaß der Leistungssteigerung in denjenigen Testverfahren höher sein müßte, in denen die gezielt therapierten Funktionen am deutlichsten repräsentiert sind. Ähnlich müßte es sich in den übrigen psychometrischen Verfahren verhalten, nämlich mit abnehmender Nähe zu diesen Funktionen müßten ebenfalls die Testleistungen abnehmen. Die begrenzte Anzahl von Paralleltests für einzelne Teilleistungsbereiche hat in der Praxis die Mehrfachtestung mit jeweils demselben Verfahren zu verschiedenen Zeitpunkten zur Folge, so daß bei gemischter Anwendung von Paralleltests und von wiederholter Testung mit demselben Verfahren innerhalb eines Untersuchungsganges „echte" Veränderungen von Wiederholungseffekten kaum zu unterscheiden sind (vgl. Heubrock & Lahusen, 1994).

5 Resümee

Genaue epidemiologische Angaben zur Häufigkeit neuropsychologischer Funktionsstörungen im Kindesalter liegen derzeit nicht vor. Allerdings sind in der Bundesrepublik Deutschland nach Angaben des Statistischen Bundesamtes allein im Jahr 1994 über 51 000 Kinder im Alter von bis zu 15 Jahren bei Verkehrsunfällen verunglückt, wobei 431 Kinder getötet, dreiviertel der Opfer leicht und über 12 000 Kinder schwer verletzt wurden. Weitere 35 000 bis 42 000 Kinder kommen nach einer etwas älteren Schätzung des damaligen Bundesministeriums für Jugend, Familie und Gesundheit (zit. nach Lauth, 1986) mit einer körperlichen und/oder geistigen Behinderung zur Welt. Etwa 10 bis 15 % aller Grundschulkinder weisen – interessanterweise in verschiedenen Ländern mit unterschiedlichen Bildungssystemen übereinstimmend – schwerwiegende Lernstörungen auf, von denen bei mindestens der Hälfte Hinweise auf neurogene Funktionsstörungen nachweisbar sind (Gaddes & Edgell, 1994). Allein diese Angaben verdeutlichen, daß bei Kindern und Jugendlichen mit einer hohen Inzidenz neurogener Noxen und daraus resultierender neuropsychologischer Störungen unterschiedlicher Genese zu rechnen ist, die allein für erworbene neurologische Behinderungen mit 185 pro 100 000 Kinder angegeben wird (Lipinski, 1996). Demgegenüber sind die Möglichkeiten einer stationären, teilstationären und ambulanten Behandlung dieser Kinder in vielen Regionen und Bereichen noch defizitär (vgl. Heubrock & Petermann, 1999). Während jedoch schwerer neurologisch beeinträchtigte Kinder in der Regel rechtzeitig und fortlaufend medizinisch und therapeutisch betreut werden, bleiben vergleichsweise unscheinbare neuropsychologische Funktionsstörungen auch heute noch oft unerkannt. Nicht zuletzt das hier vorgestellte Fallbeispiel verdeutlicht, daß nicht oder nicht rechtzeitig erkannte neuropsychologische Funktionsstörungen bei den betroffenen Kindern sekundär zu erheblichen psychischen und Verhaltensauffälligkeiten und für die betroffenen Familien zu deutlichen psychosozialen Belastungen führen können. Die Diagnostik und die Therapie neuropsychologischer Störungen ist daher nicht nur eine wichtige rehabilitative, sondern auch eine notwendige sekundärpräventive Maßnahme der Klinischen Kinderpsychologie.

Literatur

Crawford, J.R., Parker, D.M. & McKinlay, W.W. (Eds.) (1992). *A handbook of neuropsychological assessment.* Hove: Erlbaum.

Dalla Bernardina, B.D., Colamaria, V., Chiamenti, C., Capovilla, G., Trevisan, E. & Tassinari, C.A. (1992). Benign partial epilepsy with affective symptoms ('benign psychomotor epilepsy'). In J. Roger, M. Bureau, C. Dravet, F.E. Dreifuss, A. Perret & P. Wolf (Eds.), *Epileptic syndromes in infancy, childhood, and adolescence* (219–223). London: Libbey, 2nd ed.

Deegener, G., Dietel, B., Hamster, W., Koch, C., Matthaei, R., Nödl, H., Rückert, N., Stephani, U. & Wolf, E. (1993). *Tübinger Luria-Christensen Neuropsychologische Untersuchungsreihe für Kinder (TÜKI). Anweisungen zur Testdurchführung.* Weinheim: Beltz.

Deegener, G., Dietel, B., Kassel, H., Matthaei, R. & Nödl, H. (1992). *Neuropsychologische Diagnostik bei Kindern und Jugendlichen. Handbuch zur TÜKI – Tübinger Luria-Christensen Neuropsychologische Untersuchungsreihe für Kinder.* Weinheim: Psychologie Verlags Union.

Döpfner, M. (2000). Hyperkinetische Störungen. In F. Petermann (Hrsg.), *Lehrbuch der Klinischen Kinderpsychologie und Kinderpsychotherapie* (151–186). Göttingen: Hogrefe, 4. völlig veränd. Auflage.

Doose, H. (1995). *Epilepsien im Kindes- und Jugendalter.* Hamburg: Desitin, 10.Auflage.

Esser, G. & Wyschkon, A. (2000). Umschriebene Entwicklungsstörungen. In F. Petermann (Hrsg.), *Lehrbuch der Klinischen Kinderpsychologie und Kinderpsychotherapie* (409–429). Göttingen: Hogrefe, 4. völlig veränd. Auflage.

Gaddes, W.H. & Edgell, D. (1994). *Learning disabilities and brain function. A neuropsychological approach.* New York: Springer, 3rd ed.

Golden, C.J. (1981). *Diagnosis and rehabilitation in clinical neuropsychology.* Springfield, Ill.: Charles C. Thomas, 2nd. ed.

Haus-Herrmann, H. & Heubrock, D. (1994). Psychosoziale Arbeit in der neurologischen Rehabilitation von Kindern und Jugendlichen. *Verhaltenstherapie und psychosoziale Praxis, 26,* 47–59.

Heubrock, D. (1990). Anamnese und Exploration in der Neuropsychologie. *Zeitschrift für Neuropsychologie, 1,* 114–128.

Heubrock, D. (1992). Der Auditiv-Verbale Lerntest (AVLT) in der klinischen und experimentellen Neuropsychologie. Durchführung, Auswertung und Forschungsergebnisse. *Zeitschrift für Differentielle und Diagnostische Psychologie, 13,* 161–174.

Heubrock, D. (1994). Aspekte der Verhaltensmodifikation beim Frontalhirn-Syndrom. *Kindheit und Entwicklung, 3,* 101–107.

Heubrock, D. (1995). Neuropsychologie des Frontalhirn-Syndroms: Erklärungsmodelle, Symptomatik, Diagnostik und Therapie. In Allgemeine Unfallversicherungsanstalt (Hrsg.), *Neue Entwicklungen in der stationären Rehabilitation nach Schädel-Hirn-Verletzungen* (Schlußbericht des 8. alpenländisch-adriatischen Symposiums für internationale Zusammenarbeit in der Rehabilitation; 243–247). Wien: AUVA.

Heubrock, D. (1996). Besonderheiten des Lernens nach schweren traumatischen Hirnschädigungen – aus neuropsychologischer Sicht. In K.-D. Voß, W. Blumenthal, F. Mehrhoff &

M. Schmollinger (Hrsg.), *Aktuelle Entwicklungen in der Rehabilitation am Beispiel neurologischer Behinderungen* (Interdisziplinäre Schriften zur Rehabilitation, Band 5; 77–82). Ulm: Universitätsverlag.

Heubrock, D. & Lahusen, K. (1994). Das Adaptive Intelligenz Diagnostikum (AID) und der revidierte Hamburg-Wechsler Intelligenztest für Kinder (HAWIK-R) als Paralleltests in der neuropsychologischen Verlaufsdiagnostik. *Zeitschrift für Neuropsychologie, 5,* 4–14.

Heubrock, D. & Petermann, F. (1996). Psychometrische Diagnostik von Entwicklungsstörungen. *Kindheit und Entwicklung, 5,* 19–23.

Heubrock, D. & Petermann, F. (1999). Ambulante neuropsychologische Rehabilitation bei Hirnfunktionsstörungen. In F. Petermann & P. Waschburger (Hrsg.), *Kinderrehabilitation* (249–267). Göttingen: Hogrefe.

Karnath, H.-O. (1991). Zur Funktion des präfrontalen Cortex bei mentalen Planungsprozessen. *Zeitschrift für Neuropsychologie, 2,* 14–28.

Klauer, K.J. (1989). *Denktraining für Kinder I. Ein Programm zur intellektuellen Förderung.* Göttingen: Hogrefe.

Kratzmeier, H. & Horn, R. (1988). *Standard Progressive Matrices (SPM). Manual.* Weinheim: Beltz, 2., erw. u. überarb. Auflage.

Lauth, G. (1986). Familiäre Adaptation an die Behinderung und ihre psychosoziale Unterstützung. In K.-H. Wiedl (Hrsg.), *Rehabilitationspsychologie. Grundlagen, Aufgabenfelder, Entwicklungsperspektiven* (101–116). Stuttgart: Kohlhammer.

Lipinski, C.G. (1996). Die weitere Entwicklung der stationären, teilstationären und ambulanten Rehabilitation neurologisch behinderter Kinder – Rehabilitationsgesamtplan. In K.-D. Voß, W. Blumenthal, F. Mehrhoff & M. Schmollinger (Hrsg.), *Aktuelle Entwicklungen in der Rehabilitation am Beispiel neurologischer Behinderungen* (Interdisziplinäre Schriften zur Rehabilitation, Bd. 5; 63–75). Ulm: Universitätsverlag.

Luria, A.R. (1993). *Das Gehirn in Aktion. Einführung in die Neuropsychologie.* Reinbek: Rowohlt.

Matthes-von Cramon, G. & von Cramon, D.Y. (1995). Kognitive Rehabilitation. *Zeitschrift für Neuropsychologie, 6,* 116–127.

Neuhäuser, G. & Heubrock, D. (2000). Neuropsychologische Störungen. In F. Petermann (Hrsg.), *Lehrbuch der Klinischen Kinderpsychologie und Kinderpsychotherapie* (337–357). Göttingen: Hogrefe, 4. völlig veränd. Auflage.

Pennington, B.F. & Ozonoff, S. (1996). Executive functions and developmental psychopathology. *Journal of Child Psychology and Psychiatry, 37,* 51–87.

Petermann, F. (Hrsg.) (1996a). *Einzelfallanalyse.* München: Oldenbourg, 3. verb. Auflage.

Petermann, F. (1996b). *Einzelfalldiagnostik in der klinischen Praxis.* Weinheim: Psychologie Verlags Union, 3., neu ausgestattete Auflage.

Ponsford, J. (1995). *Traumatic brain injury: Rehabilitation for erveryday adaptive living.* Hove: Erlbaum.

Remschmidt, H. & Schmidt, M. (Hrsg.) (1981). *Neuropsychologie des Kindesalters.* Stuttgart: Enke.

Rigling, P. (1993). *Hirnleistungstraining per Computer. Programmdokumentation und Software-Katalog.* Waldbronn: P. Rigling Reha-Service.

Rourke, B.P., Bakker, D.J., Fisk, J.L. & Strang, J.D. (1983). *Child neuropsychology: An introduction to theory, research, and clinical practice.* New York: Guilford.

Schmidt, M.H. (2000). Psychische Störungen infolge von Intelligenzminderungen. In F. Petermann (Hrsg.), *Lehrbuch der Klinischen Kinderpsychologie und Kinderpsychotherapie* (359–380). Göttingen: Hogrefe, 4. völlig veränd. Auflage.

Spreen, O., Tupper, D., Risser, A., Tuokko, H. & Edgell, D. (1984). *Human developmental neuropsychology.* New York: Oxford University Press.

Steingrüber, H.-J. & Lienert, G.A. (1976). *Hand-Dominanz-Test (H-D-T). Handanweisung.* Göttingen: Hogrefe, 2. Auflage.

Sturm, W. & Hartje, W. (1989). Aufgaben und Untersuchungsverfahren der neuropsychologischen Diagnostik. In K. Poeck (Hrsg.), *Klinische Neuropsychologie* (71–88). Stuttgart: Thieme, 2. neubearb. u. erw. Auflage.

Sweet, J. J. & Moberg, P. J. (1990). A survey of practices and beliefs among ABPP and non-ABPP clinical neuropsychologists. *The Clinical Neuropsychologist, 4,* 101–120.

Vanderploeg, R. D. (Ed.) (1994). *Clinician's guide to neuropsychological assessment.* Hillsdale, N. J.: Erlbaum.

Wais, M. (1978). Test zur Bestimmung des Ausmaßes einer rechtshemisphärischen Hirnläsion. *Psycho, 4,* 603–605.

Warnke, A. & Roth, E. (2000). Umschriebene Lese-Rechtschreibstörung. In F. Petermann (Hrsg.), *Lehrbuch der Klinischen Kinderpsychologie und Kinderpsychotherapie* (453–476). Göttingen: Hogrefe, 4. völlig überarb. Auflage.

Weidlich, S. & Lamberti, G. (1993). *Diagnosticum für Cerebralschädigung (DCS). Handbuch.* Bern: Huber, 3., vollst. neubearb. Auflage.

Wilson, J. T. L. (1990). Significance of MRI in clarifying whether neuropsychological deficits after head injury are organically based. *Neuropsychology, 4,* 261–269.

Neurophysiologische Störungen

Andreas Bäcker und Gerhard Neuhäuser

In diesem Kapitel werden zwei Fallbeispiele aus dem Formenkreis neurophysiologischer Störungen dargestellt, bei denen nach neuropädiatrischer und klinisch-psychologischer Diagnostik individuumbezogene therapeutische Interventionen erfolgten. In den Behandlungen eines jetzt achtjährigen Jungen mit cerebralen Anfällen nach perinataler Hirnblutung und eines 13jährigen Jugendlichen mit spastischer Hemiparese hatten wir es mit unterschiedlich stark behinderten Patienten zu tun, deren Prävalenz in einem Klientel mit neurophysiologischen Störungen relativ hoch ist (Curley, 1992; Goodman & Graham, 1996). Auf andere Störungsbilder, mit denen man in der Neuropädiatrie häufig konfrontiert wird, sind Mitautoren dieses Buches schon an anderer Stelle eingegangen (siehe z. B. Heubrock & Petermann).

Sebastian und Carsten sind „Risikokinder" der Gießener Abteilung für Neuro- und Sozialpädiatrie, in der verschiedene Berufsgruppen zusammenarbeiten. Die Überweisungen an das Sozialpädiatrische Zentrum kommen zumeist von niedergelassenen Kinder- oder Hausärzten. Die psychologische Untersuchung erfolgt dabei in der Regel nach ärztlicher Empfehlung, in nicht wenigen Fällen aber auch aufgrund der Initiative von Eltern oder auswärtigen Fachleuten.

Die klinisch-psychologischen Maßnahmen gehen von einem systemischen Ansatz aus, der sich aufgrund seiner makroskopischen Perspektive für den professionellen Umgang mit behinderten Kindern und ihren Familien, die oft mit mehreren Fachleuten unterschiedlicher fachlicher Provenienz zu tun haben, gut eignet, insofern er um eine Problemlösung unter Einbezug des gesamten sozialen Kontextes bemüht ist (siehe z. B. Imber-Black, 1990).

In der systemischen Therapie, einer ursprünglich in Mailand entwickelten Form der Familientherapie, wird versucht, auf kommunikativem Weg einen subjektiven Konsens darüber zu erreichen, was nützlich sein könnte, einen als negativ beurteilten Zustand zu „verbessern" (vgl. zur Bedeutung der Familientherapie z. B. Heekerens, 1997; Noeker & Petermann, 2000). Die maßgebliche therapeutische Direktive besteht darin, dysfunktionale Verhaltensmuster zu unterbinden, so daß an ihre Stelle neue, dem subjektiven Urteil nach weniger belastend erlebte Verhaltensweisen oder Kommunikationsformen gesetzt werden können. In dieser verhaltensorientierten Ausrichtung sehen wir einen

Berührungspunkt zwischen der systemischen Therapie und der Verhaltensthe-rapie (siehe auch Heekerens, 1997).

Auf die grundlegenden theoretischen Positionen systemischer Therapie kann hier nicht näher eingegangen werden; diesbezüglich sei auf die umfangreiche weiterführende Literatur verwiesen (z.B. Watzlawick, Beavin & Jackson, 1969; Watzlawick, 1988; Lorenzen, 1994; Schiepek & Strunk, 1994; aber auch Kanfer & Saslow, 1965). Einige wesentliche Interventionsprinzipien des The-rapiekonzeptes werden allerdings im Fortgang dieses Kapitels, soweit es für das Verständnis der Kasuistiken nötig ist, noch erläutert werden.

1 Cerebrale Anfälle nach perinataler Hirnblutung

1.1 Beschreibung des Störungsbildes

Sebastian wird im Alter von fünf Jahren zur psychodiagnostischen Untersu-chung und Beratung auch im Hinblick auf die bevorstehende Einschulung vorgestellt. Er wurde als Wunschkind geboren und erlitt infolge perinataler Komplikationen eine Hirnblutung. Nach einem Kaiserschnitt in der 34. Schwangerschaftswoche (Geburtsgewicht 1400 g; Körperlänge 43,5 cm) kam es bei Apgarwerten von 8/9/9 zu Atemstörungen, die Intubation und Beatmung erforderlich machten. Wegen einer septischen Infektion mit Staphylokokkus aureus wurde antibiotische Behandlung notwendig. Ein Pneumothorax (Luft zwischen Lunge und Thoraxwand) mußte drainiert werden. Am zweiten Le-benstag stellte man Blutungen im Bereich des rechten Seitenventrikels fest (Grad III); links war eine Hirnblutung Grad I zu erkennen. Bei entlastender Lumbalpunktion wurde blutiger Liquor entleert. Am 13. Lebenstag war Extu-bation möglich, ab dem 15. Tag orale Ernährung. Bei der neurologischen Un-tersuchung konnte keine Auffälligkeit festgestellt werden. Sebastian wurde nach 23 Tagen mit einem Gewicht von 2100 g entlassen.

Bei Kontrollen bemerkte man Symptome einer zentralen Koordinationsstö-rung; es erfolgte deswegen krankengymnastische Behandlung. Die weitere Entwicklung verlief zunächst weitgehend normal. Wegen einer Sprachentwick-lungsverzögerung wurden dann aber Maßnahmen der Logopädie und Frühför-derung eingeleitet, was sich günstig auswirkte. Im Alter von fünf Jahren trat erstmals ein anfallsartiger Zustand auf mit nächtlichem Erbrechen, mangelnder Ansprechbarkeit und Versteifung sowie Zuckungen der linken Körperseite. Im EEG wurden Hinweise für das Vorliegen einer gesteigerten Anfallsbereitschaft gefunden (besonders über der rechten Hemisphäre). Die Magnetresonanzto-mographie zeigte weite äußere und innere Liquorräume ohne Fehlbildung oder Parenchymdefekte. Nachdem sich die Anfälle wiederholten, wurde eine anti-konvulsive Therapie eingeleitet. Diese mußte mehrfach geändert werden, bis ein befriedigender Erfolg zu verzeichnen war (vgl. Neuhäuser, 2000).

Sebastian hat infolge der Entwicklungsstörung während seines gesamten bisherigen Lebens therapeutische Anwendungen erhalten. Er besuchte den integrativen Kindergarten, hat keine regelmäßigen freundschaftlichen Kontakte und zeigt häufig auch in der Öffentlichkeit Bewegungsstereotypien, schnelle flatternde Bewegungen der Arme, was seinen Eltern, besonders der Mutter, in manchen Situationen peinlich ist. Er verfügt nur über wenige sozial-kommunikative Kompetenzen und kann kaum Blickkontakt aufnehmen.

Frau B. kann aus medizinischen Gründen kein weiteres Kind bekommen. Sie wirkte emotional belastet und besorgt, zeigte sich sehr bemüht und in der erzieherischen Haltung überprotektiv. Sie hatte bis zur Geburt ihres Sohnes als Kinderkrankenschwester gearbeitet und ist heute 35 Jahre alt. Der Vater, 37 Jahre, wirkte psychisch stabiler, wenngleich die Probleme seines Sohnes (und seiner Frau) natürlich auch an ihm nicht spurlos vorübergegangen waren. Es bestehen keine materiellen Schwierigkeiten. Die Familie lebt in der eigenen Wohnung, der Vater ist in gesicherter Stellung als Verwaltungsbeamter im gehobenen Dienst tätig. Beide Eltern halten, wie sie es im Erstkontakt darstellten, regelmäßigen Kontakt zu ihren Herkunftsfamilien. Das Ehepaar B. findet wenig Zeit für gemeinsame Freizeitaktivitäten.

1.2 Differentialdiagnostik

Medizinische Diagnostik. Sebastian ist körperlich altersgemäß entwickelt. Bei der neurologischen Untersuchung sind außer einer ungelenken Bewegung keine Auffälligkeiten nachzuweisen. Das EEG zeigt Hinweise für eine Funktionsstörung im Bereich der rechten Hemisphäre mit hypersynchroner Aktivität („Krampfpotentiale"), die im Schlaf aktiviert wird. Nach der Anamnese (Hirnblutung rechts) und dem EEG-Befund ist eine partielle Epilepsie mit sekundärer Generalisierung zu diagnostizieren (Doose & Ondarza, 1994).

Psychologische Diagnostik. Zur psychodiagnostischen Untersuchung erfolgte zunächst eine Exploration des Sozial- und Spielverhaltens und der Selbständigkeitsentwicklung durch Befragung der Eltern. Außerdem füllte die Erzieherin des integrativen Kindergartens den Beobachtungsbogen für Kinder im Vorschulalter (BBK; Duhm & Althaus, 1979) aus. In der Einzeluntersuchung wurde der Hannover Wechsler Intelligenztest für das Vorschulalter (HAWIVA; Eggert, 1975) durchgeführt, ein zum Untersuchungszeitpunkt in der klinischen Praxis gebräuchliches Testverfahren zur Frühdiagnose der Intelligenz.

Der HAWIVA ist am theoretischen Intelligenzkonzept Wechslers orientiert, und dementsprechend werden im wesentlichen zwei Bereiche der Intelligenz überprüft: Im Verbalteil werden der Sprach- und Wissenserwerb auf dem Hintergrund sozialer Bezüge erfaßt und im Handlungsteil die visumotorische Koordination. Daneben können in zwei Zusatztests das rechnerische Denken und die visumotorische Koordination bei konzentrativer Anspannung getestet werden, welche hier aber nicht zur Anwendung gelangten. Zudem wurden in der Untersuchungssituation auffällige Verhaltensbeobachtungen protokolliert.

Sebastian zeigte in der Aufwärmphase der psychodiagnostischen Einzeluntersuchung, einer freien Spielsituation, an diversen Spielmaterialien geringes Interesse. Er spielte nur ansatzweise und wenig funktionsgerecht mit einem Spielzeugschwert und Bausteinen, die er eher planlos aufeinandersteckte, ohne zu einem konstruktiven Ergebnis zu gelangen. Sebastian wirkte grobmotorisch ungeschickt, leicht ataktisch; sprachliche Artikulation, Satzbau und Grammatikgebrauch erschienen bei Neigung zur Echolalie bei weitem nicht altersgemäß entwickelt. In der sich anschließenden Testuntersuchung, die zu einem zweiten Termin fortgesetzt wurde, demonstrierte er wenig Sachorientierung und ein nur geringes Aufgabenverständnis. Er beantwortete bei den Aufgaben des Verbalteils des HAWIVA nur einige einfache Items, und selbst diese oft noch falsch. In der visumotorischen Koordination wurden ebenfalls ganz erhebliche Defizite erkennbar: Störung der Raum-Lage-Wahrnehmung, Stifthaltung im Faustgriff, undosierter Krafteinsatz und unsichere Linienführung. Sebastian neigte während der Untersuchung immer wieder zu den oben beschriebenen Bewegungsstereotypien, die wohl der Spannungsabfuhr dienten. Die Erzieherin dokumentierte im BBK in guter Übereinstimmung mit den Testbefunden größte Schwierigkeiten im Spiel- und Sozialverhalten und in den sprachlichen Äußerungen (zur erhöhten Inzidenz von Verhaltensstörungen bei Anfallserkrankungen vgl. Curley, 1992; Trimble, 1991).

Als wesentliches Ergebnis der Individualdiagnostik wurde eine deutliche kognitive Beeinträchtigung festgestellt. Wir wollten uns mit der Diagnose einer geistigen Behinderung jedoch zurückhalten, auch weil bei manchen Kindern später noch unerwartete Entwicklungsfortschritte zu beobachten sind. Den Eltern wurden deshalb nur die Befunde ohne abschließende Beurteilung mitgeteilt und die Empfehlung gegeben, einen Antrag auf eine sonderpädagogische Integrationsmaßnahme für die erste Klasse der Grundschule zu stellen.

Differentielle Familiendiagnostik. Nach dieser Beratung begann die Mutter die schonend vorgetragenen Ergebnisse in Zweifel zu ziehen, so daß weitere Gespräche nötig wurden, die schließlich zu einem therapeutischen Arbeitsbündnis führten. Es wurde dann zur genaueren Problemklärung mit zunächst mehr explorativen und schließlich auch zirkulären Fragen (vgl. zum methodischen Vorgehen zirkulären Fragens Selvini-Palazzoli, Boscolo & Prata, 1978; Simon & Stierlin, 1981; Rothermel & Feierfeil, 1990) versucht, die Beziehungsstrukturen und die Dynamik des familiären Gefüges zu erhellen (zu den Methoden der Systemdiagnostik vgl. Schiepek, 1986, oder Kanfer, Reinecker & Schmelzer, 1991). Es handelt sich hierbei übrigens um eine Prozeßdiagnostik, insofern werden in diesem Abschnitt Erkentnisse mitgeteilt, die zum Teil eigentlich erst im weiteren Therapieverlauf und nach Durchführung klärender Interventionen ersichtlich wurden.

Die Mutter berichtete, daß sie früher wegen einer Angststörung mit Panikattacken in psychotherapeutischer Behandlung gewesen war; eine psychosomatische Kur habe ihr geholfen, mit den Ängsten fertig zu werden und die Grenzen der eigenen Belastbarkeit zu erkennen. Der Vater hatte sich auf Anraten der Mutter in klientenzentrierte Psychotherapie begeben. Ein Telefonat mit der Therapeutin ergab, daß es in den Gesprächen im wesentlichen um das Verhältnis zu seiner Frau und die Entwicklungsprobleme des Sohnes ging. Diese Behandlung sollte der Vater etwa ein Jahr nach Beginn der Elterngespräche beenden.

Nach ersten Gesprächen wurden erhebliche Konflikte in der Herkunftsfamilie von Frau B. erkennbar. Sie habe sich im Vergleich mit der zwei Jahre älteren Schwester immer sehr durch ihre Mutter herabgesetzt gefühlt. Jene hätte vorgeblich beinahe alles besser gemacht als sie, woran Frau B. früher fast verzweifelt wäre, wie sie sagte. So sei sie noch heute bemüht, perfekt zu sein; gerade in der Erziehung von Sebastian habe sie große Angst, etwas zu versäumen. Sie hat das Gefühl, an seiner Behinderung Schuld zu haben und übt einen starken erzieherischen Druck auf ihn aus. So bastelte sie geradezu verbissen mit ihm und versuchte, ihm gute Manieren bei Tisch beizubringen. Sebastian verweigerte sich allerdings dagegen und demonstrierte seinen Protest, indem er beispielsweise auf den Wohnzimmerteppich urinierte, wodurch sich die Mutter dann zur noch rigideren Entwicklungsförderung gezwungen sah.

Frau B. wurde nicht müde, immer wieder neue Therapieformen ausfindig zu machen, die nicht selten einen enormen Zeitaufwand bedeuteten, da sie weit entfernt vom Heimatort durchgeführt wurden und meistens über einen längeren Zeitraum erfolgen mußten. Es entwickelte sich hier ein regelrechter ,,Therapietourismus", der auch zu ehelichen und familiären Streitigkeiten führte.

Der Vater, bei dem keine vordringlichen Probleme zu erkennen waren und der anfangs eher verschlossen wirkte, schien bestrebt zu sein, zwischen Ehefrau und Sohn zu vermitteln. Die Eltern wirkten durch ihr beständiges Bemühen um die Gesundheit und Entwicklung von Sebastian sehr belastet und neigten auch zu psychosomatischen Reaktionen. Sie hatten nur wenige freundschaftliche Beziehungen und erschienen insgesamt deutlich unzufrieden.

Nach der ICD-10 (Dilling, Mombour & Schmidt, 1993) besteht bei Sebastian eine sekundär generalisierte Grand mal Epilepsie (G40.6) und der Verdacht auf eine leichte intellektuelle Behinderung (F70), bei der Mutter eine Angststörung (F41.1), zudem ein Verdacht auf unangebrachten elterlichen Druck (Z62.6) und ein Mangel an Entspannung oder Freizeit bei den Eltern (Z73.2).

1.3 Erklärungsansätze

In dieser Familie kommt es zum unglücklichen Zusammentreffen kindlicher Behinderung und mütterlicher Angstneurose, was zu besonderen Schwierigkeiten bei der Lebensbewältigung führte. Selbstanklagen und Selbstanschuldigungen sind Merkmale der tief verwurzelten Ohnmachtsgefühle gegenüber der

Realität des behinderten Kindes (Schuchardt, 1990). Vielfache ,,Abschaffungs-versuche" mit dem Bemühen, der Situation zu entkommen, erscheinen von außen gesehen oft übertrieben und ziehen immer wieder Konsultationen von Fachleuten, Therapeuten oder anderen Helfern nach sich, die letztlich mit der stets neu aufkeimenden Hoffnung begründet sind, das Problem doch noch aus der Welt schaffen zu können. Gerade ,,neurotische" Patienten neigen ohnehin zu sehr rigiden Verhaltensmustern (vgl. Kanfer et al., 1991).

Sowohl seitens der mütterlichen als auch der väterlichen Herkunftsfamilie be-kommen die Eltern keine wirksame Unterstützung. Sie finden kaum Entlastung durch Gespräche oder Aktivitäten mit Verwandten oder Freunden, obwohl sie durchaus noch freundschaftliche Kontakte haben, die sie jedoch nicht zu pfle-gen wissen. Solche sozialen Ressourcen sind aber wichtige Faktoren bei der Bewältigung von Krankheiten und Lebenskrisen. Hilfreich könnte beispiels-weise sein, daß Sebastian gelegentlich einen Nachmittag oder sogar auch ei-nige Tage bei den Großeltern verbringt, damit die Eltern sich wieder mehr als Paar erleben können; denn die Ehe befand sich in der Krise. Auch freund-schaftliche Kontakte könnten auf diese Weise wieder stärker aufleben.

Auf der systemischen Ebene wird in der Familie B. vor allem die emotionale Verwicklung von Mutter und Sohn erkennbar. Bei Frau B. sind die Gedanken, nicht genügend für Sebastians Entwicklung zu tun und ein geistig behindertes Kind geboren zu haben, zentrale angstauslösende Stimuli. So versuchte sie alles (!) zu tun, um ihm zu helfen und neigte dabei zu überzogenen, rigide-kontrollierenden, unnachgiebigen Verhaltensweisen, von denen sie bei distan-ziert-rationaler Betrachtung selbst wußte, daß sie wahrscheinlich mehr schaden als nützen. Sebastian reagierte darauf mit einer wachsenden Verweigerungs-haltung bis hin zu Protestaktionen. Es entstand ein Teufelskreis: Sebastians retardiertes auffälliges Verhalten führte zu einem (über)förderlichem Eltern-verhalten. Dies bedingte eine selbstschützende Verweigerung mit verstärkten Auffälligkeiten beim Kind, die noch intensivere Bemühungen vor allem der Mutter nach sich zogen und so fort.

Zusammenfassend betrachtet ließen sich folgende dysfunktionale Faktoren im familiären Geschehen ausfindig machen:
- die grundlegende Behinderung von Sebastian mit multiplen Verhaltensauf-fälligkeiten und einer ständigen psychomotorischen Unruhe;
- die damit transagierende Angststörung der Mutter, die sich in rigide kon-trollierenden Erziehungsmaßnahmen ausdrückt;
- die daraus folgende emotionale Verstrickung von Mutter und Sohn;
- die geringe Eigeninitiative und Selbstwirksamkeit des Vaters, Schwierig-keiten zu bewältigen;
- die geringe psychosoziale Unterstützung der Familie durch Angehörige und Freunde.

1.4 Interventionsprinzipien

Die Behinderung eines Kindes stellt für die Eltern eine enorme Belastung dar, die kaum zu akzeptieren ist, und ihre Verarbeitung erfordert einen zumeist jahrelangen Prozeß, in dem sich unter anderem Phasen von Verleugnung, Depression, Aggression und Integration abwechseln (vgl. Schuchardt, 1990).

Nach dem systemischen Modell kann sich Therapie letztlich nicht berechenbar auswirken, Familien sind komplexe Systeme, die nicht-trivial funktionieren (vgl. Ludewig, 1995). Es ist davon auszugehen, daß sich der Therapieausgang im wesentlichen kaum vorausbestimmen läßt und nur versucht werden kann, ein hilfreiches Milieu für günstige Veränderungen zu schaffen. Dazu sind verschiedene Hilfssysteme denkbar. Ludewig (1995) unterscheidet hier Anleitung, Beratung, Begleitung und Therapie.

Tabelle 1:
Klinische Hilfssysteme
(Erklärung: 1 = Grund des Leidens; 2 = Hilfestellung; 3 = Dauer)

ANLEITUNG	
Typ: „Hilf uns,	1. Fehlen oder Mangel an Fertigkeiten
unsere Möglichkeiten zu erweitern!"	2. Zurverfügungstellung von Wissen
	3. Offen
BERATUNG	
Typ: „Hilf uns,	1. Interne Blockierung des Systems
unsere Möglichkeiten zu nutzen!"	2. Förderung vorhandener Strukturen
	3. Begrenzt je nach Umfang des Auftrags
BEGLEITUNG	
Typ: „Hilf uns,	1. Unabänderliche Problemlage
unsere Lage zu ertragen!"	2. Stabilisierung des Systems durch fremde Struktur
	3. Offen
THERAPIE	
Typ: „Hilf uns,	1. Veränderliche Problemlage
unser Leiden zu beenden!"	2. Beitrag zur (Auf)Lösung des Problemsystems
	3. Als Vorgabe begrenzt

Das Schema in Tabelle 1 ist typologisch, so kommt es in der praktischen Anwendung zu Überschneidungen. In unserem Fall erfolgte eine Mischung aus Beratung und Begleitung. Die interne Blockierung des familiären Systems durch die emotionale Verstrickung von Mutter und Sohn sollte zum Beispiel durch eine Förderung der innerfamiliären Abgrenzung und mehr psychosoziale Unterstützung aufgehoben werden (= Beratungsaspekt). Grundlegende Zielsetzung der Behandlung war eine Bestärkung der Familie in ihrem Bewältigungsverhalten, aber auch eine gewisse Reduktion des enormen persönlichen Einsatzes der Eltern. Der Therapeut wollte einen Teil der Verantwortung für das richtige Förderkonzept von Sebastian übernehmen und so das System von außen stabilisieren (= Begleitung). Behinderungen können nicht überwunden werden, sie sind prinzipiell unlösbar, insofern konnte es hier nicht im engeren Sinne um eine Therapie des Gesamtproblems gehen (wir werden jedoch im weiteren der Einfachheit halber und sprachlicher Konvention folgend dennoch den Begriff Therapie verwenden).

Nach Erledigung des ursprünglichen diagnostischen Auftrages wurde die Störung der familiären Beziehungsmuster durch konstruktive Fragetechnik im therapeutischen Dialog aufgedeckt und in einer für die Eltern annehmbaren Weise benannt. Weiter konnte dann gemeinsam erarbeitet werden, was an der familiären Problemlage zu ändern und was zu akzeptieren ist (vgl. für diese Unterscheidung Kanfer, Reinecker & Schmelzer, 1991). Ein wesentliches Therapieziel war die Stärkung des Paar-Subsystems und gleichzeitig, um dies zu erreichen, eine stärkere Abgrenzung zwischen Mutter und Sebastian. Der Vater wollte und sollte durch sein stärkeres Engagement dazu beitragen.

Kanfer, Reinecker und Schmelzer (1991) beschreiben in ihrem umfassenden Selbstmangementansatz ein mit der systemischen Therapie gut kompatibles, konzeptionelles Vorgehen. Sie heben hervor, wie wichtig es ist, den Auftrag klarzustellen, Erwartungen abzuklären sowie erreichbare Ziele zu formulieren. Dies dürfte in der Arbeit mit Familien, bei der es im Vergleich zur Behandlung einzelner Patienten wegen Schwierigkeiten in der Strukturierung des interaktionellen Geschehens noch rascher zu unkontrollierten Entwicklungen kommen kann, um so mehr gelten. Gerade deshalb ist in der Arbeit mit größeren Systemen eine explizite Therapiezielvorgabe nötig (vgl. Ludewig, 1995), wenngleich diese im Verlauf nicht selten revidiert werden muß. Es werden Arbeitshypothesen über nützliche Interventionen und Behandlungspläne zum Teil gemeinsam mit den Familienmitgliedern erstellt, aber im Falle neuer Einsichten in das familiäre Interaktionsgefüge auch modifiziert oder gar verworfen.

Bei den dreiwöchentlich durchgeführten Elterngesprächen, standen aus Sicht des Therapeuten ganz wesentlich die Exploration und nachfolgende Nutzung vorhandener Ressourcen im Mittelpunkt, um im familiären System wirksam Einfluß zu nehmen. Therapeutischer Grundsatz war dabei, allen Familienmitgliedern Respekt und Achtung entgegenzubringen und gleichzeitig zu vermeiden, sich unversehens oder wegen persönlicher Sympathien zu sehr mit den Belangen einzelner zu verbünden.

Die Basis systemtheoretischen Wirkens ist der offene, respektierende und bestätigende Dialog (Ludewig, 1995) über familiäre Beziehungsmuster und Probleme (vgl. hierzu auch Warschburger & Petermann, 2000); eine Metakommunikation (vgl. Watzlawick, Beavin, Jackson, 1969), die eine Distanzierung zum eigenen Verhalten bewirken kann. Der so gestaltete Dialog dient dazu, die Patienten für die therapeutische Idee zu gewinnen und Widerständen entgegenzuwirken. Es konnte auf diese Weise ein Klima für die gemeinsame Entwicklung neuer Perspektiven bzw. die Anbahnung neuer Verhaltensweisen zur Durchbrechung der pathologischen Muster geschaffen werden.

In den ersten Gesprächen nahm der Bericht der Mutter über die jeweils aktuellen Probleme Sebastians großen Raum ein. Insbesondere die schulische Situation bereitete ihr, aber auch dem Vater, immer wieder große Sorgen. Es wurde in diesen Momenten jedesmal das strukturierende Eingreifen und Erinnern an das Arbeitsbündnis nötig, nach dem das elterliche Subsystem fokussiert werden sollte. Erst nach vielen Sitzungen wurde eine Einstellungsänderung bei der Mutter spürbar, die zunächst doch sehr stark von ihren Ängsten um Sebastian gefangen war, und oft zwanghaft Ansichten, Empfehlungen und auch Urteile mitprotokolliert hatte. Im Fortgang der Behandlung konnte sie zunehmend mehr die gesamte interaktionelle Dynamik übersehen und eine größere Distanz zu ihrem eigenen Tun einnehmen.

Eine kontinuierliche, konsequente und zugleich einfühlsame Spiegelung ihrer Gefühlsäußerungen führte, gepaart mit einer dosierten fachlichen Beantwortung der Fragen zu Sebastians Schwierigkeiten und einer Relativierung derselben im Interessengefüge der Familie, langsam zu einer kognitiven Umstrukturierung. Es wurden ein Gefühl erhöhter Selbstwirksamkeit und erste Verhaltensänderungen, zum Beispiel eine Reduktion ihres stark direktiv-pädagogischen Erziehungsverhaltens, erkennbar, wenngleich es hierbei immer wieder zu Rückschritten und Stagnationen kam. Eine solche Rekursivität im zeitlichen Verlauf scheint allerdings für Veränderungsprozesse menschlichen Verhaltens überhaupt eine Gesetzmäßigkeit zu besitzen (Prochaska & DiClemente, 1982).

Nützlich war auch eine zum Teil drastisch überzeichnende Metaphorisierung der mütterlichen Selbstdarstellung. Eine eher allgemeingebräuchliche, konfrontative Paraphrasierung auf der Beziehungsebene: „Auf mich wirken Ihre Reaktionen auf angstvolle Situationen, als würden Sie dann zur Salzsäule erstarren!" konnte beispielsweise – im rechten Moment und in einer für die Mutter annehmbaren Weise ausgedrückt – einen spürbaren Unterschied in ihrer Selbstwahrnehmung bewirken, der sie nachhaltig beeinflußte. Auf der Verhaltensebene konnten wir später, nach gemeinsamen Beratungen und Überlegungen, erste Veränderungen im Umgang mit der eigenen Angst erkennen, insofern sie sich in angstvollen Momenten selbst mehr beobachtete, danach rascher wieder entspannen und unter Kontrolle bringen konnte.

Herr B. erfüllte über weite Strecken eigentlich mehr stützende Funktion, ohne daß allerdings seine Einbindung in die Therapie verlorengegangen wäre. Er lernte durch die Gespräche, seine Frau besser zu verstehen, entwickelte in der Behandlung gleichzeitig mehr persönliche Initiative und fand eigene Positionen. So wurde es ihm möglich, durch die Einführung der therapeutischen Perspektive auf das familiäre Geschehen, die realistisch betrachtet überzogenen „Erziehungsmaßnahmen" seiner Frau nicht mehr unbesehen zu übernehmen, sich stärker auf seine eigenen Fertigkeiten zu besinnen, und eine gelöstere Form der Kontaktaufnahme in die Beziehung zu Sebastian einfließen zu lassen. Er nahm sich außerdem mehr Zeit für sich und seine Interessen, was sich letztlich auf das ganze Familiensystem stabilisierend auswirkte.

Eine weitere Intervention war das gelegentliche Briefeschreiben. Damit sollten in den Gesprächen angestoßene Prozesse noch einmal bestärkt und in eine bestimmte Richtung gelenkt werden. Nachdem die Eltern beispielsweise innerhalb eines relativ kurzen Zeitraums sehr viel bei sich verändert hatten: die

Mutter ging einer Teilzeitbeschäftigung nach, der Vater hatte im Amt mehr Verantwortung und privat wieder als Trainer die Betreuung der Jugendmannschaft des örtlichen Basketballvereins übernommen, Sebastian außerdem durch einen Schulwechsel einen neuen Lehrer bekommen, der der Mutter übrigens wie wir eindringlich dazu riet, ihn selbst sein Lerntempo bestimmen zu lassen, trat kurze Zeit später ein Rückschritt ein. Herr B. fühlte sich überfordert, die Mutter fand keinen rechten Spaß an ihrer Arbeit, ihre Ängste wurden wieder stärker und sie hatte plötzlich Zweifel, ob es wirklich richtig sei, Sebastian stärker gewähren zu lassen. Die Eltern erhielten dann nach einem „aufwühlenden" Therapiegespräch einen eher „besänftigenden" Brief, in dem die bisherigen Entwicklungen positiv konnotiert wurden, das Tempo der Veränderungen als beachtlich beschrieben und die Wahrscheinlichkeit hervorgehoben wurde, daß bei diesem Veränderungstempo auch eine gewisse Unruhe einsetzen und die Ängste der Mutter wieder stärker auftreten könnten. Sie hätten schon viel erreicht und könnten sich jetzt sicherheitshalber ruhig etwas mehr Zeit lassen. – Dieser Brief hatte anscheinend seinen Zweck, die Familie zu beruhigen, voll erfüllt, wie sich späteren Mitteilungen der Eltern entnehmen ließ.

In einer Bilanz der Beratung und Begleitung der Familie B. lassen sich folgende Behandlungsfortschritte verzeichnen:
- Sebastian besucht eine ihm angemessene Schulform und gewinnt langsam ein ihm entsprechendes Maß an Autonomie; dies bedeutet, daß er nicht mehr so sehr gegen die „Übergriffe" der Mutter protestieren muß;
- Frau B. wirkt etwas gelassener, läßt Sebastian mehr Freiraum und kann sich übrigens mehr gegen die noch immer erfolgenden Angriffe ihrer Mutter wehren, worin Herr B. sie sehr unterstützt;
- das Verhältnis zwischen Sebastian und seiner Mutter erscheint entspannter;
- der Vater kann wachsenden förderlichen Einfluß in die Beziehung zu Sebastian einbringen und sich stärker seiner früheren Leidenschaft, dem Basketball, widmen;
- die verdeckten Konflikte zwischen den Ehepartnern konnten ansatzweise deutlich gemacht und angesprochen werden;
- die cerebralen Anfälle sind nur noch selten aufgetreten und werden nicht mehr als so sehr ängstigend erlebt.

2 Spastische Hemiparese (linksseitig)

2.1 Beschreibung des Störungsbildes

Carsten wurde als erstes Kind gesunder Eltern nach ungestörter Schwangerschaft zum errechneten Termin ohne Komplikationen geboren. Seine Entwicklung verlief zunächst unauffällig. Im Alter von etwa drei Monaten bemerkte man einen Seitenunterschied in den Armbewegungen: Während Carsten rechts zu greifen begann, hielt er die linke Hand gefaustet und den Arm angewinkelt.

Einige Wochen später wurde eine spastische Hemiparese links diagnostiziert und entsprechende krankengymnastische Behandlung eingeleitet. Er lernte mit 15 Monaten laufen; seine Sprachentwicklung blieb ohne Auffälligkeiten; Sauberkeitsgewöhnung wurde mit drei Jahren erreicht. Auf den Kindergartenbesuch folgte mit 6 $^1/_2$ Jahren die Einschulung.

Carsten wird auf Initiative der Mutter im Alter von elf Jahren wegen erheblicher Verhaltensschwierigkeiten zur psychologischen Behandlung vorgestellt. Er verwickle die Mutter ständig in Streit, kote ein und beschmiere damit auch manchmal die Wände; seinen Schwestern gegenüber verhalte er sich zeitweilig äußerst aggressiv. Er zeige sich zumeist uneinsichtig, verweigere jede häusliche Mithilfe und habe erhebliche schulische Schwierigkeiten, insbesondere im Umgang mit seinen Mitschülern. Carsten besucht das örtliche Gymnasium und verbringt den größten Teil seiner Freizeit allein bzw. im Streit mit seiner Familie.

Er ist das älteste von drei Kindern; seine gesunden Schwestern sind zum Zeitpunkt der Erstvorstellung sechs und drei Jahre alt. Lebensmittelpunkt ist ein freistehendes Landhaus; der Vater ist als selbständiger Architekt zumeist mehr als acht Stunden täglich beschäftigt. Frau L. ist nicht berufstätig, sie versorgt den Haushalt und die Kinder. Beide Eltern sind Ende dreißig und frei von finanziellen Sorgen. Die Mutter neigt zu psychosomatischen Störungen im Rücken- und Bauchbereich. Die Großmutter väterlicherseits ist recht häufig zu Besuch und bleibt oft für mehrere Tage.

2.2 Differentialdiagnostik

Medizinische Diagnostik. Carsten ist ein kräftiger, körperlich altersgemäß entwickelter Junge, der sich bei der Untersuchung situationsgerecht verhält. Er hat eine spastische Hemiparese links mit erhöhtem Muskeltonus, leichten Kontrakturen, gesteigerten Muskeleigenreflexen und pathologischen Reflexen. Die linke Hand kann nur unterstützend eingesetzt werden, der linke Fuß wird unzureichend abgerollt und nur mit dem Zehenballen aufgesetzt. Das EEG zeigte keine pathologischen Veränderungen. Es trat einmal ein motorischer Anfall mit Zuckungen der linken Körperhälfte ohne Bewußtseinsstörung auf. Eine Magnetresonanztomographie wurde bisher nicht durchgeführt. Anzunehmen ist, daß es pränatal zu einem Gefäßverschluß mit nachfolgender Porencephalie (Höhlenbildung) im Bereich der rechten Hemisphäre kam (vgl. Neuhäuser, 2000).

Psychologische Diagnostik. Entgegen den Erwartungen zeigte sich Carsten im Gespräch recht zugänglich, er lehnte es allerdings ab, einen Persönlichkeitsfragebogen auszufüllen und war zunächst auch nicht zu einer Leistungsüberprüfung zu motivieren. Erst geraume Zeit später fand er sich dazu bereit. Eine Leistungsdiagnostik erschien notwendig, um mögliche Teilleistungsschwächen zu diagnostizieren, die bei Patienten mit einer Cerebralparese eine relativ hohe Auftretenswahrscheinlichkeit haben und evtl. einer besonderen

Förderung bedürfen (Vargha-Khadem, Isaacs, van der Werf, Robb & Wilson, 1992). Es wurde die Kaufman Assessment Battery for Children (Melchers & Preuß, 1994) angewandt. Diese ermöglicht aufgrund der Unterscheidung zwischen grundlegenden Fähigkeiten und erworbenen Fertigkeiten sowie wegen der Aufteilung in die ganzheitliche und einzelheitliche visuelle oder auditive Informationsverarbeitung eine in manchen Fällen sehr differenzierte Profildiagnostik mit vergleichsweise guten Möglichkeiten zur Feststellung von Teilleistungsstörungen.

Carsten erreichte einen insgesamt durchschnittlichen Testwert in den intellektuellen Fähigkeiten mit besonderen Stärken in der auditiven und mit deutlichen Defiziten in der visuellen Informationsverarbeitung. Sein Rechenvermögen war alters- bzw. klassengemäß entwickelt, Wortschatz und Leseverständnis waren sogar überdurchschnittlich ausgebildet.

Differentielle Familiendiagnostik. Es finden sich aus systemischer Sicht mit der Familie B. vergleichbare Familienstrukturen und -funktionen. Frau L. übernahm gemäß der traditionellen Rollenzuschreibung die Hauptverantwortung für die Durchführung und Sicherstellung von Carstens vielfältigen Therapieanwendungen und hatte in den verschiedenen Entwicklungsphasen beträchtliche Schuldgefühle entwickelt, da sein Handicap natürlich erhalten blieb. Der Sohn trägt im Vergleich zu Sebastian aufgrund seiner höheren Intelligenz und Selbstreflektiertheit selbstbestimmter zum Geschehen bei. Er wehrt sich vehement dagegen, die Behinderung in sein Selbstbild zu integrieren, leugnet sie ab und neigt zu einem unkontrolliert-aggressiven Ausagieren erlebter Frustrationen.

Nach der Schule, in der es häufig zu massiven Stigmatisierungen kommt, findet sich Carsten zu Hause „mit so einem Hals ein" und „läßt Dampf ab". Es folgen dann jeweils die ersten, manchmal eskalierenden Auseinandersetzungen vornehmlich mit der Mutter, insbesondere wenn Carsten sich gegenüber seinen Schwestern „unausstehlich" verhalten hat. Er zieht sich danach in der Regel auf sein Zimmer zurück. Während dieser Phasen des Alleinseins kommt es häufig zum Einkoten. Im weiteren Verlauf des Tages setzen sich die Konflikte dann meistens wegen Carstens mangelnder Arbeitsorganisation fort. Er verlangt Hilfe bei den Hausaufgaben, sucht seine Arbeitsmaterialien oder bittet sich Ruhe zum Arbeiten aus.

Wenn Mutter oder Vater gegen Abend bestimmte Aufgaben an ihn delegieren, etwa die Versorgung des Pferdes, das Carsten zu seinem neunten Geburtstag geschenkt bekam, finden sich neue Reibungspunkte. Besonders problematisch wird es, wenn die Mutter des Vaters für einige Zeit zu Gast ist. Sie hat in der Familie eine machtvolle Position inne und vertritt konservativ-bürgerliche Werte, wie Respekt vor dem Alter, strenge Selbstdisziplin und ähnliche Verhaltensregeln. So drängte sie Carsten unablässig mit Prophezeiungen über seine schlimme gesundheitliche Zukunft zur Krankengymnastik, was ihn schier rasend machen konnte. „Die soll mich gefälligst in Ruhe lassen!" war dabei noch eine der mildesten Mißfallensäußerungen. Die Eltern sahen sich aber außerstande, hier regulierend einzugreifen, da sich die Großmutter von ihren Äußerungen trotz allen guten Zuredens einfach nicht abbringen ließ.

Die Mutter verlangte ein altersgemäßes Sozialverhalten und mehr Rücksicht – diese Erwartungen beruhen offenbar auf den tradierten und tragenden Grundwerten im Zusammenleben dieser Familie, während Carsten sich durch ihre „ständigen Vorwürfe" abgelehnt fühlte und sein Gefühl des Alleingelassenseins weiter zunahm. Außerdem erachtete sie, eventuell auch vor dem familiären Wertehorizont, die tägliche Krankengymnastik und Übernahme bestimmter Haushaltspflichten für notwendig. Gerade die Krankengymnastik erlebte Carsten aber, weil sie so schmerzhaft ist, als besonders leidvoll und führte sie deshalb entgegen allen Aufforderungen der Mutter und Großmutter nur sehr sporadisch durch. Eine zweiwöchige krankengymnastische Intensivmaßnahme erwies sich hingegen als überraschend effizient und konnte die eigentlich geplante Operation (Achillotenotomie) zumindest hinauszögern.

Als wesentliches Ergebnis der Familiendiagnostik, die wiederum als Prozeßdiagnostik über einen längeren Zeitraum erfolgte, ist das obengenannte konfrontative Interaktionsmuster zu nennen: Die Eltern vertreten ihrem Sohn gegenüber unnachgiebig familiäre Werte und Verhaltenserwartungen, die Carsten aus einer verständlichen starken Frustration heraus intentional-aggressiv mißachtet. Er verletzt die Grenzen der anderen so wie seine verletzt werden. Dahinter steht auf beiden Seiten die Trauer über die inakzeptable Behinderung.

Nach der ICD-10 (Dilling et al., 1993) sind eine spastische Cerebralparese (G80.0) mit einer Teilleistungsstörung im Bereich der visuellen Informationsverarbeitung, sowie ein Verlust des Selbstwertgefühls (Z61.3) zu diagnostizieren. Es bestand der Verdacht auf unangebrachten elterlichen Druck (Z62.6).

2.3 Erklärungsansätze

Die familiäre Situation Carstens zeigt teilweise Parallelen zu der von Sebastian, aber auch wesentliche Unterschiede. Er ist ein intelligenter, selbstbewußter, wenngleich nicht sehr selbstsicherer, inzwischen jugendlicher Patient von beachtlicher Eloquenz, der seine Mutter in dem vergeblichen Bemühen, eigene Frustrationen abzubauen, immer wieder geschickt in Streit verwickelt. Carsten setzt seine Eltern in der verbal-kommunikativen Interaktion unter ganz erheblichen argumentativen Druck und neigt zu einer aggressiven Verarbeitung oder Abwehr seiner Behinderung. Dies ist seine Bewältigungsstrategie, die sich freilich sehr stark gegen „die Anderen", „die Gesunden" wendet. Er kämpft gegen das scheinbare Unverständnis seiner Eltern, das Ausdruck ihrer Hilflosigkeit ist. Sie sind in Anbetracht ihrer Unfähigkeit, die Behinderung abzuwenden, in selbstberuhigendem Bemühen darauf bedacht, die körperliche Gesundheit so weit wie möglich zu erhalten.

Diese vielleicht etwas dramatisierende Darstellung spiegelt in etwa das Selbsterleben Carstens wider, der sobald er die Fassade von Wut und Aggression beiseite schob, sehr verletzt und verzweifelt schien, im Grunde hilflos angesichts seiner Behinderung.

Auf der systemischen Ebene wird in der Familie L. wie im vorhergehenden Beispiel die emotionale Verwicklung von Mutter und Sohn erkennbar. Auch hier existiert keine strukturelle Abgrenzung zwischen beiden. Die familiären Grundmuster sind hinsichtlich der Reaktion auf den bleibenden, unüberwindlich kränkenden Schaden am kindlichen Körper in beiden Familien ähnlich. Auch Frau L.s Bemühungen, Carstens Gesundheit weitestgehend wiederherzustellen, können von außen gesehen sehr leicht „neurotisch" erscheinen. Wiederum wirkt die Mutter als Trägerin der Verantwortung für Carstens Entwicklung an der Aufrechterhaltung eines dysfunktionalen Bewältigungsverhaltens mit, indem sie durch promptes (unvermeidliches) „Einsteigen" auf seine Aggressionen ein sich chronifizierendes, problemstabilisierendes Interaktionsmuster wechselseitiger Aggressionen aufrechterhält.

In der traditionellen Rollenaufteilung der Familie hält der Vater im Vergleich zur Mutter, ähnlich wie Herr B., eine gewisse innere Distanz zur Versehrtheit des Sohnes und ist vor allem um eine Unterstützung sowohl der Mutter als auch Carstens bemüht. Er versuchte, ihm bei den Hausaufgaben zu helfen, dies sicher auch, weil Carsten bedenkliche Leistungsschwankungen zeigte. Der Vater entwickelte in der Therapie noch mehr persönliche Initiative und positive Ideen. Er ermutigte seinen Sohn zum Beispiel erfolgreich, ein Hobby aufzugreifen. Sobald er sich stärker einbringen konnte, wurde zur übertriebenen, Reaktanz hervorrufenden Fürsorge der Mutter ein positives Gegengewicht geschaffen, das sie dann wiederum auch teilweise aus der belastenden Verpflichtung entband.

2.4 Interventionsprinzipien

Es erschien zunächst eine gezielte therapeutische Arbeit mit dem kindlichen Subsystem geeignet zu sein, im familiären Gefüge individueller Interessen und Ziele wirksam zu intervenieren. Hierzu konnte auch bald ein entsprechendes Arbeitsbündnis geschlossen werden. Demgemäß erfolgten zunächst Einzelsitzungen mit eher kindbezogenen Therapiezielen, die Carsten über eine Klärung seiner sozialen Konflikte und Erweiterung seiner persönlichen Kompetenzen, die einfühlsame Reflexion seiner Verhaltensstile, das Aufzeigen und Einüben von Verhaltensalternativen ein anderes, „angemesseneres" Umgehen mit seiner Behinderung ermöglichen sollten.

Es wurde aber nach geraumer Zeit die geringe Effizienz dieser Interventionsversuche ersichtlich. Carsten beschrieb in den Sitzungen seine geschönte Sicht der familiären Situation, zeigte wenig Veränderungsmotivation und weiterhin wenig Selbstbeherrschung nach Provokationen durch seine Mitschüler. Seine Eltern, die parallel zu regelmäßigen Gesprächen erschienen, beschrieben eine jeweils deutlich von Carstens Schilderung abweichende Situation. Wenngleich gewisse Unterschiede in den „Wirklichkeitskonstruktionen" gerade aus systemischer Sicht selbstverständlich sind, wurde doch bald die Notwendigkeit eines anderen Settings unverkennbar.

An den dann folgenden beratend-begleitenden Familiengesprächen nahmen Carsten, seine Mutter und sein Vater teil. Diese Zusammensetzung hatte sich nach zwei Familiensitzungen gemeinsam mit den jüngeren Geschwistern als effizienter erwiesen. Es beanspruchte im weiteren sehr viel Zeit, den größten gemeinsamen familiären Nenner therapeutischer Ziele und Vereinbarungen zu finden, der sowohl gewisse elterliche als auch kindliche Wünsche berücksichtigte; dies waren:

— Veränderung der aggressiven, vorwurfsvollen Interaktionsmuster;
— Förderung der Interessenbildung und Eigenständigkeit (beispielsweise bei der Erledigung der Hausaufgaben) Carstens;
— Hilfe der Eltern, den Verletzungen durch seine Oma zu entgehen, deren Charakterstruktur als unveränderlich hinzunehmen war;
— Kosten-Nutzen-Abwägung der krankengymnastischen Maßnahmen.

Fokus der therapeutischen Interventionen wurde die Arbeit an den familiären Beziehungen. Dazu wurden intermittierend die Interaktionsmuster auf der Metaebene besprochen, was insbesondere die Eltern als erleichternd erlebten, und aus der Therapeutenperspektive der Anregung des Systems in Richtung einer „spontanen" selbstregulierenden Strukturänderung dienlich sein sollte. Auch wurden Hausaufgaben gegeben. Etwa die Aufforderung, immer an Montagen, an denen Carsten erfahrungsgemäß und üblicherweise schlechte Laune hatte, weil er da am Ende eines langen Schultages mit Unterricht in Mathematik und Biologie oft sehr gestreßt war, gemeinsam dafür zu sorgen, daß es zu heftigem Streit kommt. Dies mit der Begründung, daß sich dann alle Beteiligten vielleicht besser erklären könnten, wie sie es eigentlich dahin kommen lassen können... — Es handelte sich hierbei im systemischen Sinne um eine Symptomverschreibung zum Zweck der genaueren Verhaltensanalyse. Tatsächlich wurden sich die Familienmitglieder ihrer Verhaltensanteile dadurch stärker bewußt und konnten Eskalationen danach zum Teil eher aus dem Weg gehen.

Carsten erhielt bei aggressiven Angriffen gegen seine Schwestern konsequent die „rote Karte" und mußte den Raum verlassen oder bekam, was die Eltern als besonders wirksam erachteten, Taschengeldentzug. Hingegen wurde ihm an den Abenden der Tage, die besonders gut gelaufen waren, als Belohnung ein längeres abendliches Aufbleiben zur freien Verfügung angeboten.

Die Mutter konnte nach eingehender Abwägung der Vor- und Nachteile von ihrem zähen, aufreibenden Festhalten an der Krankengymnastik ablassen. Einige der gemeinsamen Überlegungen waren: Was kostet mich der Einsatz für die Gymnastik? Was bedeutet er für die Beziehung zu Carsten? Welchen Nutzen hat Carsten in gesundheitlicher Hinsicht wirklich davon? Beruhige ich meine Schuldgefühle tatsächlich damit, wo wir (Carsten brauchte bei der Durchführung ihre Hilfe) die Übungen doch letztlich ohnehin kaum umsetzen? — An der Bewegungsstörung der linken Seite änderte sich insgesamt wenig:

Die linke Hand kann unterstützend, also zum Festhalten eingesetzt werden; die Spitzfußstellung mit entsprechender Gelenkkontraktur war immerhin durch die zum zweiten Mal durchgeführte intensive Physiotherapie zu bessern.

Das Verhältnis zur Oma entschärfte sich einfach dadurch – leider nur etwas, daß die Eltern in Auseinandersetzungen mit ihr öfter Partei für Carsten ergriffen. Als therapiehemmend erwies sich weiterhin, daß Carsten eine sehr geringe Veränderungsbereitschaft zeigte, da die ursprüngliche, belastende Familiensituation für ihn von großem Nutzen bei geringem Kostenaufwand war; denn er konnte daheim ungehemmt-aggressiv seine Frustrationen ausleben. Das machte auch die konsequente Einführung von Verhaltensgrenzen und -sanktionen erforderlich. Als therapieförderlich erwies sich die teilweise humorvolle Art des gemeinsamen Umgangs, die in der Familie trotz allem möglich war. So breitete sich immer wieder ein veränderungsfreundliches therapeutisches Klima aus. Der Sinn für Humor, die Fähigkeit zur Distanzierung, machte übrigens auch erst die Symptomverschreibung möglich, die oben näher erläutert wurde.

Als Ergebnisse konnten gegen Ende der regelmäßigen Therapiegespräche folgende Veränderungen festgehalten werden:
– die schulischen Leistungen haben sich stabilisiert, wobei nicht eindeutig zu klären ist, worauf dies zurückzuführen ist;
– Carsten zeigt bei der Erledigung der Hausaufgaben etwas mehr Selbständigkeit;
– die Krankengymnastik ist nicht mehr ständiges Reizthema;
– Carstens aggressive Verhaltensweisen haben in der Familie in erkennbarem Maße abgenommen;
– er hat ein Hobby begonnen – schießt jetzt mit dem Luftgewehr;
– die Mutter wirkt entlastet, weil sie sich mehr von Carsten abgrenzen und ihr übermäßiges Verantwortungsgefühl relativiert werden konnte;
– der Vater bringt sich mehr ein, und so intensiviert sich die Beziehung zu seinem Sohn;
– an der Bewegungsstörung durch die Hemiparese hat sich im wesentlichen nichts verändert.

3 Resümee

Neurophysiologische Störungen nehmen häufig einen chronischen Verlauf. Gerade dadurch und wegen der damit nicht selten verbundenen oft nur vermeintlichen Leistungsstörungen und Verhaltensauffälligkeiten sind sie auch heute noch mit einem nicht zu verkennenden sozialen Stigma verknüpft (vgl. z.B. Hensle, 1982). Eine konsequente Integration kann an der Intoleranz der Gesellschaft scheitern, die sich durch Behinderte mit ihren manchmal befremdlichen Verhaltensweisen gestört und verunsichert fühlt. Dies ist in gewisser Weise verständlich und wahrscheinlich kaum umzugestalten, da dazu in vielen Lebensbereichen ein ganz enormes Umdenken nötig wäre.

In Anbetracht dessen kann es dann aber nicht als neurotisch angesehen werden, wenn die Mütter auf eine „Normalisierung" ihrer Kinder bedacht sind und sich in eine oft krankmachende Verantwortung gestellt sehen. Weiter wird damit auch eher nachvollziehbar, warum Betroffene so stark gegen ihr Schicksal kämpfen und Eltern ihre Kinder manchmal ablehnen. Es wäre ein therapeutischer Kunstfehler, aufgrund mangelnder Reflektion der psychologischen Hintergründe im persönlichen Kontakt latent zu moralisieren. Vielmehr muß es möglich sein, den Eltern gegebenenfalls genügend Raum für ihre Ablehnung zu bieten. Auf jeden Fall sollten sie sachlich und umfassend über Stärken und Schwächen ihrer Kinder informiert werden, weil ihnen dies eine differenzierte Wahrnehmung und Einordnung der Behinderung eröffnet.

Die Behandlungen von Sebastian und Carsten können bisher noch nicht als abgeschlossen betrachtet werden. Familien mit behinderten Kindern brauchen eine längere Begleitung, da die Verwundbarkeit und das daraus resultierende Bedürfnis nach Unterstützung meistens bestehen bleiben. So finden noch Gespräche in größeren Abständen statt. Sie werden bei Familie B. wahrscheinlich bald ganz aufhören. Der therapeutische Erfolg bei Familie L. ist nach unserer subjektiven Einschätzung bisher geringer, vielleicht weil Carstens Veränderungsbereitschaft, auf die es hier besonders ankommt, nicht allzu groß ist. Beim Ehepaar B. wird sich wegen bestehender sexueller Probleme eventuell eine noch stärkere Verlagerung auf eine paartherapeutische Behandlung ergeben.

In beiden Fällen standen folgende allgemeine Zielsetzungen im Vordergrund: eine familiäre Unterstützung und Klärung der Beziehungsmuster, eine Stärkung durch die Betonung familiärer Ressourcen und eine Umverteilung der familiären Rollen, insbesondere auch zur Entlastung der Mütter. Speziell die Unterstützung der Mütter erscheint immer wieder vordringlich.

In den Kasuistiken sollte schließlich deutlich geworden sein, daß es in der Arbeit mit Familien wichtig ist, darauf zu achten, in welchem Subsystem sich Ansatzpunkte für die Behandlung finden lassen. In der systemischen Therapie geht man davon aus, daß Behandlungsansätze im Therapieprozeß häufig revidiert werden müssen. Flexibilität in den Positionen und Reflektion der Hypothesen des Behandlungsplans sind deshalb immer wieder unabdingbare Voraussetzung für das Gelingen therapeutischen Handelns.

Literatur

Bateson, G. (1972). *Steps to an ecology of mind, collected essays in anthropology, psychiatry, evolution and epistemology*. San Francisco: Chandler.

Curley; A. D. (1992). Behavioral disturbance in children with seizures. In M. G. Tramontana & S. R. Hooper (Eds.), *Advances in child neuropsychology*, Vol. I. (109–136). Berlin: Springer.

Dilling, H., Mombour, W. & Schmidt, M.-H. (Hrsg.) (1993). *Internationale Klassifikation psychischer Störungen, ICD-10*. Bern: Huber, 2. Auflage.

Doose, H. & Ondarza, G. V. (1994). Epileptogene Hirnleistungsstörungen. In G. Todt (Hrsg.), *Aktuelle Neuropädiatrie* (129–138). Wehr: Ciba-Geigy.

Duhm, E. & Althaus, D. (Hrsg.) (1979). *Beobachtungsbogen für Kinder im Vorschulalter*. Braunschweig: Westermann.

Eggert, D. (Hrsg.) (1975). *Hannover Wechsler Intelligenztest für das Vorschulalter*. Deutsche Bearbeitung der Wechsler Preschool and Primary Scale of Intelligence. Bern: Huber.

Goodman, R. & Graham, P. (1996). Psychiatric problems in children with hemiplegia: cross-sectional and epidemiological survey. *British Medical Journal, 312*, 1065–1069.

Heekerens, H.-P. (1997). Elterntraining und Familientherapie – Gemeinsamkeiten trotz Unterschiedlichkeit. *Kindheit und Entwicklung, 6*, 84–89.

Hensle, U. (1982). *Einführung in die Arbeit mit Behinderten*. Heidelberg: Quelle & Meyer, 2. Auflage.

Imber-Black, E. (1990). *Familien und größere Systeme: im Gestrüpp der Institutionen*. Heidelberg: Carl Auer.

Kanfer, F. H., Reinecker, H. & Schmelzer, D. (1991). *Selbstmangement-Therapie*. Berlin: Springer.

Kanfer, F. H. & Saslow, G. (1965). Behavioral analysis: An alternative to diagnostic classification. *Archives of General Psychiatry, 12*, 529–538.

Lorenzen, P. (1994). Konstruktivismus. *Journal of General Philosophy of Science, 25*, 125–133.

Ludewig, K. (1995). *Systemische Therapie*. Stuttgart: Klett-Cotta, 3. Auflage.

Melchers, P. & Preuß, U. (1994). *Kaufman-Assessment Battery for Children*. Deutschsprachige Fassung. Amsterdam: Swets & Zeitlinger, 2. Auflage.

Neuhäuser, G. (2000). Neurophysiologische Störungen. In F. Petermann (Hrsg.), *Lehrbuch der Klinischen Kinderpsychologie und Kinderpsychotherapie* (325–336). Göttingen: Hogrefe, 4. völlig veränd. Auflage.

Noeker, M. & Petermann, F. (2000). Interventionsverfahren bei chronisch kranken Kindern und deren Familien. In F. Petermann (Hrsg.), *Lehrbuch der Klinischen Kinderpsychologie und Kinderpsychotherapie* (513–540). Göttingen: Hogrefe, 4., völlig veränd. Auflasge.

Prochaska, J. O. & DiClemente, C. C. (1982). Transtheoretical therapy: Toward a more integrative model of change. *Psychotherapy: Theory, Research and Practice, 19*, 276–288.

Rothermel, A. & Feierfeil, R. (1990). Zirkuläres Fragen als Methode der systemischen Therapie. *Familiendynamik, 15*, 333–345.

Schiepek, G. (1986). *Systemische Diagnostik in der Klinischen Psychologie*. München: Psychologie Verlags Union.

Schiepek, G. & Strunk, G. (1994). *Dynamische Systeme. Grundlagen und Analysemethoden für Psychologen und Psychiater*. Heidelberg: Asanger.

Schuchardt, E. (1990). *Biographische Erfahrung und wissenschaftliche Theorie. Soziale Integration Behinderter* (Bd. 1). Bad Heilbrunn: Klinkhardt, 4. Auflage.

Selvini-Palazzoli, M., Boscolo, L. & Prata, G. (1978). *Paradoxon und Gegenparadoxon. Ein neues Therapiemodell für die Familie mit schizophrener Störung*. Stuttgart: Klett-Cotta.

Simon, F. B. & Stierlin, H. (1984). *Die Sprache der Familientherapie. Ein Vokabular*. Stuttgart: Klett-Cotta.

Trimble, M. R. (1991). Epilepsy and behavior. *Epilepsy Research, 10*, 71–79.

Vargha-Khadem, F., Isaacs, E., van der Werf, S., Robb, S. & Wilson, J. (1992). Development of intelligence and memory in children with hemiplegic cerebral palsy. *Brain, 115*, 315–329.

Warschburger, P. & Petermann, F. (2000). Belastungen bei chronisch kranken Kindern und deren Familien. In F. Petermann (Hrsg.), *Lehrbuch der Klinischen Kinderpsychologie und Kinderpsychotherapie* (479–511). Göttingen: Hogrefe, 4. völlig veränd. Auflage.

Watzlawick, P. (Hrsg.) (1988). *Die erfundene Wirklichkeit. Wie wissen wir, was wir zu wissen glauben*. München: Piper.

Watzlawick, P., Beavin, J. H. & Jackson, D. D. (1969). *Menschliche Kommunikation. Formen, Störungen, Paradoxien*. Bern: Huber.

Adipositas

Petra Warschburger und Nancy Wojtalla

Adipositas ist eine der häufigsten chronischen Erscheinungbilder im Kindes-und Jugendalter. Im Jahre 1984 wiesen 17% der Kinder und Jugendlichen ein mindestens 15% über dem Normgewicht liegendes Gewicht auf (Deutsche Gesellschaft für Ernährung, 1984). Unter massiver Adipositas leiden immerhin noch 0,5% der Kinder (Deutsche Gesellschaft für Ernährung, 1992). Aktuelle Übersichten ergaben, daß in Deutschland rund 10% der Schulanfäger und Jugendlichen bis 14 Jahre adipös sind (Kromeyer-Hauschild & Jaeger, 1998; Zimmermann, 1997). Tendenziell deutet sich weltweit eine zunehmende Verbreitung von Adipositas an (Troiano, Flegal, Kuczmarski, Campbell & Johnson, 1995).

Adipositas verläuft chronisch, das heißt adipöse Kinder und Jugendliche behalten mit hoher Wahrscheinlichkeit die Adipositas bis in das Erwachsenenalter bei: Dieses Risiko steigt mit dem Alter der adipösen Kinder (42% bis 63% der adipösen Schulkinder werden auch als Erwachsene übergewichtig sein) und dem Grad des Übergewichts an (Serdula et al., 1993). Als weiterer ungünstiger Prognosefaktor wird die Betroffenheit weiterer Familienmitglieder diskutiert (Whitaker, Wright, Pepe, Seidel & Dietz, 1997). Die Folgen der Adipositas lassen sich auf verschiedenen Ebenen, einerseits medizinisch, andererseits psychisch und sozial betrachten.

Medizinische Faktoren. Prospektive Studien deuten darauf hin, daß adipöse Kinder und Jugendliche im Erwachsenenalter häufiger kardiovaskuläre Erkrankungen, Diabetes mellitus, bestimmte Krebsformen oder Gelenkschäden entwickeln (Mossberg, 1989; Must, Jacques, Dallal, Bajema & Dietz, 1992) und die Lebenserwartung verringert ist (Kohlmeier et al., 1993; Nieto, Szklo & Comstock, 1992). Kardiovaskuläre Risiken wie zum Beispiel erhöhte Cholesterinspiegel oder Blutdruckwerte lassen sich bereits bei adipösen Kindern und Jugendlichen feststellen (z. B. Berenson, Srinivasan, Wattingney & Harsha, 1993; Rocchini, 1993; Wabitsch et al., 1994) und erfolgreich durch Gewichtsreduktion vermindern (Suskind et al., 1993; Wabitsch et al., 1996).

Psychische und soziale Faktoren. Die adipösen Kinder bilden eine heterogene Gruppe; möglicherweise stellt die Wahrnehmung übergewichtig zu sein, eine zentrale Einflußgröße für die erlebten Belastungen dar (Tiggemann, Winefield, Winefield & Goldney, 1994). Laut Friedman und Brownell (1995) ist vor allem in den Gruppen, die Behandlung nachfragen, mit einer höheren psychischen Belastung zu rechnen. Zudem nehmen bereits sechsjährige Kinder Übergewicht als extrem negativ war (Feldman, Feldman & Goodman, 1988) und erhalten im Sozialkontakt vergleichsweise mehr negative Rückmeldung, ebenso gehen von ihnen selbst auch vermehrt solche negativen Reaktionen aus (Baum & Forehand, 1984). Insgesamt sind die betroffenen Kinder sehr unzufrieden mit ihrem Körperbild (Kertész, Pollák & Greiner, 1992). In einer aktuellen Studie erwiesen sich die adipösen Kinder als ängstlicher im Vergleich zu Kindern mit Asthma oder Neurodermitis (Warschburger, 2000).

Die direkten und indirekten Kosten in Folge von Adipositas werden bundesweit auf 660 Mio. DM geschätzt, ohne die Kosten der durch Adipositas entstehenden Folgeerkrankungen (Kohlmeier, Kroke, Pötzsch, Kohlmeier & Martin, 1993).

1 Beschreibung des Störungsbildes

Symptomatik. Adipositas wird direkt im Erscheinungsbild sichtbar. Sie wird durch einen übermäßigen Anteil der Fettmasse am Körpergewicht definiert, der die Gesundheit deutlich beeinflußt (Müller, 1996). Die häufigste Methode ist die Bestimmung des sogenannten Body-Mass-Index (BMI): Körpergewicht in kg, dividiert durch das Quadrat der Körpergröße in Metern (Bray, 1978). Der BMI erfüllt alle Anforderungen für die Bestimmung von Risikogruppen (Sittaro, 1994). Für Kinder und Jugendliche liegen alters- und geschlechtsspezifische Normen vor (Coners et al., 1996).

Fallbeispiel 1. Markus ist 14 Jahre alt und wiegt derzeit 103,9 kg bei einer Größe von 175 cm; damit überschreitet er sein Sollgewicht um über 50%. Markus berichtet, daß er schon immer ein pummeliges Kind gewesen sei, aber erst seit zwei Jahren empfindet er sich selbst als zu dick. In seiner Familie sind sowohl beide Elternteile sowie eine seiner beiden Schwestern übergewichtig. Markus nimmt täglich drei Hauptmahlzeiten und zwei Zwischenmahlzeiten zu sich; naschen würde er immer dann, wenn etwas da sei oder er gehe aktiv auf die Suche (z. B. am Kühlschrank). Er ißt vor allem Nudelgerichte (Spaghetti oder Lasagne), Fleischgerichte oder Pommes, außerdem fast jeden Tag Eis, Schokolade oder Gummibärchen. Über eigentliche Diäterfahrung verfügt Markus nicht; auf Anraten seiner Freundin hat er einmal probiert, zusammen mit seiner Mutter abzunehmen, dies war ihm jedoch zu anstrengend und er hat bereits nach einer Woche aufgegeben. Insgesamt findet er, daß er „nicht so schön aussieht", er hat aber keine größeren Probleme mit seinem Gewicht. Zu denken gibt ihm vielmehr, wie sich sein Übergewicht auf seinen beruflichen Status auswirken könnte.

Fallbeispiel 2. Sabine ist ein 16jähriges Mädchen; derzeit wiegt sie 80,4 kg bei einer Größe von 168 cm (d. h. sie hat ein Übergewicht von über 49 %). Nach eigenen Angaben ist sie seit dem Kindergarten übergewichtig; ihr Vater ist etwas übergewichtig, ihre Mutter eher untergewichtig, da sie unter Krebs leidet. Beide Großeltern mütterlicherseits sind übergewichtig. Wegen ihres massiven Übergewichts wurde sie in eine stationäre Kinder-Reha-Klinik eingewiesen. Zu Hause nimmt sie täglich zwei große Mahlzeiten ein und circa vier bis fünf Zwischenmahlzeiten (incl. Naschen). Als Nebenmahlzeit konsumiert Sabine vor allem Trüffel und Plätzchen. In erster Linie ißt sie nur das, was sie auch gerne mag. Sabine hat schon mehrmals versucht, mit Hilfe von verschiedenen Diäten (z. B. Reis- oder Obstdiät) an Gewicht zu verlieren. Sie berichtet, daß ihr diese Maßnahmen nicht geholfen hätten, sondern sie im Gegenteil immer mehr an Gewicht zugenommen hat. Sie fühlt sich durch die Vielzahl der unterschiedlichen Informationen, die sie von ihrem Arzt oder Freunden erhalten hat, verwirrt und hat das Gefühl, daß es ihr keinen Spaß macht alleine abzunehmen. Sabine ist mit ihrem Körperbild sehr unzufrieden und würde gerne ein paar Kilo verlieren. Sie geht davon aus, daß sie sich dann besser fühlt, mehr Selbstvertrauen hat und sich weniger gehemmt fühlen würde.

2 Differentialdiagnostik

Die Adipositas hat ein sehr heterogenes Erscheinungsbild. Die Diagnose wird aufgrund des Gewichtes gestellt. Coners et al. (1996) empfehlen zur Beurteilung hoher Körpergewichte eine Orientierung an der 85. BMI-Perzentile. Für die Diagnose einer ausgeprägten Adipositas sollte ihrer Ansicht nach die 95. Perzentile zugrunde gelegt werden. Differentialdiagnostisch muß zwischen primärer und sekundärer Adipositas unterschieden werden. Zu den seltenen sekundären Formen zählen beispielsweise Adipositas bei endokrinologischen Erkrankungen (Morbus Cushing oder hypothalamische Störungen) oder bei genetischen Veränderungen (z. B. Prader-Willi-Syndrom). Ein Vorliegen sekundärer Adipositas muß vor Behandlungsbeginn abgeklärt werden.

Eine differenzierte Diagnostik sollte darüber hinaus die Einschätzung des gesundheitlichen Risikos, des Eßverhaltens, der Befindlichkeit und des Ausmaßes der körperlichen Aktivität umfassen (vgl. Müller, 1996). Adipositas wird weder im ICD-10 noch in DSM-IV als eigene diagnostische Kategorie aufgeführt. Es besteht jedoch im DSM-IV die Möglichkeit unter der Codierung 316 (F54) den Stellenwert psychologischer Faktoren, die die Adipositas beeinflussen, näher zu spezifizieren. Hierzu gehören zum Beispiel psychologische Faktoren, die den Verlauf der Erkrankung ungünstig beeinflussen oder die Behandlung erschweren. Der Stellenwert psychologischer Faktoren sollte mittels einer Verhaltensanalyse detailliert exploriert und in die Therapieplanung mit einbezogen werden.

3 Erklärungsansätze

Die Entstehung und Aufrechterhaltung der Adipositas ist letztlich noch ungeklärt. Eine notwendige Voraussetzung zur Entwicklung einer Adipositas ist eine positive Energiebilanz, das heißt dem Körper wird mehr an Energie zugeführt als er verbraucht. Ausgehend von einem multifaktoriellen Konzept werden genetische und psychosoziale Faktoren als relevante Einflußgrößen diskutiert (vgl. Überblick bei Fichter & Warschburger, 2000; Müller, 1996). Für die genetische Disposition scheinen Unterschiede im Energieumsatz eine zentrale Rolle zu spielen. Als psychosoziale Faktoren werden vor allem eine verminderte körperliche Aktivität, ein erhöhter Fernsehkonsum und ein verändertes Eßverhalten (Menge und Qualität) in Betracht gezogen. Insgesamt wird die Heterogenität der Adipositas betont (Brownell & Wadden, 1991, 1992). Um die Vielfalt der Einflußfaktoren zu verdeutlichen, wurden in Abbildung 1 die psychologisch beeinflußbaren und nicht beeinflußbaren Faktoren illustriert. Die Bedeutung der einzelnen Faktoren soll anhand von zwei Verhaltensanalysen näher verdeutlicht werden. Generell ist bei Kindern und Jugendlichen der enorme Einfluß der Eltern, den sie auf die körperliche Aktivität oder die Nahrungszufuhr haben, zu beachten.

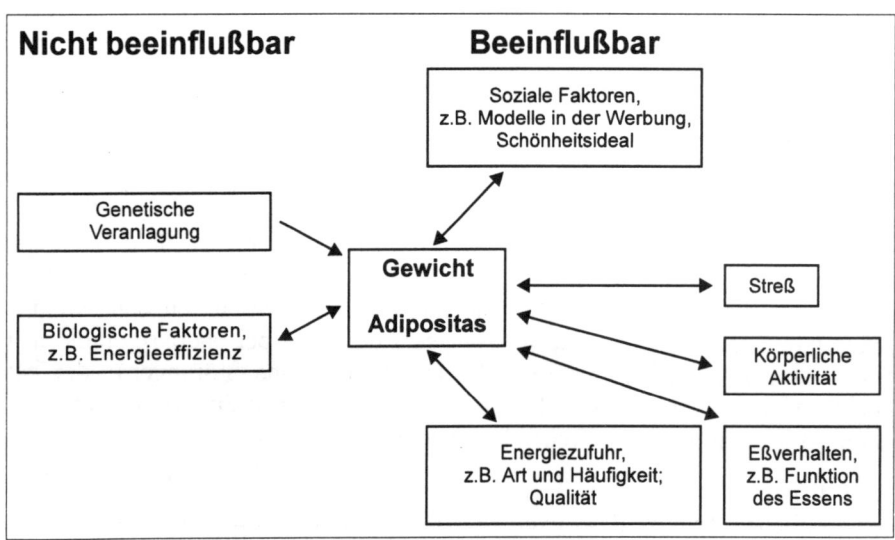

Abbildung 1:
Multifaktorielle Genese der Adipositas

Fallbeispiel 1. Betrachtet man das Eßverhalten von Markus, so wird deutlich, daß besonders Langeweile und Nahrungsangebote ihn zum Essen veranlassen. Situationen, in denen er weniger ißt, sind solche, in denen er Angst hat, sich dadurch zu blamieren oder in denen er sehr aufgeregt ist (s. Abb. 2). Die Folge ist meist, daß er dann im Laufe eines solchen Tages dafür um so mehr ißt. Einer seiner Grundsätze ist, immer den leichten Weg zu gehen. Für das Übergewicht bedeutet dies, daß er nach eigenen Angaben von alleine nicht abnehmen wird, da ihn dies zu sehr anstrengt. Das Übergewicht reduziert die Formen einer aktiven Freizeitgestaltung. Markus sieht das Übergewicht durch seine Willensschwäche begründet. Wäre er schlanker, würde er beim Sport nicht mehr so schnell aus der Puste kommen, könnte modischere Kleidung kaufen und eine schlankere Freundin finden.

A Auslöser	B Verhalten		C Konsequenz	
	Internes (Gedanken und Gefühle)	Externes	Sofort	Langzeit
Im Schulunterricht wird gekocht und gemeinsam zu Mittag gegessen.	Markus denkt: „Ich darf nicht so viel essen. Die anderen könnten sonst wieder dumme Sprüche machen." Er fühlt sich unwohl und beobachtet.	Markus nimmt sich wenig. Er läßt das, was er nicht so gerne ißt, auf dem Teller liegen. Er unterhält sich während des Essens sehr viel mehr als zu Hause.	**Positiv:** Markus hat Spaß bei der Unterhaltung mit den anderen. Es kommen keine dummen Sprüche. **Negativ:** Er verspürt weiterhin „Hunger".	**Positiv:** Markus weiß, daß er sich in entscheidenden Situationen beim Essen kurz zurückhalten kann. **Negativ:** Er nimmt zu Hause ein zweites, komplettes Mittagessen zu sich und ißt den Rest des Tages noch mehr als gewöhnlich.

Abbildung 2:
Funktionelle Analyse des Eßverhaltens von Markus; am Beispiel einer Situation, in der Markus weniger als normalerweise ißt

Fallbeispiel 2. Auf der einen Seite besitzt Sabine den ständigen Vorsatz, weniger zu essen, auf der anderen Seite erlebt sie immer Situationen, (z. B. beim Lesen oder Fernsehen), in denen ihr das nicht gelingt (vgl. Abb. 3). In Situationen, in denen sie Appetit hat, kann sie dem Naschen selten widerstehen. Manchmal gelingt es der Mutter, sie durch Ermahnungen davon abzuhalten. Essen besitzt für Sabine zwei Funktionen: Zusammensein mit ihren fast ausnahmslos übergewichtigen Familienmitgliedern sowie Trost und Zeitvertreib.

Generell kann sie nur sehr schwer Nein-sagen, aus Angst davor, jemandem weh zu tun oder Ablehnung zu signalisieren. Die bereits beschriebenen Dissonanzen erzeugen bei ihr sehr viel Resignation und führen zum weiteren Essen (vgl. Abb. 4). Sabine neigt dazu, Verantwortung und Schuld für Geschehnisse sich selbst zuzuschreiben; so auch für ihre Adipositas. Als Ursache ihres Übergewichts nennt sie ihr häufiges Naschen. Sabine ist auf eigenen Wunsch zum Abnehmen in stationärer Behandlung. Um an Gewicht verlieren zu können, braucht sie ihrer Meinung nach Unterstützung durch Fachleute und durch Betroffene. Ihre Motivation liegt in der geringen Akzeptanz ihres dicken Körpers und ihrer Erfahrung, von anderen gehänselt und abgelehnt zu werden.

A Auslöser	B Verhalten		C Konsequenz	
	Internes (Gedanken und Gefühle)	Externes	Sofort	Langzeit
Sabine besucht ihre ebenfalls übergewichtige Großmutter, die eine wichtige Vertrauensperson für sie ist. Von ihr bekommt sie Kaffee und Kuchen angeboten: „Den habe ich extra für Dich aufgehoben!"	Sabine denkt: „Eigentlich muß ich abnehmen, aber ich kann nicht nein sagen, sonst könnte sie sauer auf mich sein." Sie fühlt sich im Zwiespalt.	Sabine sagt nichts, läßt sich den Kuchen geben und ißt ihn auf. Solange die Oma nachnimmt, ißt sie mit.	**Positiv:** „Ich bin erleichtert, sie hat keinen Grund, sauer zu sein." „Ich kann ja nicht auf alles verzichten. Es schmeckt mir gut, und meine Oma freut sich." **Negativ:** „Es hätte ja eigentlich nicht sein müssen."	**Positiv:** „Meine Oma und ich streiten uns nie." **Negativ:** „Ich nehme nicht ab und habe ein schlechtes Gewissen." „Ich bin traurig, weil ich inkonsequent bin." „Ich kann nie nein sagen."

Abbildung 3:
Funktionelle Analyse des Eßverhaltens von Sabine; am Beispiel einer Situation,
in der Sabine ißt, obwohl sie keinen Hunger hat

Schlanker würde sie sich besser fühlen, wäre weniger gehemmt, hätte mehr Selbstvertrauen und würde von anderen leichter akzeptiert werden.

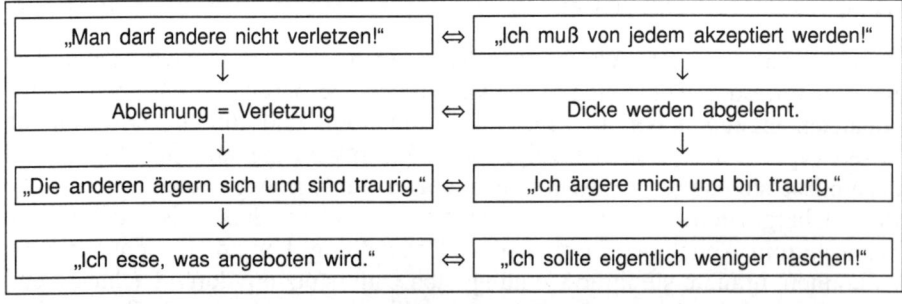

Abbildung 4:
Dissonante kognitive Muster bei Sabine, die eine Verhaltensänderung erschweren

4 Interventionsprinzipien

Bei der Adipositas-Behandlung hat sich generell die Kombination von Sport, Reduktionskost und verhaltenstherapeutischen Techniken bewährt (vgl. Fichter & Warschburger, 2000; Logue, 1995); hier soll im wesentlichen auf die verhaltenstherapeutischen Ansätze eingegangen werden. Vorgestellt wird das Adipositastraining für Kinder und Jugendliche (Warschburger, Petermann, Fromme & Wojtalla, 1999).

Wie durch die beiden Falldarstellungen deutlich wird, muß eine Adipositas-Behandlung die Selbstmanagement-Fertigkeiten verbessern und die Fremdkontrolle verringern. Hierzu sollten das Selbstwertgefühl und die Akzeptanz des eigenen Körpers gestärkt, die Streßbewältigungsfertigkeiten verbessert sowie günstigere Ernährungs- und Eßverhaltensweisen erlernt werden; zudem sollten konkrete, alternative Eßverhaltensweisen eingeübt werden, um langfristig eine stabile Energiebilanz zu erzielen. Tabelle 1 soll die einzelnen Sitzungsinhalte verdeutlichen.

Tabelle 1:
Übersicht zum Adipositastraining (zitiert nach Warschburger et al., 1999, S. 56)

Sitzungs-termin	Leitthema	Schwerpunkte
1	Was Du essen und trinken kannst, um fit zu sein.	– Gruppen- und Motivationsaufbau – Ernährungswissen
2	Warum Du dick geworden bist und wie Du es ändern kannst.	– Ätiologiewissen – Behandlungswissen
3	Warum Du Dich bisher ungünstig ernährt hast und wie Du es besser machen kannst.	– Eßverhalten – positive und negative Konsequenzen
4	Wie du es schaffen kannst, nur bei wirklichem Hunger zu essen.	– günstige Eßverhaltensweisen – emotionsinduzierte und soziale Auslöser
5	Wie Du Deine Stärken nutzen kannst, um Dich wohler zu fühlen.	– Stärken – Selbst- und Fremdbild – sozial kompetentes Verhalten
6	Wie es für Dich nach diesem Training weitergehen kann.	– Transfer – Rückfallprophylaxe – Wissensfestigung

Das Trainingsprogramm wird in geschlechtsheterogenen Gruppen mit sechs bis acht Kindern und Jugendlichen durchgeführt, die im Alter von elf bis 18 Jahren sind. Das Training dauert sechs Wochen mit einer eineinhalbstündigen Sitzung pro Woche.

Innerhalb jeder Sitzung werden verschiedene Übungen durchgeführt, die auf die Bedürfnisse von Kindern und Jugendlichen zugeschnitten sind. Die Materialien sind in Form von Spielen oder Comics gestaltet. Jeder Teilnehmer erhält eine persönliche Materialmappe, in dem die neu gewonnenen Erfahrungen festgehalten werden. Auch die Aufträge, die bis zum nächsten gemeinsamen Termin erledigt werden sollen, werden dokumentiert. So werden innerhalb jeder

Sitzung die in Tabelle 1 beschriebenen Schwerpunkte erarbeitet und außerhalb der Sitzungen vertieft.

4.1 Vermittlung von Ernährungswissen

Im ersten Trainingsabschnitt soll grundlegendes Ernährungswissen vermittelt werden. Die Kinder sollen anhand von Arbeitsblättern lernen, welche Bestandteile in der Nahrung enthalten sind, und welche Bedeutung sie haben. Hierzu wird ein Ernährungsspiel durchgeführt, bei dem die Jugendlichen ausgewählte Nahrungsmittel bezüglich ihres Energiegehalts beurteilen sollen (vgl. Abb. 5 zur Verdeutlichung von Nahrungsmitteln mit hohem Energiegehalt). Ziel ist es, die Grundlage für bewußte Ernährungsentscheidungen zu legen, die die Ausgewogenheit der Nährstoffe neben dem Kaloriengehalt berücksichtigt.

Die elf- bis achtzehnjährigen Teilnehmer zeigten ein einseitiges bis falsches Ernährungswissen. So hat der siebzehnjährige Florian bisher nur auf die Kalorien geachtet und nicht darauf, welche Nährstoffe die Speisen enthalten. Zwar hat er so durch eine Quark- und Brotdiät schon abgenommen, allerdings auf Kosten seines Wohlbefindens wegen der resultierenden Mangelernährung. Zudem hat er nicht gelernt, wie man sich gesund ernährt und würde nach Beendigung seiner Diät einfach weiteressen wie zuvor.

Die Einschätzung der Nahrungsmittel bereitet den Teilnehmern viel Freude und zeigte, daß bestimmte Nahrungsmittel für die Kinder schwer zu beurteilen sind. So war den meisten Jugendlichen nicht bewußt, daß süße Getränke (z.B. Cola, gezuckerte Säfte), fast food (z.B. Pizza, Döner, Pommes frites) oder Knabbereien (wie z.B. Chips oder Erdnüsse) einen sehr hohen Energiegehalt haben. Markus wußte beispielsweise gar nicht, daß seine Lieblingsspeise Lasagne so viele Kalorien hat.

Bei den Inhalten in der ersten Trainingsstunde handelte es sich für die meisten Teilnehmer um neuartiges Wissen. Zusätzlich gaben sie durchweg an, daß es „sehr wichtige" Informationen seien. Für den Trainer ist es zentral, daß er einerseits detailliertes Ernährungswissen vermittelt, andererseits die Kinder und Jugendlichen nicht zu sehr mit Einzelheiten überfrachtet. Die Kinder sollten die sieben Nährstoffgruppen (z.B. Vitamine, Eiweiß oder Fett) kennen und realisieren, daß unser Körper alle Stoffe, aber in unterschiedlicher Menge, braucht. Wichtig ist zu wissen, daß sie aus jeder Gruppe kalorienarme und kalorienreiche wählen können.

Abbildung 5:
Arbeitsblatt zur Beurteilung des Energiegehalts von verschiedenen Nahrungsmitteln
(aus Warschburger et al., 1999, S. 86)

4.2 Vermittlung eines angemessenen Ursachenmodells

Im zweiten Abschnitt des Trainings wird mit den Jugendlichen ein multifaktorielles Ursachenmodell erarbeitet. Auf der einen Seite soll verdeutlicht werden, daß es vielfältige Ursachen der Adipositas gibt und daher niemand „die alleinige Schuld" an seinem Gewicht trägt. Auf der anderen Seite sollen die

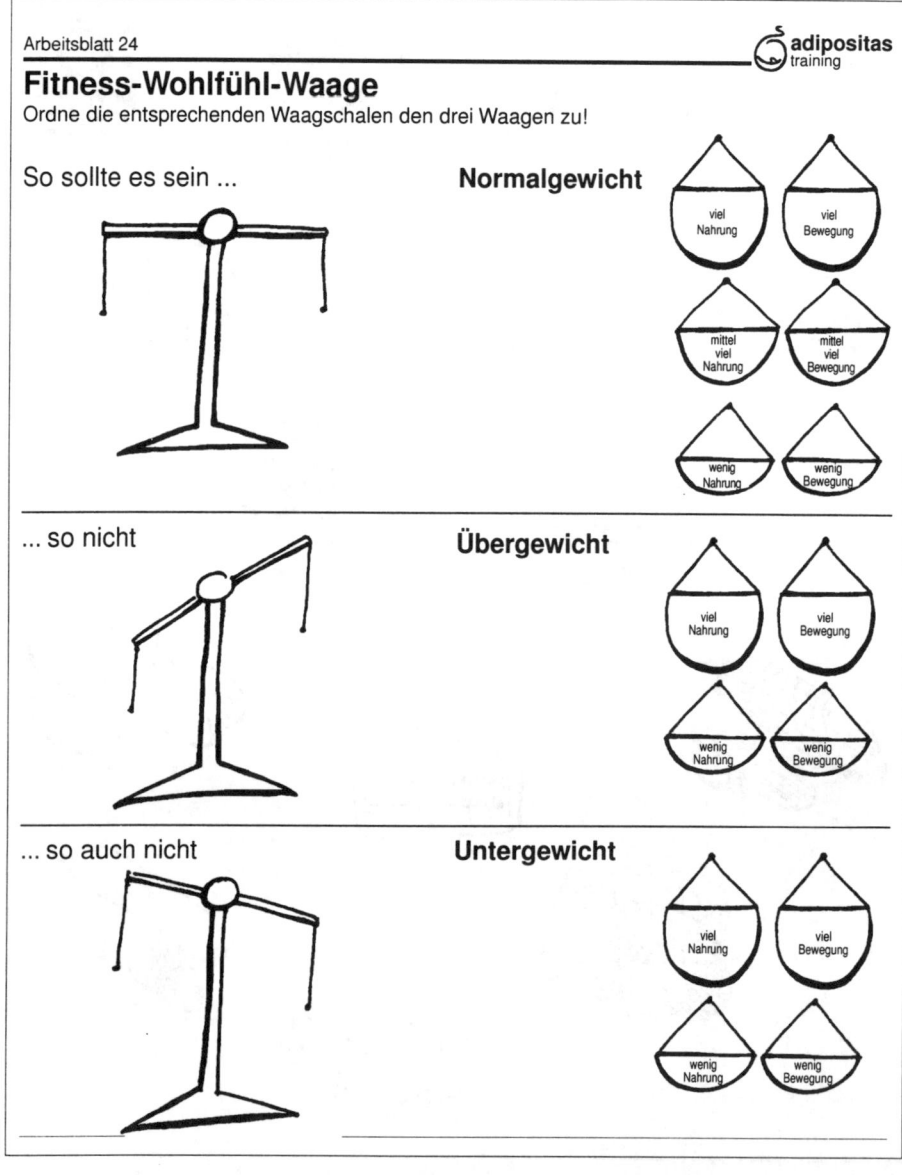

Abbildung 6:
Arbeitsblatt zum Verhältnis von Energieaufnahme und -verbrauch und deren Folgen
für den Gewichtsstatus (aus Warschburger et al., 1999, S. 99)

Einflüsse betont werden, die man selber verändern kann. Anhand eines Arbeitsblattes werden die Inhalte bearbeitet und die einzelnen Faktoren besprochen (z. B. wie veränderbar sie sind). In Analogie zu einer Balkenwaage (vgl. Abb. 6) sollen die Kinder ein angemessenes Verhältnis von Energieaufnahme und -verbrauch lernen.

Für die fünfzehnjährige Anette ist dies eine neue Sichtweise: Bisher hat sie sich gewundert, warum sie dick geworden ist und ihre Freundin nicht, obwohl sie sich ähnlich ernährt. Das Wissen, daß sie aufgrund einer Veranlagung schneller zum Dickwerden neigt und sie viel weniger Energie verbraucht, weil sie kaum Sport treibt, erleichtert sie. Gleichzeitig zeigt es ihr Möglichkeiten auf, wo sie selber etwas gegen ihr Gewicht tun kann. Sie erfährt, daß ihr Körper unter Umständen ein anderes Gewicht anstrebt (set point) und sie keine Model-Figur bekommen wird. Sie setzt sich realistische Ziele (Gewicht nahe an der oberen Grenze des Normalgewichts) und will an deren Erreichung arbeiten. Markus sieht, daß auch seine Eltern stark übergewichtig sind. Darüber hinaus hat er in der letzten Sitzung gelernt, daß er kalorienreiche Nahrungsmittel bevorzugt. Er treibt wenig Sport, da er „so schnell aus der Puste" kommt. Hier sieht er schon die ersten Ansatzpunkte, wie er sein Gewicht verändern kann.

Sehr vielen Teilnehmern geht es wie Anette und Markus: Sie erkennen jetzt den Zusammenhang zwischen Energieverbrauch und Bewegung und nutzen das Angebot an sportlichen Aktivitäten. Als Trainer ist es vorteilhaft, nicht den Leistungsaspekt, sondern den Spaß an der Bewegung hervorzuheben, den viele Teilnehmer nach eigenen Schilderungen seit längerer Zeit wieder erleben.

Die Beurteilung der Stunde durch die Teilnehmer fiel ähnlich positiv aus wie die erste. Die Inhalte waren für die Jugendlichen neu und sehr wichtig. Auch die Art der Vermittlung hat ihnen gut gefallen. Für den Trainer ist es wichtig, daß die Teilnehmer von einer einseitigen Erklärungszuschreibung zu einer multifaktoriellen Sichtweise gelangen. Neben der Veranlagung hat jeder Betroffene selbst in gewissen Grenzen die Möglichkeit, sein Gewicht zu beeinflussen. Die Resignation und „erfolglosen Diäterfahrungen" müssen aufgearbeitet werden. Zentral ist es, unrealistische Erwartungen an das „neue Training" gar nicht erst aufkommen zu lassen.

4.3 Verdeutlichung der negativen Folgen des Übergewichts und der positiven Folgen des Abnehmens

Im dritten Trainingsabschnitt werden unter anderem die Konsequenzen des Essens verdeutlicht; dies wird gemeinsam in der Gruppe erarbeitet. Dabei sollen neben den kurzfristigen positiven (z. B. Sättigung und Genuß) auch die längerfristigen negativen Konsequenzen (z. B. Gewichtszunahme) erkannt werden. Die Jugendlichen sollen eigenständig die Folgen des Essens bewerten. Darauf aufbauend werden die persönlichen Ziele für das Training und dessen positive Effekte herausgearbeitet. Die Teilnehmer wählen aus einer Reihe vorgegebener Möglichkeiten, das Eßverhalten zu modifizieren, ihre persönliche Strategie aus und probieren sie in den folgenden Tagen aus.

Für Markus ist es ein „Aha-Erlebnis" festzustellen, warum er so viel ißt: „Eigentlich ist ja erst einmal alles schön: Es schmeckt gut und die Langeweile ist weg!" Darüber, daß es einen Unterschied zwischen Hunger und Appetit gibt, hat er sich noch nie Gedanken gemacht. Er nimmt sich vor, in Zukunft zwischen Hunger und Appetit aus Langeweile zu unterscheiden. Er will an das Dickerwerden und Gehänseltwerden als spätere Folge denken, damit es ihm leichter fällt, dem Essen zu widerstehen. Für Sabine spielt vor allem die Angst vor dem Nein-sagen eine wichtige Rolle (vgl. Verhaltensanalyse aus Abb. 3).

Der siebzehnjährige Christoph notiert sich in seiner Trainingsmappe den Befehl „Diesmal bleibe ich stark! Es soll so weitergehen!", den er sich in Versuchungssituationen ins Gedächtnis rufen will (Gedankenstopp). In einer der darauffolgenden Sitzungen berichtet er, daß ihm der Befehl schon fast automatisch einfalle und hilfreich gegen die erste Gier nach Süßigkeiten sei. Wenn in der Gruppe kein entsprechendes Gruppengefühl und Vertrauen entstanden ist, sollte der Trainer darauf achten, daß nicht einzelne von den anderen Kindern außerhalb der Sitzungen mit dem neuen Wissen bloß gestellt werden (z.B. „Du bekommst eh' nie eine dünne Freundin ab, da kannst du lange warten!"). Regeln, die bereits zu Beginn des Trainings gemeinsam mit den Kindern und Jugendlichen erarbeitet wurden, können diese Gefahr unterbinden helfen. Bei der individuellen Zielbestimmung gibt es auf einem Arbeitsblatt Vorschläge für die Teilnehmer und die Möglichkeit, sich seine persönlichen Ziele zu notieren. Hier sollte der Trainer darauf achten, daß nicht sämtliche Probleme im Umgang mit anderen oder nicht erreichte Ziele auf das Übergewicht zurückgeführt werden. Die Ziele sollten positiv formuliert sein (nicht etwa: „Ich möchte nicht mehr gehänselt werden!") und sich auch konkret auf das Übergewicht beziehen.

4.4 Immunisierung

Der vierte Trainingsabschnitt beinhaltet unter anderem den Umgang mit typischen streßauslösenden Situationen für übergewichtige Kinder und Jugendliche. Die Kinder erhalten kurze Situationsbeschreibungen (z.B. ein unverschämtes Verhalten der Verkäuferin beim Kleidungskauf oder beim Sport gehänselt werden) mit einer Liste verschiedener Reaktionsweisen. Diese werden in der Gruppe kurz besprochen und positive Verhaltensweisen von Zweiergruppen kurz den restlichen Teilnehmern vorgestellt (Rollenspiel) und einer gemeinsamen Bewertung aller unterzogen.

Sabine kennt die Situation, beim Kleiderkauf wegen ihrer Übergröße anders behandelt und gehänselt zu werden. Bisher hat sie immer das Geschäft verlassen, wenn sie unverschämt von Verkäufern behandelt worden ist. In der Trainingsgruppe gibt es einige Teilnehmerinnen, die diese Situation ebenfalls kennen, sich aber zu behaupten wissen. Gemeinsam werden Problemlösungsvorschläge ausgetauscht und bewertet. Sabine sieht sich nun in der Lage, andere Vorgehensweisen als Flucht aus dem Geschäft auszuprobieren und weiß, daß ungerechte Behandlung durch andere nicht nur ihr, sondern auch anderen ab und zu widerfährt. In ihrer Trainingsmappe hält sie fest, daß sie beim nächsten Mal dem entsprechenden Verkäufer sagen wird, daß sie nichts für seine schlechte Laune könne, aber ihr Geld auch in einem anderen Geschäft ausgeben kann.

Jeder Teilnehmer nimmt sich für die Situation, die er bisher als belastend empfand, eine adäquate Lösungsstrategie vor und vermerkt diese in seiner Trainingsmappe. In der darauffolgenden Sitzung berichten einige Teilnehmer von ihren ersten Umsetzungsversuchen. Diese gelingen nicht immer, da man sich z. B. nicht immer direkt gegen einen gemeinen Spruch humorvoll wehren kann. Gerade hier profitieren die Teilnehmer voneinander, da sie sich gegenseitig Mut machen können und Hilfestellungen geben. Die unterschiedlichen Erfahrungen und Erfolge der Teilnehmer sollten vom Trainer aufgegriffen werden. Sie dienen als Hinweis auf die prinzipielle Erlernbarkeit neuer Umgangsweisen. Wichtig ist es, die ,,Erfolge'' anderer nicht als herausragendes Beispiel vorzustellen, wodurch andere demotiviert werden können. Jeder Teilnehmer hat seine persönlichen Stärken sowie Schwächen und alle können voneinander viel lernen. Die Jugendlichen berichten, daß sie sich durch dieses Vorgehen ernst genommen und akzeptiert fühlten.

4.5 Selbstbeobachtung

Über die gesamte Trainingsdauer hinweg führen die Kinder und Jugendlichen eine persönliche Gewichtskurve, in der sie wöchentlich ihr Gewicht eintragen. Zum einen erlernen die Teilnehmer so, selbständig ihr Gewicht zu kontrollieren und über einen längeren Zeitraum zu betrachten, zum anderen motiviert der sichtbare Gewichtsverlust. Wichtig ist dabei, daß die Teilnehmer verstehen und akzeptieren, wie die Gewichtskurve weiterverlaufen wird, wenn sie auf längere Sicht die im Training erworbenen Erfahrungen umsetzen. Sie sollen begreifen, daß das Wichtige nicht eine möglichst schnelle, sondern eine dauerhafte Gewichtsabnahme ist. Dies fällt einigen Teilnehmern sehr schwer und es ist notwendig, bei einem solchen Training darauf zu achten, daß die Teilnehmer nicht unrealistisch hohe Erwartungen aufbauen, die bei ,,Mißerfolgen'' zu Resignation führen.

Die Kinder und Jugendlichen berichten von ihren eigenen Erwartungen und denen ihrer Bezugspersonen, die diese Sichtweise (,,schnell viel abnehmen'') unterstützen. Der Trainer sollte auf solche Äußerungen achten und den Kindern immer wieder den längerfristigen Erfolg verdeutlichen. In einem Elternbrief, den die Kinder mit nach Hause nehmen, wird unter anderem auch dieser Aspekt erläutert.

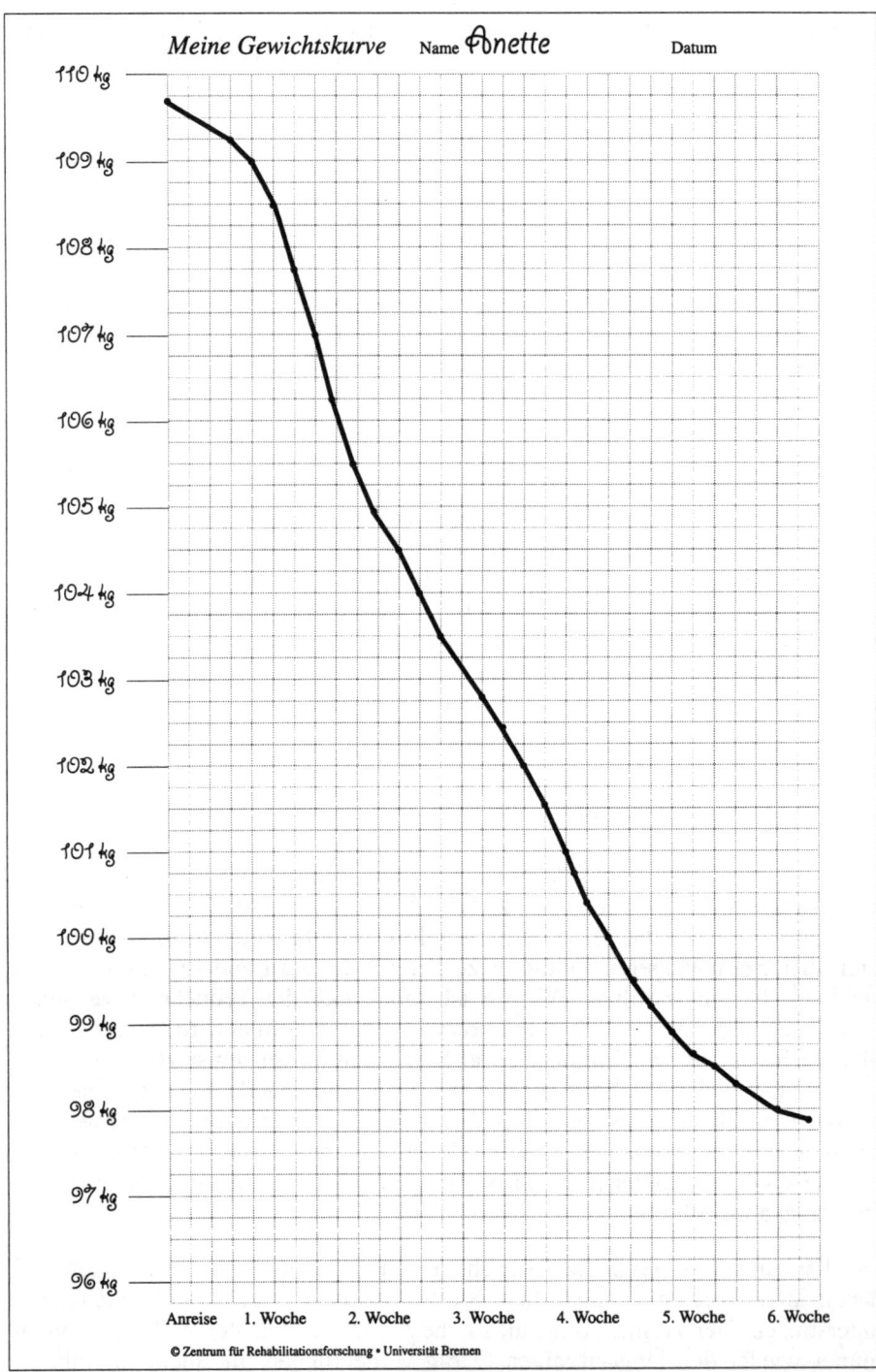

Abbildung 7:
Beispiel für eine Gewichtskurve

In Abbildung 7 ist eine Gewichtskurve der fünfzehnjährigen Anette wiedergegeben. Für Anette bedeutet der Gewichtsverlust von zehn Kilogramm in sechs Wochen eine enorme Verstärkung und hat ihr Erleben von Selbstwirksamkeit gefördert.

5 Resümee

Aus den vorgestellten Einzelfällen wird deutlich, daß übergewichtige Kinder und Jugendliche von einem solchen Gruppentraining profitieren können. Sie stellen fest, daß andere ähnliche Probleme haben und fühlen sich dadurch entlastet. Mittlerweile liegen Analysen an 176 Kindern und Jugendlichen vor, die diese Beobachtungen bestätigen (Warschburger, Fromme, Wojtalla, Oepen & Petermann, 1999). Die Vermittlung von Wissen zur Entstehung und Aufrechterhaltung der Adipositas hilft ihnen einerseits, sich realistische Therapieziele zu setzen, andererseits öffnet es ihnen den Blick für verschiedene alternative Möglichkeiten, ihr Gewicht zu kontrollieren. Zentral ist, daß sie bereits während der Sitzungen und im Alltag die neu erworbenen Selbstkontrollstrategien ausprobieren. Durch die gezielte Rückmeldung vom Trainer sowie die Erfolge beim Abnehmen wird das Selbstwirksamkeitserleben gestärkt.

Die Bewertungen der Teilnehmer zu den einzelnen Sitzungen zeigten, daß ihnen wichtige und neue Informationen vermittelt wurden. Zudem stieß das Vorgehen auf hohe Akzeptanz und machte den Beteiligten viel Spaß. Die zwischen den einzelnen Terminen zu bearbeitenden Aufgaben (z. B. oder Gewichtskurve) wurden fast ausnahmslos sorgfältig erledigt und bildeten so eine solide Grundlage für die darauf aufbauenden Trainingselemente.

Das vorgestellte Training wurde mit seinem multimodalen (Sport, Diät und verhaltenstherapeutisches Eßtraining) und interdisziplinären (Arzt, Psychologe, Sportlehrer und Diätassistentin) Vorgehen für den stationären Bereich konzipiert. Selbstverständlich kann das Eßverhaltenstraining auch auf den ambulanten Bereich übertragen werden. Wie bereits verdeutlicht wurde, kommt den Eltern eine zentrale Rolle bei der Entwicklung und Aufrechterhaltung der Adipositas zu. Sie nehmen Einfluß auf die körperliche Aktivität ihrer Kinder, die Wahl ihrer Nahrungsmittel und ihr Eßverhalten (s. Modellfunktion der Eltern). Im ambulanten Bereich sollte – v. a. bei jüngeren Kindern – die Chance genutzt werden, die Eltern in die Arbeit zu integrieren (vgl. Petermann, Grunewald, Gartmann-Skambracks & Warschburger, 1999). Dabei sollte jedoch darauf geachtet werden, daß bei älteren Kindern und Jugendlichen getrennte Termine eher angebracht sind (vgl. Fichter & Warschburger, 2000). Die ambulante Behandlung bietet den Vorteil, das Verhalten der Eltern direkt mit zu beeinflussen und die neu erworbenen Strategien im konkreten Alltag der Familie (Eltern und Kind) zu erproben. Im Vergleich zur stationären Behandlung sind oft weniger Möglichkeiten vor Ort gegeben, verschiedene Berufsgruppen in die Arbeit miteinzubeziehen. Gerade die Integration von Diät, Sport und Verhaltenstraining gilt als die wirksamste Herangehensweise. Diese drei Elemente sollten auf jeden Fall gewährleistet sein.

Literatur

American Psychiatric Association (1996). *Diagnostisches und Statistisches Manual Psychischer Störungen DSM-IV.* Göttingen: Hogrefe.

Baum, C. G. & Forehand, R. (1984). Social factors associated with adolescent obesity. *Journal of Pediatric Psychology, 9*, 293–302.

Berenson, G. S., Srinivasan, S. R., Wattingney, W. A. & Harsha, D. W. (1993). Obesity and cardiovascular risk in children. In C. L. Williams & S. Y. S. Kimm (Eds.), *Prevention and treatment of childhood obesity: Annals of the New York Academy of Sciences* (Vol. 699, 93–103). New York: The New York Academy of Sciences.

Bray, G. A. (1978). Definitions, measurements and classification of the syndromes of obesity. *International Journal of Obesity, 2*, 99–112.

Brownell, K. D. & Wadden, T. A. (1991). The heterogenity of obesity: Fitting treatments to individuals. *Behavior Therapy, 22*, 153–177.

Brownell, K. D. & Wadden, T. A. (1992). Etiology and treatment of obesity: Understanding a serious, prevalent and refractory disorder. *Journal of Consulting and Clinical Psychology, 60*, 505–517.

Coners, H., Himmelmann, G. W., Hebebrand, J. & Heseker, H. (1996). Perzentilenkurven für den Body-Mass-Index zur Gewichtsbeurteilung bei Kindern und Jugendlichen ab einem Alter von zehn Jahren. *der Kinderarzt, 27*, 1002–1007.

Deutsche Gesellschaft für Ernährung e. V. (1984). *Ernährungsbericht 1984.* Frankfurt: Deutsche Gesellschaft für Ernährung e. V.

Deutsche Gesellschaft für Ernährung e. V. (1992). *Ernährungsbericht 1992.* Frankfurt: Deutsche Gesellschaft für Ernährung e. V.

Feldman, W., Feldman, E. & Goodman, J. T. (1988). Culture versus biology: Children's attitudes toward thinness and fatness. *Pediatrics, 81*, 190–194.

Fichter, M. & Warschburger, P. (2000). Eßstörungen. In F. Petermann (Hrsg.), *Lehrbuch der Klinischen Kinderpsychologie und Kinderpsychotherapie* (561–585). Göttingen: Hogrefe, 4., völlig veränd. Auflage.

Friedman, M. A. & Brownell, K. D. (1995). Psychological correlates of obesity: Moving to the next research generation. *Psychological Bulletin, 117*, 3–20.

Kertész, M., Pollák, Z. & Greiner, E. (1992). Evaluation of self-image of overweight teenagers living in Budapest. *Journal of Adolescent Health, 13*, 396–397.

Kohlmeier, L., Kroke, A., Pötzsch, J., Kohlemeier, M. & Martin, K. (1993). Ernährungsabhängige Krankheiten und ihre Kosten. *Schriftenreihe des Bundesministeriums für Gesundheit* (Bd. 27). Baden-Baden: Nomos.

Kromeyer-Hauschild, K. & Jaeger, U. (1998). Zunahme der Häufigkeit von Übergewicht und Adipositas bei Jenaer Kindern. *Monatsschrift Kinderheilkunde, 146*, 1192–1196.

Logue, A. W. (1995). *Die Psychologie des Essens und Trinkens.* Heidelberg: Spektrum Akademischer Verlag.

Müller, M. J. (1996). Adipositas. *Der Internist, 37*, 101–118.

Must, A., Jacques, P. F., Dallal, G. E., Bajema, C. J. & Dietz, W. H. (1992). Long-term morbidity and mortality of overweight adolescents. A follow-up of the Harvard Growth Study of 1922 to 1935. *New England Journal of Medicine, 327*, 1350–1355.

Nieto, F. J., Szklo, M. & Comstock, G. W. (1992). Childhood weight and growth rate as predictors of adult mortality. *Journal of Epidemiology, 136*, 201–213.

Petermann, F., Grunewald, L., Gartmann-Skambracks, A. & Warschburger, P. (1999). Verhaltenstherapeutische Behandlung der kindlichen Adipositas. *Kindheit und Entwicklung, 8,* 206–217.

Rocchini, A. P. (1993). Hemodynamic and cardiac consequences of childhood obesity. In C. L. Williams & S. Y. S. Kimm (Eds.), *Prevention and treatment of childhood obesity: Annals of the New York Academy of Sciences* (Vol. 699, 46–56). New York: The New York Academy of Sciences.

Serdula, M. K., Ivery, D., Coates, R., Freedman, D. S., Williamson, D. F. & Byers, T. (1993). Do obese children become obese adults? A review of the literature. *Preventice Medicine, 22,* 167–177.

Sittaro, N.-A. (1994). Bewertung und Tarifierung von Übergewicht mit Hilfe des Body-Mass-Index. *Versicherungsmedizin, 46,* 216–221.

Suskind, R. M., Sothern, M. S., Farris, R. P., Almen, T. K. von, Schumacher, H., Carlisle, L., Vargas, A., Escobar, O., Loftin, M., Fuchs, G., Brown, R. & Udall, J. N. Jr. (1993). Recent advances in the treatment of childhood obesity. In C. L. Williams & S. Y. S. Kimm (Eds.), *Prevention and treatment of childhood obesity. Annals of the New York Academy of Sciences* (Vol. 699, 181–199). New York: The New York Academy of Sciences.

Tiggemann, M., Winefield, H. R., Winefield, A. H. & Goldney, R. D. (1994). Gender differences in the psychological correlates of body-weight in young adults. *Psychology and Health, 9,* 345–351.

Troiano, R. P., Flegal, K. M., Kuczmarski, R. J., Campbell, S. M. & Johnson, C. L. (1995). Overweight prevalence and trends for children and adolescents. The National Health and Examination Surveys 1963–1991. *Archives of Pedriatric and Adolescent Medicine, 149,* 1085–1091.

Wabitsch, M., Hauner, H., Heinze, E., Muche, R., Böckmann, A., Parthon, W., Mayer, H. & Teller, W. (1994). Body-fat distribution and changes in the atherogenic risk-factor profile in obese adolescent girls during weigh reduction. *American Journal of Clinical Nutrition, 60,* 54–60.

Wabitsch, M., Braun, U., Luhmann, K., Böckmann, A., Heinze, E., Teller, W. & Mayer, H. (1996). *Erfolge einer stationären Adipositastherapie bei Kindern und Jugendlichen in einer Rehabilitationsklinik.* Vortrag, gehalten auf dem 6. Rehabilitationswissenschaftlichen Kolloquium in Bad Säckingen.

Warschburger, P. (2000). *Chronisch kranke Kinder und Jugendliche.* Göttingen: Hogrefe.

Warschburger, P., Fromme, C., Wojtalla, N., Oepen, J. & Petermann, F. (1999). Stationäre Rehabilitation bei Adipositas: Konzepte und erste Ergebnisse eines Schulungsprogramms. In F. Petermann & P. Warschburger (Hrsg.), *Kinderrehabilitation* (161–188). Göttingen: Hogrefe.

Warschburger, P., Petermann, F., Fromme, C. & Wojtalla, N. (1999). *Adipositastraining mit Kindern und Jugendlichen.* Weinheim: Psychologie Verlags Union.

Weltgesundheitsorganisation (1991). *Internationale Klassifikation psychischer Störungen, ICD-10, Kapitel V (F).* Bern: Huber.

Whitaker, R. C., Wright, J. A., Pepe, M. S., Seidel, K. D. & Dietz, W. H. (1997). Predicting obesity in young adulthood from childhood and parental obesity. *New England Journal of Medicine, 337,* 869–873.

Zimmermann, E. (1997). *Interventionsbedürftiges Übergewicht bei Schulanfängern.* Bremen: Unveröffentlichte Mitteilung des Gesundheitsamtes Bremen.

Anorektische und bulimische Eßstörungen

*Manfred M. Fichter und Robert P. Liberman**

Hilde Bruch (1973), die sich während ihres gesamten Berufslebens intensiv mit Eßstörungen wie Anorexia nervosa, Bulimia nervosa (Thin-Fat-People) und psychogener Adipositas befaßte, formulierte dazu folgende Kardinalbereiche:
- Störungen des Körperbildes,
- Störungen der interozeptiven, propriozeptiven und emotionalen Wahrnehmung und
- ein allesdurchdringendes Gefühl eigener Unzulänglichkeit.

Dies ist relevant, um diese Eßstörungen zu verstehen und hilfreich für die Therapieplanung. Da die meisten Betroffenen weiblich sind, wird im folgenden Text die weibliche Form gewählt. Magersüchtige fasten, um dem herrschenden Schlankheitsideal zu entsprechen und es zu übertreffen; über ihre Fastenleistung sind sie stolz. Dabei ignorieren sie eigene Körpersignale von Hunger und Sättigung. Bulimische Patientinnen finden temporäre Erleichterung nach einem Heißhungeranfall; dieses stellt eine vorübergehende Antwort auf verschiedenste Stressoren dar. Es ist vergleichbar mit dem Trinken von Alkohol beim Alkoholiker. Eine Bulimikerin muß nicht mehr zwischen verschiedenen Arten von Stressoren unterscheiden, da die Heißhungerattacke kurzfristig Leid unterschiedlichster Ursache lindert. Damit wird die Wahrnehmung von Körpersignalen verlernt. Angemessene Bewältigungsstrategien von Problemsituationen erübrigen sich, da eine Antwort auf alles scheinbar reicht: Bei Magersucht das Fasten (und der damit verbundene Stolz, das Gefühl der Kontrolle über den Körper als einen Teil des Universums), bei Bulimia nervosa die Heißhungerattacke. Eßstörungen können als ein unzureichender, unangemessener Lösungsversuch angesehen werden, mit emotionalen Stressoren fertigzuwerden.

Die genannten Eßstörungen haben in den 60er bis zu den 80er Jahren in westlichen Industrieländern zugenommen. Das Bestehen eines Überflusses an Nahrung bei gleichzeitiger Betonung von Schlankheit und Fitneß als Schönheitsideal sind Grundbedingungen, ohne die diese Eßstörungen praktisch nicht vorkommen dürften. Wenn Anorexia oder Bulimia nervosa in Ländern der dritten

* Danksagung: Wir bedanken uns bei Bernd Köstler für die wertvolle Anregungen zum Fall von Gloria.

Welt beobachtet werden, erfolgt dies so gut wie ausschließlich in wohlhabenden Familien. In westlichen Industrieländern sind Eßstörungen in allen sozialen Schichten aufzufinden; sie betreffen nicht mehr (wie früher) vorwiegend Patienten höherer Schichten. Besonders gefährdet sind Menschen mit niedrigem Selbstwertgefühl, die bemüht sind, den herrschenden Normen, Idealen und Moden gerecht zu werden. Letztlich verhindert die Eßstörung eine konstruktive Bewältigung der ihr zugrundeliegenden Ängste und Unsicherheiten. Bei länger bestehende Eßstörungen kann es zu ernsten körperlichen und psychischen Folgeerscheinungen – sowohl für die Betroffenen als auch für das soziale Umfeld – kommen. Für Magersucht zeigten Langzeituntersuchungen über einen Zeitraum von zehn bis vierundzwanzig Jahren die höchste Mortalitätsrate aller psychischen Erkrankungen – bis zu 20% (Theander, 1985). Ein nicht unbeträchtlicher Teil weist einen chronischen Verlauf mit einer niedrigen Lebensqualität auf.

Tabelle 1:

Diagnostische Kriterien für die Eßstörungen nach dem DSM-IV (gekürzt)

Anorexia nervosa (307.1)
A) Weigerung, das Körpergewicht über einer für Alter und Größe minimalen Schwelle zu halten (Gewicht unter 85% des extrapolierten normalen Gewichts).
B) Ausgeprägte Angst vor einer Gewichtszunahme oder davor, dick zu werden, obgleich Untergewicht besteht.
C) Vorliegen von Körperschemastörungen; Selbstwertgefühl wird übermäßig durch subjektive Wahrnehmung der eigenen Figur und des eigenen Körpergewichts beeinflußt oder Leugnung der Ernsthaftigkeit eines bestehenden Untergewichts.
D) Amenorrhoe bei Frauen nach Eintreten der Menarche, das heißt Aussetzen von mindestens drei aufeinander folgenden Menstruationszyklen.

Zwei spezifische Untertypen werden nach DSM-IV unterschieden:
1. asketischer Magersuchttyp („restricting type"). Hier liegen keine „Freßattacken" oder „Purging behaviour" (selbstinduziertes Erbrechen oder Laxantienmißbrauch, Diuretikaeinnahme) vor;
2. bulimische Magersucht („purging type"). Hier liegen zusätzlich zu den Magersuchtsymptomen „Freßattacken" und „Purging behaviour" (selbstinduziertes Erbrechen, Mißbrauch von Laxantien oder Mißbrauch von Diuretika) vor.

Bulimia nervosa (307.51)
A) Wiederholte Episoden von „Freßattacken", die charakterisiert sind durch
   1. Essen in relative kurzer Zeit,
   2. das Gefühl, während der Episode die Kontrolle über das Essen zu verlieren.
B) Wiederholt unangemessene Verhaltensweisen zur Gegensteuerung einer Gewichtszunahme, wie zum Beispiel selbstinduziertes Erbrechen, Mißbrauch von Laxantien oder Diuretika, Fasten oder exzessives Maß an Körperaktivität.
C) Die „Freßattacken" und unangemessenen gegensteuernden Maßnahmen erfolgten mindestens zweimal pro Woche über drei Monate.
D) Das Selbstwertgefühl ist übermäßig durch die subjektive Wahrnehmung der eigenen Figur und des Körpergewichts beeinflußt.
E) Die Störung erfolgt nicht ausschließlich während einer Episode von Anorexia nervosa.

Zwei spezifische Untertypen von Bulimia nervosa werden unterschieden:
1. Bulimia nervosa mit Erbrechen oder Laxantien- bzw. Diuretikaeinnahme („purging type") und
2. Bulimia nervosa ausschließlich verbunden mit Fasten, Diät oder exzessiver körperlicher Bewegung, doch ohne Erbrechen oder Mißbrauch pharmakologischer Substanzen („nonpurging tape").

Die diagnostischen Kriterien nach dem DSM-IV (1996) und die internationalen Kriterien der ICD (Weltgesundheitsorganisation, 1991) sind sich recht ähnlich; allerdings sind die DSM-IV-Kriterien für Eßstörungen etwas ausgereifter und empirisch besser belegt. Tabelle 1 gibt in gekürzter Form die wesentlichen diagnostischen Kriterien nach DSM-IV. Damit sind die wesentlichen, wenn auch nicht alle, Symptome von Magersucht und Bulimia nervosa geschildert.

Bei Magersüchtigen stellt der selbst herbeigeführte Gewichtsverlust mit ausgeprägter Furcht vor einer Gewichtszunahme im Vordergrund. Die Patientinnen beschäftigen sich überwiegend mit ihrem Körpergewicht und ihrer Figur und nehmen ihren eigenen Körper, hingegen den Realitäten, als zu dick wahr. Häufig hängt ihr Selbstwertgefühl in hohem Maße von ihrem Körpergewicht und ihrer Figur ab. Infolge der Gewichtsabnahme kommt es zu einem Ausbleiben der Monatsblutungen (Amenorrhoe). Nach den DSM-IV-Kriterien wird eine rein asketische Magersucht von einer Magersucht mit „Freßattacken" und/oder unangemessenen, entgegenregulierenden Maßnahmen (z. B. Erbrechen) unterschieden (asketischer bzw. bulimischer Magersuchttyp).

Bulimia nervosa ist charakterisiert durch das wiederholte Auftreten von Heißhungerattacken gefolgt von unangemessenen, gegenregulierenden Maßnahmen zur Vermeidung einer Gewichtszunahme (z. B. Erbrechen). Die Heißhungerattacken – von den Betroffenen den Triebdurchbruch charakterisierend „Freßattacken" genannt – sind begleitet von einem Gefühl des Kontrollverlustes. Bei der Bulimia nervosa werden nach DSM-IV zwei Untergruppen unterschieden: Beim „Purging Type" wendet die betroffene Person regelmäßig selbstherbeigeführtes Erbrechen oder Mißbrauch von Laxantien, Diuretika o. ä. an. Beim „Non-purging Type" greift die betroffene Person als gegenregulierende Verhaltensweisen lediglich auf Fasten oder exzessive körperliche Betätigung zurück; sie zeigt jedoch kein Erbrechen oder Mißbrauch von Laxantien oder von Diuretika. Der Beginn einer anorektischen oder bulimischen Eßstörung fällt meist in das Teenageralter. Differentialdiagnostisch abzugrenzen sind Appetitverlust im Rahmen einer Depression oder anderen psychischen Erkrankungen. Zahlreiche organische Erkrankungen (Infektionserkrankungen, Tumoren) können zu Appetitlosigkeit und daraus resultierender Kachexie führen. Bei der diagnostischen Abklärung von Untergewicht ist es relevant, ob für das Untergewicht von Seiten der Patientin ein psychologisches Motiv besteht: Will sie schlank sein („Drive for Thinness") oder fehlt es aufgrund einer primär körperlichen Erkrankung oder einer Depression an Appetit. Der Ausdruck Anorexia nervosa kann fehlleiten: Magersüchtige leiden nicht unter Mangel an Appetit, sondern sie versuchen ihren Hunger zu unterdrücken und trotz Hunger nichts zu essen. Dies kann sekundär zu Störungen der Hunger- und Sättigungswahrnehmung und -regulation führen. Heißhunger kann auch bei körperlichen Erkrankungen wie z. B. Diabetes sowie in relativ seltenen Fällen bei einem Tumor im Hypothalamus auftreten.

Es ist davon auszugehen, daß anorektische und bulimische Eßstörungen multifaktoriell bedingt sind. Von Fall zu Fall in unterschiedlicher Gewichtung spielen dabei soziokulturelle Faktoren (Gleichaltrige, Schule, Medien, Elternhaus) sowie biologische Faktoren (genetisch bedingte erhöhte Vulnerabilität für psychische Erkrankung) und sonstige Belastungen (Lebensereignisse, chronische Belastung oder Konflikte) eine Rolle. Gezügeltes Eßverhalten stellt einen weiteren Risikofaktor für die Entstehung und Aufrechterhaltung von Eßstörungen dar. Wichtig für das Verständnis bulimischer Eßstörungen und für die Therapieplanung ist folgendes: Heißhungerattacken haben eine wichtige, kurzfristig spannungsabbauende Funktion. Unangenehme Gefühle wie Einsamkeit, Ärger, Wut und Traurigkeit werden nicht mehr differenziert wahrgenommen. Innere Spannungen können durch eine „Freßattacke" vorübergehend eine kurzfristige Lösung finden, die langfristig aber weiter in die Krankheit hineinführt.

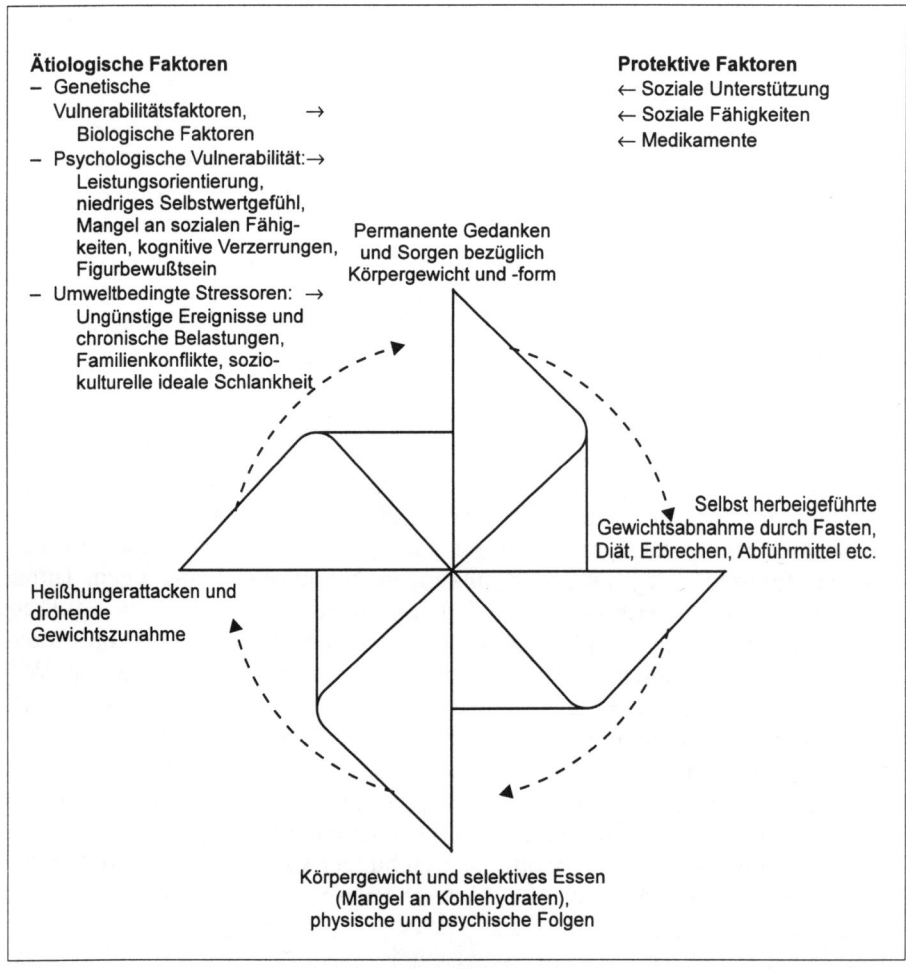

Abbildung 1:
Modell für die Entwicklung und Erhaltung von bulimischen Syndromen

Erklärungen für die Entstehung einer Magersucht gehen u.a. von dem Modell eines phobischen Vermeidungsverhalten bezüglich Essen und den damit im Zusammenhang stehenden körperlichen Veränderungen (z.b. sexuelle Reifung) in der Pubertät aus (Crisp, 1980). Im weiteren Verlauf können auch operante Faktoren (Reaktionen der Familie auf die Abmagerung) eine Rolle spielen. Auch bei der Magersucht erübrigt sich eine differenzierte Wahrnehmung von Körpersignalen und von Emotionen: Durch das Fasten und den damit verbundenen Stolz über die Gewichtsabnahme erfolgt eine kurzfristige Aufwertung des Selbstwertgefühls, der zumindest in dem Mikrokosmos der Kontrolle über den eigenen Körper erzielt wurde (vgl. Fichter & Warschburger, 2000).

Abbildung 1 stellt schematisch ätiologisch bedeutsame Faktoren dar, die bei Nahrungsüberfluß und Schlankheitsdruck selbstunsicherer Jugendliche in den circulus vitiosus einer Magersucht oder Bulimia nervosa bringen können.

Neurotransmitter wie Neuroadrenalin und Serotonin in bestimmten Arealen des Hypothalamus spielen eine maßgebliche Rolle für die Regulation des Eßverhaltens. Inwieweit die bei eßgestörten Patientinnen aufgezeigten Veränderungen in diesem Bereich eine ursächliche Rolle spielen ist fraglich, da Untersuchungen zeigen konnten, daß diese Veränderungen auch durch Fasten bei gesunden Probanden induziert werden können (Fichter & Pirke, 1986).

1 Störungsbild und Differentialdiagnostik: Der Fall Christina

Christina war erstmals mit 16 Jahren an einer anorektischen Eßstörung erkrankt. Mit 22 Jahren war sie erstmals auf einer offenen psychiatrischen Station in Behandlung. Obwohl sie bei normaler Körpergröße nur 32 Kilogramm wog, hatte sie dennoch außergewöhnliche Angst zu dick zu werden. Sie setzte sich mit ihrer Figur und mit dem Essen auseinander, hatte eine niedrige Selbstachtung und war depressiv. Ihre Sorge über Gewichtszunahme und ihre Meidung des Essens hatte ein extremes, phobisches Ausmaß erreicht.

In den ersten zwei Wochen wurde eine gründliche Verhaltensanalyse auf folgender Basis durchgeführt:
– Selbsteinschätzungs-Fragebogen,
– Verhaltensbeobachtungen von den Krankenschwestern während der Essenszeiten,
– Explorationen durch den Therapeuten und
– Selbsteinschätzungen zur Nahrungsaufnahme.

Die Patientin führte ein sogenanntes Ernährungstagebuch über Nahrungsaufnahme (wann, was, wo, wieviel?) sowie über Dinge, die möglicherweise funktional damit zusammenhingen (vorhergehende Ereignisse sowie die Konsequenzen ihres Eßverhaltens). Dies half ihr die funktionelle Assoziation zwischen externen Ereignissen (z.B. Sprechen vor Menschen oder das Erledigen von bestimmten Aufgaben, die Angstzustände ausgelöst hatten), ihr eigenes

Verhalten in diesen Situationen (Fasten, erhöhte Körperbewegung) und die Konsequenzen dieses Verhaltens (stolz sein über das Erreichen eines selbst gesetzten Zieles, z. B. Gewichtsverlust oder eine schlanke Figur) besser zu erkennen. Die Verhaltensanalysen zeigten eine hohe Leistungsorientierung, eine große Angst zu versagen, verschiedene Verhaltensauffälligkeiten (exzessive körperliche Bewegung, Fasten um eine schlanke Figur zu erlangen) und Verhaltensdefizite hinsichtlich ihrer sozialen Fähigkeiten. Auch in den Rollenspiel-Sitzungen konnte sie nicht „nein" zu Forderungen anderer sagen, wenn sie „nein" meinte. Lediglich beim Essen konnte sie sich erfolgreich verweigern. Sie hatte nicht die soziale und kommunikative Fähigkeiten ihre eigene Bedürfnisse, Wünsche und Emotionen zu äußern. Wegen ihres Mangels an sozialen Fähigkeiten hatte sie sehr große Angst, Männer könnten Annäherungsversuche machen. Ihre äußere Erscheinung war recht attraktiv, doch ihre kachektische Figur sollte sie vor diesen angst-provozierenden Situationen schützen.

Die folgenden Behandlungsziele wurden im Team und mit Christina festgelegt:
– Aufbau der sozialen Fähigkeiten in Rollenspiel-Sitzungen sowie in einfacheren „Hausaufgaben",
– das Lernen von Muskelentspannung zur Spannungsreduktion und
– die Zuführung einer ausreichenden Menge von Kalorien bei den Mahlzeiten mit dem Ziel, das Körpergewicht mit mindestens 100 Gramm pro Tag erhöhen.

Der zuständige Therapeut hatte versäumt, eine ausreichende Analyse über die eventuellen positiven Verstärker zu machen, die in einem verhaltenstherapeutischen Gewichtsprogramm eingesetzt werden sollten. Er hat das Gewichtsprogramm zu schnell eingeführt, ohne daß Christina wirklich dazu bereit war und zugestimmt hatte. Auch waren die positiven Verstärker bei einer erfolgreichen Gewichtszunahme nicht ausreichend. Mehrere Wochen hatte sich Christina gegen eine Gewichtszunahme gewehrt und das Programm hintergangen. Dann passierte etwas Dramatisches: Da anscheinend die Behandlung erfolgreich war, wurde vom Vorgesetzten des Therapeuten angeordnet, daß Christina in ein anderes Krankenhaus verlegt werden sollte. Dort sollte sie auf einer internistischen Station per Sonde oder Hyperalimentation dazu gebracht werden, an Gewicht zuzunehmen. Christina fühlte sich von ihrem Therapeuten im Stich gelassen. Sie antwortete darauf, daß sie auf keinen Fall in das andere Krankenhaus gehen würde und bestand auf ihrer Entlassung aus der psychiatrischen Abteilung. Christinas hartnäckiges Beharren auf ihrer Entlassung führte in eine für das therapeutische Team sehr schwierige Situation. Sie nicht zu entlassen hieß, sie gegen ihren Willen per Gerichtsbeschluß unterzubringen. Dies wäre zwar möglich gewesen, hätte aber in ein therapeutisches Dilemma geführt. Über kurze Zeit hätte dieses scheinbar erfolgreich sein können. Langfristig hätte Christina den Kampf gegen die Ärzte vermutlich „gewonnen". Erfahrene Kliniker wissen, daß die Anwendung von Zwang zu einer therapeutischen Katastrophe führen kann. Andererseits hätte es erhebliche Risiken beinhaltet, sie in ihrem kachektischem Zustand ganz zu entlassen, obwohl sie darauf bestand. Dazu kam noch, daß sie erst kurz vor ihrer Aufnahme von einem östlichen europäischen Land nach Deutschland gekommen war. Eine Rückkehr in ihre Heimat war ausgeschlossen und Verwandte in Deutschland hatte sie praktisch keine.

Schließlich konnte doch eine kreative Lösung aus diesem Dilemma gefunden werden. Zentrale Erkenntnis des therapeutischen Teams war, daß sich Christina durch den Vorfall von ihnen im Stich gelassen und abgeschoben fühlte. Sie hatte ihnen ihr Vertrauen geschenkt und fühlte sich nun maßlos enttäuscht. Deshalb war es sehr wichtig, daß das therapeutische Team seine Vertrauenswürdigkeit bewies. Das therapeutische Team entschied sich, ihr Bestehen auf einer Entlassung ganz wörtlich zu nehmen, so daß die Patientin ihr Gesicht nicht verlieren würde. Damit sollte ein unnötiger Machtkampf vermieden werden. Sie hatte gesagt, daß sie auf eine Entlassung besteht; sie hatte sich jedoch nicht dazu geäußert, wann oder für wie lange sie entlassen werden wollte. Nicht nur wir, sondern auch Christina merkten, daß sie sich mit ihrer Halsstarrigkeit hinsichtlich ihrer Entlassung in einer Sackgasse befand. Durch eine zeitlich begrenzte Entlassung sollte ihr eine Brücke gebaut werden. Sie war extrem erleichtert, als ihr mitgeteilt wurde, daß das Team mit ihrer Entscheidung für eine Entlassung einverstanden war. Daraufhin wurde ihr vorgeschlagen, daß sie nach zehn bis zwölf Tagen wieder in derselben Abteilung aufgenommen werden sollte, um mit der Behandlung fortzufahren. Dieses Angebot war für sie eine Erleichterung, denn es zeigte, daß das Team seine Verantwortung ihr gegenüber ernst nahm. Darüber hinaus wurden mit ihr und dem Team vor der Kurzentlassung künftige therapeutische Ziele und Vorgehensweisen besprochen und in einem Kontrakt festgelegt. Durch diese detaillierten Vereinbarungen zur folgenden Therapie nach Wiederaufnahme wurde diese für alle Beteiligten transparenter. Christina und das therapeutische Team einigten sich auf ein Gewichtsprogramm mit einer Zunahme von 150 Gramm pro Tag. Es wurden relevantere Verstärker in einem Kontrakt zur Gewichtszunahme vereinbart. Diese Verstärker gaben ihr die Möglichkeit, klassische Musik in der Klinik zu hören, die Erlaubnis das Krankenhaus zu verlassen, um in der Nähe spazierenzugehen, in der Stadt zu bummeln sowie an einem Gymnastikkurs teilzunehmen. Zehn Tage nach ihrer Entlassung kam sie, wie vereinbart, in die Klinik zurück. Von diesem Zeitpunkt an nahm sie Gewicht zu wie in dem Gewichtsprogramm vereinbart worden war. Die positiven Verstärker wurden kontingent mit einer Gewichtszunahme eingesetzt. Darüber hinaus nahm sie an einer Gruppe zum Training sozialer Fähigkeiten teil. Schritt für Schritt lernte sie, wie sie (ohne die Angst, andere zu verletzen oder von ihnen zurückgewiesen zu werden) „nein" sagt, wenn sie „nein" meinte. Sie lernte zunehmend ihre Bedürfnisse und Gefühle auszudrücken. Diese sozialen Fähigkeiten halfen ihr, anfallende Probleme besser zu lösen. Auf diesem Weg konnte sie ihre Schüchternheit und ihre übermäßige Ängste deutlich abbauen. Da sie jetzt andere Möglichkeiten gelernt hatte, mit ihren Ängsten fertig zu werden, war ihre Magersucht zunehmend überflüssig geworden. Christina war aktiv in die Therapieplanung mit einbezogen worden. Dies hatte zur Verbesserung ihrer Therapiemotivation beigetragen.

Jede Krise birgt in sich auch eine Chance für eine Veränderung. In dieser Krise in der Behandlung von Christina konnte eine kreative Lösung gefunden werden, die den Weg für einen erfolgreichen Abschluß der Behandlung eröffnete. Die Patientin konnte ihr Vertrauen in das therapeutische Team wieder finden und erfuhr, daß ihre eigenen Wünsche und Entschlüsse respektiert wurden. Während der Krise erkannte Christina, daß ihre Magersucht eine Sackgasse darstellte. Nach Lösung der akuten Krise war sie für Verhaltensänderungen offen, die sie schließlich von ihrer Krankheit befreiten und in ein gesundes Leben zurückführten. Verlaufsuntersuchungen nach drei und sieben Jahren zeigten, daß Christina ihre berufliche Ausbildung erfolgreich abgeschlossen hatte und ihre Magersucht Vergangenheit war. Bei einer Nachuntersuchung sieben Jahre nach Klinikentlassung zeigte sich, daß sie verheiratet war und zwei Kinder hatte.

Bei Beginn einer Therapie oder bei Auftreten einer Krise ist die Herstellung einer vertrauensvollen Beziehung, wie der Fall Christina zeigt, von sehr großer Bedeutung. Man kann die Lösung des akuten Konfliktes im Fall Christina u. a. als eine Erweiterung des Bezugsrahmens (Reframing) verstehen. In einem engen Bezugsrahmen gab es nur die Möglichkeit einer Entlassung oder einer Unterbringung gegen ihren Willen. In einem erweiterten Bezugsrahmen wurde der Gesamtkontext, Ergebnisse der Verhaltensanalyse und die Psychopathologie der Magersucht berücksichtigt. Christinas entschlossene Aussage („Ich will entlassen werden!") wurde ernstgenommen, aber nicht übergeneralisiert. Das Vorliegen einer Ambivalenz gegenüber der Behandlung ist bei Magersüchtigen eher die Regel als die Ausnahme, es sei denn, sie haben schon eine konstruktive Therapie gemacht. Da die Erkrankung für den Patienten kurzfristig auch positive Aspekte hat, ist es nicht einfach, die Symptome der Magersucht aufzugeben, zumal wenn Ängste übermächtig sind. Nicht selten werden Magersüchtige von genervten Angehörigen zur Therapie gebracht. Es ist wichtig, den hilflosen Angehörigen Perspektiven zu eröffnen. Allerdings muß der Therapeut bei Eßgestörten im Jugendalter (oder jungen Erwachsenenalter) aufpassen, daß sie ihn nicht als Koalitionspartner des Angehörigen, sondern als psychologischen Anwalt und Vertrauten der Patientin sehen. In einer Motivationsphase muß die Motivation bei der Patientin oft erst aufgebaut werden. Aus Erfahrung kann berichtet werden, daß es viele kreative Wege gibt, einen Machtkampf mit Magersüchtigen zu vermeiden. Wenn eine gute Vertrauensbasis zwischen Patientin und Therapeut hergestellt ist, sollte dies dann auch therapeutisch genutzt werden, um die intrinsische Motivation der Patientin zu aktivieren und sie zu ermuntern, Neuland zu begehen. Dann wird es möglich, eine durch die Magersucht bestehende Einschränkung der emotionalen und sozialen Entwicklung zu lösen und die Entfaltungsmöglichkeiten der Patientin zu verbessern.

2 Interventionsprinzipien: Aufbau von Therapiemotivationen

In den folgenden fünf Punkten sind in allgemeinerer Form Möglichkeiten aufgeführt, ambivalente, unzureichend motivierte Patientinnen therapeutisch wei-
terzubringen:

Laß der Patientin eine Wahl. Therapeuten haben üblicherweise Konzepte
darüber, was eine Patientin tun oder lassen sollte und was erstrebenswerte
Therapieziele wären. Es ist nicht sinnvoll, diese Konzepte und Ziele der Patientin aufzudrängen oder aufzuzwingen. Wie wir alle ziehen es auch magers-
süchtige und bulimische Patientinnen vor, über alternative Möglichkeiten informiert zu werden und dann Entscheidungen selbst treffen zu können.

Informationsvermittlung. Versorge die Patientin mit relevanten Informationen und laß sie einen ersten kleinen Schritt selbständig vollziehen. Dieser
kleine Schritt muß so dosiert sein, daß er für die Patientin auch zu schaffen
ist. Wenn Angehörige eine jugendliche oder erwachsene Patientin anmelden,
erscheint es nicht besonders klug, über den Kopf der Patientin hinweg einen
Termin zu vereinbaren. Bei einer ängstlichen, tief in der Magersucht stecken-
den Patientin kann es ausreichen, wenn sie einige schriftlich vorgegebene Fragen bearbeitet und angibt, daß sie selbst eine Therapie in der angegebenen
Einrichtung will und dies unterschreibt. Dies soll ihr erster kleiner Schritt sein.
In Einrichtungen der Kinder- und Jugendpsychiatrie/psychologie besteht bisweilen die Tendenz, Jugendliche (wie Kinder) im Rahmen der Therapie zu
bevormunden. Nach unseren Erfahrungen ist es bei Jugendlichen und Eßgestörten sinnvoll, sie in ihrem Erleben, ihrer Meinung und ihre Ängsten in der
Zeit ihrer adoleszenten Selbstfindung besonders ernst zu nehmen. Es ist kein
Widerspruch dazu, auch den besorgten Angehörigen zuzuhören und festgefahr-
rene Situationen oder Machtkämpfe zwischen Patientinnen und Angehörigen
durch geschickte Interventionen abzubauen. Jugendliche Patientinnen bedürfen
auch Anleitung und können mit sehr komplexen Entscheidungsvorgaben überfordert sein.

Paradoxe Interventionen. In seinem Buch „Anleitung zum Unglücklich sein"
gibt Watzlawik einige hervorragende Beispiele für paradoxe Interventionen.
Diese sollten in der Regel in einem Gesamtkontext der Therapie gut geplant
eingesetzt werden und können dann tote Strecken überwinden helfen und Bewegung in die Therapie bringen. Manche Patientinnen gehen von Therapeut
zu Therapeut, machen eine Therapiegruppe nach der anderen und verstehen
es, in theatralischer Darstellung andere zumindest kurzfristig in dem Bann
ihres „traurigen Schicksals" zu ziehen. Sie beklagen, daß ihnen nichts gelänge
und alles schiefginge. Der jetzige Therapeut sei „ihre letzte Chance", doch
vermutlich werde auch die neubegonnene Therapie wieder nicht helfen. Seit
Beginn der Therapie seien wieder vermehrt Heißhungerattacken aufgetreten.
Wer wirklich verzweifelt ist bedarf des Trostes, doch wer wiederkehrende Plat-
ten auflegt, die zu nichts führen, ist durch tröstende Reaktionen nicht zu erreichen. Hier kann es sinnvoll sein, wenn der Therapeut (anstelle der Patientin)

die mutmaßlich schlimmsten Befürchtungen der Patientin ausspricht. Dies führt dann meistens bewußt oder unbewußt auf seiten der Patientin zu einem schnellen Rollenwechsel. Oft antwortet sie dann, daß sie in der Tat diese Gedanken hatte, erstaunt sei, daß der Therapeut dies wisse, daß sie aber meine, diese Gedanken unter Kontrolle zu haben und sie doch genügend Kraft und Energie fühle, aus der Erkrankung herauszukommen. Paradoxe Interventionen können die gesunden Anteile in der Patientin durch dosierte Provokationen zum Leben erwecken. Eine weitere Variante des Umganges mit einer therapieunzufriedenen Patientin ist es, das Therapieziel in dosierter provokativer Weisc umzuformulieren. Statt „Heilung" könnte auch die Perfektionierung der bestehenden bulimischen Verhaltensweisen als Therapieziel formuliert werden. Dies würde nicht Abbau, sondern Ausbau der Eßstörung beinhalten, so daß sie emotionale Reaktionen ihrer Angehörigen und Freunde noch direkter oder unmittelbarer erwirken kann. Es gibt in der Tat Menschen, die dies seit vielen Jahren „erfolgreich" praktizieren, und „man kann lange mit der Erkrankung leben und bei entsprechender Expertise in der Erkrankung auch alt damit werden". Dieses läßt sich bildhaft oder mit Beispielen noch plastischer und drastischer vermitteln. Die dosierten Übertreibungen rufen bei der Patientin kognitive und emotionale Gegenreaktionen hervor, die in der Regel ihre gesunden Anteile ansprechen.

Im Verlauf der Therapie von Anke, einer 18jährigen Magersüchtigen, stagnierte die Therapie. Sie machte Lippenbekenntnisse zu ihrer Motivation und Änderungsbereitschaft, tat effektiv aber nichts: Das Einhalten von drei festen Mahlzeiten am Tag war aufgrund irgendwelcher Ausreden nicht möglich, und es fand sich keine Zeit für das Ausfüllen von Eßprotokollen. Ihr sehr niedriges Gewicht war seit längerem während der Therapie bei 35 Kilogramm stehengeblieben. Dennoch war in den zurückliegenden Therapiesitzungen ein verständnisvolles Klima und eine, für die gegenwärtige Phase, ausreichende Vertrauensbasis entstanden, so daß der Therapeut sich entschloß, die Technik der Zeitprojektion zu nutzen: „Sie sind jetzt seit 6 $^1/_2$ Jahren magersüchtig. Nachdem die Vergangenheit der beste Prädiktor für die Zukunft ist, ist anzunehmen, daß dies auch weiterhin so bleiben würde. Stellen Sie sich vor, wie es Ihnen geht, wo Sie leben und was Sie tun, wenn sie sechzig Jahre alt sind. Vermutlich sind Sie immer noch magersüchtig und haben ein niedriges, aber nicht lebensbedrohliches Untergewicht." Dann wurden die Vorteile hervorgehoben, welche sie als weiterhin Magersüchtige haben würde (Vermeidung der Risiken von persönlichen oder sexuellen Beziehungen, einschließlich der Gefahr, in Beziehungen seelisch verletzt zu werden; Vermeidung von Streß durch das Entfallen einer dauerhaften beruflichen Tätigkeit etc.). „Natürlich beinhaltet das Festhalten an der Magersucht auch, daß Sie ein eingeschränktes Leben ohne Partner haben, ohne Sexualität, ohne Kinder und höchstwahrscheinlich in finanzieller Abhängigkeit von Angehörigen oder dem Sozialamt. Auf der anderen Seite gibt es eindeutige Vorteile, wenn Sie Ihren anorektischen Lebensstil beibehalten: die Sicherheit, keine schwereren Risiken eingehen zu müssen." Diese zeitlich gut abgestimmten paradoxen Interventionen provozierten die gesunden

Anteile der Patientin. Anke reagierte auf diese Intervention so, daß sie es dem Therapeuten mit Taten beweisen wollte, daß es in der Tat so schlimm um sie nicht bestellt war.

Unterstützende Umgebung und Aufbau von Vertrauen. Wie in dem Fall Christina brauchen anorektische und bulimische Patientinnen Hilfe und Unterstützung, selbst wenn sie den Anschein erwecken, sie würden jede Hilfe ablehnen. Im dem Fall Christina konnte eine sehr schwerwiegende Krise erfolgreich genutzt werden, um das in Frage gestellte Vertrauen erneut aufzubauen, ein neues Bündnis zu machen und auf dieser Basis eine konstruktive neue Therapiephase einzuleiten. Eine vertrauensvolle Beziehung, ein gutes therapeutisches Bündnis erleichtert die weitere Therapie erheblich, zum Beispiel bei der Einführung eines Kontrakts zur Gewichtszunahme bei Magersüchtigen. Ein gutes therapeutisches Bündnis, positive Verstärkungen und Fortschritte in kleinen Schritten aktiv zu machen, die Vermittlung sozialer Fertigkeiten und die Eröffnung von konkreteren Zukunftsperspektiven tragen dazu bei, die Ängste einer Patientin vor einer Gewichtszunahme zu reduzieren.

Mit der Patientin in Verbindung bleiben. Patientinnen mit erhöhten Risiken sollte der Therapeut auch im weiteren Verlauf (manchmal reicht ein Telefonanruf oder ein weiter entfernter Nachsorgetermin) im Auge behalten. Für die weitere Prognose ist nicht so bedeutsam, ob Rückfälle auftreten, sondern ob und wie diese Rückfälle mit oder ohne therapeutische Hilfe bewältigt werden. Wichtig ist, daß die Patientin „dran bleibt" (und wenn erforderlich, der Therapeut ebenfalls). Traudl hatte eine Magersucht, die nach multiplen Rückfällen langfristig schließlich einen positiven Verlauf nahm. Im Alter von 17 Jahren traten erste Symptome einer bulimischen Anorexia nervosa auf. Als sie in unsere Behandlung kam, war sie 24, lebte bei ihren Eltern und arbeitete als Kindergärtnerin in einem Kindergarten. Dort hatten sich Rivalitätskonflikte entwickelt und sie war unfähig, sich ausreichend zu artikulieren, um ihre Wünsche und Bedürfnisse einzubringen. Sie mußte im Verlauf insgesamt vier Mal in ein psychiatrisches Krankenhaus eingewiesen werden, die ersten drei Male allein durch Angehörige und den Hausarzt veranlaßt. Wenngleich eine positive therapeutische Beziehung zu bestehen schien, blieb sie über längere Zeit der Behandlung gegenüber ambivalent. Den alltäglichen Konflikten ausgesetzt, wurde sie schnell wieder rückfällig. Mit jeder stationären Behandlung, die gut aufeinander aufbauten, besserten sich Traudls soziale Fertigkeiten und ihr Selbstbewußtsein. Bei einer Nachuntersuchung acht Jahre nach Therapieende war sie verheiratet, hatte zwei Kinder und war nach eigenen Auskünften so gut wie frei von ihrer früheren bulimischen Magersucht.

Während einige Magersüchtige mit etwas therapeutischer Unterstützung an Gewicht zunehmen, gibt es andere, die sich dabei sehr schwer tun (vgl. den Fall Christina). Sehr hilfreich ist hier ein verhaltenstherapeutischer Kontrakt, der zwischen Patient und Therapeut „auszuhandeln" ist. Der Therapeut sollte unbedingt vermeiden, dies zum „Powerplay" zwischen Patient und Therapeut werden zu lassen. Auch in der „vernagelsten" Magersüchtigen sind gesunde

Anteile zu finden, wenn man sie genügend sucht und fördert. Diese gilt es zu verstärken und die Patientin beim Kampf gegen die Krankheit in ihr zu unterstützen. Es ist wichtig, den Kontrakt so zu besprechen und zu gestalten, daß die Patientin ihn klar akzeptiert. Es lohnt sich, mögliche Verstärker genau abzuklären. Diese können von Fall zu Fall sehr unterschiedlich sein und müssen nach der Spezifika eines betreffenden Falls ausgerichtet sein. Ein Kontrakt der Verstärker „einsetzt", die letztlich keine großen Anreize für die Patientin beinhalten, sind ineffektiv und verlängern nur ihr Leiden. Es ist ein Anfängerfehler, derartige Gewichtskontrakte zu mild und nachsichtig zu gestalten. Die Verstärker müssen genügend Anreiz haben, die Patientin zu motivieren, um die in kleine Etappenziele zerlegten Therapieziele zu erreichen. Zu beachten ist auch das Timing bei Gewichtskontrakten: Patientinnen mit extrem ausgeprägten Ängsten, sehr großem Mangel an Selbstwertgefühl und einem allesdurchdringenden Gefühl eigener Unzulänglichkeit (im Sinne von Hilde Bruch) benötigen parallel zur Gewichtszunahme Hilfen für den Abbau ihrer Ängste und Unsicherheiten. Konzeptuell bestehen Ähnlichkeiten zwischen einer Expositionsbehandlung bei Patienten mit einer Angsterkrankung und der Konfrontation einer Magersüchtigen mit Gewichtszunahme. Bereits 1980 hatte Crisp die Magersucht im Sinne einer Gewichtsphobie beschrieben.

3　Störungsbild und Differentialdiagnostik: Der Fall Gloria

Gloria war im Alter von 17 Jahren an einer Bulimia nervosa erkrankt. Mit 22 Jahren kam sie erstmals in eine stationäre Therapie. Die Initiativen dazu waren überwiegend von ihren Eltern ausgegangen und Gloria fügte sich. Zu einem ambulanten Vorgespräch kam sie recht widerstrebend. Sie kleidete sich wie ein Model und sah – entsprechend geschminkt – wie das blühende Leben und nicht wie eine schwer psychisch Kranke aus. Auf der Stuhlkante sitzend vermied sie im Gespräch jeglichen Blickkontakt mit dem Therapeuten, während die Eltern ihre Sorgen über Gloria darlegten. Sie hatte meist mehrmals täglich Heißhungeranfälle und vertilgte dann große Mengen von Essen innerhalb von 10 bis 30 Minuten. In einem typischen Heißhungeranfall stopfte sie fünf Stück Kuchen, ein halbes Pfund Käse, große Mengen Eiskrem, Würstchen sowie Schokolade in sich hinein. Als Studentin noch im Haushalt ihrer Eltern wohnend führte dies zu Streitigkeiten, wenn nichts im Kühlschrank sicher vor ihr war und sie auch den anderen das Essen wegaß. Die Eltern fragten den Therapeuten, ob sie in der Erziehung vielleicht etwas falsch gemacht hatten. Sie fuhren – ohne eine Antwort abzuwarten – fort, daß ihr Familienleben doch immer so harmonisch gewesen sei und das sie Glorias Eßstörung gar nicht verstehen könnten. Niemals habe es zuvor Streit in der Familie gegeben. Möglicherweise hänge es mit dem Einfluß von George, dem Freund von Gloria, zusammen. Gloria war während des Erstgespräches die ganze Zeit ruhig und wirkte wie abwesend, während ihre Eltern über sie sprachen. Anschließend alleine im Gespräch mit dem Therapeuten sprach Gloria etwas offener über ihre Eßstörung. „Es fällt mir schwer, über die Heißhungeranfälle zu sprechen, da sie für mich etwas sehr Persönliches und Intimes sind und ich sie deshalb auch heimlich mache und mich deshalb schäme. Drei Jahre lang wußte niemand anders über meine Eßstörung Bescheid. Vor sechs Monaten brach ich die Beziehung zu George, meinem Freund, ab. Ich hatte Angst, daß er mich abscheulich und ungeeignet finden würde, wenn er über meine Heißhungeranfälle und Erbrechen erfahren würde. Ich wollte niemanden in meiner Wohnung in der Nähe der Universität sehen, denn es machte mich nervös, wenn ich Heißhungeranfälle hatte und diese nicht wahrnehmen konnte, wenn jemand um mich herum war. Manchmal fühlte ich mich so angewidert über mein Eßverhalten, daß ich mich entschlossen hatte, mit den Heißhungeranfällen aufzuhören. Ein paar Tage lang habe ich dann nur einen halben Becher Yoghurt am Tag gegessen. Mein Hunger wurde zeitweise so unkontrollierbar stark, daß ich schließlich noch mehr Heißhungeranfälle hatte."

Gloria hatte große Ängste davor, dick zu werden, und erbrach deshalb nach jedem Heißhungeranfall, indem sie ihren Finger in den Hals steckte. Danach fühlte sie sich erschöpft und schlief meist ein. In den letzten Monaten hatte sie sich von fast all ihren Bekannten und Freunden isoliert. Sie mied Besuche bei ihren Eltern, da sie an ihr wegen ihrer Eßstörung herumnörgelten. Bei Vorlesungen und Seminaren im Studium hatte sie große Schwierigkeiten sich zu konzentrieren. Sie konnte sich nicht vorstellen, daß sie jemals ihre Examen bestehen würde. Ihre Gedanken waren auf ihr Körpergewicht, ihre Figur und Essen eingeengt. Sie hatte Angst, die Kontrolle über ihr Eßverhalten ganz zu verlieren und fettsüchtig zu werden. Im Studium fühlte sie sich als Versager. Auch konnte sie sich nicht vorstellen, jemals eine gute Haus- oder Ehefrau zu werden oder im Beruf zu bestehen. Sie konnte sich nicht vorstellen, daß irgend jemand sie „wirklich" mögen oder lieben könnte, wo sie doch diese ekelhafte Eßstörung habe. Wenn ihre Gedanken nicht ums Thema Essen und Figur kreisten, hatte sie selbsterniedrigende Gedanken, die die Realitäten negativ verzehrten. Bei Beginn der Therapie stützte sie der Therapeut und sprach ihr Mut zu und bestärkte ihre Änderungsbereitschaft, da wo sie sichtbar wurde. Der Therapeut betonte, daß sie aus der Eßstörung herauskommen könne, daß dies aber nur gelingen würde, wenn sie selbst aktiv mitarbeitet und bereit ist, in ihrem Leben Veränderungen vorzunehmen. Gloria erhielt detaillierte Informationen über die Erkrankung, mögliche medizinische Folgen und die Schwerpunkte der Therapie wurden ihr so transparent wie möglich gemacht. Auf Anregung des Therapeuten listete Gloria auf der linken Seite eines Blattes alle Gründe für eine Beendigung der Eßstörung, auf der rechten Seiten alle Gründe für eine Beibehaltung der Eßstörung auf.

Körperliche Untersuchung. Körperliche oder andere physische Erkrankungen als Ursache der Heißhungerattacken wurden ausgeschlossen. Glorias Gewicht betrug 55,1 kg bei einer Körpergröße von 1,64 cm. Dies entspricht einem „Body-Mass-Index" (BMI) von 20.5

$$\frac{\text{Körpergewicht in Kilogramm}}{(\text{Körpergröße in Metern})^2} = \text{BMI}$$

Sie lag so gewichtsmäßig im unteren Normbereich. Am rechten Handrücken hatte sie eine Narbe vom häufigen Aufbiß des Oberkiefers beim selbstinduzierten Erbrechen – ein Zeichen, das bei krankheitsverleugnenden Patientinnen auf die Fährte der richtigen Diagnose führen kann. Sie hatte kariöse Zähne und vor den Ohren beidseits waren Schwellungen der Speicheldrüsen zu tasten, die ihr Gesicht geringfügig entstellten. Gelegentlich hatte sie ein schmerzhaftes Brennen im Magen und der Speiseröhre – alles Folgesymptome des Erbrechens. Ein chronisch erniedrigter Kaliumblutspiegel kann folgenreich sein und zu irreversiblen Nierenschädigungen und Herzrhythmusstörungen führen. Informationen über medizinische Folgen von Heißhungerattacken und Erbrechen sollten jeder Patientin bekannt sein. Das Wissen darum kann mit dazu beitragen, den Entschluß zu fassen, wirklich etwas tun zu wollen und das eigene Leben zu verändern.

Psychologische Untersuchung. Es bestanden Heißhungerattacken mit Verschlingen größerer Mengen von Essen in einem relativ kurzen Zeitraum, verbunden mit einem Gefühl des Verlustes der Kontrolle über das Essen. Um einer Gewichtszunahme entgegenzuwirken, erbrach die Patientin nach den Heißhungerattacken; außerdem nahm sie häufig Abführmittel, machte immer wiederholt strikte Diäten, fastete gelegentlich und versuchte durch übermäßige körperliche Betätigung weitere Kalorien zu verbrennen. Ihre Gedanken kreisten um Essen, Figur und Gewicht und sie zählte jede Kalorie, die sie zu sich nahm. Sie erfüllte damit die Kriterien für Bulimia nervosa (siehe Tab. 1). Darüber hinaus hatte sie – relativ häufig bei Bulimia nervosa zu beobachten – depressive Stimmungsschwankungen. Ihr niedrigstes Körpergewicht hatte sie zwei Jahre zuvor; damals war auch für mehrere Monate die Regelblutungen ausgeblieben, so daß sie für den damaligen Zeitpunkt auch die Diagnose einer Anorexia nervosa (Bulimic Type) erfüllte. Im Verlauf der Eßstörung war es zu beträchtlichen Gewichtsschwankungen gekommen; ein deutliches Übergewicht war bisher nicht aufgetreten.

Familienanamnese. Es zeigte sich, daß ihre Mutter – nach Geburt des Bruders der Patientin – eine depressive Episode hatte; diese wurde eine zeitlang erfolgreich mit einem Antidepressivum behandelt. Ihre Großmutter hatte Selbstmord begangen, doch war näheres dazu nicht zu erfahren.

4 Erklärungsansätze: Am Beispiel des Falles Gloria

Abbildung 1 stellt die wesentlichen ätiologisch-bedeutsamen Faktoren dar, die in ein Teufelskreis bulimischer Symptome führen können. Eine nähere Betrachtung dieser ätiologischen Faktoren zeigte bei Gloria folgendes:

Biologische Faktoren. Die Familienanamnese deutete auf eine möglicherweise erhöhte biologische Vulnerabilität für affektive Erkrankungen und emotionale Labilität hin. Gloria selbst hatte ebenfalls depressive Symptome, die als Folge ihrer bulimischen Eßstörung (Scham- und Schuldgefühle über diese Symptome) oder als Ausdruck für disponierende biologische Faktoren gesehen werden können (Fichter & Nögel, 1990; Kendler et al., 1991).

Psychologische Vulnerabilität. Glorias Kindheit und Jugend war „auffällig unauffällig". Sie versuchte stets, den Erwartungen ihrer Eltern und Lehrer gerecht zu werden, und war in der Schule bemüht, stets gute Leistung zu erbringen. Glorias Vater war ein erfolgreicher Handwerker mit eigenem Betrieb, der sich sehnlichst wünschte, er hätte an der Universität studiert. Er war musisch interessiert und konnte bisweilen locker und ausgelassen sein. Glorias Mutter war vom strengeren Wesen. Als Glorias Bruder geboren wurde, hatte sie ihr Medizinstudium abgebrochen und bedauerte es seitdem nur „Hausfrau" zu sein. Glorias Intelligenz und ihre Talente wurden von ihren Eltern gefördert. Diese Förderung war allerdings verbunden mit entsprechenden Erwartungen und gute Leistungen. Ihr Vater sah in ihr eine talentierte Künstlerin und war sehr dafür, daß sie Kunst studieren sollte. Dagegen war es der Wunsch der Mutter, daß Gloria – anders als sie selbst – ein Medizinstudium abschließen und in diesem Beruf Erfolg haben sollte. Dies war eine konflikthafte Delegation durch unterschiedliche Wünsche beider Elternteile, die in ihr das selbst nicht erreichte und offensichtlich stellvertretend nachholen wollten. Gloria hatte sich bisher nie damit auseinandergesetzt, was sie selbst wirklich wollte und was ihre Wünsche und Bedürfnisse waren. Gloria fühlte sich in ihrer Studium- und Berufswahl verunsichert und unter großem Druck, da sie weder Vater noch Mutter enttäuschen wollte und ihrerseits Angst hatte, ein Studium überhaupt zu schaffen. Besonders wichtig war ihr die Zuwendung und Aufmerksamkeit ihres Vaters, der aber sehr in seinem Beruf aufging und wenig Zeit für sie aufbrachte. Ein Grund für ihre Entscheidung, Kunst zu studieren, war der Wunsch, damit Zuwendung und Aufmerksamkeit von seiten des Vaters zu bekommen. Gloria stand in einem unausgesprochenen Spannungsfeld zwischen Vater und Mutter; beide versuchten, ohne daß darüber je gesprochen wurde, die Tochter in die Richtung zu drängen, die jeder für sich für richtig hielt. In der Familie bestand eine Fassade der Pseudoharmonie. Konflikte wurden nie direkt angesprochen. Wenn Gloria etwas tat, was ihrem Vater nicht zusagte, schwieg er tagelang, manchmal wochenlang. Zuwendung ihrer Eltern erhielt sie durch Leistung, Gehorsam und Überanpassung an die Erwartungen anderer (Eltern, Nachbarn etc.). Im Laufe ihrer Entwicklung wurde Gloria zunehmend abhängig von externer Verstärkung und konnte ein Vertrauen in ihren eigenen Fähigkeiten kaum entwickeln.

Umweltbedingte Stressoren. Durch die unterschiedlichen Vorstellungen ihrer Eltern über ihre berufliche Zukunft befand sich Gloria in einem für sie nicht lösbaren Konflikt. Da sie Kunstgeschichte studierte, hatte sie Schuldgefühle gegenüber der Mutter. Die Kurse im Studium fand sie langweilig. Im Studium hatte sie George, ein anderen Studenten in ihrem Semester, kennengelernt.

Dieser wurde, weil er halb griechischer Abstammung war, von den Eltern abgelehnt, was sie in einen weiteren Konflikt brachte. In der Beziehung zu George machte sie alles, was sie meinte, was man von ihr erwarten würde – im Studium, bei Ausflügen, im Bett. Eigene Wünsche und Bedürfnisse konnte sie selbst in die Beziehung nicht einbringen, teils weil sie sie selbst nicht kannte, teils weil sie Angst hatte, George könnte ihr dies verübeln. Da sie so wenig von sich in die Beziehung einbrachte, war George in der Beziehung schließlich gelangweilt und ließ sich mit einer anderen Frau ein, was Gloria tief verletzte. Sie machte den Fehler mit niemand darüber zu sprechen; bei den Eltern hatte sie Angst, sie würden sagen, daß er ohnehin nicht der richtige Partner für sie sei.

Soziokulturelle Faktoren. Gloria lebte in einem Land in dem Schlankheit besonders für junge Frauen als sehr wichtig angesehen wurde, und viele ihrer Freundinnen hatten zeitweise gefastet oder Diäten, um schlanker zu werden, gemacht. Auch Glorias Mutter machte hin und wieder Diäten und seit dem plötzlichen Tod ihres Bruders, auch ihr Vater. Der Druck des Schlankheitsideals ist für Mädchen und junge Frauen in unserer Gesellschaft nahezu ubiquitär vorhanden und beeinflußt die Erziehung (Barbie Puppe als Spielzeug), die Entwicklung in der Schule (Dicke werden gehänselt), das Jugendalter (Dicke tun sich schwer beim anderen Geschlecht) bis in das Erwachsenenalter hinein. Durch Diäten erreicht auch Gloria eine superschlanke Figur, was ihr half, ihre Selbstwertprobleme zu mildern. Für schlankes Aussehen fand sie Anerkennung. Heißhungerattacken waren ein Preis für das Leben mit suboptimalem Gewicht; durch Erbrechen hatte sie dies jedoch anfangs im Griff bis sie merkte, daß sie sich alleine aus der Krankheit nicht mehr befreien konnte. Darüber hinaus halfen die Heißhungeranfälle ihre emotionale Balance bei Konflikten und Problemen wiederzufinden. Analog zur Wirkung eines Beruhigungsmittels oder von Alkohol fühlte sie, wie sich eine weiche Decke über hochgekommene Probleme und Konflikte legte, wodurch diese kurzfristig erträglicher wurden. Damit wurde es überflüssig, Probleme und Konflikte wahrzunehmen und zu verstehen und gezielte Lösungen zu suchen. Es war viel einfacher, sich den Heißhungerattacken zurückzuziehen. Das Erbrechen hatte lediglich die Funktion zu verhindern, daß es durch die Heißhungerattacken zu einer Gewichtszunahme kam, die es unbedingt zu vermeiden galt. Aus denselben Gründen nahm sie Abführmittel, was dafür allerdings recht ineffektiv war. Abbildung 2 gibt ein Beispiel einer funktionellen Analyse für eine konkrete Situation von Gloria. Das Schema der Betrachtung von Auslösern (Antecedants = A), Verhalten (Behavior = B), Konsequenzen (Consequences = C) wird auch das **ABC-Schema** genannt. Verhaltensanalyse ist ein kontinuierlicher, den gesamten Verlauf der Diagnostik und Therapie durchziehender Prozeß.

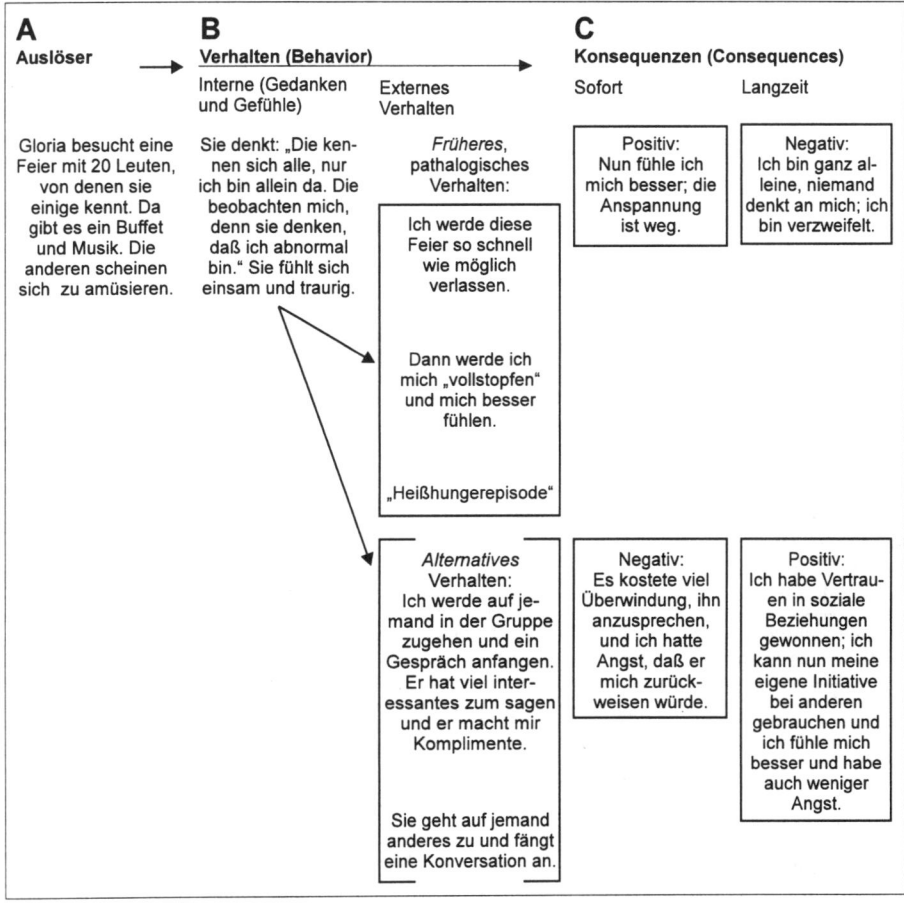

Abbildung 2:
Funktionelle Analyse der Auslöser und Konsequenzen der Nahrungszufuhr
(„ABC des Verhaltens")

5 Interventionsprinzipien: Der Fall Gloria

Im folgenden Teil wird näheres zur Therapie unter Berücksichtigung der ver-
haltensanalytischen Basis beschrieben (vgl. auch Fichter, 1990; 1995). Tabelle
2 gibt einen Überblick über relevante Bereiche, Therapieziele und Therapieformen für Patientinnen mit einer bulimischen Eßstörung und bei bulimischen
Störungen mit Untergewicht (Anorexia nervosa) oder Übergewicht (Adipositas
mit Hyperphagie), „Binge Eating Disorder" (BED) nach DSM-IV (Appendix).
Die Behandlung von Hyperphagie mit Übergewicht (BED) würde in Ergänzung zu Tabelle 1 noch einen Zusatz für die Behandlung des Gewichtsaspektes
erfordern.

Tabelle 2:
Zielbereiche und therapeutische Interventionen bei bulimischen Eßstörungen

Spezifisches Gebiet	Behandlungsziele	Therapeutische Interventionen
Eßverhalten – Heißhungerattacken – Erbrechen – Fasten/Diät	– Zunahme (Erhöhung) der Kenntnis in bezug auf die Konsequenzen von Essenspathologie etc. – Regelmäßige tägliche Mahlzeiten – Ein Verständnis für die Assoziation zwischen Auslöser ("Streß"), eigenem Verhalten (Heißhunger-/Erbrechen) und den Konsequenzen (kurzzeitige Erleichterung, gefolgt von langfristigen negativen Konsequenzen)	– Ernährungsberatung – Mindestens drei regelmäßige Mahlzeiten pro Tag, weder Diät noch Fasten – Funktionelle Analyse und Verhaltensverträge
Biologische Disposition für affektive Erkrankung	– Stabilisierung des emotionalen Gleichgewichtes	– Antidepressive Medikamente, wenn indiziert
Defizite bei interozeptiver und emotionaler Wahrnehmung	– Wahrnehmung eigener Körpersignale fördern	– Trainieren der Interozeption (Sättigung, Hunger, Schmerz) und Wahrnehmung von eigenen Emotionen (Zorn, Haß, Freude, ...)
Soziale Fähigkeiten und Durchsetzungsvermögen	– Erhöhung der sozialen Fähigkeiten und Durchsetzungsvermögen – Steigerung der angemessenen emotionalen Ausdruckskraft und Kompetenz für das Lösen der Probleme	– Trainieren von sozialen Fähigkeiten in Rollenspielsitzungen – Trainieren von Kommunikationsfähigkeiten – Gemeinschaftliche Verhaltenstherapie der Ehepaare
Depressive Gedanken	– Ändern von dysfunktionalen, irrationalen Gedanken, Glauben	– Kognitive Verhaltenstherapie, Reframing
Positive, lohnende Bereiche im Leben	– Erhöhung der positiven Verstärkungen und Werte – Erhöhung der Freizeitaktivitäten	– Verstärkungsprogramm, um die Häufigkeit von angenehmen Aktivitäten zu erhöhen – Verhaltensaktivitätsprogramm
Chronische Belastung im sozialen Umfeld und unwirksames Zusammenspiel	– Herbeiführung von Änderungen im sozialen Umfeld und in der Kommunikation	– Gemeinschaftliche Ehetherapie – Verhaltenstherapie in der Familie
Passivität und Mangel bei der Übernahme von Verantwortung und unangemessenes Vertrauen in eigene Fähigkeiten	– Aktivierung der eigenen Initiativen und Verantwortung	– Aktive Teilnahme in Selbsthilfegruppen – Selbstüberwachung
Angst vor einem Rückfall	– Rückfallprophylaxe	– Vorwegnahme der Probleme – Aussetzen der relevanten Stressoren – Planen von weiteren Behandlungen und Teilnahme in Selbsthilfegruppen – Umgang mit Medikamenten

Eßverhalten. Gloria war eine Expertin im Kalorienzählen, verstand jedoch wenig über gesunde Ernährung. In der Therapie wurde ihr vermittelt,

● mindestens drei feste Hauptmahlzeiten und ggf. zwei Zwischenmahlzeiten einzunehmen;

● sich genügend Kohlehydrate zuzuführen;

● sich nicht einseitig zu ernähren (z. B. nur Mohrrüben);

● in entspannter Atmosphäre zu essen und möglichst in Gesellschaft mit anderen;

● das Essen gut und in Ruhe zu kauen und es weder in Eile herunterzuschlingen oder nach Essen von Spatzenportionen im Teller herumzustochern.

● Sogenannte selbst-„verbotene" Nahrungsmittel, in ihrem Fall Kartoffel und Knödel, sollte Gloria wieder in ihrem Essensplan einführen.

Das Führen eines Eßprotokolls gab ihr einerseits eine Struktur und Übersicht über ihr Eßverhalten und darüber hinaus Hinweise für mögliche funktionale Beziehungen zwischen Auslösesituationen und pathologischem Eßverhalten (siehe Tab. 2). Wenn Gloria künftig Auslösesituationen frühzeitiger erkannte und ihre Gefühle dabei wahrnahm, konnte sie konstruktive, gezielte Lösungen erlernen. Am Anfang der Therapie, nachdem der Therapeut in einer Therapiestunde nicht nach dem Eßprotokoll nachgefragt hatte, hörte sie auf, dies weiterzuführen. Auch brachte sie es nicht fertig, drei Hauptmahlzeiten am Tag zu sich zu nehmen – das Frühstück ließ sie meist ausfallen. Daraufhin wurde ein schriftlicher, von Gloria und Therapeut unterschriebener Kontrakt gemacht, der ihr die Bedeutung dieser Struktur vermittelte und ihr mehr konkreten Anhalt bot, die therapeutischen Hilfen anzunehmen.

Biologische Disposition für affektive Erkrankungen. Familienepidemiologische Untersuchungen zeigen eine überzufällige Häufung von affektiven Erkrankungen bei Patientinnen mit Bulimia nervosa. Gloria selbst hatte depressive Verstimmungen, Schlafstörungen und Konzentrationsstörungen. Diese Symptome können als Folge der Eßstörung gesehen werden, könnten aber auch eine Disposition für andere affektive Erkrankungen darstellen. Die deutliche Häufung affektiver Erkrankungen in Glorias Familie läßt eine gewisse biologische Disposition für affektive Erkrankungen bei Gloria annehmen. Sie wurde eine zeitlang mit Imipramin, ein trizyklisches Antidepressivum, bei dem sie einige Nebenwirkungen hatte und schließlich mit einem Serotonin-Wiederaufnahme-Hemmer (SSRI) behandelt. Eine ganze Reihe von Studien belegt einen statistisch signifikanten positiven Effekt verschiedener antidepressiver Medikamente auf die Abnahme der Heißhungerattacken und des Erbrechens (Hudson & Pope, 1990; Fluoxetine Bulimia Nervosa Collaborative Study Group, 1992). Die Wirkung dieser Medikamente bei Bulimia nervosa ist in den meisten Fällen nicht besonders massiv, doch können sie besonders beim Bestehen einer Zusatzindikation wie im Fall von Gloria im Kontext der Gesamttherapie sehr hilfreich sein.

Behandlung der Wahrnehmungsdefizite. Obwohl sie sehr schlank war und dem Barbie-Puppen-Ideal sehr nahe kam, lehnte Gloria ihren Körper ab. Sie fand ihre Schenkel zu dick und ihre Proportionen abscheulich. Ihre Selbstachtung war dahin, wenn sie geringfügig an Gewicht zugenommen hatte. Wie die meisten anorektischen und bulimischen Patientinnen nahm sie Körpersignale (Sättigung) und ihre eigenen Emotionen kaum mehr wahr. Verschiedene Vorgehensweisen wurden gewählt, um Glorias Wahrnehmungsfähigkeit zu verbessern:

a) Sie wurde geschult auf Körpersignale und ihre eigenen Emotionen mehr zu achten. Wenn Situationen auftraten, die üblicherweise Körperwahrnehmungen oder Emotionen auslösen, wurde sie gefragt, was sie spürt und fühlt. Sie lernte „in ihr Inneres zu hören".

b) In ihrem Ernährungstagebuch hielt sie auch fest, wie sie sich nach bestimmten Auslösesituationen fühlte und was in ihrem Körper vorging. Beispielsweise hatte die Mutter am Telefon im Nebensatz erwähnt, daß sie sich mit der Nachbarin über Glorias Eßstörung unterhalten habe. Gloria sah darin einen Vertrauensbruch, denn ihre Eßstörung betrachtete sie als etwas sehr Persönliches und Intimes und bisher hatte sie darüber außer mit Eltern und Therapeuten mit niemandem gesprochen. Am Anfang der Therapie hätte sie ihren Ärger heruntergeschluckt. In der Therapie lernte sie, die mit derartigen Situationen einhergehenden Gefühle, wie zum Beispiel Ärger oder Wut, wahrzunehmen und in konstruktiver Weise zu lösen (z. B. der Mutter im klaren Ton und dezidiert sagen, daß ...). Dies leitet über zum nächsten Thema.

Training sozialer Fertigkeiten. Was würde Gloria helfen, Wut, Ärger, Zorn und andere Emotionen wieder wahrzunehmen, ohne sie in sozial angemessener Weise ausdrücken zu können. Auch wenn es unermeßlich viele verschiedene Probleme und Konfliktsituationen gibt, so gibt es doch mehrere Dinge, die immer wiederkehren, für die es gut ist, passende aber variable Reaktionsmuster innerlich bereitstehen zu haben. Bei der Angst, einen Fremden anzusprechen, hilft es, dies einfach zu tun und zu erleben, daß es möglich ist und man dabei Fragen zum Beispiel nach Uhrzeit oder Ort beantwortet bekommt. Ein weiterer Bereich ist es, sich von anderen Menschen ausreichend abzugrenzen und bei Angeboten oder Verpflichtungen, die man nicht annehmen will, „nein" zu sagen. Wie wir in der Fahrstunde durch konkretes Üben Autofahren lernen, so können wir lernen, auf andere zuzugehen, sich andere auf Distanz zu halten und „nein" zu sagen, wo man „nein" meint. Dies kann im realen Leben geübt werden oder im sogenannten Rollenspiel, zugeschnitten auf die Bedürfnisse einer Patientin, geprobt werden. Rollenspiel beinhaltet, daß bestimmte Situationen – analog zu Drehaufnahmen in einem Film – konkret durchgespielt werden, als wär es in echt. Auf diese Weise lernte Gloria Gefühle wie Ärger, Wut und Zorn nicht nur wahrzunehmen, sondern sie anderen gegenüber anfangs etwas unbeholfen oder überschießend und schließlich auf annehmbare Weise auszudrücken. Der kompetente und geschickte Einsatz von Kommunikationsfertigkeiten hat nichts damit zu tun, dem anderen „eins draufzugeben". Vielmehr ermöglicht es etwas sehr Wichtiges für die zwischenmenschliche

Kommunikation: gegenseitiges Verständnis. In einer Rollenspielsitzung übernahm der Therapeut die Rolle des Vaters. Gloria hatte die Aufgabe ihm mitzuteilen, wie es ihr damit ging, daß er kurz vorher und ohne Grund einen lange zugesagten gemeinsamen Einkaufsbummel absagte. Gloria war an diesem Punkt übersensibel; der Vater hatte über die Jahre wenig Zeit für sie, war ungeduldig und schenkte ihr nicht das Maß an Zuwendung, das sie sich gewünscht hätte. Über die Jahre war sie darüber sehr enttäuscht und betrübt und zu dem Entschluß gekommen, daß ihr Vater sie nicht akzeptiere, daß er sie ablehne. Dennoch versuchte sie immer wieder, seine Aufmerksamkeit zu erhalten, um sich dann wieder enttäuscht zurückzuziehen, wenn er ihren (nie ausgesprochenen) Erwartungen nicht entsprach. Sie lernte am konkreten Beispiel (Vater sagt Einkaufsbummel ab) ihm mitzuteilen, daß sie sehr enttäuscht war, daß er es so plötzlich und ohne Grund abgesagt hatte und daß sie sich von ihm hängen gelassen fühlte. Sie lernte auszudrücken, daß gerade seine Zuwendung (weil er ihr Vater war) besonders wichtig für sie war. Sie sagte ihm, daß sie verunsichert über seine Gefühle ihr gegenüber war. Nachdem verschiedene Variationen der Situation im Rollenspiel gespielt worden waren, wurde angeregt, daß Gloria eine Gelegenheit – die sich bald ergab – nutzen sollte, um derartige Gefühle ihrem Vater direkt mitzuteilen. Sie war überrascht, daß ihr Vater sich nicht barsch von ihr abwandte, als sie die Angelegenheit offen und direkt angesprochen hatte. Aufgrund ihrer Offenheit verhielt auch der Vater sich offener. Er nahm sie in den Arm und gab ihr das Gefühl, daß er sich um sie sorgte. Gloria lernte in anderen Situationen „nein" zu sagen, wenn sie „nein" meinte. Sie lernte ihre Bedürfnisse und Wünsche nicht nur besser kennen, sondern konnte sie zunehmend auch in angemessener Weise zum Ausdruck bringen.

Depressive Gedanken. Wie viele bulimische Patientinnen hatte auch Gloria irrationale Gedanken („Niemand mag mich wirklich!") und Werthaltungen („Alles was ich anfasse, wird sowieso nichts!"). Sie hatte ein ausgeprägtes dichotomes Denken, nach dem „Alles oder Nichts-Prinzip". Wenn sie eine Prüfung nicht mit sehr gut machte, sah sie sich als Versagerin. Sie tendierte zu Übergeneralisationen: „Ich bin nicht fähig, eine Partnerschaft mit einem Mann (George) zu erhalten – ich werde niemals eine gute Partnerin sein!" Aufgrund dieses schlechten Selbstwertgefühls bezog sie auch neutrale Ereignisse in negativer Seite auf sich (vgl. Abb. 2). „Die Leute auf der Partie schauen mich an, sie denken und reden sicherlich gerade schlecht über mich!"

Ziele der kognitiven Verhaltenstherapie sind:
● Die Identifizierung von irrationalen Gedanken und Werthaltungen,
● die Suche nach alternativen Strategien und
● die Erarbeitung einer neuen realistischen Basis (rationale Gedanken und Werthaltungen).

Sowohl im Gespräch als auch im Leben werden alte irrationale Gedanken und dysfunktionale grundlegende Werthaltungen in Frage gestellt (demontiert) und neue zeitgemäßere für die Lebenssituation der Patientin erarbeitet.

Das soziale Umfeld. Es trifft nicht zu, daß in allen Fällen von Magersucht oder Bulimia nervosa die Eltern „Schuld" daran tragen, daß die Erkrankung aufgetreten ist. In einigen Familien allerdings spielen gestörte Werthaltungen und Beziehungsmuster in der Familie eine zentrale Rolle für Krankheitsentstehung und den weiteren Verlauf. Das gleiche gilt für die Rolle des Partners. Bei der Behandlung von Gloria wurden drei therapeutische Sitzungen zusammen mit beiden Eltern durchgeführt. Mit dem Therapeuten als Katalysator konnte Gloria leichter über Dinge sprechen, die sie bisher „heruntergeschluckt" hatte. Am Anfang dominierte in Familiengesprächen der Vater sehr die Kommunikation. Er sprach in sehr rationaler Art. Beide Eltern meinten in der Familie sei doch alles bisher so harmonisch und positiv gewesen, wenn nur Glorias Heißhungerattacken nicht wären; die hätten alles durcheinandergebracht. Am Anfang war es für die Eltern nicht ganz leicht, sich auf eine Reihe von Auseinandersetzungen einzulassen. Doch Gloria hatte nun soziale Fertigkeiten erlernt und konnte ihre Betroffenheit und ihre Gefühle zum Ausdruck bringen, ohne daß dies von den Eltern als Vorwurf empfunden wurde. Da viele Eltern bei Vorwürfen sehr empfindlich reagieren, kann in einer therapeutischen Sitzung möglicherweise das Gegenteil von Offenheit erreicht werden. Deshalb ist es hilfreich, wenn der Therapeut das Gespräch so steuert, daß sich Patientin und Angehörige selbst öffnen und nicht jeder versucht, den anderen zu „knacken". Es macht einen großen Unterschied, ob man sagt „ich fühle mich unter Druck" oder „ihr setzt mich unter Druck". Gloria hatte gelernt zu sagen, was sie fühlte und konnte offener über ihre eigenen Ziele, Wünsche, Erwartungen und Bedürfnisse sprechen. Gloria gab im Hinblick auf die Berufsausbildung zu verstehen, wie stark sie bisher versucht hatte, die mutmaßlichen Erwartungen ihrer Eltern zu erfüllen, konnte eigene konkrete Gedanken zu ihrer beruflichen Zukunft sagen und es wurde vereinbart, daß es das Beste wäre, Gloria die erforderliche Zeit zu geben, bis sie selbst ihre Berufswahl getroffen habe.

Vorbeugung hinsichtlich künftiger Rückfälle. Gegen Therapieende zeigte Gloria normales Eßverhalten ohne Heißhungeranfälle und Erbrechen. Zwei Wochen vor Therapieende hatte sie einen kleinen Rückfall und sie dachte, jetzt wäre die ganze Therapie vergebens gewesen. Die Zeit kurz vor Therapieende ist üblicherweise eine kritische Zeit, da die Trennung vom Therapeuten ansteht und der Alltag mehr oder weniger konkret antizipiert wird. Es ist hilfreich, die üblichen Rückfallkonzepte, die die Patienten haben, zu verändern, denn jeder Rückfall ist auch eine Chance dazuzulernen und es das nächste Mal besser zu machen. Ein Rückfall ist ein Warnsignal, das ernstgenommen werden sollte, das aber mit entsprechendem Einsatz und wenn erforderlich, mit entsprechender Hilfe bewältigt werden kann. Auch die Setzung realistischer Ziele ist wichtig, um den Rückfall nicht unnötig vorzuprogrammieren. Es ist hilfreich, konkrete voraussehbare Situationen und Themen zu antizipieren und in der Therapie vorzubearbeiten. Es ist hilfreich, wenn der Patient noch während der Therapie einen Krisenplan entwirft, der im Fall einer Krise greifen kann (An wen kann ich mich wenden, wenn ...? Was kann ich selbst

konstruktiv tun, wenn ...?). Auch hilft es, einen festen Nachuntersuchungster-
min, auch wenn er in relativ weiter Ferne liegt (wenn vertretbar), auszumachen; dieser Termin fungiert als Anker für den Patienten („Bis dahin halte ich
noch durch; der Therapeut wird mich dann fragen, wie ich ...").

6 Resümee

Eßgestörte sind meist ehrliche Menschen. Wenn es allerdings um das Thema
Essen, Nahrung und Gewicht geht, täuschen sie andere (und bisweilen sich
selbst) nicht selten. Was tun, wenn der Therapeut ein- oder mehrfach belogen
oder getäuscht wurde und sich dies nach einiger Zeit der Therapie herausstellt.
Lügen sind unvereinbar mit einer positiven therapeutischen Beziehung, die
auf Vertrauen gegründet ist. Auch hier gilt: Jede Krise ist auch eine Chance.
Wenn eine Täuschung offenbar wird, kann eine therapeutische Beziehung auf
eine ehrlichere Basis gestellt werden und die Selbstverantwortung der Patientin
gestärkt werden. Die Situationen erfordern Reaktionen und Konsequenzen
durch den Therapeuten, nicht jedoch Überreaktionen.

Sich nicht auf Machtkämpfe mit Magersüchtigen einlassen. Magersüchtige
haben einen sehr starken Willen. In der Therapie gilt es, diesen konstruktiv
und nicht destruktiv für die Therapie einzusetzen. Wenn der Therapeut, ohne
die entsprechende Bereitschaft für einen Patienten aufzubauen, undifferenziert
den Patienten unter Druck setzt, Gewicht zuzunehmen, können sich Machtkämpfe entfalten. Diesen mag kurzfristig der Therapeut sogar bei entsprechendem massiven Druck „gewinnen" („die Patientin ißt sich aus der Klinik heraus"); langfristig wird es dann meist eine Niederlage für alle Beteiligten, da
es die Patientin künftig vermeiden wird, therapeutische Hilfen aufzusuchen.
Im Fall Christina wäre eine Machtkampfsituation entstanden, wenn sie gegen
ihren Willen per gerichtlichem Beschluß in eine andere Abteilung zum „Auf-
füttern" verlegt worden wäre; dies konnte durch die Interventionen vermieden
werden. Wenn ein Machtkampf in der Therapie voll im Gange ist, ist etwas
schiefgelaufen. Der Therapeut braucht dann Supervision. Eine Möglichkeit zur
Umgehung eines Machtkampfes liegt darin, die Patientin selbst zu projizieren:
Sie hat gesunde Anteile, und da ist die Magersucht; in der Therapie geht es
darum, daß sie ihre gesunden Anteile aktiviert, um mit der Magersucht fertig
zu werden.

Umgang mit „Therapeutenkillern". Manche Patientinnen haben mehr Psy-
chotherapieerfahrung als ihr Therapeut und setzen diesen Erfahrungsvorsprung
und ihre Intelligenz ein, den Therapeuten aufs Glatteis zu führen. Dies geschieht besonders dann, wenn die Patientin nicht dazu gebracht werden kann,
wirkliche Veränderungen im Verhalten und Einstellung zuzulassen. Komplimente wie zum Beispiel „Sie sind meine letzte Hoffnung" eröffnen dieses
Spiel. Später wandeln diese Komplimente sich in verborgene Kritik („Therapeut A hätte dies anders gemacht"). Die Patientin verunsichert den Therapeu-

ten, führt vom Therapeuten angeregte Übungen nicht durch und untergräbt mit ihren Hinterfragungen die Basis der Therapie. In solchen Situationen kann Klarheit und Offenheit des Therapeuten „entwaffnend" für den Patienten sein. Wenn der Therapeut einer Patientin gegenüber seine therapeutische Hilflosigkeit mitteilt, muß dies seine therapeutische Kompetenz keineswegs untergraben – im Gegenteil. Vorausgesetzt der Therapeut hat ein Konzept, wird eine offene Konfrontation klärend wirken können. Es gibt viele Wege, um zu einem bestimmten Ziel zu kommen. Allerdings muß zwischen Patientin und Therapeut eine Einigkeit erarbeitet werden, was das Ziel sein soll. Wenn die Patientin beteuert, dieses Ziel wirklich von innen heraus selbst zu wollen, kann der Therapeut sie auffordern, ihr Engagement auch in konkreten Taten zu zeigen.

Umgang mit selbstdestruktivem Verhalten. Das Auftreten von selbstverletzendem Verhalten, von verdeckten oder offenen Selbstmorddrohungen und „acting out" in der Therapie (Alkoholmißbrauch, disziplinarische Probleme) sind kritische Situationen in der Therapie. Klare Strukturen, Klarheit im Umgang mit Konsequenzen (ohne Überzureagieren) und Erfahrung (ggf. durch Supervision ergänzt) sind hier hilfreich. Im Rahmen einer Gruppenpsychotherapie können die Probleme offen besprochen werden. Der Gruppe wird dann in der Regel eine lenkende und regulierende Funktion zufallen. Kontrakte, die klar und deutlich die Konsequenzen festlegen und den Therapeuten in seiner Möglichkeit nicht einengen, aus dem Kontext heraus entscheiden zu können, sind sehr hilfreich. Sinnlos sind Kontrakte, die als Konsequenz für bestimmte Vorkommnisse die Beendigung der Therapie androhen; eine schwer suizidale Patientin kann man nicht einfach auf die Straße setzen, auch wenn sie gegen die Hausordnung verstoßen hat.

Umgang mit übermäßiger Passivität. Eßstörungen treten üblicherweise bei heranwachsenden oder jungen Erwachsenen auf. Die Patientinnen sind in einer Lebensphase, in der sie nach mehr Autonomie und Unabhängigkeit suchen, andererseits aber Ängste vor mehr Verantwortung und den Risiken eigener falscher Entscheidungen haben. Ein zuviel an externer Kontrolle (z. B. Eltern oder durch Therapeut) verhindert die Entwicklung und Entfaltung einer Patientin. Deshalb ist es wichtig, den Aufbau von mehr Selbstverantwortung und Selbstkontrolle als ein Ziel in der Therapie aufzunehmen. Auch hier gilt es, den goldenen Mittelweg zu finden. Ein zuviel an externer Kontrolle verhindert eine Autonomieentwicklung, ein zuwenig an externer Kontrolle kann Ängste und Verunsicherung auslösen. Das Ausmaß der Verantwortungsübernahme durch eine Patientin muß auch altersangemessen sein. Bei einem Kind wird man anders verfahren als bei einem jungen Erwachsenen.

Was tun, wenn die Therapie festgefahren ist, in der Sackgasse steckt? Der Fall Christina ist ein Beispiel für das Finden von Wegen aus einer auf den ersten Blick unlösbar erscheinenden Problemsituation. In diesem Fall konnte eine Krise erfolgreich genutzt werden, um die Therapiebasis zu verbessern. Stagnation in der Therapie fordert den Therapeuten auf, in konstruktiver Weise

Bewegung in die Therapie zu bringen. Die Einbeziehung von Angehörigen, die Konfrontation der Patientin mit der Stagnation, einlegen einer Therapiepause, wenn verantwortbar, sind einige von vielen Möglichkeiten, neue Bewegung in eine Therapie zu bringen.

Anhand von Fallbeispielen wurden wichtige Aspekte des diagnostischen und therapeutischen Vorgehens für die Behandlung von Patientinnen mit Magersucht bzw. Bulimia nervosa dargestellt. Auch wenn die Symptomatik der Eßstörungen relativ uniform ist, ist jeder „Fall" anders und es gibt kein Kochrezept. Dies macht die Therapie von Eßstörungen für aufgeschlossene Therapeuten besonders reizvoll, da sie dem Therapeuten in seiner Kreativität und Vielseitigkeit fordert. Die meisten Therapieevaluationsstudien wurden mit verschiedenen verhaltenstherapeutischen Ansätzen durchgeführt und ihre Wirksamkeit konnte nachgewiesen werden. So berichteten Fairburn et al. (1995) in einer wichtigen und interessanten empirischen Arbeit über die kurz-, mittel- und längerfristige Wirksamkeit kognitiver verhaltenstherapeutischer Verfahren bei Bulimia nervosa. Dabei wurde eine längerfristige Wirksamkeit allerdings auch für die interpersonelle Therapie (IPT) aufgezeigt. Weitere wichtige Arbeiten zur Therapie sind die von Mitchell et al. (1990), Mitchell (1991), Laessle et al. (1991) und Agras et al. (1992).

Literatur

Agras, W. S., Rossiter, E. M., Arnow, B., Schneider, J. A., Telch, Ch. F., Raeburn, S. D., Bruce, B., Perl, M. & Koran, L. M. (1992). Pharmacological and cognitive-behavioral treatment for bulimia nervosa: A controlled comparison. *American Journal of Psychiatry, 149*, 82–87.

Bruch, H. (1973). *Eating disorders: obesity, anorexia nervosa and the person within*. New York: Basic Book.

Channon, S., de Silva, P., Hemsley, D. & Perkins, R. (1989). A controlled trial of cognitive-behavioral and behavioral treatment of anorexia nervosa. *Behavior Research and Therapy, 27*, 529–535.

Crisp, A. H. (1980). *Anorexia nervosa: Let me be*. London: Academic Press.

DSM-IV (1996). *Diagnostisches und Statistisches Manual Psychischer Störungen*. Göttingen: Hogrefe.

Fairburn, Ch. G, Norman, P. A., Welch, S. L., O'Connor, M. E., Doll, H. A. & Peveler, R. C. (1995). A prospective study of outcome in bulimia nervosa and the long-term effects of three psychological treatments. *Archives of General Psychiatry, 52*, 721–729.

Fichter, M. M. (1995). Inpatient treatment of anorexia nervosa. In K. D. Brownell & Ch. G. Fairburn (Eds.), *Comprehensive textbook of eating disorders and obesity*. New York: Guilford Press.

Fichter, M. M. (Ed.) (1990). *Bulimia nervosa: basic research, diagnosis and therapy*. Chichester: Wiley.

Fichter, M. M. & Nögel R. (1990). Concordance for bulimia nervosa in twins. *International Journal of Eating Disorders, 9*, 255–263.

Fichter, M. M. & Pirke, K. M. (1986). Effects of experimental and pathological weight loss upon the Hypothalamo-Pituitary-Adrenal-Axis. *Psychoneuroendocrinology, 11*, 295–304.

Fichter, M. M. & Warschburger, P. (2000). Eßstörungen. In F. Petermann (Hrsg.), *Lehrbuch der Klinischen Kinderpsychologie und Kinderpsychotherapie* (561–585). Göttingen: Hogrefe, 4. völlig veränd. Auflage.

Fluoxetine Bulimia Nervosa Collaborative Study Group (1992). Fluoxetine in the treatment of bulimia nervosa: A multicenter, placebo-controlled, double-blind trial. *Archives of General Psychiatry, 49*, 139–147.

Hudson, J. I. & Pope, H. G. (1990). Psychopharmacological treatment of bulimia. In M. M. Fichter (Ed.), *Bulimia nervosa: basic research, diagnosis and therapy*. Chichester: Wiley.

Kendler, K. S., MacLean, Ch., Neale, M., Kessler, R., Heath, A. & Eaves, L. (1991). The genetic epidemiology of bulimia nervosa. *The American Journal of Psychiatry, 148*, 1627–1637.

Laessle, R. G., Beumont, P. J. V., Butow, P., Lennerts, W., O'Connor, M., Pirke, K. M., Touyz, S. W. & Waadt, S. (1991). A comparison of nutritional management with stress management in the treatment of bulimia nervosa. *British Journal of Psychiatry, 159*, 250–261.

Mitchell, J. E. (1991). A review of the controlled trials of psychotherapy for bulimia nervosa. *Journal of Psychosomatic Research, 35*, 23–31.

Mitchell, J. E., Pyle, R. L., Eckert, E. D., Hatsukami, D., Pomeroy, C. & Zimmermann, R. (1990). A comparison study of antidepressants and structured intensive group psychotherapy in the treatment of bulimia nervosa. *Archives of General Psychiatry, 47*, 149–157.

Theander, S. (1985). Outcome and prognosis in anorexia nervosa and bulimia: some results of previous investigations, compared with those of a swedish long-term study. *Journal of Psychiatry Research, 19*, 493–508.

Weltgesundheitsorganisation (1991). *Internationale Klassifikation psychischer Störungen, ICD-10, Kapitel V (F)*. Bern: Huber.

Enuresis und Enkopresis

Ulrike Petermann und Michael Borg-Laufs

Enuresis und Enkopresis bilden die Störungen der Ausscheidung. Sie können bei einem Kind getrennt oder kombiniert auftreten, wobei Kinder mit Enkopresis häufig auch unter Enuresis leiden (vgl. DSM-IV, 1996; Petermann & Petermann, 2000; Schmidt & Blanz, 1996). Das zentrale Merkmal beider Störungen besteht darin, daß Urin oder Fäzes an nicht dafür vorgesehenen Örtlichkeiten entleert werden, bei Kot zum Beispiel in die Kleidung oder auf den Fußboden, bei Urin in die Kleidung oder ins Bett. Die Entleerung kann unwillkürlich oder absichtlich geschehen (Diagnostisches **Kriterium A** nach DSM-IV, 1996).

Enkopresis gilt allgemein als die schwerere Störung und ist nach ICD-10 vorrangig zu kodieren (vgl. WHO, 1993). Im Hinblick auf die Behandlung überwiegen die Literaturhinweise für Enuresis, was nicht verwundert, da sie deutlich häufiger als die Enkopresis auftritt. Die Prävalenz für Enkopresis liegt bei einem Prozent, für Enuresis je nach Alter zwischen zwei und sieben Prozent (vgl. DSM-IV, 1996; Petermann & Petermann, 2000). Diese Ergebnisse stammen aus europäischen, neuseeländischen und nordamerikanischen Studien. Die Auftretenshäufigkeit sinkt mit zunehmendem Alter, so daß die Enuresis im Erwachsenenalter nur noch bei ca. einem Prozent der Betroffenen andauert und die Enkopresis sehr selten ins Erwachsenenalter hinein chronisch verläuft. Bei dieser kommt es im Verlauf des Jugendalters zu sehr häufigen Spontanremissionen. Beide Ausscheidungsstörungen betreffen mehr Jungen als Mädchen (vgl. Petermann & Petermann, 2000; DSM-IV, 1996). Tabelle 1 zeigt die Prävalenz von Enuresis nach Alter und Geschlecht differenziert.

Tabelle 1:
Prävalenz der Enuresis

Geschlecht	Alter		
	5 Jahre	10 Jahre	18 Jahre
Jungen	7%	3%	1%
Mädchen	3%	2%	<1%

Für die Diagnose ist die Auftretenshäufigkeit ein weiteres diagnostisches Kriterium. Enkopresis muß mindestens einmal im Monat, Enuresis minimal zweimal pro Woche in drei aufeinanderfolgenden Monaten auftreten. Dieses **Kri-**

terium B wird im Falle der Enuresis um die Aspekte „klinisch bedeutsames Leiden" oder „massive Beeinträchtigungen in sozialen, schulischen bzw. beruflichen oder andern wichtigen Lebensbereichen" ergänzt, welche alternativ zu einer geringeren Auftretenshäufigkeit die Diagnose rechtfertigen können (vgl. DSM-IV, 1996). Weiter wird ein biologisches bzw. ein Entwicklungsalter für die Diagnose vorausgesetzt, welches die funktionelle, kognitive und sozial-emotionale Blasen- bzw. Darmkontrolle ermöglicht. So wird Enkopresis frühestens ab dem vierten und Enuresis ab dem fünften Jahr diagnostiziert (**Kriterium C** nach dem DSM-IV, 1996). Differentialdiagnostisch ist auszuschließen, ob das Einnässen oder Einkoten auf die direkte körperlich Wirkung einer Substanz (z. B. ein Medikament, ein Abführmittel) oder auf eine körperliche Erkrankung zurückführbar ist. Bei Enuresis kann es sich beispielsweise um Diabetes, Spina bifida oder ein Anfallsleiden handeln (**Kriterium D** nach DSM-IV, 1996).

Zwischen den beiden Klassifikationssystemen DSM-IV und ICD-10 gibt es inhaltlich im wesentlichen keine Unterschiede. Eine wichtige Differenz betrifft jedoch die geforderte Auftretenshäufigkeit für die Diagnose einer Enuresis. Das DSM-IV verlangt zweimal pro Woche und die ICD-10 zweimal pro Monat ein Einnässen (vgl. Petermann & Petermann, 2000).

Bei der Enkopresis ist Verstopfung als medizinischer Krankheitsfaktor kein Ausschlußkriterium für die Diagnose; vielmehr stellt sie ein differenzierendes Diagnosekriterium dar, indem Enkopresis einmal **mit Verstopfung** und **Überlaufinkontinenz** und einmal **ohne** diese Merkmale kodiert wird. Ist die Kotentleerung eher unwillkürlich als absichtlich, dann steht dies häufig mit Verstopfung, Einklemmung oder Zurückhalten des Stuhls und nachfolgendem Überlaufen in Zusammenhang. Diese Inkontinenz aufgrund des Überlaufens geschieht kontinuierlich sowohl tagsüber als auch nachts und verschwindet wieder, wenn die Verstopfung erfolgreich behandelt wurde. Die Gründe für die Verstopfung können psychischer Art sein und zum Beispiel aus der Angst bestehen, die Fäzes an einem unvertrauten oder unsauberen Ort zu entleeren; generelle Ängstlichkeit oder Oppositionelles Verhalten können ebenfalls Gründe für ein Zurückhalten des Stuhls darstellen und so zu Verstopfung mit Überlaufinkontinenz führen. Schließlich können physiologische Faktoren eine Rolle spielen, die medizinischer Abklärung bedürfen; zum Beispiel kann eine fiebrige Erkrankung zu einer Austrocknung des Körpers und in der Folge zu einer Verstopfung führen. Es besteht auch die Vermutung, daß bei manchen Kindern das Registrieren des Stuhldranges an ein größeres Enddarmvolumen gekoppelt ist (vgl. DSM-IV, 1996; Petermann & Petermann, 2000).

Auch bei der Enuresis werden Subtypen unterschieden, nämlich das nächtliche Einnässen während des Schlafens, **Enuresis Nocturna**, das Einnässen tagsüber und damit im Wachzustand, **Enuresis Diurna**, sowie eine kombinierte Form von nächtlichem Einnässen und tagsüber, **Enuresis Nocturna et Diurna**. Die nächtliche Urinentleerung erfolgt in den meisten Fällen im ersten Drittel der Nacht; das Einnässen tagsüber kommt an Schultagen am häufigsten am frühen

Nachmittag vor, was sowohl damit zusammenhängen kann, daß ein Kind keine Lust hat, auf Toilette zu gehen, als auch durch soziale Ängste oder vertieftes Spielen, Lernen, u. ä. bedingt sein kann (vgl. DSM-IV, 1996).

Sowohl bei der Enkopresis als auch bei der Enuresis wird eine **primäre** von einer **sekundären** Form unterschieden; bei der primären Form lernte ein Kind seinen Stuhlgang bzw. seine Blase noch nie kontrollieren; die sekundäre Form besagt, daß ein Kind bereits für den Zeitraum eines Jahres ohne Ausnahme „trocken" bzw. „sauber" war (vgl. von Gontard, 1998; Petermann & Petermann, 2000).

Im folgenden wird zuerst ein Fall mit Enkopresis und anschließend mit Enuresis dargestellt.

1 Enkopresis

1.1 Beschreibung des Störungsbildes

Manuel ist neun Jahre alt und besucht die dritte Grundschulklasse. Seine Mutter arbeitet seit einem knappen Jahr wieder als Altenpflegerin im Schichtdienst, sein Stiefvater ist seit etwa einem Jahr arbeitslos. Er hat keine Geschwister. Die Mutter trennte sich vor sechs Jahren von seinem leiblichen Vater, mit dem es damals viele Probleme gab, da er – nach Angaben der Mutter – ein Alkoholproblem hatte. Manuel hat regelmäßig alle zwei Wochen Kontakt zu seinem leiblichen Vater, der für alle Beteiligten zur Zufriedenheit verläuft.

Die Mutter schildert anfangs im Anmeldegespräch, daß Manuel ein weinerlicher Junge ist, der täglich „grundlos heult und knatscht". Nach Ansicht der Mutter will er „im Mittelpunkt stehen". Dieses Verhalten zeigt er vor allem in der Schule. Seine Schulleistungen sind nach Meinung der Mutter in Ordnung, mit den Hausaufgaben gibt es keine Probleme, allerdings versteht er sich mit der Lehrerin, an der die Mutter viel Kritik übt, nicht gut. Zu Hause „schmollt" er gelegentlich, worauf er in sein Zimmer geschickt wird. Er versteht sich mit seinem Stiefvater dann „bombig", wenn beide alleine sind; wenn die Mutter jedoch dabei ist, scheinen beide eifersüchtig auf den anderen zu sein, und es gibt „viel Streit um Kleinkram".

Erst nach einiger Zeit erzählt die Mutter, daß Manuel häufig nachmittags beim Spielen einkotet, was in der Familie häufig zu Streit führt. Der Kinderarzt fand keinen organischen Befund, und die Eltern versuchten bislang, dieses Problem mit der Verhängung von Stubenarrest oder dem Verabreichen einer „Tracht Prügel" in den Griff zu bekommen. Die Mutter beschreibt ihr Erziehungsverhalten als konsequent. Die Probleme mit Manuel treten seit einem Jahr auf. Seine Sauberkeitserziehung in der Kindheit ist nach den Angaben von der Mutter „normal" verlaufen; er war etwa mit drei Jahren sauber.

Die Lehrerin von Manuel berichtet bei einem Telefonat, daß er im Unterricht „viel träumt und viel redet". Außerdem zankt er sich nach ihren Beobachtungen oft und vor allem deshalb, weil er schnell wütend wird, wenn ihn andere ärgern. Seine Leistung liegt im Bereich „ausreichend"; allerdings hat die Lehrerin auch Phasen erlebt, in denen er sich Mühe gab und bessere Leistungen erzielte. Sie weiß von anderen Eltern, daß Manuels Mutter sehr streng ist und daß sein Stiefvater mit seiner Arbeitslosigkeit schlecht zurechtkommt.

Manuel ist während der Diagnosesitzungen sehr schüchtern; er spricht leise und vermeidet Blickkontakt; nur wenn er im Spiel, vor allem beim Tischfußball, den Therapeuten als ausgelassenes Modell erlebt, geht er auch selbst nach einiger Zeit aus sich heraus und spielt mit sichtlich großem Vergnügen und viel Einsatz. Trotz dieses schüchternen, sozial unsicheren Verhaltens antwortet er auf Fragen offen; von selbst erzählt er wenig. Auf die Frage, warum er in die Beratungsstelle kommen muß, sagt er: „Weil ich mir in die Hose mache." Außerdem erzählt er, daß er häufig weinen muß, weil andere ihn ärgern: „Das Schlimmste ist, wenn die anderen mich auslachen", zum Beispiel, weil er nicht gut lesen kann. Er gibt noch freimütig zu: „Ich sprech' auch viel in der Stunde."

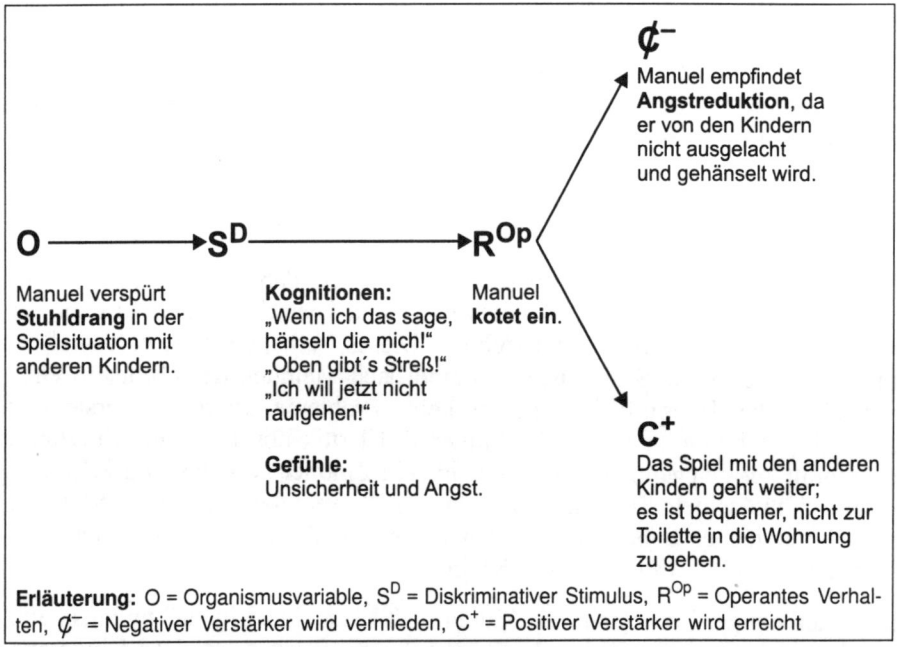

Abbildung 1:
Verhaltensanalyse der Einkotsituation von Manuel

Eine genaue Exploration der Situationen, in denen Manuel einkotet, ergibt folgendes Bild (vgl. Abb. 1): Er kotet fast ausschließlich nachmittags ein, wenn er mit anderen Kindern spielt. Dies betrifft vor allem die Situation auf dem nahegelegenen Spielplatz, wo es eine Tischtennisplatte gibt; Tischtennis spielt

Manuel sehr gerne, und da er keinen Freund hat, ist er wahrscheinlich froh, Kinder zum Tischtennisspielen auf dem Spielplatz zu treffen. Wenn er nun Stuhldrang verspürt, kommt es zu Kognitionen wie „Ich will jetzt aber nicht raufgehen! – Die anderen hänseln mich, wenn ich jetzt zur Toilette muß! – Oben gibt's bestimmt sowieso nur Streß!". Er kotet sodann ein und braucht deshalb sein Spiel nicht zu unterbrechen; von den Mitspielenden erfährt er nicht die befürchtete Ablehnung und läuft auch nicht Gefahr, bei seinen Eltern in eine unangenehme Situation zu geraten. Er behält seine Hose oft an, bis er abends zu Bett geht, und legt die verschmutzte Unterhose in die Wäsche.

Das Toilettenverhalten von Manuel ist unregelmäßig. Er geht an manchen Tagen gar nicht, an manchen Tagen morgens und an manchen Tagen abends zur Toilette. Dabei erreicht er häufig, aber nicht immer, angemessenen Stuhlgang.

Da Manuel von sich aus nichts erzählt, werden Satzergänzungs-Aufgaben benutzt, um mit ihm weiter ins Gespräch zu kommen. Diese Aufgaben werden nicht im Sinne eines Testes eingesetzt und ausgewertet; sie dienen ausschießlich dazu, einen Gesprächsanlaß bei einem schweigsamen Kind zu finden, um aus der sich daraus ergebenden Exploration wichtige Informationen zu gewinnen. Bei diesen Gesprächen ergibt sich, daß Manuel unter verschiedenen Ängsten leidet. Einerseits zeigen sich Tendenzen einer Sozialen Phobie, aber auch Angst vor Dunkelheit offenbart sich. Es bestätigt sich die Angabe der Mutter, daß Manuel seine Lehrerin nicht mag. Auch die Informationen darüber, daß Manuel keine ausreichenden und stabilen Freundschaften hat, entstammen diesen Gesprächsanlässen aus den Satzergänzungs-Aufgaben. Manuels Interessen und Hobbys beschränken sich auf Tischtennis spielen und fernsehen.

1.2 Differentialdiagnostik

Exploration und Dokumentation der Mutter ergeben, daß Manuel bereits seit einem Jahr einkotet, und zwar bis zu fünfmal in einer Woche, wie eine Erhebung zeigt (vgl. Abb. 2 in Abschnitt 1.4). Das Einkoten tritt bei Manuel immer nachmittags auf, wie bereits bei der Verhaltensanalyse deutlich wurde.

Kasten 1:
Von Manuel erfüllte diagnostische Kriterien nach DSM-IV (1996)

Kriterium A
Manuel entleert wiederholt und absichtlich Fäzes in seine Hose.

Kriterium B
Das Verhalten tritt nicht nur einmal im Monat, sondern teilweise mehrmals in der Woche, und nicht nur während drei aufeinanderfolgenden Monaten, sondern bereits seit zwölf Monaten auf.

Kriterium C
Manuel ist neun Jahre alt; sein Entwicklungsalter entspricht ungefähr seinem biologischen.

Kriterium D
Sowohl der Einfluß einer Substanz (Medikament z. B.) als auch ein organischer Krankheitsfaktor können durch eine medizinische Untersuchung ausgeschlossen werden.

Typus-Bestimmung
Es handelt sich bei Manuel um eine sekundäre Enkopresis ohne Verstopfung und Überlaufinkontinenz.

Bei Manuel sind die Kriterien für eine sekundäre funktionelle Enkopresis erfüllt. Komorbidität zu Enuresis besteht nicht, was in ca. 25 Prozent der Fälle vorkommt (vgl. DSM-IV, 1996; Schmidt & Blanz, 1996). Eine organische Erkrankung wurde durch medizinische Untersuchungen ausgeschlossen.

Kasten 2:
DSM-IV-Kodierungen unter Berücksichtigung aller fünf Achsen

Achse I: Klinische Störungen und Andere Klinisch Relevante Probleme
307.7 Enkopresis ohne Verstopfung und Überlaufinkontinenz (F98.1 nach ICD-10)

Achse II: Persönlichkeitsstörungen
Geistige Behinderung
V71.09 Keine Diagnose

Achse III: Medizinische Krankheitsfaktoren
Keine

Achse IV: Psychosoziale und Umgebungsbedingte Probleme
Probleme mit der Hauptbezugsgruppe:
— Wiederverheiratung der Mutter von Manuel
— Erziehungsmängel der Mutter (zu streng, jedoch an wichtiger Stelle fehlt Konsequenz; Manuel muß nämlich nicht selbst seine Wäsche saubermachen, wenn er eingekotet hat)
— Streitigkeiten mit dem Stiefvater
Probleme im sozialen Umfeld:
— Mangelnde soziale Unterstützung von den Eltern, der Lehrerin und den Klassenkameraden
Ausbildungsprobleme:
— Lernprobleme
— Streit mit den Mitschülern
Berufliche Probleme:
— Arbeitslosigkeit des Stiefvaters

Achse V: Globale Erfassung des Funktionsniveaus
GAF = 47 (zur Zeit)
Dieser Wert gibt ernste Beeinträchtigungen der sozial-emotionalen Entwicklung und der schulischen Leistungsfähigkeit von Manuel an.

Neben der Enkopresis ist Manuels Tendenz zur Sozialen Phobie zu berücksichtigen; sie beeinflußt scheinbar sein Erleben und Verhalten (vgl. oben Abb. 1). So hat er keine Freunde, mit denen er sich trifft; nur mit den Nachbarskindern kann er manchmal Tischtennis auf dem Spielplatz spielen. Er erlebt es als schrecklich, wenn er in der Schule ausgelacht wird. Er fühlt sich schnell angegriffen und verhält sich dann aggressiv. Im Kontakt mit einem wenig vertrauten Erwachsenen benötigt Manuel Hilfen zur Reaktionserleichterung, zum Beispiel in Form eines Modellverhaltens (siehe Tischfußballsituation) oder in Form geeigneter Vorgehensweisen (siehe die Satzergänzungs-Aufgaben). Trotz dieser deutlich erkennbaren sozialen Unsicherheit erfüllt Manuel nicht alle Kriterien für eine Soziale Phobie. Da sie jedoch in einem situativ das enkopretische Verhalten auslösenden Verhältnis steht, muß sie für Manuel als bedeutend betrachtet und bei der Intervention berücksichtigt werden.

Eine Störung des Sozialverhaltens oder eine Störung mit Oppositionellem Trotzverhalten ist bei Manuel nicht gegeben, da das Ausmaß und die Häufigkeit seines unangepaßten externalisierenden Verhaltens die Diagnosekriterien nicht erfüllen. Darüber hinaus wird das aggressive Verhalten durch seine soziale Angst ausgelöst; das heißt, die Soziale Phobie ist als die eigentliche Störung zu begreifen und nicht das aggressive Verhalten.

1.3 Erklärungsansätze

Die Zusammenhänge zwischen der sozialen Angst von Manuel, dem zu strengen Erziehungsverhalten der Mutter und der Enkopresis sind nicht zu übersehen und werden auch in der Verhaltenskette deutlich (vgl. oben Abb. 1). Die Bedingungen für die Aufrechterhaltung der Probleme dürfen jedoch nicht von vornherein einseitig interpretiert werden. So könnte der erste Anschein dazu verleiten, das Erziehungsverhalten der Mutter als Ursache der sozialen Angst und die soziale Angst als Ursache der Enkopresis zu betrachten; hieraus wäre zu folgern, daß mit einer Änderung des elterlichen Erziehungsverhaltens und mit einer daran anschließenden Bearbeitung der sozialen Angst die Enkopresis von selbst verschwinden würde. Bei genauerer Betrachtung liegen die aufrechterhaltenden Bedingungen aber nicht aufgereiht an einer schnurgeraden Kette, sondern beeinflussen sich gegenseitig bzw. verstärken sich durch Gewohnheitsbildung selbst. Mit einer alleinigen Veränderung der Sozialen Phobie ist ein Fortbestehen der Enkopresis durchaus wahrscheinlich, da diese Verhaltensgewohnheit durch die positive und negative Verstärkung (keine Spielunterbrechung, nicht ausgelacht werden) und die fehlenden negativen Konsequenzen (Manuel muß die Wäsche nicht selbst sauber machen) weiterhin bekräftigt wird.

Das Verschwinden oder Nachlassen der sozialen Angst würde es für Manuel jedoch vereinfachen, die Enkopresis zu überwinden. Auch eine Modifikation des elterlichen Erziehungsverhaltens erleichtert Manuel, sein einkotendes Verhalten zu verändern. Allerdings ist zu erwarten, daß eine Veränderung bei den Eltern dann am ehesten gelingt, wenn parallel dazu Fortschritte im Problemverhalten Enkopresis zu beobachten sind; dieses ist der Mutter aktuell am wichtigsten, da es deswegen zu den meisten Streitigkeiten kommt.

In Manuels Fall lassen sich keine prädisponierenden Entwicklungsfaktoren finden, die als spezifisch für die Entwicklung einer Enkopresis gelten können, wie zum Beipiel Eßprobleme, besondere Probleme in der Sauberkeitserziehung oder Darmprobleme (vgl. Levine, 1983; Petermann & Petermann, 2000). Allerdings ist psychosozialer Streß nicht von der Hand zu weisen, der auch bis in die jüngste Zeit hinein wirkt: Streß einerseits in Form von Streitigkeiten mit dem Stiefvater und als Folge der strengen Erziehung der Mutter, andererseits natürlich auch durch die sozialen Ängste, die zum Beispiel den täglichen Schulbesuch zu einem streßreichen Ereignis werden lassen.

1.4 Interventionsprinzipien

Für die Behandlung der Enkopresis liegen verschiedene Konzepte vor (vgl. Petermann & Petermann, 2000; Krisch, 1985). Neben den recht aufwendigen Methoden von Levine (1983) oder Wright und Walker (1978), die zum Teil eine stationäre Behandlungsphase voraussetzen und beide eine Zeitlang regelmäßig Einläufe und Abführmittel vorsehen, kann auch das Verhaltensmanagement von Liebert und Fischel (1991) angewandt werden. Die Behandlungsziele bestehen bei allen Konzepten aus der Sphinkerkontrolle und der Stuhlsauberkeit. Die Kooperation der Eltern ist eine notwendige Voraussetzung, die der Kinder nicht unbedingt (vgl. Schmidt & Blanz, 1996). Für die Mutter von Manuel steht die Beseitigung der Enkopresis im Mittelpunkt der Behandlung; sie zeigt sich kooperativ. Manuel möchte hingegen seine Ängste verringern und das Erziehungsverhalten seiner Mutter verändert wissen. Da die Verhaltenskette die Zusammenhänge zwischen dem Elternverhalten, der Sozialen Phobie und dem Einkoten aufzeigt, wird an diesen Problembereichen in der Therapie parallel gearbeitet.

Bei der Behandlung der Enkopresis werden, individuell abgestimmt, verschiedene Maßnahmen kombiniert angewandt. Sie beziehen sich auf die regelmäßige Entleerung des Rektums mit Abführmitteln oder Einläufen, Diäten, Toilettentraining und Kontingenzmanagement; aber auch Elternberatung und Verhaltenstrainings mit den Kindern, zum Beispiel bei Vorliegen von Ängsten und Streß, können zur Anwendung kommen. Diese Maßnahmen sind bis zu 80 Prozent der Fälle erfolgreich, und die Bedeutung psychopharmakologischer Behandlung spielt nur bei therapieresistenter Symptomatik eine Rolle (vgl. Schmidt & Blanz, 1996; Petermann & Petermann, 2000).

Im Fall von Manuel liegen nach ärztlichem Befund keine organischen Krankheiten vor, und der Stuhl ist auch von hinreichend weicher Konsistenz, so daß Einläufe oder Abführmittel nicht eingesetzt werden müssen. Die Bestandteile des Verhaltensmanagements nach Liebert und Fischel (1991) scheinen von daher für die Therapie von Manuel geeignet und dienen als Orientierung. Diese Schritte werden um Interventionen ergänzt, die Manuels Angst abbauen und das elterliche Erziehungsverhalten verändern sollen. Dies ergibt sich notwendigerweise aus der Verhaltensanalyse.

Das Verhaltensmanagement nach Liebert und Fischel (1991) sieht folgende Behandlungsbestandteile vor:
- Sicherung eines weichen und häufigen Stuhlganges;
- Registrierung, wie häufig die Wäsche verschmutzt ist;
- Registrierung der erfolgreichen Toilettengänge;
- Registrierung des Toilettenrituals;

– soziale Verstärkung erfolgreicher Toilettengänge;
– Reinigung der verschmutzten Wäsche durch das Kind selbst;
– Aufklärung der Familie darüber, daß Erfolge nur schrittweise zu erwarten sind.

Der Schwerpunkt in der Therapie mit Manuel liegt in der Durchführung des Trainings mit sozial unsicheren Kindern (Petermann & Petermann, 1996); die Intervention bei der Mutter umfaßt das Toilettentraining mit Manuel ebenso wie die Modifikation ihres Erziehungsverhaltens. Die Therapie wird ambulant durchgeführt.

Therapie mit Manuel. Die Arbeit mit Manuel beginnt mit dem Aufbau einer therapeutischen Beziehung (vgl. Borg-Laufs, 1993, 1996, 1997; Petermann, 1996). Er soll Vertrauen zu seinem Therapeuten haben und gerne kommen, und er soll auch glauben, daß die Probleme, die er verändern möchte, mit Hilfe der Therapie veränderbar sind. Zu Beginn der Therapie wechseln sich daher Explorationen und freie Spielphasen miteinander ab. Seinem Wunsch entsprechend, wird mit ihm in den Therapiesitzungen vorrangig an seiner Sozialen Phobie gearbeitet. Das diesbezügliche Vorgehen entspricht im wesentlichen dem von Petermann und Petermann (1996) vorgestellten Verhaltenstraining zum Abbau sozial unsicheren und ängstlichen Verhaltens. Allerdings nimmt Manuel nicht an einem Gruppentraining teil. Auf eine genauere Beschreibung der Therapieschritte wird an dieser Stelle verzichtet (vgl. U. Petermann, in diesem Buch).

Zum Problembereich Enkopresis erhält Manuel Informationen darüber, was in den Beratungsgesprächen mit seiner Mutter vereinbart wurde. Diese Transparenz soll sein Verständnis für das Toilettentraining, das Kontingenzmanagement und damit seine Compliance erhöhen. Sie stabilisiert zudem das Vertrauen zwischen Manuel und dem Therapeuten. Die Protokolle zu seinem Toilettenverhalten, die die Grundlage eines Verstärkerprogrammes bilden, werden mit Manuel in den Sitzungen ausgewertet. Obwohl dies im Vergleich zum Sozialtraining nur eine geringe Zeit in einer Therapiesitzung beansprucht, kann das Interesse für den Problembereich Einkoten bei Manuel geweckt werden, so daß er auf die Erfolge des Belohnungsprogrammes stolz ist.

Die häusliche Situation wird auf Wunsch von Manuel gelegentlich thematisiert. Er bemerkt die durch die Elternberatung erreichten Veränderungen, vor allem im Verhalten der Mutter, was seine Motivation zur eigenen Verhaltensänderung erhöht.

Toilettenritual und Kontingenzmanagement. Bereits im Erstgespräch wird mit der Mutter vereinbart, das Toilettenverhalten von Manuel in einem dafür anzufertigenden Kalender zu registrieren. In diesem Erstkontakt wird noch eine zweite Vereinbarung mit der Mutter getroffen, nämlich: sämtliche Bestrafungen im Zusammenhang mit dem Einkoten einzustellen. In den weiteren Gesprächen ist die Veränderung des Toilettenverhaltens von Manuel ein zentraler Bestandteil; daneben wird das Erziehungsverhalten der Mutter angegangen.

Drei Maßnahmen stehen bei der Veränderung der Enkopresis im Blickpunkt:

1. Regelmäßiger Toilettengang. Sowohl mit Manuel als auch mit seiner Mutter wird vereinbart, daß Manuel regelmäßig nach dem Mittagessen die Toilette aufsucht. Er wird angehalten, täglich zur gleichen Zeit zur Toilette zu gehen, auch wenn er keinen Stuhldrang verspürt; er muß dort mindestens zehn Minuten sitzenbleiben. Da Manuel, mit ganz wenigen Ausnahmen, fast ausschließlich nachmittags einkotet, scheint die Mittagszeit für dieses Ritual die richtige Zeit zu sein. Die Mutter wird angehalten, darauf zu achten, daß er den mittäglichen Toilettengang nicht vergißt. Darüber hinaus soll sie ihn für den Toilettengang und insbesondere für erfolgreiche Entleerung durch ausgiebiges Lob sozial verstärken. Diese Maßnahme wird von Therapiebeginn an umgesetzt. Bei den mittäglichen Toilettenbesuchen hat Manuel fast von Anfang an Stuhlgang, wofür er immer von seiner Mutter gelobt wird.

2. Reinigungspflicht. Manuel muß seine dreckige Wäsche selbst säubern; dies behagt ihm nicht; durch die Therapiegespräche können ihm jedoch Grund und Notwendigkeit einsichtig gemacht werden.

3. Tokensystem. Die Registrierung des Einkotens wird mit einem Belohnungsprogramm verknüpft. Da sich schnell Erfolge einstellen, können die Anforderung in wenigen Etappen hoch gesetzt werden. Wenn Manuel nur einmal pro Woche einkotet, erhält er eine Mark. Kotet er im Laufe einer Woche gar nicht ein, gehen die Eltern mit ihm ins Kino oder erfüllen ihm einen anderen gleichwertigen Wunsch. Dieses Belohnungsprogramm wird zum Ende der Behandlung aufgrund eines Streites abrupt ausgesetzt, worauf es zu einem kurzen Ansteigen der Symptomatik kommt, die im Anschluß an diese Episode aber ganz verschwindet.

In den Gesprächen mit der Mutter werden ihre Koch- bzw. Manuels Eßgewohnheiten thematisiert. Hier zeigt sich, daß keine besonderen Maßnahmen nötig sind, da sich Manuel ausgewogen und ballaststoffreich ernährt.

Die Veränderung des Erziehungsverhaltens. Der Stiefvater nimmt das Angebot zu den Beratungsgesprächen nicht wahr, da er die Problematik nach der Auskunft der Mutter als „nicht so schlimm" erlebt. Somit kann nur das Verhalten der Mutter direkt beeinflußt werden. Dies erweist sich allerdings als erfolgreich. Es kann bei der Mutter schnell die Bereitschaft aufgebaut werden, ihr Verhalten zu ändern, da sie sehr motiviert ist, die Enkopresis in den Griff zu bekommen. So baut sie ihr restriktives und von Beschimpfungen und Strafen geprägtes Verhalten schnell ab. Durch die prompt eintretenden Erfolge bei der Enkopresisbehandlung und die daraus resultierende Entlastung für die gesamte Familie wird die Verhaltensänderung der Mutter unterstützt.

Die Erfolge des Sozialtrainings führen dazu, daß Manuel zu Hause nach Angaben der Mutter „aufmüpfiger" und damit „nerviger" wird. In den Gesprächen darüber, wird ihr der positive Aspekt, nämlich die gewachsene Selbstsicherheit Manuels, nahegelegt; und tatsächlich gelingt es ihr, sich diese Sichtweise anzueignen und die „Aufmüpfigkeit" Manuels als positive Veränderung zu deuten.

1.5 Resümee

Wie Abbildung 2 belegt, sind die positiven Verhaltensänderungen bei der Enkopresis von Therapiebeginn an deutlich zu sehen. Die Symptomatik verschwindet über einen Zeitraum von vier Monaten fast ganz; es tritt in der
Hälfte dieses Zeitraumes höchstens einmal pro Woche Einkoten auf. In der
23. Woche steigt die Symptomatik noch einmal kurz an (s. o.), verschwindet
dann aber ganz und bleibt auch nach dem Therapieende bis zum Follow-up-
Termin drei Monate später stabil. In den anderen Bereichen stellen sich ebenfalls die erwünschten Veränderungen ein. Die Familienkonflikte werden weniger, das Sozialverhalten von Manuel ändert sich gegen Ende der Therapie,
was auch die Lehrerin bestätigt; sogar seine schulischen Leistungen verbessern
sich, wie die Lehrerin befriedigt mitteilt.

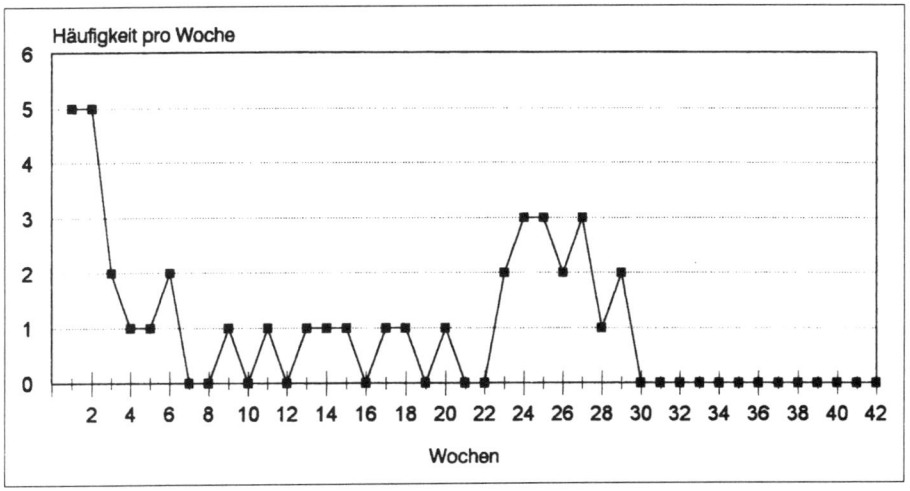

Abbildung 2:
Verlauf des Einkotens. Die erste Woche erfaßt die Ausprägung des unbehandelten Verhaltens; von der zweiten bis zur 30. Woche wird die Therapie mit Manuel und seiner Mutter
durchgeführt; die Registrierungen von der 31. bis zur 42. Woche sind Follow-up-Erhebungen

Die gesamte Intervention erstreckt sich über 30 Wochen. In dieser Zeit finden
acht Gespräche mit der Mutter und zehn Termine mit Manuel statt; mehrere
Telefonate mit der Mutter und der Lehrerin werden geführt. Zwölf Wochen
nach dem letzten therapeutischen Kontakt kommt es zu einem Nachgespräch.

Die Therapie kann als erfolgreich abgeschlossen gelten. Die Kombination verschiedener therapeutischer Methoden sowie der Einbezug der Mutter in die
Kinderverhaltenstherapie hat die erfolgreiche Bearbeitung der verschiedenen
zu beseitigenden Probleme ermöglicht. Die Enkopresis steht als herausragendes Symptom zwar im Mittelpunkt; zugleich zeigt der Fall aber auch, daß bei
der Behandlung der Enkopresis nicht ausschließlich dieses Symptom den
Blickpunkt bilden sollte. Vielmehr gilt es, eine auf den Einzelfall zugeschnit-

tene multimodale Herangehensweise zu wählen. Als günstig hat sich in diesem Fall sicherlich die hohe Mitarbeitsbereitschaft der Mutter erwiesen. Auch das Fehlen somatischer Probleme hat zu den schnellen Erfolgen beigetragen.

2 Enuresis

2.1 Beschreibung des Störungsbildes

Der achtjährige Dirk wird von seiner Mutter wegen Einnässens in der Beratungsstelle vorgestellt. Dirk besucht die zweite Grundschulklasse. Sein Vater ist als Busfahrer beschäftigt, die Mutter arbeitet seit vier Jahren wieder halbtags als Sekretärin. Der Bruder Stefan ist zwei Jahre älter. Als Kleinkind wurde Dirk mit seinem Bruder zusammen aufgrund stundenweiser Berufstätigkeit der Mutter vormittags von seinen Großeltern beaufsichtigt.

Die Mutter schildert im Erstgespräch, daß Dirk, seit er viereinhalb Jahre alt ist, ständig „tröpfelt"; er war vorher bereits trocken gewesen. Einen zeitlichen Zusammenhang mit einem besonderen Ereignis oder Problem erinnert die Mutter nicht. Sie erzählt, daß Dirk kein Problembewußtsein hat. Er geht auch mit nasser Kleidung aus dem Haus, ohne daß ihm dies etwas ausmacht. Wenn er sich intensiv auf ein Computerspiel konzentriert, näßt er besonders stark ein. Eine Untersuchung beim Kinderarzt ergibt keinen organischen Befund. Sie weiß nicht, wie sie das Problem lösen soll und wirkt sehr besorgt. Ihr Schimpfen nützt bei Dirk nichts. Die weitere Exploration ergibt, daß Dirk außer etwas Nörgelei von der Mutter keine Konsequenzen zu befürchten hat. Beispielsweise braucht er seine Wäsche nicht selbst zu reinigen.

Darüber hinaus berichtet die Mutter, daß zwischen Dirk und seinem Bruder Stefan ein „gespanntes" Verhältnis besteht. Der Bruder ärgert Dirk ständig, weil dieser einnäßt: „Du stinkst wieder so!" Sie schildert Dirk als unselbständigen Jungen, der sehr überbehütet worden sei. Sie selbst glaubt, in der Erziehung versagt zu haben: „Ich wollte alles mal besser machen, und jetzt das!" Sie macht sich selbst Vorwürfe. Vor allem betrachtet sie die Wiederaufnahme ihrer Berufstätigkeit als falsch. Dirks Vater, so berichtet die Mutter, wirft ihr übertriebene Fürsorge vor.

Die von den Eltern erhobenen Daten über den Verlauf einer Woche ergeben folgendes Bild: Am ersten Tag (Donnerstag) kommt Dirk mit feuchter Hose aus der Schule. Beim Computerspiel am Nachmittag näßt er eine größere Menge ein. Später am Nachmittag geht Dirk noch zum Spielen nach draußen; als er vor dem Abendbrot wieder hereinkommt, ist seine Hose wieder leicht naß. Freitag und Samstag war Dirk nach den Beobachtungen der Eltern trocken. Am Sonntag bleibt die Hose vormittags trocken, nachmittags macht er zweimal in die Hose, davon einmal eine größere Menge. Am Montag näßt er erneut nachmittags zweimal ein. Am Dienstag und Mittwoch macht er nachmittags jeweils einmal in die Hose. In dieser Beobachtungswoche näßt Dirk also nach den Beobachtungen der Eltern insgesamt neunmal ein, und zwar an zwei Tagen gar nicht, an zwei Tagen einmal, an weiteren zwei Tagen zweimal und an einem Tag dreimal. Es fällt auf, daß Dirk acht- von neunmal nachmittags einnäßt, also nur einmal vormittags in der Schule. Eine Übersicht gibt Tabelle 2.

Tabelle 2:
Aufzeichnungen über eine Woche zu Dirks Einnäßverhalten
(v = vormittags in der Schule; n = nachmittags beim Spielen)

Einnäß- verhalten	Erhebungstage						
	Donnerstag	**Freitag**	**Samstag**	**Sonntag**	**Montag**	**Dienstag**	**Mittwoch**
Ja	X			X	X	X	X
Nein		X	X				
Anzahl	dreimal (v + n)			zweimal (n)	zweimal (n)	einmal (n)	einmal (n)

Dirk erscheint zu seinem ersten Termin in der Beratungsstelle mit einer im Schritt nassen Hose. Er wirkt lebhaft, aber auch leicht unsicher; er kann dem Therapeuten nicht in die Augen schauen. Er findet das Einnässen „nicht schlimm". Er meint, es gibt sogar im dritten Schuljahr Kinder, die in die Hose machen, und er ist doch erst im zweiten. „Die Anderen merken das ja gar nicht!". Wenn er sich mit dem Computer beschäftigt, wo man zwischen den „Levels" keine Pausen machen darf, kommt es häufig vor, daß er in die Hose macht. Er gibt aber an, „eigentlich schon" zu spüren, wenn er muß.

Tabelle 3:
Ergebnisse von Dirk im Family Relations Test

	Niemand	Dirk	Vater	Mutter	Stefan	Oma	Opa
Positive vom Kind ausgehende Gefühle	2	0	1	4	1	1	1
Positive vom Kind empfangene Gefühle	1	2	2	5	1	3	2
Positiv – Gesamt	3	2	3	9	2	4	3
Negative vom Kind ausgehende Gefühle	2	1	1	0	3	0	1
Negative vom Kind empfangene Gefühle	1	0	1	1	6	0	0
Negativ – Gesamt	3	1	2	1	9	0	1
Gesamt aller Nennungen	6	3	5	10	10	4	4

Dirk beklagt sich über die vielen „Kloppereien" mit seinem Bruder. Ansonsten äußert er sich zufrieden über seine familiäre und schulische Situation. Bei der Durchführung des Family Relations Test (Bene & Anthony, 1985; deutsche Standardisierung: Flämig & Wörner, 1977) schätzt Dirk seine familiären Beziehungen unauffällig ein. Vater und Mutter werden häufig und mehrheitlich positiv besetzt genannt, Stefan wird ebenfalls häufig, allerdings überwiegend in Verbindung mit negativen Items von Dirk benannt. Eine auffällige Diskrepanz zwischen den von Dirk ausgehenden Gefühlen und den Gefühlen, die andere ihm seiner Wahrnehmung nach entgegenbringen, ist nicht festzustellen (vgl. Tab. 3).

Bei einem Gespräch wundert sich die Lehrerin über die Anmeldung in einer Erziehungsberatungsstelle. Dirk ist in der Schule nicht auffällig; sie schätzt ihn intelligent und strebsam ein. Dirk ist in der Klasse beliebt. Die Lehrerin weiß nicht, daß Dirk einnäßt, auch die Mitschüler haben sich ihr gegenüber noch nie dahingehend geäußert.

2.2 Differentialdiagnostik

Die Exploration der Mutter, die einwöchige Verlaufsbeobachtung der Eltern, das Gespräch mit Dirk und die Testerhebung führen eindeutig zu dem Ergebnis, daß Dirk nach DSM-IV (1996) die diagnostischen Kriterien einer Enuresis erfüllt.

Kasten 3:
Von Dirk erfüllte diagnostische Kriterien nach DSM-IV (1996)

Kriterium A
Dirk entleert wiederholt und absichtlich Urin in seine Hose.

Kriterium B
Das Verhalten ist klinisch bedeutsam, da Dirk seit dreieinhalb Jahren mehr als zweimal wöchentlich einnäßt.

Kriterium C
Dirk ist in einem biologischen und Entwicklungsalter, in dem von ihm die Blasenkontrolle erwartet werden kann.

Kriterium D
Das Einnäßverhalten von Dirk geht weder auf eine Substanzwirkung noch auf einen organischen Krankheitsfaktor zurück, was sowohl von einem Pädiater als auch von einem Kinderpsychiater untersucht wurde.

Typus-Bestimmung
Da Dirk ausschließlich tagsüber, bevorzugt nachmittags, einnäßt, wird die Diagnose Enuresis Diurna gestellt. Das Auftretensmuster von Dirk entspricht den Angaben in DSM-IV, nämlich: die häufigste Urinentleerung findet am frühen Nachmittag statt und liegt bei Dirk am Widerwillen, sein Spiel zu unterbrechen, um auf die Toilette zu gehen.

Eine zusätzliche klinische Diagnose ist nicht zu stellen. Die Mutter berichtet zwar von exzessivem Streiten zwischen den beiden Brüdern; aber dies rechtfertigt nicht die Diagnose einer „Störung des Sozialverhaltens" bei Dirk, zumal die Streitigkeiten sehr häufig durch den älteren Bruder Stefan ausgelöst werden. Eine „emotionale Störung mit Geschwisterrivalität" kommt ebenfalls nicht in Betracht. Die Kodierung der Enuresis zeigt Kasten 4.

Kasten 4:
DSM-IV-Kodierungen unter Berücksichtigung aller fünf Achsen

Achse I:	**Klinische Störungen und Andere Klinisch Relevante Probleme**
307.6	Enuresis, Typus Diurna (F98.0 nach ICD-10)
Achse II:	**Persönlichkeitsstörung**
	Geistige Behinderung
V71.09	Keine Diagnose
Achse III:	**Medizinische Krankheitsfaktoren**
	Keine
Achse IV:	**Psychosoziale und Umgebungsbedingte Probleme**
	Probleme mit der Hauptbezugsgruppe:
	– Exzessiver Streit mit dem Bruder Stefan
Achse V:	**Globale Erfassung des Funktionsniveaus**
	GAF = 51 (zur Zeit)
	Dieser Wert zeigt ausgeprägte Symptome an; er wird deshalb vergeben, da Dirk eine sekundäre Enuresis aufweist, seinen Harndrang bemerkt, jedoch nicht zur Toilette geht und sozial-emotionale Beeinträchtigungen zur Zeit nicht vorliegen.

2.3 Erklärungsansätze

Aus den Informationen der Exploration mit der Mutter und mit Dirk kann eine Verhaltensanalyse des Einnässens erstellt werden (vgl. Abb. 3). Diese zeigt auf, daß die verstärkende Komponente darin zu sehen ist, daß Dirk lästige Spielunterbrechungen durch Einnässen vermeiden kann. Obwohl er Harndrang verspürt, setzt er seine Spieltätigkeit einfach fort. Es gibt daraufhin keine negativen Konsequenzen. Die Nörgelei der Mutter bzw. gelegentlich auch des Vaters dürften eher als positive Verstärker im Sinne von Aufmerksamkeitszuwendung wirken. Die Hänseleien des Bruders erfolgen nicht kontingent auf das Verhalten und haben somit auch keine direkte verhaltenssteuernde Wirkung.

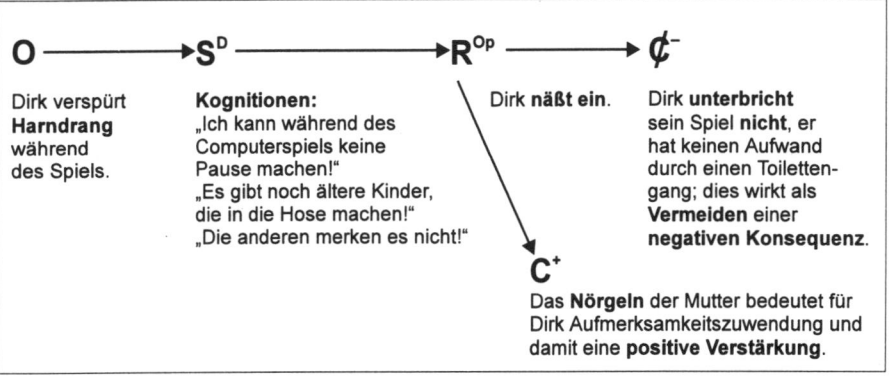

Abbildung 3:
Verhaltensanalyse des Einnässens von Dirk (siehe Legendenerklärung bei Abb. 1)

Bei Dirk lassen sich keine der in der Literatur diskutierten psychosozialen Erklärungsansätze als die Enuresis verursachend ausmachen (vgl. im Überblick Petermann & Petermann, 2000). Weder litt oder leidet ein Verwandter ersten Grades an dem gleichen Problem noch sind in auffälligem Maße kritische Lebensereignisse bei Dirk zu identifizieren. Die häufig anzutreffende Komorbidität mit anderen Störungen, vor allem hinsichtlich Oppositionellen Trotzverhaltens und aggressiven Verhaltens, kann ebenfalls nicht beobachtet werden, sieht man von der weit über das normale Maß hinausgehenden Geschwisterrivalität mit häufigen aggressiv ausgetragenen Streitigkeiten ab.

Kindspezifische Faktoren, wie zu große Schlaftiefe und mangelndes Erwachen bei Harndrang oder Entwicklungsverzögerungen hinsichtlich des neuromuskulären Systems, können bei Dirk genauso wenig festgestellt werden wie pathophysiologische Komponenten, zum Beispiel zu geringe Blasenkapazität. So sind für die Interventionsplanung die in der Verhaltensanalyse herausgearbeiteten aufrechterhaltenden Bedingungen zentral; die Therapie mit Dirk und der Familie kann sich deshalb auf die Enuresis beschränken (vgl. Richter & Goldschmidt, 1999).

2.4 Interventionsprinzipien

Bei vielen einnässenden Kindern stellt sich spätestens im Laufe der Grundschulzeit ein Behandlungsbedarf heraus, sei es aufgrund sozialer Diskriminierung, sei es aufgrund negativer Auswirkungen auf das Selbstwertgefühl. Da die Enuresis in vielen Fällen keine organische Ursache aufzeigt, sondern ein Funktionsdefizit darstellt, ist ein verhaltenstherapeutisches Vorgehen indiziert. Hierbei werden je nach Einzelfall unterschiedliche Methoden kombiniert und mit unterschiedlichen Zielen die Eltern einbezogen. Die Behandlung gestaltet sich als schwierig, wenn ein Kind nicht motivierbar ist mitzuwirken. In solchen Fällen kann eine kurzfristige Pharmakotherapie hilfreich sein; das heißt, das Trockensein kann für den Verlauf einer Verhaltenstherapie genutzt werden. Eine alleinige Pharmakotherapie ist jedoch wegen der hohen Rückfallquote kontraindiziert (Houts, 1991; Schmidt & Blanz, 1996). Zumindest bei dem Medikament Imipramin sind bei längerer Anwendung Nebenwirkungen zu bedenken, und bei Enuresis Diurna eignet es sich nicht (Schmidt & Blanz, 1996).

Zu den am meisten angewandten verhaltenstherapeutischen Methoden gehören der Klingelapparat und das Einhalte-Training. Kombinierte Methoden stellen das Dry-Bed-Training, das Breitband-Training und sequentielle Therapiestrategien dar (vgl. einen Überblick in Petermann & Petermann, 2000). Sie alle zielen auf Enuresis Nocturna ab; sie können jedoch in Bestandteilen auf Enuresis Diurna übertragen werden, nämlich zum Beispiel die Vertragstechnik, Toilettenrituale oder Verstärkerpläne.

Bei Dirk scheiden einige Möglichkeiten sofort aus, nämlich solche, die speziell auf die Behandlung der Enuresis Nocturna ausgerichtet sind, also Klingelapparat oder Dry-Bed-Training. Entsprechend dem Prinzip der maximalen Hilfe bei minimaler Intervention soll im vorliegenden Fall zunächst ein einfach durchzuführendes Verfahren gewählt werden. Eine medikamentöse Behandlung kommt aufgrund der Verhaltensanalyse nicht in Betracht. Dies trifft vor allem deshalb zu, da die aufrechterhaltenden Bedingungen leicht zu erkennen sind und eine verhaltenstherapeutische Behandlung mit Vertragstechnik und Verstärkerprogramm erfolgreich zu sein verspricht. Die Familie soll dabei nicht unnötig belastet und somit kein vorzeitiger Therapieabbruch provoziert werden. Eine verhaltenstherapeutische Strategie, bei der sequentiell vorgegangen wird, ist die Methode der Wahl (vgl. z. B. Schmidt & Esser, 1981).

Informationen über Enuresis. In einem ersten Schritt werden relevante Informationen über Enuresis sowohl den Eltern als auch Dirk gegeben (vgl. Grosse, 1991). Dabei wird versucht, eine geeignete Arbeitshaltung herzustellen. Den Eltern, die sich dem Problem hilflos gegenüber sehen, soll einerseits eine positive Perspektive aufgezeigt werden; andererseits werden die Eltern vor zu hohen Erwartungen gewarnt, damit es nicht zu frühen Enttäuschungen kommt, die das Risiko eines Abbruchs der Behandlung nach sich ziehen.

Therapievertrag über einen Verstärkerplan. Nach der Diagnose wird in einer Sitzung mit Dirk allein ihm das Prinzip eines Verstärkerplans erklärt. Anschließend wird der Verstärkerplan mit Dirk zusammen der Mutter erläutert. Der Junge reagiert begeistert, und die Mutter willigt bereitwillig ein. Es wird vereinbart, daß trockene Tage in einer Wochenliste mit einem lustigen Strichmännchen, das Dirk in die Liste hineinzeichnen darf, vermerkt werden. Jedes Einnässen wird mit einem Strich festgehalten. Als Belohnung für einen trockenen Tag wird ein Schokoladenriegel und für drei trockene Tage in einer Woche ein Modellauto vereinbart. Zusätzlich wird mit Dirk besprochen, daß er vor Computerspielen die Toilette aufsuchen soll. Alle Vereinbarungen werden schriftlich festgehalten und von der Mutter, Dirk und dem Therapeuten unterschrieben, um die Verbindlichkeit für alle Beteiligten zu erhöhen.

Blasenmuskeltraining. Eine weitere Vereinbarung folgt im Therapieverlauf. So soll Dirk den Blasenmuskel trainieren, um ihn zu kräftigen, damit nicht ungewollt kleine Mengen Urin in die Kleidung fließen. Dazu soll er beim Urinieren seinen Strahl möglichst häufig bewußt unterbrechen.

Negative Folge von Einnässen. Mit Eltern und Sohn wird außerdem vereinbart, daß Dirk im Falle des Einnässens seine Kleidung selbst auswaschen muß, bevor er sie in die Wäsche legt.

Bei allen Therapiekontakten mit Dirk darf er Spielwünsche äußern; dies soll dazu beitragen, daß sich die Beziehung zwischen ihm und dem Therapeuten positiv gestaltet. Weiter werden in der Interaktion die Schritte des Drei-Phasen-Modells zum Vertrauensaufbau berücksichtigt, nämlich das Herstellen einer verständnisvollen Kommunikation, die Verhinderung bedrohlicher Handlungen sowie der Aufbau von umfassender Selbstwirksamkeit (vgl. Petermann, 1996).

Das Belohnungsprogramm wird zunächst gut angenommen und angemessen durchgeführt. Erste Erfolge stellen sich schnell ein (vgl. Abb. 4). Nach einiger Zeit verliert Dirk das Interesse am Belohnungsprogramm, und die Motivation muß durch andere Interventionen bei ihm aufrechterhalten werden. Dazu werden altersangemessene Gespräche geführt, die das Ziel verfolgen, seine Motivation mehr am Problem selbst zu verankern. In diesem Prozeß wird es für ihn immer wichtiger, das Einnässen zu verändern. Auf Erfolge ist er im Laufe der Zeit ohne Belohnung stolz; er fühlt sich dadurch älter sowie reifer und gibt dem auch Ausdruck. Bei einem Rückschritt nach acht Wochen setzen die Eltern und Dirk das Programm zunächst enttäuscht ab; sie lassen sich jedoch nach einem Gespräch wieder auf den Verstärkerplan und die Dokumentation trockener sowie nasser Tage ein, obwohl Dirk zu diesem Zeitpunkt vorrangig anders motiviert ist.

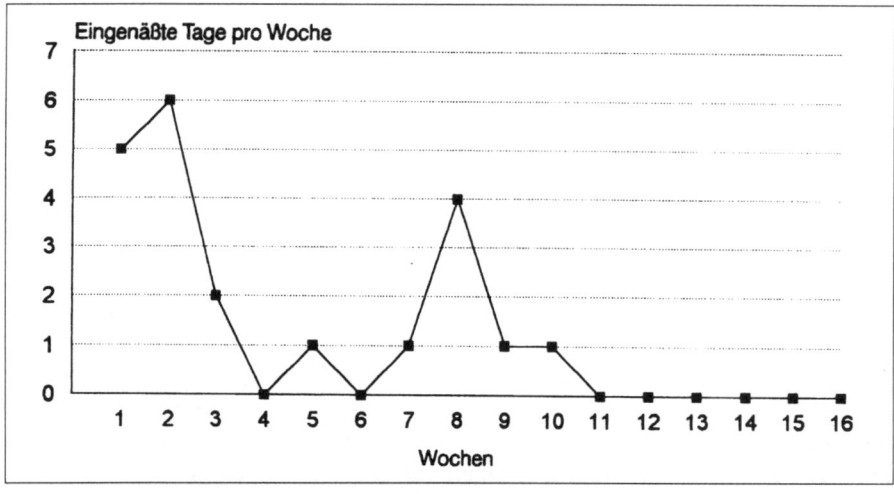

Abbildung 4:
Verlauf des Einnässens. Die erste Woche stellt eine Vorbeobachtung dar, wobei Dirk an den fünf Tagen, an denen er einnäßt, insgesamt neunmal eine nasse Hose aufweist; die übrigen 15 Wochen dokumentieren das Einnässen während der Therapie

Von dem kurzfristigen Aussetzen des Verstärkerplanes abgesehen, werden die Vereinbarungen von Anfang an mit einer Ausnahme durchgehalten. Der Mutter gelingt es nicht, daß Dirk selbst seine Kleidung reinigt, wenn er einnäßte. Die Mutter soll in mehreren Gesprächen davon zu überzeugt werden, daß diese Maßnahme wichtig und sinnvoll ist. Es stört sie jedoch, wenn es im Badezimmer, wo die Wäsche gesammelt wird, nach Urin riecht. Dieser Umstand hängt damit zusammen, daß Dirk versucht, sich der Vereinbarung zu entziehen, die Wäsche bei Einnässen selbst auszuwaschen. Dadurch kommt es immer wieder zu Uringeruch im Badezimmer. Ist Dirk dann nicht sofort erreichbar, wäscht die Mutter die Hosen selbst schnell aus. Auf diese Weise werden Verstärkungsbedingungen wirksam, die dem Verstärkerplan den nötigen Nachdruck nehmen, da Dirk durch das inkonsequente Verhalten der Mutter eine sinnvolle Konsequenz umgehen kann.

2.5 Resümee

Trotz der nicht eingehaltenen Vereinbarung bezüglich der Kleiderreinigung durch Dirk selbst erweist sich die Enuresisbehandlung insgesamt als erfolgreich. Die Erfolge stellen sich schnell ein und bleiben stabil (vgl. Abb. 4). Auch nach Abschluß der Enuresisbehandlung taucht das Problem bis heute, zwei Jahre später, nicht wieder auf: Dirk ist durchgängig trocken. Er ist stolz auf seine Leistung.

Im Anschluß an die Enuresisbehandlung wird an der Geschwisterrivalität mit beiden Brüdern gearbeitet. Dieser Interventionsteil, der nicht Gegenstand der vorliegenden Beschreibung ist, führt im Verlauf eines halben Jahres zu Fortschritten. Den Abschluß der Arbeit mit den beiden Brüdern bildet ein Projekt, das in den gemeinsamen Sitzungen mit Dirk und Stefan entwickelt wird. Die beiden Brüder organisieren mit ihren Eltern und dem Therapeuten gemeinsam einen großen Fußballnachmittag, zu dem sie Freunde und Klassenkameraden auf einen Sportplatz einladen. Die Eltern sind zufrieden, die familiären Spannungen haben sich etwas gelöst, wenngleich es zwischen den Geschwistern immer noch zu Streitigkeiten kommt.

Die Enuresisbehandlung erstreckt sich insgesamt über vier Monate. Einschließlich des Anmeldegesprächs und der diagnostischen Kontakte finden in diesem Zeitraum 16 Termine statt. Der schnelle und stabile Erfolg läßt sich auf mehrere Faktoren zurückführen. Zum einen können alle Beteiligten immer wieder während des Therapieverlaufes gut motiviert werden. Zum anderen finden sich die in der Literatur diskutierten Prädiktoren für einen guten Behandlungserfolg in dem vorliegenden Fall: Die Mutter ist berufstätig, die Eltern unterstützen Dirk und der Bruder hänselt ihn. Lediglich der Druck durch die Gleichaltrigen fehlt bei Dirk. Diese Bedingungen lassen nach unterschiedlichen Studien eine günstige Entwicklung erwarten (vgl. Petermann & Petermann, 2000). Als dritter Faktor ist im Fall Dirk zu nennen, daß die ungünstigen Prädiktoren fehlen. Weder liegen massive familiäre Probleme vor, noch mangelt es an familiärer Unterstützung.

Literatur

Bene, E. & Anthony, J. (1985). *Family Relations Test. Childrens version.* Windsor: NFER-Nelson.

Borg-Laufs, M. (1993). Selbstmanagementtherapie mit Kindern. *Kindheit und Entwicklung, 2,* 122–128.

Borg-Laufs, M. (1996). *Das Training mit aggressiven Kindern aus der Perspektive der Selbstmanagementtherapie. Eine Praxisstudie.* Frankfurt: Lang.

Borg-Laufs, M. (1997). Der Selbstmanagementprozeß in der Kinderpsychotherapie. *Verhaltenstherapie und psychosoziale Praxis, 29,* 199–212.

DSM-IV (1996). *Diagnostisches und Statistisches Manual Psychischer Störungen.* Göttingen: Hogrefe.

Esser, G., Schmidt, M. H. & Woerner, W. (1990). Epidemiology and course of psychiatric disorders in school-age children: Results of a longitudinal study. *Journal of Child Psychology and Psychiatry and Allied Disciplines, 31,* 243–263.

Flämig, J. & Wörner, U. (1977). Standardisierung einer deutschen Fassung des Family Relations Test (FRT) an Kindern von 6 bis 11 Jahren. *Praxis der Kinderpsychologie und Kinderpsychiatrie, 26,* 5–11 und 38–46.

Gontard, A. von (1998). Gibt es einen Verhaltensphänotyp der Enuresis nocturna? *Kindheit und Entwicklung, 7,* 70–78.

Grosse, S. (1991). *Bettnässen. Diagnostik und Therapie.* Weinheim: Psychologie Verlags Union, 2., veränd. Auflage.

Houts, A. C. (1991). Nocturnal enuresis as a behavioral problem. *Behavior Therapy, 22,* 133–151.

Krisch, K. (1985). *Enkopresis. Ursachen und Behandlung des Einkotens.* Bern: Huber.

Levine, M. D. (1983). Encopresis. In M. D. Levine, W. B. Carey & A. C. Crocker (Eds.), *Developmental behavioral pediatrics* (586–595). Philadelphia: Saunders.

Liebert, R. M. & Fischel, J. E. (1991). The elimination disorders. Enuresis and encopresis. In M. Lewis & S. M. Miller (Eds.), *Handbook of developmental psychopathology* (421–429). New York: Plenum Press.

Petermann, F. (1996). *Psychologie des Vertrauens.* Göttingen: Hogrefe, 3. Auflage.

Petermann, U. & Petermann, F. (1996). *Training mit sozial unsicheren Kindern.* Weinheim: Psychologie Verlags Union, 6., überarbeitete Auflage.

Petermann, U. & Petermann, F. (2000). Störungen der Ausscheidung: Enuresis und Enkopresis. In F. Petermann (Hrsg.), *Lehrbuch der Klinischen Kinderpsychologie und Kinderpsychotherapie* (381–408). Göttingen: Hogrefe, 4., völlig überarbeitete Auflage.

Richter, D. & Goldschmidt, H. (1999). Enuresis-Diagnostik und Therapie in der stationären Rehabilitation. In F. Petermann & P. Warschburger (Hrsg.), *Kinderrehabilitation* (205–221) Göttingen: Hogrefe.

Schmidt, M. H. & Blanz, B. (1996). *Psychopharmakotherapie im Kindesalter.* Stuttgart: Enke.

Schmidt, N. J. & Esser, G. (1981). Einflüsse auf die Effizienz der verhaltenstherapeutischen Behandlung der Enuresis: Eine klinische Studie an 47 Fällen. *Zeitschrift für Kinder- und Jugendpsychiatrie, 9,* 217–232.

WHO (1993). *Internationale Klassifikation psychischer Störungen. ICD-10: Klinisch-diagnostische Leitlinien.* Bern: Huber, 2., korrigierte Auflage.

Wright, L. & Walker, C. E. (1978). A simple behavioral treatment program for psychogenic encopresis. *Behavior Research and Therapy, 16,* 209–212.

Psychologische Interventionen bei chronisch kranken Kindern: Asthma bronchiale

Franz Petermann und Hans-Jörg Walter

Chronische Krankheiten stellen für Kinder und ihre Familie eine zusätzliche Belastung und spezifische Herausforderung dar. Viele Familien sind in der Lage, Ressourcen zu aktivieren, mit deren Hilfe eine Krankheitsbewältigung optimal gelingt (vgl. Übersicht von Petermann, Noeker & Bode, 1987; Warschburger & Petermann, 2000). Im Regelfall entstehen jedoch bei der Bewältigung einer körperlichen Erkrankung eine Vielzahl von Risiken, die zum Beispiel Blanz (1994) oder Lavigne und Faier-Routman (1992) wie folgt zusammenfassen:

- Bei körperlich-chronisch kranken Kindern liegt ein deutlich erhöhtes Risiko für Verhaltensstörungen vor, und
- gelingt die Krankheitsbewältigung langfristig nicht oder unzureichend, dann treten psychische Störungen auf.

Eine mißlungene Krankheitsbewältigung läßt sich durch verschiedene Merkmale beschreiben; so wird die Krankheit kaum bzw. gar nicht akzeptiert, Krankheitssymptome geleugnet und die Mitarbeit bei der Behandlung verweigert (vgl. Stein et al., 1993); Konflikte in der Familie sind die Folge und krankheitsbedingte Schulprobleme nicht auszuschliessen.

Im weiteren wenden wir uns der am häufigsten auftretenden chronischen Erkrankung im Kindes- und Jugendalter zu: dem Asthma bronchiale. Neue Forschungsergebnisse bestätigen, daß dispositionelle (biologische) Faktoren für die Entstehung und vielfältige (auch psychische) für die Aufrechterhaltung des Asthmas zentral sind (vgl. Petermann, 1999; Steinhausen, 2000). Nach dieser Sichtweise ist Asthma eine körperliche Erkrankung mit bedeutsamen psychosozialen Folgen, die den Verlauf des Asthmas erheblich beeinflussen (vgl. Strunk, 1993). Ein wesentliches Problem des Asthmas ergibt sich aus der Akzeptanz dieser Erkrankung und der aktiven Mitarbeit im Rahmen der medikamentösen Behandlung (vgl. die Diskussion von Compliance-Problemen bei Petermann, 1998). Wir wählen im weiteren ein Fallbeispiel einer jugendlichen Asthma-Patientin, die vielfältige Probleme aufweist; so liegen massive Familienkonflikte, soziale Ängste und eine unzureichende Bereitschaft zur Therapiemitarbeit (mangelnde Compliance) vor.

1 Beschreibung des Störungsbildes

Biographische Angaben. Es handelt sich bei Eva um ein 16;2 Jahre altes Mädchen, das zum Zeitpunkt des Erstkontaktes die zehnte Klasse eines städtischen Gymnasiums besucht. Eva ist ein Einzelkind, die Eltern sind beide berufstätig; der Vater arbeitet ganztags und die Mutter halbtags (vormittags).

Störungsbeschreibung. Nach Selbsteinschätzung und dem Urteil der Eltern liegt bei Eva ein sehr starkes Asthma bronchiale vor. Evas Schlaf sei, bedingt durch häufige, nächtlich auftretende Atemnot, sehr gestört, daraus resultiere auch eine ständige Müdigkeit und Antriebslosigkeit. Sie ist sehr unselbständig in der Durchführung ihrer medizinischen Therapie und verläßt sich sehr auf die Unterstützung der Eltern. Eva weist keine Krankheits- und Behandlungseinsicht auf. Aus diesem Grund ist Eva häufig resignativ und frustriert; besonders dann, wenn sich ihr Asthma verschlechtert. Eva besitzt zudem deutliches Übergewicht und weist ein Cushingsyndrom auf, das sich im Gesicht, den Beinen und der Bauchhaut besonders bemerkbar macht. Manchmal treten bei Eva auch Nägelkauen, Aggressivität und Stimmungsschwankungen auf; zudem hat Eva keine Freunde und ist sozial isoliert, das heißt sie verbringt ihre Zeit alleine in ihrem Zimmer und vermeidet regelrecht Sozialkontakte.

2 Differentialdiagnostik

Medizinische Diagnostik. Es liegt ein schweres, ganzjährig auftretendes Asthma vor, das durch Infekte, bestimmte Allergene, körperliche Belastung, mechanische Reize (Husten, Lachen) und psychische Faktoren (Wut, Ärger und Angst) ausgelöst werden kann. Im RAST-Test (**R**adio-**A**llergo-**S**orbent-**T**est – der dem Nachweis des im Blutserum des sensibilisierten Patienten befindlichen Antikörpers vom Typ IgE dient) konnten erhöhte IgE-Werte für Tierhaare, Hausstaubmilben und Pollen festgestellt werden. Demnach kann von einem Mixed-Asthma des Schweregrades vier (vgl. Lecheler & Niggemann, 1994) ausgegangen werden.

Elternexploration. Eva leidet etwa seit ihrem vierten Lebensjahr an Asthma. Von Anfang an mußten sich die Eltern auf die Bedingungen der Krankheit einstellen. Besonders die Infektanfälligkeit und die mangelnde körperliche Belastbarkeit sei ein großes Problem gewesen (vgl. Petermann, 1999). Eva konnte häufig nicht mit den anderen Kindern draußen spielen, da sie Atemnot bekam und nicht selten vom Notarzt ins Krankenhaus eingeliefert werden mußte. Den Kindergarten besuchte sie eher sporadisch, da sie häufig wegen Krankheit fehlte. Seit ihrem sechsten Lebensjahr hat sie jährlich an einer vier- bis sechswöchigen Reha-Maßnahme teilgenommen; zudem muß Eva jährlich mehrere Wochen wegen akuter Beschwerden stationär behandelt werden. Trotz krankheitsbedingter Fehlzeiten traten keine Leistungsprobleme in der Schule auf. Eva besucht zur Zeit die zehnte Klasse eines Gymnasiums, wobei sie in diesem

Schuljahr über die Hälfte der Zeit krankgeschrieben war. Eva reagiert, besonders wenn es ihr gesundheitlich schlecht geht, aggressiv und weigert sich die Medikamente, die die Eltern ihr zurechtlegen, einzunehmen. Sie zieht sich dann häufig in ihr Zimmer zurück und will niemanden sehen. Die Eltern bekommen in solchen Situationen häufig ein schlechtes Gewissen und machen sich Sorgen um Evas Gesundheit. In der Familie treten vermehrt Konflikte auf, da Eva nicht bereit ist, mehr Eigenverantwortung im Rahmen des Asthma-Managements zu übernehmen. Früher saß Evas Mutter viele Nächte am Bett ihrer Tochter; heute horchen die Eltern an Evas Schlafzimmertür und vergewissern sich auch durch das Betreten des Zimmers, ob Eva Atemnot hat. Das Verhältnis zwischen den Eltern und Eva ist dadurch sehr gespannt, zumal Eva nicht über ihre Probleme sprechen will oder kann.

Die Eltern verweisen ausdrücklich auf die Folgen des Asthmas: Eva weist soziale Ängste auf (insbesondere vor Menschenansammlungen, fremden Menschen und vor allem Neuen). Die Eltern reagieren auf die chronische Krankheit mit Verunsicherung, Angst, Überbesorgtheit, Zurückhaltung, Rückzug vom gesellschaftlichen Aktivitäten und einem sehr starken Informationsbedürfnis.

Verhaltensbeobachtung und Selbsteinschätzungen von Eva. Sie erscheint als eine ruhige, zurückgezogene Jugendliche mit einer sehr differenzierten sprachlichen Ausdrucksfähigkeit. Häufig wird sie rot, besonders wenn sie über ihre Krankheit sprechen soll. In ihrer Körperhaltung, Mimik und ihrem stimmlichen Ausdruck wirkt sie ängstlich und unsicher; sie kann kaum Blickkontakt aufnehmen.

Eva berichtet, daß sie seit etwa zwölf Jahren Asthma hat. Besonders beim Sport, wenn sie sich aufregt und früh morgens, wenn sie aufsteht, verspürt sie Atemnot. Obwohl ihr zu viel sportliche Betätigung, zu schnelles Rennen, Treppensteigen und Radfahren große Probleme bereitet, ist sie sehr an sportlicher Betätigung interessiert; ihre Lieblingssportarten sind Schwimmen, Volleyball und Badminton. Durch ihr Asthma fürchtet sie, ersticken zu müssen; es belastet sie auch, daß sie stark an Gewicht zugenommen hat. Eva gibt an, daß sie oft verärgert und wütend ist, da ihr Asthma einfach nicht besser wird. Zur Schule geht Eva gern und bedauert es, daß sie häufig krank geschrieben ist. Eva gibt an, daß die Besorgtheit ihrer Eltern wegen des Asthmas absolut übertrieben ist. Ihr Leben mit Asthma bezeichnet Eva als schwierig, da „sie ja keine Gelegenheit dadurch hat, Freunde zu finden". Es fällt ihr schwer, über ihre Ängste zu sprechen; sie räumt aber ein, daß sie Angst vor unbekannten Situationen und Menschen besitzt.

Psychologische Diagnostik. Zunächst wurde zur Überprüfung der intellektuellen und schulischen Leistungsfähigkeit das Prüfsystem für Schul- und Bildungsberatung (PSB; vgl. Horn, 1969) durchgeführt, um eine leistungsmäßige Überforderung im Gymnasium auszuschließen. In diesem Test erzielte Eva ein überdurchschnittliches Gesamtergebnis mit keinerlei Auffälligkeiten in den einzelnen Untertests.

Die Konzentrationsfähigkeit in kurzfristigen Belastungssituationen wurde mit dem Aufmerksamkeits-Belastungs-Test d2 (Brickenkamp, 1994) überprüft. In den Dimensionen „Arbeitstempo bei konzentrativer Anspannung" und „konzentrativer Belastbarkeit im visuellen Bereich" erzielte Eva weit überdurchschnittliche Ergebnisse, bei der „Arbeitssorgfalt" und dem „Verlauf der Anspannungsleistung" überdurchschnittliche Ergebnisse.

Zur Beurteilung der psychosozialen Situation wurden das Freiburger Persönlichkeitsinventar (FPI-R; Fahrenberg et al., 1994) und der Angstfragebogen für Schüler (AFS; Wieczerkowski et al., 1981) eingesetzt.

Im Freiburger Persönlichkeitsinventar wurde deutlich, daß Eva sich überdurchschnittlich sozial orientiert (sich verantwortlich fühlt und hilfsbereit ist), sich erregbar, empfindlich und unbeherrscht sowie überdurchschnittlich gehemmt, unsicher und kontaktscheu wahrnimmt, mit ebenso weit überdurchschnittlichen körperlichen Beschwerden. Auf der anderen Seite zeigen die Ergebnisse, daß sie sehr kontrolliert, zurückhaltend, wenig aggressiv und überdurchschnittlich an Umgangsnormen orientiert ist; sie ist auf einen guten Eindruck bedacht, weist mangelnde Selbstkritik auf und bezeichnet sich als sehr verschlossen.

Im Angstfragebogen für Schüler (AFS) wurde eine erhöhte manifeste Angst (Prozentrang 85), und eine Tendenz, im Sinne der sozialen Erwünschtheit zu antworten (Prozentrang 73), festgestellt; Schulunlust oder Prüfungsangst liegt nach dem AFS nicht vor.

Diagnostik zum Asthma-Verhaltenstraining. Im Asthma-Wissenstest erhielt Eva 14 von 18 möglichen Punkten, zeigte somit ein gutes allgemeines Wissen über Asthma, vorbeugende Maßnahmen und Therapie (zum Test vgl. Petermann & Walter, 1997); ihr Wissen über ihre individuellen Asthma-Medikamente[1] konnte als gut bezeichnet werden. Bei der Verhaltensprobe bezüglich der Medikamenteneinnahme mit dem Dosier-Aerosol[2] wurde deutlich, daß sie vor dem Inhalieren nicht ausatmete und nicht lange genug wartete, bis sie wieder ausatmete. Die Anwendung der Lippenbremse[3] war auch unkorrekt, da sie die Luft zu stark durch die Lippen preßte.

Eva gibt an, daß sie kaum in der Lage ist, einen Asthma-Anfall zu bewältigen, und hatte auch keine Ideen, welche Maßnahmen sie ergreifen könnte, um eine Verschlimmerung zu verhindern. Sie war nicht der Meinung, daß die Lippenbremse und die atemerleichternden Körperstellungen[4] ihr bei der Atemnot hel-

---

1   Asthma-Medikamente in den unterschiedlichen Darreichungsformen (z. B. Inhalationslösung, Tablette, Tropflösung) werden bei akuten Beschwerden und zur vorbeugenden Dauerbehandlung angewendet. Sie behandeln in der Regel die Entzündung der Schleimhaut und die Verkrampfung der Bronchien oder vermindern die allergische und entzündliche Reaktionsbereitschaft des Bronchialsystems.

2   Ein Dosier-Aerosol ist ein handliches Inhaliergerät, bei dem die entsprechenden Medikamente in einer speziellen Aufbereitung mit einem Treibgas in einem kleinen Behälter deponiert sind und durch einen Druckmechanismus freigesetzt werden können.

3   Die Lippenbremse ist eine wirkungsvolle Ausatemtechnik, bei der gegen einen Widerstand ausgeatmet wird. Der Punkt des größten Druckabfalls im Bronchialsystem wird in Richtung Lippen verschoben, so daß ein vorzeitiger Bronchiolenkollaps verhindert bzw. die Obstruktion verringert werden kann (vgl. Abb. 4).

4   Die atemerleichternden Körperstellungen tragen dazu bei, die Atemhilfsmuskulatur durch Abstützung des Schultergürtels zu entlasten, um den Patienten eine entspanntere Atmung zu ermöglichen (vgl. Petermann, 1999).

fen könnten, glaubte auch nicht daran, daß die regelmäßige Peak-Flow-Messung für sie hilfreich sein könnte.

Anhand des Beobachtungsbogens für sozial unsicheres Verhalten (BSU; vgl. Petermann & Petermann, 1996) gaben die Eltern für vier Problem- und eine Zielverhaltensweise(n) Einschätzungen vor und nach der Förderung an (vgl. Tab. 1). Diese Urteile unterstreichen die Kontaktprobleme (soziale Angst/Unsicherheit) von Eva.

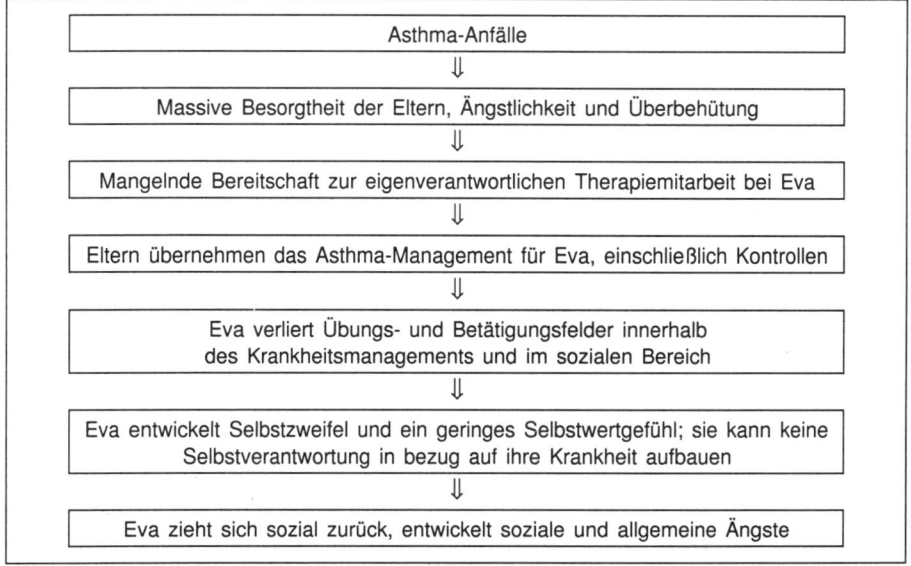

Abbildung 1:
Entstehungbedingungen sozialer Ängste im Kontext der chronischen Krankheit bei Eva

3 Erklärungsansätze

Schon im Kindergartenalter entwickelte Eva eine schwere Form des Asthmas. Die häufig auftretenden Atemnotattacken, unruhige, oft schlaflose Nächte, die Angst um das Leben des Kindes, prägten den Alltag der Familie (vgl. Perrin et al., 1993). Die Eltern von Eva fühlten sich von Anfang an unsicher, wieviel Verantwortung sie ihrer Tochter im Rahmen der Krankheitsbewältigung übertragen können. Die Angst vor nächtlicher Atemnot („Angst vor dem Erstikken") belastete die Eltern und versetzte sie in eine permanente Alarmbereitschaft. Der Familie ist es über die Jahre nicht gelungen, das ungünstige, angstbetonte Asthma-Management zu regulieren (vgl. Walter, 1996). Für die Eltern stand offensichtlich die Bewältigung ihrer eigenen Ängste und Sorgen um ihre Tochter im Mittelpunkt; dieser Tatbestand verhinderte bei Eva, daß sie überhaupt ein eigenständiges Asthma-Management erlernen konnte. Aus dieser Besorgtheit heraus blieb Eva sehr unselbständig; sozialer Rückzug, Kontaktvermeidung, Traurigkeit und – bei manchen Anforderungen – aggressive Verweigerung waren die Folge.

Evas sozialer Rückzug bzw. ihre Unselbständigkeit im Kontext des Alltags- und Asthma-Managements verstärkten wiederum die elterliche Fürsorge. Konsequenterweise hielten die Eltern alle Belastungen von Eva fern und kümmerten sich noch im Jugendalter um Details der medikamentösen Asthma-Therapie. Die gutgemeinte Überbehütung seitens der Eltern raubte Eva alle Möglichkeiten, Erfolge bei der Bewältigung ihres Asthma und bei Alltagsaufgaben zu erleben (vgl. Abb. 1).

Selbstzweifel, ein geringes Selbstwertgefühl und eine niedrige Selbstverantwortung im Asthma-Management führten bei Eva zu einer schrittweisen Zunahme des sozialen Rückzugs, bis hin zur sozialen Isolation.

4 Interventionsprinzipien

Die Interventionen verfolgen drei Ziele:
- eine intensive Familienberatung, um Eva eigenständiges Handeln zu ermöglichen (vgl. Noeker & Petermann, 2000);
- strukturierte Hilfen beim Asthma-Management durch eine verhaltensorientierte Patientenschulung (vgl. Petermann, 1997) und
- Aufbau sozialer Fertigkeiten im Umgang mit anderen, wodurch die Kontaktangst/soziale Unsicherheit reduziert werden kann (vgl. Petermann & Petermann, 1996).

Die intensive Familienberatung folgt dem Modell von Petermann, Noeker, Bochmann und Bode (1990) und soll hier nicht weiter ausgeführt werden.

Asthma-Verhaltenstraining. Das Asthma-Verhaltenstraining (vgl. Petermann & Walter, 1997) wurde innerhalb eines Zeitraums von vier Wochen mit einer Gruppe von vier asthmakranken Jugendlichen (drei Mädchen und ein Junge im Alter von 14 bis 17 Jahren) durchgeführt. Es fanden insgesamt zwei Gruppensitzungen zu je drei Stunden und sechs Gruppensitzungen zu je eineinhalb Stunden sowie drei Elternberatungen zu je zwei Stunden statt.

Der Aufbau des Trainings gliederte sich wie folgt: Wissens- und Fertigkeitsvermittlung, Wahrnehmungsschulung, Selbstkontrolle im Asthma-Management und Verhaltenstraining mit Hilfe von Rollenspielen.

Für Eva wurden folgende Trainingsziele festgelegt (vgl. Abb. 2):
- Unterstützung der Krankheitsakzeptanz;
- Verbesserung der Körperwahrnehmung (vgl. Noeker, 1991);
- kontinuierliche Selbstbeobachtung anhand individueller Beobachtungs-Protokolle;
- Verbesserung der täglichen Therapiedurchführung (Compliance; vgl. Noeker & Petermann, 2000; Petermann, 1998);

– Erlernen von sozialen Fertigkeiten im Kontext von Anforderungssituationen.

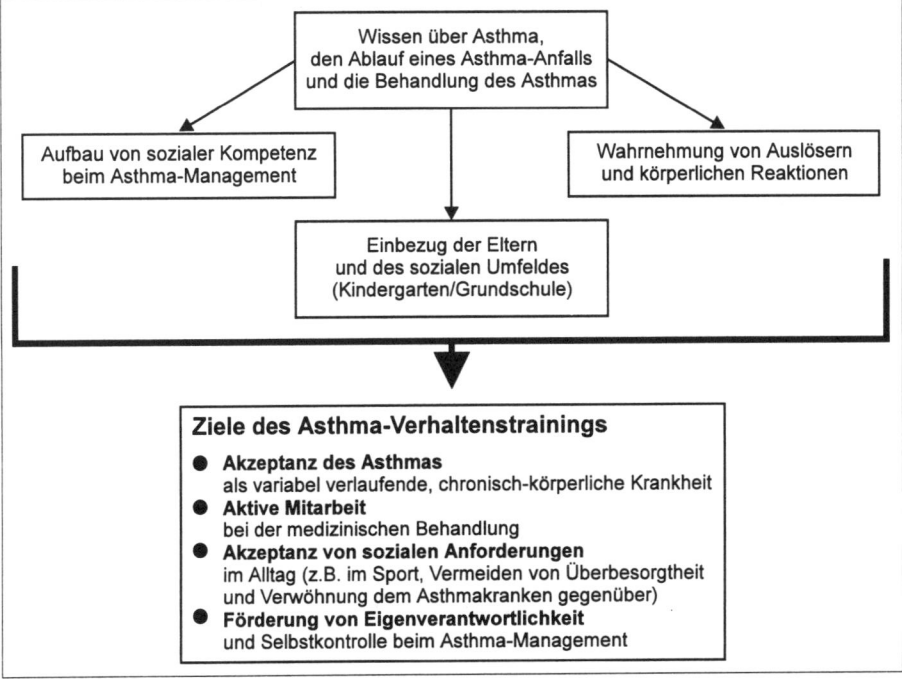

Abbildung 2:
Komponenten und Ziele des Asthma-Verhaltenstrainings
(vgl. Petermann & Walter, 1997)

Eva wirkte in den Gruppensitzungen scheu und unsicher. Sie konnte kaum Kontakt zu den anderen Teilnehmern aufnehmen, sprach sehr selten von sich aus und mußte häufig aufgefordert werden, ihre Meinung zu äußern. Obwohl die anderen Jugendlichen auf Eva zugingen, war sie nicht in der Lage, mit diesen selbständig und kompetent zu kommunizieren. Ihr Wissen über die physiologischen und pathophysiologischen Zusammenhänge des Asthmas sowie über die Wirkungsweisen der Medikamente erschien differenzierter und umfassender als das der anderen Teilnehmer. Deutlich wurde allerdings, daß Eva unsicher im Umgang mit Medikamenten und in der Peak-Flow-Messung[5] war. Innerhalb des Asthma-Verhaltenstrainings lernt der Patient, seinen momentanen Krankheitszustand mittels individueller Warnsignale einzuschätzen. Hierzu gehörten das Erlernen einer differenzierten Körperwahrnehmung (Interozeption), die Einschätzungsfähigkeit der Beschwerden anhand einer Skala sowie die Fähigkeit, den Peak-Flow-Wert annähernd richtig einzuschätzen (vgl.

---

5   Das Peak-Flow-Meter ist ein handliches Meßgerät, das den Spitzenfluß bzw. die Atemstromstärke der Luft beim Ausatmen mißt. Der individuelle Meßwert kann an einer Skala am Gerät abgelesen und in ein Wochen- oder Monatsprotokoll eingetragen werden. Anhand der Peak-Flow-Messung und des Peak-Flow-Protokolls kann der Asthma-Patient einen guten Überblick über seinen momentanen Zustand sowie über den Verlauf des Asthmas bekommen.

WiE scHätze ich mich richtig ein?

Wenn ich schlecht Luft bekomme spüre ich ...

* ....

* ....

* ....

* ....

* ....

Ich überprüfe, wie es mir geht!

Mir geht es:

(1) keine asthmatischen Beschwerden

(2) leichte asthmatische Beschwerden (ich bekomme meine Atembeschwerden mit Lippenbremse und atemerleichternden Körperstellungen in den Griff)

(3) mittelschwere asthmatische Beschwerden (ich muß mein Dosieraerosol nehmen, um meine Atembeschwerden in den Griff zu bekommen)

(4) schwere asthmatische Beschwerden (zwei Hub aus meinem Dosieraerosol reichen nicht aus, um meine Atembeschwerden in den Griff zu bekommen, ich muß noch zusätzliche Medikamente nehmen)

Wenn es mir gut geht, liegt mein Peak-Flow-Wert

zwischen .... und ....

Wenn es mir schlecht geht, liegt mein Peak-Flow-Wert

unter ....

Jetzt schätze ich meinen Peak-Flow-Wert.

Abbildung 3:
Arbeitsblatt „Wie schätze ich mich richtig ein" (aus Petermann & Walter, 1997)

Lippenbremse und Nasenatmung

Durch die Nase einatmen und ruhig durch den Mund ausatmen, dabei die Luft mit den Lippen gleichmäßig abbremsen.

Die Lippenbremse hilft Dir bei Atemnot. Warum?

....

....

....

Warum ist es besser, durch die Nase zu atmen als durch den Mund?

1) ....

2) ....

3) ....

Abbildung 4:
Arbeitsblatt „Lippenbremse und Nasenatmung" (aus Petermann & Walter, 1997)

Abb. 3) und Hilfstechniken (Lippenbremse und atemerleichternde Körperstellungen; vgl. Abb. 4) einzusetzen.

Eine große Diskrepanz zeigte sich bei Eva zwischen ihren Äußerungen, sie könne das alles schon und brauche das nicht mehr zu üben, und ihren tatsächlichen Fertigkeiten. So hatte sie große Schwierigkeiten, den korrekten Gebrauch des Dosier-Aerosols einzuüben, da sie der Meinung war, es richtig zu machen, und sich zunächst nur wenig auf die korrigierenden Hilfen des Trainers einlassen konnte. Bei den Selbstwahrnehmungsübungen konnte Eva ihr momentanes Befinden, bezogen auf das Asthma, und ihren momentanen Peak-Flow-Wert nur schwer einschätzen; oft lagen ihre Selbsteinschätzungen weit über den objektiv gemessenen Werten. Für Eva wurde ein Beobachtungs- und Selbsteinschätzungsbogen ausgewählt, in welchem sie
- ihre Selbstwahrnehmung,
- die Peak-Flow-Schätzung,
- die Messung vor und nach der Inhalation,
- die Einnahme der verordneten Medikamente,
- die zusätzliche Benutzung des Dosier-Aerosols bzw. des Inhaliergerätes für jeden Tag, morgens und abends, und
- außergewöhnliche Belastungen eintragen konnte.

Diesen Bogen füllte Eva gewissenhaft aus, und es konnten ihr anhand der Eintragungen Zusammenhänge zwischen Peak-Flow-Werten, Medikamenteneinnahme, Selbsteinschätzung und Belastungen (wie Infekte und sportlicher Betätigung) deutlich gemacht werden.

Bei den Rollenspielen zu den Themen ,,Asthma und Freizeit", ,,Arztbesuch" und ,,Asthma und Schule" wurde deutlich, daß Eva kaum Vorstellungen darüber besaß, wie sie in sozialen Anforderungssituationen angemessen reagieren kann. Durch das Asthma-Verhaltenstraining wurde Eva schrittweise in die Lage versetzt, ihr Asthma-Management zu optimieren. Besonders beim Themenkreis ,,Arztbesuch" konnte sie sehr gut die Zusammenhänge zwischen einer aktiven Mitarbeit des Patienten und den Hilfsmöglichkeiten des Arztes herausarbeiten (vgl. Abb. 5).

Eva konnte ihre Trainingsziele weitgehend erreichen. Sie lernte, ihre Therapie selbständig durchzuführen und anhand der Selbsteinschätzung und des Peak-Flow-Protokolls den Zustand des Asthmas zu bewerten und entsprechend darauf zu reagieren. In den Rollenspielen zum Thema Arztbesuch konnte sie erleben, wie groß ihr eigener Anteil am Therapieprozeß ist, und daß eine selbstverantwortliche Therapiekontrolle und -durchführung zu einer weitaus effizienteren Therapie und zu einem stabileren Gesundheitszustand beitragen kann. Beim Thema ,,Asthma und Schule" wurde ihr deutlich, daß sie zwar durch das Nacharbeiten schulischer Inhalte die krankheitsbedingten Fehlzeiten ausgleichen kann, sie aber durch ein gezieltes und konsequentes Asthma-Management manche Fehlzeiten vermeiden könnte.

„BEIM ARZT –2–"

Ein Kind kommt zum Arzt in das Sprechzimmer. Der Arzt begrüßt das Kind, welches allerdings die Begrüßung nur mürrisch erwidert. Der Arzt schaut in die Unterlagen des Kindes und stellt dann folgende Frage: „Wie haben die neuen Medikamente bei dir gewirkt?" „Es geht" antwortet das Kind kurz. Wann hast du sie denn immer eingenommen?" „Keine Ahnung." Der Arzt versucht mehrmals zu erfahren, wie es dem Kind in den letzten Wochen mit seinem Asthma ergangen ist und ob die neuen Medikamente eine Verbesserung des Gesundheitszustandes bewirkt haben. Das Kind zeigt kein Interesse und antwortet nur mit „Ja", „Nein" oder „Weiß nicht". Gegen Ende der Stunde fragt das Kind den Arzt: „Darf ich jetzt gehen?"

Abbildung 5:
Rollenspielvorlage „Beim Arzt –2–" (vgl. Petermann & Walter, 1997)

Aufbau sozialer Fertigkeiten. Nach dem Asthma-Verhaltenstraining wurde das **Training mit Jugendlichen** (Petermann & Petermann, 2000) durchgeführt. Dieses fand (mangels geeigneter Teilnehmer) in Form einer Einzelförderung statt. Der Schwerpunkt des Trainings lag für Eva auf der Überwindung ihrer sozialen Ängste und dem Aufbau sozialer Fertigkeiten. Hierbei wurde das weitere Einüben von Selbständigkeit und Selbstverantwortung beim Asthma-Management integriert.

Folgende Inhalte des Trainings wurden in jeweils einem Einzelkontakt, der einmal wöchentlich stattfand, mit Eva bearbeitet (vgl. das Trainingsmanual von Petermann & Petermann, 2000):

- Beruf und Zukunft;
- Freizeit und Familie;
- Lebensschicksale und Eigenverantwortung;
- schwierige Situationen und widerstehen lernen;
- eigenständiges Problemlösen;
- Gefühle und Körperhaltungen bilden eine Harmonie;
- Vorstellungsgespräch üben;
- Einfühlungsvermögen üben;
- Selbstsicherheit im Umgang mit Gleichaltrigen;
- Anerkennung aussprechen und loben;
- Akzeptieren von Außenseitern;
- Umgehen mit Kritik in der Schule;
- Umgehen mit Mißerfolg.

Für Eva wurden die in Tabelle 1 aufgeführten individuellen Trainingsziele festgelegt.

Tabelle 1:
Individuelle Trainingsziele

- Abklären von Zukunftsperspektiven (Berufsvorstellungen)
- Diskussion der familiären Situation
- Selbständiges Urteilen und Abgrenzen von anderen
- Vorstellungen über Sozialkontakte (Freundschaften)
- Abbau der sozialen Angst
- Förderung des Kontaktes zu Gleichaltrigen
- Erlernen von sozialen Fertigkeiten bei Anforderungssituationen

Im Kontext der Diskussion der Berufsvorstellungen wurde schnell deutlich, daß Eva krankheitsbedingte Grenzen der Berufswahl nicht wahrhaben will. Eva möchte entweder Tierärztin werden oder Chemie studieren: „Ich weiß, das haben wir im Asthmatraining schon gelernt. Ich kann keine Tierärztin werden. Es wäre aber mein Traumberuf!" Büroberufe lehnt Eva strikt ab: „Da muß man den ganzen Tag nur rumsitzen, die Arbeit wird schnell eintönig und langweilig und man bekommt zu viele Vorgaben durch die Vorgesetzten!" Aus Evas Perspektive spricht für einen Büroberuf nur die Zusammenarbeit mit anderen Kollegen. Am Ende dieser Sitzung zeigt Eva Interesse an therapeutischen Berufen (wie Kunsttherapeutin, Logopädin oder Ergotherapeutin) und kann sich auch vorstellen Lehrerin zu werden.

In der Freizeit wäre sie gerne eine Abenteuerin, in Gedanken sei sie ab und zu sehr abenteuerlustig: „Ich habe aber eine innere Hemmschwelle. Ich wage nichts, denke zuviel nach, überlege hin und her, um dann doch nichts zu machen. Ich wäre gern spontaner, möchte auch mal ja sagen können!" Eva teilt mit, daß sie eigentlich gerne bei Unternehmungen anderer Jugendlicher mitgehen würde, sie aber solche Angebote bislang mit der Begründung „Ich muß noch lernen!" abgesagt habe. Häufig hat sie ihre Entscheidungen, allein Zuhause zu bleiben, allerdings auch aus gesundheitlichen Gründen getroffen, „wobei es sicher oft nicht notwendig war, wegen des Asthmas Zuhause zu bleiben!"

Die Auseinandersetzung mit ihrer familiären Situation machte deutlich, daß sie sich zwischen ihrem Wunsch nach Selbständigkeit und dem „angenehmen Gefühl" der elterlichen Fürsorge („Da braucht man selbst an nichts zu denken!") hin- und hergerissen fühlt.

Beim Thema „Glück und Pech" nennt Eva spontan: „Pech ist, wenn etwas ohne eigenes Verschulden schief geht!" Glück sei es, wenn Unternehmungen erfolgreich sind und wenn etwas gelingt, ohne daß man etwas dafür getan hat. Eva erkennt klar die Zusammenhänge zwischen eigenen Anstrengungen und den sich daraus ergebenden Konsequenzen.

Das Sitzungsthema „Eigenverantwortliches Handeln" wird mit einem Einschätzspiel zum Thema „Glück und Pech im Leben" bearbeitet. Eva äußert hierzu: „Pech ist demnach, wenn ich nicht mit auf Klassenfahrt gehen kann, weil Pollenflug herrscht, und ich aber alles getan habe, um Asthma-Anfällen vorzubeugen." Ein daraufhin spontanes Rollenspiel, bei dem Eva – die trotz Pollenflug an der Klassenfahrt teilnimmt – einen schweren Asthma-Anfall bekommt und mit dem Notarzt-Hubschrauber ins Krankenhaus geflogen werden muß, brachte Eva zu dem Schluß, daß dieses „Pech" durch Vorbeugung leicht hätte vermieden werden können.

Bei der Bearbeitung des Themengebietes „Freundschaften" wurde Evas überhöhter Anspruch an andere Menschen deutlich: „Ich kann ja keine Freunde finden, da die Leute, die ich kenne, nicht auf meiner Wellenlänge liegen!" Gemeinsam wurde erarbeitet, was sie von einer Freundschaft erwartet und was eine Freundschaft nicht erfüllen kann. Es wurden verschiedene Rollenspiele durchgeführt, in denen Eva sich mit den Möglichkeiten der Kontaktaufnahme mit Gleichaltrigen auseinandersetzen konnte.

Besonderen Stellenwert nahmen die Übungen zur Verbesserung der nonverbalen und verbalen Ausdrucksmöglichkeiten ein. Hier wurden
– Blickkontakt,
– in ganzen Sätzen laut und deutlich sprechen,
– seine Meinung äußern,
– andere Menschen ansprechen und
– Freude zeigen
exemplarisch besprochen und eingeübt. Hierzu dienten Rollenspielen aus dem Training mit Jugendlichen und eigene Erlebnisse. Für die Realisierung der Rollenspiele wurde auf Aufgaben aus dem Tagebuch zurückgegriffen (z. B.: Ich spreche in der Pause eine Mitschülerin an und frage sie, ob sie sich mit mir treffen will. Wenn ich mit Menschen rede, dann schaue ich sie an. Im Unterricht äußere ich meine Meinung und diskutiere mit.). Die Tagebuch-Aufgaben wurden von Woche zu Woche von Eva selbst formuliert, täglich geprobt und der Erfolg bzw. Mißerfolg in das „Tagebuch" eingetragen. Hier zeigte Eva rasch Erfolge und konnte Kontakt zu einer Mitschülerin aufnehmen und sich mit ihr befreunden. In der Schule ist sie in die Foto-AG eingetreten und bekam dort einen guten Kontakt zu Gleichaltrigen. Mit diesen und ihrer Freundin treffe sie sich mindestens einmal in der Woche, um ins Kino zu gehen,

Billard zu spielen und über gemeinsame Themen zu sprechen. Außerdem geht sie mit ihrer Freundin einmal in der Woche ins Hallenbad zum Schwimmen.

Kontrolle des Therapieverlaufs. Durch Selbstbeobachtungsbögen (Peak-Flow-Protokolle, Tagebuch) konnte der positive Verlauf der einzelnen Interventionen beobachtet werden (zur Methodik der Einzelfalldiagnostik im Verlauf; vgl. Petermann, 1996). Eva wurde mehr und mehr in die Lage versetzt, ihren momentanen Krankheitszustand realistisch einzuschätzen, frühzeitig und selbständig auf drohende Krisen zu reagieren, ihre Dauertherapie selbständig durchzuführen und auf mögliche Auslöser zu reagieren. Ebenso wurde sie schrittweise in die Lage versetzt, bei Atemnot und einem beginnenden Asthma-Anfall selbständig und kompetent zu handeln. Die Hausaufgaben im Training zum Aufbau sozialer Fertigkeiten (Petermann & Petermann, 2000) versetzten Eva schrittweise in die Lage, soziale Anforderung zu meistern.

Etwa drei Wochen nach den Trainings wurden, bei einer nochmaligen Testerhebung, folgende Ergebnisse erzielt:

Freiburger Persönlichkeitsinventar. Die Skala „Gehemmtheit" veränderte sich deutlich in Richtung Selbstsicherheit und Kontaktbereitschaft; ebenso die Skala „Erregbarkeit" in Richtung Selbstbeherrschung. Die Skala „Offenheit" zeigte einen markanten Anstieg. Im **Angstfragebogen für Schüler (AFS)** erzielte Eva in allen Skalen durchschnittliche Ergebnisse. Im **Asthma-Wissenstest** erhielt sie 17 von 18 möglichen Punkten. Bei den **Verhaltensproben** (Medikamenteneinnahme mit dem Dosier-Aerosol, Lippenbremse und atemerleichternde Körperstellungen) konnte sie alle Punkte der Beobachtungsskalen erfüllen. Eva gibt an, bei einem Asthma-Anfall die Anforderungen selbständig bewältigen zu können. Im **Beobachtungsbogen für sozial unsicheres Verhalten (BSU)** zeigten sich sehr deutliche Effekte (vgl. Tab. 2):

In einem Gespräch mit Eva und ihren Eltern – ein halbes Jahr nach der Fördermaßnahme – zeigte es sich, daß Eva in der Lage war, selbständig ihre Therapie durchzuführen. Da sie jetzt konsequent ein Peak-Flow-Protokoll führt, kann Eva frühzeitig erkennen, wenn sich ihr Gesundheitszustand verschlechtert und entsprechend vorbeugende Maßnahmen einleiten. Aufgrund des Schweregrades ihrer Erkrankung treten zwar noch schwere Asthma-Probleme auf, allerdings kann Eva damit gelassener umgehen. Treten Schulfehlzeiten auf, dann bringt ihre Freundin die Aufgaben zu ihr nach Hause bzw. in die Klinik. Mit den Lehrern kann Eva jetzt offener über ihr Asthma sprechen; ihr Lehrer hat sie sogar schon zweimal im Krankenhaus besucht. Eva berichtet, daß sie ihr Leben jetzt viel selbständiger gestalten kann. Sie geht mit Freunden aus und immer noch einmal in der Woche Schwimmen. Nach Absprache mit ihrem behandelnden Arzt und Trainingsleiter spielt sie jetzt Volleyball in einem Sportverein. Die Eltern können es manchmal nicht unterlassen, die Therapie ihrer Tochter zu „überprüfen"; dies kann Eva heute gelassen ertragen.

Tabelle 2:
Gegenüberstellung von Beobachtungen sozial unsicheren Verhaltens
vor und nach der Fördermaßnahme

Kategorien des Beobachtungsbogens (BSU)		vorher	nachher
Still sein:	Nichts erzählen	4	2
Stottern:	Kein Wort/Satz zusammenhängend aussprechen können	4	2
Gefühle:	Tränen in den Augen und Zittern in der Stimme	3	1
Erröten:	Kurze Dauer des Blickkontaktes	5	2
Sich Selbstbehaupten:	Angemessene Forderungen stellen können	3	4

(1 = tritt nie, 2 = tritt selten, 3 = tritt manchmal, 4 = tritt häufig, 5 = tritt ständig auf)

5 Resümee

Die Entwicklung psychosozialer Beeinträchtigungen infolge einer chronischen Krankheit kann zu massiven Einschränkungen der Entwicklung eines Kindes bzw. Jugendlichen führen. Sollen solche Beeinträchtigungen reduziert werden ist eine differenzierte Diagnostik erforderlich, die biologische und medizinische Faktoren ebenso berücksichtigt wie psychosoziale Einflüsse. Zudem müssen geeignete Fördermöglichkeiten vorhanden sein, um die entsprechenden Ziele zu erreichen. Mit dem Asthma-Verhaltenstraining liegt ein umfassendes Konzept zur Patientenschulung für Kinder und Jugendliche aller Altersstufen vor (Petermann & Walter, 1997). Hierbei ist zu berücksichtigen, daß je nach Intensität und Dauer der Erkrankung bzw. der mit dieser Erkrankung verbundenen Verhaltensstörungen weitere und intensivere Förderschritte notwendig werden können. Vorgehensweisen, wie das Training mit Jugendlichen (Petermann & Petermann, 2000), können soziale Fertigkeiten stärken und Verhaltensstörungen abbauen; wichtig ist dabei, die Familie insgesamt einzubeziehen (vgl. Warschburger & Petermann, 2000).

Literatur

Blanz, B. (1994). Die psychischen Folgen chronischer Krankheiten im Kindes- und Jugendalter. In F. Petermann (Hrsg.), *Chronische Krankheiten bei Kindern und Jugendlichen* (11–28). München: Quintessenz.

Brickenkamp, R. (1994). *Test d2 Aufmerksamkeits-Belastungs-Test.* Göttingen: Hogrefe, 8., erw. und neugestaltete Auflage.

Fahrenberg, J., Hampel, R. & Selg, H. (1994). *Das Freiburger Persönlichkeitsinventar (FPI).* Göttingen: Hogrefe, 6., ergänzte Auflage.

Horn, W. (1969). *Prüfsystem für Schul- und Bildungsberatung (PSB).* Göttingen: Hogrefe.

Lavigne, J. V. & Faier-Routman, J. (1992). Psychological adjustment to pediatric physical disorders: A meta-analytic review. *Journal of Pediatric Psychology, 17,* 133–157.

Lecheler, J. & Niggemann, B. (1994). Sozialmedizinische Beurteilung und Begutachtung bei Kindern. In W. Petro (Hrsg.), *Pneumologische Prävention und Rehabilitation* (557–561). Berlin: Springer.

Noeker M. (1991). *Subjektive Beschwerden und Belastungen bei Asthma bronchiale im Kindes- und Jugendalter.* Frankfurt: Lang.

Noeker, M. & Petermann, F. (2000). Interaktionsverfahren bei chronisch kranken Kindern und deren Familien. In F. Petermann (Hrsg.), *Lehrbuch der Klinischen Kinderpsychologie und Kinderpsychotherapie* (513–540). Göttingen: Hogrefe, 4., völlig veränd. Auflage.

Perrin, E. C., Ayoub, C. C. & Willett, J. B. (1993). In the eyes of the beholder: Family and maternal influences on perceptions of adjustment of children with chronic illness. *Journal of Developmental and Behavioral Pediatrics, 14,* 94–105.

Petermann, F. (1996). *Einzelfalldiagnostik in der klinischen Praxis.* Weinheim: Psychologie Verlags Union, 3. Auflage.

Petermann, F. (Hrsg.) (1997). *Patientenschulung und Patientenberatung.* Göttingen: Hogrefe, 2., völlig veränd. Auflage.

Petermann, F. (Hrsg.) (1998). *Compliance und Selbstmanagement.* Göttingen: Hogrefe.

Petermann, F. (1999). *Asthma bronchiale.* Göttingen: Hogrefe.

Petermann, F., Noeker, M., Bochmann, F. & Bode, U. (1990). *Beratung von Familien mit krebskranken Kindern: Konzeption und empirische Ergebnisse.* Frankfurt: Lang, 2., überarb. Auflage.

Petermann, F., Noeker, M. & Bode, U. (1987). *Psychologie chronischer Krankheiten im Kindes- und Jugendalter.* München: Psychologie Verlags Union.

Petermann, F. & Petermann, U. (2000). *Training mit Jugendlichen. Förderung von Arbeits- und Sozialverhalten.* Göttingen: Hogrefe, 6., völlig veränderte Auflage.

Petermann, F. & Walter, H.-J. (1997). Patientenschulung mit asthmakranken Kindern und Jugendlichen. In F. Petermann (Hrsg.), *Patientenschulung und Patientenberatung* (123–142). Göttingen: Hogrefe, 2., völlig veränd. Auflage.

Petermann, U. & Petermann, F. (1996). *Training mit sozial unsicheren Kindern.* Weinheim: Psychologie Verlags Union, 6., völlig veränderte Auflage.

Stein, R. E. K., Baumann, L. J., Westbrook, L. E., Coupey, S. M. & Ireys, H. T. (1993). Framework for identifying children who have chronic conditions: The case for a new definition. *Journal of Pediatrics, 122,* 342–347.

Steinhausen, H.-C. (2000). Psychosomatische Störungen. In F. Petermann (Hrsg), *Lehrbuch der Klinischen Kinderpsychologie und Kinderpsychotherapie* (541–560). Göttingen: Hogrefe, 4., völlig veränd. Auflage.

Strunk, R. (1993). Psychische Faktoren und ihre Bedeutung für die Prognose des Asthmas. In F. Petermann & J. Lecheler (Hrsg.), *Asthma bronchiale im Kindes- und Jugendalter* (71–78). München: Quintessenz, 3., überarbeitete und erweiterte Auflage.

Walter, H.-J. (1996). *Krankheitsbewertungen durch Eltern asthmakranker Kinder und Jugendlicher.* Frankfurt: Lang.

Warschburger, P. & Petermann, F. (2000). Belastungen bei chronisch kranken Kindern und deren Familien. In F. Petermann (Hrsg.), *Lehrbuch der Klinischen Kinderpsychologie und Kinderpsychotherapie* (479–511). Göttingen: Hogrefe, 4., völlig veränd. Auflage.

Wieczerkowski, W., Nickel, H., Janowski, A., Fittkau, B. & Rauer, W. (1981). *Angstfragebogen für Schüler (AFS).* Göttingen: Hogrefe, 6. Auflage.

Kopfschmerz

Stephan Mühlig, Dagmar Breuker und Silvia Miller

Schmerz ist ein **subjektives Erlebnis**, das aus dem Zusammenspiel physiologischer, sensorischer, affektiver und kognitiver Vorgänge entsteht und durch äußere Faktoren (soziale, situative, physikalische Faktoren) stark beeinflußt wird. Das subjektive Schmerzerleben äußert sich in spezifischem „Schmerzverhalten", das – wie jedes andere Verhalten – gelernt ist und damit den Verstärkereinflüssen der sozialen Umwelt unterliegt. Da die Schmerzwahrnehmung bei Kindern gemäß ihrem individuellen Erfahrungshintergrund und ihrer Lerngeschichte noch erheblichen Veränderungen unterliegt, ist sie therapeutisch noch relativ gut und gezielt beeinflußbar. Im Kindesalter vollzieht sich dieser permanente Lernprozeß zudem auf der Grundlage entwicklungsbiologischer und entwicklungspsychologischer Reifung: Bei intensiver, anhaltender oder regelmäßig wiederkehrender Schmerzreizung sensibilisiert das physiologische Schmerzverarbeitungssystem (Neuroplastizität), das heißt der für die Schmerzverarbeitung zuständige Teil des Nervensystems (nozizeptives System) „lernt" mit zunehmender Schmerzerfahrung, auf noxische Stimulation schneller und intensiver zu reagieren (vgl. Mühlig, 1997). Dieser **Sensibilisierungsprozeß** wirkt sich möglicherweise in dem noch reifenden Nervensystem von (Klein-)kindern besonders gravierend aus (Zimmermann, 1994). Daher ist eine angemessene Schmerztherapie im Kindesalter immer zugleich als Prävention einer späteren Schmerzchronifizierung zu betrachten.

Das Schmerzerleben von Kindern ist aber vor allem von einer Reihe **entwicklungspsychologischer** Faktoren geprägt, u. a. ihrem kognitiven Entwicklungsstand, konkreten Schmerzvorerfahrungen und der entwicklungsspezifischen Bewältigungskompetenz (verfügbares Repertoire an Copingstrategien). Insbesondere das altersspezifische **Schmerzkonzept** (kindliche Theorien über Wesen, Ursachen und Folgen von Schmerz sowie seiner Behandlung) spielt eine entscheidende Rolle für die Interpretation und Bewertung von Schmerzereignissen – und damit für das Ausmaß ihres subjektiven Leidens (Wiedebusch, 1994). Daneben ist das individuelle Bewältigungsrepertoire für die Schmerztherapie von zentralem Interesse. Die sich im Entwicklungsverlauf erst herausbildenden Copingressourcen unterliegen einer erheblich größeren Varianz als bei Erwachsenen. In Abhängigkeit von Quantität und Qualität spezifischer Schmerzvorerfahrungen, sozialen Lernmodellen und habituell präferierten Copingstilen (Annäherung vs. Vermeidung) entwickelt sich die individuelle Schmerzbewältigungskompetenz in unterschiedlicher Ausprägung und Geschwindigkeit. In der verhaltensmedizinischen Schmerzbehandlung bei Kindern müssen diese individuellen Bewältigungsbedingungen vorab identifiziert werden, um die therapeutischen Interventionen gezielt auf die persönlichen Voraussetzungen des Kindes abstimmen und vorhandene Ressourcen optimal nutzen zu können. Von herausragender Bedeutung für die Meisterung von Schmerzereignissen im Kindesalter ist zudem der Einfluß der Eltern und der sozialen Umwelt (Mühlig, Breuker & Petermann, 2000): Da Kinder ihre schmerzbezogenen Wahrnehmungen, Einstellungen, Bewertungen und Bewältigungsstrategien in erster Linie durch soziales Modell- und Verstärkungslernen erwerben (Craig, 1987; Harbeck & Peterson, 1992; McGrath & McAlpine, 1993; Ross & Ross, 1990; Walker, Garber & Greene, 1993), müssen die familiären, sozialen und situativen Kontextbedingungen in der Therapie besonders berücksichtigt werden. Dabei kann es notwendig sein, den Umgang der Familie mit Schmerzen gründlich zu analysieren bzw. zu modifizieren (z. B. Einüben förderlichen Modellverhaltens, Verstärkerpläne). Im Vergleich zur Arbeit mit Erwachsenen muß die Schmerzdiagnostik und -therapie mit Kindern somit in besonderer Weise **entwicklungsspezifisch** abgestimmt werden: Dies gilt sowohl für die Gestaltung der diagnostischen und therapeutischen Materialien und die Art der therapeutischen Kommunikation als auch für die Berücksichtigung altersspezifischer Einflußvariablen.

1 Beschreibung des Störungsbildes

Der **biologische Zweck** des Schmerzes besteht darin, auf einen schädigenden Umweltreiz Reaktionen zur Beseitigung der Schmerzquelle bzw. zur Schonung des geschädigten Körperteils auszulösen. Diese bei akuten Schmerzen sehr sinnvolle Warn- und Schutzfunktion ist bei **chronisch anhaltenden** oder **wiederholt auftretenden (rezidivierenden) Schmerzen** aufgehoben bzw. sogar in ihr Gegenteil verkehrt: Da die Ursachen chronischer Schmerzen (vorwiegend Grunderkrankungen oder irreversible Verletzungsfolgen) in der Regel nicht behoben werden können, wird der Schmerz selbst zum schädigenden Reiz und auf Dauer zur Krankheit.

Kopfschmerzen sind die verbreitetsten endogenen **Schmerzerkrankungen** im Kindesalter und gehören zu den häufigsten Anlässen für den Kinderarztbesuch. Ungefähr jedes vierte bis fünfte Kind im Vorschul- und Schulalter leidet unter regelmäßig wiederkehrenden Kopfschmerzen, in manchen Studien wurden sogar Prävalenzen bis 50% gefunden. Zehn bis 15% der betroffenen Kinder gelten aufgrund extremer Symptomatik als dringend behandlungsbedürftig (Frankenberg et al., 1991). Dennoch wird nur jedes dritte kopfschmerzkranke Kind angemessen ärztlich behandelt (Kröner-Herwig, 1992). Über 90% der Kopfschmerzbeschwerden sind den **primären Kopfschmerzen** ohne organischen Befund zuzurechnen. Die häufigsten endogenen Kopfschmerzsyndrome im Kindesalter sind Spannungskopfschmerzen und Migräne. Das Krankheitsbild der **kindlichen Migräne** ist charakterisiert durch einen anfallsartigen Verlauf mit beschwerdefreien Intervallen, pulsierende Schmerzqualität, hohe Schmerzintensität, 30 Minuten bis drei Stunden Dauer, häufig einseitige Lokalisation, vegetative Begleitsymptome, sensorische Hypersensitivität und familiäre Häufung. Bei der Migräne mit Aura können neurologische Ausfallerscheinungen (Seh-, Sprach-, Gleichgewichts- und Empfindungsstörungen, Halbseitenlähmung und Bewußtlosigkeit) hinzutreten. Bei Kindern kommt zudem eine Sonderform der Migräne ohne Kopfschmerz und mit dominierender vegetativer Symptomatik vor („abdominelle Migräne"). Der Erkrankungsbeginn der Migräne liegt überwiegend zwischen dem sechsten und zehnten Lebensjahr. Die Prognose ist relativ ungünstig: Bei über 50 % der Migränekinder dauert die Störung bis ins Erwachsenenalter an. Der **Kopfschmerz vom Spannungstyp** ist gekennzeichnet durch bilateral-symmetrische, druckartige und kontinuierliche Schmerzempfindungen an der Schädelaußenseite, die nach innen ausstrahlen können. Im Kindesalter kommt vor allem der episodische Typus vor, Dauerkopfschmerzen (mindestens 15 Tage/Monat oder 180 Tage/Jahr) sind extrem selten. Das Erstmanifestationsalter liegt mit durchschnittlich neun Jahren etwas über dem der Migräne (Mohn, Kröner-Herwig, Besken & Pothmann, 1993). Trotz des häufigeren Vorkommens wurde der Spannungskopfschmerz bislang weit weniger intensiv untersucht als die Migräne, daher ist die epidemiologische und ätiologische Datenbasis vergleichsweise unbefriedigend (Blanchard & Andrasik, 1991; McGrath & Humphreys, 1989).

2 Differentialdiagnostik

Vor Beginn einer psychologischen Kopfschmerztherapie sollte prinzipiell eine **medizinische Ausschlußdiagnose** organischer Erkrankungen (z. B. atypische Hirntumoren) vorliegen. In Verdachtsfällen (u. a. bei andauernden neurologischen Symptomen, zusätzlichen Krampfanfällen, konstanter Unilateralität, Fieber) ist eine zusätzliche apparative/labortechnische Untersuchung angezeigt (Korinthenberg, 1994). Im Mittelpunkt der medizinischen wie verhaltensmedizinischen Diagnostik steht generell die **familienanamnestische Befragung**, die in ca. 90 % der Fälle eine richtige Differentialdiagnose erlaubt. Neben der umfassenden Erhebung von Informationen zur Schmerzgeschichte, -qualität, -dauer, -frequenz, -intensität, -lokalisation und zu schmerzauslösenden Faktoren sollten auch Informationen zu den vorangegangenen Behandlungen und Eigentherapieversuchen erhoben werden (Mühlig & Petermann, 1995 a). Insbesondere die medikamentösen Selbstbehandlungsversuche müssen genau analysiert werden, da eine unsachgemäße Dauerbehandlung mit Analgetika ihrerseits chronische Kopfschmerzen („medikamenteninduzierter Dauerkopfschmerz") verursachen kann. In diesem Fall muß der eigentlichen Kopfschmerztherapie eine regelrechte Entzugsbehandlung vorgeschaltet werden. Zu den in der verhaltenspädiatrischen Schmerzpraxis verwendeten psychodiagnostischen Instrumenten zählen vor allem spezifische Fragebögen und Schmerztagebücher (Kroll, 1994). In den letzten Jahren wurden zudem spezifische Systeme zur Diagnostik und Klassifikation von Schmerzerkrankungen entwickelt (Labouvie, Petermann & Kusch, 1994), z.B. die Kopfschmerzklassifikation der International Headache Society (Kopfschmerz-Klassifikations-Komitee der International Headache Society, 1989) oder das Multiaxiale Schmerzklassifikationsschema des ,,Arbeitskreises Schmerzklassifikation" der Deutschen Gesellschaft zum Studium des Schmerzes e. V. (Hildebrandt, Pfingsten, Maier, Klinger & Hasenbring, 1992).

3 Erklärungsansätze

Die Prozesse der Ätiologie und Pathogenese chronischer Kopfschmerzen sind nicht genau bekannt (Mühlig & Petermann, 1995 b). Entsprechend dem biopsychosozialen Krankheitsmodell werden die primären Kopfschmerzen als **multifaktoriell** verursachte Störungen auf mehreren Ebenen betrachtet, an denen biochemisch-neurophysiologische, vaskuläre, myogene und psychosoziale Faktoren beteiligt sind (Mühlig et al., 2000; vgl. Abb. 1).

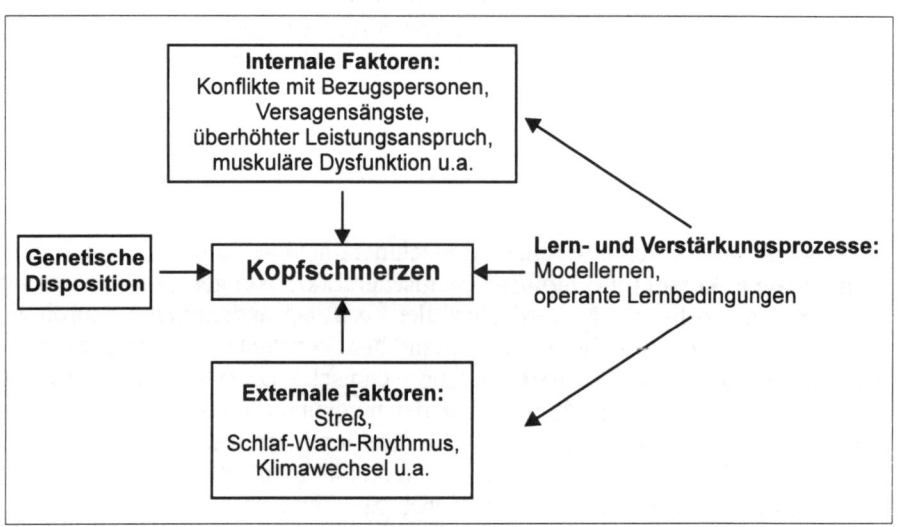

Abbildung 1:
Multifaktorielles Modell rezidivierender Kopfschmerzen

Vaskuläre Kopfschmerzerkrankungen resultieren wahrscheinlich aus dem komplexen Zusammenspiel genetischer Prädisposition und einer Interaktion von internalen und externalen Faktoren (z.B. Nahrungsmittel, unregelmäßiger Schlaf-Wach-Rhythmus, physische/psychische Überforderung). Bei der Migräne werden durch bislang ungeklärte pathoneurophysiologische Vorgänge vasomotorische Störungen ausgelöst (Gefäßverkrampfung, später -erweiterung, Entzündung und Anschwellen der Gefäßwände, Ausschüttung von Schmerz-überträgersubstanzen), die in den betroffenen Hirnrindenbezirken zu Minderdurchblutung und Schmerzsensationen führen. Migräne gilt heute als primär neurologische Erkrankung, die nicht heilbar, sondern nur symptomatologisch zu behandeln ist. Als Ursache der **Spannungskopfschmerzen** wird eine konstitutionelle Prädisposition für muskuläre Dysfunktionen angenommen, die vermutlich einerseits in einer habituell herabgesetzten Schmerzschwelle im Muskelgewebe und andererseits in einer übermäßigen, anhaltenden oder einseitigen muskulären Beanspruchung besteht. Schon relativ geringgradige muskuläre Anspannungszustände können dabei Schmerzsensationen hervorrufen, die sich über Mikroentzündungen und die Freisetzung von Schmerzüberträgerstoffen von einer lokalen Schmerzquelle auf den gesamten Schädelaußenbereich ausdehnen können und den charakteristischen Druckschmerz erzeugen. Da beide Kopfschmerzformen überproportional häufig bei Kindern aus „Schmerzfamilien" auftreten, in denen andere chronische Schmerzerkrankungen vorkommen (z. B. Craig, 1987), wird **Modellerneffekten** in der Pathogenese ein deutlicher Einfluß zugesprochen. Empirische Studien weisen zudem die Bedeutung **operanter Lernprozesse** als aufrechterhaltende Bedingungen des kindlichen Kopfschmerzes nach (Mühlig et al., 2000).

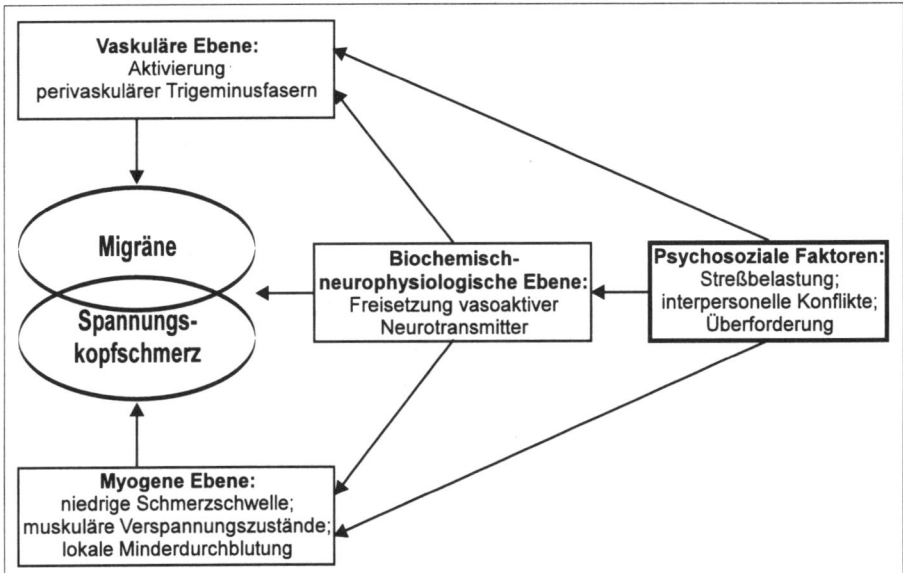

Abbildung 2:
Ebenen der Regulationsstörung bei rezidivierenden Kopfschmerzen

Während die Entstehungsursachen der Kopfschmerzsyndrome im Kindesalter noch weitgehend ungeklärt sind, ist der Kenntnisstand über die spezifischen und unspezifischen **Auslöser („Trigger")** der Attacken relativ umfassend. Sowohl bei Migräne wie bei Spannungskopfschmerz spielen **psychosoziale Fak-**

toren (vor allem Streßbelastung, aber auch Familienkonflikte, Ärger mit Gleichaltrigen, übertriebener Ehrgeiz) eine wesentliche Rolle. Bei Migräne können zudem **physikalisch-biochemische** (Nahrungsmittel, Wetterwechsel, Infektionen) und **situativ-sensorische** (Unregelmäßigkeiten im Schlaf-Wach-Rhythmus, Hektik, starke Reize) Faktoren unterschieden werden. Die beim Spannungskopfschmerz attackenauslösenden Anspannungszustände können ebenfalls durch verschiedene externe Faktoren verursacht oder verstärkt werden (z. B. ungünstige Sitz- oder Körperhaltung, Hemmung im emotionalen Ausdrucksverhalten, Defizite in der Körperwahrnehmung, Konflikte mit Bezugspersonen; vgl. Abb. 2).

4 Interventionsprinzipien

Lange Zeit wurden chronische oder rezidivierende Schmerzen ausschließlich medizinisch behandelt. Entsprechend dem klassischen medizinischen Krankheitsmodell wurde der Schwerpunkt der Schmerztherapie darauf gelegt, die (vermeintliche) organische Schmerzursache zu identifizieren und mit geeigneten Behandlungsprozeduren zu beheben. Dieser monokausale Ansatz, der bei akuten und verletzungsbedingten Schmerzen sehr effektiv ist, hat sich bei der Behandlung chronischer und rezidivierender Schmerzen jedoch nicht bewährt. Dies liegt zum einen darin begründet, daß sich eindeutige organische Schädigungen als Schmerzursache nicht nachweisen bzw. nicht beheben lassen, so daß die Therapie sich auf eine symptomatologische Behandlung (z. B. pharmakologische Linderung der Beschwerden) beschränkte. Des weiteren bleiben die komplexen psychischen, sozialen und situativen Aspekte des Schmerzgeschehens bei einer rein pharmakologischen Behandlung unbeachtet. Demgegenüber gründen **verhaltensmedizinische Interventionsmethoden** auf einem biopsychosozialen Erklärungs- und Behandlungsmodell, das das komplexe Gefüge psychischer und sozialer Kontextbedingungen explizit einbezieht (Besken & Mohn, 1994). Verhaltensmedizinische Schmerzbehandlungsverfahren haben sich in der Praxis der Schmerztherapie gut bewährt und in den letzten Jahren zunehmend an Bedeutung gewonnen (vgl. Mühlig et al., 2000).

Hauptziele der verhaltensmedizinischen Therapie rezidivierender Schmerzen sind:
- **Anfallsprophylaxe:** Die Attackenfrequenz soll reduziert werden a) durch Identifikation und Veränderung von Entstehungs-, Auslöse- und aufrechterhaltenden Faktoren und b) durch allgemeine Streßbewältigungs- und Problemlösetrainings, um Belastungssituationen besser ertragen zu lernen;
- **Anfallskupierung:** Bei den ersten Hinweissymptomen für eine beginnende Attacke soll mit gegenregulativen psychologischen Techniken (Entspannungsübungen, Imaginationen) das pathophysiologische Geschehen im Ansatz gestoppt werden;
- **Symptombehandlung:** Mittels diverser Interventionstechniken (Aufmerksamkeitsdefokussierung, kognitive Umdefinition, Imagination, Hypnose)

soll die subjektive Schmerzwahrnehmung beeinflußt und der Grad der subjektiven Befindlichkeitsbeeinträchtigung vermindert werden.
— **Adaptation:** Durch Vermittlung von Aufklärungsinformation und Bewältigungsstrategien soll die Erkrankung ihren Bedrohungscharakter verlieren und die krankheitsbedingten Einschränkungen, Belastungen und Konsequenzen im Alltag minimiert werden.

Die in der Schmerzbehandlung zum Einsatz kommenden psychologischen Interventionen, deren Wirksamkeit empirisch nachgewiesen ist (Petermann, Mühlig & Breuker, 1994), umfassen beispielsweise:
— Aufklärung: krankheitsspezifische Informationsvermittlung, Bereitstellung eines plausiblen Erklärungsmodells;
— Sensibilisierung der Wahrnehmung von Körpersignalen (z. B. Erschöpfung, Ruhebedürfnis);
— Gesundheitsberatung (Lebensrhythmus, Ernährungsweisen);
— kognitive Umdefinition negativer Gedanken, Einstellungen und Erwartungen;
— Steigerung der Kontrollüberzeugungen und Selbstwirksamkeit (Demonstrieren von Einflußmöglichkeiten);
— Vermittlung von Bewältigungsstrategien und Selbstmanagementtechniken (Selbstverbalisation, Problemlösestrategien);
— Einüben von Entspannungsverfahren und Strategien der Aufmerksamkeitssteuerung (Imaginationsübungen oder Selbsthypnose);
— bei Kindern zudem: systematische Beratung und Training der Eltern.

Das Interventionsprogramm. Im folgenden wird ein **verhaltensmedizinisches Kurzzeit-Trainingsprogramm** vorgestellt, das in Anlehnung an das „Help-Yourself"-Programm von McGrath et al. (1990) zur alters- und entwicklungsgerechten Vermittlung allgemeiner Schmerzbewältigungsstrategien entwickelt wurde und folgende Ziele anstrebt (vgl. auch Miller, Breuker & Petermann, 1996):
— Vermittlung eines Erklärungsmodells,
— Sensibilisierung für individuelle schmerzauslösende und -beeinflussende Faktoren sowie
— Vermittlung und Übung von Strategien zur Schmerzprophylaxe und -bewältigung.

Basierend auf der Erkenntnis, daß streßverursachte Anspannungszustände für verschiedene Kopfschmerztypen einen wichtigen Auslösefaktor darstellen, liegt das Hauptaugenmerk auf der Vermittlung von Streßbewältigungsstrategien und der Attackenprophylaxe. Aus diesem Grund eignet sich der Einsatz unabhängig von der Differentialdiagnose für Kinder mit unterschiedlichen Kopfschmerztypen (Migräne und Spannungskopfschmerzen). In diesem Zusammenhang muß allerdings darauf hingewiesen werden, daß für die Anfallskupierung oder Schmerzreduktion bei einer bereits eingesetzten Attacke differentielle Indikationen und Kontraindikationen bestehen: Entspannungsverfahren, mit deren Hilfe das psychophysiologische Erregungsniveau gesenkt und damit die pathophysiologischen Anspannungszustände direkt gegenreguliert werden können, dürfen beispielsweise bei Migräne nur zu bestimmten Zeitpunkten im Phasenverlauf der Attacke eingesetzt werden. Wird während der Phase der Vasodilatation (Gefäßerweiterung) mit Entspannungstechniken gearbeitet, besteht die Gefahr, daß sich die Gefäße zusätzlich erweitern und die Symptomatik verschlimmern. Umgekehrt darf das biofeedbackbasierte „Vasokonstriktionstraining" ausschließlich in der Phase der pathologischen Gefäßerweiterung angewendet werden. Wird es im Phasenverlauf zu früh oder zu spät eingesetzt, kann es die anfängliche Gefäßverkrampfung verstärken oder den labilen Prozeß der vasomotorischen Normalisierung beeinträchtigen.

Bei der Entwicklung des Programms standen neben störungsspezifischen Aspekten folgende Überlegungen im Vordergrund:
– Das Training soll für eine **Gruppe** von sechs bis acht Kindern **motivierend** sein.
– Die Materialien und Instruktionen müssen leicht **verständlich** sein und **entwicklungsgerecht** dargeboten werden.
– Das **Kurzzeitprogramm** soll mit einem geringen technischen und personellen Aufwand durchführbar sein.
– Die Eigenaktivität der Kinder soll in bezug auf die **Selbstbeobachtung** (Schmerzdokumentation) und die **Selbstwirksamkeit** (Schmerzprophylaxe, Anfallsmanagement) gefördert werden.
– Die Kinder sollen allgemeine **kognitiv-behaviorale Strategien** zur Schmerzbewältigung (Entspannungstechniken, imaginative Verfahren, innere Dialoge) erlernen.
– Der **Alltagstransfer** der vermittelten Inhalte soll unterstützt werden (z. B. individuelle Stressoren und Schmerzauslöser von den Kindern benennen lassen, feste Zeiten für Entspannungsübungen finden).

Unter Beachtung dieser Kriterien wurde ein Training entwickelt, das aus acht Trainingsstunden besteht. Um einen möglichst optimalen Übungs- und Verstärkungseffekt zu erzielen, wurden zwei Termine pro Woche geplant. Zwischen den einzelnen Trainingseinheiten sollten die Kinder die erlernten Übungen mit Hilfe einer Audiocassette vertiefen und in Schmerzsituationen anwenden. Während des Trainingszeitraumes wurden sie gebeten, gewissenhaft einen Kopfschmerzkalender zu führen, der regelmäßig ausgewertet wurde.

Die zu vermittelnden Inhalte des Trainings lassen sich unterteilen in verhaltensorientierte und kognitive Techniken. Auf der **Verhaltensebene** wird eine kindgerechte Form der Progressiven Muskelrelaxation (PMR) vermittelt – zuerst in einer langen Version, die dann sukzessive in eine Kurzentspannung überführt wird. Die Kurzentspannung kann bei regelmäßiger Übung von den Kindern überall und schnell angewendet werden. Zusätzlich zur allgemeinen muskulären Entspannung werden auch spezielle Übungen für den Schulter- und Nackenbereich vermittelt, um muskuläre Verspannungen gezielt abzubauen. Als zentrale **kognitive Technik** sollen die Kinder mit dem Imaginieren positiver Inhalte und mit dem Aufbau schmerzinkompatibler Gedanken vertraut gemacht werden. Alle Trainingseinheiten sind gleich aufgebaut: Einem Anfangsgespräch mit den Kindern folgt das jeweilige Stundenthema, das gemeinsam erarbeitet wird. Auf den praktischen Teil (z. B. Erlernen der Entspannung, Rollenspiele) folgt die Schlußrunde mit dem Besprechen einer Hausaufgabe. Die Ausgabe von neuen Kalenderblättern beendet die Stunde.

Die Patientengruppe. An dem Gruppenprogramm nahmen acht Kinder, vier Mädchen und vier Jungen, teil. Das Durchschnittsalter betrug 11;7 Jahre, die Kopfschmerzproblematik bestand im Durchschnitt seit sechseinhalb Jahren. Im folgenden werden die Kinder bezüglich ihrer Kopfschmerzproblematik skizziert:

Katja, 9 Jahre: Die Kopfschmerzen bestehen seit sechs Jahren, treten wöchentlich auf und dauern etwa sechs Stunden an. Katja schätzt die Schmerzstärke auf einer Analogskala (Minimum 1 = „tut wenig weh" Maximum 10 = „sind kaum auszuhalten") mit zehn ein. Sie selbst gibt an, daß die Schmerzen häufig beim Autofahren auftreten. Als Begleitsymptome nennt Katja Übelkeit, Erbrechen, Schwindelgefühl und Photophobie. Sie hat schon Medikamente wegen ihrer Schmerzen bekommen, nennt aber „hinlegen/entspannen" und „das Zimmer abdunkeln" als hilfreiche Strategien während der Schmerzen. In der Familie sind Kopfschmerzen auch bei dem Vater und den Großeltern bekannt.

Sabine, 12 Jahre: Die Kopfschmerzen bestehen seit acht Jahren, treten mehrmals im Monat, manchmal auch mehrmals in der Woche auf und variieren deutlich in der Dauer. Sabine schätzt die Schmerzstärke auf einer Analogskala mit acht ein. Sie selbst gibt an, daß die Schmerzen häufig beim Autofahren und bei anderen, nicht näher bezeichneten Gelegenheiten auftreten. Als Begleitsymptome nennt Sabine Schwindelgefühl. Sie hat schon Medikamente wegen ihrer Schmerzen bekommen, nennt aber „hinlegen/entspannen", „das Zimmer abdunkeln", „kühlen des Kopfes" und „ablenken" als hilfreiche Strategien während der Attacken. In der Familie sind Kopfschmerzen auch bei der Mutter bekannt.

Petra, 14 Jahre: Die Kopfschmerzen bestehen seit etwa acht Jahren, treten mehrmals im Monat auf und dauern den ganzen Tag an. Petra schätzt die Schmerzstärke auf einer Analogskala mit sieben ein. Sie selbst gibt an, daß die Schmerzen häufig auftreten, wenn sie nicht genug geschlafen hat, sie erkältet ist, bei Streß, in der Schule sowie bei einem Wetterwechsel. Des weiteren nennt sie „wenn ich Ärger in der Familie habe" und „vor und nach Klassenarbeiten" als häufige Schmerzereignisse. Als Begleitsymptome schildert Petra Übelkeit, Schwindelgefühl, Phono- und Photophobie. Sie nimmt keine Medikamente wegen ihrer Kopfschmerzen ein, als hilfreiche Strategien nennt sie „hinlegen/entspannen", „das Zimmer abdunkeln" und „ablenken". In der Familie sind Kopfschmerzen bei den Großeltern bekannt.

Monika, 14 Jahre: Die Kopfschmerzen bestehen seit sieben Jahren, treten jeden Monat auf und dauern kurze Zeit an. Monika schätzt die Schmerzstärke auf einer Analogskala mit vier ein. Sie selbst gibt an, daß die Schmerzen häufig auftreten, wenn sie sich ärgert, sie bestimmte oder zuviel Süßigkeiten gegessen hat sowie bei einem Wetterwechsel. Als Begleitsymptom gibt Monika an, daß helles Licht sie dann stört. Sie nimmt keine Medikamente wegen ihrer Kopfschmerzen ein und nennt „ablenken" und „gute Laune" als hilfreiche Strategien. In der Familie sind Kopfschmerzen beim Vater und den Großeltern bekannt. Monika bricht nach der vierten Stunde das Training mit der Begründung ab, daß sie von „dem ganzen Geschwätz über Kopfschmerzen" Kopfschmerzen bekommt.

Thomas, 8 Jahre: Die Kopfschmerzen bestehen schon seit einigen Jahren, genauere Angaben wurden von den Eltern nicht gemacht. Sie treten mehrmals im Monat auf und variieren hinsichtlich der Dauer. Thomas schätzt die Schmerzstärke auf einer Analogskala mit fünf ein. Er selbst gibt an, daß die Schmerzen häufig „einfach so" auftreten, Zusammenhänge mit Ereignissen oder der eigenen Befindlichkeit sieht Thomas nicht. Als Begleitsymptome nennt er Übelkeit. Als hilfreiche Strategien während der Kopfschmerzen nennt Thomas die Einnahme eines Schmerzmittels (ben-u-ron® Saft), „kühlen des Kopfes" und „das Zimmer abdunkeln". In der Familie sind Kopfschmerzen bei dem Vater bekannt.

Klaus, 10 Jahre: Die Kopfschmerzen bestehen seit etwa fünf Jahren, treten mehrmals im Monat auf und dauern bis zu zwölf Stunden an. Klaus schätzt die Schmerzstärke auf einer Analogskala mit acht ein. Er selbst gibt an, daß die Schmerzen häufig auftreten, wenn er nicht genug geschlafen hat, er sich ärgert, beim Autofahren sowie in der Schule. Des weiteren nennt er als häufige Kopfschmerzereignisse „wenn ich Ärger in der Familie habe" und „vor und nach Klassenarbeiten". Als Begleitsymptome gibt Klaus Bauchschmerzen, Phono- und Photophobie an. Medikamente wegen der Kopfschmerzen nimmt er nicht ein, ab und zu verwendet er Chinaöl zum Einreiben. Als hilfreiche Strategien während der Kopfschmerzen nennt Klaus „hinlegen/entspannen" und „das Zimmer abdunkeln". In der Familie sind Kopfschmerzen auch bei den Großeltern bekannt.

Patrick, 12 Jahre: Die Kopfschmerzen bestehen seit acht Jahren. Während die Mutter angibt, daß die Kopfschmerzen mehrmals im Monat auftreten, erklärt Patrick, daß er sie nur beim Wechsel der Jahreszeiten hat, dann jedoch dauern sie zum Teil länger als einen Tag an. Patrick schätzt die Schmerzstärke auf einer Analogskala mit acht ein. Er selbst gibt an, daß die Schmerzen häufig auftreten, wenn er erkältet ist, in der Schule, bei einem Wetterwechsel sowie beim Fernsehen/Computerspielen. Als Begleitsymptome gibt Patrick Bauchschmerzen, Übelkeit, Erbrechen und Photophobie an. Medikamente wegen der Kopfschmerzen nimmt er nicht, als hilfreiche Strategien während der Schmerzen nennt Patrick „hinlegen/entspannen", „das Zimmer abdunkeln" und „ablenken". In der Familie sind Kopfschmerzen bei den Eltern bekannt.

Sebastian, 12 Jahre: Die Kopfschmerzen bestehen seit sieben Jahren, treten jeden Monat auf und dauern bis zu sechs Stunden an. Sebastian schätzt die Schmerzstärke auf einer Analogskala mit sieben ein. Er selbst gibt an, daß die

Schmerzen häufig auftreten, wenn er in der Sporthalle ist (wegen der „schlechten Luft" dort), bei einem Wetterwechsel sowie in der Schule. Als Begleitsymptome gibt Sebastian Übelkeit, Schwindelgefühl, Phono- und Photophobie an. Medikamente wegen der Kopfschmerzen hat Sebastian schon bekommen, als hilfreiche Strategien während der Schmerzen nennt er „hinlegen/entspannen", „Zimmer abdunkeln", „kühlen des Kopfes" und „mit Chinaöl einreiben". In der Familie sind Kopfschmerzen bei dem Vater bekannt.

Diagnostisches Vorgehen. Vor Beginn des Gruppenprogramms wurde im Rahmen einer **Informationsveranstaltung** das verhaltenstherapeutische Kopfschmerztraining vorgestellt und die berichteten Informationen zur Kopfschmerzproblematik mit Hilfe von Fragebögen erhoben (Pothmann et al., 1991). Die Kinder wurden während dieser Veranstaltung mit der Handhabung eines Kopfschmerzkalenders (Pothmann et al., 1991) vertraut gemacht und gebeten, diesen Kalender ab sofort täglich auszufüllen und zu den Trainingsstunden mitzubringen. Der Kalender umfaßt neben einer Frage zur allgemeinen Befindlichkeit spezifische Kopfschmerzdimensionen:

– Frequenz,
– Stärke,
– Dauer,
– Aktivitäten, die wegen der Schmerzen abgebrochen oder unterbrochen wurden,
– vegetative Begleitsymptome,
– Medikation,
– angewendete Bewältigungsstrategien.

Da das Training der Vermittlung eines Erklärungsmodells, der Sensibilisierung für individuelle schmerzbeeinflussende Faktoren sowie der Vermittlung allgemeiner Schmerzbewältigungstechniken dient, wurden keine weiteren psychometrischen Verfahren zur Datenerhebung eingesetzt. Während der acht Trainingsstunden wurden im situativen und inhaltlichen Kontext weitere kopfschmerzrelevante Informationen erhoben sowie Verhaltensbeobachtungen während der Übungssituationen und Rollenspiele durchgeführt.

Die Interventionen. Im folgenden werden die acht Trainingsstunden inhaltlich beschrieben (vgl. Kasten 1). Die Reihenfolge der Stunden und Inhalte ist als **Handlungsrahmen** zu verstehen, der aktuellen Ereignissen und den Bedürfnissen der Kinder angepaßt wird. In der Praxis hat sich darüber hinaus gezeigt, daß eine optimale Wissensvermittlung dann erzielt wird, wenn die Lernenden sich die Inhalte selbst erarbeiten. Aus diesem Grund werden Vorformulierungen durch den Therapeuten weitestgehend vermieden. Die Kinder werden vielmehr durch Fragen und Beispiele dazu ermuntert, ihr bestehendes Wissen sowie ihre Gedanken und Ideen zu den Stundenthemen zu verbalisieren. In der Gruppensituation können dann gegebenenfalls unangemessene Erklärungsmodelle korrigiert werden.

Kasten 1:
Aufbau und Inhalte der acht Trainingsstunden

1. Stunde
- Kennenlernen
- Erwartungen der Kinder und der Trainerin austauschen: Welche Ziele können wir gemeinsam erreichen?
- Was ist Anspannung? Was ist Entspannung? Wie fühlt man das? Wie macht man das?
- Kurze Entspannungsübung
- Schlußrunde und neues Kalenderblatt ausgeben

2. Stunde
- Erklärung in kindgerechter Form: Was ist Kopfschmerz? Wann treten Deine Kopfschmerzen auf? Was kann bei Dir Kopfschmerzen auslösen?
- Auslöser sammeln
- Entspannungsübung (lange Version, Dauer 15–20 Minuten)
- Schlußrunde und Entspannungskassette ausgeben

3. Stunde
- Einsammeln der Kalenderblätter
- Gespräch über Probleme (beim Ausfüllen, beim Üben zu Hause)
- Auslöser wiederholen und Bewältigungsstrategien überlegen (z. B. sich ablenken, regelmäßige Schlafzeiten einhalten, nicht den ganzen Sonntag vor dem Computer sitzen)
- Auslöser und Bewältigungsstrategien sammeln
- Lange Version der Entspannung
- Schlußrunde und neues Kalenderblatt ausgeben

4. Stunde
- Übungen gegen verspannte Schulter- und Nackenmuskulatur, rückengerechtes Sitzen
- Gespräch über Imaginationen
- Lange Entspannungsversion mit Imaginationsübung

5. Stunde
- Einsammeln der Kalenderblätter
- Gespräch über das Thema: ,,Kann ich Kopfschmerzen herbeidenken/herbeiwünschen? Kann ich Kopfschmerzen wegdenken?"
- Hilfestellung für die Suche nach einem positiven Satz, um besser mit den Kopfschmerzen umzugehen
- Kurze Entspannungsversion mit Imaginationsübung
- Schlußrunde und neues Kalenderblatt ausgeben

6. Stunde
- ,,Erste-Hilfe-Strategien", z. B. Hinlegen, Stirn kühlen, Entspannung, Imagination und positiver Satz
- Kurze Entspannungsversion mit Imagination und positivem Satz

7. Stunde
- Einsammeln der Kalenderblätter
- Rollenspiel ,,Ich habe heute morgen Kopfschmerzen!"
- Kurze Entspannungsversion mit Imaginationsübung und positivem Satz
- Schlußrunde und neues Kalenderblatt ausgeben

8. Stunde
- Gespräch ,,Was war wichtig für Dich?"
- Lange Entspannung mit Imaginieren und positivem Satz
- Schlußrunde

Das **Gespräch** zu Beginn jeder Stunde hat sich für Kinder und Trainerin als wichtiges ,,Eingangsritual" erwiesen. In dieser kurzen Sequenz wird die Tagesform und Motivation der Kinder genauso abgeklärt wie besondere Ereignisse, deren Zusammenhang zu den Kopfschmerzen in der Stunde erarbeitet werden kann. So erzählte zu Beginn der vierten Stunde ein Junge: „Morgen bekomme ich Kopfschmerzen, weil ich Geburtstag hab. Das war voriges Jahr auch so." Diese Aussage führte dazu, daß mit den Kindern über Erwartungen gesprochen wurde. In der Schlußrunde wurde das Gespräch nochmals auf die Erwartung des Jungen, an seinem Geburtstag Kopfschmerzen zu bekommen, gelenkt. Die Gruppe forderte ihn auf, einfach nicht daran zu denken. Zu Beginn der nächsten Stunde erzählte der Junge, daß er keine Kopfschmerzen gehabt hätte, sein Kalenderblatt zu diesem Tag war bunt bemalt und verziert.

Kasten 2:
Auszüge einer kindgerechten Entspannungsinstruktion

Einleitung: Suche Dir einen ruhigen Platz, wo Du nicht gestört wirst und lege Dich bequem hin. Schließe Deine Augen und richte Deine Aufmerksamkeit auf Deinen Körper und fühle ihn – lasse Dich wie einen schweren Sandsack sinken.

Instruktion: Nun sollst Du alle Körperteile, die ich Dir ansage, so fest wie möglich anspannen, so daß Du die Anspannung fühlen kannst – und nach einer Weile, wenn ich Dich bitte dies zu tun, löse die Anspannung wieder und fühle, wie sich die Entspannung ausbreitet. (...) Nun fühle Deine linke Hand und balle die linke Hand fest zur Faust (20 sec) – und fühle die Anspannung dabei und öffne nun Deine Faust wieder und fühle, wie sich die Entspannung ausbreitet (20 sec). (...)
Nun fühle Deinen rechten Arm und strecke ihn und hebe Deinen rechten Arm etwas in die Höhe – der Arm wird dabei so stark und fest wie ein Ast (20 sec) – spüre die Anspannung und nun lasse Deinen rechten Arm wieder sinken und fühle, wie der rechte Arm entspannt (20 sec). (...)
Nun fühle Dein Gesicht und ziehe eine ganz bitterböse Grimasse, Du legst die Stirn in Falten, preßt die Lippen fest aufeinander und beißt die Zähne zusammen – so als wolltest Du vor Ärger gleich platzen – Du spürst die Anspannung und fühlst den Atem (30 sec), dann läßt Du los und fühlst, wie die Anspannung nachläßt. (...)
Du fühlst Dich angenehm wohl und bist entspannt und nun stelle Dir vor – wie eine weiße Kugel auf dem grünen Tisch von links – ganz langsam nach rechts rollt. Und nun stelle Dir vor – wie die weiße Kugel auf dem grünen Tisch von rechts – ganz langsam zurück nach links rollt. (...)
Und nun fange Deine Aufmerksamkeit wieder ein, atme tiefer ein und aus und spüre Deinen Körper – wie er hier auf dem Boden liegt, atme tiefer und bewege Deine Arme und Beine, dehne Dich und strecke Dich, gähne und komm so wieder ganz zurück.

Bei der **Auswertung der Kopfschmerztagebücher** wurden auffällige Eintragungen gemeinsam besprochen: So hatte ein Mädchen in einem Kalenderblatt nur um zehn Uhr Kopfschmerzen mit Stärke sechs eingetragen. Auf Nachfrage antwortete sie, daß ihr ein Junge in der Schule auf den Kopf gehauen habe. Es hat sich auch als wichtig erwiesen, die Kinder ihre Eindrücke und Empfindungen nach den Übungen schildern zu lassen. So führten die Kinder die Übungen zur Lockerung der verspannten Schulter- und Nackenmuskulatur eher unwillig aus und begleiteten sie mit Kommentaren wie: „Das tut weh!", „Es zieht!" oder „Ist ja wie bei der Krankengymnastik!" Im Gegensatz dazu hatten die Kinder im Anschluß an die Entspannungsübungen kein Bedürfnis, ihre

Empfindungen differenziert darzustellen – sie erzählten nur, daß sie sich wohl-fühlten.

Die **Hausaufgaben** bezogen sich auf das Ausfüllen des Kopfschmerzkalen-ders, das Üben der Entspannung sowie auf das „Erfinden" eines positiven Satzes, mit dem die Kinder ihren Kopfschmerzen Einhalt gebieten können. Diese Aufgaben wurden von allen Kindern gemacht, da sie von ihnen als relevant und hilfreich empfunden werden. Besonders wichtig war, daß jedes Kind **seinen eigenen** positiven Satz fand. Generell sollten Vorformulierungen vermieden und Beispiele als solche gekennzeichnet werden – sie dienen dazu, die Phantasie und Kreativität der Kinder anzuregen. Ein Junge schilderte, daß er sich zusammen mit seinem besten Freund seinen Satz ausgedacht hätte: „Kopfschmerzen zieht Leine, sonst mach' ich Euch Beine!" Der Junge ist stolz auf diesen Satz, mit dem er sich vollständig identifiziert und den er als machtvoll und hilfreich empfindet.

Für die **Rollenspiele** wurden Situationen vorgegeben, die alle Kinder kennen. Anfängliche Schwierigkeiten der Kinder, sich in ihre Rollen (Mutter, Vater, Onkel auf Besuch, Arzt, kopfschmerzkrankes Kind) hineinzuversetzen wurden abgebaut, indem die Trainerin als Erzählerin einen Rahmen vorgab. Daraufhin verselbständigte sich das Spiel zusehends und wurde recht lebendig. Im Spiel kamen sowohl die Hilflosigkeit der Eltern zum Ausdruck („Mutter, mach Du was mit dem Kind!") als auch die traditionelle Umgangsweise mit Kopf-schmerzen („Hier hast Du Deine Medizin. Wenn es nicht besser wird, gehen wir zum Arzt!"). Die Kinder wollten bei einem weiteren Spiel die Rollen ändern. In dieser Version mußte sich das Kopfschmerzkind hinlegen, die Stirn kühlen und die Beteiligten überlegten weitere Maßnahmen; man entschloß sich abzuwarten. Dieses zweite Rollenspiel brachte mehr die eigene Ratlosigkeit der Kinder zum Ausdruck.

Ergebnisse. Nach Beendigung des Trainings füllten die Kinder für weitere 14 Tage den Kopfschmerzkalender aus. Darüber hinaus wurden sie gefragt, ob sich die Häufigkeit, Stärke und Dauer der Kopfschmerzen seit Trainingsbeginn verändert hätten. Aufgrund der geringen Fallzahl – nach Abschluß des Trai-nings konnten sechs Kinder befragt werden – erfolgt die Auswertung rein deskriptiv für jedes Kind.

Für eine verallgemeinerungsfähige Beurteilung der Trainingseffektivität wären größere Fallzahlen und ein längerer Untersuchungszeitraum mit mehreren Meßzeitpunkten erforderlich. Die Resultate sind also sehr vorsichtig zu be-trachten: Obwohl die Mehrzahl der Kinder von dem Training deutlich profitiert hat, war es offensichtlich nicht für alle gleichermaßen hilfreich. Derartige dif-ferentielle Trainingseffekte wurden auch in Studien mit größeren Stichproben berichtet, so daß negative Wirkungen nicht als methodische Scheinergebnisse abgetan werden können. Eine nach der Intervention ansteigende Schmerzin-tensität könnte darauf beruhen, daß die Kinder mit Hilfe des Trainings eine Reihe von Kopfschmerzattacken verhindern können, aber die verbleibenden Anfälle intensiver erleben (Kröner-Herwig & Ehlert, 1992). Andererseits könnte eine zunehmende Attackenfrequenz bei verminderter Intensität und Dauer der Attacken ausdrücken, daß die vermittelten Bewältigungsstrategien zwar wirksam sind, die durch das Training bedingte vermehrte Beschäftigung mit der Problematik aber ihrerseits als neuer Auslöser fungiert. In diesem Fall wäre verstärkt darauf zu achten, den Symptomstreß (Angst vor der Attacke) zu reduzieren und prophylaktische Gegenmaßnahmen einzuüben.

Zum Abschluß des Trainings wurden die Kinder gefragt, ob das Training für sie nützlich war. Die sechs Kinder, die das Training beendeten, gaben alle an, daß es ihnen geholfen habe, wobei die Begründungen altersentsprechend variiert, zum Beispiel:
- „Es hat mir geholfen, die Kopfschmerzen unter Kontrolle zu bekommen!"
- „Wenn ich Kopfschmerzen habe und mich entspanne, dann spüre ich die Kopfschmerzen nicht, weil ich an etwas anderes denke, als an Kopfschmerzen."
- „Ich weiß nun, wie ich mich trotz Kopfschmerzen zu entspannen habe. Das klappt zwar nicht immer, aber immer öfter."
- „Die Kopfschmerzen sind nicht mehr so stark und nicht mehr so häufig!"

5 Resümee

Ein Gruppentraining mit Kindern kann nur dann zu einem Erfolg führen, wenn die Kinder aktiv bis zum Ende des Trainings teilnehmen. Auf Basis der Erfahrungen in der therapeutischen Arbeit mit Kindergruppen lassen sich folgende Empfehlungen aussprechen:
- Das Training sollte nicht als Frontalunterricht durchgeführt werden. Die Aufmerksamkeit und das Interesse der Kinder lassen nach, wenn sie vorwiegend zuhören müssen. Stattdessen sollten die Kinder dazu ermutigt werden, von ihren Beschwerden zu erzählen. Werden die Aussagen im weiteren genutzt, erhöht sich die Akzeptanz des Trainings auf seiten der Kinder.
- Informationen über die Bewältigungsstrategien lassen sich durch ein Rollenspiel, das eine für die Kinder bekannte Situation darstellt, wesentlich umfassender erheben, als durch eine Befragung. Die Kinder spielen eine für sie bekannte Situation: „Ich habe heute Kopfschmerzen!" Nach einer kurzen Eingewöhnungsphase wird ein solches Rollenspiel zunehmend lebendiger und realitätsnah.
- Positive Sätze zur Selbstverstärkung müssen unbedingt von den Kindern formuliert werden, um eine optimale Akzeptanz zu gewährleisten. Nur so entwickeln diese Sätze ihre verstärkende Wirkung.
- Das Konzept des Trainings sollte einen Handlungsrahmen darstellen, der den aktuellen Bedürfnissen und Ereignissen der Teilnehmer angepaßt wird.

Die Effekte standardisierter Schmerztrainings sind häufig nicht für alle Kinder gleich positiv. Daher sind weitere Forschungsbemühungen zur Klärung der

Wirkfaktoren und -bedingungen unterschiedlicher Interventionen sowie der differentiellen Voraussetzungen der behandelten Kinder erforderlich. Insbesondere die Frage der speziellen Indikation (unter welchen Bedingungen ist welche Intervention bei welchem Kind hilfreich vs. kontraindiziert?) bedarf weiterer Untersuchung. Zu diesem Zweck müßten künftig verbesserte und kindgerechte diagnostische Verfahren und Instrumente entwickelt werden, die eine systematische Zuordnung von therapeutischen Vorgehensweisen erlauben. Dabei sollten besonders individuelle Bewältigungskompetenzen des Kindes, seine persönlichen Ressourcen und Schutzfaktoren herausgearbeitet werden.

Die meisten Schmerzbewältigungsprogramme sind für Kinder ab dem mittleren Grundschulalter einsetzbar. Für jüngere Kinder im Vorschul- oder Einschulungsalter, die eine intensive Unterstützung dringend benötigten, existieren bislang nur wenige diagnostische Instrumente und Therapiematerialien. Vor allem in bezug auf die Klein- und Vorschulkinder besteht für die Klinische Kinderpsychologie noch großer Bedarf an entwicklungsgerechten Konzepten und Methoden.

Literatur

Blanchard, E. B. & Andrasik, F. (1991). *Bewältigung chronischer Kopfschmerzen.* Bern: Huber.

Besken, E. & Mohn, U. (1994). Verhaltensmedizinische Behandlung chronischer Kopfschmerzen. In F. Petermann, S. Wiedebusch & T. Kroll (Hrsg.), *Schmerz im Kindesalter* (191–212). Göttingen: Hogrefe.

Craig, K. D. (1987). Consequences of caring: Pain in human context. *Canadien Psychology/Psychologie Canadienne, 28,* 311–321.

Frankenberg, S. v., Pothmann, R., Müller, G., Britzelmeier, A., Backmerhoff, G., Sartory, B., Hellmeier, M. & Wolff, M. (1991). Epidemiologie von Kopfschmerzen bei Schulkindern. In B. Köhler & R. Reimer (Hrsg.), *Aktuelle Neuropädiatrie* (433–435). Berlin: Springer.

Harbeck, C. & Peterson, L. (1992). Elephants dancing in my head: A developmental approach to children's concepts of specific pain. *Child Development, 63,* 138–149.

Hildebrand, J., Pfingsten, M., Maier, C., Klinger, R. & Hasenbring, M. (1992). Zum Problem der Klassifikation chronischer Schmerzsyndrome. Muliaxiale Schmerzklassifikation (MASK). *Anästesiologie, Intensivmedizin, Notfallmedizin, Schmerztherapie, 6,* 366–373.

Kopfschmerz-Klassifikations-Komitee der International Headache Society (1989). Klassifikation und diagnostische Kriterien für Kopfschmerzerkrankungen, Kopfneuralgien und Gesichtsschmerz. *Nervenheilkunde, 8,* 161–203.

Korinthenberg, R. (1994). Medizinische Aspekte chronischer Kopfschmerzen im Kindesalter. In F. Petermann, S. Wiedebusch & T. Kroll (Hrsg.), *Schmerz im Kindesalter* (181–190). Göttingen: Hogrefe.

Kröner-Herwig, B. (1992). Kopfschmerz bei Kindern und Jugendlichen. *Kindheit und Entwicklung, 1,* 19–26.

Kröner-Herwig, B. & Ehlert, U. (1992). Relaxation und Biofeedback in der Behandlung von chronischem Kopfschmerz bei Kindern und Jugendlichen. Ein Überblick. *Der Schmerz, 6,* 171–181.

Kroll, T. (1994). Schmerzmessung und Schmerzdiagnostik. In F. Petermann, S. Wiedebusch & T. Kroll (Hrsg.), *Schmerz im Kindesalter* (157–178). Göttingen: Hogrefe.

Labouvie, H., Petermann, F. & Kusch, M. (1994). Schmerzklassifikation. In F. Petermann, S. Wiedebusch & T. Kroll (Hrsg.), *Schmerz im Kindesalter* (111–132). Göttingen: Hogrefe.

McGrath, P.J. & McAlpine, L. (1993). Psychologic perspectives on pediatric pain. *Journal of Pediatrics, 122*, 2–8.

McGrath, P.J., Cunningham, S.J., Lascelles, M.A. & Humphreys, P. (1990). *„Help Yourself". A treatment for migraine headaches.* Ottawa: University of Ottawa Press.

McGrath, P.A. & Humphreys, P. (1989). Recurrent headaches in children and adolescents: Diagnosis and treatment. *Pediatrician, 16*, 71–77.

Miller, S., Breuker, D. & Petermann, F. (1996). „Help Jourself" – Ein Selbstlernprogramm zur Bewältigung chronischer Kopfschmerzen. *Kindheit und Entwicklung, 5*, 249–255.

Mohn, U., Kröner-Herwig, B., Besken, E. & Pothmann, R. (1993). Entspannungstraining und EMG-Biofeedback bei der Behandlung kindlicher Kopfschmerzen: Ergebnisse einer explorativen Studie. In H. Meier, R. Kaiser & C.R. Moir (Hrsg.), *Schmerz beim Kind* (215–222). Berlin: Springer.

Mühlig, S. (1997). *Schmerz und Schmerzbehandlung bei Kindern und Jugendlichen.* Weinheim: Psychologie Verlags Union.

Mühlig, S., Breuker, D. & Petermann, F. (2000). Schmerz. In F. Petermann (Hrsg.), *Lehrbuch der Klinischen Kinderpsychologie und Kinderpsychotherapie* (587–621). Göttingen: Hogrefe, 4. völlig veränd. Auflage.

Mühlig, S. & Petermann, F. (1995a). Kopfschmerzen: Verhaltensmedizin bei rekurrierenden Formen. *Therapiewoche Pädiatrie, 8*, 325–334.

Mühlig, S. & Petermann, F. (1995b). Rezidivierende Kopfschmerzen im Kindesalter: Epidemiologische, ätiologische und pathophysiologische Aspekte. *Sozialpädiatrie und Kinderärztliche Praxis, 17*, 646–648.

Petermann, F., Mühlig, S. & Breuker, D. (1994). Verhaltensmedizinische Grundlagen der pädiatrischen Schmerzbehandlung. In F. Petermann, Wiedebusch & T. Kroll (Hrsg.), *Schmerz im Kindesalter* (249–280). Göttingen: Hogrefe.

Pothmann, R., Plump, U., Maibach, G., Frankenberg, S. v., Besken & Kröner-Herwig, B. (1991). *Migränetagebuch für Kinder.* München: Arcis.

Ross, D.M. & Ross, S.A. (1990). *Childhood pain.* Baltimore: Urban & Schwarzenberg.

Schmidt, M.-H., Blanz, B. & Esser, G. (1992). Häufigkeit und Bedeutung des Kopfschmerzes im Kindes- und Jugendalter. *Kindheit und Entwicklung, 1*, 31–35.

Walker, L.S., Garber, J. & Greene, W. (1993). Psychosocial correlates of recurrent childhood pain: A comparison of pediatric patients with recurrent abdominal pain, organic illness, and psychiatric disorders. *Journal of Abnormal Psychology, 102*, 248–258.

Wiedebusch, S. (1994). Die Entwicklung des Schmerzbegriffes im Kindesalter. In F. Petermann, S. Wiedebusch & T. Kroll (Hrsg.), *Schmerz im Kindesalter* (133–156). Göttingen: Hogrefe.

Zimmermann, M. (1994). Physiologische und pathophysiologische Mechanismen chronischer Schmerzen. In R. Wahl & M. Hautzinger (Hrsg.), *Psychotherapeutische Medizin bei chronischem Schmerz – Psychologische Behandlungsverfahren zur Schmerzkontrolle* (23–32). Köln: Deutscher Ärzte Verlag.

Sachregister

Buchtips

Franz Petermann / Petra Warschburger (Hrsg.)

Neurodermitis

1999, 381 Seiten, DM 69,– / sFr. 60,–
öS 504,– • ISBN 3-8017-1231-1

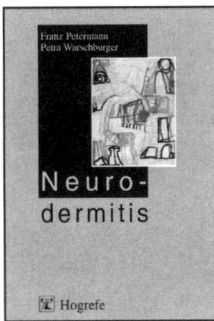

Das Buch beschäftigt sich mit den medizinischen und psychologischen Grundlagen der Neurodermitis und stellt verhaltenstherapeutisch orientierte Schulungsprogramme für Kinder und deren Eltern sowie für Erwachsene vor. Zunächst werden die Grundlagen der medizinischen Diagnostik und Therapie erörtert sowie u.a. die Einflüsse psychosozialer Belastungen und die Stigmatisierung von Hautpatienten diskutiert. Daran schließt sich eine repräsentative Übersicht über verhaltenstherapeutisch orientierte Schulungsprogramme an, die auch zahlreiche Arbeits- und Schulungsmaterialien für die praktische Umsetzung der Ansätze beinhaltet.

Klaus Sarimski

Frühgeburt als Herausforderung

Psychologische Beratung als Bewältigungshilfe
(Klinische Kinderpsychologie, Band 1)
2000, 190 Seiten, DM 59,– / sFr. 51,–
öS 431,– • ISBN 3-8017-1152-8

Eine zu frühe Geburt stellt besondere Anforderungen an die Bewältigungskräfte von Kind und Eltern. In diesem Buch wird ein Konzept zur psychosozialen Beratung vorgestellt, das sich an den individuellen Bedürfnissen und Ressourcen der Eltern und Kinder orientiert und spezifische Hilfen für die Bewältigung der Anfangssorgen während der stationären Behandlung und die Entwicklung einer harmonischen Eltern-Kind-Beziehung in der Zeit nach der Entlassung bietet.

 **Hogrefe - Verlag**
Rohnsweg 25, 37085 Göttingen • http://www.hogrefe.de

Kinderpsychologie

Franz Petermann (Hrsg.)

Lehrbuch der Klinischen Kinderpsychologie und -psychotherapie

4., vollst. überarb. u. erw. Auflage 2000,
634 Seiten, Großformat, DM 98,– / sFr. 85,–
öS 715,– • ISBN 3-8017-1282-6

Das bewährte Lehrbuch liegt nun in einer völlig neu konzipierten vierten Auflage vor. Neue Ergebnisse und Interventionsverfahren der Klinischen Kinderpsychologie werden praxisnah vermittelt. Im Grundlagenteil wird auf die Klassifikation und Diagnostik psychischer Störungen, die Entwicklungspsychopathologie sowie auf die Prävention und Gesundheitsförderung eingegangen. Umfangreiche Kapitel zu verschiedenen Störungsbildern schließen sich an. In der Neuauflage werden die Interventionsverfahren erstmals durch Praxisanleitungen und ausgewählte Materialien illustriert.

Manfred Döpfner u. a.

Psychopathologisches Befund-System für Kinder und Jugendliche (CASCAP-D)

Befundbogen, Glossar und Explorationsleitfaden
1999, X/112 Seiten, DM 39,80 / sFr. 35,90
öS 291,– • ISBN 3-8017-1275-3

CASCAP-D dient der Erfassung der wichtigsten Merkmale psychischer Störungen im Kindes- und Jugendalter. Besonderer Wert wurde auf die Einsetzbarkeit in klinischen Routineabläufen sowie auf die Berücksichtigung der Situationsspezifität psychopathologischer Merkmale gelegt. Bei der Entwicklung von CASCAP-D dienten das AMDP-System sowie die Diagnosekriterien nach ICD-10 und DSM-III-R / DSM-IV als Orientierungsrahmen.

 **Hogrefe - Verlag**
Rohnsweg 25, 37085 Göttingen • http://www.hogrefe.de